火野葦平 著
川上澄生 絵

# 比島民譚集《ひとうみんたんしゅう》

## フィリピンの島々に伝わる話

国書刊行会

# 比島民譚集

火野葦平 著

# 比島民譚集・目次

挿絵　川上澄生
装丁　草苅睦子（アルビレオ）

# 解題

バタアン半島戡定《かんてい》以後、比島軍報道部に年末までいた私は仕事の合間を見てはこれらのいくつかの民話を書いた。このうち大部分は翻訳である。友人エルナンド・オカンポの案内で、マニラの国立図書館をおとずれて、比島《フイリピン》の歴史や文学や民情に関する文献の借覧方を相談したとき、館長ロドリゲス氏は快く何冊かの本を貸してくれ、比島の民情を知るには或いはこの本がよいかも知れないといって〈PHILLIPINO《ママ》 POPULAR TALES〉という部厚な一冊を加えてくれた。それは二十年ほども前、民族学会の手によって地方の民話が蒐集されたことがあり、その成果を編纂したものであって、読みものとして書かれているのではなく、各種目系統の諸民話を比較検討し、これに綿密な考証を加えた研究書であった。私はもともと比島の民情を知る一端として伝説民話の類を読みたいと思っていたのであるが、その本を借りて読んでいるうちにすこぶる楽しくなって来て、訳しておこうという気持が湧いて来た。別に急ぐわけでもないので、時折、気のむいたときに一つずつ翻訳していたところが、任を解かれて帰朝するときには自分でも驚くほどの量になっていた。なにかの参考にもと一つ成るごとに隣室の上田廣《うえだひろし》君*に示すのを常としていたが、当時報道部発行の兵隊雑誌『南十字星』の編輯長をしていた上田君は早速その幾つかを無署名にして掲載した。この本は地方の古い人々から聞いた話を丹念に蒐集したもので、一篇ごとに語り手の名とその話の流布している地方が明記してある。比島は民族の多いところで、マニラを中心とするタガログ族が代表的なものとされているけれども、数からいえばもっと多い種族も少なくなく、ビサヤ族は、セブ、イロイロ、ミンダナオ等を含めて、言語もまったく異なり、風俗習慣も同じからざるものが多い。民話にもよくその特色があらわれている。

この二十の物語のうち、大部分は前記の著書に依ったが、「マラカスとマガンダ」「鳥と竹」の二つは〈ANCIENT PHILLIPINO《ママ》 STORIES〉からとった。この話は西班牙《スペイン》渡島前から最も古い伝説として語り伝えられて来たものだと聞かされた。比島の往昔を伝える素朴な物語で、注意して読めばこの中にまごうかたのない比島人の東洋的性格と、比島がもともと農をもって国を立てた民族であることを知ることができる。米国の軽薄な消費文化の注入によって、その絢爛さに眩惑され、比島人は長い間自己の真の道を忘れていたが、米国を駆逐して比島が新生の途に就いたとき、建国の大本は農と定められた。マラカスとマガンダとの婚礼の儀式の終りに、部落の長老が米を撒くくだりがあるが、その古《いにしえ》の道へ還ったのである。結構なことである。竹の中から人間の出る話はわが国の竹取物語を連想させて微笑ましい。この二つの話にくらべて、他の物語には顕著に西洋の匂いがし、欧米伝説が混入していることは否みがたい。亀と猿との話はほかにもいろいろあって、非常に古くからあるものだといわれ、「ユアン・プソン・タンビ・タンビと猿」も古来人々に愛されて来た物語だというけれども、それすら西欧民話の影響はまぬがれがたい。これはしかし当然であろう。西班牙によって三百年、亜米利加《アメリカ》によって四十年の統治を受けた比島はそれ以前の比島個有のものが果《はた》していかなるものであったか、文献も記録もほとんどなく、遠く祖先から継承されて来たものは甚だ不明瞭なのである。比島人学者は西班牙渡島前の比島の文化ははなはだ高く、征服者たる西班牙が已れより高い文化を被征服者が持っていることは困るので、ことごとく破壊焚殺し去ったのだというが、それも俄かには承服しがたい。舞踊にしても中部ルソンのもっとも古い踊りだというモロ・モロ・ダンスは基督教徒《クリスチャン》が回教徒《モハメダン》とたたかいこれを慴伏《しょうふく》せしめる趣旨を持ったものであるから、あきらかに西班牙人渡島以後発生したものである。そのように多くの民話は、西欧風ではあるがまた別な意味でまったく比島的である。静かに読むと比島の歴史の持つ宿命というものがどの物語にもまざまざと滲みでているのを見逃すことができない。或いは倫理の点ではいかがと思われる話もあり、明朗という点ではいささか欠ける点がなくはないが、その底を共通して流れる一脈の哀感は被征服民族たる比島人の悲しさに、私たちの心を惹きつける。智慧を重んずる話の多いのにも、たしかに比島人の生きかたの苦渋を示していると思われる。また勇壮にして美しい物語も棄てがたい。

比島の作家たちに書かせた作品のうち、伝説を題材としたものを三篇このなかに加えた。私は比島の才能ある若い作家たちをなんとかして世に出したいと考え、私なりに力を尽し、本人たちにも勉強をすすめたのであったが、これらの作品はそのうちの一部である。「アモル・セコ草」はジョセフ・マン、「アボ・サコ老人」は、パウロ・ディソン、「アナニトマスの冒険」はマニュエル・アルギリャが書いたものである。ジョセフ・マンは八年間にわたって比島全島を巡り歩き、尨大な伝説民話資料を集めていたものが一夜の失火によって灰燼《かいじん》に帰したことを、会うたびに歎いていた。私も惜しいことをしたものだと思い、そのような大切な資料を災禍にかからぬような措置をしていなかった不注意を責めたのであったが、もはや帰らぬことであった。しかし彼はその多くの物語はなお自分の記憶にあるというので、それでは、少しずつあらためて書きためるようにと私はすすめたのである。「アモル・セコ草」は彼がその記憶の棚から抽きだした一つである。最近、印度《インド》作戦従軍の帰途、マニラに立ちよった私はマニュエル・アルギリャが通敵者として縛されていることを知って駭《おどろ》いた。誠実な青年として信用していたのに敵の間諜であったとは意外であるが、私には彼が以前からそうであったのではなく、極く最近なにかの心の迷いからそうなったのだと思われて仕方がない。年来の友人であるオカンボでさえその変節を気づかなかったという。彼の才能を惜しむ私は彼が一日も早く悔悟して我々の陣営へ帰って来ることを願わずには居られない。多分そうなるであろうとオカンボも信じているそうである。

そのときのマニラの空気は二年前とはすっかり変っていた。昔日ののどかさはなく緊張の度合を深めていて、比島ふたたび戦場となる日の近きを感ぜしめた。はたして私がマニラを飛行機で去った直後、敵機によってマニラ周辺は最初の大空襲を受け、九月二十二日、遂に比島共和国はラウレル大統領の名をもって米英に宣戦を布告した。ふたたび大いなる歴史の日が訪れたのである。この壮麗の日に嘗て二年前比島の戦場にあった時の収獲たる「比島民譚集」を世に出だすことになったのはいかにも感慨無量である。

参考のためにこれらの語り継がれて来た地方と語り手の名を目次の順によって左に記して置こう。

「大力ルーカス」(タガログ人パウロ・マカシャットの語るところ。彼はこの物語をあるタガログ人の農夫から聞いた。)

「ユアン・プソン・タンビ・タンビと猿」(イロイロ在住のビサヤ人エンカルナシオン・ガンサガの語るところ。この話は老人たちの間できわめてよく知られていると同時に、好まれている。)

「アモル・セコ草」(ビサヤ地方の古伝説。アモル・セコ草は山野にあって衣服にくっつく草で、わが国では盗人草、ひっつき草などといい、私の九州地方ではひっつきぼと呼ぶ。)

「鳥と竹」(古伝説)

「小鳥のできごと」(マニ人在住のビエンベニド・タンの語るところ。パンパンガ地方の話。)

「悪魔と風来坊」(パンパンガ州グアナの人ホセ・ラキの語るところ。)

「三人兄弟」(北部ルソン、イルカノ族クロデュアル・ガルシャの語るところ。)

「サラゴサ物語」(マニラ在住タガログ人テオダト・ムカビュロスの語るところ。)

「マラカスとマガンダ」(古伝説。タガログ語で美しい娘のことをマガンダン・ダラガというが、それはこの物語から出ているとのことである。)

「亀と猿」(パンパンガ州メキシコの住人エウティキアノ・ガルシャの語るところ。)

「アボ・サコ老人」(パンパンガ地方の古話という。)

「猿と亀」(バタンガス州のホセ・カチグバクの語るところ。彼はこの話を友人アンゲル・レイエスから、これは純粋なタガログ族の説話だと前提されて聞かされたとのこと。)

「七人の馬鹿」(パンガシナン州マンガルダン在住のシビリアノ・セリアフイカの語るところ。)

「どうしてジュアンは金持になったか」(リサール州パシグ在住のタガログ人ボニファッショ・イナレスの語るところ。)

「王様タシオ」(タガログ人レオポルド・ファウスチノの語るところ。この話はラグナ地方では誰でも知っている話といわれる。)

「アナニトマスの冒険」（イルカノ地方の古伝説。）
「三人の佝僂」（ラグナ州パンガシナン在住のタガログ人バシタ・コルデロの語るところ。）
「盲目のジュアン」（ビコール人ペドロ・ソレッタの語るところ。この話はその地方で有名な話の由。）
「カランカルの話」（どうしたわけか、この訳稿だけ註記が落ちているので、原書がマニラの図書館にある現在ではその伝承の地方も語り手も今は知ることができない。不備を謝するほかはない。**）
「パルマリン王物語」（パンパンガ州アラヤット在住のアナスタシア・ヴィレガスによって同系統の諸説話を総合編述されたもの。）

昭和十九年九月二十五日

火野葦平

＊　一九〇五年生まれ。火野葦平とともに「兵隊作家」と呼ばれた。
＊＊　Filipino Popular Tales の編者ディーン・S・ファンスラーが、バタンガス州バタンガス出身のタガログ人から採取したもの。

凡例

本書の原書は、一九四五年二月、大成出版から刊行された火野葦平著『比島民譚集』である。
著者による「解題」に、「大部分は翻訳である」とあるが、著作者表記は原書のまま「著」とした。
旧字体は新字体に改め旧仮名遣いは新仮名遣いとした。
現在では意味のとりにくくなっている若干の語句を改めた。
現在では差別的とされる語句については、その時代の記録としてそのままとした。
原書につけられていた註は(1)(2)のように示し、新たにつけた註は*で示した。

# 比島民譚集

# 動物裁判

古い時代に、動物の頭領であるシヌクアンという者が、アラヤット山の洞穴のひとつに棲んでいた。彼はもとちかくの町に住まっていたのであるが、彼が人なみはずれて勇敢で強かったために、人々は彼をうらやむとともに、しまいには憎みはじめた。そして、ひとびとは彼に対してさまざまの企らみをしはじめたので、彼は町にあるすべての財産と友人たちとにあきらめをつけ、アラヤット山に棲むために町をすてたのであった。ここでは彼は一日中、山の動物たちの友情を得ることにすごしていた。

シヌクアンが動物たちと近づきになることは、そんなにむずかしいことではなかった。彼はどんなものにでも化ける術を知っていたからである。彼はいつでも自分にちかづいて来るその動物の姿に自分を変えた。動物たちは間もなく、かれらのよい友達の力と、智慧と、正しさとを知り、かれを自分たちの頭領にした。

ある日、一羽の小鳥がシヌクアンの館にやって来た。そうして、自分たちが眠ろうとしているのに、一晩中やかましく鳴きたてる蛙を処罰してくれるようにと願った。シヌクアンはそのうるさい蛙をよびよせて、その不行跡の理由をたずねた。蛙はうやうやしく答えた。「頭領さま、わたくしはただ自分の身を助けたいばかりに鳴いているのでございます。それは亀がせなかにくっつけた大きな家をもちこんでやって来るので、わたくしはその下じきになりはしないかとこわくてならないのでございます」

「なるほど、お前のいう通りだ。かえってよろしい」とシヌクアンはいった。

つぎに亀がシヌクアンの館に呼びよせられた。到着すると、彼はへり下った様子をして、頭領の質問にこたえた。

「尊敬する頭領さま、なるほど、わたくしはわたくしの家を持ちはこびました。しかし、それは、蛍が火あそびをするので、家を焼かれはせんかと恐れたからでございます。火に焼かれまいとして、家を護るのはあたりまえではありませんでしょうか」

「お前のいう通りだ。かえってよろしい」と、シヌクアンはいった。

つぎの日に、蛍が館につれて来られた。頭領がどうして火あそびなどするとたずねたとき、蛍はものやわらかな口調で答えた。「べつに深い仔細もございません。ただ、蚊のするどい針から身をまもりたかっただけでございます」これも、もっともと思われたので、蛍はゆるされた。

さいごに、蚊がとりしらべられた。しかし、蚊は針をもち歩いていることに対して、べつだんのよい理由も持ちあわせなかったので、シヌクアンはかれに三日間の禁錮を申しわたした。蚊はしたがわないわけには行かなかった。そうして彼はこの幽閉のあいだに、声が出なくなってしまった。そこで、いまでも、雄の蚊は声を立てない。そして、いつでも、またひどい懲罰にあいはしないかとびくびくもので、針をもち歩いているのである。

# 大力《だいりき》ルーカス

むかし、ジュアン、ペドロ、ルーカスという三人の息子を持った一人の男があった。彼の妻は子供たちがまだ小さい時に死んだ。彼はその村の人びとが、ひどく嫌いであったので、ふたたび、結婚しようとはせず、ただ、子供たちの面倒をみることで日を暮した。貧乏であったために、父親は子供たちに教育をさずけることができなかった。それで息子たちは無智で、迷信ぶかく、育った。彼らは欧羅巴《ヨーロッパ》風の着物や靴についてもなにも知らなかった。ジュアンとペドロとはよく働いたが、ルーカスは怠けものであった。しかし、父親は末子のルーカスを愛していた。ジュアンとペドロとは、彼らの弟にすこしも気をかけなかった。怠け小僧は、いつも、ギュアバの実や、小鳥の巣をさがして、森や、川の土堤をぶらついてばかりいた。

ある日、森にやって来たルーカスは、一匹の蟒《うわばみ》をみつけた。彼はこの蛇の力のこもっているところは、尻尾の端の角のように硬い部分であることを知っていた。彼は力が強くなりたいと願った。なぜなら、彼の村では力の強いものがもっとも羽振りがきいたからである。そこで彼は蛇の力のもとを盗もうと決心した。彼は猫のように蛇にちかづき、鋭い歯で尾のさきを噛みきると、一散に逃げだした。蛇は追っかけてきたが、ルーカスはとても足早だったので追いつくことができなかった。蛇は力を失ってしまった。

ルーカスはたちまち村でいちばんの力持になった。彼はこの土地のヘルキュールス（怪力神）になっていた男をうち負かして、ひとびとを驚かせた。

ある日、王様はお布令を出した。「自分に金の馬車を持って来てくれる者には、王姫をあたえるであろう」王様のお布令をきいて、ジュアンとペドロとは、ぜひとも、その馬車をみつけて、褒美にありつこうと考えた。

ジュアンがまず運だめしをしてみることになった。彼はちかくの森に出かけて行って、金を掘りはじめた。昼になって彼が昼食をたべていると、子供をつれたひとりの年よりの癩病患者がやって来て、腰をかがめて、なにか食べものを恵んで下さいと乞うた。

「いやなことだ。食べものは俺の分だけしかないんだ。あっちに行け。きたない奴だ」

と、ジュアンは憎々しげにいった。

哀れな老婆は、涙をうかべて、去った。三週間、一生懸命にひどい仕事をつづけたジュアンは、しまいにはがっかりとなり、王姫を得ようなどという考えをすてて、家に帰った。

ペドロがつぎによってみたが、ジュアンと同じに、よい運にはめぐりあわなかった。彼も年よりの癩病患者に不親切であったからである。ルーカスの運だめしの番になった。山についた日、彼が食事をしていると例の老婆がやって来て、食べものをねだった。ルーカスは自分の弁当の半分をやった。癩病患者はお礼をのべ、彼に金の馬車だけでなく、一足の靴と、上衣と、ズボンとをもあたえようと約束した。そして、女はルーカスに別れを告げた。

九日が過ぎた。しかし、老婆はまだやって来なかった。待ちくたびれたルーカスは、こころのなかで、老婆の恩知らずをとがめはじめた。彼は、年よりの癩病患者に親切にしてやったことをひどく後悔した。やっと老婆はやって来たが、ルーカスに、自分のことについて、ルーカスが思っていたことをいいあてた。彼女はいった。「あたしが約束を果《はた》さんなぞと、思いなさるな、約束したものはみんな、あんたのものだ」老婆がまた消え去ったので、ルーカスはひどくおどろいた。次の日、まるまる肥えた二頭の馬にひかれて、金の馬車がやって来た。馬車のなかには、靴や上衣もズボンもあった。老婆が、あらわれて、上衣やズボンの着かたをおしえた。

彼は馬車に乗り、宮殿の方へ行った。途中、彼はひとりの男に会った。

「お前は誰だ」と、ルーカスはいった。

「俺は韋駄天《いだてん》だ。有名な走り手の息子だ」と、彼は答えた。

「角力《すもう》をとろう」と、ルーカスはいった。「力をためしてやろう。もし俺が負けたら、百ペソやろう。もし俺の方が強かったら、お前は俺といっしょに来なくちゃならん」
「よろしい、角力をとろう」と、韋駄天はいった。十分ほど揉みあったのち、ルーカスが勝った。彼等はいっしょに行った。

彼らはまたひとりの男に会った。ルーカスが、お前は誰だとたずねると、その男は、「俺は射手《いて》だ。有名な射手の息子だ」と、答えた。ルーカスは、また、彼と角力をとり、人間ばなれのした力で相手を打ち負かした。そこで、射手は、ルーカスと、韋駄天といっしょに行った。

まもなく、またほかの男にであった。「お前はなんという名だ」と、ルーカスはきいた。
「俺の名は、千里眼だ。俺はえらい千里眼の息子だ」ルーカスは千里眼に角力を申しこんだ。千里眼は負けたので、やむなく、三人といっしょに行くことになった。

最後に、一行は、「えらい吹き手の息子」である吹き手に出あった。彼もまたルーカスの家来の一人になった。

ルーカスは宮殿にたどりつき、王様の前に出た。彼は、うやうやしい言葉づかいで、王様に、自分は二つの用件を持って来たこと、すなわち第一に、金の馬車を王様に献じること、第二に王様の約束された褒美をいただきたいことを、申しのべた。

王様はいった。「お前が、もし、誰にでも若さと長命とをあたえる水を甕に入れて、わしの使者よりも早くわしのところへ持って来ることができるならば、わしの、娘をお前にやろう。その水はあの山から七つ目の山の麓にあるのだ」王様はこの都のいちばん近くにある山をさし示しながらいった。「しかし、もうひとつ、いいおくことがある。もし、この競争をして、お前が負けたならば、お前の首はないのだぞ」

「やってみましょう、王様」と、ルーカスは悲しげに答えた。

王様はそこで巨人の使者に、ふしぎな水の甕を持って来るようにいいつけた。ルーカスはおいとまを告げ、四人の友だちのところへ帰って来た。「有名な走り手の息子の韋駄天よ。大急ぎで、七つ目の山へ行って、若さと命とをあたえる水の甕を、俺のところに持って来てくれ」

韋駄天は力のかぎり走りだし、巨人に追いついた。しかし、巨人は、韋駄天の甕のなかに、彼を眠らせる金の指輪をそっと入れた。二日経っても韋駄天はかえって来なかった。そこで、ルーカスはいった。「えらい千里眼の息子の千里眼よ、どこに巨人と韋駄天とが居るか見てくれ」

忠実な家来は眺めまわし、韋駄天が眠っていて、巨人は町のすぐ近くまで来ていることを見た。そのことを話すと、ルーカスは、吹き手を呼んで、巨人を吹きかえすようにいいつけた。王様の使者は八ツ目の山のところまで吹きとばされた。それから、ルーカスはいった。「有名な射手の息子の射手よ、韋駄天が眼をさますように、甕のあたまを射てくれ」そこで、射手はたくみに射た。韋駄天は、とびあがって走り出し、ふしぎな水を持って、十二時間で、町に着いた。ルーカスは、王様に水をさしだしたので、王様はこの若者をやむなく自分の婿にしなければならなかった。

婚礼の日はたいへんなよろこびのうちに過《すご》された。王様をのぞいたすべてのひとびとは、ルーカスのために熱狂した。婚礼の日から三日経って、巨人は宮殿にたどりついた。彼は、自分の町のすぐ傍まで来たときに、大風が起《おこ》って自分を八ツ目の山まで吹きかえしたと語った。

# ユアン・プソン・タンビ・タンビと猿

チリン・チランは、ラ・カンパナとよばれている丘のふもとにあるタン・タン町の小さな部落であった。部落から一哩《マイル》ほどはなれて、この丘のまわりをマロガ川がながれ、町のひとびとはこの川で水浴びをするのを常とした。あるとき、この部落に疫病がはやり、たった一組の夫婦をのこして、すべての住民は死に絶えてしまった。この夫婦はユアン・プソン・タンビ・タンビという名のひとりの息子を持っていた。

ユアンが二十歳になったときに、父親が死んだ。そこで彼は自分と母親とを養う金を得るために働かねばならなかった。はじめ、ユアンは父親の職業であった漁師をやってみたが、それではわずかの金しか得られないのを知ると、百姓になろうと決心した。母親はすでに七十歳に達し、病気勝ちであった。ユアンは、母親の看護をするために野良仕事もたびたび休まなければならなかった。

ある日、ユアンは母親の薬を買うためにビット・ビットに行った。町へ行くみちで、彼は鳥の群れが彼の作物を食べているのを見た。それでも彼は、いっこう気をとめなかったが、かえりみちもなお同じ鳥がまだ作物を食っているのを見て、とうとう怒りだした。拳大の石をひろいあげると、彼はそれをちかくの藪のなかに投げこんだ。彼はかくれる間がなかったが、鳥どもはこの物音を聞いて、飛び立った。彼はとびだし、狙いをつけて石を投げつけたので、一羽の鳥が死んで地上に落ちて来た。彼はその鳥の屍骸《しがい》を竹の竿のさきにくくりつけ、彼の畑のまんなかに立てた。彼が行ってしまうと、また鳥どもが飛びかえって来たが、死んだ仲間を見ると、おどろいて飛び去ってしまった。かれらは二度と、ユアンの邪魔をしには来なかった。

六ヶ月もの間、ユアンは鳥どもから煩わされることがなかった。しかし、彼は、畑からあまり離れていない一本の大きな木のうえに、一匹の猿が棲んでいたことには気がつかなかった。この猿は毎日ユアンの畑にやって来ては、玉蜀黍《とうもろこし》の穂を二本か三本盗んでいくのであった。ある日、畑を横ぎりながら、ユアンはたくさんの玉蜀黍の茎が枯れているのを見た。彼はつぶやいた。「だれがここに来て、作物を盗んでいるんだろう。ながいこと鳥どもがやって来たことがないのに、こんなにたくさんの黍殻《きびがら》が落ちている」

家にかえったユアンは、自分とよく似た背のまがった老人の人形をつくった。それをねばつく封蠟でぬりかため、畑のまんなかに持っていって置いた。

つぎの朝、陽がきらきらとのぼって来ると、空腹になった猿は玉蜀黍を盗んで食べるために、畑の方へやって来た。彼はその案山子《かかし》を見た。それをユアンだと思った猿は、作物をとるまえに許しを得ておこうと考えた。「お早う、ユアンさん」と、猿はていねいにいった。しかし、案山子は返事をしなかった。「あんたはたいへん威張ってるんだね」と猿はつづけた。「あたしはただほんの玉蜀黍の二つか三つを貰いたいと思って来たんですよ。あたしは昨日からなんにも食べていない。もしあんたがあたしの頼みをきいてくれなんだら、あたしはあしたの朝までに死んでしまうでしょう」蠟ぬり案山子は、それでも動かずに立っていた。「聞いてるんですかい、ユアンさん」と、猿はいらいらしてどなった。「そんなに、返事もせんほどに威張ってるんなら、よいものを進上しよう。この通りだ」猿はそう叫ぶと、てっきりユアンだと信じて、案山子を右手でなぐりつけた。すると、彼の手は封蠟にくっついてしまって離れなくなった。「はなしてくれ」と猿は叫んだ。「でなかったら、もうひとつお見舞いするぞ」そういって左手で案山子をなぐると、また前と同じように、かたくくっついてしまった。「ユアンの馬鹿たれ、すぐに離さなきゃ、蹴飛ばすぞ」猿ははじめ片方の足で蹴り、つぎに残った足で蹴った。まったく動くことのできなくなった猿は、案山子を罵りはじめた。ちかくの藪にかくれていたユアンは姿をあらわして、猿にいった。「さあ、どろぼうを捕まえたぞ」彼は猿を殺そうとしたが、猿が一生懸命にあわれみを乞い、もし命を助けてくれるならば、いつかきっとその親切に報いるつもりだと約束したので、ユアンは猿を解きはなしてやった。

四月のことであった。ある日、ユアンに話す言葉を考えついて、そわそわしながら、猿は畑のところへやって来た。ユアンは一心に畑で働いていた。「お早う、ユアン旦那、たいへん、お忙しそうですな」と猿はいった。「まったく、忙しいよ」とユアンは答えた。

「ユアン旦那、あなたは王様の娘御と結婚したいと思いませんかね。もし、そうお思いなら、わたくしが、なにもかにもすっかりうまく取りはからってあげますよ」と猿はいった。

「うん」と猿が約束したことがはたしてほんとうかどうであるかをちょっと考えてから、ユアンは答えた。

猿は市場《マアケット》の方へ駈けて行った。市場に入ったときに、かれは一人の少年が金を勘定しているのを見た。猿は外の方へ行くように見せかけながら、少年の方へ近づいて行った。うまく手のとどくところまで来ると、彼はいきなり金をつかみとり、走ってユアンのところへかえって来た。ユアンにその由を話したあとで、猿は王様の宮殿にやって来た。そうしていった。「王様、わたしの旦那のユアンが、金をはかりたいので、あなた様の枡《ます》をお借りしたいと申して居ります」王様は枡をあたえた。三日ののち、猿は枡をかえすためにふたたび宮殿にやって来た。その枡の底には一銭銅貨が三つくっついていた。「ユアン旦那があつくお礼を申しあげてくれとのことでございました」と猿はいった。猿が出て行こうとしたとき、王様は枡の底にくっついている三つの銅貨に気づいた。「あ、猿よ、ここにお前の銅貨があるよ」と王様はいった。

「おう、おう、おう、おう、おう」と、猿は笑いながら答えた。「わたくしの旦那は三銭くらいなんとも思っていないのでございますよ。旦那はどっさり金を持っておいでですから。旦那はそりゃ金持なんです」自分よりも金持がいるときいて、王様はひどく驚いた。

二週間ほど経ってから、猿はまた宮殿にやって来た。「王様、ユアン旦那がもう一度、枡をお借りして来いとのことでございます。旦那はすっかり金を量ってしまいたいと申して居りますので」と猿はいった。

王様は好奇心にみたされていった。「枡は貸してやるが、そのかわり、まず、お前が旦那と呼んでいるユアンとはなにものか、わしにおしえてくれ」

「わたくしの旦那のユアンは、世界一の大金持なのでございます」と猿はこたえた。

枡をあたえる前に、王様は自分の部屋に行って、枡の角に四枚の金貨をはりつけた。こうしておけば、俺とユアンとどっちが金持かわかる」と王様はひとりごとをいった。枡をうけとると猿はていねいにお辞儀をして、かえって行った。

ユアンの畑の方に歩いて行きながら、猿は枡の底にある四枚の金貨に気がついた。かれはそれが王様によってわざとくっつけられたものであることを知った。二週間ののち、猿は枡をかえすために宮殿にやって来たが、かれは四枚の金貨を同じ場所にのこして置くことを忘れなかった。

「よいお天気でございます王様」と猿はいった。「ユアンの旦那がくれぐれもお礼を申しあげてくれとのことでございました」

「そうか、よしよし」と王様はこたえた。「だが金をはかるというお前の主人のことについてすっかりわしに話してくれんか。わしは王様じゃ。金をはかるのはわしより外にはない筈じゃが」

猿は、黙っていた。返事がないので、王様は貴族の一人であるカバル卿をふりかえって、小さな声でいった。「金をはかるというユアンというものをお前は知っているか」

「一度も聞いたことはありません。猿から聞くのがはじめてです」と貴族はこたえた。

王様は猿の方にむきなおっていった。「猿よ、もしお前がわしに、お前の旦那がどこに住んでいて、どんなものであるということをすっかり話さないならば、お前をくびり殺してしまうぞ」うたがいもなく、王様はユアンの莫大な財産に対して、ねたましくなって来たのである。

命がなくなるかも知れんとおそれた猿はいった。「わたしの旦那のユアンは、世界中でいちばん金持で、いちばん立派な人です。彼は、イロハニホヘト町に住まっています。彼は毎朝タンビ・タンビという縞模様の着物を着て教会に行きます。それで、彼はひとびとの間にユアン・プソン・タンビ・タンビという名で知られています。もし、王様が、明日の朝、窓からごらんになれますなら、彼があなたの庭を通っていくのが見られましょう」

王様の怒りはこの説明によって和らげられた。つぎの朝早く、王様は、ユアンなるものの面影を見るために、やや不安の気持で窓のところにいた。しかし、間もなく、彼の注意は縞模様の着物をまとった一人の猫背の男にとめられた。「この男が昨日猿が自分にいった男に相違ない」と彼はひとりごちた。まもなく召使がはいって来て、「猿がお会い申したいとて参って居ります」と告げた。

窓をはなれて、王様は猿の待っているところへ行った。王様を見ると、猿はていねいにお辞儀をしていった。「わたくしの旦那のユアンが、彼があなた様のお娘御を愛しているということを包まず申して来いとて、わたくしを遣わしました。もし、あなた様さえおよろしければ、彼はお娘御を嫁にもらうでありましょう」これをきいて、王様は、はじめはおこったが、もっとたくさん金が欲しいと思ったので、彼はとうとう、娘にきいても見ずに承諾をしてしまった。

「もしもわたくしの旦那が今日あなた様を、およびすることができませんならば、明日はきっと参るでございましょう」そういって宮殿を辞した猿は、町の方へ走ってかえったが、いまや彼がおちこんだ途方もない危険からなんとかして逃れる術はないものかと、種々思いめぐらした。ちょうどその時、山にいる自分の息子のところへ着物を、いっぱい入れた荷を運んでいく一人の老人が通りかかった。陽がかんかん照りつけていたので、老人は葉のしげった木かげに入って休んだ。彼がそこへ坐ると抜け目のない猿は木にかけ登り、力まかせに枝をゆすぶったので、木の実がばらばらと老人のまわりに落ちて来た。びっくり仰天した老人はなにもかもほったらかして逃げてしまった。老人が見えなくなると、猿は木を降りて来て、荷物をとり、ユアンのところへ持って行った。

猿はいった。「あした、あなたは王女のところへ婿入ができるでしょう。わたしのいうとおりにするならば、わたしがなにもかもうまくやってあげます」半信半疑で、ユアンは、いったいどうしたわけかとたずねた。「わたしを信用しないんですかね」と猿はいった。

ユアンの返事も待たないで、猿は、小屋をあとにし、丘のいただきに棲んでいる鬼どもの家へやって来た。そうして門を入ると、大急ぎで穴を掘りはじめた。そのとき、窓のなかから、鬼どもが猿を見つけた。降りて来た鬼どもは、すこしおどろきながらたずねた。
「いったいなにをやってるんだね」
「なにをだって。王様が戦争で負けたんだ。敵がもう王冠を奪ってしまった。王女も殺された。そして、明日の昼までには、ひとり残らず殺されてしまうというんだ」と猿は歯をがたがたいわせながらこたえた。「それで俺は命を助かるために地の中にかくれようときめたんだ」
三人の鬼どもは腕をつかみ、「とんでもないことだ。助けてくれ。おれたちはどこにかくれたらいいか、たのむから教えてくれ」と、もう恐れのためにぶるぶる、ふるえながらいった。
「おう、おう、おう、おう、おう、はなしてくれ。もう敵がやって来る」
これをきいて、鬼どもは口々に、叫びたてた。
「かくれる場所をおしえろ」
「ここに穴を掘らせないなら、俺は井戸に飛びこんでしまう」と猿は嗄れ声でいった。
井戸という言葉をきくと、鬼どもはわれさきに井戸の方へ飛んで行った。あとからつづいた猿は「いちばんに俺に飛びこましてくれ」と叫んだ。

「いや、俺たちの方が先だ」鬼どもはそう叫んで、われ先に飛びこんでしまった。猿はあとからとびこむふりをしただけで、そこにあったいちばん大きな岩をもちあげると、井戸のなかに投げ下した。「くたばりやがった。うまくひっかかったな。はっ、はっ」と猿は笑った。

鬼どもが死んでしまうと、猿はさてどうしようかとちょっと考えた。かれは宮殿のなかに入って行った。すべてのものがすばらしかった。「これはうちの旦那の住むに持って来いだ」彼はさいしょの部屋をひらいた。そこには骨がいっぱいつまっていた。扉をしめて、つぎの部屋をひらいた。そこには、鬼どもから食われるのを待っている多くの捕われびとがいた。かれはそのすべてを、自由にしてやり、すぐに宮殿のなかを取りかたづけるようにいいつけた。猿の親切に報いるために、すべてのひとびとは働きはじめた。宮殿を去る前に、猿はひとびとにつぎのように申しわたした。「みなさん、もし誰かがここにやって来て、お前さんがたの旦那は誰かと、たずねたら、ドン・ユアン・プソン・タンビ・タンビだと答えて下さい」

宮殿の掃除をするのに忙しいひとびとをのこして立ち去り、猿が畑の方にやって来ると、そこに数千の馬や、牛や、羊がいた。

「なるほど、俺の旦那はまったく金持だわい」と猿はつぶやいた。木の下に寝ころんでいた牧人を、よんで、かれはいった。「もし誰かが来て、これらの動物は誰のものだときいたら、ドン・ユアン・プソン・タンビ・タンビのものだと答えるようにと、ほかの仲間にもいってくれたまえ。いまは、ドン・ユアンが諸君の旦那だ」

すべてが、思う通りになったのを見とどけてから、猿は、なおも畑を耕やしている旦那のところへ急いだ。「鋤を棄てなさい。王様の宮殿に行きましょう。今晩、あなたは王女の、ドニア・エレナと結婚するのです」

夜が来た。宮殿は美々しくかざられた。縞模様の着物をまとったドン・ユアンが、猿をともなって、宮殿の門から入って来たとき、王女は、父王のかたわらに座っていた。やがて牧師がやって来て、王女は、応接間に呼び入れられた。花婿の姿を見たときに、彼女は、絶望にみたされ、逃げ去って、父王のところに来て泣いた。「お父さま、どうしてお父様は、あたしの夫にあんな卑しい、きたならしい、猫背の男なぞを選んで下さった。彼はもっとも下等な男だわ」

しかし、王様は答えた。「あの男は金持なのだ。あの男の嫁にならんというなら、お父様は承知しないぞ」王女は父に従わなければならなかった。しかし、彼女は、ドン・ユアンに手をにぎらせないうちに「ああ、神様、わたくしの命をお召し下さい」といった。

婚礼の式が終ると、王様は猿をよんでたずねた。「夫婦《めおと》はどこに住まうんだね」

「ドン・ユアンの宮殿でございます」と猿は答えた。

王様はただちに、馬車の準備を命じた。そこで一同は出発した。四時間ほど経ったが、まだ宮殿は見あたらなかった。王様はいらいらして、猿にいった。「猿よ、お前のいったことが嘘であったら、お前の首はないのだぞ」そういい終らないうちに、彼は家畜の大群を番している多くの人々を見とめた。「この家畜の飼主は誰か知らん」と王様はいった。

猿が目くばせすると、三人の牧人が走って近づいて来た。「今日は、王様」と彼らはいった。

「今日は」と王様はこたえた。「その家畜は誰のだね」

「ドン・ユアン・プソン・タンビ・タンビのものでございます」と牧人は答えた。

王様はうなずき、「なるほど、彼はほんとに金持だ」とつぶやいた。やがて宮殿が見えて来た。こんな素ばらしい建物を見て、王様はどういったらよいのかわからないくらいだった。「宮殿どころじゃない、まるで天にのぼったようだ」と彼はいった。

中に入ると、ますます立派なのを知った王様は「わしはこの地上でいちばん金持だと思っていたが、それは間ちがいじゃった」といった。彼はまもなく喜びのあまり死んだ。王様の遺骸は黄金の柩におさめられ、教会に葬られた。

夫婦は彼の領地を受けついだ。しかし、女王エレナも自分の見っともない夫に我慢がならず、二週間のちに悲しみのあまり死んでしまった。そこでユアンは二つの王国の支配者になった。猿は彼の総理大臣になった。

この物がたりは慈悲ぶかい者は、しばしば、報いを受けるということを示しているのである。

# アモル・セコ草

むかし、昔のこと、まだ神々が人間と交わることを好んでいた時代に、アメジクという一人の若い神が、地上を散歩するために、マジャの山に降りて来た。

パナエの村に来る途中、急にはげしい風がまきおこって、舞いあがった路の埃が彼の眼に入った。どうして取りだしたらよいのかわからないので、彼は道傍に坐り、助けをもとめて泣いていた。通りかかったひとりの若い娘がこれを見て、花籠を下におき、彼を助けに来た。眼をあけることができたとき、若い神はこれまで一度も見たことのなかったほどの美しい者を見た。彼女の微笑みのあでやかさに魅せられて、彼はもう、どうにもならぬほど、彼女が好きになった。

「ああ」と、アメジクは彼女を見つめながら、ひとりごとをいった。「彼女の鳶色の髪は長くたれて膝までもとどき、彼女の眼は深夜の星をうつす二つの清らかな池のようだ。肌は金のように気品があり、野生のチャンパカの花の香りがする。彼女の唇はマコパの果物のように赤い。きっと彼女は高貴の生《うま》れにちがいない」

彼は彼女の名をたずねた。娘は自分がなにものであるかを告げるかわりに、笑いながら、自分でさがしたらよいでしょう、といい、きれいな足で走れるだけの速さで、ちかくのふさふさした玉蜀黍《とうもろこし》畑のなかに駆けさり、見えなくなってしまった。

娘がなにものであるかを知るのに、アメジクは大した時間を要しなかった。というのは、アメジクの「世にたぐいなく美しいもの」という言いかたにあてはまる者は、王の一人娘であるマイルジャをのぞいて外にはないことを、彼の会う村人の誰もが知っていたからである。マイルジャは遠くや近くの多くの王子たちから、嫁に欲しいという申込をうけているので、彼女の父は誰に娘をやったものか定め兼ねた。そこで、月があと二度、満ちたり欠けたりしたあとで、大試合が催され、求婚者たちのうち、すべての武術競技において、誰がもっとも優秀であるかがためされることになった。そういう話をアメジクは聞いた。そして剣のもっともたくみな使い手で、馬術の秀でた者に対して、玉のような褒美、王の一人娘であるマイルジャがあたえられるというのである。

　さて、しかし、アメジクがはじめてマイルジャに会う前に、この若い娘の心は、すでに、彼女といっしょに生いたった豪胆にして勇敢なる酋長、マイソグに惹きつけられていた。また、パナエの王の臣下たちの誰もが、このことを知っていた。しかし、人々は、マイルジャがマイソグ以外の者の嫁になることを好まなかったけれども、試合についての王の布《ふ》告《れ》に反対はしなかった。なぜなら、すべてのひとびとは、マイソグが競技の勝利者となるにちがいないことを信じていたからである。

ひとびとは語りあった。「マイソグが負けるなんてことがあるもんか。彼は素手で獰猛な水牛の角をひっこぬいて殺したことがあるじゃないか。彼は網なしで大荒れの河床から鰐を生けどって来たこともあるじゃないか。弓で、すばしこく飛んでいる燕を射落したことだってあるじゃないか」片方では、アメジクは、ま近《ちか》にせまった試合で、マイソグが勝つことについて、村人たちがこのようにいろいろと証拠をあげることを嘲笑っていた。今度の大試合では、彼は人間ばなれのした自分の力で、すべての求婚者をやすやすとうち負かすことのできることを知っていたからである。

大試合の日は来た。パナエの村は稲田と森とにとりかこまれて、巨大な花のように咲き開いた。すべての通りには、彫刻され彩られた竹の柱が立てられ、それは山から取って来た新緑の蔓草《つるくさ》と羊歯《シダ》との花綵《はなつな》で結び飾られた。さまざまの色の絹の旗はたがいに美しさをきそい、通りに撒かれた花々は村を華やかにすることのために、たがいに相手にうち勝とうとした。あらゆる形と音とを持った鉦《ふせがね》や太鼓《ガメラン》は、かぐわしい微風とともに、聞くもののこころをうっとりとさせた。国中のひとびとがパナエに押しよせて来た。すべての若者もそこに集まった。王の宮殿の前に、大きな競技場が作られた。玉座として、競技場のもっとも目立つ場所に、手彫りのチーク材で壇が高くしつらえられた。

マイルジャは姻戚の婦人たちと、数百人の招待された他の王と酋長との、娘たちとにつきしたがわれて、真珠の繡いつけられた天鵞絨《ビロード》と緞子《どんす》の花吊床《ハンモック》のうえにある王座のきらびやかな席へついた。そして、金の角のある二匹の水牛によって支えられた。三段の黄色い日傘の下で、彼女はあたかも天から降りて来た女神がそこへ坐ったかのように見えた。

彼女を見たものは、みんな叫んだ。

「ああ、この天から降った花にふさわしいためには、お婿さんはとてもすばらしい人でなければならん」

法螺貝が鳴りひびき、つづいて、太鼓と銅鑼の轟音がおこって、試合は開始された。きらびやかな衣裳をまとい、マイソグとアメジクとをふくむ五十六人の王子たちが、軍馬にまたがって、競技場に入って来た。剣術、乗馬、弓術、槍投げ、角力など、あらゆる武技がこころみられ、競技が行われた。競技者が、他の者と男らしい手練をたたかわすのを見て、群衆はどよめき、叫んだ。正午ごろにはわずか十六人が厳しい試練に残った。陽が西へかたむきはじめたときには、ただアメジクとマイソグとが敗退せずに残ったのみである。

「午後中、アメジクとマイソグとはたがいに技を競いあった。マイソグがなにかの競技で高い点をとると、つぎには、いつも、アメジクがその競技で同じ点をとった。剣術でも、弓術でも、馬術でも、彼等はまったく同じであったので、王は、槍投げを最後の試験とすることを提議した。一個の椰子の実が二人の競技者から五百歩のところに置かれた。いずれも、順々に、的の中央にただしくあてた。距離はしだいにのばされ、千二百歩までになった。しかし、なお、二人とも成功した。椰子の実が千五百歩まで動かされたとき、マイソグは的をはずした。しかし、神であるアメジクは、風の助けを得て、的にあてることができた。彼は勝利者であると宣言された。

　マイルジャがもはや自分のものではなくなったという思いに、気も狂わんばかりになったマイソグは、剣をとって自殺した。

　翌日はアメジクとマイルジャの婚礼の日と定められた。さまざまの宝石と絹とで美々しく飾られているにもかかわらず、マイルジャは、父から花婿の手へわたされたときには、たいへん悲しげに見えた。王女がけっして幸福ではないことをよく知っていたひとびとも、また、悲しげであった。婚礼の式が終ると、マイルジャは、花嫁の衣裳をなげすて、父のかたわらにあった短剣をとって自分の胸につき刺した。

「アメジクさま、この身体はあなたのものでも、わたしの愛は死んだマイソグのものです。わたしが彼のあとを追って冥土へ行くことをおゆるし下さい」

と、彼女はいった。

マイルジャが死ぬと、アメジクは地上に対する愛着も興味もなくなった。彼は天上の家へかえるために、マジャの山をのぼって行った。山の奥ふかくへ来たとき、彼は他の神々に出会った。神々は、彼に、地上におけるもっとも好もしい者たちの恋ごとを、どうして邪魔だてするのかとたずねた。ひどく怒った神々は、アメジクをアモル・セコ草に変えてしまった。「人間の愛の神聖を破ったかどにより、われわれ神々は、ここに、汝にたいして、汝が常に永久に、汝のかたわらに来るいかなるもの、また、あらゆるものに愛着するように宣告する。そうして、汝は、つねに、汝のかたわらに来る者が、汝を嫌悪するにもかかわらず、その者に執着せよ」と、いいながら。

そこで、いまでも、フイリッピンの野原で、乾燥期であると雨期たるとを問わず、涸れた愛という意味を持つアモル・セコ草(1)は、この草のそばを通る誰でもの裾やズボンに、ひどくいやがられながらも、くっつくのである。

（1） Amor-seco＝日本のひっつき草。九州にてはひっつきぼうという。ビサヤ語*で「乾燥した愛」の意。

＊「アモル・セコ」は、ビサヤ語にかぎらずフィリピン各地で使われている。

# 鳥と竹

ある島に一本のすばらしく大きな竹がのびて来た。その竹はまわりがとても大きく、ほかのどの竹よりも太かった。一羽の鳥が地に降り、その竹をつつきはじめた。すると、竹のなかから、もっとひどく啄《つつ》け、もっとひどく啄《つつ》け、という声がした。鳥ははじめはびっくりしたが、やがて、なにがなかにいるのか知りたいと思った。そこで、いっそうはげしくつついた。なおも声は、もっとひどく、もっとひどく、といった。とうとう、すさまじい音を立てて竹は根元から先まで割れた。一人の男と、一人の女とが、そこから出て来た。鳥はおどろいて、飛び去ってしまった。男はていねいに腰をかがめて、女にお辞儀をした。彼等は、竹の別々の節にいたので、これまで顔を合わしたことは一度もなかった。

　彼等は世界でさいしょの男と女とであった。

# 小鳥のできごと

「どうして、馬君、僕の卵にさわったんだい。すっかり割れてしまったじゃないか」と小鳥はいった。

「雄鶏が鳴いたからだよ。俺ゃ、びっくりしたんだ」と馬はいった。

「どうして雄鶏君、鳴いたんだい。馬がびっくりして、僕の卵を割ってしまったじゃないか」と小鳥はいった。

「亀が家なんか持って来たからだよ。それで僕は鳴いたんだ」と雄鶏はいった。

「どうして、亀君、家なんか持って来るんだい。雄鶏が鳴いたので馬がびっくりして、僕の卵を割ってしまったじゃないか」と小鳥はいった。

「蛍が火を持って来たからだよ。俺や家を焼かれやせんかと思ったんだ」と亀はいった。

「どうして、蛍君、火なんか持って来るんだい。亀がおそれて家をもって行き、雄鶏が鳴いたので、馬がびっくりして僕の卵を割ってしまったじゃないか」と小鳥はいった。

「僕があかりをともさなかったら、蚊が僕をさすからだよ」と蛍はいった。

「どうして蚊君、蛍をさすんだい。蛍が火をともすんで亀が家をもちあるき、雄鶏が亀を笑ったんで、馬がびっくりして、僕の卵を割ってしまったじゃないか」

「ユアンが蚊帳なんか釣るからだよ。僕にゃ蛍よりほかに刺すものがありゃしない」と蚊がいった。
「どうして、ユアン君、蚊帳なんか釣るんだい。蚊が君を刺すことができんので蛍を刺そうとしたので、蛍は火をともし、亀がおどろいて家をもって逃げ、雄鶏が鳴きたてて馬をびっくりさせたので、僕の卵を割ってしまったじゃないか」と小鳥はいった。
「血を吸われては困るからだよ」とユアンはいった。

# 悪魔と風来坊

むかし、ある町のはずれに、ビリアンとよぶうつくしい娘を持ったひとりの信仰深い老寡婦が住んでいた。町のあちこちから若者たちがビリアンを嫁にほしいといって来たが、母親はいつも貧乏人よりも金持の方を好んだ。ビリアンの友だちが彼女によい相手だといって話すたびに、彼女はそれを拒絶し、いつでも、そんな男のところに嫁にゆくくらいなら、悪魔を亭主にもった方がましだと答えた。

ある日、ビリアンが友だちにそういう返事をしていることを、悪魔がきいた。気をよくした悪魔は、気高い家柄の若者のように姿を変えて、ビリアンの愛をかち得ようとて彼女の家にやって来た。彼が一見、高貴の人のように見えたので、母親と娘とはいとも鄭重にこの見知らぬ男を迎えた。彼のすばらしい衣裳はどの競争相手よりも立派であった。ビリアンの家に行って数週間経ってから、老寡婦は、ある日、つぎの火曜日に婚礼の準備をするために来てくれるように、と、彼に告げた。結婚式の前の日曜日に、彼はビリアンと長いこと話をした。彼はおだやかな口調で、彼女にむかって、あなたの頸にまいている十字架は、あなたをみっともなくするから、はずして貰いたい、といった。しかし、その十字架は彼女が子供のときからつけているものなので、ビリアンはそれを拒んだ。彼がかえってから、ビリアンは彼が彼女にいったことを母親に告げた。

つぎの日、母親は教会に行った。彼女は、牧師に、娘の花婿が娘の頸につけている十字架を下せと命じたことを話した。牧師はその男は悪魔なのだといった。神の子である人間なら、だれでも十字架をつけているものが見っともなく見えるなどということをいう筈はないからである。牧師は母親に聖母マリヤの小さな像をあたえた。そしてこれを花婿に見せ、もし彼がこれを見て背をむけるようであったら、彼女の珠数で彼の頸をしばり、大甕のなかに入れて、少くとも二十一呎《フイート》の深さに地に埋めるようにとおしえた。

母親は自分の娘を悪魔にやると約束したことを歎き悲しみながら家にかえって来た。母親は娘に花婿となにも話をしてはいけないといった。悪魔がなにをいいだすかわからないからである。夜が来て、花婿は同じように盛装した一人の友だちとともにやって来た。母親は彼らをていねいにもてなした。彼らは婚礼のことについて話しあった。老寡婦が聖母マリヤの像をもちだすと、二人の男は彼女に背をむけた。彼女はすぐに娘の花嫁の頸に珠数を結びつけた。ビリアンが、「干した赤えいの尾」を右手に持って入って来た。彼女はそれで力まかせに花婿を鞭うった。それから二人は力を合わせて彼を大甕のなかに入れた。二度と地上に出て来るなと叫びながら、母親は聖水でぬらした布で甕に蓋をしてしまった。もう一人の悪魔はおどろいて消えてしまった。

つぎの日、ひとりの風来坊が老寡婦の家のそばを通りかかった。彼女は彼を呼び入れ、甕をみせて、これを二十一呎《フイート》以上ふかく地に埋めてくれるようにたのんだ。いくら礼をくれるかと彼がいったので、十ペソあげようと約束した。彼は承知し、甕を右肩にのせて出て行った。しずかな場所にやって来たときに、彼はなにか後の方でささやく声をきいた。彼は立ちどまって、あたりを見まわしたが、誰もいなかった。彼はしばらく休憩するために、甕を下におろした。すると、そのささやき声が、甕のなかから聞えて来るのを知って、彼はびっくりした。

「君は誰だい」と風来坊はたずねた。「人間かい、それとも、悪魔かい」

「悪魔だよ、友だち」と声はこたえた。「おいぼれ婆が俺を甕にとじこめてしまったんだ。可哀そうと思うだろう。俺を出してくれ」

「俺ゃ、あの婆さんにお礼をもらうことになってるんだから、婆さんのいいつけに従わんわけにゃいかん。俺ゃお前を二十一呎《フイート》よりもっと深く埋めるつもりだ」と風来坊はいった。

「君がもし三呎《フイート》の深さに埋めてくれるなら、お前に金をどっさりやろう」と悪魔はいった。

「金をうんとくれるんなら、一呎《フイート》半くらいに埋めてもよい」と風来坊はいった。

「五百ペソやろう」と悪魔はいった。「あのマボロの木の株のそばの土を掘れ、そこに、金の入ったよごれた黒い財布がある筈だ」

悪魔を埋めたあとで、風来坊はマボロの木のところへ行って、金をとった。そして彼はちかくの村に行き、賭博にふけった。すっかり金がなくなると、彼は悪魔のところへかえって来た。「俺ゃお前のくれた金をすっかりなくした。どれ、お前を二十一呎《フイート》のところに埋めてやろう」と彼はいった。

「そんなに深く埋めてくれるな、友だち」と悪魔はおだやかにいった。「この前の二倍の金をやろう。さっきと同じところに行ったら、ほかの財布がある筈だ」

金をとった風来坊はまた賭けごとをするために、村に出かけた。また、彼は金を失った。悪魔のところにかえって来た彼は、おこって、どうしていつもお前のくれた金はなくなってしまうのだと、たずねた。「俺は知らんよ」と悪魔はこたえた。「君は今は一銭も持っていないというが、俺はもう君に千五百ペソもやったんだ、もう、俺を出してくれてもよさそうなもんだ」

「出すわけにゃいかん」と風来坊はいった。どれ「三十九呎《フイート》に埋めてやろう」

「よいことがある」と悪魔はいった。「こいつは君にも気に入るだろう。しかし、俺がその思いつきを話す前に、君が王様の娘御を嫁にもらいたいかどうかを、俺に聞かせてくれ」
「俺ゃいつか王様になりたくって仕方がないんだ」と風来坊はいった。「だが、お前はどうして俺を王女の婿にすることができるんだ。お前はただのつまらない悪魔で、俺は見すぼらしい風来坊じゃないか」
「お前が俺を出してくれたら、俺は王女の口からとびこんで、脳のなかに入りこんでしまうんだ。そうして、医者ではなおらんようなひどい頭痛をおこさせる。王様はきっと娘の病気をなおしてくれた者には娘をやるというおふれを出すにちがいない。このおふれをきいたら、君はすぐに宮殿に行って、王様に自分がなおしましょうと申しあげるんだ。王女のところに行ったら、君が来たことを俺に知らせてくれ。俺はすぐに彼女から出てゆく。そこで王女はもとどおりになって、君は彼女と結婚することができる。宮殿に来ることを忘れてはいかんよ、俺は君の親切に報いるつもりで居るんだから」
風来坊は悪魔を逃しておいてから、自分は町の方へ出発した。三日も経たぬうちに、彼は兵士の一隊が「王姫の病気をなおしたものには、姫君を下される」と叫んでいるのに出

あった。

彼は兵士をとどめ自分が王女の病気をなおすことができると告げた。彼らは風来坊を王様のところへつれて行った。すべては約束どおりになっていた。彼は三日以内に王女の病気をなおすことができなければ、命をうばわれ、なおすことができたならば、彼女と結婚することができる、と申しわたされた。彼は王女の部屋に導かれた。彼女に近づいた風来坊は、悪魔に、いまやって来たと告げた。

「さあ王姫から出ていけ。でなかったら俺は死刑にならねばならん」

しかし、悪魔は仇討をしてやろうと思ったので、出ていくのを拒絶した。そして、おまけに、風来坊にむかって、俺はお前の死ぬことを望んでいる、お前を地獄におとしてやるなどといった。

風来坊はだんだん望みを失って来た。三日目の朝になって、彼は敵を追いだすうまい考えが浮んだ。彼は王様のところにいき、ちかくの教会にある鐘を全部うち鳴らし、その間に宮殿中の人たちに、「あの女が来た」と大声で叫ばせてくれるようにたのんだ。すべての音や声がしはじめてから、風来坊は王女にちかづき、悪魔にむかって、例の老寡婦がいま珠数を持ってやって来る、と告げた。これを聞いた悪魔は、びっくり仰天して、王女を去り、消えてしまった。つぎの日に風来坊と王女との婚礼が行われた。

# 三人兄弟

むかし、三人の息子を持った年よりの女があった。いちばん下のチトが五つのときに、亭主は死んだので、母親は三人の子供を自分の手ひとつで育てなければならなかった。家はとても貧乏だった。気だてのよい女は一生懸命に働いたので、息子たちは丈夫な青年に育ちあがった。

ある日、母親は三人の息子たちを呼んでいった。「さあ、もうお母さんはこれ以上、お前たちにしてやる力はない。お前たちは、めいめい、運をさがして世の中へ出て行くがよい。九年経ったら、また、家へかえって来て、お前たちがなにかできるようになったか、お母さんに見せておくれ」三人の息子たちは承知して、つぎの朝、家を出ようと決心した。

つぎの朝早く、三人の兄弟、いちばん上のアンノ、つぎのペルト、いちばん下のチトは、母親に別れを告げて、旅に出た。三人は広い道を行くうちに、三つの方向に路がわかれているところに来た。そこに、彼らは立ちどまって、相談をし、アンノは北の路を、ペルトは南の路を、チトは東の路を行くことになった。わかれる前に、アンノが九年目の終りの日に、母親のところに行く前に、この別れ道で会うことにしようと申し出た。そこで、おのおの、おたがいの幸福をいのりながら、それぞれの道を行った。

さて、話を簡単にするが、九年目の終りに、三人の兄弟はきめられた場所で落ちあった。

彼らはおのおの九年の間に、自分がなにを覚えたかを語りあった。アンノはずっと硝子工場にいて、コップを作る術《すべ》を習得していた。ペルトはずっと造船所に雇われていて、九年の間に、船つくりの名人になっていた。いちばん下のチトは、不幸にも、さる名うての盗賊である悪者の仲間に落ちて、この一味のうちでもっともすぐれて巧妙などろぼうになっていた。それぞれの運を聞きあってから、三人は家へ出発した。ふたたび息子たちを見て、母親のよろこびはひととおりではなかった。

家族がもとのようにいっしょに暮すようになってから、間もないときのこと、王様はひとつのお布令を出した。それは、彼の美しい王姫アメリアが豪勇な外国人にさらわれたので、彼女がどうなっているかを知らせてくれ、彼女を宮殿につれかえった者に対して、彼女と結婚することを許す、というのであった。この知らせをきいて、三人の兄弟は彼らの知識を役立てて、行方不明になった王姫をさがしだそうと決心した。アンノは、人間の眼では見ることのできないことが、なんでもそのなかにあらわれるひとつの秘密のコップを持っていた。この道具で、王姫の居場所をみつけることができると、彼は兄弟たちに語った。彼はコップのなかをのぞきこんで、王姫がある島の塔に幽閉されているのを見た。この知らせを王様にもたらすと、王様はどうしたら彼女を救いだせるかとたずねた。「そのあとは、わたくしたちがやりましょう」と下の二人の兄弟はいった。

そこで、ペルトは一隻の船をつくった。できあがると、三人の兄弟はそれに乗りこみ、王姫の幽閉されている島へ航海した。しかし、彼等は塔が多くの武装した兵士によって張番されているのを知った。王姫を救いだすことなどはとてもできそうもなく思われた。

「なんの、おやすいことだ」と、チトはいった。「ここで僕のかえって来るのを待っていらっしゃい。王姫をつれて来よう」

名だたる若い盗賊は、王姫をぬすみだしに出かけた。腕におぼえのあることとて、彼は王姫を救いだし、船につれかえることに成功した。そこで、四人はまっすぐに、宮殿へ漕ぎかえった。美しい王姫はふたたび父のもとへ送りとどけられた。王様は非常によろこんで、娘のかえって来た祝いとして、宮殿で盛大な饗宴が張られた。饗宴が終ると、王様は、三人のだれに娘をやったらよいのかとたずねた。三人はいずれも自分が欲しいと思い彼らのあいだにいさかいが起った。王姫を救いだすために、三人のやったことが、いずれも甲乙のないことを知った王様は、だれにも娘をやらないことに腹をきめた。そのかわり、自分の財産の半分を、公平に、アンノとペルトとチトとにわけてやった。

# サラゴサ物語

むかし、ある村に、ルイスとマリアという貧乏な夫婦があった。マリアはよく働き、すなおであったが、ルイスは怠けもので、わがままであった。三人の子供が夫婦の間に生《うま》れたが、洗礼を受けないうちに、死んでしまった。おかみさんはもう一度子供がほしいと思い、ルイスは、生れたら是が非でも長生きをさせようと決心した。まもなく、マリアがつぎの子供を生むときが来た。生れた子供が、ほかの子のように、名前もつけないうちに死ぬかも知れないと心配したルイスは、生れたつぎの朝、洗礼を受けさせようと心にきめた。マリアは夫のこの決心を非常にうれしく思った。彼女も、ほかの子供たちが早死にしたのは、たしかに、洗礼を受けさせることを愚図ついていたからだと思いこんでいたからである。

つぎの朝、赤ん坊を抱いて、ルイスは教会へ急いだ。しかし、あまりあわてたので、誰が名づけ親になるかを、おかみさんにきくのを忘れた。どうしたものかと思案していると、ひとりの見知らぬ男が傍を通りかかった。その男に、彼は声をかけた。

「お前さん、お願いだから、わしの子供の名づけ親になって下さらんかの」

「よろこんで」と、その男は答えた。

そこで、二人は教会に入り、子供は、父の名をついで、ルイスと名づけられた。式が終ると、ルイスはサラゴサ（これが名づけ親の名であった）に、御馳走したいから家に来て下さらぬか、とたのんだ。サラゴサは、さいしょはどうしようかと考えたが、ルイスの村についたとき、招待を受けることにきめた。サラゴサはやさしい心の持主であったので、彼を招待し、数日をいっしょにすごしたルイス夫婦から信用された。やがてルイスとサラゴサとは仲のよい友だちになり、大切なことはいつでも二人で相談しあった。

ある夕方、二人はいろいろなことを話し合っていたが、たまたま、話はこの王国のできごとに移った。ここの王様は、国民のすべての種類の財産に重い税金をかけ、それでたいそう金持になったのだ、ということを、ルイスは友人に話した。この話に心をうごかされたサラゴサは、ひとびとの苦しみの仇をうってやろうと決心した。

暴君をこらしめるのにどうしたらよいかわからなかったルイスは、決心がきまらなかった。そこで、サラゴサは、宮殿の地下室に隠されている宝を盗みだしてやるのだと説明した。ルイスはこの計画をひどくよろこんだ。それは、サラゴサが、彼ら夫婦を金持にさせ、気楽に思うままに暮せるようにしようとの考えであると思ったからである。

そこで、ある夕暮れのこと、二人の友人は、鶴嘴《つるはし》と、鍬《くわ》と、シャベルとを持って、宮殿の方へでかけた。小さい扉口のそばの地下室にちかづくと、地下室の壁の根のところを掘りはじめた。数時間、同じ動作をくりかえしたのち、やっと、内部へ通ずるひとつの穴をさがすことができた。サラゴサは中にはいり、二人が運べるだけの金を、たくさんの袋のなかに詰めこんだ。夜の間に、なんとか地下室へ往復し、そのたびに、できるだけ多くの金を家へ運んだ。長い間この秘密な道は発見されなかったので、二人の友人は、彼らの莫大な蓄えをますます増やす機会をのがさなかった。サラゴサは、貧乏な友だちに、惜気もなく、どっさり分け前をやった。しかし、彼の友だちはわがままで、絶えず、もっと公平にしなくちゃ、などと、文句をいった。

やがて、王様は彼の宝の量がすこぶる減ったことに気づいた。そこで、彼はどういうわけで、こんなに金がなくなったのかを調べるように、兵士たちに命令した。丹念にしらべた結果、兵士たちは秘密の通路を発見した。激怒した王様は、盗棒《どろぼう》を罰することを協議するために、侍従官たちを召集した。

しばらく経つと、二人の友人は、もっと金の袋を増すがよいか、あるいは、もう、これ以上、盗みをすることをさし控えるがよいかについて、熱心に語りあった。サラゴサは、とくと熟考したうえで、最初のことをくりかえすより、別の計画をたてた方がよいと提議した。しかし、まるで、因縁にでもとりつかれたように、ルイスは、もう一度、地下室にでかけよう、と主張し、あべこべに、どうしてそんなに不安がるのかとたずねた。彼のよい分別を説き伏せられて、サラゴサは、宮殿へ行く友人にしたがった。そうして、たどりつくと、前とすこしもかわらぬ状態で、秘密の通路が残っているのを知った。ルイスは身体をかがめて、穴のなかに入った。すると穴のなかで、ひゅっ、という風を切る矢の音が聞え、同時に、ルイスの弱々しい声が洩れて来た。

「どうしたんだ。やられたのか」と、サラゴサはたずねた。

「わしはもう駄目だ。息子をよろしくたのむ」

それが、ルイスの最後の言葉であった。

サラゴサは、どうしたらよいかわからなかった。彼は友だちの身体を引きあげようとしたが、だめであった。ルイスの身体は、二本の重い木のあいだにかたく挟まれ、多くの矢によって刺し貫かれていた。しかし、サラゴサは分別にたけていた。彼はルイスの屍体が発見されたときの結果をおもんぱかって、首だけを切り、身体をあとに残したまま、家へかえった。彼がマリアにこの不運な知らせをもたらすと、彼女は身も世もあらぬほど、歎き悲しんだ。彼女は、夫の身体をなぜ切りはなしてしまったのか、とサラゴサを詰《なじ》った。彼は、そうするより仕方がなかった、ルイスだということがわかれば、我々はすべて露見することになってしまうからだと説明して、彼女を納得させた。若いルイスを腕のなかにいだいて、マリアはいった。

「あなたの名づけ子のために、父親の身体はすっかりいっしょに葬られなくてはなりません」

「わしも男だ、あんたの思っている通りにすることを約束する」と、サラゴサは答えた。

一方、王様は顧問官たちと、盗難について協議を重ねていた。最後に、ぜひとも共犯者をさがしだすために、王様は、兵士の一隊をつきそわせて、屍体を町や近くの村の目抜き通りに運び、死人に対して同情を示す者があったら、誰でも、ひっとらえて来いと兵士たちにいい含めた。ある朝早く、兵士の一隊は出発し、街の目抜きを通り過ぎた。行列が、サラゴサの家の前に来たとき、窓のところにいたマリアは、彼女の夫の身体をみとめた。彼女は、ああ、旦那さま、と、思わず叫んだ。

兵士が家のなかに入りこんで来るのを見ると、サラゴサは声をかけた。

「あなたがたは、なにが御入用なんですか」

「あの女をひっとらえるのだ」と、護衛兵の隊長はいった。

「なんですって。あれはどんな罪も犯してはいませんよ」

「あいつは、あの死人のやもめだ。あいつは自分でそれを証明した。あいつは、死人を見て、自分の亭主だと叫んだのだ」

「誰があれの亭主なのですって。それは、私のことなのですよ。私が気づかずに、息子を怪我させたので、あれがそういったのです」

兵士たちは彼の言葉を信じて、出て行った。兵士たちが町の広場についたときには、もうすっかり日が暮れたので、彼らはあくる朝まで、そこに止《とど》まることにした。サラゴサはよい機会だと思った。彼は牧師に変装し、つよい睡眠薬をまぜた酒瓶を下げて、そこへ行った。到着すると、彼は、自分は牧師であるが、盗賊に出あうのが恐いから、兵士たちと一夜を明かしたいといった。兵士たちもよろこんだ。というのは、彼らはこの信仰ある男の話によって、彼らがうまくやるにはどうしたらよいかということを思いあたるかも知れないと考えたからである。しばらく話をしたあとで、サラゴサは兵士たちに酒をふるまった。兵士たちは瓶からがぶがぶとのんだ。思ったとおり、彼らはぐっすり眠りこんでしまったので、サラゴサはルイスの身体を持ち去るのに成功した。彼は家にかえると、それを頭を埋めたのと同じ場所に葬った。

つぎの朝、おきあがった兵士たちは、牧師も屍骸もなくなっているので、駭《おどろ》いた。王様は自分の計りごとが失敗したことを悟った。そこで、別の計画をめぐらした。彼は高価な金で掩《おお》われた一匹の羊を街に放つように、命令した。それには間者がついていて、間者はすこし離れたところから、これを見張り、羊をとらえようとした者があったならば、誰でも、その家と人間とをつきとめておいて、宮殿に報告するように、いいわたされたのである。王様の命令を受けて、間者は羊を街にはなち、すこし離れたところから、これについて行った。しかし、誰もあえてこの羊に気をとめる者はなかった。サラゴサはこれを見ると、さっさと羊を自分の庭にひきこんだ。間者は、いい含められたとおり、サラゴサの家の扉に十字の印をつけておいて、宮殿へ急ぎかえった。間者は罪人をとらえるに足るだけの兵士をあつめた。ところが、彼らが罪人の家をさがしはじめると、どの家にも全く同じ十字の印がつけられているのであった。

　三度も失敗した王様は、泥棒をとらえることをあきらめて、三日以内に自分の面前に姿をあらわすなれば、窃盗の罪を犯した人間を許す、という旨の布告《ふれ》を出させた。王の布告を聞くと、サラゴサは王様のところへ出かけて行って、自分がこれまで宮廷を騒がせたすべての窃盗の犯行者であるということを白状した。彼の言葉のまことに対して、王様は彼を罰することができなかった。そのかわり、王様は、サラゴサに、もし、お前が、この街のいちばんの大金持であるドン・ジュアンをだまして、彼のもっとも価値ある品物をひきだして来ることができたならば、お前に貴族の称号をあたえようと約束した。

王様の要求を知ったサラゴサは、自分の手先となって使うことの出来る一人の馬鹿者をさがした。馬鹿はすぐに見つかった。サラゴサは彼に、どんな問いに対しても、ただ「よしよし」と答えることだけを教えこんだ。その馬鹿に大司教の服を着せ、サラゴサは馬車を駆って、ドン・ジュアンの店に乗りつけた。そして、彼は馬鹿に質問をはじめた。「あなたはこれがお入用ですか」「これは下品だとはお思いになりませんか」このような問いに対して、馬鹿の答えは、いつも、「よしよし」であった。とうとう、馬車が荷物でいっぱいになったとき、サラゴサは、「わたくしはまずこの荷物をいったん家へ運び、それから、代金を持って来たいと存じます」といった。馬鹿は「よしよし」といったサラゴサが高価な荷物を持って宮殿にかえって来ると、王様は非常に満足して、彼をほめた。

しばらくして、商売人のドン・ジュアンは、彼が大司教だと思ったのは、ほんとうは馬鹿であったことに気づいた。彼は王様のところへ出かけて行って、代金をいただきたい旨を述べた。哀れに思って、王様は彼が盗まれた品物の全部をかえしてやった。

もう一度サラゴサの才能をためしてみようと王様は思った。そこで、王様はサラゴサに、ちかくの山中の洞穴にこもっている一人の年老いた隠者を宮殿につれて来るようにといいつけた。はじめ、サラゴサは、隠者チュバルにむかって、王様を訪問するように説いたが、だめであった。はじめのやりかたに失敗すると、サラゴサは老隠者をだましてやろうと心にきめた。彼は、チュバルの洞穴の入口ちかくに一個の鉄籠をそっと置き、自分は天使の服装をして、高い崖のうえに立ち、大声で叫んだ。

「チュバルよ、チュバルよ、よく聞け」

呼び声をきいたチュバルは、洞穴から出て来たが、なにものであろうかと思ったのが天使であると知って、ひざまずいた。また、サラゴサは叫んだ。

「われ、汝の信仰ふかきを知れり。されば、われ、汝の信心にむくいんがために来れり。天国の門はひらかれたり。われ、汝をみちびかん。かの籠に入れよ。さらば、汝、天国への道を見るべし」

チュバルはおとなしく従った。しかし、籠に入っても、彼の期待した奇蹟はあらわれなかった。のみならず、彼は馬車に積まれ、王様の前につれて来られた。すっかり満足した王様は、チュバルを放免し、サラゴサへの約束を果した。サラゴサは騎士となって、王様の位たかい顧問官の一人になった。この高位にのぼってから、彼はマリアと彼の名づけ子とを傍によびよせた。そうして、親子は、この国土のうちで、もっとも高潔で、才幹ある者となった友人の保護のもとに、一生を安楽に暮した。

# マラカスとマガンダ

マラカスの生《うま》れたのはずっと昔であった。母親は、この子にはマラカスという名をつけよう、この子はきっと強い男になるにちがいない、といった。マラカスの父親は大酋長であった。彼は川のほとりの村に住んでいた。マラカスはいつもその川で魚をとった。あるときは、川にとびこんで手のなかに魚をつかんで来、あるときは弓と矢とで魚を射た。

ある日、マラカスは小さなバンカを櫂《かい》であやつりながら、ほかの村を過ぎた。彼は美しい娘を見た。彼女は水甕《みずがめ》をいだいて、川のほとりにやって来た。彼女は見なれね少年がただひとりで村ちかくやって来たのを見て、ひどくおどろいた。いったい、子供たちは家から遠く離れたところへ行くことはできなかった。それは、彼らの父の敵が彼をとらえるかも知れないからである。敵にとらえられたなれば奴隷とならなければならず、仲間が金を持って来なければ自由になることはできないのである。

マラカスは舟をとめて娘に話しかけた。彼女の名は、彼女がたいへん美しかったので、マガンダと呼ばれていた。彼女の髪の毛は黒く、波うち、歯は白く、かがやいていた。

家にかえって来たマラカスは、美しい娘について父に語った。私が結婚のできる年ごろになったならば、マガンダを嫁にしたい、と彼はいった。

マラカスは大人になった。母親が望んだとおり、強い男になった。彼は勇敢な戦士であった。マガンダの父親は大酋長で、マラカスの父親の友人であった。戦争のときにはこの二人の大酋長はおたがいに助けあった。マラカスはたびたびマガンダを見た。彼女はいつもきれいな着物を織っていた。彼女はいつも幸福そうに、微笑をたたえて仕事をした。大人になったマラカスは、彼女と結婚したいと思った。父親も同意し、彼の戦士の一人をマガンダの父親のもとへ使いに立てた。マガンダの家にやって来た戦士は、自分の槍を階段につき刺した。この合図によって、マガンダの父親は、若者の父親のところから使の者がやって来たことを知った。

彼は戦士にいった。

「マラカスの父御《ててご》は贈りものとして、わしになにを下さる」

「二人の奴隷と、たくさんの宝石と、黄金と」と、使者は答えた。

「よろしい。マラカスの父御に、よろしいと伝えてくれ」と酋長はいった。

戦士がかえって来ると、マラカスの心はたのしかった。父親の家が整えられた。狩人は鹿を獲りにゆき、漁師は魚をとりに行った。すばらしい御馳走が準備された。

すべての用意がととのうと、戦士たちはマガンダの家に行った。一人が彼女を肩にのせた。マガンダはたのしく、にこにこしていた。こうして彼女はマラカスの家に来た。すると、ひどくはにかみはじめた。彼女は階上にあがりたくないようにみえた。

マラカスの父親が戸口のところに来て、いった。

「もし、あんたがあがって来るならば、ここに、あんたが使う、きれいな奴隷の娘がいるのだよ」

奴隷ときいて、彼女はあがったが、まだ、中に入ろうとはしなかった。

マラカスの父親はいった。

「もし、あんたが入って来るならば、ここに、あんたのために頸飾《くびかざり》があるのだよ」頸飾ときいて彼女は入ったが、まだ、坐ろうとはしなかった。

マラカスの父親はいった。

「もし、あんたが坐るならば、ここに、あんたのための宝石があるのだよ」

宝石ときいて、彼女は坐った。そこで、酋長は、ひとつは食べるために、ひとつは飲むために使う宝石を、彼女にあたえた。彼女はにこにことして、もうはにかみはしなかった。彼女はただたわむれていただけであった。酋長の娘が嫁入りするときには、いつでもこういう風にするのである。

ひとりの老人が立ちあがり、ひとびとに告げた。

「マガンダはマラカスへお嫁入りした。もう、二人は、一人前の男と女である」

マラカスとマガンダは立ちあがった。ひとりの年老いた女が、二人の手を結びあわせ、その結びあわせた手を、米の皿のうえにのせた。それから、彼女はその米を家のなかにいるひとびとのうえに撒《ま》いた。ひとびとは大声を出し、結婚式は終った。

ひとびとが酒盛りをしてからマラカスとマガンダとはこれから暮《くら》す新しい家へ行った。

# 亀と猿

ま昼のことであった。眼もくらむばかりの熱さが、豚や水牛や亀などのような水のすきな動物たちのうえを照りつけるので、かれらは水のなかで身体を冷やすために、川の土堤のところへ行った。豚は土堤のかげの多い木の下にうずくまった。いっぴきの猿が、いっぴきの亀といろいろなことを話しあいながら土堤のうえに腰かけていた。

すると、かれらは一本のバナナの茎が流れて来るのを見た。

「あのバナナの茎をひろって植えるのはよいことだと思わんかね」と猿がいった。

「君は泳げるかね」と亀がきいた。

「僕は泳げん、しかし、君は泳げる」と猿はいった。

「では、僕がバナナの木をとって来よう。木は二人で山わけだ。僕に葉のついている上の方をくれないと駄目だよ」と亀はいった。猿は承知した、しかし、バナナの木が岸にあげられて来ると、猿は葉のついている方を自分でとり、亀にはたった根元の方だけをやった。

内気な亀は猿と喧嘩をすることは思いもよらぬことだったので、かれのわけ前をとると、それを持って森にゆき、それを植えた。猿のとった方が枯れてしまうのはあたりまえだ。それにひきかえ、亀の方には、やがてふさふさとしたバナナの実が生《な》った。

バナナが熟れたことを知った猿は、友だちの亀をおとずれて来た。

「君が木にのぼって、バナナの実をもいで来てくれるなら、君にバナナを半分やろう」と亀はいった。
「おっと合点だ」
答えた猿は、またたく間に木のてっぺんに登った。そうして、がつがつと自分でみんなバナナを食べてしまい、食いやめると、バナナの皮を下にいる友人にむかって投げつけた。可哀そうな亀はどうしたろう。木に登ることのできない亀は、どうされたとて仕方がない。
「ただではおかぬ」と亀はひとりごとをいい、さきの尖った枝をひろいあつめて、バナナの木のまわりにさした。そうして、大声で「猟師が来た、猟師が来た」と叫んだ。おどろいた猿は逃げようとして飛び下りたが、鋭い枝につきさされて、まもなく死んだ。こうして亀は欲ばり猿に対して仕返しをとげたのである。
猿が死ぬと、亀は猿の皮をはぎ、肉を干して、近所にいるほかの猿たちにそれを売った。ところが、皮をはぐときに、亀はたいへん不注意であったために、肉のあちこちに毛がくっついたままになっていた。このことから、肉を買った猿たちは自分の仲間を殺したのが亀であることを知った。そこで亀をとらえ、猿の親方のところにつれて行った。
亀はとりしらべられ、有罪と決定した。そこで、猿の親方はかれを焼いてしまえと命令した。

「火は僕を焼くことはできないよ」と亀はいった「僕の背にある赤あざが見えないのかね。おやじがたびたび僕を焼こうとしたんだ」

「よし、火が駄目ならこなごなに切り裂いてしまえ」と猿の親方はおこっていった。

「そんな仕置は僕にはなんのききめもない」とまた、利口な亀はいった。

「僕の背中は切り傷だらけだ。僕のおやじがなんどもなんども僕を切り裂こうとしたんだ」

「そんならどうしたらいいんだ」と馬鹿な猿どもはいった。さいごに仲間のうちでもすこし頭のよいのがいった。

「湖につれていって溺れさせてやろう」

　これをきいた亀は内心よろこんだ。水のなかでは決して死ぬことはないからだ。しかし、かれは非常にこわそうな素ぶりをして、湖などに投げこむのはやめてくれと、猿たちに哀願した。そして、とうとう馬鹿な猿どもを騙してやったとひとりごとをいった。猿たちはすぐに亀を湖につれて行って、投げこんだ。いったん沈んだ亀は、やがて水面に顔を出して、大声で猿たちを笑った。

# アボ・サコ老人

むかし、ピトン・ブンドク(七つの山)といわれている山々のかなたの人里はなれた村に村人たちからアボ・サコとよばれていたひとりの老人が住んでいた。彼はたいへん風がわりな老人であった。彼はいつも子供のように陽気で、また、子供たちと遊ぶのを好んだ。子供たちは彼の庭にやってきて、まるで、老人が、子供たちの一人ででもあるかのように、つれだって遊んだ。

アボ・サコは道のはずれにある小さな小屋に住んでいた。子供たちがやって来て、彼と遊ばないときには、彼はひとりぼっちだった。彼は妻を持たなかった。自分の子供もなかった。親戚もなかった。子供たちのほかには、友だちもなかった。その村の年よりたちは、彼が子供のようにふるまうので、彼を気ちがいだと考えた。アボ・サコは背がひくく、ふとっていた。年はとっていたが、なお、彼は丈夫で歯は抜けておらず、しっかりしていた。頭は禿げていた。眼は大きく、鼻は平べたく、そして、蟹股であった。しかし、彼はいつも陽気にしていたので、見苦しくはなかった。

村の年よりたちは、とうとう、子供たちにこの老人のところに行って、彼と遊ぶことを禁じた。彼らは、アボ・サコは気ちがいだから、いっしょに遊んでいると碌《ろく》なことはないといった。しかし、子供たちは、老人と遊ぶことをよろこんだ。老人は、背に子供をのせ、馬のように跳ねまわった。そこで、もう、すきなアボ・サコ老人と遊ぶことができないことを思うと、子供たちは泣いた。アボ・サコは、だんだん淋しくなった。毎日、彼は子供たちが、庭にやって来るのを待ったが、もうひとりもやって来なかった。自分の愉快な小さい友だちたちはいったいどうしたのだろうと、彼はいぶかった。もとのように彼は陽気ではなくなった。彼の庭は陰気でしめっぽくなった。そうして、彼は自分がたいへん年をとったことを知った。

ある日、彼は自分の愉快な小さい友だちをさがして、道に出た。彼が道のうえをやって来るのを見ると、以前は彼とあそんだ子供たちが、家のなかにかけこんで、かくれてしまった。子供たちがどうして急に自分を恐れるようになったのか、彼にはどうしてもわからなかった。

「こわがることはないよ。わしの可愛いい愉快な遊び友だちよ。わしの庭においで。そしていっしょに遊ぼう。わしの背中に乗せてあげるよ」

彼は訴えるようにいった。しかし、子供たちは、ただ、家のなかに逃げこんで、窓からのぞいているだけであった。

「家にかえれ、おいぼれ」と、子供たちのひとりの父親がいった「お前はまったくよぼよぼだ。もう子供とあそぶ柄じゃない。お前なんか、くたばった方がましだよ」

善良な老人はかなしい心になって、家にかえった。いつも遊んでいた子供たちの楽しげな声も笑い声もなく、彼の庭は陰気で、しめっぽかった。彼もすっかり、陽気さを失った。

「死んだ方がましだ」と、彼はひとりごとをいった「わしはまったく、おいぼれた。それで、子供たちがわしを怖がるのだ。もう、わしは、なんの役にも立たん」

そこで、彼は小屋と庭とをすてて、ピトン・ブンドクの森に行った。そこは彼のように身よりのないものが死にに行くところであった。村で死んでは、村人たちに弔いのことで迷惑をかけるからである。弔いのことで、彼は誰にも迷惑をかけたくなかった。これまでも、彼は、一生涯、暮しのことで、だれにも迷惑をかけたことはなかった。

森をぬけて、彼は昼となく夜となく歩いた。年とった足が歩けるだけの遠い道のりを歩いた。疲れてもう一歩も進むことができなくなると、アボ・サコは一本の木の下に横たわってひとりごとをいった。

「この木の下で死のう。もう、一足も動くことはできん。今、死んでしまいたい」

彼は眼をとじた。彼はひどく疲れて、弱り切っていた。しかし、彼はまだ死なず、眠りに落ちた。ぐっすりと眠っていると、ふしぎな夢を見た。木の下にたおれている彼の前に、ひとりの羽のある美しい乙女がやって来た。羽のある乙女が灌木のしげみのなかから出て来て、彼に近づくと、得もいわれぬ花の芳香があたりにただよった。彼女は森の守りの仙女であった。

「よいお爺さん、あなたはここでなにをしているのです」と、仙女はたずねた。

「私はここでしずかに死にたいと思って来たのです」と老人は答えた。

「どうして、そんなに死にたがるの、お爺さん」と、仙女はいった。

「私はもうおいぼれました。もう、なんの役にも立たなくなったのです。私は淋しい。私には、身よりもなければ、子供もない。子供はひどく好きなのに、その子供たちも、もう私が年とったので怖がっている」

「そんなに気を落すことはありません。お爺さん。子供たちはあなたを怖がってなんかいません。みんなはあなたをたいへん好いている。ただ、村の年よりたちが、あなたがあんまりいつも陽気で、まるで自分が子供みたいに、子供たちと遊ぶので、あなたを気ちがいだと思っただけなの。村におかえんなさい。みんながあなたを待っていますよ」

「私を？」と、老人は叫んだ。「私は村人たちになんの手助けもできません。それに、もう子供たちにも役なしだ」

「まっすぐに、村におかえんなさい。はやり病が村におこって、たくさんの人たちが病気にかかっています。あなたにひとつの白い石をあげます。これは病気をなおす力を持っています。あなたが善《よ》いひとであることを知っているので、この石をあなたにあげます。よいお爺さん、さあ、おいでなさい。あたしも、かえります」

「ちょっと待って下さい。仙女さん、私はどうして村へかえったらよいでしょう。私はすっかりくたびれて、もう一足も歩けないほど弱ってしまっています」

「心配はいりません。眼がさめると、あなたは、あたしがいま立っているところに、ふさふさした尾の一頭の白い馬が、あなたを待っていることに気づくでしょう。その馬にお乗んなさい。そしたら、馬がまたたくひまに、あなたを村につれて行ってくれるでしょう。

「ありがとう、仙女さん」

仙女は微笑んで、深い森のなかへ消えていった。眼をさましたアボ・サコは、眼の前に、ふさふさした尾の一頭の白い馬が立っているのを見て、おどろいた。手のなかに白い石もあった。彼は白い馬に乗った。

村にたどりついてみると、すべて、仙女が話したとおりであった。多くの人々が病気になっていた。病気をなおしながら、彼は一軒一軒おとずれた。白い石はたいへん役に立って、みんな病気がなおった。そこで村の年よりたちも老人を尊敬するようになり、また、子供たちが彼の庭にやって来て毎日、彼と、仙女がくれた白い馬と、いっしょに遊んだ。

# 猿と亀

むかし、あるところに、たいへん親切で、働きものの亀が住んでいた。かれはたくさんの友だちがあった。それらのなかに、ひどく欲ばりの一匹の猿があった。かれはなんでも自分がいちばんよい汁を吸わなければ承知しないのである。

ある日、猿が亀をおとずれて来た。猿は亀につぎの村までの旅にいっしょに行かないかとさそった。亀は承知し、ふたりはつぎの日の朝早く出発した。猿はごくわずかの食べものしか持っていなかった。彼は重い荷物を持つのがきらいだったからである。

これに反して、亀の方は、たくさんの食糧をもっていた。亀は猿にもうすこし持ってゆくようにとすすめたが、猿は笑っただけであった。五日間旅をつづけたときに、猿の食べものはすっかりなくなってしまったので、亀はかれにすこしわけてやらねばならなかった。猿は欲の皮がつっぱっていて、そのたびに、もっとくれとねだった。

「もっとくれよ、亀君」と猿はいう。

「待ちなよ」と亀は答える。「そんなこといってたら、これから食うものがなくなるよ」

さすがに猿は返答ができない。かれらは旅をつづけた。

いくらも行かぬうちに猿は立ちどまって、

「君はもっと早く歩けないのか」といった。

「歩けないよ。僕は重い荷物を持ってるんだ」と亀はこたえた。

「そんならその荷物をよこしな。もっと早く行かなきゃ駄目だから」と猿はいった。亀は食糧品を猿にわたした。

すると猿は亀をのこして、どんどん先に行ってしまった。

「待ってくれ」亀は猿に追いつこうと思って息を切らして叫んだ。

しかし、猿は、ただ、「来なよ、来なよ」といったまま、駆け去って見えなくなってしまった。亀はまもなく疲れて来て、息も切れ切れになったが、それでも歩きつづけた。猿は道端の木のうえに登ってふりかえった。はるかのかたに友だちをみとめると、かれは食糧をすこし食べた。やっと亀は追いついた。疲れたうえに、ひどく腹が減っていた亀は、猿に、すこし食べるものをくれとたのんだ。

「もっと先に行こう。どこか水のあるところに行って、食事をしよう」と欲ばり猿はいった。亀はなにもいわず、ただ、とぼとぼと歩きつづけた。猿はまた駆けだして、前と同じことをしたが、今度はすっかり食べものを平らげてしまった。

「どうしてそんなに遅いんだ」と、猿はあえぎあえぎやっと追いついた亀をみていった。

「もう腹が減って、これ以上、歩くことはできん。すこし食べものをくれないか」と、亀はいった。

「たべものなんかないよ。君がちっとばかりしか持って来なかったからだ。僕はみんな食べたが、それでもまだひもじいくらいだ」

と猿はこたえた。

亀は息もたえだえになっていたが、それでも歩きつづけた。すると、途中、彼らは一人の猟師に出あった。

猿はすぐに木にのぼった。猟師は亀をひろいあげると、家に持ってかえった。猿は友人の不運を笑った。しかし、猟師は亀に親切で、かれをバナナの木のそばに結び、一時間ごとに食べものをあたえた。

ある日、猿がふとこの猟師の家のそばを通りかかった。かれの友だちがしっかりとくくられているのを見ると、猿は友だちを嘲笑った。しかし、やがて亀が一時間おきに食べものを貰っているのを見ると、猿は友だちの境遇をうらやんだ。そこで、夜になって猟師が眠ったころ、猿は亀のところに行って「君と僕とかわろうではないか」といった。

「いやだよ、僕はここが好きなんだ」と亀はこたえた。

しかし、猿は頭を地につけんばかりにして亀にたのみこんだ。

そこで亀もとうとう譲った。

そこで猿は亀を解きはなち、自分で自分を木にしばりつけた。

よろこんだ亀は行ってしまったが、猿は、朝になって猟師が自分に食べものをくれることを考えると、ひと晩中おちおちと眠れなかった。つぎの朝早く、眼をさました猟師は、窓の外を見た。猿をみとめた猟師は、きっとバナナを盗みに来たものにちがいないと考えた。そこで彼は銃をとり、猿を射ちころしてしまった。こうして、亀は助かり、猿は死んでしまったのである。

# 指のはなし

ある日、アントニオはお祖父さんにたずねた。
「どうして、親指だけ、ほかの指とはなれて立ってるの」
ユリアン老人は答えた。
「そりゃ、こういうわけだよ。むかしは指の先祖たちはきちんと同じところに立っていたんだ。ところが、そのなかの一本の指が、ほら、わしらが小指と呼んでいるこの指だよ、ある日、たいへん腹が減って来たので、となりの指に、なんか食べものをくれんかねとたのんだんだ」
「おう、兄弟、僕も腹ぺこなんだよ。しかし、どこで食物をみつけたらよかろうかね」と薬指がこたえた。
「天はおめぐみ深い」と、中指が二人の兄弟をなぐさめていった。「天はきっとなにか下さるよ」
「だが、中指君」と人さし指がいった。「もし、天がなにも食べものを下さなかったらどうするかい」
「盗んだらいいんだよ」と、親指が口をはさんだ。「盗もうじゃないか」
「盗む？」と人さし指は、この申し出をよろこばずにいった。「親指君は、もっとよいことを知つている筈だよ」

「そりゃ、よくないたくらみだよ、親指君」と、ほかの指たちも同意していった「君の考えは、道徳に反し、神様に反し、君自身にも、また、だれでもに反することだよ。僕らの良心は盗むなんてことを許すことはできん」

「おう、おう、おう」と、親指は怒っていった。「君たちは間ちがってるぞ、友だち。俺の考えに反対するなんて、君たちは自分がどんなに馬鹿か、自分でわからんのかい。君らは君らや俺を助けようというわしの考えを悪いたくらみだなどとぬかす」

「うん、それが君の考えなら、君の勝手にしたらよい」と、ほかの四本の指は答えた「僕は盗みをするよりゃ、飢えて死ぬ方がましだ」そうして、心がけのよい四本の指は、恥じ入っている親指を仲間から追いだしてしまい、それからはなにごとも彼といっしょにしようとはしなかった。――というわけだよ」と、ユリアン老人は話し終わっていった。「親指はいまでもほかの指から離れている。親指は泥棒だったんで、正直者の四本の指たちはいっしょに住むことがきらいだったんだ。それで、いまでも、小指はろくに食べなんだので、こんなにちっぽけで、痩せているんだよ」

# 七人の馬鹿

「むかし、北ルソンの田舎に、ジュアン、フェリップ、マテオ、ペドロ、フランシスコ、ユウラリオ、ジャシント、という名の七人の馬鹿が住んでいた。

ある朝、フェリップは友だちに魚とりに行かないかとさそった。彼らは、長いこと、カカヤン川のほとりに、じっとしゃがんでいた。二時間ばかりもたって、午後になってから、マテオは友だちに、腹がへったから、家にかえろうじゃないか、といった。

「かえる前に、俺たちがみんな揃っているか数えとこう」とジュアンがいった。

ジュアンは数えはじめたが、自分を数えることを忘れたので、六人しかいないと思い、だれか一人が溺れた、といった。そこで、彼らは、いなくなった仲間を探すために、川のなかに飛びこんだ。あがって来ると、今度はフランシスコが数えたが、やっぱり自分を落《おと》したので、また、彼らは飛びこんだ。いなくなった友だちが見つかるまでは家にかえるわけにはいかん、と、ジャシントがいった。彼らがしきりに川に飛びこんでいると、一人の老人が通りかかった。彼は馬鹿たちに、どうして川に入っているのかとたずねた。一人が溺れたからだと、彼らは答えた。

「はじめに、何人いたんだね」と老人はきいた。

「七人だ」

「よろしい。もう一度、飛びこみなさい。わしが数えてあげる」

彼らは飛びこんだ。すると、老人は彼らが七人いることを知った。そこで、いなくなった仲間を見つけてやったという理由で、彼らに、自分の家に来るように、いった。

老人の家につくと、老人は、マテオとフランシスコとを女房の世話がかりにし、ユウラリオを水はこびに、ペドロを料理番《コック》に、ジャシントを薪はこびに、ジュアンとフェリップとを自分の狩りの供にした。

つぎの日、老人はこれから狩りにでかけることを告げ、ジュアンとフェリップとに、米を持ってついて来るようにいった。まもなく、山にたどりつくと、老人は、二人の馬鹿に、十時に飯をたいておくようにといいつけた。それから、彼は鹿をとるために、犬をつれて、山のなかへ入って行った。さて、山のふもとに残された二人の仲間は、これまで一度も鹿というものを見たことがなかった。一匹の鹿が木の下に来て立ったのを見て、フェリップは、鹿の角を、葉のない木の枝であると思った。そこで、彼は、自分の帽子と米の袋とをその角にかけた。

鹿はすぐに逃げてしまった。

老人はかえって来て、飯の支度はできたかとたずねた。フェリップは、自分の帽子と米とをかけた木が走って逃げてしまったと告げた。老人はおこった。
「お前の見たその木は、鹿の角だったんだ。家へかえらにゃ仕様がない。食うものはなんにもありゃせん」
一方家にのこった五人の馬鹿は、けっして遊んではいなかった。ユウラリオは桶をもって水くみに行った。
井戸のところにやって来ると、彼は水面に自分の影がうつっているのを見た。彼がうなずくと、影もうなずきかえした。なんども同じことをくりかえしているうちに、とうとう、くたびれて来て、水のなかに飛びこみ、溺れてしまった。小さい薪をひろうためにでかけたジャシントは、庭のまわりの垣根をこわしてしまった。
ペドロは鶏の毛をむしらずに料理した。そして、丸ごとの鶏を石炭のようにまっ黒けにこがしてしまった。マテオとフランシスコはしきりに、老人の女房の顔から蝿を追おうとしていた。いくら追っても、蝿はすぐかえって来るので、彼らはじきにくたびれた。そこで、彼らは蝿をころす大きな棒を用意した。一匹の蝿が女房の鼻の頭にとまったとき、彼らは力まかせに棒を打ちおろしたので、彼女は死んでしまった。
しかし、彼女は、ちょっと見ては、微笑んでいるような様子で、死んでいた。

そこで二人の馬鹿は、俺たちが蠅を征伐したので、おかみさんはよろこんでいるんだよと話しあった。

老人と二人の伴《とも》とが帰って来た。老人はペドロに、なにか食べるものはできているかとたずねた、壺のなかにある、とペドロは答えた。壺のなかには、めちゃめちゃになった鶏と羽とがあったので、彼はひどく料理番をおこった。

女房のところにゆくと、老人は自分の女房が死んでしまっているのを知った。彼はマテオとフランシスコに、いったい、女房になにをしたんだとたずねた。

おかみさんをいやがらせていた蠅をうちころしただけです。それで、おかみさんも僕らの仕事をひどくよろこんでますよ、と、二人は答えた。

つぎに、馬鹿たちの仕事は、死んだおかみさんの棺をつくることであった。しかし、彼らは、棺をひどく平べったく作った。それでは、死骸がずり落ちてしまう外《ほか》はないのである。老人は、彼らに死骸を教会に運ぶようにいいつけた。途中彼らは走ったので、死骸は平べったい棺から転げ落ちてしまった。彼らは走るってことはなかなかよいことだ、荷物が軽くなる、と話しあった。

死骸がなくなっていることを知った牧師は、六人の馬鹿に、ひきかえして持って来るようにいいつけた。家の方へ探しながら来ると、道傍で、ひとりの老婆が薪をひろっているのに出あった。

「おかみさん、あんたはここでなにをしてるんですかい。牧師さんが、あんたに会いたがってるのに」

と彼らはいった。彼らが彼女をしばりはじめたので、彼女は大声をあげて夫に叫んだ。

「ああ、悪い子供たちが、あたしを教会へ連れてゆくよう」

しかし、夫は、阿呆どもは、ただ、お前をからかっているんだよ、といった。老婆をはこんで教会に来ると、これも馬鹿だった牧師は、彼女に対して、弔いの式をとり行った。彼女は、あたしは生きているんだよ、と叫びつづけた。しかし、牧師は、もう、自分は葬式料をもらった、と答えた。彼は彼女が生きていようが死んでいようが、そんなことは頓着なかったのだ。彼らは老婆を地に埋めた。

家へかえる途中、彼らは彼らが教会への道で棺から落《おと》した死骸を見つけた。フランシスコは、おかみさんの幽霊だ、と叫んだ。びっくり仰天して、彼らは別々の方角に走りだし、ルソンのあちこちに、散り散りになってしまった。

# どうしてジュアンは金持になったか

ペドロとジュアンとは友だちであった。ペドロはさいきん死んだ両親から、たくさんの財産を受けついだ。しかし、ジュアンはいちばん貧しい乞食よりも、貧乏であった。ある朝早く、ジュアンは友だちの家に行って、いった。

「お前さんが、どうして要りもせん材木をもつているのか、わしは不思議でならんのだ」

「うん、わしはそれを一本持っている。どうして、お前さんはそれが要るんだね」

「わしは家を建てたいから、一本、わるいのがあったら欲しいんだよ」

「よいとも、持っていきなさい。お金の心配なんかいらないよ」と、ペドロはいった。

べつに友だちに対して悪気があったわけではないジュアンは、その材木を持って行って、彼の家を建てた。できあがると、彼の家は、友人の家よりも立派に見えた。これを見て、ペドロは嫉ましくなり、ジュアンのところにやって来て、材木をかえしてくれと申しこんだ。

「そんなことをいったって、材木をとってしまったら、わしの家はくずれてしまう。材木のお金をお前さんに払おう。でなかったら、町でほかの材木をさがして、それをお前さんにあげよう」

「いかん。わしの材木でなければ駄目だ。わしはそれが要るんだ」

友だちの頑固なのにほとほと当惑したジュアンは、ついに叫んだ。

「わしはお前さんの材木をかえすわけにゃいかん」

「覚えてろ、ジュアン、わしはお前さんを王様に訴えてやる」

「結構だとも。勝手にしろ」

「そんなら、月曜日に王様のところにいっしょに行こう」と、ペドロはいった。

「よろしい、いつでも行くよ」

月曜日になると、二人は宮殿へ行く支度をととのえた。なによりもお金が大切だと思ったペドロは、旅行をする用意として銀貨を持っていった。ジュアンは飯と魚とを持っていった。正午になっても、まだ、彼らは道を歩いていた。ジュアンは食べもの包みをひらいて、食事をはじめた。ペドロはひどく空腹ではあったが、途中ではなにも買うことができなかった。そこで、ジュアンは気前よくペドロに御馳走をわけ、二人で食事をした。

食べ終ると、ふたたび、二人は旅をつづけた。やがて、二人は川のところへやって来た。かかっていた橋はまん中から折れていたので、向う側にわたるには、飛び越えねばならなかった。ペドロは飛びこえた。ジュアンはつづいたが、運わるく、川に落ちた。一人の老人がその下の川のなかで水浴みをしていた。あやまって、そのうえにジュアンは落ちた。

老人はひどく打たれたので、溺れて死んでしまった。老人の死を聞いたとき、彼を非常にしたっていた息子のイシドロは、ジュアンを主様に訴えようと決心した。そこで、彼は二人の旅びとのなかに加わった。

まもなく、三人は、バルベキンが泥濘《ぬかるみ》にはまりこんだ水牛を引きだすのに汗だくになっているのに出あった。ジュアンは手助けをしてやった。彼は水牛の尾をつかみ、できるだけの力をこめて引っぱった。水牛は引きだされたが、ジュアンが急に引っぱったので、水牛の尾は短かく切れてしまった。自分の動物に損害ができたので腹を立てたバルベキンは、同じく、ジュアンを王様に訴えようと心にきめた。

宮殿につくと、王様は、お前たちはなにをしに来たのだ、と、たずねた。

ペドロがさいしょに口を切った。「わたくしはジュアンを訴えにまいりました。ジュアンはわたくしの材木を持つているのですが、それをどうしても返さないのでございます」

それはほんとうのことかとたずねられて、ジュアンはうなずいたが、つけ加えていった。

「しかし、ペドロは来る途中で、わたくしの飯と魚とを半分食べてしまいました」

「では、申しわたす」と、王様はいった。「ジュアンはペドロに材木をかえさなくちゃならん。そして、ペドロはジュアンに、飯と魚とをかえさなくちゃならん」

つぎには、イシドロがいった。「わたくしもジュアンを訴えにまいりました。わたくしの父が川のなかで水浴みをいたして居りましたところが、ジュアンが父の上にとびのって、殺してしまいました」

「そんなら、ジュアンは川の中で水浴みをせよ。そして、お前は、彼のうえに飛び乗れ」

お前はなんで来たのだとたずねられて、バルベキンは答えた。

「わたくしもジュアンを訴えにまいりました。あれはわたくしの水牛の尾をひきぬいて、短かくしてしまいました」

「では、ジュアンにお前の水牛をやれ。水牛の尾がもとの長さになるまで、水牛をかえさなくともよい」

訴えられた者と、訴えた者とは王様のもとを去った。

「さあ、水牛をくれ」宮殿からすこし離れたときに、ジュアンはバルベキンにいった。その水牛は若くて強かったので、バルベキンはそれを手ばなすことを惜《おし》んだ。そこで彼はいった。「水牛をとるのは止《よ》してくれ。そのかわり、お前さんに五十ペソやろう」

「駄目だ。王様のいいわたしは守らにゃならん」と、ジュアンはいった。

バルベキンは、そこで、金額を九十ペソにあげた。そこで、ジュアンも、その代金をもらうことにした。こうしてジュアンはバルベキンを助けた報いを受けた。

橋のところにやって来たとき、ジュアンは川の中に降りて行って、イシドロに、自分のうえに飛び乗るようにいった。しかし、橋は高く、イシドロは飛ぶことを恐れた。そのうえ彼は泳ぎを知らなかったので、もし飛んだときに、自分が溺れてしまいはせぬかと恐れた。そこで、彼はジュアンに、とりやめにしてくれるようにたのんだ。

「駄目だ。王様のいいわたしは守らにゃならん」と、ジュアンは答えた。

「飛びのることだけはかんべんしてくれ。そしたら、お前さんに、五百ペソ、あげる」と、イシドロはいった。よい取りまえだと思ったので、ジュアンはそれを受けとり、イシドロをかえした。

まもなく、ジュアンは家にかえって来た。彼はペドロの材木を家から引き抜き、剃刀を持って、ペドロの家に行った。彼はいった。

「さあ、お前さんの材木を持って来た。では、横になって貰おうか。お前さんの腹から、わしの飯と魚を取りだすんだ」

まっ青になって、ペドロはいった。

「材木なんて、もうかえさなくていいよ」

「駄目だ。王様のいいわたしは守らにゃならん」と、ジュアンはいった。

「もし、お前さんが、そんな無茶なことをやめてくれたら、わしはお前さんに、わしの財産を半分やろう」

「いんや、わしはわしの飯と魚とが欲しいんだ」

ジュアンはペドロの肩をつかみ、剃刀で腹を割ろうとしはじめた。ペドロは、ふるえだして叫んだ。

「切らんでくれ。わしの財産をみんなやる」

こうして、ジュアンは、知恵で相手の裏をかくことによって、町いちばんの金持となったのである。

# 王様タシオ

ジュアンは王様タシオの宮殿の召使であった。ある日、王様タシオは、台所で、ジュアンが同僚と、王国を治めることについて話しあっているのを聞いた。ジュアンは、この宮殿内では、自分をさしおいて外《ほか》にはあるまいといった。王様はジュアンを呼んで、海辺に行って、うちよせる波を捕らえて来るようにいいつけた。王様はいった。

「お前はこの宮殿内ではならぶもののない知恵者だといったね。そんなら行って、わしに波をつかまえて持って来てくれ」

「おやすいことでございます、王様」と、ジュアンはいった。「そのかわり、わたくしに、海辺の砂でつくった綱を下さいまし」

王様はどう答えたらよいかわからなかった。王様はなにもいわず自分の部屋にかえり、もっとむずかしい仕事について思案をはじめた。

つぎの日、王様はジュアンを呼んだ。王様はいった。

「ジュアンよ、この一羽の小鳥を持っていって、五十種類の御馳走をつくってくれ」

「承知いたしました、王様」と、ジュアンはいった。「そのかわり、この針で、釜と、鍋と包丁とをつくって下さいまし」彼は一本の針を王様へさしだした。「それで、わたくしはこの小鳥を料理いたしましょう」また、王様はどういったらよいか、詰《なじ》った。彼はジュアンに対して、ひどく腹を立てた。王様はいった。「ジュアン、わしの宮殿から出て行け。わしの許しなしで、この宮殿のあたりをうろついて、わしの土地のうえを歩くことは相ならぬ」

「かしこまりました、王様」と、ジュアンはいった。そうして、そのまま、宮殿を出て行った。

つぎの日、王様タシオは、ジュアンが水牛にひかれた橇《パラゴス》*に乗って宮殿の前にいるのを見た。

「宮殿のあたりをうろついて、わしの土地のうえを歩いてはならんと、いったのがわからないのか。どうして、お前はここにいるのだ。ここはわしの土地だぞ」と、王様は叫んだ。

「はい、王様」と、ジュアンはいった。「わたくしがあなた様の土地のうえにあるかどうか、王様の眼で、よく、ごらん下さいまし。これはわたくしの土地でございます。これはわたくしがわたくしの果樹園から持って参ったものでございます。」

ジュアンは橇のうえの土をさし示した。

「わかったよ、ジュアン」と、王様はいった。「これ以上、馬鹿にされたくない」王様はひどく不機嫌であった。それは、彼の家来や召使たちが、ジュアンと話すのを傍で聞いていたからである。王様はいつた。
「ジュアン、この南瓜《カボチャ》をこの甕《かめ》のなかに入れよ。だが、いっておくが南瓜も甕も、どっちも割ってはならん」
王様は一個の甕と、一個の南瓜とを、ジュアンにわたした。さて、甕の口は小さく、南瓜は甕くらい大きかった。ジュアンはむずかしい仕事を仰せつかった。
ジュアンは家にかえった。彼は、庭に生えている小さい南瓜を、甕に入れた。しかし、蔓は切らなかった。何週間かの後、南瓜は甕にいっぱいになるくらい、大きくなった。そこで、ジュアンははじめて南瓜の蔓を切り、王様のところへ行った。そして、宮殿に、召使や、家来や、外の町からの客人などがたくさんいるところで、それを王様にさしだした。甕のなかに南瓜が入れられているのを見て、王様は気絶した。そして息をふきかえすのに、長いことかかった。

＊ そり。パラゴス(paragos)はタガログ語。

# アナニトマスの冒険

むかし、いまでは、ラユニオン州のバウアンとナギリアンの町になっている地方に、アナニトマスという力のつよい猟師が住んでいた。

アナニトマスが生れたばかりの赤ん坊のとき、ある夜、赤児の生血をすする悪鬼のボロッカが、家の屋根から、揺籃《ゆりかご》によく眠っているアナニトマスの方へ長い舌をさしだして来た。舌はまっ赤な紐のように、くねくねと伸びて来た。

アナニトマスが眼をさまして、だらりと下った赤い紐が頬のすぐ上にあり、ほとんど頬にとどきそうになっていることに気づかなかったならば、彼はボロッカに食われてしまったにちがいない。

そのとき既に強力であったアナニトマスはボロッカの舌を引きぬいた。悪鬼は、苦悶の声であたりをふるわせ、クラ、クラ、と泣きさけびながら、逃げ去った。

少年のころには、すばらしい足の速さと、人間わざとは思われぬ力のつよさとによってアナニトマスは知られていた。同じ年ごろの少年たちと遊んでいても、彼は椰子の葉の太い茎で何本かの槍をつくって、それを力いっぱい投げ、風のような速さでそれを追っかけ槍が地につきささると同時に、それらの槍を捕えたものである。

彼はひとりで東の森をさまよい、野牛を追っかけて、もう一足も動けぬように、野牛を降参させた。彼はどんな種類の武器も持ったことがなかった。長ずるに及んで、光線をも切ることのできるほど鋭い刃をもつた一本の長い太刀をたずさえた。

二十歳になったときのある日、アナニトマスは、大きな暗い森林のなかに、前に行ったことのあるよりもずっと奥深く入りこんで行った。午後になって、彼は一本の木も草さえもない広場に出た。彼は稲妻のサリットの棲家にたどりついた。

太陽はその不毛の平地に照りつけ、炎熱は岩をうちくだいて、その音はあたりいちめんに鳴りわたった。間もなく、アナニトマスはひどい咽喉のかわきを覚えた。

彼は水をもとめて森へ引きかえした。水をさがしていると、野牛の王であるシマロンが彼のまえにあらわれた。シマロンは一族中の巨牛で、深夜のごとく黒く、火のような眼と、人間の二倍もある角とを持っていた。アナニトマスを見ると、彼の尾はまきあがり嵐のように激怒して、突っかかっていった。アナニトマスは、両手で尻尾と一本の角とを掴んでシマロンをとらえ、この巨大な動物をふりまわした。そして、ついに、うちくだいてしまった。

シマロンを殺すと、アナニトマスはいっそうの渇きを覚えた。彼は死んだ獣の血をのもうかと考えたが思いとどまり、森に入った。まもなく、熱した実の房がたれている一本の椰子を見つけた。アナニトマスは太刀をひき抜き、椰子のてっぺんまで高く飛びあがって、大きなひと房を斬りはらった。実が落ちて来ると、ひとつを残して、みんな切り割った。汁は滝のごとくほとばしり出た。

さて、ぐっすりと眠っていた稲妻のサリットは、椰子の汁のしたたる音で眼がさめた。雨の音だと思ったので彼は焼け岩の寝床から飛び起き、三度地上を照らしてみたが、雨はどこにも降っていなかったので、サリットは大いに怒った。彼が尾をうちふるわせ、歯をむきだしたので、椰子の木の下にいたアナニトマスは眼がくらみ、汁をのむために裂こうと考えていた椰子の実を失った。

彼は眼をあけ、空をわたつてゆく稲妻のサリットをみとめた。彼はちかくに生えていた甘蕉《バナナ》の葉をひきむしり、それをにぎって稲妻を追っかけた。三度、地球をかけめぐった後、アナニトマスはサリットの尻尾をとらえ、甘蕉の葉で、稲妻のサリットの尾を引き切った。地上に降りて来ると、彼はその尾を椰子の葉のなかにかくした。そこで、いまでも、雨が降って、稲妻が空をかけまわり、落雷して、椰子の葉をひき裂くと、ナギリアンの老人たちは、サリットがアナニトマスのかくした尾をまだ探しているのだと語るのである。

イルカノ族のあいだに、代々語りつたえられて来たアナニトマスについての話のうちで、もっとすさまじいものは、文身《いれずみ》イゴロット族の酋長の息子、強力《ごうりき》ブログとの死闘の物語である。

当時、低地の住民たちは、犬の肉を喰う山地の蛮族、文身《いれずみ》イゴロット族とたえ間なく戦いをつづけていた。低地種族の頭領たるアナニトマスは、戦士として、強く勇敢なことで知られていた。

イゴロット族の老酋長ラクラカヤンは、いつ低地への襲撃を企てても、僅かな戦士のみが生きて還って来るばかりであり、もっとも強い者でさえ、アナニトマスから片手で殺されたと知って、彼のひとり息子である強力ブログを呼びよせた。父の前に立ったブログは樹木のごとく、たけたかく、まっすぐであったので、老酋長の眼はよろこびにかがやいた。

「お前の戦う腕を見せてくれ」

父がいったので、ブログは牡牛の首ほども太い右手をさしのべた。

頸《くび》にかけていた小さい袋のなかから、酋長ラクラカヤンは深夜のようにまっ黒な小さい卵を三個とりだした。彼は槍をつきさして、息子の腕に三つの深い切り傷を負わせた。ブログは身うごきもせず、声も立てなかった。老酋長がブログの腕の血を噴いている傷のところへ三つの卵を入れると、またたく間に、傷は癒え、腕はもとのとおりになった。

「この三つの卵は雷のグルロオドのところから持って来たものじゃ。卵が三つお前の腕のなかにあれば、お前は手のひらの端で山を引き裂くことができるのじゃ」と、酋長ラクラカヤンはいった。

　ブログは微笑み、ナラの大木をまるで葦のように引きぬいて、一本の槍をつくった。

「行け」と、ラクラカヤンはいった「アナニトマスの首を、お前の帯に毛でぶら下げて来るまでは、決してかえるな」

　ブログは風のように去った。彼はアナニトマス国がながめわたされる丘のうえに立って雷のような声で「アナニトマス」と、どなった。彼が三度名をよぶと、谷は彼の声で鳴りひびき、こだました。おどろいた低地の住民たちは、家をすてて海岸に走り去り、船に乗って海へ漕ぎだした。彼等は酋長ラクラカヤンの恐ろしい息子、強力《ごうりき》ブログのことをよく知っていたからである。

　空気をふるわせて、自分の名が呼ばれるのを聞いたアナニトマスは、すばやく高い竹のてっぺんに走りのぼり、小鳥のように軽々と平均をとって、そのうえに立ちあがった。

　丘から二粁《キロ》はなれたところに、彼をみとめたブログは、掛け声もろとも、大きな槍を投げた。光る彗星のように武器の飛んで来るのを見たアナニトマスは、片手を伸ばして、その槍をつかんだので、竹は、ほとんど、いただきを地につけんばかりに後に曲った。竹が大弓のように立ちなおると、アナニトマスはその槍をブログの心臓めがけて投げかえした。槍は光線のように眼にもとまらぬ早さでとんでいった。ブログは、彼の槍が彼のまうえを大風のように鳴って過ぎ、ちかくの山腹につきささるまで、丘のてっぺんにかじりついていた。

　怒り猛ったブログは跳ねおきて、彼が立っていた丘を手のひらの端で打つと、丘は二つに割れた。そのひとつをつかんで、アナニトマスに投げつけた。アナニトマスは力のかぎり空たかく飛びあがった。巨大な飛び道具は彼を傷つけることなく、下の方を飛んでいった。前に彼のいたところには小丘ができた。そのうえに立って、彼はブログをあざ笑った。「揺籃《ゆりかご》にかえれ」と、彼はいった「親父さんのラクラカヤンにいえ。アナニトマスとたたかうには、まだお袋の乳で唇のぬれているような子供ではなく、大人の戦士をよこしなさい、とな」

　ブログは赤面して、黙った。彼は山腹から抜いた彼の槍にもたれかかっていた。彼は声をあげていった。

「低地の勇士、アナニトマスよ、仲直りをして、一服吸って、しばらく休もうじゃないか、俺はまったく、くたびれた」
海上で船に乗っていた人々は、二人の戦士が丘のうえに蹲《しゃが》んで、煙草の葉をとりだし、葉巻にまきだしたのを見て、おどろいた。
アナニトマスが燧石《ひうちいし》で火をすろうとしてかがみこんだとき、とつぜん立ちあがったブログは、眼にもとまらぬ早さで、油断していた敵に槍を投げた。
海上にいた低地の人々の口から、落胆の叫びが漏れた。槍がアナニトマスをさし貫き彼等の勇士はよろめいてあおむけにたおれ、丘のいただきに横たわって動かなくなったのを彼等は見た。ブログの槍の大きな柄がアナニトマスを地につき刺しているように立っていた。自分の計略がうまくいったことを見たブログは大よろこびで、アナニトマスの横たわっている丘の凹地をぬけて、丘を駆け降りた。
海上の船にいる低地の人々は空をあおいで号泣した。アナニトマスが死んだと信じて、彼等はあてどもなく海上をさまよった。
彼らは頭領を失い、どこに行けばよいのかわからなかった。
彼等は、ブログの槍とともに横たわっていたアナニトマスが、それからどうなったか、知らなかった。ブログが山のいただきに立ったとき、アナニトマスは憤怒の声とともに跳びあがり、ブログが逃げたのを見て激昂し、槍をもってはげしく敵の頸を打ち、頭をうち落した。

アナニトマスが勝ったので、ひとびとは狂喜した。大饗宴がもよおされ、屠《ほふ》られた牛や豚や山羊の骨は家の軒たかく積みあげられた。もはや文身《いれずみ》イゴロット族は低地の人々を襲おうとはしなかった。ブログの死の知らせを聞いて、酋長ラクラカヤンの心ははりさけ、彼も間もなく死んだ。頭領をうしなって、彼の一族は山地に四散した。

# 田植え

貧乏ぐらしは情《なさけ》ない、
土地もなければ、蓄えもない、
なんとか、おまんまいただくためにゃ、
ただ、こつこつと働かにゃならぬ。

朝、眼がさめれば、
どこに行ったら、お金が儲かるか、
うまいもんが食べられるかと、
手を組んで、思案をせにゃならぬ。

田植えは、あそびごとじゃない、
日がないちんち中、立ってにゃならぬ、
一ぷくやるのも、坐るもできぬ、
おまけに、背伸びもできはせぬ。

くたびれて、背中はやせこける、
腕はしびれて、痛くなる、
足はひきつって、ひりひりする、
朝から晩まで、水びたし。

○

仲間衆や、仲間衆や、
坐って、ちっと休もうじゃないか、
おいらはみんなくたびれた、
腹は減ってるし、びしょ濡れだ、
仕事をやめて、元気を回復、
朝になったら、また、働こう。

# 三人の佝僂

パブロはいつも兄のペドロとユアンからひどい目に合わされていた。食べものは残りものので、着物もぼろぼろであった。二人の兄たちが寝台に寝るのに、彼は床のうえで寝た。まったく、彼には、なんの慰めも楽しみもなかった。

そのうちに、この不幸な若者は、あるひとりの気立てのよい娘と好き合うようになり、四年の婚約のあとで、結婚した。そうして、パブロは大よろこびで、兄たちのもとを去った。ペドロとユアンはつまらぬことに金を湯水のように使いはじめた。彼らは賭博をおぼえた。しかし、パブロは細君のことよりほかにはなにも欲しがらず、たのしく暮していた。毎朝、彼は魚を取りにゆき、細君のためにたくさんの漁をして来るのであった。

ある日、いつものように漁に出かける時に、彼は細君にいった「もしも、わしのような傴僂《せむし》が二人やって来ても、中に入れてはいけないよ。お前も知ってのとおり、彼らはわしの兄貴だが、いつもわしをひどくいじめていたんだから」彼は行ってしまった。その午後ペドロとユアンが弟をたずねてやって来た。彼らはパブロの細君のマルタに、自分たちは飢えているからなにか食べものを恵んでくれとたのんだ。もうすっかり金も使い果してしまったと彼らはいった。マルタは義兄たちの見すぼらしい風体を見て気の毒に思い、夫からとめられていたけれども彼らを家に入れた。彼女は食事をあたえた。彼らが食べ終わる

と、細君はいった「もう夫が帰って来る時分です。夫はあなたがたが以前にひどく不親切だったことをたいへん恨んでいるので、もしもあなたがたを見つけたら、仕かえしをするかも知れません。この二つのトランクに隠れなさい。そうして、明日の朝までじっとしていなさい。朝になって夫がまた魚とりに出て行ったら、あなたがたを出してあげます」

パブロがかえって来るのと、トランクの鍵をかけるのとほとんど同じくらいだった。しかし、夫は兄弟たちが来ていたことには気づかなかった。つぎの朝、パブロはいつものとおり、仕事に出て行った。その日はマルタは家のなかの仕事がとても忙しかったので、すっかりペドロとユアンのことを忘れてしまった。気の毒な男たちは、空気も入らず、食べものもなく、とうとうトランクのなかで死んでしまった。二日経ってから、やっとマルタは二人の佝僂のことを思いだした。彼女は走りよってトランクを開いてみたが、すでにそこには死骸があるばかりだった。彼女はどうしたものだろうかと途方に暮れた、挙句に彼女は一計を案じた。彼女は近所の男をよび、自分の家に来て義兄が死んだので葬って貰いたいとたのみ、そうしてくれたら五ペソ払おうと約束した。

近所の男はペドロの重い身体を肩にかつぎあげ、遠くへ運んで行った。そこに腰までの深さに穴を掘り、死骸を入れて土をかぶせた。そうして彼はいそいでマルタのところへか

えって来て、
「奥さん、深い墓穴に死骸を埋めて来ましたよ」といった。
「なんにもしてやしないじゃないの」と、マルタはいった「あそこに寝ているのは、ありゃ何だね」といって、彼女はユアンの死骸を指さした。
「こりゃ、おかしい」と首をひねりながら、近所の男は叫んだ。「なんて変てこなこった」と彼はユアンにむかっていった。彼はまだ報酬を貰うことができなかったので、死骸にむかってひどく腹を立てたのである。そこで彼はユアンの死骸を海岸の方へ運んで行った。彼は小舟に乗り、水の下に深い墓穴を掘った。そうして、「ここから出られたら、お前は世界一の利口もんだよ」といいのこして、マルタの家にかえって来た。
途中、彼はふと振りかえった。すると、おどろいたことに、一人の佝僂が魚を手にぶら下げながら、彼のあとからついて来るのを見た。彼はその男をみつめたが、それが全くたった今埋めて来たばかりの死骸にちがいないのをみて、いった。「また、お前は墓から出て来やがったな、畜生、意地わる佝僂め」そういいながら、彼はたちまちその佝僂を殺してしまった。この佝僂は漁からかえって来るマルタの夫であった。
こうして、マルタは人を欺こうとして、かえって自分が災いを受けたのである。

# 盲目のジュアン

むかし、深い森のそばの小さな村に、仲のよい八人の盲目《めくら》が住んでいた。かれらは、身体が不自由ではあったが、いつも、たのしそうにしていた。もしかしたら、ほかの村人たちよりもたのしかったかも知れない。かれらは夜になると、そっと、ほどちかい、椰子林にでかけて、チュバ酒をのんだり、新鮮な椰子の実を食べたりして時をすごしていたからである。

ある夕方、すごい台風が村をおそった。椰子の木の大部分は頭を吹き折られた。つぎの日の午後、八人の愉快な連中は、実をとるために椰子林に行った。林につくと、七人が木にのぼった。いちばん年若のジュアンは、下にのこって、友達が投げおろす椰子の実を数えて拾うようにいいつけられた。仲間が木にのぼりだすと、ジュアンはうたいだした。

八人の仲間、よい仲間、
ひとりが、ひとつの実、
ジュアンはここで身をかがめ、
おいしい椰子を拾うのだ。

それを三度くりかえさないうちに、ジュアンは、落ちたもの音をきいた。
「ひとつ」
彼はかぞえて、つぎのうたをうたいだした。

ジュアンは正直者、
もってゆくものはどんなものでも、
大したことじゃありゃしない、
仲間よ、ぼくが数えてあげる。

どさどさ、と、またひとつ落ちる音がした。つづいて、つづけさまに、三つ落ちた。
「よろしい、五つだ、あと三つ」と、ジュアンはいった。彼はまるで仲間が見えでもするように、顔をあげた。まもなく、また二つ落ちた音をきいた。
「六つ、七つ、やあ、たった七つか。僕のをもうひとつだ。そうしないと、みんながよいというわけにいかん」
そういいながら、彼は地に落ちた椰子の実をさがしはじめた。しかし、それは、彼の友だちが落ちて来たのであった。木はただ切枝になっていたので、のぼった者はてっぺんに来たときに、みんな墜落したのである。

しかし、ジュアンは死骸のひとつをさぐりあてるまでは、なにが起ったのか、まるで気づかなかった。彼はおどろいて、一目散に逃げだした。そうして、跛《びっこ》のジュストにぶつかった。ジュアンの話をきいたあとで、ジュストは、ジュアンに、村にかえらない方がよいと忠告した。それは、死んだ者の一族が、ジュアンに人殺しの罪を着せるかも知れないからである。

長いこと話したのち、二人はいっしょに旅をして隠れ家をさがそうと、相談がまとまった。それは、盲目のつぎの申し出が、跛にとってはなかなかよい思いつきであったからである。

盲目は、強い足をもっている、
跛は、よい眼を持っている。
四つの足がありゃ、豚と同じだ、
四つの手がありゃ、猿と同じだ、

おいらは、そのどっちもで歩ける。
おいらは、そのどっちもで見られる。

そこで、夜があけると、彼らは旅だった。
あまり遠く行かないうち、ジュストは道ばたに鹿の角が落ちているのを見つけた。それをジュアンに話すと、ジュアンはいった。

ジュアンは正直者、
もってゆくものはどんなものでも、
大したことじゃありゃしない、
仲間よ、鹿角《つの》は入用だ。

ジュストがつぎに見つけたものは、錆《さび》ついた斧であった。それをジュアンに告げるとまた、彼は同じ唄をくりかえして、「仲間よ、斧は入用だ」といった。何時間かののち、跛は、また、綱の切れはしを見つけた。盲目はそれを知ったとき、いった。

ひとつ持つてゆけ、
ふたつ持ってゆけ、
みんな持ってゆけ、
鹿角《つの》も、斧も、綱も、また。

最後にジュストは古ぼけた太鼓を見つけた。それもいっしょに持っていった。

まもなく、ジュストは非常に大きな一軒の家を見つけた。なにか食べものにありつけるかも知れないと思って、彼らはよろこんだ。家の傍に来ると、扉は開いたままであった。しかし、家に入りこむと、そこには、刀と槍と楯とが壁にかかっているほか、なんにもないことをジュストは見た。どうしたらよいかとちょっと相談したのち、彼らはその天井にかくれて、この家の主がかえって来るまで待つことにした。

思ったとおりに、まもなく、誰かがやって来る音が聞こえた。血のついた刀と槍とを持った大勢の男たちが、金のはいった大きな鞄を持ちはこんで来るのを見ると、ジュストは、彼らが悪漢であると考えて、恐れてちぢみあがった。彼はふるえだし、彼の頭の毛は立ち、どうしてよいかわからなかった。とうとう、彼は、ああ、ここだと叫んだ。

どんな危険なことになったのか、見ることのできなかった盲目は、跛の口をふさいだ。しかし、その前に、家の主は彼らのいることに気づいた。

「ほう、蚊とんぼ、君ら、そこでなにをしとるんじゃ」

悪漢は天井を見あげながら、たずねた。

「ふん、悪者めら、俺たちはお前らをみんな食ってしまうのだ」

盲目はできるだけの大声をはりあげて、答えた。

「なんだと」と親分はききかえした。

「さあ、お前らをみんな食ってやろうと思って、お前らを探していたんだ」とジュアンは答えた。

「俺たちが、なにものであるかをお前らに見せてやろう。これが俺の一本の歯だ」ジュアンは錆びた斧を投げ下した。「俺の髪の毛を見ろ」綱を投げ落しながら、ジュアンはつづけた。

おどろいた悪漢どもは逃げ支度をはじめた。親分も一言も口をきくことができなかった。

「聞け、蟻ども、俺の息だ」そういって、ジュアンは鹿の角を吹いた。「俺たちの胃袋がどんなに大きいか見せてやろう。胃袋をたたくから、聞け」ジュアンは太鼓を打った。仰天してしまった悪漢どもは、一散に逃げ去った。何人かは窓から飛び出していった。

泥棒たちが行ってしまってから、ジュアンとジュストは金をわけるために、天井から降りた。ところが、跛が盲目をごまかそうとしたので、分け前のことで喧嘩がはじまった。ジュストは手のひらでジュアンの眼をなぐった。すると、盲目の眼があいて、見ることが出来るようになった。ジュアンはひどくジュストを蹴った。跛は家の隅にころがって行って、柱にぶつかった。すると、跛がなおって、立って歩くことができるようになった。

おたがいによいことをしあったことを知って、二人は公平に金をわけ、もとのように仲のよい友達として、その後、ずっといっしょにくらした。

# カランカルの話

むかし、あるところに夫婦が住んでいた。彼等はいっしょになってからずいぶん長い年月が経つのに、子供がなかった。日曜日ごとに、夫婦は教会にでかけてゆき、息子をさずけて下さるようにと、神様に願った。また、彼等は町の巫女《みこ》のところに行って、なぜ、神様が自分たちに子供をおさずけ下さらないのかとたずねた。巫女は、あと一年経ったら、あんたたちに子供ができるだろう、しかし、その親指と小指との間よりも小さいかも知れない、といった。それでも、夫婦は満足した。

一年のちに、男の子が生まれた。巫女が告げたとおり、赤ん坊はひどく小さかった。しかし、彼はそんな小さな子供と思われないほど、つよかった。「なんとおかしなことだ」と隣の友人がいった。「どうして、この子は自分の胃袋におさめきれんほどのものを食べるんだろう」男の子は大きくなるにつれて、食べる食物の量も日増しに多くなった。彼の背丈が四呎《フイート》になったとき、日々の食べ高は、米が一カバン(1)と、肉と魚とが二十五ポンドであった。

「こんなちっぽけな子が、どうしてこんなにどっさりものを食べるのか、あたしにはさっぱりわからん」と、母親は亭主にいった。「まるで、蝗《イナゴ》かなんぞのように、暇なしに食べてるんだもの」

少年はカランカルと呼ばれた。カランカルはたいへん強く、またたいへん優しい心を持っていた。彼は町中の子供たちの大将であった。それは彼がどの子供でも角力《すもう》で打ち負かすことができたからである。

わずか数年ののちには、子供のための食べものを買うために、家の財産はすっかり売りつくされた。もともと、カランカルの父親は漁師のほかにはなんの仕事も持たなかったので、一日一日と、彼等は貧乏になった。そこで、ある日、カランカルが表に遊びに出た留守、おかみさんは亭主にいった。

「カランカルといっしょにいたら、いったい、あたしたちはどうなるの。あの子はあたしたちを蝗《イナゴ》のように貧乏にしちまう。あの子ももう働ける年ごろになったんだから、ひとりで食べ口《くち》をさがしに行くようにいった方が、あたしたちのためだよ」

「いんや、神様にお願いしてさずかった子を、追っぱらうなんて、恥ずかしい話だ。わしがあの子を森につれて行って、殺してしまおう。もし近所の人たちが、どうして息子が死んだかとたずねたら、木を伐《き》っているうちに、下じきになって死んだといえばよい」

つぎの朝はやく、父親はカランカルを森につれて行った。彼らは一本の大きな木を伐りはじめた。その木がたおれそうになったとき、父親はカランカルに、傾きかけた木の下に行って立つようにいいつけた。そこで、木がたおれたとき、カランカルはその下じきになってしまった。息子が死んだものと考えた父親は、すぐに家へかえった。そうして、彼とおかみさんとがそのことを話していると、カランカルは大きな木を肩にのせてかえって来た。

「お父《とつ》つぁん、お父つぁん、どうして僕を森のなかに置いてけぼりにしたの」

と素直な少年はいった。

恥ずかしさでいっぱいになり、父親は動くことも、ものをいうこともできなかった。彼はただ息子の重い荷を下すのを手つだった。母親も、また、なにもいうことができなかった。それは息子が自分たちの悪いたくらみを見やぶりはしないかと恐れたからである。彼女と亭主とは、そこで、別の計画をたてた。

次の日、カランカルは漁につれて行かれた。父親と息子とは、はるか沖合のまっ青な海の方へ、櫓《ろ》をこいだ。それから、彼等は網を海に投げ入れた。

「カランカルや、お前、海に飛びこんで、網が底についているかどうか見ておいで」

と父親がいった。

カランカルはいわれたとおりにした。しばらくすると、水面は赤くなり、泡が立ちはじめた。父親は息子が大きな魚に食われたと考えた。そこで彼は家の方へ漕ぎかえった。かえりつくと、おかみさんは気づかわしげに、カランカルは死んだかどうかを訊ねた。死んだとも、と亭主は答えた。それから、二人は彼らだけの食事をつくり、食べはじめた。まだ彼等の夕餉《ゆうげ》が半分も終らないうちに、一匹の大きな鰐魚《わに》をひきずりながら、カランカルが入って来た。カランカルは父親にむかって、こんなでっかい荷物をはこばねばならんのに、どうして自分ひとり残して帰ったのかとたずねた。お前が大きな魚に食われて死んだと思ったからだよ、と父親は答えた。カランカルは母親に、自分に一カバンの米を食べさせてくれるようにと願った。彼は長い距離を泳いでかえったのでひどく疲れていたのだ。

　夫婦はすっかりしょげてしまった。彼らには、どうしたらカランカルをなきものにすることができるかという手だてがまったく思いうかばなかった。気短かな女はいった。

「カランカルや、お前は自分で自分の食べる口を得るように、世の中へ出て行った方がよいよ。お前はあたしたちがだんだん貧乏になってゆくことを知っている。それに……」

「おっ母《か》さん」と少年は遮った。「僕はほんとうはあなたの傍からはなれて、よそに行きたいことはありません。しかし、お母さんは、まるで僕があなたの子供ではないみたいに、僕を追っぱらう。僕はとてもここに居られません」カランカルは頬に涙をながしながら、ちょっと黙った。「僕がおっ母さんが好きだということを、おっ母さんはよく知っている。それなのに、おっ母さんは、あべこべに、僕を憎む。僕はどうしたらいいんだろう。僕はおっ母さんの息子です。だから、おっ母さんのいいつけに背くことはできません。しかし、僕が出てゆく前に、お父《とっ》つぁん、おっ母《か》さん、僕に一本の刀を下さい。危険なときに身を護《まも》る大きな刀を」

両親はよろこんで、刀をつくってやることを約束した。二日ののち、長さ五ヤードもあるでかい刀(2)ができあがった。カランカルはそれをとり、両親の手に接吻をし、重い心をいだいて出て行った。

村はずれに出たものの、カランカルはどっちへ行けばよいのかわからなかった。彼はまるで舵《かじ》のない舟であった。彼はあてもなく歩きつづけ、森にやって来た。そこで、彼はブグトングバラサンに会った。カランカルは彼にどこにゆくのかとたずねた。ブグトングバラサンは、俺はうろついているだけだ、どこに行くのか知りはしない、俺は両親を失ったが、うけつぐものはなにひとつなかったんだ、といった。

「俺といっしょに行かないか」と、カランカルはいった。

「行こう」と、ブグトングバラサンは答えた。

「まず、角力《すもう》をとろう。そうして負けた方が俺の刀を持って行くんだ」

カランカルは挑戦した。彼らは角力をとった。ブグトングバラサンが負けたので、彼は大きな刀を持ってゆかねばならなかった。

彼等は旅をつづけているうちに、ツンコドボラに会った。カランカルはまた角力試合を申しこんだ。ツンコドボラは笑いながら、これを見ろ、といって、近くにあった一本の木をねじ切り、眼のとどかないところまで投げやった。

「よろしい。角力をしよう。お前が俺をねじ切ることができるかどうかみたいものだ」

あざ笑いながら、カランカルはいった。角力がはじまった。大地はふるえ、木々は根こそぎにされ、まわりに大きな石が転がりまわった。ツンコドボラは負けた。

「さあ、この刀を持ってゆけ」

と、勝ちほこってカランカルはいい、また旅がつづけられた。

ある山のてっぺんにたどりついたとき、彼らはひとりの巨人を見た。それはマカブハルブンドク(3)であった。カランカルが彼に勝負をいどむと、マカブハルブンドクは笑いだして、一つの丘を押しとばした。その丘がくずれると、彼はいった。

「この丘を見ろ。ほんのひと押しで、ひっくりかえってしまった」

「なんの、俺は丘じゃない」

角力が行われ、カランカルはまたもや勝った。

四人の友だちはいっしょに歩きつづけた。彼等はいずれもさ迷っているばかりで、どこに行けばよいかは知らなかった。深い林のなかに入りこんで来たとき、彼らは腹が減って来た。そこで、仲間の大将であるカランカルは、一人に、高い木にのぼって、近くに家がありはしないか見るようにいいつけた。ブグトングバラサンが木にのぼった。彼は森のはずれちかくに、一軒の大きな家があるのを見つけた。いくらかの食べものにありつくつもりで、彼等はその家へ行った。

それはとても大きな家であった。しかし、窓はすっかり閉められ、誰も住んでいる者はないように見えた。扉をたたいてみたけれど、答えはなかった。そこで彼等は入りこんでいった。すると、おいしい御馳走のいっぱい載せられた卓があった。彼等はほとんど、飢えていたので、彼等のために用意されたようなその御馳走を貪り食うのに、躊躇はしなかった。すっかり食べ終ると、三人は狩りに出かけて行った。ブグトングバラサンだけが、友だちがかえって来てから食べる料理をつくるために残った。

ブグトングバラサンが料理をこしらえていると、大地が震動しはじめた。まもなく、一人の巨人が、ホ、バジョ、タオ、カインコ（人間の臭《にお》いがするぞ。食ってやるぞ、の意）と呟きながら、家の階段をのぼって来るのが見えた。ブグトングバラサンはその男と顔を合わせたが、こんな途方もない巨人に対して、人間がなにをすることができよう。化けものはブグトングバラサンの頭の毛を引きずり、彼を柱にくくりつけた。それから、自分の食事の料理をはじめ、食べ終ると、捕虜《とりこ》を家にのこしたまま、出て行った。

かえって来た他の三人は、ブグトングバラサンが彼等のために食事を用意して置かなかったので、たいへん腹をたてた。しかし、いましめは解いてやった。今度はツンコドボラが他の者が狩りに行っている間の料理人として残ることになったが、彼もまたブグトングバラサンと同じ目に会った。マカブハルブンドクのときにも、また、同じことが起《おこ》った。

さて、カランカルの智慧と、力と、運とがためされる番になった。三人が出てゆく前に、彼は自分の頭を剃らせた。巨人がやって来て、カランカルの頭がくりくりときれいになっているのを見て笑った。

「くりくり頭はすてきだな。俺の頭もきれいにしてくれ」と、巨人はいった。

「あなたの頭もきれいに剃らなくてはならんが、頭を剃ることはなかなかむずかしいことです」

と、カランカルはいった。

「心配はいらん。俺は剃りたいんだ」

と、巨人は気短かに叫んだ。

カランカルは綱と蠟とを持って来た。彼は巨人をしっかりと柱にむすびつけ、蠟で巨人の身体中を塗りこめた。それからマッチをすって巨人の身体に火をつけた。こうして巨人はほろび、四人はまるで自分の家のようにして、その家に住んだ。

まもなく、ひとつの噂が彼らの耳にはいった。それは、海の別の側にあるさる王国の王様が、巨大な石をいまある場所から動かしたいというのであった。この石はとても大きくて、半分以上は地中に埋もれていた。この石を動かしたものに対する褒美としては、王様のいちばんきれいな姫を下さるというのである。

力をためすために、四人は出発した。航海をするための船がなかったので、彼等は泳がなければならなかった。三週間泳ぎつづけたのち、休憩するために、島のような所へあがりこんだ。島は滑らかで、とらえどころがなく、どうしてそんなのか、彼等はふしぎに思った。カランカルはそこで刀を抜いて、島のなかにつきさした。その打撃をうけて、島はすばらしい速さで動きだした。それは島ではなく、巨大な魚であった。運よく、魚は旅びとどもを、彼等がさがしている王国の海辺ちかくへ運んでくれた。
到着した四人はただちに王様にお目にかかり、石を動かしてみるつもりであるということを王様に告げた。王様は兵隊の一人に、彼等に石を見せるように命じた。四人の力男《ちからお》を見るために、たいへんな群衆が集まって来た。
はじめにブグトングバラサンがやってみた。石はびくともしなかった。ツンコドボラがやったが、わずか数ヤード動いただけであった。マカブハルブンドクの番が来た。彼はその巨大な石を半哩《マイル》動かした。しかし、王様はそれくらいではだめだといった。そこで、カランカルは綱で石をしばり、ひと振りした。またたく間に、巨石は視界から消えた。
王様はたいへん満足され、カランカルに妻として一人の王姫を選ぶようにいった。
「私はまだ結婚するには早すぎます、王様」と、カランカルは悲しげにいった。「あなたがお許し下さいますならば、私の仲間の一人と、あなたの姫君と結婚いたさせたく存じます」
王様は承知し、ブグトングバラサンが王子となった。
三人の独身者はブグトングバラサンとともに暮らした。彼等の名は彼等の住んでいた王国のみならず、他国にも聞えた。一年というもの、彼等がブグトングバラサンの家で歓待されて過《すご》したとき、一通の手紙が四人の名宛でとどいた。それはつぎのようなものであった。

「自分は君たちが並はずれた力を持っているということを聞いた。今、その力が自分には非常に必要である。約一週間ほど前、とてつもなく大きな魚が自分の町の海辺へうちあげられた。魚は腐っていて、たとえようもなく不快な臭気を放つ。自分の家来たちは、その魚を沖合へ曳《ひ》きだそうとやってみたが、だめであった。そこで、自分は君たちへ手紙を書く。もしその魚をのけ去ることができるならば、自分のもっとも美しい姫を、君たちのうちの一人に娶《めあ》わせよう。ワラングタカット王」

この手紙を読んで、カランカルはすぐに彼等の旅行を助けてくれた魚を思いだした。三人の友だちはおのおの仕度をし、ブグトングバラサンに別れを告げ、ワラングタカット王の国へ出発した。あまり遠くなかったので、彼等は歩いた。

彼等が通るどこの町でも、ひとびとは、万歳、力男《ちからお》たちよ、と叫んだ。王様は饗宴をひらいて、彼等をもてなした。町のすべての家々は旗をもって飾られ、すべての人々が彼等を歓迎した。

饗宴が果てて後、三人は、王様、および多くの王様の侍従者、騎士、高官、あるいは群衆とともに、腐った魚の横たわっている海岸へ行った。この試験でも、ただ、カランカルがなしとげたのみであった。彼は、ふたたび、結婚をこばんだ。しかし、王姫が強い勇士を夫に持つことができなくなるのではないかと心配そうな様子にみえたので、カランカルはツンコドボラをえらび、彼が王姫の夫となった。

　強い勇士たちの名声は、ほとんど世界中にひろまった。四囲《しい》(周囲)の王様たちは、すべて、祝辞を送った。英雄たちは附近の国々の多くの美しい婦人から結婚の申しこみを受けた。

　ある日、カランカルとマカブハルブンドクとは散歩をしていたが、どちらかが、旅に出ようといいだした。片方も賛成し、二人は準備をはじめた。しかし、出発の間際になって、カランカル名宛で、よその王様からの手紙が来た。手紙のなかには、巨大な石が王様の公《こう》囲《い》に落ちて来たことが書かれてあった。「その石はすばらしく大きく、天から降って来たものと思われる。その石をいまの場所から動かすことができるならば、自分は喜んでいちばん下の姫を君に娶《めあ》わすであろう」と王様は書いていた。

　二人の友だちはこの招きに応じて、すぐに旅だった。陸をゆき、海をわたり、長い旅をした後、やっと、そこへ着いた。そこには、前に動かしたことのある石があった。マカブハルブンドクはそれを遠くまでやることのできないことを知っていたので、はじめから、動かしてみようという試みはしなかった。カランカルがその石を動かした。

カランカルは、また、結婚をこばんだ。

「私は結婚するには早すぎます。ここには私の友だちを残しましょう」

と、彼は王様にいい、マカブハルブンドクが王子となった。

カランカルは独り者として残った。彼は妻を持つことを好まなかったからである。三人の王子たちは、カランカルがいちばん年下ではあったけれども、彼を父と考えていた。長い間、カランカルは一年おきに、三人のところを交代にまわってくらした。マカブハルブンドクの結婚後まもなく、父王はなくなったので、マカブハルブンドクが王様になった。つぎの年には、ツンコドボラの父王がなくなり、ツンコドボラが王様になった。長年ののち、ブグトングバラサンも王座についた。かくて、カランカルは三人の王の恩人となったのである。

ある日、カランカルの胸に、彼の惨酷《さんこく》(むごくてきびしい)な両親をおとずれ、彼らといっしょにくらそうという心がわいた。そこで彼は三人の王様がくれたたくさんの金をもって出発した。彼がすばらしい財産を持っているので、今度は、彼の両親は彼を追いだそうとはしなかった。カランカルはまた両親とともにくらし、彼の下に、三人の王様があった。

（1）カバン(cavan)＝フィリピン(スペイン領東インド)で用いられる計量単位、約七十五カルト(クォート(quart)、おおむねリットルと同じ)。一カルトはわが六合三勺。

（2）刀＝原語 Bolo

（3）Macabuhalbundok＝山を転覆させることのできる男の意。

# パルマリン王物語

むかし、むかし、マルセラ王国は高貴なるパルマリン王とイスベルタ女王とに支配されていた。彼らはなすべきことは怠りなくなし臣下にも親切であったので、国民からも愛されていた。マルセラ国全体が王の善良と寛仁とを尊敬した。王の望むことはいかなることを問わず侍官たちがこれに賛成をした。それは王の判断がいつも当を得ていたからで、したがって領土内はきわめて平和であった。

女王がお子を生むときが来た。王国内は喜びに満たされ、すばらしい饗宴が準備された。お祭りを六ヶ月つづけるように、と、侍従長のセトナエンはいった。お子はたぐいもなくうるわしい女の子であった。司教が洗礼をするために呼びよせられた。聖母マリヤが王と王女との守護聖であったので、彼らは娘にマリヤという名をつけたいと僧侶に乞い、そう命名された。

ある日、王は山に猟に行った。あらゆる森や洞窟が狩りたてられた。ものものしい声をきいて、山中の動物たちは混乱におちいった。熊、虎、獅子などが穴倉から出て来た。野獣どもは平地にやって来ると、王とその臣下たちに襲いかかった。すさまじい叫喚と混乱とがまき起った。神の助けによってやっと王とその臣下たちとは狂暴な敵から逃れることができ、猟が終ったときには誰ひとり怪我した者はなかった。狩人たちは喇叭《ラッパ》を吹いて一所に会し、一人も傷ついた者のなかったことを感謝しながら帰路についた。しかし、この騒ぎで、秘蔵の小匣《こばこ》を失った王のみは不機嫌であった。

パルマリン王がマルセラにかえって来て、彼の小匣が紛失していることに気づくと、彼はただちに多くの兵士を探しにさしむけた。兵士たちは山はもとより、村までも隈なく探した。都へかえって来た彼らは王にいった。

「王様のお命令により小匣を探しに参りました。わたくしどもは、森の隅から隅まで、村の端から端まで、残るくまもなく探しまわりましたが、とうとう見いだすことができませんでした」この報告をきいて、王はたいへん悲しんだ。しかし、王は悲しみを自分の胸のなかだけにおき、侍官たちにも知らさなかった。彼はその小匣の価値を惜しんだわけではなく、これは彼の父から手わたされたものであって、父の意志と勧告の意味が含まれていたので、彼はそれを失ったことを歎《なげ》いたのである。

時が経つにつれて、王は失った小匣のことを忘れた。彼はそれを探すことをやめた。娘の王姫はしだいに大きくなった。彼女は美しく、たのしく、よい気立を持ち、しとやかであった。彼女を見た者は、彼女はけっしてエルサ(1)や、ユウデディッド(2)や、アンネ・ボレイン(3)にも劣らないとたたえた。さて、王は自分の死後、王位を継ぐ者がなくてはならぬので、娘を結婚させようと望んだ。王はこの希望を侍官に洩らした。王は、彼らにむかって、もし諸君が賛成してくれるならば、全王国をはじめ、近くの町々、村々にこの由の布告《ふれ》を出してもよいといった。侍官たちの会議の席で王は自分の顔に化粧するために立ちあがり、化粧箱をポケットから取りだした。ところがそれをひらいたとき、おどろいたことには、その中に一匹の虱《シラミ》が入っていた。どうして、この小さな虫が化粧粉《おしろい》を食うために箱のなかに入ったものかわからなかった。ひどく恥ずかしく思った王は、顔をはたくことを思いとどまり、箱の蓋をしめた。この会議は終らないうちに、延期されることになった。王は立ちあがり、侍官たちは席をはなれて静かに部屋を出て行った。

自分の部屋にかえった王は、もう一度、虱を見るために化粧箱をひらいた。彼はさっきの小さな虫が今は箱のなかにいっぱいになるほど大きくなっているのを見てびっくりした。ほとほと当惑した王は、どうしたものかと、神にはかった。それから、心にうなずき、虱を箱から出して、宮殿の地下室に入れた。

三日の後、奇蹟がおこっているのを王は知った。地下室は虱のためにいっぱいになっていたのである。彼はひどくおどろき、独りごとをいった。「なんと、おどろいた動物だろう。たった三日で、こんなにも途方もない大きさになった。もしこいつを生かしておいたらわしの王国を破滅させてしまうかも知れん」

すると、どこからともなく声がきこえた。「恐れることはない。お前の養った虱はけっして悪い実を結びはしない。といっても、もし生かしておいたならば、虱は長生きをしてやがて、途轍もない大きさになってマルセラいっぱいになるであろう。わしのいうことを聞け。そうして、わしのいうとおりにせよ。虱を殺せ。皮だけを残して肉は焼いてしまえ。その皮をつかって太鼓をつくれ。それが終ったら、近くの国々にこれを知らし、彼らと賭けをせよ。この太鼓の表はなんの皮で張ってあるのか当てしめよ。お前がわしのいったことにしたがい、わしが告げたことを誰も知らないように気をつけさえしたら、お前は大金持になるであろう」そうして声は止んだ。

王は声のいったことをよく理解した。そこで彼はネグロの召使を呼び、そっと自分の部屋に入れた。王は声を落していった。「わしがお前に打ちあける秘密を誰にもいわないようにしたら、お前に褒美をとらせよう。わしはどうしたわけかわしの化粧箱のなかに入りこんで来た一匹の虱を持っておる。ある日、その虫を地下室に入れたところが、いまでは途方もない大きさになった。そこで、わしはお前に頼みがあるのじゃ。その虱を殺して、肉を焼いてしまい、皮だけを剝《は》いでもらいたい。そうして、その皮で太鼓を作ってもらいたい。すっかり出来あがったら、褒美を取らせよう」

そこで、ネグロの召使は虱を殺した。彼はいいつけられた通りにした。太鼓ができあがると、彼はそれを王のところへ持って行った。しかし、気の毒なネグロは褒美を貰うかわりにその場で殺されてしまった。というのは王は彼が裏切って秘密をあばくかも知れないと恐れたからである。

パルマリン王はすべての侍官たちを呼びあつめた。そうしていった。「お前たちは、わしの考えていることを助けて貰いたい」取りだした太鼓を卓のうえにおいて、王はつづけた。「すべての村々、町々、国々にこの賭けごとを知らせよ。誰でも、この太鼓の皮がなんで張られているかを、いいあてることのできるものがあったならば、金持と貧乏とを問わず、その者が未婚者であれば、わしの後とりにする。だが正しくいいあてることができなかったならば、その者が金持であれば財産はわしのものになり、貧乏人であったなれば首を刎《は》ねるであろう」

侍官たちはこの布告をまきひろげた。多くの金持の貴族や、領主や、皇子や、騎士たちがこれを聞いた。しかし、乗りだして来たすべての人々は太鼓が何でつくられているかをいい当てることはできなかったので、財産を失った。そこでバルマリン王はますます富を加えた。彼らのなかに、なんとかして王姫を得たいと望んでいたひとりの大金持があった。王はこの騎士にいった。「気をつけて、太鼓をしらべてみなさい」じつと太鼓を見てみた騎士はいった。「この太鼓は羊の皮でつくられています」「おあいにくだが、その鑑定はちがった。さあ、そちの持って来たすべての富はわしのものじゃ」と王様はいった。

「なんと、わしの財産がわしを棄ててしまったのか」と騎士はいった。「王様、使いの者に始めっからわたしの財産をすっかり取らせにやって下さい」

皮を持っているすべての動物の名がいわれたが、誰ひとり正しくいいあてる者はなかった。とうとう、賭けに敗れた者の一人が王にいった。「太鼓はいったい何でできているのですか」

「まだ教えることはできん」と王は答えた。

布告がまわっている村々のある部落に、ユアンという名の若者が住んでいた。彼は孤児《みなしご》であった。両親が死んだときに譲りうけた財産をすっかり彼は貧乏人にやってしまった。

ある日、出あった王の使者が彼に布告を伝えそれをまた他の者に告げてくれるようにいった。ドン・ユアンはその通りにした。しかし、彼自身はマルセラへ持って行くような財産はなにもなかったので、彼は悲しかった。彼はもともと相当の財産を引きついだのではあったが、その大部分を人にくれてしまって、残るところはほんの僅かであった。
ある日、畑を見まわっていたユアンは、ふと、藪のなかにいくたりかの人間が死んで倒れているのを見た。彼らは山賊に殺されたのであった。ユアンは人を雇ってそれらの屍体をていねいに墓地に埋め、彼らの魂のためにミサをあげてくれるようにと牧師にたのんでその金を払った。それから運のわるさをかこちながらしおれて家にかえった。
その夜なか、ぐっすり眠っていた彼は、ある声が彼に話しかけるのを聞いた。「マルセラに行って、パルマリン王との賭けごとをこころみよ。財産を持っていないとて気づかうことはない。馬があればたくさんだ。できるだけ、立派にその馬を飾れ」そうして声は止んだ。
ドン・ユアンは大喜びであった。つぎの朝、彼の馬どもを飾り立てるためにいろいろなものを支度した。何人かの働《はたらき》手を雇い、仕事をすばやくやる者には倍の賃金をはずんだ。馬具は純金で、真珠と紅玉とで飾られた。鞍布はうつくしく刺繡された。馬たちはいずれもよく太り、長いたてがみを持っていたが、そのうちの二頭は淡褐色、二頭は斑《まだら》、二頭は蜜柑色、一頭は純白であった。すっかり支度がととのうと、ドン・ユアンは白馬にまたがり他の六頭に荷物を積んだ。

ドン・ユアンが死人に対してしたことによって、神が報いをあたえたのであった。神は聖ミカエルを呼びよせていった。「煉獄に行って、ドン・ユアンから恵みをうけた六人の魂をよびいだせ。いまこそ、彼らがユアンに恩をかえす時なのだ。彼らは旅の途中にあるドン・ユアンに会うために地上によみがえり、彼にしたがってマルセラに行き、彼の必要とすることはなにごとでも力にならねばならぬ。彼らはお前がよびかえすまでは、ユアンのもとを離れてはならぬ。ユアンの前途には多くの困難があるからだ」命をうけた天使は旅だった。彼は六人の魂をえらびだし、ドン・ユアンを助けるために地上にかえれといいつけた。恩人に恩をかえしたいと望んでいたこれらの霊魂たちは、行くことを大いに喜こんだ。

ドン・ユアンは旅をつづけていた。馬をすすめて行くと、森の小鳥たちが彼に囀《さえず》りかけるので、長い旅もすこしも退屈ではなかった。やがて、彼は森のまんなかで、一人の男が木のうえに寝そべっているのを見た。「お年寄そこでなにをなさっているんですか」とユアンはいった。

「世界を眺めているんだよ。お前さんは貴族かい。いったい、どこへ行くのかね」

「マルセラへ」とドン・ユアンは答えた。

「ははあ、賭《かけ》をしに？　そんならお前さんはきっと失敗するよ。お前さんは太鼓がなんで出来ているかをいいあてることなんて出来っこないから」とその男はいった。

「もし、あなたがそれをご存じなのでしたらお願いですからほんとの答えをわたしにお教え下さいませんか」とドン・ユアンはいった。

「お前さんに教えてやるだけじゃなくて、わしもお前さんといっしょに行こう。わしが、ここにいたのもそのためなんだ。お前さんの通るのを待っていたんだよ」

　とその男はいった。

「なんですって、お年寄、あなたは予言者にちがいない」

「その通りだよ。わしは予言者ノエット・ノエンなのだ。お前さんといっしょにパルマリン王のところへ行こう」

「御援助を感謝します。わたしは嬉しいです。お年寄」とドン・ユアンはいつた。「あなたは馬にお乗りになった方がよろしいです」

　ノエット・ノエンとドン・ユアンとは馬に乗って旅をつづけた。予言者は虱が王の化粧箱に入ってからの物語をすっかりユアンに語って聞かせた。話しながら旅をつづけていた二人は、一人の男が木の根に坐っているのを見た。たいへん暑さがひどかったので、彼らは馬を休ませるために、馬から降りた。ドン・ユアンは木の下の見知らぬ男を見ておどろいた。彼はたえまなく呼吸をしていたが、その息の風があまり強いので、森の木々は吹きたおされた。この男はノエット・ノエンの仲間のスプラ・スプリンであった。

「スプラ・スプリン、どうして君はここにいるんだね」とノエット・ノエンはいった。

「お前さんについて行くためだよ」と彼はこたえた。

「もしそうなら、馬にお乗りになりませんか」とドン・ユアンはいった。そこで、三人の者は旅をつづけた。いくらも行かないうちに、ひとりで歩いて来る男に会った。ノエット・ノエンはその男にいった。「どうして、ここにいるんだね。わしらといっしょに来るがよい」この男は途方もない大声を出すミラン・ミロンであった。彼が叫ぶと、その声は雷よりも大きかった。また、彼は鋭い眼を持っていた。彼は百ヤードの厚さのもので掩《おお》われていても、その下のものをはっきりと見透すことができた。

　四人の旅びとがしばらく行くと、片方の足で飛ぶように歩いて来る男に出会った。彼らは追っつくために馬を急がせたが駄目であった。ノエット・ノエンはいった。「あれはきっとわたしの友人のクラン・クリンにちがいない。そんなら、とてもあいつに追っつくなんてことはできん」「僕が呼んでみようか」とミラン・ミロンがいって大声に叫び立てた。

クラン・クリンはその声を聞いて立ちどまったので、やっと一行は追いつくことができた。ミラン・ミロンはいった。「たいそう急いでいるんだね。いったい、どこに行くつもりなのかい」

「僕が歩いているときにはどうにも止まりようがないのを、君たちは知ってるじゃないか」とクラン・クリンはいった。

「足が痛いでしょうに、どうして片足をかかえているんですか」とドン・ユアンはいった。

「片足だけけて歩いているのに、そんなにびっくりしてはいけないよ。僕はゆっくり歩いているんだ。もう一本下《おろ》したら、地球の外へ飛びだしてしまわなくちゃならん」

「いっしょに行かないか、クラン・クリン」とノエット・ノエンはいった。

「よいとも。僕にも馬を貸してくれ。僕が歩いていたら、お前さんがたはすぐに僕を見失ってしまうからな」とクラン・クリンは答えた。そこで五人の冒険者たちはなおも旅をつづけた。だんだん暑くなって来たので、彼らは木かげで休むために馬を止めた。

すると、一匹の傷ついた鹿がこちらにやって来た。彼らはちょうど腹が減っていたので、それを殺して料理した。そしてそれを食べていると、猟師のプンタ・プンチンがやって来た。彼はいった。「怪我した鹿を見なかったかね」

「ああ、ここにある、もう、僕らが食べてしまった。僕らはひどく腹が減っていたもんでね」とスプラ・スプリンがいった。
「僕の射た鹿がお前さんがたの腹のたしになったのなら、僕も本望だ」とプンタ・プンチンはいった。「お前さんがたはここでなにをしてるのかね。どこに行くのかね。僕をつれて行かないのかね」
「お望みなら、よろこんで」とドン・ユアンはいった。
一行はなおも乗りつづけた。ところが、彼らはびっくりして立ちどまった。山が彼らの方へ歩いて来たからであった。近づいて来るとそれは一人の男が山を運んでいるのであることがわかった。この途轍もない力を見て、ドン・ユアンはおどろいた。いま、どこにいるんだね、カルゲン・カルゴン。どこにその山を持って行くんだい」とノエット・ノエンはたずねた。
「カンダバの教会の裏から持って来たんだよ。ここへ移そうと思うんだ。ここは土地が平らだからね。この山はカンダバにない方がいいんだよ。あそこでは、土地の者が、貧乏人も、金持も、木で家を建てる。どんなひどい貧乏人でもそうなんだ。彼奴《きやつ》らは未だ若い木までもどんどん伐りたおしてしまうんで、まるで森は裸なんだ」雷のような音とともに、カルゲン・カルゴンは彼の荷物を教会の裏にあるアラヤットの土地のうえにおろした。山は大きいので、デ・ラ・パスのはずれまで届いた。傾斜はカルンピットにとどき、麓はアパリから望まれた。こうして、アラヤット山はカンダバから来たことをわれわれは知るのである。もとこの山のあったところは、川ができ、いくつもの沼や渓流が生じた。いまでもカンダバは池が多い。

「友達よ、いっしょに行かんかね」とノエット・ノエンはいった。

「願ってもないことだ。わしの力をためすことができるのは僕もうれしいからね」とカルゲン・カルゴンは答えた。

　七人の一隊はなおも旅をつづけた。マルセラの城門の近くに来たときに、まず一服しようとノエット・ノエンはいった。そこで一軒の家を借り、ドン・ユアンが金を払い、みんなはそこに住まうことになった。

「つぎの朝、ドン・ユアンはひとりで出発する支度をした。馬たちをひきい、宮殿の方へ出かけようとしていると、ノエット・ノエンが、彼を呼んでいった。「わしの教えた皮の名を忘れては駄目だよ。しっかりと胸のなかに憶えておきなさい」

「大丈夫、忘れっこはない」とドン・ユアンはいった。

「それから、ドン・ユアン、王様がお前さんにどんなことをいっても、いうとおりにするんだよ。けっして拒んではいかん。どんなむずかしいことを王様がお前さんに強いても、できないことはないんだ。けっして尻込してはいかん。神様はお情けぶかいから、きっと、お前さんを助けて下さる。王様がなにかお前さんにやることをいいつけたら、すぐにここにかえって来て、わしに知らせなさい。さあ、行っておいで。元気を出して。神様は苦しむ者を見すてはしないよ」とノエット・ノエンはいった。

「さよなら、みなさん」とドン・ユアンは仲間にいい、旅立った。宮殿にたどりつくと、ユアンは番兵に、自分がきたことを王様に伝えて貰いたいとたのんだ。この知らせを受けた王は兵士にいった。「賭けごとのために来たのなら、つれて参れ。しかし、もし彼が負けたら生命がないのだということをよくいいきかせるのだぞ」

門のところへひっかえして来た兵士は見知らぬ旅人にいった「王様がつれて参れといわれる」

ドン・ユアンは宮殿に入った。彼は王に挨拶をした。「お前はなにをしに来たのだね。それをまず話せ」と王はいった。

「おう、王様、お邪魔いたしますことをお許し下さいまし。あなた様のお出しになられましたお布令を見て私は身分をもかえりみず、ここへ参りました。お布令にあるお言葉どおりでありますなれば、わたくしは間違いなくお答えをいたすつもりでございます。私は私のすべての運を賭して参ったのでございますから、この上はあなた様におかれても、お約束はお守り下さるよう一重にお願い申し上げます」

これを聞いて王は笑い出した。それはこれまでに一人としてこの賭けで彼をまかした者がなかったからである。彼はいった。「お前はどんな財産を持って来たのか」

ドン・ユアンは答えた。「きっとあなた様のお気に召すと思い、六頭の馬を持参いたしました」

王は窓越しに、ドン・ユアンの馬をみとめた。すばらしく美しく、つややかで、きらびやかな装具で節られていたので、王は満足した。ドン・ユアンの方にふりかえり、王はいった。

「お前はほんとに賭けをする気か。わしはもうお前が負けたも同然だと思う。多くの王子や、利口な王たちがこの賭けにやって来たが、みんな失敗した。わしはあとになってお前を後悔させたくない。わしはお前の生命と財産とが哀れに思えてならないのじゃ」

「私の運がなければどういたしましょう。私は誰にたいしても誤ったことはございません」
「よろしい」と王様はいった。王はドン・ユアンを太鼓のおいてある卓のところへ導いた。
「さあ、お前の知恵をためしてみよ」
太鼓をもって、それを鳴らし、注意ぶかげに、それを験《ため》しているように装いながら、ユアンはしずかに王にいった。「これは虱の皮で作られているのだと存じます」そうして、彼はこの虱が化粧箱に入ってからの話のいちぶしじゅうを王にものがたった。とうとう、王は途中で、ユアンの話をさえぎった。
「もうわかった。お前はわしを負かした」
「そんなら、わたくしは大変嬉しゅうございます。それではお布令に有りますとおりにして下さるようにお願いいたします」とドン・ユアンはいった。
王はいった「お前はわしの王家に加わる資格はない。お前のような卑しい者はわしに恥辱をあたえ、王家にとっては汚らわしいばかりじゃ。匆々《そうそう》馬をひきいてお前のくにえかえれ」
「おう、王様、私は間違はなかったのでございます。あなた様は、金持と貧乏人とを問わず、賭けごとにおいて自分を負かした者には娘を与えるというお布令を出されました。私は、あなた様がその通りされますことを望みます」ドン・ユアンはいった。「私はあなた様がこのお布令をお守りになるものとばかり存じあげて居りました。それは、あなた様は遠近に名のきこえた王様であられるからでございます」

この返答をきいて、パルマリン王は当惑した。なにごとか彼は考えを回らすために、しばらく黙った。やがて、ドン・ユアンから免れる考えが、つまり彼を殺してしまおうという考えが浮かんだので、王はいった。「お前はわしの家族にするには卑しすぎるが、もしも、わしが望むことがお前にできたら、お前を王家の列に加えてやろう」

「なんでも王様のおいいつけにはしたがうつもりでございます」とユアンはいつた。

「わしは一つの小匣《こばこ》を持っていた。それはわしの父王から受けついだものだ。ところが、二十年ほども前、森で狩りをしていたときにそれを失くした。それを探して来てもらいたいのだ。三日間の猶予をあたえよう。もしもその間に見つけることができなかったならば、容赦なく処罰するぞ」と王はいった。

ドン・ユアンは宮廷を去り、仲間のところへ帰って来た。彼は宮殿でのなりゆきをすっかり物語った。ノエット・ノエンは彼をなぐさめていった。「なにも悲しむことはない。神様のお力ぞえで小匣はみつかるだろう。神様にお縋《すが》りすればできないようなむずかしいことなんてなんにもないことを考えなさい。さあ、どうだね、仲間たちよ、ドン・ユアンを助けねばならん時がやって来た。ユアンの気を引きたたせてやらんといかん。ミラン・ミロン、お前の鋭い眼で見つかるかどうかやってみてくれ」

「よし来た。きっと探し出してみせるよ」ミラン・ミロンはいった。「明日、わしは探しに出かけよう」

片方では王はすこぶる安堵の胸をなで下した。ドン・ユアンが小匣を見つけだすことなどは思いもよらぬと思ったからである。

つぎの日、ミラン・ミロンは小匣を探しにでかけた。さうして、それが地下三十ヤードのところに埋まっているのを見つけた。彼は土を掘りおこし、それを持ってかえってドン・ユアンにわたした。仲間たちは小匣をみて大喜びで、「また、王様を負かしたぞ」といった。

ノエット・ノエンは「ドン・ユアン、あすの朝、この小匣をパルマリン王のところに持って行きなさい」といった。

つぎの日、ドン・ユアンは宮廷にむかって出発した。宮殿についたユアンは、びっくりしている王にうやうやしく挨拶をした。「いったいどうして、ドン・ユアン、こんなに早くやって来たのか。いいつけたことをして来たのか」

「この通り、小匣を見つけましてございます」と、ドン・ユアンは小匣をとり出し、卓のうえにおきながらいった。どうぞ、王様、ほんものかどうかおしらべを願います」

「王は注意ぶかくながめた。まったく、彼の小匣に相違なかった。彼はつぶやいた。「なんと、ドン・ユアンというのはおどろいた奴だろう。たった二日で、やすやすと小匣を見つけ出して来た。わしは失った場所をはっきり教えたわけでもなかった。それにたくさんの人間が失ってからすぐ探しに行ったのに、見つからなかったものだ。マルセラには彼ほどの者は居ない」それから、王はドン・ユアンにいった。「わしは全く御前の力におどろいた。わしは大切なこの小匣を持って来てくれたことに対しては、どんなにして礼をいってよいかわからない」

「ドン・ユアンは答えた。「まだ、なにかしなければならぬことがございましたら、いつでもおいいつけを守るつもりで居ります。王様の忠実な下僕のわたくしになんでもお申しつけ下さいまし」

「それでは、お前の申し出どおり、やって貰おう」と王はいった。「ローマに行って、法王にわたしの手紙をわたして貰いたい。返事が欲しいのだ。それに、わしの方でも同じ書面を持たせてほかの男をローマに遣わす。もしも、その男より遅れることがあったら、罰として生命は貰おう」
「承知いたしました」とドン・ユアンはいった。
そこで、王は神聖なるローマ法王あての二通の手紙をしたため一通をドン・ユアンにあたえた。ユアンはただちに宮殿を辞し、仲間のところへかえって来たが、彼は自分のおちいった運命のためにうちしずんでいた。
王の使者のブルヤはただちにローマに向って出発した。彼は王から彼の魔力をもって急ぎゆくようにと命ぜられた。そこで彼はまるで弓を離れた矢のようにすばらしい速さで飛んで行った。
仲間のところへかえって来て、ドン・ユアンはいった。「わたしは小匣を王様にさしあげた。そしたら、今度はこの手紙を持ってローマにゆき、法王にわたして返事を持って来いというのです。王様はなんと難しい仕事をいいつけるものだ。同時に王様はもう一人の使者を出した。彼がマルセロにかえって来たら、わたしの生命はなくなるのだ。わたしはローマに行くなんてどうしたらよいかわからない。ブルヤはとっくに飛んで行ったのに」
「なにもなげくことはいらんよ」とノエット・ノエンはいった。「神様がお助け下されば、王を打ち負かすことができる。王がブルヤを持っているなら、お前さんも使者を持っているじゃないか。元気を出さなくちゃぁいかん」

「どうだね、クラン・クリン、お前の奥の手を見せてくれんかい。風のようにローマに飛んで行け」とノエット・ノエンはいった。

「心配無用じゃ、ドン・ユアン」とクラン・クリンはいった。「僕は天国まででも手紙を持ってゆくよ。ローマなんて、じきそこだ。「ひと飛びで行ってしまう。手紙を下さい。明日の朝出発しよう。今日ゆっくり休んでおきゃ明日はどんなにでも働ける」ドン・ユアンはクラン・クリンに手紙をわたした。そうして、みんなは眠った。この時分には、もうブルヤはほとんどローマに着こうとしていた。

「つぎの朝、クラン・クリンは手紙をローマ法王にわたすために出発した。ローマまでの半分ほど来たときに、もうマルセラへかえる途中であるブルヤがどんどん走って来るのに会った。「君はドン・ユアンかね」とブルヤはたずねた。「君はこれからローマへ行くのか。君は負けたよ。もう、いらん骨折りはせんがよい。そんな歩きぶりじゃ、ローマまで二ヶ月はかかるよ」

ブルヤがそういったのは、クラン・クリンが片足で歩いていたからである。ところがこれを聞いたクラン・クリンがもう一本の足を出すと、光線よりも早く飛び去ってしまった。たちまちローマに着いた彼は法王に手紙をわたした。それを読んだ法王は返事をしたためて使者にわたした。

クラン・クリンは仲間のところへ引っかえした。風のように飛んで来たクラン・クリンは途中で、ブルヤに追いついた。「なんじゃ、まだこんなところにいたのか。どうしたんだい。いつマルセラへ着くんだい。お前は威張っとったが俺の方が勝ったじゃないか。お前を信用しとる王さんはきっとがっかりするだろう」とクラン・クリンはあざ笑った。

負けそうになったブルヤは、この身軽なドン・ユアンの使者のクラン・クリンをだましてやろうと考えた。そして、ブルヤはいった。「友だちよ、ちっと休もうじゃないか。僕はちっとばかり酒を持っている。君が好きなら、いっしょにいっぱいやろう。暑いあいだはすこし休んだ方がいいよ」

合点だ。酒をもってるなら休もう。咽喉がかわいていたから、丁度よかった」と酒ずきのクラン・クリンは答えた。

酒をたらふく平らげると、クラン・クリンはぐっすりと寝こんでしまった。そこで、ブルヤは王への勝利の証拠として、クラン・クリンの一本の指に指環をはめた。誰でもブルヤの指環をはめられると、すっかり眠りこけて、この魔法の指環が指にさされている間はけっして眼をさますことがないのであった。そこでブルヤは気も軽々となり、眠っている使者を残して飛んで去った。すばやく飛んで来るブルヤの姿を、やがてクラン・クリンの仲間がみとめた。王の使者が近づいて来るのを見て、彼らはすっかり気を落した。しかし、空気のなかを飛んで来るブルヤを見とめたとき、スプラ・スプリンはいった。「僕にまかせておけ。あいつの旅をうんと長くしてやる。あいつを吹きかえしてやったら、あいつは勝つことはできん」そこでスプラ・スプリンは大きく息を吸いこんで吐きだした。ブルヤはローマの向う側まで吹き飛ばされた。「ドン・ユアンの仲間たちは手をうって喜んだ。ブルヤは夜も眠らずマルセラへたどりつくためにふたたび全力をあげて走った。

　つぎの朝、ノエット・ノエンはいった。「クラン・クリンがこんなに遅いとはどうしても思われん。あの男はまだかえって来ない。ブルヤが酒をのませて、眠らせたのだ。あの猾い奴めがクラン・クリンの指に魔法の指環をはめたので、クラン・クリンは眠りこけているのだ」

「ノエット・ノエンのこの言葉をきいたプンタ・プンチンは、目的物を見ることはできないのに矢を放った。矢は命中した。魔法の指環をつきさしたまま、主人のところへかえって来た。これはプンタ・プンチンの弓の魔力である。そこで、クラン・クリンは眼をさました。そうして、指環が指から抜けてゆくのを感じはしたが、まだ魔法がとけていなかったので、また深い眠りに落ちた。

また眠ってしまったのを知ったノエット・ノエンはミラン・ミロンを呼んだ。「木の下の寝ぼけ男を起してくれ」

ミラン・ミロンは大声で叫んだ。声におどろいて、クラン・クリンはとび起きた。彼はブルヤのはかりごとにひっかかって長いこと眠っていたことを知った。彼は法王の手紙はあるかと探した。さいわい、ブルヤは手紙を盗んではいなかった。そこでクラン・クリンは旅をつづけた。稲妻よりも早く走ったけれども、ブルヤはもうずっと先の方に遠くはなれてしまったので追いつくことができなかった。やがて、ミラン・ミロンがブルヤを見つけた。彼はおこって、大声にわめき立てた。これをきいたスプラ・スプリンが力まかせに息を吹いた。ブルヤは空に吹きとばされ、燃える太陽のために大火傷《おおやけど》をした。まもなく、クラン・クリンはかえって来て、ドン・ユアンに手紙をわたした。

ドン・ユアンはただちにマルセラへむかって出発した。宮殿につくと、彼は法王の手紙を王にわたした。負けたことを悟った王はドン・ユアンにいった。「お前は勝ったけれども、わしはお前の願いを聞きとどけるわけにはゆかん。お前はあんまり身分が低すぎる。かえった方がよかろう」

ドン・ユアンは答えた。「偉大な王様、そういうことでは、これからはあなた様の名のあるどんなお布告にも、だれも従わなくなるでございましょう。わたしはあなた様の御言葉を信じて、賭けに参ったのでございます。王様、王様がお約束を破られますことは、たいへん残念でございます」

このつぎにはどうしてドン・ユアンをごまかそうかと王は思案にくれた。とうとう、王はいった。「もう少し知慧のあるところを見せて欲しいものだ。もしも、お前が陸地を航海することができるなら、そして、明日の朝、その船を宮殿の前につないで見せてくれるなら、今度こそはわしはお前の力と知慧とを信じよう」

ドン・ユアンはなにもいおうとはしなかった。彼は席から立ちあがり、うちしおれた様子で王に別れをつげた。仲間のところへかえって来ると、ノエット・ノエンがいった。

「なにもいわなくってもわかっているよ、わしがすっかり知っている。わしがなんとか取りはからうよ。仲間たちも加勢してくれるだろう。きっと、明日は陸地を航海してゆくことができるじゃろう。カルゲン・カルゴンよ、宿に行って大きな石の船を持って来てくれ」
カルゲン・カルゴンは仕事にでかけた。まもなく、彼は石船を見つけ、肩にかついで仲間のところに持って来た。
つぎの日、旅の支度はすっかり整えられた。ノエット・ノエンはいった。「カルゲン・カルゴン、お前は舵のところに居れ、そうしたら、船がうまく行くだろう。スプラ・スプリン、お前は艫《とも》のところにいて、帆を吹いてくれ。そしたら、早く行くことができるだろう。他の者は水夫のように船にいるのだ。さうして、町に入ったら『なんとよい航海じゃ』とみんなで怒鳴れ」
いわれたとおり、スプラ・スプリンは帆を吹いた。風が巻きおこって、多くの木がたおれた。一行は王国を抜けて航海して行った。これを見た人々はおどろいた。彼らはいった。「こりゃ魔法にちがいない。でなかったら陸を航海するなんてことができるわけがない。いったい、どこからこの舟は来たのだろう。魔法の国から来たのか」
町に入って来ると、航海者たちはパルマリン王が宮殿の窓から外を眺めているのを見た。ドン・ユアンは船から降り挨拶するために王の前に行った。ドン・ユアンはいった。「王様の下僕が参りました。王様のおっしゃることはなんでも従います。もっと他にすることがございましたらどのようなことでもお申しつけ下さいまし」

王は嘘つきとなることを恥じて、これ以上の奇蹟をなせとドン・ユアンにいうことができなかった。「ドン・ユアン、たしかにわしはお前のおどろくべき知慧を見た。しかし、お前は自分の国へかえったがよかろう。わしは、どうしてもお前に娘をあたえることはできないのだ」とパルリマン王はいった。

「さようなら、王様、あなた様の御命令があったので、わたくしはなんでもいたしました。私は自分の思いを遂げることはできませんでしたが、わたくしは誰にも恥をかかせたくはございません。いまは、あなた様の名声にひきかえて、あなた様が千万の言葉の一つもお守りにならないことを残念に思うばかりでございます。誰があなた様にどんなに奉仕しても、あなた様は彼を斥けておしまいなられる。さようなら、王様、わたくしは自分の国へかえりましょう」そういって、ドン・ユアンは宮殿を去った。

騎士の言葉の真実であることを知った王はなにごともいうことができなかった。ドン・ユアンは船に乗った。彼と仲間たちとは船をひっかえして航海して行った。町の外に出ると人々は彼らを歓呼して迎えた。仲間たちはユアンを元気づけた。宿にたどりつくと、ノエット・ノエンはいった。「ここでしばらく滞在して、神様の助けを待とう。神様はきっと謙譲なものを助けて下さる。すべては神様の御意志だ。ドン・ユアン、なにも嘆くことはないよ」
「あなたの考えの通りにします」とドン・ユアンはいった。
そこで、彼らは船のなかに滞在した。数か月経ったが、なんの変ったこともなかった。遂に、ムーア人がマルセラに攻め入って来た。彼らは多くの住民を殺し、王とその臣下たちを牢獄に閉じこめた。王と女王と王姫は狭い獄房におしこめられて嘆き悲しんだ。この征服の知らせが七人のところへとどくと、ノエット・ノエンは仲間たちにいった。「今度はわれわれがマルセラを救う番だ。諸君、ありたけの力をつかって回教徒のムーア人を追い出そう。それは第一には基督教徒《クリスチャン》を救うことであり、つぎにはドン・ユアンを助けることだ」
「僕をさきにやってくれ」とクラン・クリンがいった。「僕がムーア人共を突撃したら、あいつらはどうにもなりはせん」
スプラ・スプリンがいった。「僕が出かけたらムーア人どもは僕のそばに居ることはできん。僕はあいつらを空に吹き飛ばしてやろう」「僕は武器は持たんが、僕を見たら、あいつらは恐れてひっくりかえってしまうぞ」とミラン・ミロンがいった。

カルゲン・カルゴンも横からいった。「僕は木をひっこ抜き、それをふりまわしてやる。ムーア人どもが全部束になってかかって来ても、僕にかかったらかなわないよ」
「ムーア人をやっつけるにゃ、僕の弓がありゃたくさんだ」とプンタ・プンチンがいった。
ノエット・ノエンの命令で彼らは出発した。クラン・クリンは片足で行ったが、それでも仲間よりずっと先の方を歩いていた。そこで彼は立ちどまって友人たちをふりかえり、いらだたしげに、早く来んかとどなった。
もうすっかりくたびれたとみんなは彼にいった。「これぐらい歩いたって僕はなんともない」とクラン・クリンはいった。
マルセラへ辿りつくと、ノエット・ノエンは彼の仲間たちを激励した。カルゲン・カルゴンは高さ十五ヤード、周囲六ヤードある大木をひき抜き、それをもってムーア人のなかに躍りこみ、大木を縦横にふりまわして敵をなぎたおした。クラン・クリンは二つの足でとびまわり敵を蹴とばし踏みころした。ミラン・ミロンは大声でわめき立てたので敵はびっくり仰天した。プンタ・プンチンは彼の弓で射ちまくった。一人のムーア人を殺すと、矢はまた主のところへ戻って来るのであった。多くのムーア人が屍をさらしたので、残敵は戦いつづけることができなくなり、逃げ去った。ノエット・ノエンは仲間を集めていった。
「王を探しに行こう」
　彼らはすべての牢獄をひらき、捕虜を自由にした。六人の勝利者は「ドン・ユアン、万歳」と叫んだ。それから、救いだされた捕虜たちにいった。「助かった人たちはみんな、ドン・ユアンに感謝しなくてはいけない。自分たちは、ドン・ユアンがいなかったら、諸君を救いだしに来はしないんだ」
「誰がわしらの恩人なのか。わしたちの命を救ってくれた者にぜひ会わせてくれ」と王はいった。
　ノエット・ノエンはいった。「神様の御意志によって、われわれは勝利を得たのです。異教徒からあなたがたを救い出すために、われわれをここに送ったのはドン・ユアンです。彼は真の恩人です」
「ドン・ユアン」と群衆は叫んだ。「われわれの生命はあなたのものだ。救世主、万歳。マルセラ王国、万歳」
　王と、女王と、王姫と、侍官等と、勝利者たちは宮殿に帰った。彼らはみんな幸福であった。彼らが席につくと、王はいった。「勝利者になにをあたえたらよいであろうか。自分にとっては、わしたちの命を助けてくれた御礼としては、この王国全体でも少いようだ。ノエット・ノエンは答えた。「王様、わたしから申しあげましょう。あなたはすでにドン・ユアンが何を望んでいるかをお知りになっている筈です。彼の思うことをきいて下さい。彼は賭けごとで、あなたを負かしたばかりではなく、あなたのいいつけはすべて守って成功しました。いまはまた、あなたと、あなたの国を救い、あなたの力をとり戻したのです。あなたの出されたお布令を守られたらよろしいでしょう」

王は女王にはかり、この男のいうことは、ほんとうだといった。

侍官等はいった。「王様、ドン・ユアンは布告に出された報酬を受けるに足るものです。いまは、彼に対しては、あなたの国民も、あなたでさえ、もはや奴隷にひとしいでありましょう」

王はうなずいた。司教が入って来て、ただちに婚礼があげられた。式がすむと、王はいった。さて、侍官たちよ、わしはもう国を支配するには年をとりすぎた。王としての義務もこれ以上は果たすこともできない。わしはよろこんで、わしの婿のために引退をしようと思う。ドン・ユアンよ、お前の頭に王位のしるしとして冠をのせよう。さあ、なんでもお前の思ったとおりにしたがよい。お前はもう立派な王様だ」

立ち上った女王も、王冠をとって娘の頭上にのせた。「いとしい娘よ、王冠を受けておくれ。いまはもう、お前があたらしい女王さまです」それからすべての侍官たちは立ちあがって叫んだ。「万歳、新御夫婦、神様が長生きさせて下さいますように、いつもよいことのつづきますように」全王国は、よろこびに満たされ、饗宴が続けられた。

王になるとドン・ユアンは、六人の仲間をつれて、貧乏人に施しをあたえるために国中を旅した。この訪問を終えて彼は宮殿へかえって来た。ノエット・ノエンはいった。

「わしらの王様、ドン・ユアンよ、わしが今から話すことを聞いておどろいてはいけない。あなたはいますっかり思いを遂げたのだから、わしらはお別れをしなくてはならん」

「どうして、あなたがたは行ってしまうのですか。なにかわたしに、気に入らんことでもあるんですか。まだ、みなさんになんにもお礼をしていないのだし、どうか、ここに居って下さい」彼は六人の一人一人をよび、あつい感謝の意をあらわし、行ってしまわないことを懇願した。「もし、あなたがたがそういうなら、わたしは王位なんて棄ててもよい。あなたがたが去ることは、わたしを殺すようなものです」女王も、また六人の男たちに居てくれるように願った。

とうとう、ノエット・ノエンはいった。「ドン・ユアン、わしたちはもう長いこといっしょに暮した。わしたちが、一度も話さなかったので、わしたちがどこから来たか、あなたはまだ知らない。わしたちは、もうこれ以上、元居った場所を留守にして居るわけにはゆかんのじゃ」

予言者は言葉短かに、王に、自分たちが、どこにいたか、どうして彼を助けに来たかを語った。そうして六人の男たちは消えてしまった。

(1) ギリシア神話の女神。

(2) オルフェウスの妻エウリディケのことか。

(3) 英ヘンリー八世の悲劇の王妃。

＊この「パルマリン王物語」には、『ラテンアメリカ民話集』(三原幸久編、岩波書店、二〇一九)収録の「ウイキョウの輪とシラミの皮」(ホイーラー『メキシコ・ハリスコ地方の民話』第七話「シラミの皮」)と同じモチーフが使われている。「シラミの皮で衣服、手袋、またタンバリンなどを作らせ、王が王女に、その物の材料をいい当てた者と結婚させると約束するモチーフ(略)このエピソードで始まる民話は、全欧米に広く分布しているが、その後の物語の発展について複雑に変化している。」(同書「解説」より)

# 「兄貴のような人」（谷川徹三・東畑精一編『回想の三木清』より抜粋）

火野葦平

（前略）……そしてその民族の悲劇としてうつしだされるものが、音楽に哀調を加え、表情に倦怠をちりばめる。三木さんは街をあるきながら、いち早く、自然と歴史とのなかに生成された民族の表情を読みとった。

（中略）……私たちが酒をのんで時間をすごしている間に、三木さんが比島《フイリピン》人を独特の眼で観察していたとしても、私たちは私たちで、また文学の眼で民族のありようを睨んでいたのである。私はマニラでは仕事の合間をぬすんでは、フィリピンの古い伝承、童話、民謡の類を翻訳した。そして、そのなかに比島人特有の倫理というものを見いだして、なかなか興味ぶかかった。

三木さんは私が一篇を訳すたびに、それを見ることをよろこび、その話のなかに、三木さんはまた自分の解釈をつけ加えた。そのとき、私は兄貴の勉強を助ける弟のように、三木さんが読むことを考えると、実は面倒な翻訳がたのしかったものである。のちに『比島民譚集』として一冊になったこのときの仕事は、まったく三木さんの笑顔のしからしめたものである。（後略）

# （抜粋）「比島の文化—雑談風に—」

火野葦平

旅をすると、私はその土地に残っている古い習慣とか祭りとか、行事とか、郷土玩具とかをさがして歩くのが好きである。比島へは旅をしに行ったわけではないが、バタアン攻撃に従軍し、比島戡定《かんてい》作戦も一段落ち着くと、マニラはもちろん、いろいろな用務で地方をまわることがあるたびに、自然注意がそちらの方に向き勝ちであった。

（中略）

……西班牙《スペイン》が三百年、アメリカが四十年、統治した影響は文化の面に歴然と残っているとしても、どれだけ比島固有の文化を根本的に支配したかということは一口にいいきれないものがある。しかし、西班牙渡島前の記録というものがほとんどないので、明確に判断することがなかなかできない。

（中略）

しばらく比島にいるうちに、マニラと地方とは全く切り離して考えなければならないということがわかって来た。なにごとも、フィリッピン的という風に一口に概括していってしまっては、比島をほんとうに理解できないと悟ったのである。五十に近い民族と七十を越える言葉とがある比島が、一口にいいつくせないのはもちろんであるが、マニラ的とフィリッピン的とは厳に区別されなければならないのである。そういうことがわかるとともに、比島が支配国から受けている文化的影響の深浅、区別というようなものもおぼろげながらわかって来た。一見いかにもアメリカの影響を深く受けているようには見えるが、その外皮の底にいっそう深く西班牙の影響が根ぶかく滲みわたっているという印象を私は打ち消すことができなかった。

一口にいってしまうと、米国の文化的影響は物理的で都会中心であり、西班牙の影響は精神的で地方的である。西班牙は相当な厭政を加え、統治中七十数回の叛乱が起っているが、それにもかかわらず、宗教をもって臨んだ浸潤はいかにも根深い。比島は全人口の九割が基督《キリスト》教徒であり、その九割二分がカトリックであるといわれている。アメリカは新教を広めんとしたが、旧教の勢力には抗すべくもなかった。

地方にはどんな田舎に行っても、部落に不似合に巨大な教会堂がある。西班牙の宣教師は、田舎に入り、土地の農民のなかに入り、土語を覚えた。宗教は民衆へ福音を説き、信仰をかち得たけれども、また、その功罪は大いに論議される余地はあろう。

（中略）

比島にわたっていちばんに気づいたことは、比島人がすこぶる音楽好きであるということである。音楽はいかにも民衆の間に滲透していて、どんな陋屋からもギターやハモニカの音がきこえ、あんな家と思われるところから、ピアノの鍵盤の音がひびいて来る。歌も好きだし、上手でもある。

もともと、思索することはあまり好まぬ感覚的な民族であるから、耳から入るものとか眼から入るものとかには感受性がつよい。私はしばらく比島兵捕虜といっしょに暮らしたことがあるが、外のことはなかなか覚えられないのに、歌などはすぐに覚えてしまう。

（中略）

映画を見に行っても、かえるときにはその映画のなかの音楽や、主題歌の節を口笛で吹きながら出て来ると聞いている。

（中略）

楽器も昔は比島固有のものがあったらしいが、今はほとんど見ることができない。どんなに田舎に行っても、ギターとハモニカ、バイオリンである。

（中略）

比島人は主にギターを愛する。田植えでももっぱらギターとハモニカだ。しばしば見た籾つきにもギターが鳴らされていた。オルガンには世界の珍品といわれる全部竹製のものがあるそうだが、見る機会を得なかった。

（中略）

歌と舞踊とはつきもので、音楽の好きな比島人はすこぶるダンス好きでもある。歌謡はほとんど恋歌ばかりで、これにつきもののダンスもそれに類したものが多い。しかし、アメリカ風のものは割合に鑑別しやすいが、西班牙風のものになると、いったい固有な比島のものとどの程度まで混淆し、また違っているのか見当がつかない。比島に古くからあるものだといったところで、三百年以上にわたる昔のことを、だれもほんとうに説明してくれるものはない。（中略）

○

私は任務の暇々に、比島の民話を翻訳したことがある。「FILIPINO POPULAR TALES」という大部の本で、ディーン・ファンスタアという米国学者が蒐集編述したものである。この本を比島の作家ジョセフ・マンは口をきわめて罵倒したが、それは内容が悪いというわけではなく、その方法を非難したのであった。いろいろな比島人に伝説を書き出させ、まるで報酬をあたえず、自分の手柄にしてしまったというのである。

時間を見ては私はこの中の民譚をすこしずつ訳していったが、やがて、いくつかを訳し終えたときに、私は途中で嫌気がさして筆を置こうと思ったことがしばしばであった。それはその大部分の話がすこぶる陰鬱で、倫理に乏しく、とりとめのないものが多かったからである。西欧説話やお伽話などがずいぶん混入しているし、また、日本にある伝説と似たものも若干ある。それは当然であるし、また、いろいろな話はそれなりに面白いのであるが、ほとんどの話につきまとっている暗さは翻訳してゆきながら、ときにやりきれぬことがあった。

例えば「カランカルの話」では、子のない夫婦が神様に祈って一人の子供をさずかった。ところがその子供がとても大食いなので身代がつぶれそうになり、夫婦で子供を殺してしまおうと思い立つのである。「悪魔と風来坊」では信仰ぶかい老寡婦はなんとかして金持の男に娘を嫁にしたいと考え、その欲のおかげでとうとう悪魔にやらねばならなくなるが、やっと牧師に教えられて悪魔を壺のなかに封じこめることができた。通りかかった風来坊にその壺をわたし埋めることを約束させるが、風来坊は悪魔の方から余計金を貰って壺から出してやる。その欲ばりの風来坊はのちに王様のあととりになる、というのである。

「どうしてジュアンは金持になったか」のうちに、ジュアンは川にさしかかると橋がない、飛び越そうとしたらあやまって川に落ちた。すると水浴していた老人が下じきになって死んだ、子はジュアンを訴えた、王は、ジュアンに川の中に立て、老人の子はその上にとび下りろと判決を下した。ジュアンは川のなかに立ったが、老人の子は恐くて川の中へ飛び下りることができなかった。老人の子はこらえてくれといった。ジュアンは王様の判決は守らなくてはならんといった。老人の子は五百ペソやるといった。ジュアンはそれを貰った、という話があり、そういう風にしてジュアンはだんだん金持になってゆく。老人を殺したということに対する報いはなにもなく、そのことによって金持になるのである。

「盲目のジュアン」むかし、深い森のそばの小さな部落に、仲のよい八人の盲目が住んでいた。彼らは毎日森に行って椰子の実をとるのをたのしみにしていたが、ある日、暴風のために椰子のてっぺんがことごとく吹き折られた。それを知らずに椰子にのぼった盲目たちはみんなてっぺんから落ちて死んだ。下で友だちが椰子の実を投げおとすのを待っていた年下のジュアンは、一人ずつ落ちて来る音を椰子の実と思い、歌いながら、一つ、二つ、三つ、と数えた。

「サラゴサ物語」サラゴサとルイスとは相談をして王様の庫《くら》から宝ものを盗みだし、金持になる。欲ばったルイスはとうとう王様の計略にかかって、殺される。サラゴサは露見をおそれて、首だけを切ってかえる。このサラゴサはのちに、その王様に抱えられて出世する。

「七人の馬鹿」七人の馬鹿が計略に引っかかってある老人の召使にされた。狩に出たあとの留守番にのこされた二人は、老人の妻君が眠っているのに蠅がたかるのを扇で追っていたが、いくら追ってもまた来るので、棒で蠅をたたこうとし、妻君を殺してしまった。棺をつくって妻君を教会へはこぶ途中、あまり早く走ったので、死骸はころげ落ちた。教会につくと牧師が空《から》の棺を見て、死骸をとって来いといいつけた。さがしにひっかえすと一人の老婆が薪をひろっているのに出あった。こんなところにいたといって、無理に棺にしばりつけ教会につれて来た。牧師は葬いの式をはじめた。老婆はあたしは生きているんだよとわめいたが、牧師は、もう葬式料を貰ったんだから、生きていようが死んでいようがかまわんといって、土に埋めた。式が終わって家へかえりかけた馬鹿たちは道ばたにころがっている死骸を見て、幽霊が出たと叫び、散り散りに行方知れずになってしまった。

このように例を拾っていては切りがない。私はこのような不健全な説話がどうして民衆の間に語りつたえられているか不思議でならなかった。

(中略)

友人エルナンド・オカンボは、私の質問に対して、それは支配者の虐政に対する風刺であるといった。そういうこともいえるかも知れない。「七人の馬鹿」の終わりにおける牧師の言語道断のふるまいは、僧侶の専横に対する鬱憤のあらわれであると解釈できないこともない。

(中略)

しかし、比島にも、美しい伝説がたくさんあるのである。各民族の持っているいろいろな伝説、神話などには詩を含んだ物語が数多くある。比島の作家たちが書いたいくつかの物語の題材となっていた伝説は、いずれも美しいものであった。ジョセフ・マンの書いた「アモル・セコ草」、ディソンの「アボ・サコ老人」、アルギリャの「アナニトマスの冒険」

などは前記の不健全な民話とはまるで異った詩情と野趣とにあふれていた。

西班牙渡島前からある伝説だという「マラカスとマガンダ」の物語は、もっとも素朴ではあるが、美しい話である。ただ、単に、どちらも酋長を父に持つ若者マラカスと、美しい娘マガンダとが愛し合い、結婚する話にすぎぬが、古い結婚の様式が興味ぶかい。いよいよ式があげられることになり、戦士の一人がマガンダの家に行き、彼女を肩にのせて来る。彼女はたのしげににこにこしていた。ところがマラカスの家に来るとひどくはにかみはじめた。彼女はニッパ・ハウスの階上にあがりたくないようにみえた。マラカスの父が戸口のところに来ていった。

「あんたが上って来さえしたら、ここにあんたにあげるきれいなしもべがいるのだよ」

マガンダは上ったが、まだ中に入ろうとはしなかった。

「あんたが入りさえすれば、ここにあんたにあげる首飾があるのだよ」

彼女は入ったが、まだ坐ろうとはしなかった。

「あんたが坐りさえしたら、あんたに宝石をあげるのに」

マガンダは坐り、にこにこしはじめた。彼女はただたわむれていただけで、これは嫁入りするときの習慣にすぎなかったのだ。

一人の老人が立ち上がり人々へ告げた。

「二人は今から夫婦である」

部落で最年長の一人の老婆が、新夫婦の手を結びあわせ、その結び合わせた手を米を入れた皿のうえにのせた。それから老婆はその米を家のなかにある参会者たちのうえに撒いた。人々は大声に祝いの言葉を出し、式は終わった。

私はこの話を読んで、比島がまごう方もない農業国であったことを知る。

(中略)

比島にわたるときには、比島にどんな作家が居り、どんな作品があるかということが、私の関心であった。バタアン総攻撃従軍中に、報道部(当時宣伝班)の通訳エルナンド・オカンボという青年と知り合いになったが、彼が作家であることを、のちに知った。その後、彼を介して、ジョセフ・マン、マニュエル・アルギリャ、ゴンサレス、ディソン、イカシアノ、などという作家たちを知った。彼等はいずれも三十歳を越えたばかりの青年たちで、私はのちに彼らの作品を見る機会を得て、彼らの才能を棄てがたいと思うようになった。オカンボの話では、有為の作家のある者たちはアメリカに逃れ、または、なお地方にひそんでいるということであった。

ところが、彼らが、オカンボでも、ジョセフ・マンでも同じように語るのは、比島に於ける芸術家への無理解と蔑視とに対するはげしい怒りである。つまり、比島では作家は尊敬せられず、作家として生活すらできない。新聞記者の方がずっと収入も多いし、また、社会的地位も上であるという。したがって、作家はいずれも他の職を持っているか、あるいは、一人で、詩人と画家と作家とを兼業している始末である。

(中略)

私の知っている比島作家のうちでも、ジョセフ・マンは不遇の最たるもので、城内《イントラムロス》*の化物屋敷のような下宿の一室に住んでいるが、映画館のアトラクションや、ショウの台本書きをして僅かな収入を得て暮らしている。

報道部で、必要があって、これらの作家たちに短い作品を委嘱した。伝説を材にした小品で、それだけによって彼らの才能をはかることはできないが、集まって来た作品は、いずれも読むに足りるものであった。表現力もあり、筆も確かである。私はこれらの作家たちの才能を殺してはならないと思った。(後略)

(抜粋)「比島の文化―雑談風に―」

*スペイン統治時代の十六世紀につくられたマニラ最古の城壁都市。

# スペイン、メキシコ、フィリピン――海を越えて重なりあう歴史と文化

井上幸孝
専修大学 国際コミュニケーション学部 教授

二一世紀前半の現代フィリピンのイメージから、スペインはともかくメキシコを連想することは難しいかもしれない。けれども、これら三国の歴史的な関わり合いは思いのほか深い。火野葦平が本書の解題にも記しているように、フィリピンは三〇〇年以上にわたってスペインの統治を経験したという過去を持つ。

少し歴史を遡って見ていこう。大航海時代、スペインはポルトガルとともに世界を二分した大国だった。ポルトガルは一五世紀前半からアフリカ沿岸の探検を進め、一五世紀末には喜望峰到達およびゴア到達を経てアジアへと進出を果たしていった。その一方、スペインが海外へ本格的に進出したのは、一四九二年のクリストバル・コロン（コロンブス）の大西洋横断航海以降のことであった。カリブ海の探検・征服を進めたスペインは、やがてアメリカ大陸部へと進出した。一五二一年にはアステカ王国（現在のメキシコ）、一五三三年にはインカ帝国（現在のペルー）を征服し、さらに大陸各地へと支配を拡大して広大な海外領（インディアスと総称された）を確立していった。

こうした経緯を振り返るとき、ポルトガルがアジア方面に、スペインがアメリカ方面にのみ進出していったかのような印象があるかもしれない。

写真1：グアダルキビル川（スペイン、セビーリャ）に浮かぶビクトリア号の復元船。2022年、筆者撮影

しかし、実際はそうではなかった。ポルトガルは、ブラジルを植民地化したし、スペインもまたアジアの一部であるフィリピンへと達した。スペインとフィリピンの最初の接触を生じさせることになったのは、フェルナン・デ・マガリャンイス（マゼラン）の航海である。

一五一九年、スペインを出航したマガリャンイス隊は、大西洋を横断したのちに南米大陸の南側を迂回し、その先に広がる太平洋（この名称はマガリャンイスが名づけたものである）を航海していった。想定よりもはるかに長い航海の末、一行は一五二一年にビサヤ諸島に達した。マガリャンイスはセブ島近くのマクタン島において、ラプ・ラプとの戦いで命を落とした。しかし、セバスティアン・エルカーノらわずか一八名の乗組員が一五二二年にビクトリア号でスペインに帰還し、初の「世界周航」を実現した（写真1）。この際の現地情報や航海の経緯は、乗組員の一人だったピガフェッタの手記や、乗組員の証言をまとめたトランシルヴァーノの報告書に書き残されている（文献①）。

この航海の後、スペインはいくつかの探検隊をフィリピンに向けて送り出した。その一つで、一五四二年にメキシコを出発したルイ・ロペス・デ・ビジャロボスは、これら島々に「フィリピナス」という、当時の皇太子フェリペ(後のスペイン王フェリペ二世)に因んだ名を与えている。とはいえ、スペイン側には大きな課題が残されていた。アメリカ大陸からフィリピンへ、つまりは東から西へ向かって航海することはできても、その逆の航路を見出すことができていなかったのである。ヨーロッパからアフリカやインドを経由してアジアに至るルートは、ポルトガルの勢力範囲であり、スペインにとっては既に進出しているアメリカ大陸とフィリピンを結ぶ航路の確立が不可欠だった。

写真２：征服者ロペス・デ・レガスピと修道士ウルダネータの像(フィリピン、マニラ市内)。2015年、筆者撮影

　こうした状況の下、スペインがフィリピンを征服するに至ったのは、マガリャンイスの航海から四〇年以上後のことだった。一五六四年にメキシコを出航したミゲル・ロペス・デ・レガスピは、翌年セブを占領し、スペイン人の町を創設した。さらに、一五七一年にはルソン島のマニラを征服し、以降、ここをスペインによる統治の拠点とした。

　スペインによるフィリピン支配の成立に欠かせなかったのは、この探検隊に同行していたアンドレス・デ・ウルダネータの存在である。アウグスティヌス会の修道士で優れた航海士でもあった彼は、一五六五年、太平洋を北緯四一度あたりまで北上して逆風を避けることで東向きの航海に成功した。スペインが模索していた太平洋横断航海の「復路」(西から東への航海ルート)を見出したのである。このことにより、メキシコを支配していたスペインは、太平洋を介してフィリピンとメキシコの間を往来できるようになった。そしてこの航路こそが、有名なガレオン貿易（マニラ―アカプルコ間のガレオン船による交易）のルートとなった。

こうして征服されたフィリピン諸島はスペイン帝国の一部となった。大航海時代のスペインは海外領に様々な制度を導入した。特に重要なものとしては副王制が挙げられる。これは、スペイン国王の代理者として本国から派遣された副王が現地で統治を行うというものだった。一六世紀に設置された副王領は二つあり、一つはメキシコ市を副王都とするヌエバ・エスパーニャ副王領、もう一つはリマを中心とするペルー副王領だった。

ヌエバ・エスパーニャ副王領には、征服地の拡大とともに多くの地方（王国、総監領などと呼ばれた）が含まれた。メキシコ（現メキシコ中央部）、ヌエバ・ガリシア（現メキシコ西部）、グアテマラ（現中米諸国）、ヌエバ・ビスカヤ（現メキシコ北部）、ヌエボ・メヒコ（現アメリカ合衆国南西部）、ユカタン（現メキシコ南東部）、サント・ドミンゴ（現ドミニカ共和国）、クーバ（現キューバ）などと並んで、フィリピナス（フィリピン）はその一つとなった。マニラにはスペインから任命された総督が派遣され、現地に設置されたアウディエンシア（聴訴院もしくは高等法院）の長官も兼ねた（文献②）。

一九世紀前半、メキシコを含むラテンアメリカ諸国の多くはスペインからの独立を果たした。しかし、フィリピンのスペイン支配は一八九八年の米西戦争でスペインが敗れるまで続いた。三〇〇年を超えるスペインの統治は、フィリピンに「スペイン文化」をもたらした。キリスト教信仰はその最たるものである（文献③）。現在でもフィリピンはアジアにおいて例外的にキリスト教徒（カトリック信者）が多い国となっている。マガリャンイスの最初の接触の際にもたらされたとされるサント・ニーニョ(幼子イエス)信仰をはじめ、メキシコなどスペインが支配した地域と同じようにカトリックの諸要素が根づいている。火野が「解題」で言及している「モロ・モロ・ダンス」(メキシコでは「モーロ人とキリスト教徒の踊り」として知られている)も、スペイン統治期のキリスト教化の過程で広まったものである。

　宗教以外にも、スペイン文化の痕跡は現代フィリピンの随所に見られる。料理や食材の名称はそのわかりやすい例と言えるだろう。腸詰(ロンガニサ、チョリソ)、子豚の丸焼き(レチョン)、粥(アロスカルド、「アロス」は米、「カルド」はスープ)、海老(ガンバス)、さつま芋(カモテ)など、食文化においてスペイン語由来の語彙はいたるところに見られる。

　先に触れたように、スペインのフィリピン統治は、副王がいるメキシコを経由して行われた。そのため、フィリピンに届いた言語的・文化的影響は、「メキシコ化したスペイン文化」のものだったというのが適当であろう。実際、メキシコ先住民語(とりわけナワトル語)由来のスペイン語の語彙がフィリピンの言語に多く取り入れられたりもした。タガログ語を例にとると、先述のカモテ(さつま芋)のほか、シリ(唐辛子)、サヨテ(隼人《はやと》瓜《うり》)、チャンゲ(市《いち》)、ヒカラ(器)などが挙げられる。

　さつま芋や唐辛子のようなアメリカ大陸原産の作物などがガレオン船(マニラに向かう便の積み荷のほとんどは銀だったとされる)で運ばれた可能性はある。タマリンドやココ椰子がメキシコに伝わり、カカオや煙草がフィリピンに伝わったのは事実であるが、個々の伝播経路については不明な部分も多い。例えば、さつま芋がガレオン船経由でもたらされたのか、それ以外の方法で伝播したのかははっきりしない。とはいえ、一七世紀初頭のスペイン人モルガの記録にはそうしたもののいくつかは既に言及されている(文献④)。さらに、モノだけでなくヒトの移動もあった。数は多くないにせよ、中には船員としてメキシコ先住民が同行していたことが分かっているし、フィリピンからメキシコへ渡った者も存在した。

大航海時代、スペインからメキシコに伝わったスペイン文化は、メキシコ先住民がそれを受容していく中で、しばしばメキシコ的なものへと変容した。そして、メキシコというフィルターを通してフィリピンに伝わった「スペイン文化」もまた、長い歴史の中でフィリピン的な色彩を帯びていった。火野はフィリピン土着の「東洋的」なものとスペイン由来の「西洋的」なものとを区別しようという意識が強かったようであるが、実際のフィリピンの文化はさらに重層的に成り立ってきたと考えた方がいいのだろう。基層となった多くの現地の言語と文化、そこにもたらされたメキシコ経由のスペイン文化(そこにはメキシコ的要素も混入していた可能性がある)、さらに二〇世紀の米国の影響。こうした複雑な文化的重なりの上に成り立っているのが、現代のフィリピン文化であり、二〇世紀前半に採集されたこれらの民話であると言えよう。数百年かけて絡んだ糸を解きほぐし、フィリピン文化の成り立ちをさらに深く解き明かすのは、民話や伝承の研究、あるいは歴史学や文化人類学の研究が今後も取り組んでいかなければならない課題である。スペイン・メキシコ・フィリピンの歴史研究に携わってきた筆者としては、今回の『比島民譚集』の復刊があらためてフィリピンの歴史的・文化的重層性に目を向けるきっかけとなることを期待するところである。

参考文献

文献① 『マゼラン 最初の世界一周航海(ピガフェッタ「最初の世界周航」/トランシルヴァーノ「モルッカ諸

島遠征調書」)』長南実訳、岩波文庫、二〇一一年。
文献② 菅谷成子「スペインによるフィリピン統治」、『岩波講座 世界歴史14 南北アメリカ大陸～一七世紀』、岩波書店、二〇二二年、二一四～二一五頁。
文献③ 菅谷成子「スペイン植民地期─キリストが生きる精神世界の受容」、大野拓司ほか編『フィリピンを知るための64章』、明石書店、二〇一六年、一〇二～一〇七頁。
文献④ モルガ『フィリピン諸島誌』、神吉敬三・箭内健次訳、岩波書店、一九六六年。

# フィリピンの猿民話概説

辻　貴志
アジア太平洋無形文化遺産研究センター・アソシエイトフェロー

## 1　はじめに——猿民話の多様性

世界の民話を俯瞰すると、猿は通常、文化的英雄およびトリックスターとして現れ(Cormier 2017)、その例として中国の孫悟空やインドのハヌマンが挙げられる。しかし、民話の中の猿の性質はこのような側面のみにとどまらない。

世界の猿の民話を分析した結果、猿は他者を軽んじてだます無知かつ毛嫌いされる存在として描き出されている一方、人間に従順で機知に富む側面も表されている。このように、人間の猿に対する観念は多様であり、一概に捉えることはできない。

本小論では、世界には猿に対する多様な観念を反映した民話が存在することを踏まえた上で、フィリピンの人々の間では猿に関する民話がどのような形式で解釈されているのか、フィリピンの社会文化と猿の民話の関係について考察する。

研究方法として、フィリピンの猿に関する民話について、その内容と構造を分析した。本小論で記載する民話は、筆者が原典から要約したものである。詳細については、原典を参照願いたい。

なお、本小論は、本書で火野葦平が紹介した猿の民話を補説するために、拙稿(Tsuji 2023)を大幅に凝縮して書き下ろしたものである。筆者は猿のほかにも、鰐、鮫、豆鹿といった動物民話に関する研究を行ってきた(Tsuji 2021, 2022a, 2022b)。いずれもオンライン上で無料ダウンロードできるので、併せて参照いただけると幸いである。

## 2　フィリピンの猿民話の類型

本小論に関する文献調査の結果、猿に関するフィリピンの動物民話を20事例抽出した。それらを分析したところ、①悪玉型民話(9事例)、②猿の人間起源型民話(6事例)、③王子様型民話(2事例)、④トリックスター型民話(2事例)、⑤悪魔型民話(1事例)に便宜的に分類できた。

①悪玉型民話は、猿が民話の中で他者をたばかる悪者のイメージで登場しているのが特徴である。②猿の人間起源型民話は、主に人間の怠慢が超越者の怒りに触れ、人間が猿の姿に変えられる形式である。③王子様型民話は猿が王子となり、猿と結婚させられた女性を結果的に幸せにする筋書きである。④トリックスター型民話とは、トリックスター(他者をもてあそぶ悪戯者の反面、自然や社会の秩序を反転させる存在)の性質を持つ猿の民話を指す。⑤悪魔型民話は、猿が魔性を持って現れる。

なお、次章で紹介する民話のタイトルに、その民話を有する民族名を付した。

## 3　フィリピンの猿民話

### ①　悪玉型民話

「猿と亀」(イロカノ、カリンガ、ティンギィアン)

猿と亀がバナナの木を見つけた(一緒にバナナの木を植えた)。猿は実のなったバナナの木の上半分、亀は下半分を得た。亀のバナナの木に実がなると(猿のバナナの木は枯れた)、猿は木に登り実を食べ始めた。木に登れない亀は猿にバナナの実を取ってくれるよう頼んだが、猿は未熟の青い実(バナナの皮/尻につけた実/猿の糞)を亀にぶつけた(そして、猿は眠った)。怒った亀は先端を尖らせた竹(鋭い貝殻/棘)をバナナの木の周りに仕掛けた。(亀にそそのかされ)猿は鋭い竹に突き刺さり絶命した。さらに、亀は猿の肉を切り刻み(焼き)、仲間の猿たちに食べさせた(怒った猿たちは亀に石を結わえて湖に沈めた。しかし、亀は大きな魚を持って浮上してきた。猿たちも大きな魚を捕まえようと腰に石を結んで湖に飛び込んだが、溺れて浮上してこなかった。唯一、妊娠中の猿が残ったが、亀はその猿も溺死させた/猿たちは怪物を呼び、湖の水を飲み干させ、亀を捕えようとした。しかし、蟹が怪物の腹をハサミで切ると水が溢れ、猿たちは溺死した)(Cole 1915; Cole 1916; Fansler col. and ed. 1921; Ratcliff col. 1949; Coronel ed. 1967; Eugenio comp. and ed. 1989; Ramos 1998a; Aquino 2007; Bayliss 2013).

「賢い猿と鰐」(タガログ)

知恵者の猿と鰐は友達だった。ある日、鰐の妻(母)が病気になった。その唯一の対処法は、猿の生き肝(肺/腎臓)を食べさせることであった。鰐は猿の生き肝を得るために、猿を川辺に呼び寄せた。そして、泳げない猿を背中に乗せて対岸に行こうと誘った。猿は鰐の申し出に応じて鰐の背中に乗った。川を渡る途中、鰐は真相を打ち明けた。驚いた猿は機転を利かせ、肝を川辺のマンゴー(グアバ/マレーフトモモ)の木に掛けたのを忘れてきたので鰐に川辺に戻るよう言った。鰐は猿の話を信じ、川辺に猿を送り返した。すると、猿はマンゴーの木に登り、肝が欲しければ木に登ってごらんと鰐をあざ笑った(Fansler col. and ed. 1921; Eugenio comp. and ed. 1982, 1989; Aquino 2007)。

「猿と鰐」(不明)

猿と鰐は敵同士だった。ある日、猿の王が湖の対岸にたくさんのバナナがあることを知った。猿はバナナの実を食べたかったが、湖を渡らせてくれるよう鰐の王に頼むことを躊躇していた。ついに猿は決心し、鰐の王を訪問した。猿は鰐に何匹の召使いがいるか尋ね、自分の方が多い(多くの猿がいる場所に連れて行く)と言った。そして、鰐の召使いを数えることになり、猿は湖に列になって浮かぶよう鰐に懇願した。鰐の王は、召使いたちを呼び出し整列させた。賢い猿は鰐の背中の上を歩き、鰐を数え始めた。対岸に着くと、猿は飛び跳ね、鰐に湖を渡らせてくれたことに礼を言った。そして、バナナの森に向かった(Eugenio comp. and ed. 1989)。

「猿とトンボ」(ビコラノ)

疲れ切ったトンボが、猿の棲む木で休んでいると、猿が傲慢に追い払った。そのことを知ったトンボの王が猿の王に宣戦布告した。両者の戦いが始まると、棍棒を持った猿たちが自分の額に止まったトンボをめがけて棍棒を振り下ろした。トンボは猿の攻撃をかわし、馬鹿な猿たちは自分の頭を打ち自死した(Fansler col. and ed. 1921)。

「バクワと猿」(イロンゴ)

竹林にバクワ(黒い鳥)と猿が住んでいた。彼らは友達であった。ある日、猿はバクワに、鳥を捕まえたいので日が昇ったら知らせるよう頼んだ。日が昇るとバクワは鳴いた。驚いたことに猿はバクワを捕えた。バクワは「我々は友達ではないか」と叫んだが、猿は友達ではないと言った。猿はバクワの羽をむしった。そして、笑いながら、バクワを木の切り株に置き去りにした。やがて、バクワは傷から回復し飛べるようになると、舟を作ることに専念した。ある日、猿はバクワの舟を見て驚嘆し、行き先を尋ねた。バクワはボルネオ島に行くと答えると、猿は自分も同行したいと申し出た。バクワは了承し、舟を浮かべるには錘が必要なので、腰に石を結びつけておくよう猿に言った。バクワと猿は舟を漕ぎ、沖に出た。すると舟が沈み始めたので、バクワは空中に飛んだ。猿は助けを乞うたが、バクワは友達ではないと言った。バクワが巣に戻ると、猿は海に沈んでしまった(Esteban et al. 2011)。

「猿と亀と鰐」(タガログ)

かつて誰をも欺く猿がいた。猿には多くの敵がいた。ある日、猿は旅の道中で疲れ切っている亀と鰐に出会った。猿はこれらの動物をだましてやろうと思った。猿は亀と鰐に近づき、宿泊場所と食べ物を提供すると言った。亀と鰐は猿について行き、畑のカボチャを食べたところ、猿は姿を消した。農園の所有者である人間がその様子を発見するなり、亀と鰐を殺した(Fansler col. and ed. 1921; Eugenio comp. and ed. 1989)。

「猿の民話」(イロカノ)

猿が木に登っていると、尻尾に棘が刺さった。床屋に相談すると、床屋はカミソリで猿の尻尾の先端を切断した。怒った猿は、床屋にカミソリをよこすよう要求した。その後、猿は老婆に出会い、カミソリと薪を交換した。それから、猿は町で女性に出会い、薪とケーキを交換した。ケーキを携えた猿は犬と遭遇し、犬は猿を咬み殺した。そして、犬はケーキを平らげた(Cole 1916)。

「2匹の猫と猿」(不明)

2匹の猫は旅の途中、餅を見つけた。彼らはそれを均等に分けようとした。しかし、二等分した餅の大きさを巡って口論となった。彼らは猿に仲裁を求めた。猿は餅を天秤にかけた。片一方の餅が重かったので、猿は重さを調整しようと言って餅をかじった。餅の重さが釣り合わないまま、結局猿は餅を全部食べてしまった。そして、問題を公平に解決させたと言った(Wrigglesworth 1981)。

「老夫婦と猿」(不明)

昔、森林の開拓地に老夫婦が暮らしていた。彼らは、猿に対して最初は寛容であった。しかし、次第に多くの猿が彼らの栽培したバナナを食い荒らすようになった。老夫婦は猿たちと話し合ったが、バナナが自分たちのものという主張は受け入れられなかった。彼らは猿の駆除に乗り出したが、効果はなかった。そこで、彼らは策を練った。夫が死んだふりをし、その様子を見にきた猿たちを家の中に閉じ込めた。そして、猿たちを根絶した(Ramos 1998a)。

② 猿の人間起源型民話

「最初の猿(1)」(タガログ)

年少の兄弟をいじめ、木に登って通行人に石を投げつけるなど、村で嫌われていた息子を父親(母親)が咎めたところ、まったく聞く耳を持たなかった。父親(母親)が鞭(杓子)で打つと息子は猿に姿を変えた(話す能力を失い、体は毛で覆われ、尻尾がついた)。神が少年を罰して猿に姿を変えさせ、その猿は森に逃げ最初の猿となった(Jocano 1969; Eugenio comp. and ed. 1996)。

「最初の猿(2)」

(タガログ、イロカノ、ティンギィアン)

辛抱強い布織の女神(老婆/母親)と暮らしていた怠惰で飽きっぽい少女(少年)が、綿を洗い自身の服を作るようにとの女神の命令に反いた。少女は毛皮を身にまとった(ココナッツの殻を投げつけた)。女神は少女の怠惰に怒り、少女の体に棒を押しつけた(鞭で打った/尻の穴に棒を突き刺した)。すると、少女は尻尾を持った猿に姿を変えた(綿が体中に広がり、茶色に変色し、猿の毛になった)。女神は、森の樹上で暮らし、自分で食べ物を探すよう猿に言いつけた。このようにして、毛皮と尻尾を持った最初の猿が生まれた(人々は猿を町から追い出し、猿は森の樹上に棲むようになった)(Cole 1915; Cole 1916; Fansler col. and ed. 1921; Eugenio comp. and ed. 1996; Ramos 1998a)。

「猿に姿を変えられた老人」(マラナオ)

昔、利己的な果樹園主の老人がいた。彼は、果樹園の収穫を近所の人々に分配しなかった。ある日、子供たちが果樹園の木に登り果物をもいでいると、彼は子供たちに石を投げつけ怪我を負わせた。そのことを知った親たちが、洞窟に住む賢者に相談した。賢者は乞食になりすましその老人に果物を乞うたが、拒否された。賢者が「お前は自分の利己心に後悔する事になるぞ」と言うなり、老人の姿は猿に変わった(Eugenio comp. and ed. 1996)。

「なぜ猿は賢いのか」(タガログ)

昔、貧しい男と7人の息子がいた。末っ子を除き、皆で協力し効率的に父親を支えた。後に、町で疫病が猛威を振るい、父親と末っ子以外は死んでしまった。父親は床に伏すようになったが、息子は何の世話もしなかった。彼は森に逃げ、父親は息を引き取った。神は彼を呪い、しゃべる能力を奪った。そして、猿として森に住まわせることを宣告した。猿はしゃべることができないが、その賢さは人間から引き継がれたものである(Fansler col. and ed. 1921; Eugenio comp. and ed. 1996)。

「どのようにして子供は猿になったのか」

(ブキドノン)

ある日、母親が子供たちを連れて服を染色しようと染料の葉を鍋で煮た。染料をさじでかき混ぜたところ、火傷を負ってしまった。それを見て笑った子供たちは猿に姿を変えた。猿の爪が黒いのは母親の染色を手伝っていたからである(Cole 1916; Cole 1956)。

「猿の創造」(タガログ)

創造主(とそのしもべ)が地上に降り立つと、人間を創造した。創造主の力に嫉妬したしもべが同様に人間を創造しようとしたところ(創造主が人型にした粘土を摑み損ない、人型に尻尾状の突起がつくと)、猿が生まれた(Fansler col. and ed. 1921; Eugenio comp. and ed. 1996)。

### ③ 王子様型民話

「猿の皮を着たホアン」

(カパンパンガン、ビコラノ)

子供のない人間の夫婦が、猿の赤ん坊を授かった。ホアンと名づけられたその猿は成長すると、嫁を探しに家出した。ある時、彼は美しい王女の夢を見た。そのことを城の王様に伝えると、王女をここに連れてくれば結婚を認めるが、失敗したら彼の首を斬ると言った。ホアンは王女を探しに出ると、困っている鳥に出会った。彼は鳥を助ける条件として、指輪を持ってくるよう言った。鳥から指輪を手に入れると、今度は魔法使いたちを恫喝し、王女の住む島まで橋を架けさせた。ホアンは王女に出会い指輪を差し出し求婚した。彼は王女を連れて城に戻ったが、王様は猿と結婚した王女を城から追い出した。ホアンは王女に、自分は人間であると打ち明け、猿の皮を脱いだ。すると彼は人間の青年の姿になった。そして、ホアンは王子となり、王女と幸せに暮らした(Fansler col. and ed. 1921)。

「猿の王様」(ビコラノ)

　かつて、森の側に王宮があった。森には魔女がおり、王様と不仲であった。魔女は、王様に企みを働いた。ハンサムな王子を、魔女の化身の乙女に一目惚れさせた。王子はその乙女と結婚したいと打ち明けたが、王様は強く反対した。その結果、王子は、別の女性と結婚することを決心した。そのことを聞いた魔女は獰猛になった。魔女は王家が廃れ、王子たちは動物に姿を変えると言い放った。すると、王子は猿の姿になった。猿の王子は、魔法を解いてくれる乙女を待ち続けた。ある朝、失恋して森で自殺しようとした美しい乙女が現れた。猿の王子が乙女の前に姿を見せると、当初、彼女は驚き叫んだ。しかし、彼女は猿の目に高貴さを見てとり、次第に同情的になった。ある日、乙女の猿に対する憧れは愛に変わった。乙女が眠りから覚めると、宮殿の中にいた。奇妙な猿がいなくなった代わりに、側には若くハンサムな王子が寝ていた。王子は目覚めると、乙女に口づけをした。すると、王様と家来たちは、動物から人間の姿に戻った。魔女によってかけられた魔法はこうして解かれた。そして、王子は乙女と結婚した。王様が歳を取ると王子が王位に就き、王国を賢明に統治した(Ramos 1998b)。

### ④　トリックスター型民話

「猿と犬と水牛」(タガログ)

　猿と犬と水牛は友達であった。彼らは都市の生活に疲れ、狩りをしに田舎に行った。初日、水牛が友達のために食べ物を用意した。そこに森の巨人が現れ、水牛を倒し、食べ物を平らげてしまった。次の日、犬が食べ物を用意した。再び巨人が現れ、犬を脅し、食べ物を平らげた。その翌日、猿が食べ物を用意した。巨人が現れると、猿は丁重にもてなし椅子に座らせた。猿が椅子をぐいっと引くと巨人はその下に掘ってあった穴に落ちた。猿は土で穴を埋めたが、犬と水牛が戻ってくるとその穴を掘り返してしまった。巨人はまだ穴の中で生きていた。巨人は穴から飛び出ると、犬と水牛を殺した。猿は木に逃れて難を逃れた。ある日、猿が森を歩くと、蔓の上方に蜂の巣を見つけた。そこに巨人が現れ、猿は王様の命令で毎時間鈴を鳴らさなければいけないと答えた。巨人がその蔓を引くと蜂が飛び回り、巨人を懲らしめた。巨人は怒り、猿を探し出したところ、猿がニシキヘビと遊んでいるのを確認した。猿は巨人にベルトを差し出すと言った。巨人はその美しい色のベルトを欲し、ベルトを巻くよう猿に命令した。猿がベルトと化したニシキヘビを巨人に巻きつけると、ニシキヘビは巨人を絞め殺した(Fansler col. and ed. 1921)。

「猿とホアン・プソン・タンビタンビ」(ビサヤ)

ホアン・プソン・タンビタンビ(マソイ)という男が、畑を荒らす猿を捕獲したが、いつか恩返しをすると言ったので猿を逃した。猿は再びホアンを訪れ、王様(村の首長)の王女(娘)と結婚するよう進言した。猿は盗んだ金を持って王宮に出向き、自分の主人であるホアンがいかに金持ちであるか吹聴した。猿が(金銀をちらつかせ)何度か王宮を訪れるうちに、王様はホアンに会いたくなった。猿は川で水浴びしている裕福な商人の衣服を盗み、それが自分の主人のものだと王様に示した。猿はホアンに王女と結婚するよう告げ、彼は猿の指示に従うことにした。猿は機転を利かせ、化け物の住む(魔女を退治し)城を手に入れ、ホアンが金持ちだと周囲に答えさせ、王様を信じ込ませた。王女はホアンの容姿を気に入らなかったが、結婚せざるを得なかった(失意のあまり死んでしまった。あるいは、幸せに暮らした)。そして、ホアンは王になり、猿は宰相になった(Fansler col. and ed. 1921; Ratcliff col.1949; Ramos 1998b)。

### ⑤　悪魔型民話

「ペットの猿」(タガログ)

信心深い男性が、よく言うことを聞く猿を飼っていた。ある日、聖職者がその男性を訪問すると、猿は身を隠した。部屋の隅にいた猿に不信感を抱いた聖職者は、猿に向けて十字を切り聖水を浴びせた。すると銃声のような爆発音がし、猿は煙とともに消え去った。聖職者によると猿は悪霊であり、男性が地獄に落とされなかったのは彼が毎晩寝る前に十字を切っていたからだ(Eugenio comp. and ed. 2005)。

## 4　おわりに―フィリピンの社会文化と猿民話

本研究の結果、フィリピンでポピュラーな猿の民話は、出典の多さの面からは「最初の猿」、「猿と亀」、「賢い猿と鰐」であることが窺える。「猿と亀」、「賢い猿と鰐」については、世界各地の民話を分類したアールネ・トンプソン・タイプ・インデックス(AT分類)と同型であり、すなわち同類型の民話が世界で確認できる。

類型面からは、「悪玉型民話」と「猿の人間起源型民話」が、本稿では20事例中15事例を占め、フィリピンでは猿がおおむね否定的なイメージで捉えられてきたとみなしてよいであろう。「悪玉型民話」では、猿が他者をだまし、そそのかす悪者であるとおおよそ統一できる。また、猿の愚鈍な様も描かれている。「猿の人間起源型民話」では、悪戯や怠惰な子供が、罰として猿に姿を変えられてしまう。この民話は、悪い行いをすると、同じく悪さを働く猿に身を落とすことへの因習的な警告でもある。また、猿が人間から変身した存在であることを示している。

しかし、本小論は、必ずしも猿が否定的なイメージでのみ捉えられてきたのではないことも明らかにした。「王子様型民話」や「トリックスター型民話」がそのことを支持する。猿が王子に姿を変える、あるいは機転を利かせ貧しい若者を王女と結婚させるといった猿が人間を幸せにする側面も語られている。よって、フィリピンの猿の民話は、基本的に猿を否定的なイメージで捉え、一方で人間に利益をもたらす存在として捉える逆説性が生じていると解釈できる。しかし、これらの民話の中にも猿に対する毛嫌いが読み取れる。

フィリピンの猿の民話のほとんどは、猿を人間より下位に位置づけている。これにはキリスト教的な世界観が反映されていることが、「猿の創造」の民話からも支持できる。猿は所詮人間の出来損ないであり、人間には及ばないという論理である。

以上、フィリピンの猿の民話は、相対的に猿を否定的なイメージで描いてきた。それには人間の思考や行動の悪い側面が反映されており、子供の教育や社会秩序の維持のために猿の民話はしばしば語られてきたと考えられる。その過程で、猿はずる賢く、愚かであるという観念が民話をとおして定着したのであろう。フィリピン人は、小学校で「猿と亀」や「最初の猿」の民話を習う。「猿と亀」は、フィリピン文化の根底にある幸福は仲間と分け合うべきという不文律(Hollnsteiner 1967)あるいは道徳の形成に寄与している可能性がある。なぜなら、フィリピン人は「分かち合いができない」(wala siyang pakikisama あるいは hindi siya marunong makisama)と言われることを最も恐れるからである(de la Costa 1971)。「最初の猿」の民話は、社会生活の中で目上の人間に対し特別な忠誠を尽くさねばならないフィリピン人の価値観(Lynch 1967)に根差したものである。目上の人間を冒瀆することは、一般的なフィリピン人が好ましく思う家族や友人を大切にする社会関係を重んじる人間関係を反故にしかねない。さらに、本小論で扱った20事例の民話のうち、猿が他者に殺されるのは5事例であり、猿は殺意の対象としてもみなされてきた。それは、民話の中の猿のような行いをすれば、死に関わる問題が生じかねないフィリピン社会の規範を暗示している。つまり、猿の民話は、フィリピン人の道徳、人間関係、社会規範をよく投影していると言える。

本小論は、民話に現れた猿が、フィリピンではおおよそ否定的に解釈されてきたことを浮かび上がらせたが、その反面、人間に利益をもたらす事例もあり、両義的な存在であることを明らかにした。両義的な存在とは、民話の中の猿が善悪の両面を帯びている、あるいは人間と動物の間にいると言い換えることができるであろう。しかし、猿はフィリピン社会における人の行動や考え方の悪い側面を具象化した存在であり、社会的に逸脱した存在として捉えられる。規範からの逸脱は現実において制裁の対象となり、人々は民話の中の猿に制裁を加えることで、道徳をないがしろにしないよう自制してきたのではなかろうか。フィリピン人にとって、民話に現れた猿とは、社会において自身の言動を制御するとともに、規範を重要視するための自己を振り返る鏡の役割を担っていると考えられる。それは、民話に現れた猿のような狡猾さと身勝手さに背反する、フィリピン人が最も価値を置くレシプロカル(互恵的)な人間関係に根差した文化の美徳を追求する規矩であると結論づけられる。

参照文献

Aquino, G. (2007). *Philippine Myths and Legends*. Printon Press.

Bayliss, C. (2013). *Philippine Folk-Tales*. Tredition.

Cole, F. (1915). *Traditions of the Tinguian: A Study in Philippine Folk-Lore*. Field Museum of Natural History.

Cole, F. (1956). *The Bukidnon of Mindanao*. Chicago Natural History Museum Press.

Cole, M. (1916). *Philippine Folk Tales*. A. C. McClurg & Co.

Cormier, L. (2017). Primates in Folklore. In. Fuentes, A. (ed.). *The International Encyclopedia of Primatology*. Wiley-Blackwell, pp. 1-7.

Coronel, M. (1967). *Stories and Legends from Filipino Folklore*. University of Santo Tomas Press.

de la Costa, H. (1971). The Filipino National Tradition. In. Bonoan, R. (ed.). *Challenges for the Filipinos: Lenten Lectures*. Ateneo Publications Office, Ateneo de Manila University, pp. 42-66.

Esteban, R., Casanova, A., and Esteban, I. (2011). *Folktales of Southern Philippines*. Anvil Publishing, Inc.

Eugenio, D. (comp. and ed.). (1982). *Philippine Folk Literature: An Anthology*. Folklore Studies Program, College of Arts and Sciences, University of the Philippines and the U. P. Folklorists, Inc.

Eugenio, D. (comp. and ed.). (1989). *Philippine Folk Literature: The Folktales*. U. P. Folklorists, Inc.

Eugenio, D. (comp. and ed.). (1996). *Philippine Folk Literature: The Myths*. The University of the Philippines Press.

Eugenio, D. (comp. and ed.). (2005). *Philippine Folk Literature: The Legends*. The University of the Philippines Press.

Fansler, D. (col. and ed.) (1921). *Filipino Popular Tales*. The American Folk-Lore Society.

Hollnsteiner, M. (1967). Tagalog Social Organization. In. Mamuud, A. (ed.). *Brown Heritage: Essays on Philippine Cultural Tradition and Literature*. Ateneo de Manila University Press, pp. 134-148.

Jocano, F. (1969). *Outline of Philippine Mythology*. Centro Escolar University Research and Development Center.

Lynch, F. (1967). Philippines: Bridge to Southeast Asia. *Philippine Studies* 15(1): 167-176.

Ramos, M. (1998a). *Tales of Long Ago in the Philippines*. Phoenix Publishing House, Inc.

Ramos, M. (1998b). *Philippine Myths, Legends, and Folktales*. Phoenix Publishing House, Inc.

Ratcliff, L. (col.). (1949). Filipino Folklore. *The Journal of American Folklore* 62(245): 259-289.

Tsuji, T. (2021). Crocodiles in Philippine Folklore. *The*

*Southeastern Philippines Journal of Research and Development* 26(1): 19–34.

Tsuji, T. (2022a). The Mouse Deer Being a Trickster in Philippine Folktales. *The Southeastern Philippines Journal of Research and Development* 27(2): 35–45.

Tsuji, T. (2022b). A Study on Shark Totems among Ethnic Groups in the Southern Palawan Island of the Philippines. *Ignis* 2: 59–74.

Tsuji, T. (2023). Exploring the Philippine Society and Culture in Monkey Folktales. *The Southeastern Philippines Journal of Research and Development* 28(1): 31–47.

Wrigglesworth, H. (1981). *An Anthology of Ilianen Manobo Folktales*. University of San Carlos.

著

火野葦平（ひの・あしへい）

一九〇七年、福岡生まれ。本名玉井勝則。早稲田大学英文科を卒業前に兵役に服す。除隊後、家業の沖仲仕組頭を継ぐ。労働運動に従事し検挙されて転向。後、地元の同人誌に参加。一九三七年、日中戦争に兵士として従軍中『糞尿譚』が芥川賞を受賞。従軍記『麦と兵隊』『土と兵隊』『花と兵隊』の「兵隊三部作」がベストセラーとなる。太平洋戦争中に報道班員として活躍。戦後は公職追放指定を受け「戦犯作家」とされた。著書に、従軍記『麦と兵隊』自伝的長編『花と龍』『革命前後』など多数。一九六〇年死去。

絵

川上澄生（かわかみ・すみお）

一八九五年、横浜生まれ。一七歳のとき木下杢太郎著『和泉屋染物店』の口絵を見て木版画制作を始める。二二歳でカナダへ渡り四か月過ごした後、アラスカの缶詰工場で働く。一九二一年栃木県立宇都宮中学校の英語教師となる。一九四五年北海道疎開。一九四九年栃木県立宇都宮女子高等学校の講師となる。南蛮と文明開化をテーマとした作品の制作を続ける。一九七二年死去。

二〇二四年一月一五日発行
ISBN 978-4-336-07477-5

比《ひ》島《とう》民《みん》譚《たん》集《しゅう》
フィリピンの島々に伝わる話

著　者　火《ひ》野《の》葦《あし》平《へい》
発行者　佐藤今朝夫
発行所　株式会社　国書刊行会
東京都板橋区志村一―十三―十五
電　話〇三―五九七〇―七四二一
ＦＡＸ〇三―五九七〇―七四二七
組版所　プレアデス
印刷所　モリモト印刷株式会社
製本所　株式会社ブックアート

Gakken

きめる! KIMERU SERIES

M2

［きめる！共通テスト］

# 数学Ⅱ・B・C 改訂版

*Mathematics II・B・C*

著＝迫田昂輝（河合塾・数学のトリセツ）／田井智暁（研伸館）

introduction

# はじめに

「頑張って勉強しているのに，共通テストになると点数が取れません（> <）」という相談が毎年多くの受験生から寄せられています。多くの問題をただ解き続けるだけでは，共通テストでは高得点を狙えません。共通テストの点数を取るためには「確かな基礎学力をつける」「共通テストの形式に慣れる」という２つのアプローチが必要になります。本書は，まさにその２つの点に徹底的にこだわって作りました。

数学の基礎学力をつけるだけではなく，共通テストで高得点を取るために必要な「問題の解き方」，言い換えれば「得点の取り方」も惜しみなく本書に詰め込みました。きっと，ページを進めていけば「こうすれば高得点が取れるようになるのか！」という発見が得られると思います。ちょっとボリュームが多いかもしれませんが，これでも必要最低限にしたつもりです笑。あとは気合いと根性で本書を隅々まで読んでいきましょう！

数学の基礎学力について，少しだけ補足をします。もしあなたが「簡単な問題＝基礎」と思っているならば，それは大きな間違いです。例えばスポーツでハイレベルなパフォーマンスを発揮するためには，体力・筋力が必要になります。しかし，それらは一朝一夕には身につきません。数学においても「なぜこの定理が成り立つんだろうか？」「なぜこのように考えるんだろうか？」という，素朴なwhyが学習の出発点になります。それらに１つずつ答えを出していけば，あなたの基礎は盤石のものとなるでしょう。「パターンを暗記して当てはめる」という学習では，ある一定の点数までは辿りつきますが，それ以上の点数は期待できません。真摯に謙虚に1ページずつ取り組み，基礎とはどういうものなのかを実感してほしいと思います。

本書では，共通テストで必要となる力を細かく分析し，言語化しました。過去に行われた共通テスト，センター試験，試行調査，試作問題すべてに目を通し，必要となる力が身につく問題を厳選しています。また，過去問がない項目に関しては，オリジナルの問題を作成しました。皆さんが本書としっかり格闘することで，共通テスト数学で高得点が取れることを確信しています。

あとはやるだけだ。テーマは１つだけ。
俺達には合格しかない。

迫田昂輝　田井智暁

how to use this book

# 本書の特長と使い方

本書は，ひと通り数学Ⅱ・B・Cの学習を終えた段階の受験生を対象としています。まずは問題に取り組んで，解説をじっくり読んでみてください！

## 1 問題を通して，必要事項を整理する

本書では，必要な力を項目・問題ごとに分けています。各THEMEの『ここできめる！』をチェックし，ゴールを確認してください。1問ずつ取り組むことで自分の課題が発見できるでしょう。課題を発見したら必要に応じて，他の問題集や過去問で弱点を克服していきましょう。

## 2 共通テストの形式を攻略する

共通テスト数学は，誘導に乗るという力が必要です。行間を読むことや式の流れの意図を汲み取るなど，いわゆる「数学的読解力」が必要となります。キャラクターの吹き出しもしっかりと確認していきましょう。

## 3 別冊付録で，試験直前に最終チェック！

試験で高得点を取るために必要な知識や，ちょっとしたテクニックを別冊付録にまとめました。本冊に取り組むときの参考にしてください。別冊単体でも使えるようにしてあるので，試験会場に持って行って，最終確認にも使ってください。

contents

# もくじ



## 数学Ⅱ

## 数学B



## 数学C

# 共通テスト
# 特徴と対策はこれだ！

## おさえておきたい共通テストのあれこれ

まずは，共通テストがどんな試験なのかを確認しておこう。

マークシート形式の試験ということは知っています！

数学の試験のマークシート方式は経験があるかな？　解答方法が独特だから，事前に慣れておくようにしたいね。

独特？　答えの選択肢を解答用紙にマークするだけじゃないんですか？

問題文の穴埋めが，「$a=\boxed{\text{アイ}}$」とか，「$x=\dfrac{\boxed{\text{ウ}}}{\boxed{\text{エ}}}$となる」みたいになっていて，**数字や符号を選択肢から１つずつ選んでマークしていくやり方**なんだ。

ただ数字を書くよりも手間がかかりそうですね。

そう，しかも分数の場合，空欄にあてられる五十音は分子のほうが早い。例えば，答えが「$\dfrac{2}{3}$」だとしたら，答えをマークする順は2→3になるわけだ。

頭では「3分の2」と考えているから，逆になるんですね。

そう。時間との戦いでは，この方式に混乱して焦ってしまうこともある。**マークシート方式の数学の試験には十分に慣れておきたい**ね。

| | 解答欄 | | | | | | | | | | |
|---|---|---|---|---|---|---|---|---|---|---|---|
| | − | 0 | 1 | 2 | 3 | 4 | 5 | 6 | 7 | 8 | 9 |
| ア | ⊖ | ⓪ | ① | ② | ③ | ④ | ⑤ | ⑥ | ⑦ | ⑧ | ⑨ |
| イ | ⊖ | ⓪ | ① | ② | ③ | ④ | ⑤ | ⑥ | ⑦ | ⑧ | ⑨ |
| ウ | ⊖ | ⓪ | ① | ② | ③ | ④ | ⑤ | ⑥ | ⑦ | ⑧ | ⑨ |

試験日はいつですか？

2024年度試験では，「数学Ⅱ，数学B，数学C」は**2日目**の「理科」「数学Ⅰ，数学A」を終え，昼休み後の午後イチ60分だった。ただし！

ただし？

試験時間は，2025年度からは**70分**になる。

長くなるんですね……。選択問題はありますか？

今回の試作問題では，**大問が全7問**。第1～3問が必答で，第4～7問のうち，いずれか3問を選択して解答すること，となっているよ。それで**100点満点**だ。

どんな問題構成になるかは，わかりますか？

まったく読めない！　なぜなら，もっとも重要な単元ともいえる「三角関数」は共通テストでほぼ毎年出ているのに，2024年には出なかったからね。

え～。そうなんですか。でも，重要な単元はきちんとカバーしないといけないんですよね。

選択問題の**「平面上の曲線と複素数平面」（数学C）**は，理系志望でなければあえて選択する必要はないから，ここはスルーしてもOKかな。

ほっとしました。

ただし，**数学Ⅱが前半の必答問題で出ることはほぼ間違いない**。問題数が増える可能性も高い。その分，きちんと対策してほしい。大学入試センターでは問題作成の方針について，これまでを踏まえつつ「不断の改善」をしていくとしているからね。前年までのパターンでは読み切れない部分も多い。予断や決めつけは危険だ。

「出ないかもしれないからやらない」はナシということですね。

そういうこと。特に数学B，数学Cは，公式が多いから，覚えておくべきことは，すべてしっかり頭に叩き込んでおきたいね。

| 共通テスト　数学Ⅱ，数学B，数学C | |
|---|---|
| 問題選択 | 数列（数学B），確率分布と統計的な推測（数学B），ベクトル（数学C）及び平面上の曲線と複素数平面（数学C）の４項目のうち３項目の内容の問題を選択解答する |
| 時間 | 70分 |
| 配点 | 100点（第1問15点，第2問15点，第3問22点，第4～7問各16点）　※試作問題 |

## 共通テストの傾向と対策

対策としては，どんな勉強をしていればいいでしょうか？

これが難しい……。実は現段階では「これが出る！」「ここを重点的に勉強せよ！」というのが言いづらいのが現状なんだ。2025年度入試から新課程の内容になる。しかも，共通テスト自体，まだ歴史が浅くて，傾向が定まっていない部分があるんだ。

どうしたらいいんですか？

今の段階で言えるのは，**「正しい数学力を身につけましょう」**だね。

正しい数学力……。どういうことでしょうか??

共通テストの問題は時間制限がなければ良問が多い。数学をきちんと理解していれば解けるが，定義や公式の意味があやふやだと難しい。**基礎をきちんと理解して，「どの公式を使うのか？」「なぜその公式を使うのか？」をひとつひとつ，きちんと押さえる勉強を積み重ねてほしい。**定義や公式は，人に説明できるくらいになってほしいね。

答えを出す計算の手順を覚えているだけではダメってことですね！

That's right《そのとおり》!　学校の試験では，例えば数列の場合，「こんな数列がある。この数列の一般項を求めよ」「この数列の和は？」みたいに公式をそのまま使えば答えが出せるような問題が多いと思う。

確かに。計算方法を暗記しておけば，なんとかなる問題も多いです。

共通テストでそれは通用しない。公式をそのまま使って答えが出せるような問題は数少ない。「こんなタイルがあって，こういう条件の部屋への敷き詰め方の総数は？」みたいに常に変化球なんだ。

どの知識を使う問題なのかにも気づかなければならないんですね。

そういうこと。日常の場面を設定した問題文を読んで，「これは漸化式を使う問題だな？」と気づく必要がある。そこで初めて「公式を使おう」と考えられる。つまり，**問題文の状況を数学的に読み解く力が問われているんだ。**

**POINT**
**各単元の基礎を正しく理解。**
**定義や公式は意味と役割を人に説明できるまでになろう。**

## 時間制限なしで過去問を解いて実力を診断

自分の数学力を把握するにはどうしたらいいのでしょうか？

**過去問を1年分，時間制限なしで解いてみよう。**それで7割得点できるなら数学の基礎力はあるとみていいだろう。

7割とれない人は，基礎がまだ足りないということですね。

そう。受験生を見ていると，共通テスト「ならでは」の問題に慣れていなくて点数がとれないのは1割程度。**そもそも基礎を理解していないから問題が解けない，という人が9割**という印象だ。
本番で役立つテクニックやコツは確かにあるし，本書でも紹介している。だけどそれらが役立つのは，あくまで単元ごとの基礎をよく理解したうえでのこと。「ラクに点を取りたい」という気持ちは捨ててほしい。
共通テストの真の攻略法は，**基礎を真正面から固める**ことなんだ。

この本では，そのあたりがしっかりカバーされているんですね！

察しがいいね！　さまざまな問題を通して基礎学力を培っていけるように設計しているよ。

**POINT**

**時間制限なしで過去問を解いてみよう。**
**7割得点できない人は，数学の基礎力に難アリ！**

## 「数学力」とは計算力・構想力・表現力のこと

「正しい数学力」について，もう少し教えてもらえませんか。

数学で大事な力を三つ挙げるなら**「計算力」「構想力」「表現力」**だね。共通テストの場合，これに**「時間配分」**がプラスされる。

「計算力」というのは，計算を素早く正確に行う力のことですね。

そう。高校数学では計算力はますます重要になってくるんだけど，おろそかにしている人が多い。3桁の数同士，小数第二位まである数同士のかけ算やわり算は問題の中にしょっちゅう出てくるから，**細かい計算をいかに素早くこなせるかは，時間配分に大きく影響する重要なスキル**なんだ。

答えを見てやり方がわかったから，自分で計算したりせず，ついそのまま次に進んでしまいます。めんどくさい計算が多そうで。

いけないねえ。**わからない問題や間違えた問題は，答えを見ながら最初から計算をして答えまで辿り着くこと。答えが合うまで，何度でも。**自分がどんなケアレスミスをしやすいかがわかるし，「この程度の計算なら2分で終わる」みたいに計算にかかる時間の感覚を身につけることができるから。

ミスを減らす上手なやり方はありますか？

ミスノートを自分で作るといい。**自分のやらかしたミスだけをまとめるノートを作って整理すると，自分のミスの傾向がわかる。**「移項のときに符合を間違えやすい」「カッコを外すときに，計算し忘れが多い」とかね。認識すれば，やがて同じミスをすることは減っていくよ。

「構想力」というのは？

数学の理屈の部分を正しく理解して，答えを求めるために，いつ，どの定理が使えるのか？　なぜその定理が使えるのか？　ということがわかる力のことだ。

問題文を読みながら「あの定理が使える」みたいにピンとくる力ですね。

その通り！　共通テストでは，数学における「何が？」「なぜ？」「どのように？」を正しく理解しているかどうかをしっかり問うてくる。

定理の形を暗記しているだけではダメってことですね！

うん。逆に，**定義の意味を正しく知ってさえいれば，それだけで点数が取れる問題も共通テストにはよく出てくる**よ。「ラジアンとは何か」を説明する文章が穴埋めになっていたりとかね。

数学力における表現力とは何でしょうか？

端的に言えば，記述式の問題で解法をわかりやすく説明する力のことだ。

えっ，共通テストはマークシートですよ？　必要ないのでは？

問題文に従って解き進めるには，出題者がどんな流れで解法を展開しようとしているのかを感じながら，それに合わせて計算を進める必要がある。だから，**いろんな解法を書き表せるようになっておくことが重要**なんだ。

好きな解法で解けるわけではない，ということですね。

複数の解き方がある問題でも，問題文の誘導に従う必要があるので，得意な解法を使えるとは限らない。「ああ，この出題者はこの流れで問題を解きたいんだな」と，問題文から書き手の意図を読み取る必要がある。様々な解法に触れていない人は，問題文を読みながら「なぜここの値を求めるの？」「どうしてこんな式の変形をするの？」がわからず，そこで手が止まってしまうんだ。

解法のバリエーションをできるだけ押さえる必要があるわけですね。

そう。だから，**演習で答えが合っていたとしても，解き方のルートが正しかったかどうかは，よく確認するようにしてほしい。別解があるなら，そちらの解説もよく読んで，他の解き方や考え方がないかどうかをいつも検討すること。**

数学の視野が広がりそうですね。

数学が苦手な人ほど「この方法で解けるなら，これだけできればいいや」と考えがちだけど，問題文が自分の得意な解法で展開していなかったとき，マークシートではまったく手が出ず，大惨事になってしまう。

**POINT**

**「正しい数学力」を磨くために……**
**①面倒な計算もサボらずに行い，計算力を磨く**
**②定義や公式の理解を完璧にして，構想力を磨く**
**③問題文の解き方に対応できるように，表現力を磨く**

## 点数アップには問題文の行間を意識する

正しい数学力を磨きながら，共通テストならではの対策も行い，得点力を上げていこう。まず中期的な対策としては，**「問題文の長さと計算の長さは違う」**を意識して問題を解くようにすることだ。

どういうことでしょうか？

問題文では次の行に書かれているけれど，次の行に進むには，実際には膨大な計算が必要になる，という場合がよくあるんだ。つまり問題文に書かれているのは，解答までの道のりのほんの一部にすぎないことがしばしばある。これを想定していないと，問題文でいきなり次の行に「よって，○○は××となる」なんてさらっと出てきたとき，「えっ，なんでこんな展開になるの？」と驚いてしまう。

次の行に進むためには，式を変形させたりする必要があるけれど，それが書かれていない……ってことですね。

その**行間を読むこと自体が数学力の試験になっている**わけだね。共通テストでは問題文をざっと見て，「この問題は，こんな流れで解くんだな」というのを把握してから進めないと，迷子になってしまう。**「出題者はどの方法でこの問題を解きたがっているのか？」を察知して，問題文の短さと，実際の解法の長さのズレを感じる力が必要**なんだ。

なるほど，パターンを暗記するだけでは通用しないというのは，そういうことでもあるんですね。

過去問などの演習を通して，常に解法を先回りして考える訓練が必要なんだよ。

**POINT**
**文章問題は，解法の流れの大枠をつかむ感覚を磨く！**
**過去問の演習を通して身につけていこう。**

## 「きれいにかく」を意識して10点アップ！

でも，数学で感覚を磨くって難しいなあ……。やっぱりできる人はセンスがあるんですね。

それは誤解だよ。共通テストのレベルなら，**誰でも正しい積み重ねによって7割以上の得点は可能**だ。いま説明した「問題文の行間を感じる」力を磨くには，次の3つをやるといい。
**①記述をきちんと書く，②図をきれいにかく，③情報を取捨選択する**だ。

順に教えてください。①記述をきちんと書く，というのは？

読んで字の如く，計算問題の過程をきれいに書くということだよ。共通テストのようなマークシート方式だと，問題文の横の余白や問題に付いてくる「下書き用紙」に，必要な計算だけをその都度書いている人が多いけど，これは絶対にやめた方がいい。

そうなんですか？　時間がないからついやっちゃいます。

それがかえって時間のロスになりやすい。**計算式は，問題文に書かれている部分もきちんと書き表して解き進めるのが正解**だ。対策勉強を通して習慣化することで，問題の間に隠れたステップがどんなものかを学ぶことができるからね。

なるほど。解法の流れを正しく把握するためなんですね。

ちょっとした計算ミスや処理の仕方の違いで，自分の答えがマークシートの空欄と合わないこともあるからね。行き当たりばったりの計算メモだと，こんなときの対応に時間がかかってしまう。

計算式を書いておけば，間違いに気づきやすくなるわけですね。そのほうが時間のロスを防げるというのは知りませんでした。

計算処理の仕方が違うせいで答えの形が違っていたという場合も，計算式を遡ればその箇所を見つけやすい。結果，得点アップにつながるんだ。

②図をきれいにかくというのも，同じような考え方なのでしょうか。

そうだね。**図はきれいに，必要に応じて何個でもかくこと**が大切だ。問題が進み，**状況が変わったら何個でもかき直すこと**。

時間が気になって，ついひとつの図に補助線や角度のマークなどをいくつもかいてしまいます……。

結果，図がぐちゃぐちゃになって，かえってわかりにくくなるよね？数学が得意な人ほど，問題を解きながら図をきれいに何個もかくものだよ。相似の図形を扱うときは，ちゃんと向きを揃えてかき出すし。

③情報を取捨選択するとは？

問題文には，解くうえで必要のない余計な情報も散りばめられていることが多いからね。**いらない情報を無視して読み進めることにも慣れておく必要がある**んだ。

必要のない情報ってどういうものですか？

例えば，確率分布と統計的な推測の問題で「校長先生は，ある日，新聞で高校生の読書……」なんて部分をじっくり読む必要はない。しかし，「何人」「読書時間の平均は何分で」みたいな情報はしっかり押さえる必要がある。

計算に必要な情報とそうでない情報を仕分けながら読む，ということですね。

これは「問題文の長さと計算の長さは違う」の逆パターンとも言えるね。問題文は長々と書かれているが，答えを出すのに必要な情報は実はひと握りだけ。「ここは読み飛ばしてOK」の判断力をしっかり養おう。

**POINT**

得点力アップのために……
①計算式はきちんと書き出す（記述をきちんと書く）
②図は何個でも必要なだけかく（図をきれいにかく）
③不要な情報は読み飛ばす（情報を取捨選択する）

## 直前対策で5点アップ！

直前対策でさらに点数アップできる方法はありませんか？

欲張りだね。だが嫌いじゃない。重要なポイントを挙げるなら，**①賢い時間配分，②ミスを最小化するアプローチ**だといえるかな。

時間配分にはどんなコツがあるんですか？

これはズバリ，**それぞれの大問にかける時間を決めておく**こと。あらかじめプランを立てていかないと，本番で「この問題はいけそう」と思いながらドハマリして時間を食い潰すという致命的なミスを犯しかねない。**大問1つごとに何分使うのか，ルールを決めておく**んだ。

それ以上に時間がかかりそうなら，諦めて先に進む，ということですね。

普段の勉強では，本番での時間短縮・効率化するという観点から，解法の解説をよく確認しよう。**無駄な計算をしていなかったかを吟味するクセ**をつけてほしい。

やってみます。②ミスを最小化するアプローチというのは？

**消しゴムを使うな**。

えっ。使っちゃダメなんですか？

つまり書いたものは残しておけ，ということだね。**間違えた式は消しゴムで消さず，取り消し線を引いて下に新しく書き直す**のがいい。さらに進めるうちに，「さっきの方が合っていた！」なんてことはザラだから。

計算のやり直しをしなくて済むわけですね。

プラスαのコツとして**「解けない問題は塗り逃げせよ」**も教えておくよ。解けない問題にぶつかったとき，「後でやろう」と後まわしにする人がいるけれど，ハッキリ言ってそんな時間あるわけがない。それなら，**適当にあたりを付けて何かにマークして先に進むべき**なんだ。

時間をもっとも有効活用するためですね。

後まわしで進むと，「あの問題を塗っていない」という心理が生まれ，ミスが生まれやすくなる。何か塗っておいて「わかんなかったけど，当たっているかもしれない」という気持ちの方が進めやすいだろう？

わからない問題にひっかかりすぎることなく，とりあえず最後まで問題に触れて，時間配分とスピード感を知っておくということですね。

共通テストの配点は，小問１の空欄「ア」「イ」「ウ」……と小問３の空欄「ナ」「ニ」「ヌ」……は，同じように配点が小さいままだから。記述式のように後の問題ほど配点が大きいわけではないので，**とにかく塗りながら，次の大問に進んで少しでも確かな答えをマークしていく方が戦略的に正解**というわけだね。

**POINT**

**テスト本番で慌てず効率よく得点するために**
**①賢い時間配分 ⇒ 大問それぞれに使う時間を決めておく**
**②ミスの最小化 ⇒ 消しゴムは使わない**
プラスα　**戦略的な得点法 ⇒ 解けない問題は塗り逃げして進む**

公式や定理の確認には，別冊の要点公式集を活用してほしい。要点をシンプルにまとめてあるので，本番直前の勉強の助けになるよ。

活用します。始めは見ながら問題を解いてもいいんですよね？

もちろん。この本を隅々まで読めば，実力がつくようにつくってある。夏から始める人も，冬から始める人も，できる限りやり込んでほしい。
**必ず結果はついてくるはずだ！**

# SECTION 1

## 三角関数

### THEME

きめる! KIMERU SERIES

# SECTION 1で学ぶこと

すべての単元に共通することだけど，まずは用語の定義をきちんと押さえること。定義を直接問う問題が度々出題されており，「サイン・コサイン・タンジェントとは何か」は，正確に人に説明できるように。弧度法の定義を選択肢から選ぶ問題も過去には出題されている。とにかく公式がたくさんある上，加法定理と合成，方程式と不等式，グラフ問題とやることが多く，決して簡単ではない。だからこそ，基礎を確実にしたうえで，頑張ってほしい。

## ここが問われる! 加法定理からすべての公式を導出できるようにしておく!

この単元の最重要公式は **「加法定理」**。他の公式は加法定理から派生しているため，加法定理を完璧に覚えたうえで，2倍角の公式，半角の公式などは加法定理から導出できるように訓練しておこう。単元の理解が深まるだけでなく，万が一，本番で他の公式を忘れても「加法定理からいつでも出せる」と自信が持てるのは大きいよ。

## ここが問われる! 問題文の誘導にうまく乗るには，合成や変形の意味を見失わないこと

共通テストに出てくる三角関数の問題は，誘導がなければ普通に難問だ。しかし，その**誘導に乗ることさえできれば，トントン拍子に高得点をねらうことも可能**。そのためには，問題文の誘導に隠された合成や変形の意味と目的をキャッチする力を鍛えたい。例えば，「なぜここで角度を2倍にしてコサインをサインにして，サ

インのみの式に変形するのか？」みたいなことを考えながら，問題を解くクセをつけてほしい。これを忘れると，「したがって」「よって」のような接続詞で突如，流れを見失い，迷子になって時間をロスしてしまう。



**ここが問われる！**

## グラフ問題は手薄になりがちなので，今のうちに押さえる！

三角関数のグラフを使った問題は，実はグラフを使わなくても解けてしまう場面が多く，手薄になりがちだ。しかし，対策段階ではきちんと理解しておきたい。**単位円を作図して解けるようにしておこう**。

三角関数は，高校数学のなかでも最重要単元の一つ。大問で出てくる可能性が高いし，共通テスト以外の大学入試でもかなりの頻度で登場する。他の単元の基礎となっている部分も多いので，しっかり身につけよう。問題のバリエーションも豊富なため，本番で見慣れない形と出会う可能性も高く，だからこそ，基礎の理解が重要となる。答えとして最終的に問われるものは，いつもと同じなのだが，「なぜこんな式が？」「どうしてこんな変形が？」と戸惑ってしまうこともある。普段から式の変形の意味に注意して，手を動かすようにしよう。

**方程式，不等式を含めて，単位円を利用して解くことに慣れよう。単位円を必要に応じて何個でも作図しながら進むんだ。グラフの問題も単位円を使って解くと早いよ。**

THEME 1

# 定義

ここできめる!

- 弧度法の定義を理解し，度数法と弧度法を相互変換しよう。
- 三角関数の定義を理解し，相互関係を利用しよう。

## 1 弧度法

### 過去問にチャレンジ

(1) 1ラジアンとは，［ア］のことである。

［ア］の解答群

⓪ 半径が1，面積が1の扇形の中心角の大きさ
① 半径が$\pi$，面積が1の扇形の中心角の大きさ
② 半径が1，弧の長さが1の扇形の中心角の大きさ
③ 半径が$\pi$，弧の長さが1の扇形の中心角の大きさ

(2) 144° を弧度で表すと $\dfrac{［イ］}{［ウ］}\pi$ ラジアンである。また，

$\dfrac{23}{12}\pi$ ラジアンを度で表すと［エオカ］° である。

(2018年度センター本試験)

まずは，**弧度法**の定義について確認しよう！

**弧度法**

右図のように半径1の円（単位円）の弧$\overset{\frown}{AP}$の長さが$\theta$のとき，中心角$\angle AOP$を$\theta$ラジアンとする。

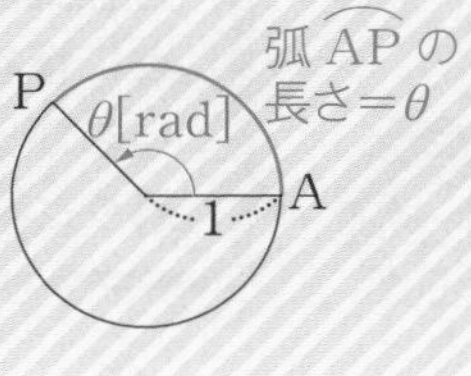

単位円の1周の長さは$2\pi$だから，
$360^\circ=2\pi$ ラジアンだね。

つまり**単位円の弧の長さ＝角度**と定義したんだ！
単位のラジアン（rad）は省略することが多いよ。

(1)　1ラジアンとは，**単位円の弧の長さが1のときの中心角の大きさ**だから②だね！

**答え　ア：②**

(2)　弧度法と度数法の変換を確認しておくよ！
単位円の半周の長さは$2\pi\div 2=\pi$だから

$$180^\circ=\pi \quad \cdots\cdots☆$$

が成り立つね！

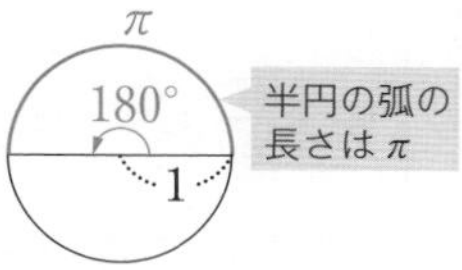


**度数法→弧度法**について，☆の両辺を180で割ると，$1^\circ=\dfrac{\pi}{180}$だから，$x$倍すると，$x^\circ=\dfrac{x}{180}\pi$になるね！

問題の$144^\circ$については$x=144^\circ$とすれば，

$$144^\circ=\frac{144}{180}\pi=\frac{4}{5}\pi$$

**答え　$\dfrac{イ}{ウ}$：$\dfrac{4}{5}$**

**弧度法→度数法**については**$\pi=180^\circ$を代入すれば**変換できるよ！

問題の$\dfrac{23}{12}\pi$について，$\pi=180^\circ$だから，

$$\frac{23}{12}\pi=\left(\frac{23}{12}\times 180\right)^\circ=345^\circ$$

**答え　エオカ：345**

## 2　三角関数の定義，相互関係

### 過去問にチャレンジ

$\theta$は$-\dfrac{\pi}{2}<\theta<\dfrac{\pi}{2}$を満たすとする。

$\tan\theta=-\sqrt{3}$ のとき，$\theta=$ [ア] であり

$\cos\theta=$ [イ]，$\sin\theta=$ [ウ]

である。

一般に，$\tan\theta=k$ のとき

$\cos\theta=$ [エ]，$\sin\theta=$ [オ]

である。

[ア] の解答群

⓪ $-\dfrac{\pi}{3}$　① $-\dfrac{\pi}{4}$　② $-\dfrac{\pi}{6}$　③ $\dfrac{\pi}{6}$

④ $\dfrac{\pi}{4}$　⑤ $\dfrac{\pi}{3}$

[イ]，[ウ] の解答群（同じものを繰り返し選んでもよい。）

⓪ $0$　① $1$　② $-1$　③ $\dfrac{\sqrt{3}}{2}$　④ $-\dfrac{\sqrt{3}}{2}$

⑤ $\dfrac{\sqrt{2}}{2}$　⑥ $-\dfrac{\sqrt{2}}{2}$　⑦ $\dfrac{1}{2}$　⑧ $-\dfrac{1}{2}$

[エ]，[オ] の解答群（同じものを繰り返し選んでもよい。）

⓪ $\dfrac{1}{1+k^2}$　① $-\dfrac{1}{1+k^2}$　② $\dfrac{k}{1+k^2}$　③ $-\dfrac{k}{1+k^2}$

④ $\dfrac{2}{1+k^2}$　⑤ $-\dfrac{2}{1+k^2}$　⑥ $\dfrac{2k}{1+k^2}$　⑦ $-\dfrac{2k}{1+k^2}$

⑧ $\dfrac{1}{\sqrt{1+k^2}}$　⑨ $-\dfrac{1}{\sqrt{1+k^2}}$　ⓐ $\dfrac{k}{\sqrt{1+k^2}}$　ⓑ $-\dfrac{k}{\sqrt{1+k^2}}$

（2022度年度共通テスト追試験）

まずは，三角関数のsin，cos，tanの定義を確認しておこう！

## 三角関数の定義

右の図のように$\theta$の動径と単位円の交点をPとするとき，
点Pの$x$座標を$\cos\theta$，
点Pの$y$座標を$\sin\theta$，
直線OPの傾きを$\tan\theta$
と定義する。

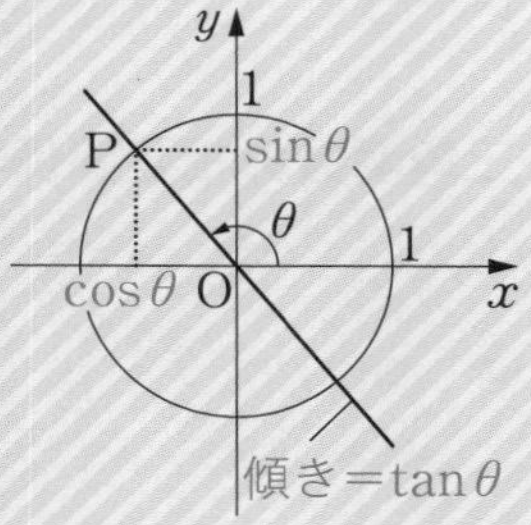




まずは$-\frac{\pi}{2}<\theta<\frac{\pi}{2}$において，$\tan\theta=-\sqrt{3}$のときの$\theta$の値を求めるよ。$\tan\theta$は傾きを表すから，単位円と原点を通る傾き$-\sqrt{3}$の直線をかこう。

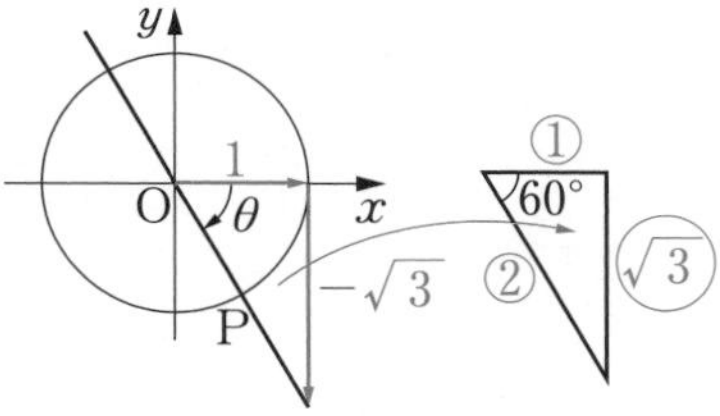


**傾きは$x$軸方向に1進んだときの$y$の変化量のこと**だから，右の図のように$1:\sqrt{3}:2$の三角形が現れるね！

したがって，$-\frac{\pi}{2}<\theta<\frac{\pi}{2}$より$\theta=-\frac{\pi}{3}$となるね。

**答え　ア：⓪**

このときの，$\cos\theta$，$\sin\theta$の値も求めていくよ！

単位円上に$\theta=-\frac{\pi}{3}$に対応する点Pをとって，$1:2:\sqrt{3}$の直角三角形に注目だ。半径1の円だから斜辺が1で，**$\cos\theta$は点Pの$x$座標，$\sin\theta$は点Pの$y$座標**だから，

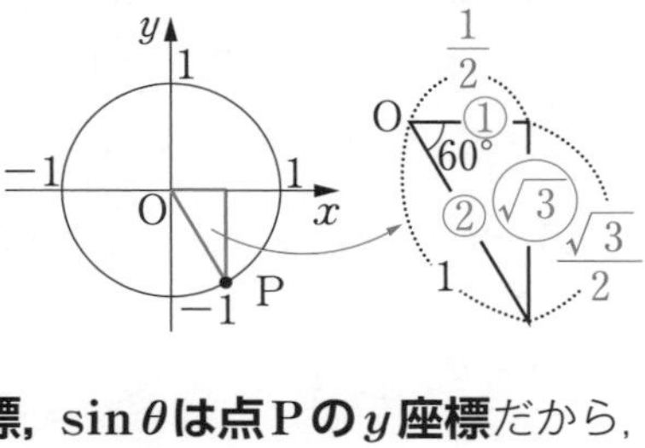


$$\cos\theta=\frac{1}{2},\ \ \sin\theta=-\frac{\sqrt{3}}{2}$$

**答え　イ：⑦，ウ：④**

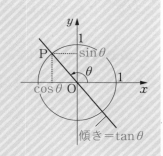

別解もあるよ。次の三角関数の相互関係を利用して解いてみよう！

**三角関数の相互関係**

① $\cos^2\theta+\sin^2\theta=1$

② $\tan\theta=\dfrac{\sin\theta}{\cos\theta}$　　③ $1+\tan^2\theta=\dfrac{1}{\cos^2\theta}$



**【別解】**

この問題ではまず $\tan\theta=-\sqrt{3}$ のみがわかっているから相互関係③を使って，

$$1+(-\sqrt{3})^2=\frac{1}{\cos^2\theta}$$

$$\cos^2\theta=\frac{1}{4}$$

$-\dfrac{\pi}{2}<\theta<\dfrac{\pi}{2}$ より $\cos\theta>0$ だから，

$$\cos\theta=\frac{1}{2}$$

$\tan\theta$ と $\cos\theta$ の値がわかっているから，相互関係②を利用して，

$$\sin\theta=\tan\theta\cdot\cos\theta$$

$$=-\sqrt{3}\cdot\frac{1}{2}=-\frac{\sqrt{3}}{2}$$

最後に，$\tan\theta=k$ のときの $\cos\theta$ と $\sin\theta$ を求めていくよ。
$k$ の値が具体的にわからないから，単位円を使わずに上の【別解】のように相互関係を使っていくよ！

$\tan\theta=k$，相互関係③より，

相互関係③
$1+\tan^2\theta=\dfrac{1}{\cos^2\theta}$

$$1+k^2=\frac{1}{\cos^2\theta}$$

$$\cos^2\theta=\frac{1}{1+k^2}$$

$-\dfrac{\pi}{2}<\theta<\dfrac{\pi}{2}$ より $\cos\theta>0$ だから，

$$\cos\theta=\frac{1}{\sqrt{1+k^2}}$$

相互関係②より，$\sin\theta=\tan\theta\cdot\cos\theta$ だから，

> 相互関係②
> $\tan\theta=\dfrac{\sin\theta}{\cos\theta}$

$$\sin\theta=k\cdot\frac{1}{\sqrt{1+k^2}}=\frac{k}{\sqrt{1+k^2}}$$

**答え** エ：⑧，オ：ⓐ

定義からしっかり覚えておく必要があるんですね。

共通テストでは定義から聞かれることが度々あるんだ。

公式を覚えてあてはめて解くだけでは逆に遠回りになるときがあるから，日頃の勉強でも，計算して答えがだせることだけにこだわらずに，定義に立ち返って考える癖をつけておこう！

**POINT**

- 弧度法は単位円の弧の長さを角度としたもの
- 度数法から弧度法への変換は　$x°=\dfrac{x}{180}\pi$
- 弧度法から度数法への変換は　$\pi=180°$ を代入
- 点Pの $x$ 座標は $\cos\theta$
  点Pの $y$ 座標は $\sin\theta$
  直線OPの傾きは $\tan\theta$

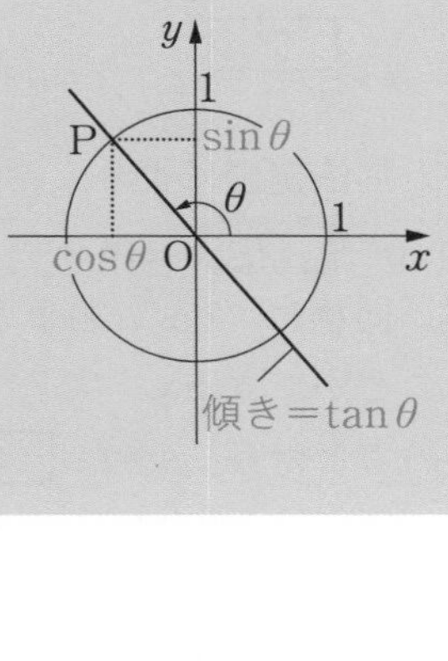

THEME

# 2 加法定理と合成

ここで 覚きめる！

2倍角の公式を加法定理から導いて，使いこなそう。

合成は加法定理の逆であることを理解しよう。

## 1 加法定理

過去問にチャレンジ

座標平面上の原点を中心とする半径1の円周上に3点 P$(\cos\theta,\ \sin\theta)$，Q$(\cos\alpha,\ \sin\alpha)$，R$(\cos\beta,\ \sin\beta)$がある。ただし，$0 \leqq \theta < \alpha < \beta < 2\pi$とする。このとき，$s$と$t$を次のように定める。

$$s = \cos\theta + \cos\alpha + \cos\beta,\quad t = \sin\theta + \sin\alpha + \sin\beta$$

(1) △PQRが正三角形のときの$s$と$t$の値について考察しよう。

考察1

△PQRが正三角形である場合を考える。

この場合，$\alpha$，$\beta$を$\theta$で表すと

$$\alpha = \theta + \frac{\boxed{ア}}{3}\pi,\quad \beta = \theta + \frac{\boxed{イ}}{3}\pi$$

であり，加法定理により

$$\cos\alpha = \boxed{ウ},\quad \sin\alpha = \boxed{エ}$$

である。同様に，$\cos\beta$および$\sin\beta$を，$\sin\theta$と$\cos\theta$を用いて表すことができる。

これらのことから，$s = t = \boxed{オ}$である。

$\boxed{\text{ウ}}$, $\boxed{\text{エ}}$ の解答群（同じものを繰り返し選んでもよい。）

| | |
|---|---|
| ⓪ $\frac{1}{2}\sin\theta+\frac{\sqrt{3}}{2}\cos\theta$ | ① $\frac{\sqrt{3}}{2}\sin\theta+\frac{1}{2}\cos\theta$ |
| ② $\frac{1}{2}\sin\theta-\frac{\sqrt{3}}{2}\cos\theta$ | ③ $\frac{\sqrt{3}}{2}\sin\theta-\frac{1}{2}\cos\theta$ |
| ④ $-\frac{1}{2}\sin\theta+\frac{\sqrt{3}}{2}\cos\theta$ | ⑤ $-\frac{\sqrt{3}}{2}\sin\theta+\frac{1}{2}\cos\theta$ |
| ⑥ $-\frac{1}{2}\sin\theta-\frac{\sqrt{3}}{2}\cos\theta$ | ⑦ $-\frac{\sqrt{3}}{2}\sin\theta-\frac{1}{2}\cos\theta$ |

(2) 次に，$s$と$t$の値を定めたときの$\theta$，$\alpha$，$\beta$の関係について考察しよう。

考察2

$s=t=0$の場合を考える。

この場合，$\sin^2\theta+\cos^2\theta=1$により，$\alpha$と$\beta$について考えると

$$\cos\alpha\cos\beta+\sin\alpha\sin\beta=\frac{\boxed{\text{カキ}}}{\boxed{\text{ク}}}$$

である。

同様に，$\theta$と$\alpha$について考えると

$$\cos\theta\cos\alpha+\sin\theta\sin\alpha=\frac{\boxed{\text{カキ}}}{\boxed{\text{ク}}}$$

であるから，$\theta$，$\alpha$，$\beta$の範囲に注意すると

$$\beta-\alpha=\alpha-\theta=\frac{\boxed{\text{ケ}}}{\boxed{\text{コ}}}\pi$$

という関係が得られる。

（2021年度共通テスト本試験（第2日程）・改）

(1) まずは，P，Q，Rを図示しよう！
sin，cosの定義から，右の図のようになるね。
単位円は△PQRの外接円だ。

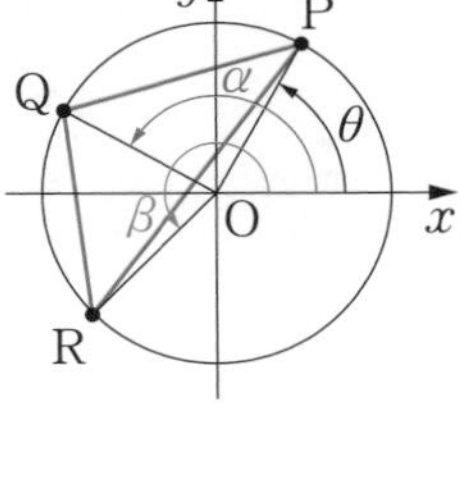

$\triangle$PQRが正三角形のときを考えると，

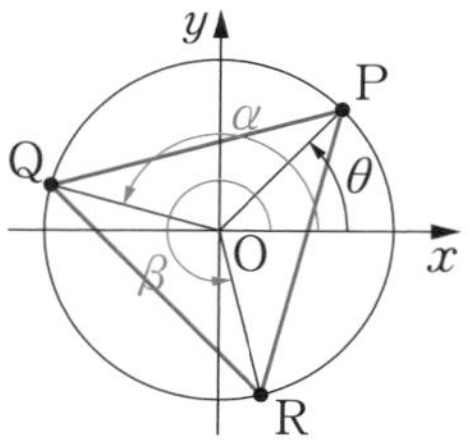


円周角は$\dfrac{\pi}{3}$(60°)だから中心角はその2倍の$\dfrac{2}{3}\pi$になるね。

したがって，$\angle$POQ$=\angle$QOR$=\dfrac{2}{3}\pi$だから，

$$\alpha=\theta+\frac{2}{3}\pi,\quad \beta=\theta+\frac{4}{3}\pi$$

**答え ア：2，イ：4**

さぁ，**加法定理**を復習しておくよ！

**加法定理**

$\sin(\alpha+\beta)=\sin\alpha\cos\beta+\cos\alpha\sin\beta$

$\sin(\alpha-\beta)=\sin\alpha\cos\beta-\cos\alpha\sin\beta$

$\cos(\alpha+\beta)=\cos\alpha\cos\beta-\sin\alpha\sin\beta$

$\cos(\alpha-\beta)=\cos\alpha\cos\beta+\sin\alpha\sin\beta$

これらを使って，$\cos\alpha$，$\sin\alpha$，$\cos\beta$，$\sin\beta$を$\theta$の三角関数で表すと，

$$\begin{aligned}\cos\alpha&=\cos\left(\theta+\frac{2}{3}\pi\right)\\&=\cos\theta\cos\frac{2}{3}\pi-\sin\theta\sin\frac{2}{3}\pi\\&=-\frac{1}{2}\cos\theta-\frac{\sqrt{3}}{2}\sin\theta\end{aligned}$$

$$\begin{aligned}\sin\alpha&=\sin\left(\theta+\frac{2}{3}\pi\right)\\&=\sin\theta\cos\frac{2}{3}\pi+\cos\theta\sin\frac{2}{3}\pi\\&=-\frac{1}{2}\sin\theta+\frac{\sqrt{3}}{2}\cos\theta\end{aligned}$$

**答え ウ：⑦，エ：④**

$$\cos\beta=\cos\left(\theta+\frac{4}{3}\pi\right)$$

$$=\cos\theta\cos\frac{4}{3}\pi-\sin\theta\sin\frac{4}{3}\pi$$

$$=-\frac{1}{2}\cos\theta+\frac{\sqrt{3}}{2}\sin\theta$$

$$\sin\beta=\sin\left(\theta+\frac{4}{3}\pi\right)$$

$$=\sin\theta\cos\frac{4}{3}\pi+\cos\theta\sin\frac{4}{3}\pi$$

$$=-\frac{1}{2}\sin\theta-\frac{\sqrt{3}}{2}\cos\theta$$

これらの結果から，$s$，$t$の値を求めると，

$$s=\cos\theta+\cos\alpha+\cos\beta$$

$$=\cos\theta+\left(-\frac{1}{2}\cos\theta-\frac{\sqrt{3}}{2}\sin\theta\right)+\left(-\frac{1}{2}\cos\theta+\frac{\sqrt{3}}{2}\sin\theta\right)$$

$$=0$$

$$t=\sin\theta+\sin\alpha+\sin\beta$$

$$=\sin\theta+\left(-\frac{1}{2}\sin\theta+\frac{\sqrt{3}}{2}\cos\theta\right)+\left(-\frac{1}{2}\sin\theta-\frac{\sqrt{3}}{2}\cos\theta\right)$$

$$=0$$

**答え オ：0**

(2)　$s=0$より，$\cos\theta+\cos\alpha+\cos\beta=0$

$t=0$より，$\sin\theta+\sin\alpha+\sin\beta=0$

$\sin^2\theta+\cos^2\theta=1$に代入するためにそれぞれ$\cos\theta$，$\sin\theta$について解くと，

$$\cos\theta=-\cos\alpha-\cos\beta,\quad \sin\theta=-\sin\alpha-\sin\beta$$

$\sin^2\theta+\cos^2\theta=1$に代入して，

$$(-\sin\alpha-\sin\beta)^2+(-\cos\alpha-\cos\beta)^2=1$$

$$\sin^2\alpha+2\sin\alpha\sin\beta+\sin^2\beta+\cos^2\alpha+2\cos\alpha\cos\beta+\cos^2\beta=1$$

$$2+2\cos\alpha\cos\beta+2\sin\alpha\sin\beta=1$$

$$2(\cos\alpha\cos\beta+\sin\alpha\sin\beta)=-1$$

$$\cos\alpha\cos\beta+\sin\alpha\sin\beta=-\frac{1}{2}$$

答え　$\frac{\text{カキ}}{\text{ク}}$：$\frac{-1}{2}$

$\theta$と$\alpha$についても$\sin^2\beta+\cos^2\beta=1$を同様に利用すると，

$$\cos\alpha\cos\theta+\sin\alpha\sin\theta=-\frac{1}{2}$$

となるんだ！

ここは問題文にかかれているから
実際に計算する必要はないよ！

$\cos\alpha\cos\beta+\sin\alpha\sin\beta$はcosの加法定理（差）の形だから，

$$\cos(\beta-\alpha)=-\frac{1}{2}$$

$\alpha<\beta$だから
$\beta-\alpha(>0)$の形にしたよ！

$0\leqq\alpha<\beta<2\pi$より，$0<\beta-\alpha<2\pi$だから，

この範囲で単位円の$x$座標が$-\frac{1}{2}$となるのは，

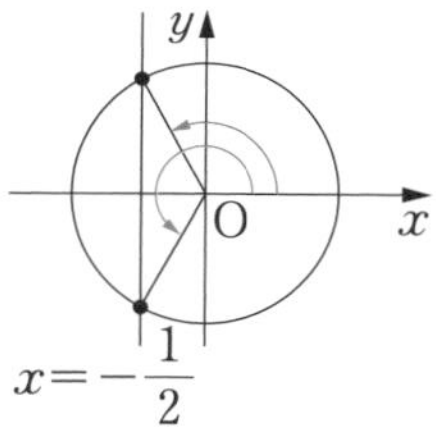


$$\beta-\alpha=\frac{2}{3}\pi,\ \frac{4}{3}\pi$$

$\alpha-\theta$についても同様にすると，

$$\alpha-\theta=\frac{2}{3}\pi,\ \frac{4}{3}\pi$$

これではまだ，答えを絞ることができないね！

$\beta<2\pi$より，右図を参考にすると，

$$\beta=\theta+(\underline{\alpha-\theta})+(\underline{\beta-\alpha})<2\pi$$

だから条件を満たすのは，

$$\beta-\alpha=\alpha-\theta=\frac{2}{3}\pi$$

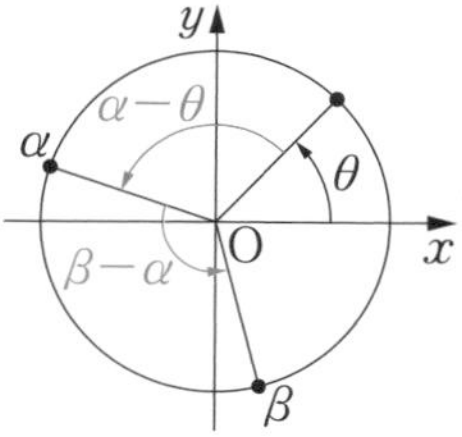


答え　$\frac{\text{ケ}}{\text{コ}}$：$\frac{2}{3}$

$\beta-\alpha$と$\alpha-\theta$のどちらか一方でも$\dfrac{4}{3}\pi$だと
$\beta=\theta+(\alpha-\theta)+(\beta-\alpha)<2\pi$を満たさないね。

## 2　2倍角の公式

**過去問にチャレンジ**

連立方程式
$$\begin{cases}\cos 2\alpha+\cos 2\beta=\dfrac{4}{15} & \cdots\cdots①\\ \cos\alpha\cos\beta=-\dfrac{2\sqrt{15}}{15} & \cdots\cdots②\end{cases}$$
を考える。

ただし，$0\leqq\alpha\leqq\pi$，$0\leqq\beta\leqq\pi$であり，$\alpha<\beta$かつ

$$|\cos\alpha|\geqq|\cos\beta| \quad \cdots\cdots③$$

とする。このとき，$\cos\alpha$と$\cos\beta$の値を求めよう。

2倍角の公式を用いると，①から

$$\cos^2\alpha+\cos^2\beta=\frac{\boxed{\text{アイ}}}{\boxed{\text{ウエ}}}$$

が得られる。また，②から，$\cos^2\alpha\cos^2\beta=\dfrac{\boxed{\text{オ}}}{15}$である。

したがって，条件③を用いると$\cos^2\alpha=\dfrac{\boxed{\text{カ}}}{\boxed{\text{キ}}}$，$\cos^2\beta=\dfrac{\boxed{\text{ク}}}{\boxed{\text{ケ}}}$

である。よって，②と条件$0\leqq\alpha\leqq\pi$，$0\leqq\beta\leqq\pi$，$\alpha<\beta$から

$$\cos\alpha=\frac{\boxed{\text{コ}}\sqrt{\boxed{\text{サ}}}}{\boxed{\text{シ}}},\quad \cos\beta=\frac{\boxed{\text{ス}}\sqrt{\boxed{\text{セ}}}}{\boxed{\text{ソ}}}$$

である。

（2017年度センター本試験）

まずは**2倍角の公式**を確認しておこう！

## 2倍角の公式

- $\cos 2\theta=\cos^2\theta-\sin^2\theta$
  $=2\cos^2\theta-1$ ← cosのみの形
  $=1-2\sin^2\theta$ ← sinのみの形
- $\sin 2\theta=2\sin\theta\cos\theta$

---

**【証明】**

これらは$2\theta=\theta+\theta$と考えることで加法定理から導かれるよ！

$$\cos 2\theta=\cos(\theta+\theta)=\cos\theta\cos\theta-\sin\theta\sin\theta$$
$$=\cos^2\theta-\sin^2\theta$$
$$=2\cos^2\theta-1 \quad \sin^2\theta=1-\cos^2\theta$$
$$=1-2\sin^2\theta \quad \cos^2\theta=1-\sin^2\theta$$
$$\sin 2\theta=\sin(\theta+\theta)=\sin\theta\cos\theta+\cos\theta\sin\theta$$
$$=2\sin\theta\cos\theta$$



$\cos 2\alpha+\cos 2\beta=\dfrac{4}{15}$……①から$\cos^2\alpha+\cos^2\beta$の値を求めるから，

2倍角の公式$\cos 2\theta=2\cos^2\theta-1$を使えばいいね！　①より，

$$\cos 2\alpha+\cos 2\beta=\frac{4}{15}$$
$$2\cos^2\alpha-1+2\cos^2\beta-1=\frac{4}{15}$$
$$2(\cos^2\alpha+\cos^2\beta)=\frac{4}{15}+2$$
$$\cos^2\alpha+\cos^2\beta=\frac{17}{15}$$

**答え** $\dfrac{\text{アイ}}{\text{ウエ}}$：$\dfrac{17}{15}$

次は，$\cos\alpha\cos\beta=-\dfrac{2\sqrt{15}}{15}$から$\cos^2\alpha\cos^2\beta$の値を求めるよ。

両辺2乗して，$\cos^2\alpha\cos^2\beta=\dfrac{4\cdot 15}{15^2}=\dfrac{4}{15}$

**答え** オ：4

$\cos^2\alpha+\cos^2\beta=\dfrac{17}{15}$と$\cos^2\alpha\cos^2\beta=\dfrac{4}{15}$から$\cos^2\alpha$，$\cos^2\beta$の値を求めていくよ。2数の和と積の値からそれらを解にもつ2次方程式を作ることができたことを思い出そう！（解と係数の関係）

**和と積の値から2次方程式を作る**

2数$\alpha$，$\beta$を解とする2次方程式の1つは

$$(x-\alpha)(x-\beta)=0 \quad \text{つまり},\ x^2-\underbrace{(\alpha+\beta)}_{\text{和}}x+\underbrace{\alpha\beta}_{\text{積}}=0$$

$\cos^2\alpha+\cos^2\beta=\dfrac{17}{15}$と$\cos^2\alpha\cos^2\beta=\dfrac{4}{15}$から$\cos^2\alpha$，$\cos^2\beta$は，

$$x^2-\frac{17}{15}x+\frac{4}{15}=0$$

$x^2-(\alpha+\beta)x+\alpha\beta=0$で
$\alpha\to\cos^2\alpha$，$\beta\to\cos^2\beta$
としたよ！

の2解である。したがって，

$$15x^2-17x+4=0$$
$$(5x-4)(3x-1)=0$$
$$x=\frac{4}{5},\ \frac{1}{3}$$

あとは，この2解のうちどちらが$\cos^2\alpha$または$\cos^2\beta$であるのかを求めればいいね！

問題文の仮定の③より，$|\cos\beta|\leqq|\cos\alpha|$だから，両辺を2乗して，

$$\cos^2\beta\leqq\cos^2\alpha$$ ◀ $|X|^2=X^2$

$0\leqq|\cos\beta|\leqq|\cos\alpha|$だから，
両辺2乗しても不等号の向きは変わらないよ。

よって，$\cos^2\alpha=\dfrac{4}{5}$，$\cos^2\beta=\dfrac{1}{3}$

答え　カ/キ：$\dfrac{4}{5}$，ク/ケ：$\dfrac{1}{3}$

したがって，$\cos\alpha=\pm\dfrac{2}{\sqrt{5}}$，$\cos\beta=\pm\dfrac{1}{\sqrt{3}}$となるね！

あとは，①，②，③と$0\leqq\alpha\leqq\pi$，$0\leqq\beta\leqq\pi$，$\alpha<\beta$をすべて満たすように±を決めよう！

$\cos\alpha=\pm\dfrac{2}{\sqrt{5}}$，$\cos\beta=\pm\dfrac{1}{\sqrt{3}}$をそれぞれ単位円に書き込むと，$\alpha<\beta$から$\alpha$は角が一番小さくなる右の$\boldsymbol{\cos\alpha=\dfrac{2}{\sqrt{5}}}$で確定するね！

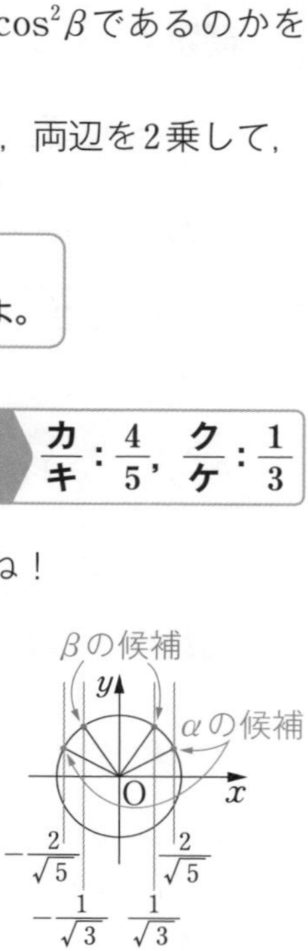

②から $\cos\alpha$ と $\cos\beta$ の積が負，つまり異符号でなければならないから，$\cos\beta=-\dfrac{1}{\sqrt{3}}$ とわかるんだ！　あとは有理化をしてあげれば，

$$\cos\alpha=\frac{2\sqrt{5}}{5},\ \cos\beta=\frac{-\sqrt{3}}{3}$$

**答え**　$\dfrac{\text{コ}\sqrt{\text{サ}}}{\text{シ}}$：$\dfrac{2\sqrt{5}}{5}$，$\dfrac{\text{ス}\sqrt{\text{セ}}}{\text{ソ}}$：$\dfrac{-\sqrt{3}}{3}$



## 3　三角関数の合成

**過去問にチャレンジ**

(1)　次の**問題A**について考えよう。

**問題A**　関数 $y=\sin\theta+\sqrt{3}\cos\theta\left(0\leqq\theta\leqq\dfrac{\pi}{2}\right)$ の最大値を求めよ。

$$\sin\frac{\pi}{\boxed{\text{ア}}}=\frac{\sqrt{3}}{2},\quad \cos\frac{\pi}{\boxed{\text{ア}}}=\frac{1}{2}$$

であるから，三角関数の合成により

$$y=\boxed{\text{イ}}\sin\left(\theta+\frac{\pi}{\boxed{\text{ア}}}\right)$$

と変形できる。

よって，$y$ は $\theta=\dfrac{\pi}{\boxed{\text{ウ}}}$ で最大値 $\boxed{\text{エ}}$ をとる。

(2)　$p$ を定数とし，次の**問題B**について考えよう。

**問題B**　関数 $y=\sin\theta+p\cos\theta\left(0\leqq\theta\leqq\dfrac{\pi}{2}\right)$ の最大値を求めよ。

(i)　$p=0$ のとき，$y$ は $\theta=\dfrac{\pi}{\boxed{\text{オ}}}$ で最大値 $\boxed{\text{カ}}$ をとる。

(ii)　$p>0$ のときは，加法定理

$$\cos(\theta-\alpha)=\cos\theta\cos\alpha+\sin\theta\sin\alpha$$

を用いると

$$y=\sin\theta+p\cos\theta=\sqrt{\boxed{\text{キ}}}\cos(\theta-\alpha)$$

と表すことができる。ただし，$\alpha$ は

$$\sin\alpha=\frac{\boxed{\text{ク}}}{\sqrt{\boxed{\text{キ}}}},\quad \cos\alpha=\frac{\boxed{\text{ケ}}}{\sqrt{\boxed{\text{キ}}}},\quad 0<\alpha<\frac{\pi}{2}$$

を満たすものとする。このとき，$y$ は $\theta=\boxed{\text{コ}}$ で最大値 $\sqrt{\boxed{\text{サ}}}$ をとる。

(iii) $p<0$ のとき，$y$ は $\theta=\boxed{\text{シ}}$ で最大値 $\boxed{\text{ス}}$ をとる。

$\boxed{\text{キ}}$ ～ $\boxed{\text{ケ}}$，$\boxed{\text{サ}}$，$\boxed{\text{ス}}$ の解答群（同じものを繰り返し選んでもよい。）

| | | | |
|---|---|---|---|
| ⓪ $-1$ | ① $1$ | ② $-p$ | ③ $p$ |
| ④ $1-p$ | ⑤ $1+p$ | ⑥ $-p^2$ | ⑦ $p^2$ |
| ⑧ $1-p^2$ | ⑨ $1+p^2$ | ⓐ $(1-p)^2$ | ⓑ $(1+p)^2$ |

$\boxed{\text{コ}}$，$\boxed{\text{シ}}$ の解答群（同じものを繰り返し選んでもよい。）

| | | |
|---|---|---|
| ⓪ $0$ | ① $\alpha$ | ② $\frac{\pi}{2}$ |

（2021年度共通テスト本試験（第1日程））

(1) 三角関数の合成の問題だよ。ここでは，公式に頼らず原理を理解しながら合成をしていこう！

まず，合成の目的は **$a\sin\theta+b\cos\theta$ の形を $r\sin(\theta+\alpha)$ の形に変形する**ことなんだ。大事なことは**合成は加法定理の逆**の操作ということだよ！

$y=\sin\theta+\sqrt{3}\cos\theta$ の右辺を合成していこう！

sinの加法定理は $\sin(\theta+\alpha)=\cos\alpha\sin\theta+\sin\alpha\cos\theta$ だったね。

つまり，**$\sin\theta$ の係数はcosになりたい**もの，**$\cos\theta$ の係数はsinになりたい**ものだね！

$$\underline{1}\cdot\sin\theta+\underline{\sqrt{3}}\cos\theta$$

cosになりたい　sinになりたい

cos と sin はそれぞれ単位円の $x$ 座標，$y$ 座標だから，係数の座標をとった点$(1, \sqrt{3})$を考えるよ。

すると，この点は原点からの距離が
$\sqrt{1^2+(\sqrt{3})^2}=2$ だから，
半径2の円周上にあるということだね！

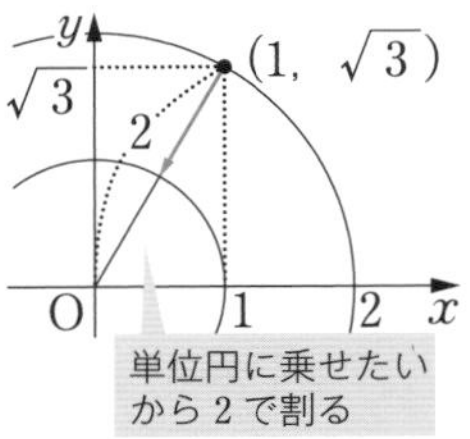


でも，cos と sin は**単位円(半径1の円)上の点**だから，この点を単位円で考えるには**係数を2で割るために全体を2でくくればいい**ね！

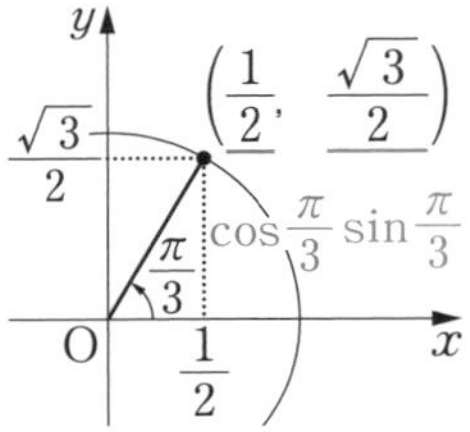


$$1\cdot\sin\theta+\sqrt{3}\cos\theta=2\left(\frac{1}{2}\sin\theta+\frac{\sqrt{3}}{2}\cos\theta\right)$$

すると，(cosになりたい)sinの係数，(sinになりたい)cosの係数の点$\left(\frac{1}{2},\ \frac{\sqrt{3}}{2}\right)$は単位円周上の点になって，前図より $x$ 軸と動径のなす角は $\frac{\pi}{3}$ になるね！　よって，

$$\begin{aligned}1\cdot\sin\theta+\sqrt{3}\cos\theta&=2\left(\frac{1}{2}\sin\theta+\frac{\sqrt{3}}{2}\cos\theta\right)\\&=2\left(\cos\frac{\pi}{3}\sin\theta+\sin\frac{\pi}{3}\cos\theta\right)\\&=2\sin\left(\theta+\frac{\pi}{3}\right)\end{aligned}$$

加法定理の逆だよ

**答え　ア：3，イ：2**

次は，$y=2\sin\left(\theta+\frac{\pi}{3}\right)$ の最大値を求めよう。

三角関数の最大，最小問題では，**角の範囲→三角関数の値の範囲→$y$の値の範囲**の順に考えていくよ！

$0\leqq\theta\leqq\frac{\pi}{2}$ よりすべての辺に $\frac{\pi}{3}$ を加えて，$\frac{\pi}{3}\leqq\theta+\frac{\pi}{3}\leqq\frac{5}{6}\pi$

$\sin\left(\theta+\frac{\pi}{3}\right)$ の範囲は，

$\dfrac{1}{2} \leqq \sin\left(\theta+\dfrac{\pi}{3}\right) \leqq 1$

$1 \leqq y \leqq 2$ ◀ すべての辺を2倍したよ

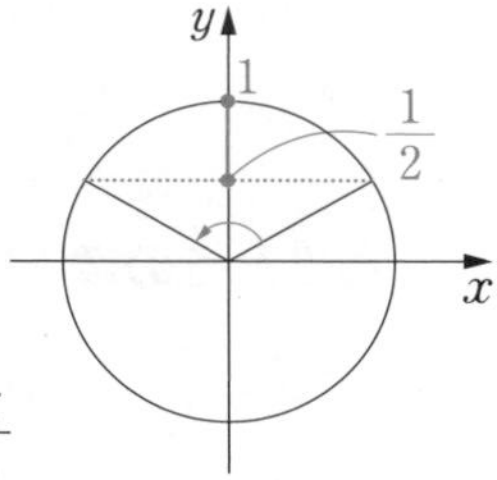


$y=2$となるのは，$\sin\left(\theta+\dfrac{\pi}{3}\right)=1$のとき，

つまり，$\theta+\dfrac{\pi}{3}=\dfrac{\pi}{2}$のときだから，$y$は$\theta=\dfrac{\pi}{6}$

のとき最大値2をとるね。

**答え ウ：6，エ：2**

(2)(i)　$p=0$のときは$y=\sin\theta\left(0\leqq\theta\leqq\dfrac{\pi}{2}\right)$となるから，$\theta=\dfrac{\pi}{2}$のとき

最大値1をとるね！

**答え オ：2，カ：1**

(ii)　次は，cosの合成の問題だね。

sinの合成と同じように処理していくよ。

まず，cosの加法定理は

$\cos(\theta-\alpha)=\cos\alpha\cos\theta+\sin\alpha\sin\theta$ で，

**$\cos\theta$の係数($p$)はcosになりたい，**

**$\sin\theta$の係数(1)はsinになりたい**ので

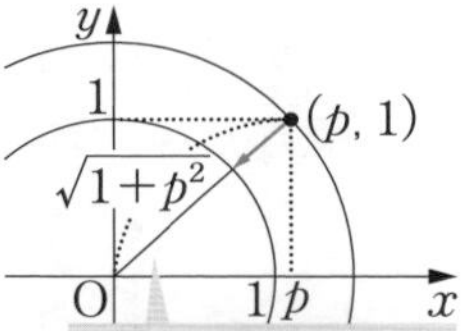


単位円に乗せたいから$\sqrt{1+p^2}$で割る

係数を座標にとった点$(p,\ 1)$で考えよう。$(p,\ 1)$と原点との距離は三平方の定理から$\sqrt{1+p^2}$だから，**半径$\sqrt{1+p^2}$の円周上に乗っている**ことになるね。単位円周上に乗せるために$\sin\theta+p\cos\theta$を**$\sqrt{1+p^2}$でくくって**，係数を**$\sqrt{1+p^2}$で割る**よ！

$$\sqrt{1+p^2}\left(\frac{p}{\sqrt{1+p^2}}\cos\theta+\frac{1}{\sqrt{1+p^2}}\sin\theta\right)$$

これで係数を座標にする点$\left(\dfrac{p}{\sqrt{1+p^2}},\ \dfrac{1}{\sqrt{1+p^2}}\right)$は単位円周上の点だから，右図のように$\alpha$をとれば，

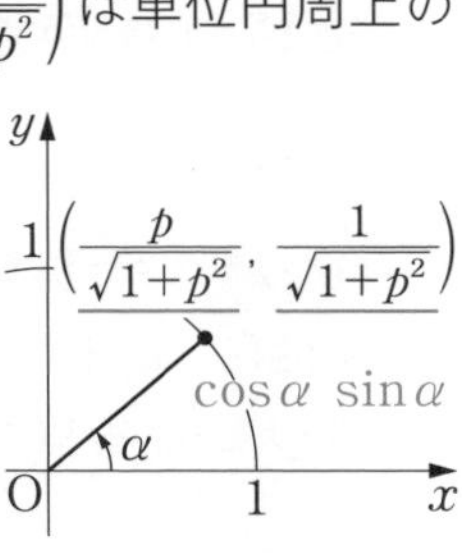


**$\cos\alpha=\dfrac{p}{\sqrt{1+p^2}}$，$\sin\alpha=\dfrac{1}{\sqrt{1+p^2}}$**だから，

$$\begin{aligned} y&=\sin\alpha+p\cos\theta \\ &=\sqrt{1+p^2}(\cos\alpha\cos\theta+\sin\alpha\sin\theta) \\ &=\sqrt{1+p^2}\cos(\theta-\alpha) \end{aligned}$$

**答え キ：⑨，ク：①，ケ：③**

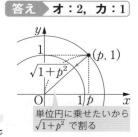

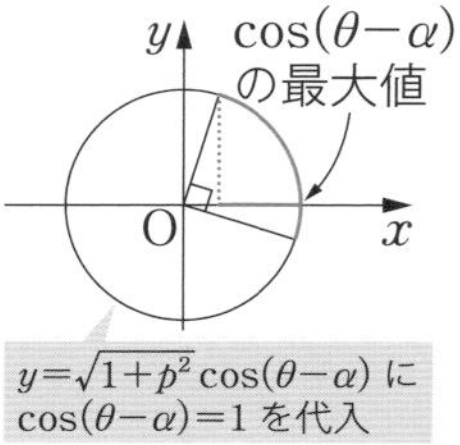


$y=\sqrt{1+p^2}\cos(\theta-\alpha)$の最大値を求めよう。$y$が最大となるのは$\cos(\theta-\alpha)$が最大となるときだから，**$\cos(\theta-\alpha)$の最大となる$\theta$とその値**を求めていくよ。

$0<\alpha<\dfrac{\pi}{2}$，$0\leqq\theta\leqq\dfrac{\pi}{2}$よりすべての辺から$\alpha$を引いて，

$$-\alpha\leqq\theta-\alpha\leqq\frac{\pi}{2}-\alpha$$

よって，$\theta-\alpha=0$のとき，$\cos(\theta-\alpha)$は最大値1をとるね！
したがって，$\theta=\alpha$のとき，$y$は最大値$\sqrt{1+p^2}$をとるんだ。

**答え コ：①，サ：⑨**

(iii) $p<0$のとき，(ii)と同様に係数を座標にした点をとって，原点からの距離でくくると，

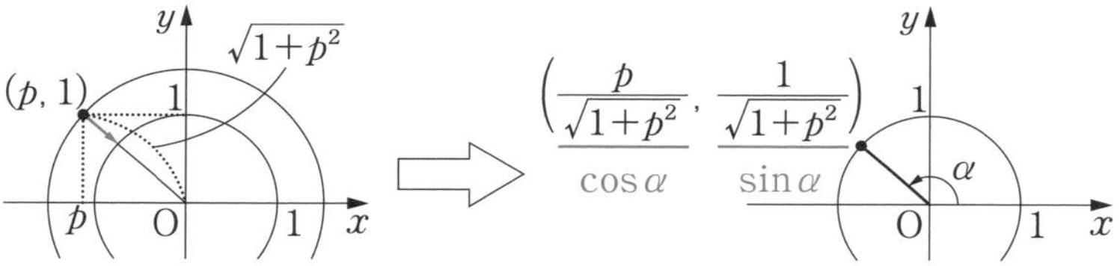


$\cos\alpha=\dfrac{p}{\sqrt{1+p^2}}$，$\sin\alpha=\dfrac{1}{\sqrt{1+p^2}}$となる$\alpha$を使って，

$$y=\sin\theta+p\cos\theta=\sqrt{1+p^2}\cos(\theta-\alpha)$$

となるね。このとき，(ii)と違うのは上の図より，$\alpha$は$\dfrac{\pi}{2}<\alpha<\pi$の範囲にあるということだよ！

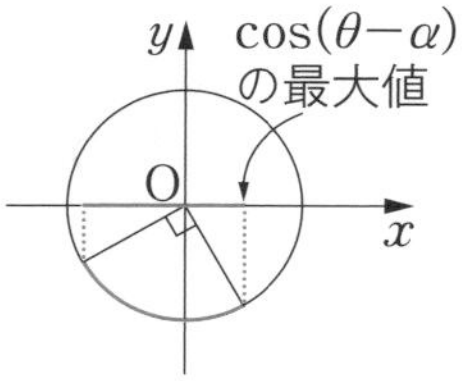


この$\alpha$の範囲で，$y=\sqrt{1+p^2}\cos(\theta-\alpha)$の最大値を考えると，$-\alpha\leqq\theta-\alpha\leqq\dfrac{\pi}{2}-\alpha$より$\theta$の範囲は右の図のようになるから，$\cos(\theta-\alpha)$は$\theta-\alpha$が最も大きくなるとき最大になるね！

$\theta-\alpha=\dfrac{\pi}{2}-\alpha$だから，$\theta=\dfrac{\pi}{2}$のとき，$y$は最大値1をとるんだ！

**答え** シ：②，ス：①

$y=\sin\theta+p\cos\theta$に$\theta=\dfrac{\pi}{2}$を代入する方が楽だね！

加法定理から2倍角の公式や合成などを導いたり変形をしたりすることができました！

特に，合成はやり方だけでなんとなく変形をしていると，いざcosに合成するときに困るから，原理も合わせて確認しておこう！

**POINT**

- **加法定理**

$$\sin(\alpha+\beta)=\sin\alpha\cos\beta+\cos\alpha\sin\beta$$
$$\sin(\alpha-\beta)=\sin\alpha\cos\beta-\cos\alpha\sin\beta$$
$$\cos(\alpha+\beta)=\cos\alpha\cos\beta-\sin\alpha\sin\beta$$
$$\cos(\alpha-\beta)=\cos\alpha\cos\beta+\sin\alpha\sin\beta$$

- **2倍角の公式**（$2\theta=\theta+\theta$として加法定理で証明できる。）

$$\cos2\theta=\cos^2\theta-\sin^2\theta$$
$$=2\cos^2\theta-1=1-2\sin^2\theta$$
$$\sin2\theta=2\sin\theta\cos\theta$$

- 2数$\alpha$，$\beta$を解とする2次方程式の1つは

$$(x-\alpha)(x-\beta)=0$$
$$x^2-(\alpha+\beta)x+\alpha\beta=0$$

- 三角関数の合成は加法定理の逆の操作

THEME 3

# 方程式と不等式

ここで きめる!

- 三角関数を含む方程式や不等式をマスターしよう。
- 方程式や不等式の形によって変形できるようになろう。

## 1 三角関数を含む方程式

### 過去問にチャレンジ

$\dfrac{\pi}{2} \leqq \theta \leqq \pi$ の範囲で　$2\sin\left(\theta+\dfrac{\pi}{5}\right)-2\cos\left(\theta+\dfrac{\pi}{30}\right)=1$……①を満たす $\theta$ の値を求めよう。

$x=\theta+\dfrac{\pi}{5}$ とおくと，①は $2\sin x-2\cos\left(x-\dfrac{\pi}{\boxed{\text{ア}}}\right)=1$ と表せる。

加法定理を用いると，この式は $\sin x-\sqrt{\boxed{\text{イ}}}\cos x=1$ となる。

さらに，三角関数の合成を用いると $\sin\left(x-\dfrac{\pi}{\boxed{\text{ウ}}}\right)=\dfrac{1}{\boxed{\text{エ}}}$

と変形できる。

$x=\theta+\dfrac{\pi}{5}$，$\dfrac{\pi}{2} \leqq \theta \leqq \pi$ だから，$\theta=\dfrac{\boxed{\text{オカ}}}{\boxed{\text{キク}}}\pi$ である。

（2018年度センター本試験）

$x=\theta+\dfrac{\pi}{5}$ のとき，$2\sin\left(\theta+\dfrac{\pi}{5}\right)-2\cos\left(\theta+\dfrac{\pi}{30}\right)$ を $x$ を用いて表していくよ！

$\sin\left(\theta+\dfrac{\pi}{5}\right)=\sin x$ になるから $\cos\left(\theta+\dfrac{\pi}{30}\right)$ の方を $x$ で表せればいいね。

$x=\theta+\dfrac{\pi}{5}$より，$\theta=x-\dfrac{\pi}{5}$だから，$\theta+\dfrac{\pi}{30}=x-\dfrac{\pi}{5}+\dfrac{\pi}{30}=x-\dfrac{\pi}{6}$

したがって，

$$2\sin\left(\theta+\frac{\pi}{5}\right)-2\cos\left(\theta+\frac{\pi}{30}\right)=2\sin x-2\cos\left(x-\frac{\pi}{6}\right)$$

答え　ア：6

加法定理を用いると，

$$\begin{aligned}2\sin x-2\cos\left(x-\frac{\pi}{6}\right)&=2\sin x-2\left(\cos x\cos\frac{\pi}{6}+\sin x\sin\frac{\pi}{6}\right)\\&=2\sin x-2\left(\frac{\sqrt{3}}{2}\cos x+\frac{1}{2}\sin x\right)\\&=\sin x-\sqrt{3}\cos x\end{aligned}$$

答え　$\sqrt{イ}$：$\sqrt{3}$

$\sin x-\sqrt{3}\cos x$を$\sin$に合成すると，

$$\sin x-\sqrt{3}\cos x=2\sin\left(x-\frac{\pi}{3}\right)$$

$$\begin{aligned}&=2\left(\frac{1}{2}\sin x-\frac{\sqrt{3}}{2}\cos x\right)\\&=2\left\{\cos\left(-\frac{\pi}{3}\right)\sin x+\sin\left(-\frac{\pi}{3}\right)\cos x\right\}\\&=2\sin\left(x-\frac{\pi}{3}\right)\end{aligned}$$

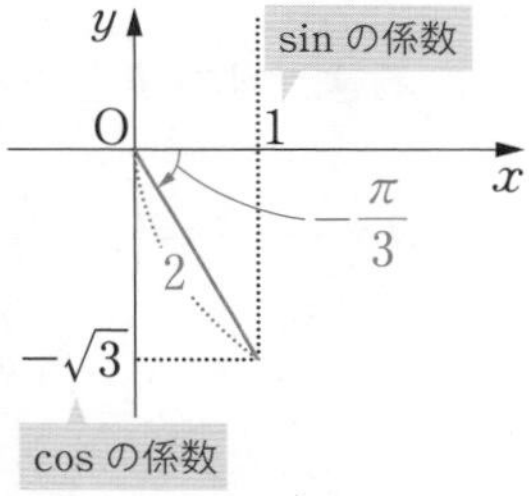


よって方程式は，

$$2\sin\left(x-\frac{\pi}{3}\right)=1$$

$$\sin\left(x-\frac{\pi}{3}\right)=\frac{1}{2}$$

答え　ウ：3，エ：2

さぁ！　今回のテーマである，方程式を解いていくよ！　三角関数の方程式は**角の範囲が超大切**だということを意識しておこう！

$t=x-\dfrac{\pi}{3}$とおくと，$\sin t=\dfrac{1}{2}$となって，簡単な方程式の形になるね。

ここで，$t$の範囲を求めるために，まず$x$の範囲を求めよう。

$x$は何だったかというと，$x=\theta+\dfrac{\pi}{5}$だったね。

$\dfrac{\pi}{2}\leqq\theta\leqq\pi$より，$\dfrac{\pi}{2}+\dfrac{\pi}{5}\leqq\theta+\dfrac{\pi}{5}\leqq\pi+\dfrac{\pi}{5}$　各辺を$+\dfrac{\pi}{5}$

したがって，$\dfrac{7}{10}\pi\leqq x\leqq\dfrac{6}{5}\pi$

$t=x-\dfrac{\pi}{3}$だから，$\dfrac{7}{10}\pi-\dfrac{\pi}{3}\leqq x-\dfrac{\pi}{3}\leqq\dfrac{6}{5}\pi-\dfrac{\pi}{3}$　各辺を$-\dfrac{\pi}{3}$

よって，$\dfrac{11}{30}\pi\leqq t\leqq\dfrac{13}{15}\pi$

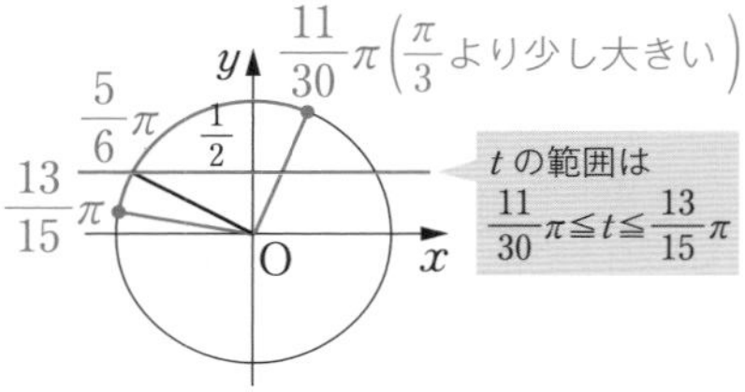


この範囲のもとで，$\sin t=\dfrac{1}{2}$

を考えると，

$$t=\frac{5}{6}\pi$$

になるよ。$\theta$の値を求めたいから，$t=x-\dfrac{\pi}{3}$，$x=\theta+\dfrac{\pi}{5}$より，

$$\theta=x-\frac{\pi}{5}=\left(t+\frac{\pi}{3}\right)-\frac{\pi}{5}=\frac{5}{6}\pi+\frac{\pi}{3}-\frac{\pi}{5}=\frac{25+10-6}{30}\pi=\frac{29}{30}\pi$$

**答え**　**オカ／キク**：$\dfrac{29}{30}$

この問題は丁寧な誘導がついていたけど，三角関数の方程式・不等式を解くうえで意識してほしいことは，次の2つだ！

① **sinかcosに統一する**または**角を統一して一か所にまとめる**

② 角は**範囲が超大切**

今回は，加法定理によって角を統一して，合成によって角を一か所にまとめたんだ！

$$2\sin x-2\cos\left(x-\frac{\pi}{6}\right)=\sin x-\sqrt{3}\cos x$$

角を統一した

$$=2\sin\left(x-\frac{\pi}{3}\right)$$

角を一か所にまとめた

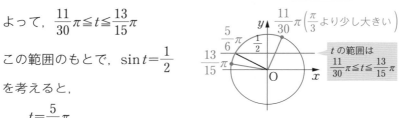

## 2　2倍角（半角）の公式と方程式

### 過去問にチャレンジ

$0 \leqq \alpha \leqq \dfrac{\pi}{2}$，$0 \leqq \beta \leqq \dfrac{\pi}{2}$ および関係式
$2\cos^2(\beta-\alpha)=3\sin(\beta-\alpha)$……① を満たす $\alpha$，$\beta$ に対して，
$y=4\sin^2\beta-4\cos^2\alpha$ とおく。

(1)　$t=\sin(\beta-\alpha)$ とおくと，①から $t=\dfrac{\boxed{\text{ア}}}{\boxed{\text{イ}}}$ であることがわかる。

$0 \leqq \alpha \leqq \dfrac{\pi}{2}$，$0 \leqq \beta \leqq \dfrac{\pi}{2}$ であるから，$\beta-\alpha=\dfrac{\pi}{\boxed{\text{ウ}}}$ である。

(2)　(1)により $\beta=\alpha+\dfrac{\pi}{\boxed{\text{ウ}}}$ であるから，加法定理を用いて，

$y$ を $\alpha$ で表すと

$$y=\boxed{\text{エ}}-\boxed{\text{オ}}\cos^2\alpha+\boxed{\text{カ}}\sqrt{\boxed{\text{キ}}}\sin\alpha\cos\alpha \quad \cdots\cdots②$$

となる。

このことから，$y=\boxed{\text{エ}}$ となるのは，$\alpha=\dfrac{\pi}{\boxed{\text{ク}}}$，

$\beta=\dfrac{\pi}{\boxed{\text{ケ}}}$ のときである。

(3)　2倍角の公式を用いると，
②は $y=\sqrt{\boxed{\text{コ}}}\sin 2\alpha-\boxed{\text{サ}}\cos 2\alpha$ となる。
さらに，三角関数の合成を用いると

$y=\boxed{\text{シ}}\sqrt{\boxed{\text{ス}}}\sin\left(2\alpha-\dfrac{\pi}{\boxed{\text{セ}}}\right)$ と変形できる。

このことから，$y=-\sqrt{3}$ となるのは，$\alpha=\dfrac{\pi}{\boxed{\text{ソタ}}}$，$\beta=\dfrac{\pi}{\boxed{\text{チ}}}$

のときである。

(2017年度センター追試験)

(1)　まず $2\cos^2(\beta-\alpha)=3\sin(\beta-\alpha)$ ……①を，

**$\cos^2\theta=1-\sin^2\theta$** を利用して**sinに統一**していくよ！　①は，

$$2\{1-\sin^2(\beta-\alpha)\}=3\sin(\beta-\alpha)$$

となるから，$t=\sin(\beta-\alpha)$ とおくと，

$$2(1-t^2)=3t$$

$$2t^2+3t-2=0$$

$$(2t-1)(t+2)=0$$

$$t=\frac{1}{2},\quad -2$$

ここで，$-1\leqq\sin(\beta-\alpha)\leqq1$ より，$-1\leqq t\leqq1$ だから，

$$t=\frac{1}{2}$$

**答え** $\dfrac{\text{ア}}{\text{イ}}$ : $\dfrac{1}{2}$

したがって，$\sin(\beta-\alpha)=\dfrac{1}{2}$

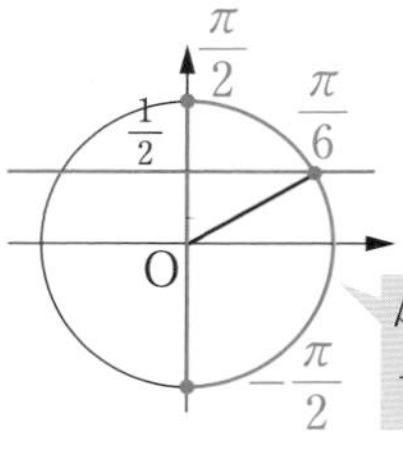


$\beta-\alpha$ の範囲は
$-\dfrac{\pi}{2}\leqq\beta-\alpha\leqq\dfrac{\pi}{2}$

**角の範囲**に注目すると，

$0\leqq\alpha\leqq\dfrac{\pi}{2}$，$0\leqq\beta\leqq\dfrac{\pi}{2}$ だから，

$$-\frac{\pi}{2}\leqq\beta-\alpha\leqq\frac{\pi}{2}$$

$0\leqq\beta\leqq\dfrac{\pi}{2}$，$-\dfrac{\pi}{2}\leqq-\alpha\leqq0$
の辺々を加えたよ！

よって，$\beta-\alpha=\dfrac{\pi}{6}$

**答え** ウ：6

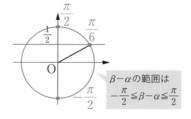

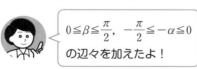

(2) (1)より $\beta=\alpha+\dfrac{\pi}{6}$ だから $y=4\sin^2\beta-4\cos^2\alpha$ に代入すると，

$$y=4\sin^2\left(\alpha+\frac{\pi}{6}\right)-4\cos^2\alpha$$
$$=4\left(\sin\alpha\cos\frac{\pi}{6}+\cos\alpha\sin\frac{\pi}{6}\right)^2-4\cos^2\alpha$$
$$=4\left(\frac{\sqrt{3}}{2}\sin\alpha+\frac{1}{2}\cos\alpha\right)^2-4\cos^2\alpha$$
$$=4\left(\frac{3}{4}\sin^2\alpha+\frac{\sqrt{3}}{2}\sin\alpha\cos\alpha+\frac{1}{4}\cos^2\alpha\right)-4\cos^2\alpha$$
$$=3\sin^2\alpha-3\cos^2\alpha+2\sqrt{3}\sin\alpha\cos\alpha$$

②では，$\sin^2\alpha$ が消去されているから，$\sin^2\alpha=1-\cos^2\alpha$ を使って，

$$y=3(1-\cos^2\alpha)-3\cos^2\alpha+2\sqrt{3}\sin\alpha\cos\alpha$$
$$=3-6\cos^2\alpha+2\sqrt{3}\sin\alpha\cos\alpha$$

**答え** エ：3，オ：6，カ$\sqrt{\text{キ}}$：$2\sqrt{3}$

$y=3($ エ $)$ となるのは，

$$3-6\cos^2\alpha+2\sqrt{3}\sin\alpha\cos\alpha=3$$
$$2\sqrt{3}\sin\alpha\cos\alpha-6\cos^2\alpha=0$$
$$\cos\alpha(\sqrt{3}\sin\alpha-3\cos\alpha)=0$$

$\cos\alpha=0$ または，$\sqrt{3}\sin\alpha-3\cos\alpha=0$

$0\leqq\beta\leqq\dfrac{\pi}{2}$，$\beta=\alpha+\dfrac{\pi}{6}$ より，

$$0\leqq\alpha+\frac{\pi}{6}\leqq\frac{\pi}{2}$$
$$-\frac{\pi}{6}\leqq\alpha\leqq\frac{\pi}{3}$$

$0\leqq\alpha\leqq\dfrac{\pi}{2}$ とあわせると，

$$0\leqq\alpha\leqq\frac{\pi}{3}\cdots\cdots☆$$

$\cos\alpha>0$ だから，$\sqrt{3}\sin\alpha-3\cos\alpha=0$ を考えればいいね！

$\sqrt{3}\sin\alpha-3\cos\alpha$ を合成すると，

$$2\sqrt{3}\sin\left(\alpha-\frac{\pi}{3}\right)=0$$

$$\sin\left(\alpha-\frac{\pi}{3}\right)=0$$

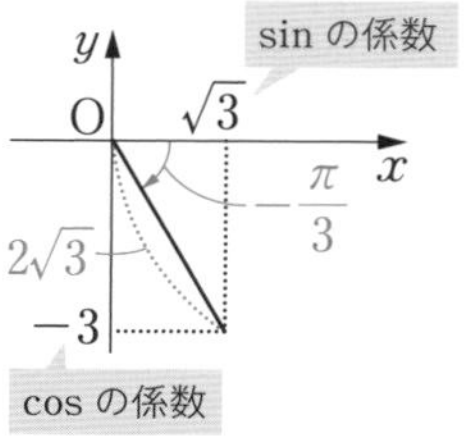


$0\leqq\alpha\leqq\frac{\pi}{3}$ より，$-\frac{\pi}{3}\leqq\alpha-\frac{\pi}{3}\leqq0$ だから，

$$\alpha-\frac{\pi}{3}=0$$

$$\alpha=\frac{\pi}{3}$$

$$\beta=\alpha+\frac{\pi}{6}=\frac{\pi}{3}+\frac{\pi}{6}=\frac{\pi}{2}$$

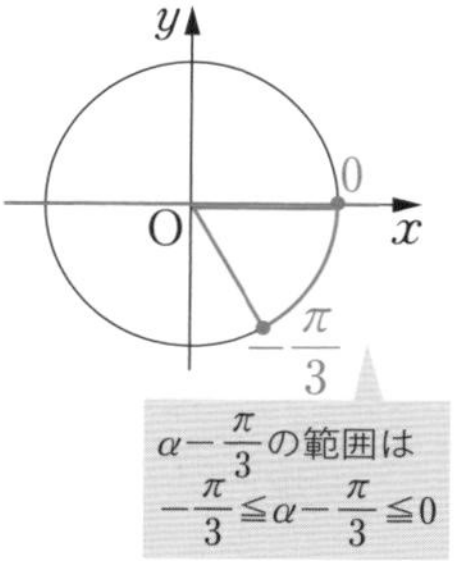


**答え　ク：3，ケ：2**

(3)　$y=3-6\cos^2\alpha+2\sqrt{3}\sin\alpha\cos\alpha$……②　は $\sin\alpha$，$\cos\alpha$ について見たときに2次式だね！

**$\sin\alpha$，$\cos\alpha$ の2次式のみのときは，2倍角（半角）の公式を使って次数を下げる**ことで，合成公式を使うことが多いんだ。

**2倍角（半角）の公式**

| 2倍角 | | 半角 |
| --- | --- | --- |
| $\sin2\alpha=2\sin\alpha\cos\alpha$ | | $\sin\alpha\cos\alpha=\frac{1}{2}\sin2\alpha$<br>（$\sin\alpha\cos\alpha$ について解いた） |
| $\cos2\alpha=2\cos^2\alpha-1$ | ⇨ | $\cos^2\alpha=\frac{1+\cos2\alpha}{2}$<br>（$\cos^2\alpha$ について解いた） |
| $\cos2\alpha=1-2\sin^2\alpha$ | | $\sin^2\alpha=\frac{1-\cos2\alpha}{2}$<br>（$\sin^2\alpha$ について解いた） |

これらの公式は教科書などでは「**半角の公式**」と言われているんだけど，この公式の本質は**角度を2倍して次数を下げる**ということなんだ！

この公式を使って②を書き直すと，

$$y=3-6\cdot\frac{1+\cos 2\alpha}{2}+2\sqrt{3}\cdot\frac{1}{2}\sin 2\alpha$$
$$=3-3-3\cos 2\alpha+\sqrt{3}\sin 2\alpha$$
$$=\sqrt{3}\sin 2\alpha-3\cos 2\alpha$$

**答え** $\sqrt{\text{コ}}$：$\sqrt{3}$，サ：3

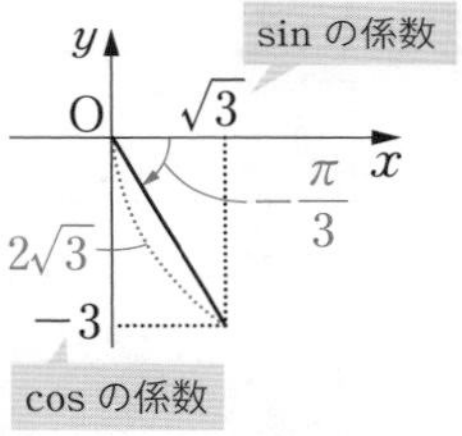


左辺を合成すると，

$$y=2\sqrt{3}\sin\left(2\alpha-\frac{\pi}{3}\right)$$

**答え** シ$\sqrt{\text{ス}}$：$2\sqrt{3}$，セ：3

$y=-\sqrt{3}$ とすると，

$$2\sqrt{3}\sin\left(2\alpha-\frac{\pi}{3}\right)=-\sqrt{3}$$

$$\sin\left(2\alpha-\frac{\pi}{3}\right)=-\frac{1}{2}$$

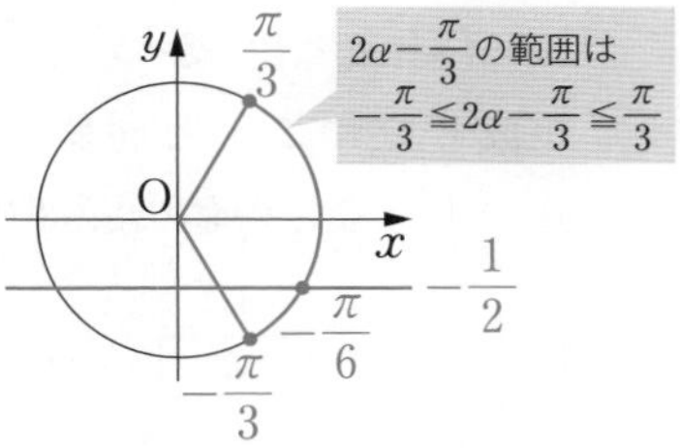


ここで，☆より $0\leqq\alpha\leqq\frac{\pi}{3}$ だから，

$$0\leqq 2\alpha\leqq\frac{2}{3}\pi$$

$$-\frac{\pi}{3}\leqq 2\alpha-\frac{\pi}{3}\leqq\frac{\pi}{3}$$

よって，$2\alpha-\frac{\pi}{3}=-\frac{\pi}{6}$

$$\alpha=\frac{\pi}{12}$$

$\beta=\alpha+\frac{\pi}{6}$ より，$\beta=\frac{\pi}{4}$

**答え** ソタ：12，チ：4

## 3 三角関数を含む不等式

### 過去問にチャレンジ

(1) $x=\dfrac{\pi}{6}$ のとき $\sin x \boxed{\text{ア}} \sin 2x$ であり，$x=\dfrac{2}{3}\pi$ のとき $\sin x \boxed{\text{イ}} \sin 2x$ である。

$\boxed{\text{ア}}$，$\boxed{\text{イ}}$ の解答群（同じものを繰り返し選んでもよい。）

| | | |
|---|---|---|
| ⓪ $<$ | ① $=$ | ② $>$ |

(2) $\sin x$ と $\sin 2x$ の値の大小関係を詳しく調べよう。

$$\sin 2x-\sin x=\sin x(\boxed{\text{ウ}}\cos x-\boxed{\text{エ}})$$

であるから，$\sin 2x-\sin x>0$ が成り立つことは

「$\sin x>0$　かつ　$\boxed{\text{ウ}}\cos x-\boxed{\text{エ}}>0$」……①

または

「$\sin x<0$　かつ　$\boxed{\text{ウ}}\cos x-\boxed{\text{エ}}<0$」……②

が成り立つことと同値である。$0\leqq x\leqq 2\pi$ のとき，①が成り立つような $x$ の値の範囲は

$$0<x<\frac{\pi}{\boxed{\text{オ}}}$$

であり，②が成り立つような $x$ の値の範囲は

$$\pi<x<\frac{\boxed{\text{カ}}}{\boxed{\text{キ}}}\pi$$

である。よって，$0\leqq x\leqq 2\pi$ のとき，$\sin 2x>\sin x$ が成り立つような $x$ の値の範囲は

$$0<x<\frac{\pi}{\boxed{\text{オ}}},\quad \pi<x<\frac{\boxed{\text{カ}}}{\boxed{\text{キ}}}\pi$$

である。

(3) $\sin 3x$ と $\sin 4x$ の値の大小関係を調べよう。

三角関数の加法定理を用いると，等式

$$\sin(\alpha+\beta)-\sin(\alpha-\beta)=2\cos\alpha\sin\beta \quad \cdots\cdots③$$

が得られる。$\alpha+\beta=4x$，$\alpha-\beta=3x$ を満たす $\alpha$，$\beta$ に対して③を用いることにより，$\sin 4x-\sin 3x>0$ が成り立つことは

「$\cos\boxed{\text{ク}}>0$　かつ　$\sin\boxed{\text{ケ}}>0$」……④

または

「$\cos\boxed{\text{ク}}<0$　かつ　$\sin\boxed{\text{ケ}}<0$」……⑤

が成り立つことと同値であることがわかる。

$0\leqq x\leqq\pi$ のとき，④，⑤により，$\sin 4x>\sin 3x$ が成り立つような $x$ の値の範囲は

$$0<x<\frac{\pi}{\boxed{\text{コ}}},\quad \frac{\boxed{\text{サ}}}{\boxed{\text{シ}}}\pi<x<\frac{\boxed{\text{ス}}}{\boxed{\text{セ}}}\pi$$

である。

$\boxed{\text{ク}}$，$\boxed{\text{ケ}}$ の解答群（同じものを繰り返し選んでもよい。）

| | | | | |
|---|---|---|---|---|
| ⓪ $0$ | ① $x$ | ② $2x$ | ③ $3x$ | ④ $4x$ |
| ⑤ $5x$ | ⑥ $6x$ | ⑦ $\frac{x}{2}$ | ⑧ $\frac{3}{2}x$ | ⑨ $\frac{5}{2}x$ |
| ⓐ $\frac{7}{2}x$ | ⓑ $\frac{9}{2}x$ | | | |

（2023年度共通テスト本試験）

(1)　$x=\frac{\pi}{6}$ のとき，$\sin x=\sin\frac{\pi}{6}=\frac{1}{2}$

$$\sin 2x=\sin\frac{\pi}{3}=\frac{\sqrt{3}}{2}$$

よって，$\sin x<\sin 2x$ だね！

答え　ア：⓪

$x=\frac{2}{3}\pi$ のとき，$\sin x=\sin\frac{2}{3}\pi=\frac{\sqrt{3}}{2}$

$$\sin 2x=\sin\frac{4}{3}\pi=-\frac{\sqrt{3}}{2}$$

よって，$\sin x > \sin 2x$ だね！

答え イ：②

(2)　$\sin x$ と $\sin 2x$ の値の大小関係を調べるために $\sin 2x - \sin x$ を考えるよ！

$\sin 2x - \sin x > 0 \iff \sin 2x > \sin x$
$\sin 2x - \sin x < 0 \iff \sin 2x < \sin x$ だね

2倍角の公式を使うと，　$\sin 2x = 2\sin x\cos x$

$$\sin 2x - \sin x = 2\sin x\cos x - \sin x = \sin x(2\cos x - 1)$$

答え ウ：2，エ：1

$\sin 2x - \sin x > 0$ ということは，$\sin x(2\cos x - 1) > 0$ だね！
$\sin x$ と $2\cos x - 1$ をかけて正ということは**正×正**または**負×負**ということだから，**「$\sin x > 0$ かつ $2\cos x - 1 > 0$」または「$\sin x < 0$ かつ $2\cos x - 1 < 0$」が成り立つ**ことと同値だね！
ここで，$\sin x > 0$　かつ　$2\cos x - 1 > 0$ が成り立つ $x$ を考えよう！
(不等式を解こう！)

①は $\sin x > 0$　かつ　$\cos x > \frac{1}{2}$ だから

$0 \leqq x \leqq 2\pi$ の範囲で，

単位円周上で $y$ 座標が0より大きく，
$\sin x > 0$

$x$ 座標が $\frac{1}{2}$ より大きい範囲が解だね！
$\cos x > \frac{1}{2}$

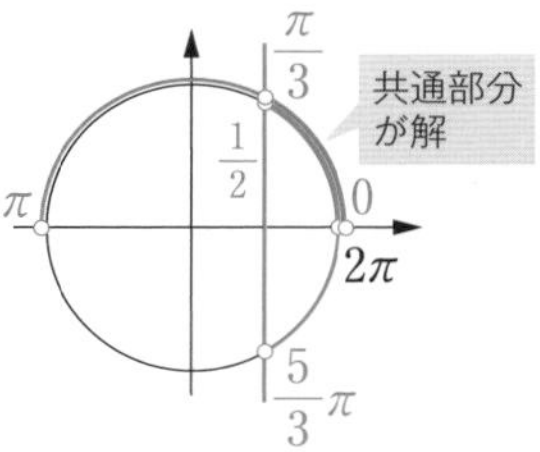


したがって，右図より，$0 < x < \frac{\pi}{3}$ だね！

答え オ：3

$\sin x < 0$　かつ　$2\cos x - 1 < 0$　が成り立つ範囲を考えると，

$\sin x < 0$　かつ　$\cos x < \frac{1}{2}$ だから $0 \leqq x \leqq 2\pi$ の範囲で，

単位円周上で$y$座標が0より小さく，
$\sin x<0$

$x$座標が$\dfrac{1}{2}$より小さい範囲が解だね！
$\cos x<\dfrac{1}{2}$

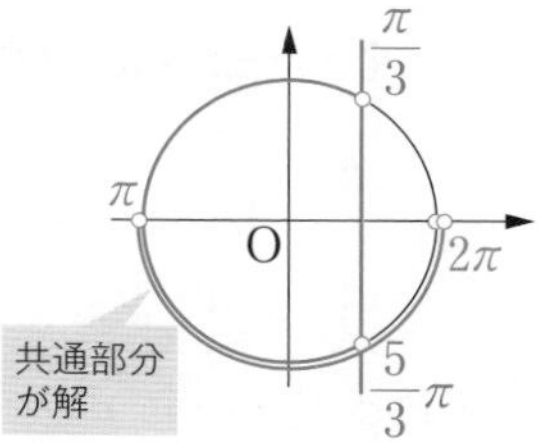


したがって，右図より，$\pi<x<\dfrac{5}{3}\pi$だ。

答え カキ：$\dfrac{5}{3}$

よって，$0\leqq x\leqq 2x$で$\sin 2x>\sin x$が成り立つような$x$の値の範囲は，

$$0<x<\frac{\pi}{3},\ \ \pi<x<\frac{5}{3}\pi$$

(3)　$\sin 3x$と$\sin 4x$の値の大小関係を調べよう！

$$\sin(\alpha+\beta)-\sin(\alpha-\beta)=2\cos\alpha\sin\beta$$

について，$\alpha+\beta=4x$，$\alpha-\beta=3x$を$\alpha$と$\beta$の連立方程式をみると，

$$\begin{cases}\alpha+\beta=4x\\ \alpha-\beta=3x\end{cases}$$

これを解くと，$\begin{cases}\alpha=\dfrac{7}{2}x\\ \beta=\dfrac{x}{2}\end{cases}$　だから，

$$\sin 4x-\sin 3x=2\cos\frac{7}{2}x\sin\frac{x}{2}$$

よって，$\sin 4x-\sin 3x>0$

$$2\cos\frac{7}{2}x\sin\frac{x}{2}>0$$

(2)と同じように$\cos\dfrac{7}{2}x$**と**$\sin\dfrac{x}{2}$**の積が正**だから，

$\sin 4x-\sin 3x>0$は，

$$\cos\frac{7}{2}x>0 \quad かつ \quad \sin\frac{x}{2}>0 \qquad \cdots\cdots ④$$

または，

$$\cos\frac{7}{2}x<0 \quad かつ \quad \sin<\frac{x}{2}<0 \qquad \cdots\cdots ⑤$$

と同値だね！

**答え** **ク：ⓐ，ケ：⑦**

まずは④について考えていこう！

$0\leqq x\leqq\pi$ より，$0\leqq\frac{7}{2}x\leqq\frac{7}{2}\pi$

この範囲で $\cos\frac{7}{2}x>0$ となるのは，

$$0\leqq\frac{7}{2}x<\frac{\pi}{2} \text{ または } \frac{3}{2}\pi<\frac{7}{2}x<\frac{5}{2}\pi$$

したがって，

$$0\leqq x<\frac{\pi}{7} \text{ または } \frac{3}{7}\pi<x<\frac{5}{7}\pi \qquad \cdots\cdots(ア)$$

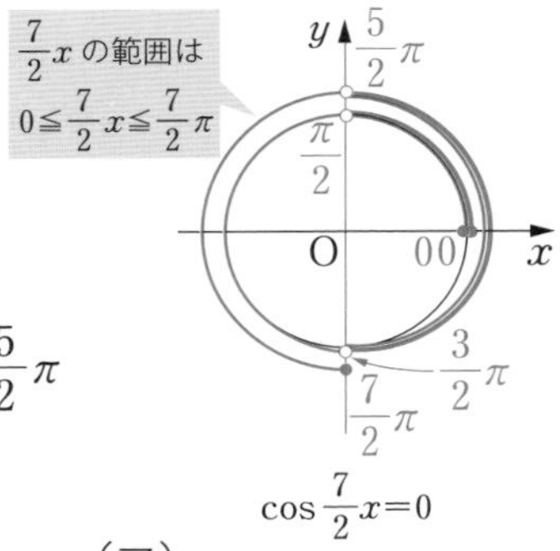


次に，$\sin\frac{x}{2}>0$ について，

$$0\leqq x\leqq\pi \text{ より，} 0\leqq\frac{x}{2}\leqq\frac{\pi}{2}$$

この範囲で $\sin\frac{x}{2}>0$ となるのは，

$$0<\frac{x}{2}<\frac{\pi}{2}$$

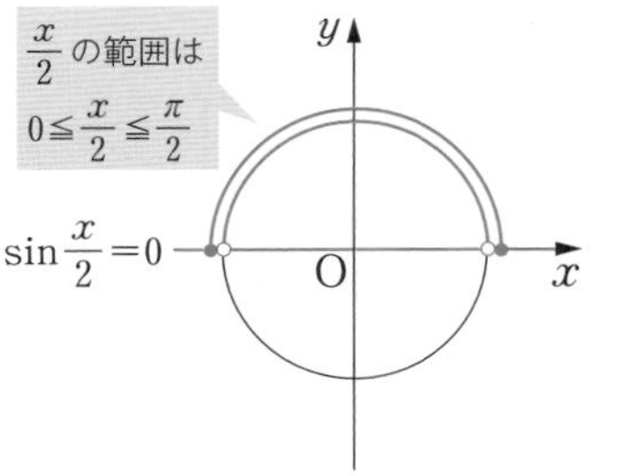


したがって，$0<x<\pi$ ……(イ)

(ア)，(イ)の共通部分を考えると，

$$0<x<\frac{\pi}{7},\ \frac{3}{7}\pi<x<\frac{5}{7}\pi$$

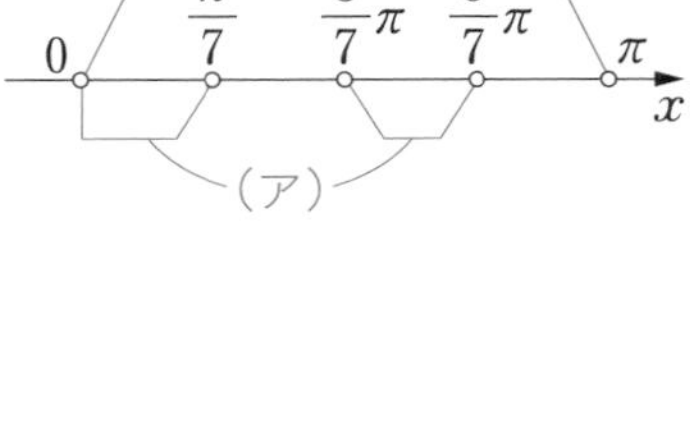


次に，⑤について，先に

$\sin\frac{x}{2}<0$ について考えると，

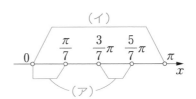

$0 \leqq \dfrac{x}{2} \leqq \pi$より，$\sin\dfrac{x}{2}<0$は解なしだ。

よって，⑤を満たす$x$は存在しないね！

④のとき

$\sin\dfrac{x}{2}>0$を解くと$0<x<\pi$だから不等号を逆にした$\sin\dfrac{x}{2}<0$は解がないといえるね。

したがって，$\sin 4x>\sin 3x$が成り立つような$x$の値の範囲は$\sin 4x>\sin 3x$の解だから，

$$0<x<\frac{\pi}{7},\ \frac{3}{7}\pi<x<\frac{5}{7}\pi$$

**答え** コ：7，$\dfrac{\text{サ}}{\text{シ}}$：$\dfrac{3}{7}$，$\dfrac{\text{ス}}{\text{セ}}$：$\dfrac{5}{7}$

**POINT**

- 三角関数の方程式・不等式を解くうえで意識すべきことは
  - ① $\sin$か$\cos$に統一するまたは角を統一して一か所にまとめる
  - ② 角は範囲が超大切
- 2倍角の公式（角度を2倍して次数を下げる）

$\sin 2\alpha=2\sin\alpha\cos\alpha$ → $\sin\alpha\cos\alpha=\dfrac{1}{2}\sin 2\alpha$

$\cos 2\alpha=2\cos^2\alpha-1$ → $\cos^2\alpha=\dfrac{1+\cos 2\alpha}{2}$

$\cos 2\alpha=1-2\sin^2\alpha$ → $\sin^2\alpha=\dfrac{1-\cos 2\alpha}{2}$

THEME

# 4 三角関数のグラフ

ここできめる！

三角関数のグラフがかけるようになろう。

## 1 三角関数のグラフ

まずは，$y=\sin x$ と $y=\cos x$ のグラフを確認しよう！
ここでは，単位円の $xy$ 平面と，$y=\sin x$ をかく $xy$ 平面の2つが出てきてややこしいから，**単位円の軸は $X$，$Y$ にして，一般角を $x$ とする**ね！

$\sin x$ は単位円で考えたときの $Y$ 座標だから，単位円周上をぐるぐる回る点(一般角 $x$ が大きくなるとき)の $Y$ 座標の動きをグラフにすればいいね！

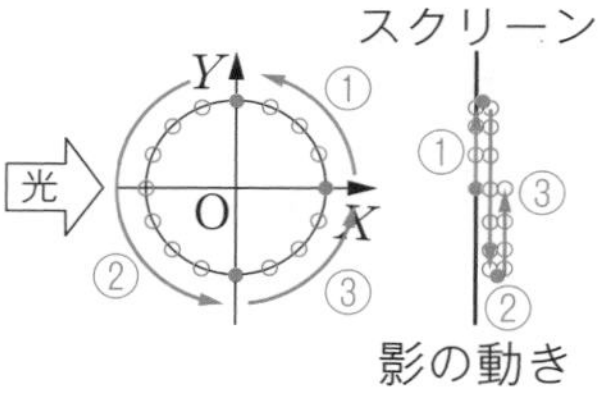


三角関数のグラフは右の図のように，単位円周上をグルグル回る点に**単位円の左から光を当てて，右にあるスクリーンにうつる影の動きを**イメージするといいんだ。
下の図のように単位円周上をグルグル回る点が①→②→③→④の順に回るときの $Y$ 座標をとるとグラフができるよ！

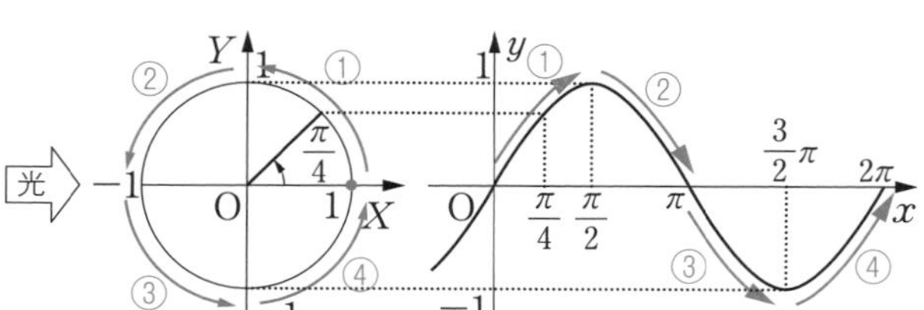


次に $\cos x$ は単位円での $X$ 座標だから，**$X$ 軸が縦軸になるように 90° 回転してから $y=\sin x$ と同じようにグラフをかく**よ！

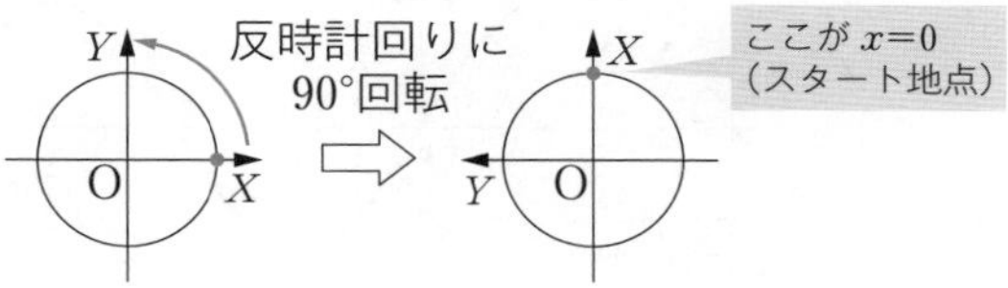


$x=0$（スタート地点）は単位円のてっぺん（上）だから，そこから回る点の影の動きをイメージすると$y=\cos x$のグラフがかけるよ！

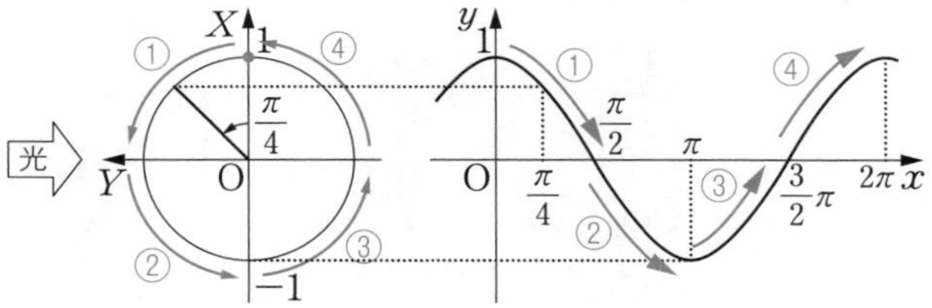


つまり，単位円周上の右（(1, 0) に対応する点）から出発して反時計回りに回る点のグラフが$y=\sin x$，てっぺん（(0, 1) に対応する点）から回る点のグラフが$y=\cos x$ということだ！

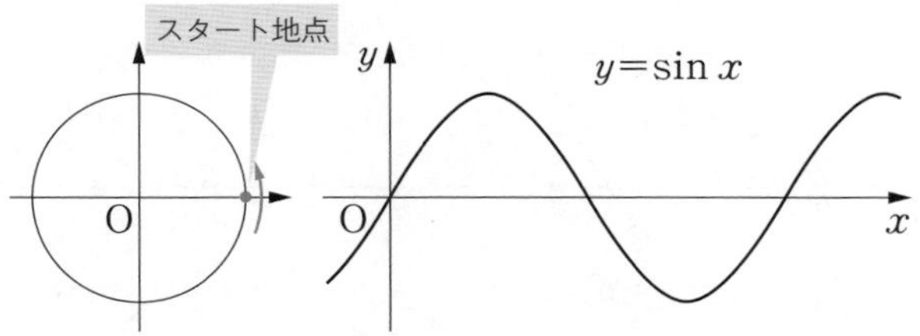


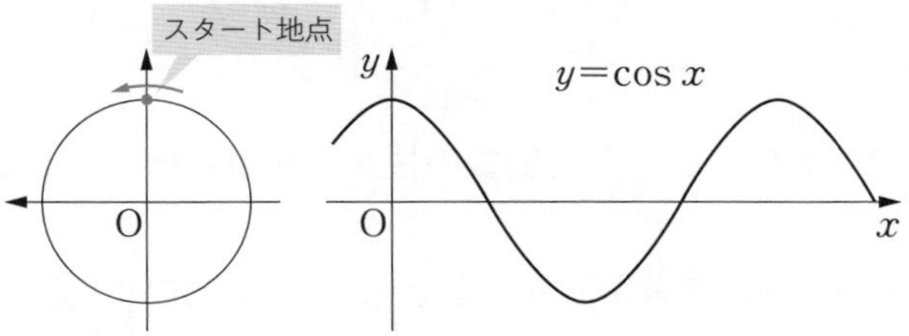


ここで，左からスタートするグラフや，下からスタートするグラフも考えてみよう。

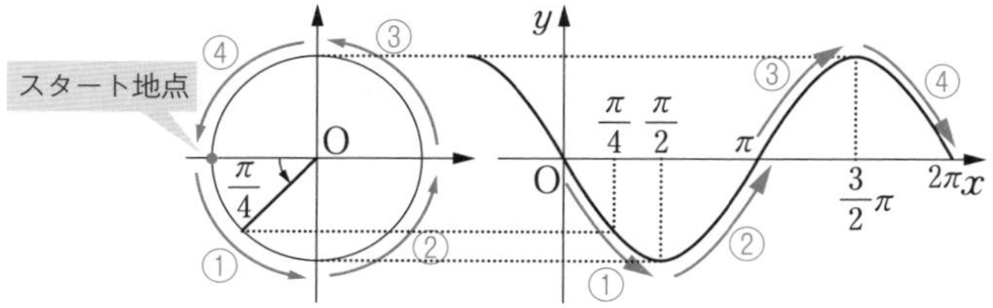


このグラフは，$y=\sin x$ を $x$ 軸に対称移動したものだから，
$y=-\sin x$ のグラフだね！
次に，下からスタートするグラフも考えてみよう。

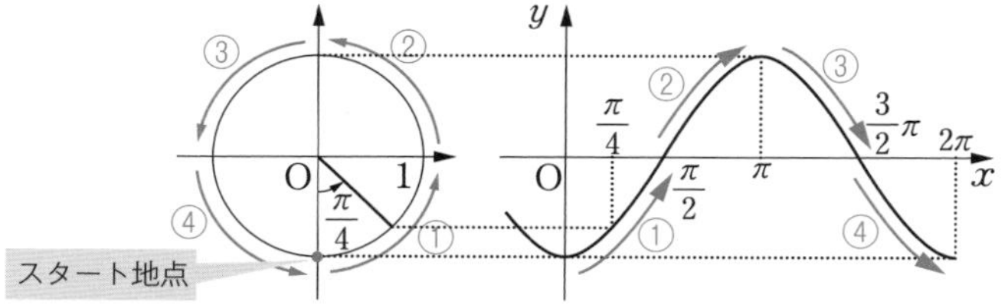


このグラフは，$y=\cos x$ を $x$ 軸に対称移動したものだから，
$y=-\cos x$ だね！
ここまでやった，基本的なグラフのかき方と，形は覚えておこう！

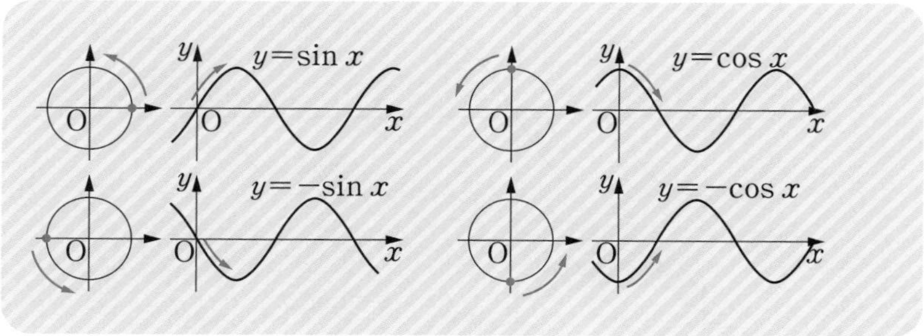


実は，グラフを使うと，三角関数の性質を簡単に導くことができるんだ。
例えば，$\sin(x+\pi)$ を考えてみると $y=\sin x$ は単位円上の右（(1, 0) に対応する点）からスタートするグルグル回る点を考えたね！
$\sin(x+\pi)$ は $\sin x$ のスタート地点から $\pi$ だけ回転させたところからグルグル回る点を考えると，

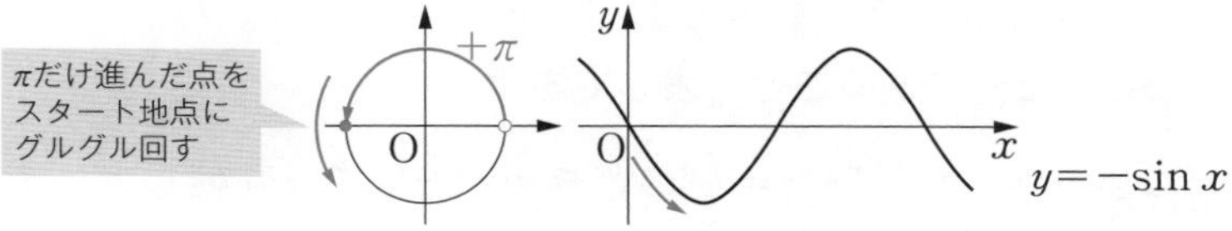


このグラフの形は$y=-\sin x$だから，$\sin(x+\pi)=-\sin x$が成り立つんだ！

$y=\cos\left(x-\dfrac{\pi}{2}\right)$も考えてみよう！

$y=\cos x$は単位円の上をスタート地点にしてグルグル回る点の動きを考えたね！

$\cos\left(x-\dfrac{\pi}{2}\right)$は$\cos x$のスタート地点から$-\dfrac{\pi}{2}$だけ回転させたところからグルグル回る点を考えると下のグラフになるんだ。

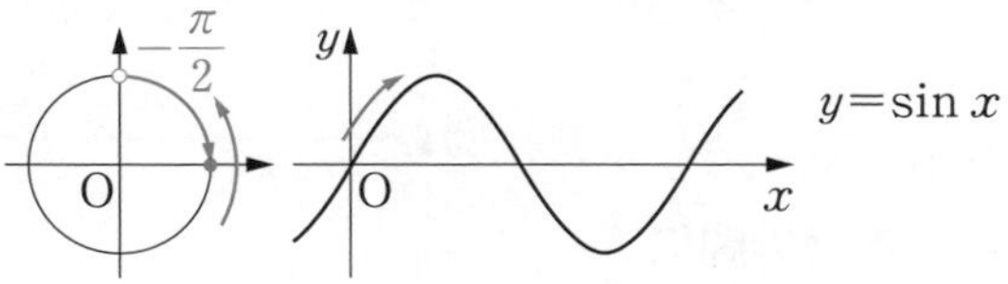


このグラフは$y=\sin x$だから，$\cos\left(x-\dfrac{\pi}{2}\right)=\sin x$が成り立つんだ。

他にも色々な三角関数の性質をグラフから導いて見よう！

次に，$y=2\sin x$や$y=\sin 2x$などのグラフもかいていこう。

$2\sin x$は半径2の円周上の$Y$座標だね。だから，**半径2の円周上をグルグル回る点**を考えるよ！

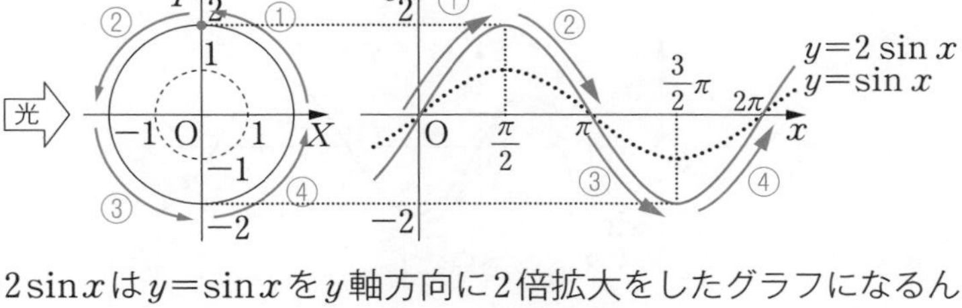


$y=2\sin x$は$y=\sin x$を$y$軸方向に2倍拡大をしたグラフになるんだ。

次に，$y=\sin 2x$を考えてみるよ！　**$x$の係数の2はグルグル回転する速さが2倍**であることを表してるよ！

実際に$\sin x$について，$x=\dfrac{\pi}{3}$のとき$\sin 2x$は$\dfrac{2}{3}\pi$回転していることになるね。

つまり$y=\sin x$が1周(0から$2\pi$)している間に，$y=\sin 2x$は2周分回ってることになるんだ。(グラフで2波分)

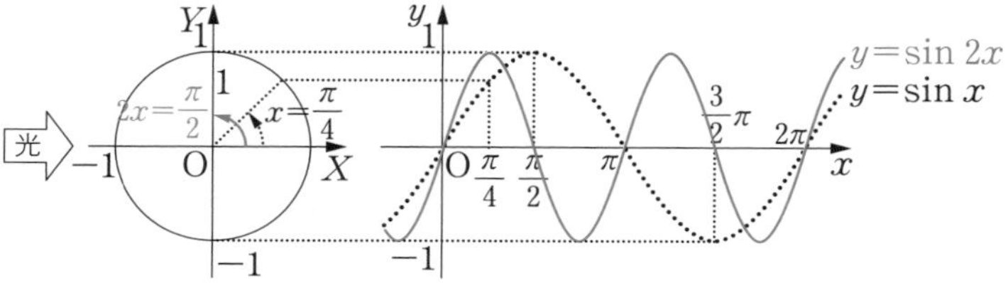


$y=\sin x$の周期が$2\pi$であるのに対して，$y=\sin 2x$の周期は$2\pi$の半分の$\pi$だね！

一般に$k(k>0)$に対して，

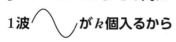

**$y=\sin kx$は$2\pi$までの間に1波がk個入るから周期(1波分の長さ)は$\dfrac{2\pi}{k}$だね！**

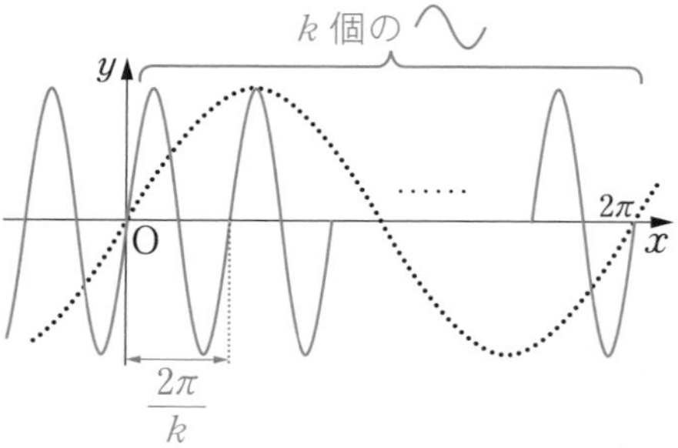


また$\sin(-x)$や$\cos(-x)$など角$x$の前の負の記号は逆回転を表すよ！　例えば$x=\dfrac{\pi}{4}$のとき，$-x=-\dfrac{\pi}{4}$(負の角)だね。逆回転にグルグル回る点を考えれば，

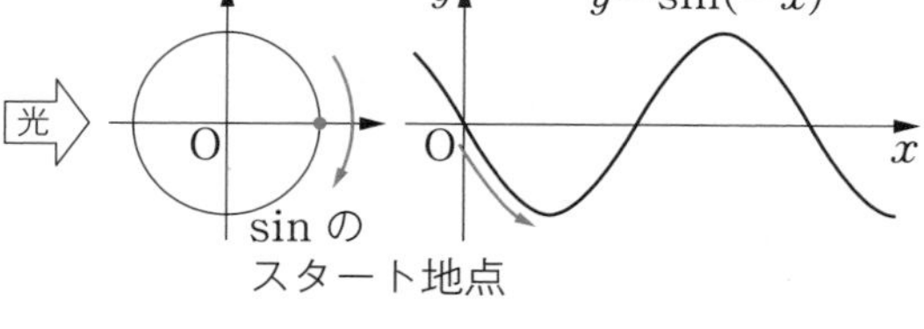

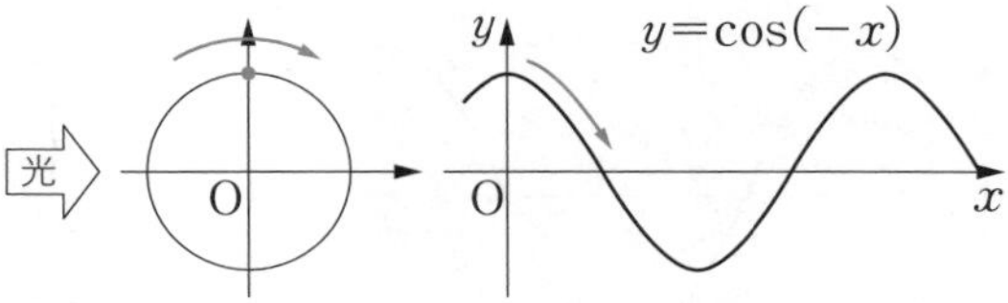


グラフの形から，$\sin(-x)=-\sin x$，$\cos(-x)=\cos x$ということもわかるね！

## 過去問にチャレンジ

(1)　下の図の点線は$y=\sin x$のグラフである。(i)，(ii)の三角関数のグラフが実線で正しくかかれているものは，それぞれ［ア］，［イ］である。

(i)　$y=\sin 2x$　　　(ii)　$y=\sin\left(x+\dfrac{3}{2}\pi\right)$

［ア］，［イ］の解答群（同じものを繰り返し選んでもよい。）

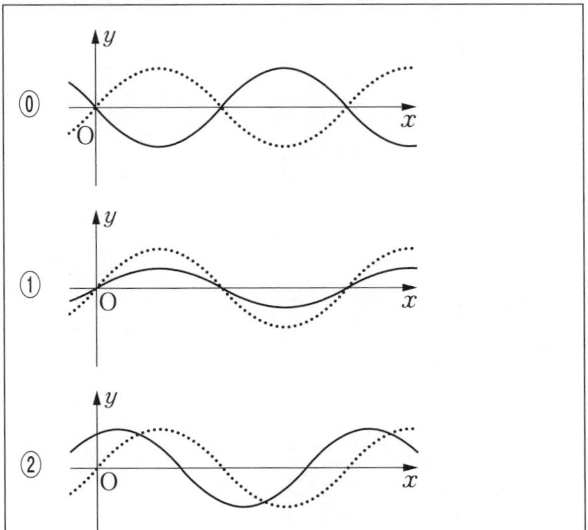

③
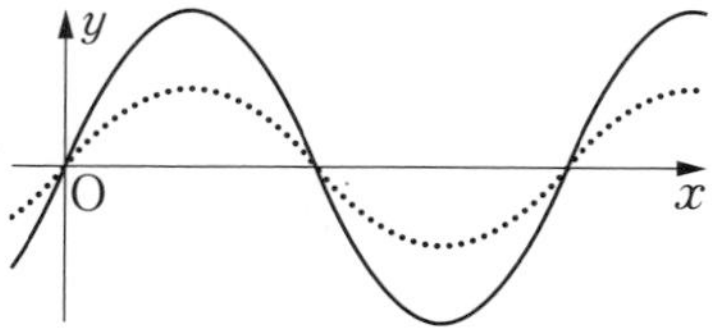


④
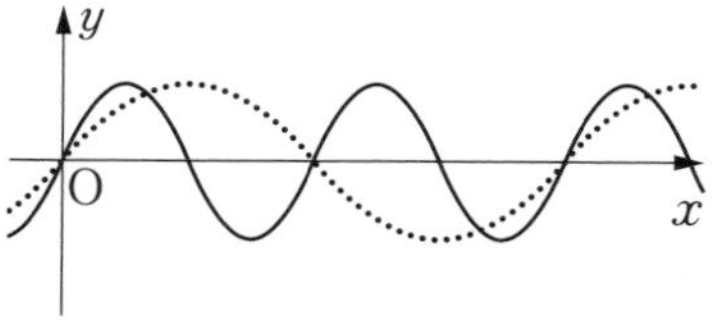


⑤
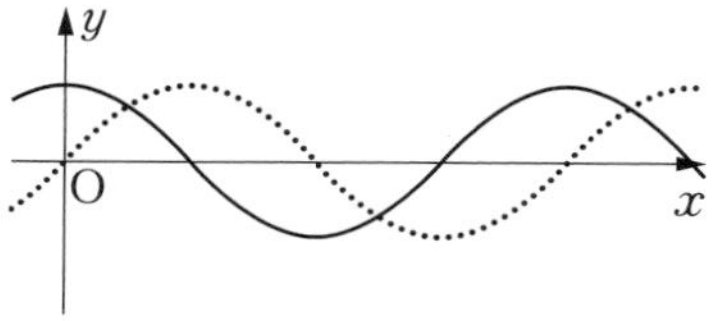


⑥
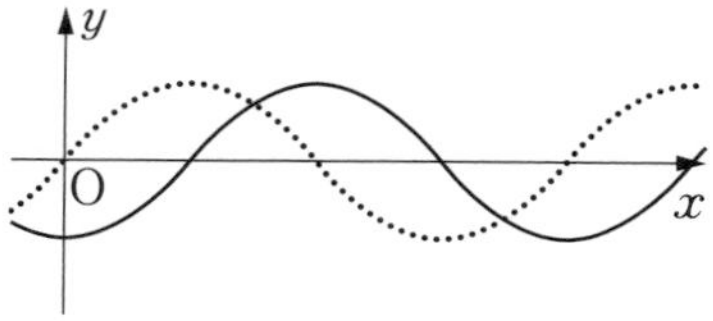


⑦
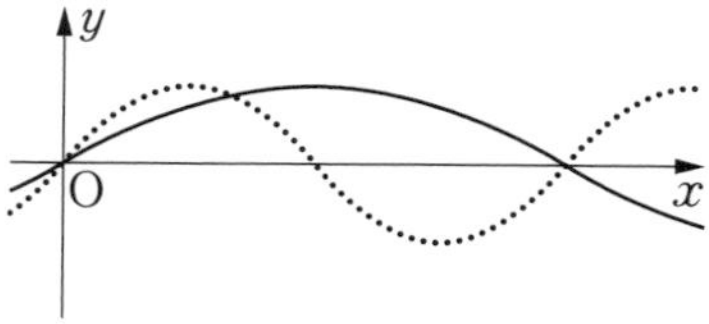


⑧
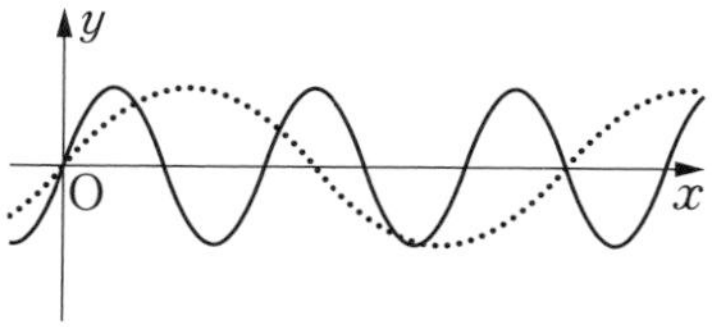


⑨
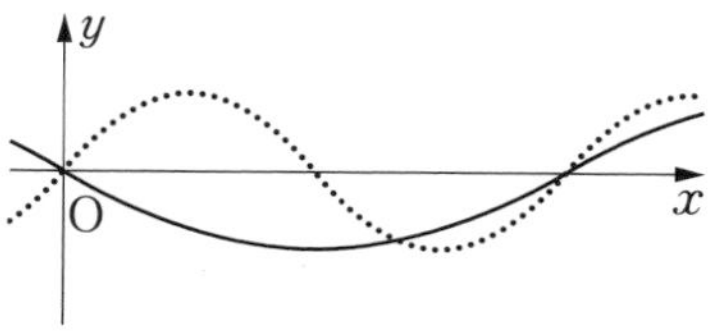

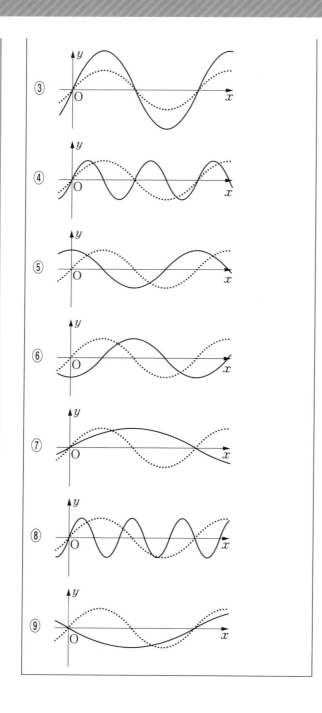

(2) 次の図はある三角関数のグラフである。その関数の式として正しいものは［ウ］，［エ］，［オ］（順不同）である。

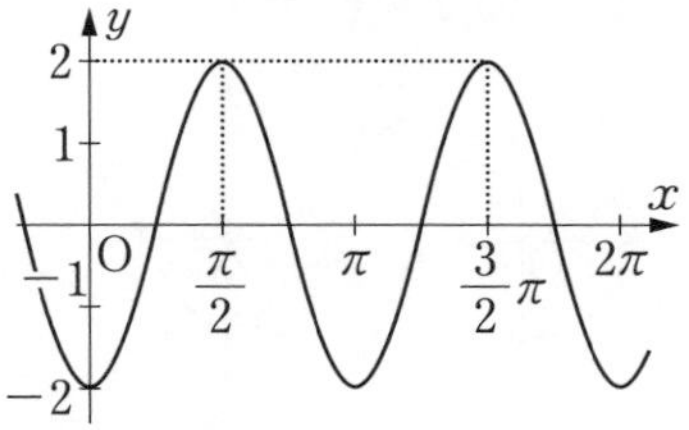


［ウ］，［エ］，［オ］の解答群

⓪ $y=2\sin\left(2x+\frac{\pi}{2}\right)$　① $y=2\sin\left(2x-\frac{\pi}{2}\right)$

② $y=2\sin 2\left(x+\frac{\pi}{2}\right)$　③ $y=\sin 2\left(2x-\frac{\pi}{2}\right)$

④ $y=2\cos\left(2x+\frac{\pi}{2}\right)$　⑤ $y=2\cos 2\left(x-\frac{\pi}{2}\right)$

⑥ $y=2\cos 2\left(x+\frac{\pi}{2}\right)$　⑦ $y=\cos 2\left(2x-\frac{\pi}{2}\right)$

（2017年度試行調査）

(1)(i) $y=\sin 2x$のグラフは，**$y=\sin x$に比べて2倍の速さでグルグル回る点**を考えればいいね！

つまり$y=\sin x$の1周期$2\pi$の中に2個分の波が入るね。

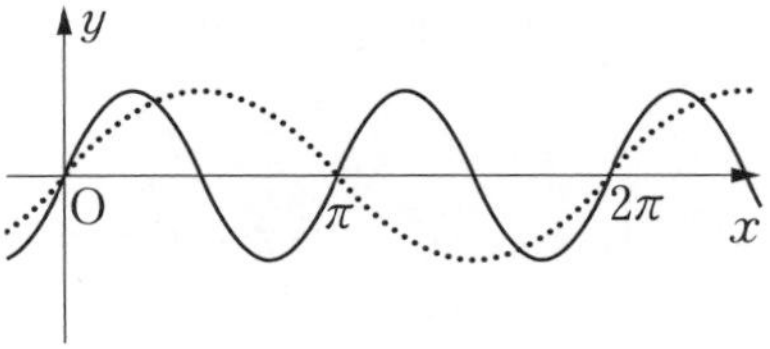


よって，答えは，④だ。⑧は2.5個分の波だから違うよ。

**答え ア：④**

(ii) $y=\sin x$は単位円上の右（(1, 0)に対応する点）からスタートするグルグル回る点を考えたね！

よって$\sin\left(x+\frac{3}{2}\pi\right)$は$\sin x$の**スタート地点から$\frac{3}{2}\pi$だけ回転させたところからグルグル回る点**を考えればいいんだ。

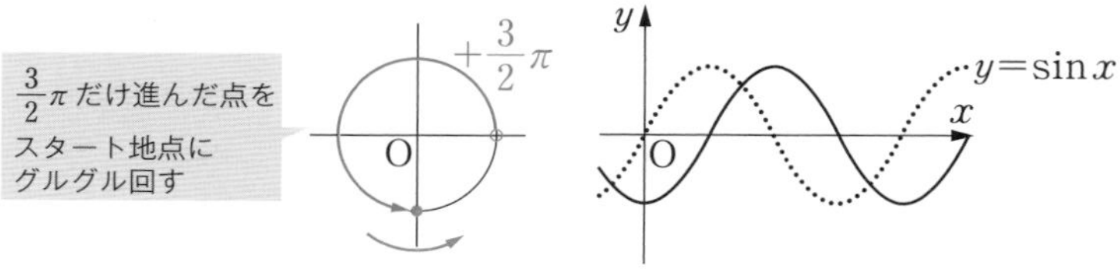


よって，答えは⑥になる。

**答え イ：⑥**

ちなみに，グラフの形から$\sin\left(x+\frac{3}{2}\pi\right)=-\cos x$がわかるね！

(2)

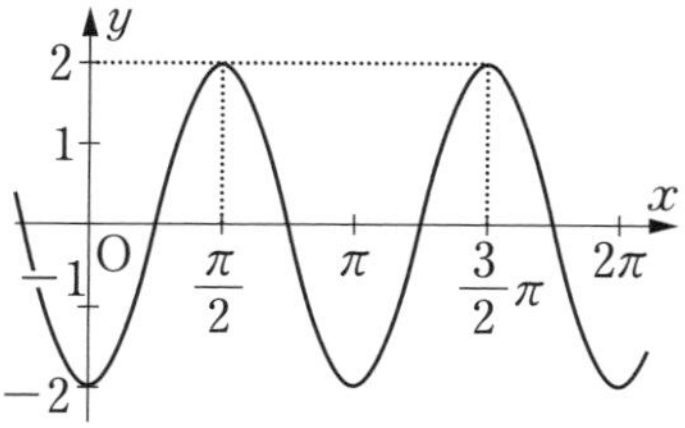


グラフから，**振幅（$x$軸から山のてっぺんまでの長さ）が2より，$\sin$または$\cos$の係数は2**であり，

**$2\pi$までの中に2周期（1波** 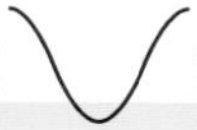 **が2個）だから，角の$x$の係数は2**であることがわかるね！

選択肢の⓪から⑦を$y=A\sin(kx\pm\alpha)$または$y=A\cos(kx\pm\alpha)$の形に直すと，

⓪ $y=2\sin\left(2x+\frac{\pi}{2}\right)$　　① $y=2\sin\left(2x-\frac{\pi}{2}\right)$

② $y=2\sin 2\left(x+\frac{\pi}{2}\right)=2\sin(2x+\pi)$

③ $y=\sin 2\left(2x-\frac{\pi}{2}\right)=\sin(4x-\pi)$

④ $y=2\cos\left(2x+\frac{\pi}{2}\right)$　　⑤ $y=2\cos 2\left(x-\frac{\pi}{2}\right)=2\cos(2x-\pi)$

⑥　$y=2\cos 2\left(x+\dfrac{\pi}{2}\right)=2\cos(2x+\pi)$

⑦　$y=\cos 2\left(2x-\dfrac{\pi}{2}\right)=\cos(4x-\pi)$

この中で，sin(またはcos)の係数2かつ$x$の係数が2の選択肢は，
⓪①②④⑤⑥
これらのグラフをかくと次のようになるよ！

⓪　$y=2\sin\left(2x+\dfrac{\pi}{2}\right)$

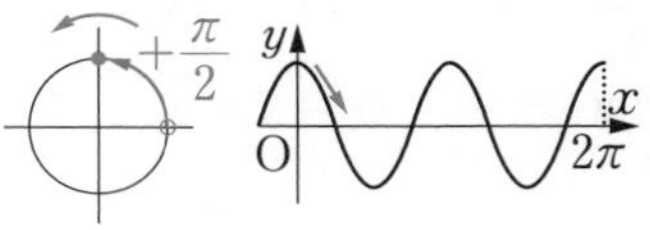


①　$y=2\sin\left(2x-\dfrac{\pi}{2}\right)$

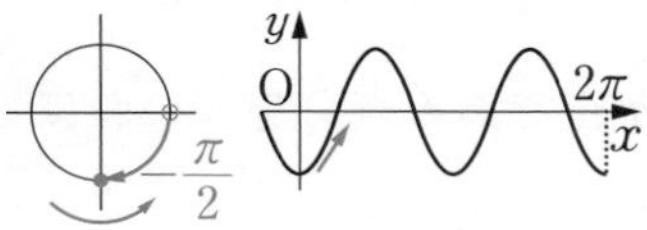


②　$y=2\sin 2\left(x+\dfrac{\pi}{2}\right)=2\sin(2x+\pi)$

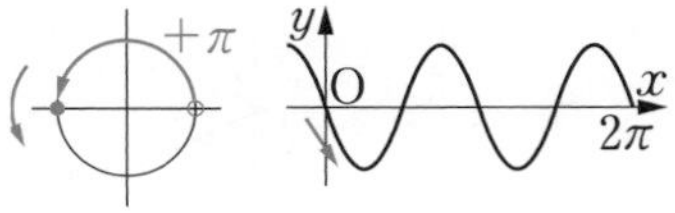


④　$y=2\cos\left(2x+\dfrac{\pi}{2}\right)$

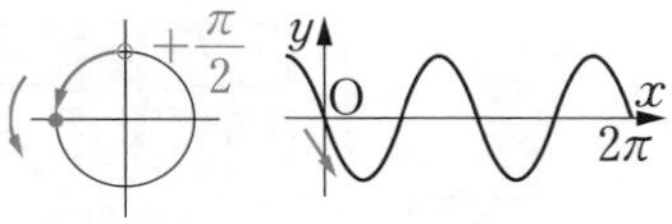


⑤　$y=2\cos 2\left(x-\dfrac{\pi}{2}\right)=2\cos(2x-\pi)$

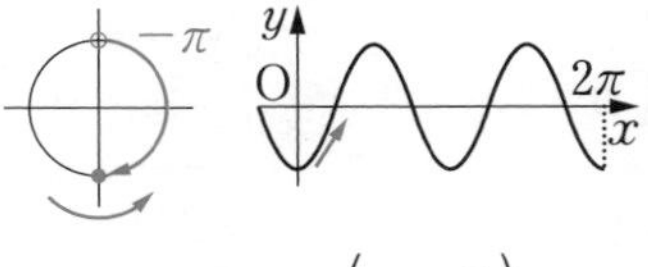


⑥　$y=2\cos 2\left(x+\dfrac{\pi}{2}\right)=2\cos(2x+\pi)$

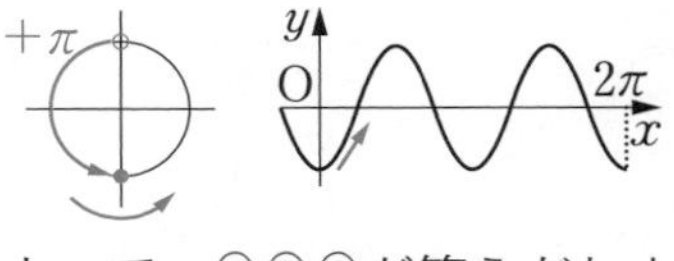


よって，①⑤⑥が答えだね！

**答え　ウ，エ，オ：①⑤⑥**

## 2 複雑な三角関数のグラフ

### 過去問にチャレンジ

Oを原点とする座標平面上に，点A(0, −1)と，中心がOで半径が1の円$C$がある。
円$C$上に$y$座標が正である点Pをとり，線分OPと$x$軸の正の部分とのなす角を$\theta$($0<\theta<\pi$)とする。また，円$C$の周上に$x$座標が正である点Qを，つねに$\angle \mathrm{POQ}=\dfrac{\pi}{2}$となるようにとる。
次の問いに答えよ。

(1) P，Qの座標をそれぞれ$\theta$を用いて表すと，次のようになる。

P( ア , イ )
Q( ウ , エ )

ア ～ エ の解答群（同じものを繰り返し選んでもよい。）

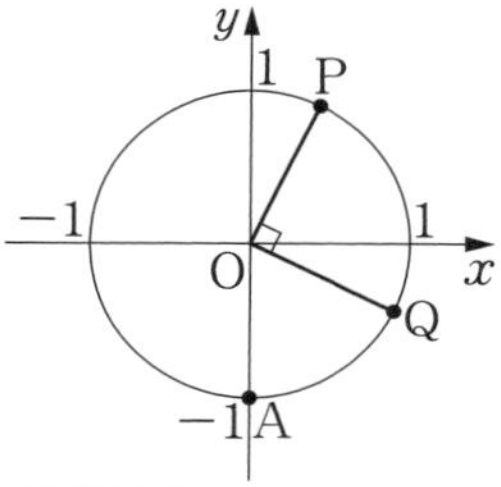


| | | |
|---|---|---|
| ⓪ $\sin\theta$ | ① $\cos\theta$ | ② $\tan\theta$ |
| ③ $-\sin\theta$ | ④ $-\cos\theta$ | ⑤ $-\tan\theta$ |

(2) $\theta$は$0<\theta<\pi$の範囲を動くものとする。このとき線分AQの長さ$\ell$は$\theta$の関数である。関数$\ell$のグラフは オ である。
オ の解答群

⓪
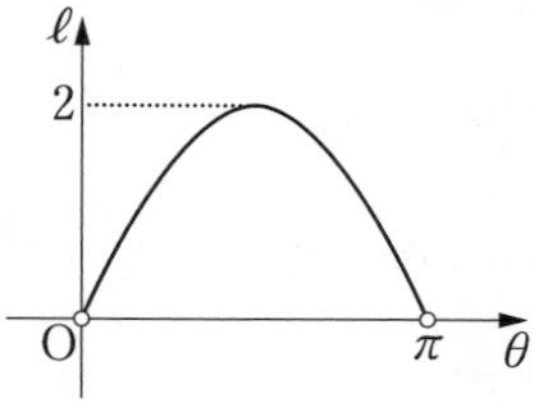


①
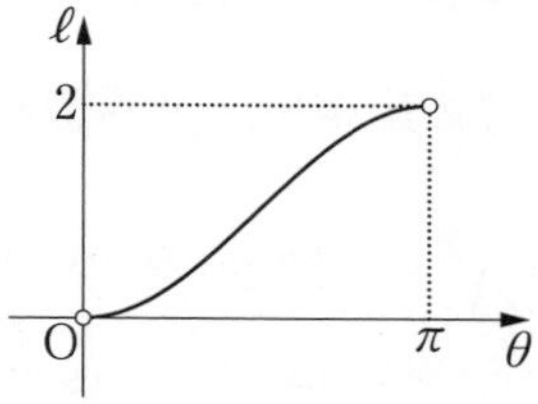


②
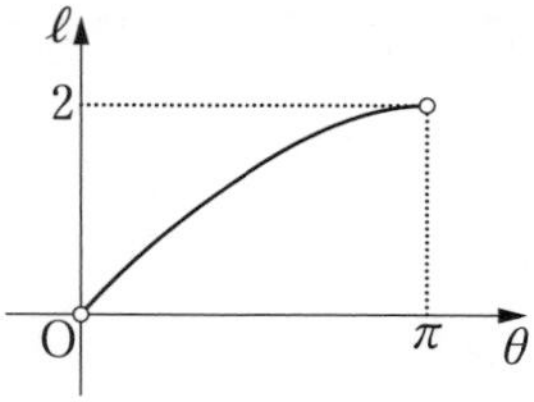


③
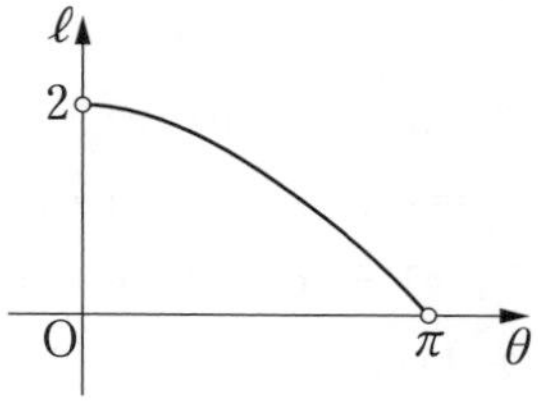


④
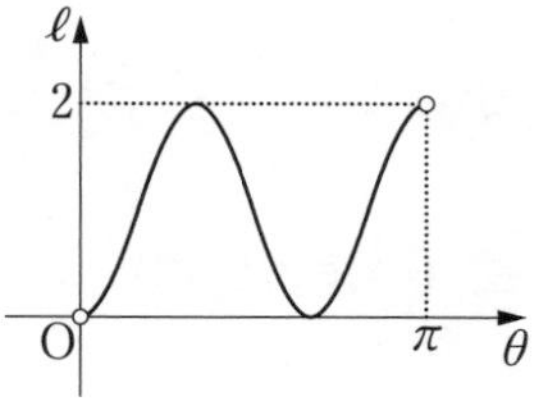


⑤
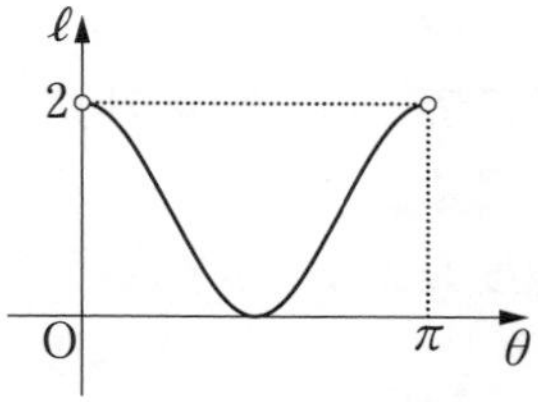


⑥
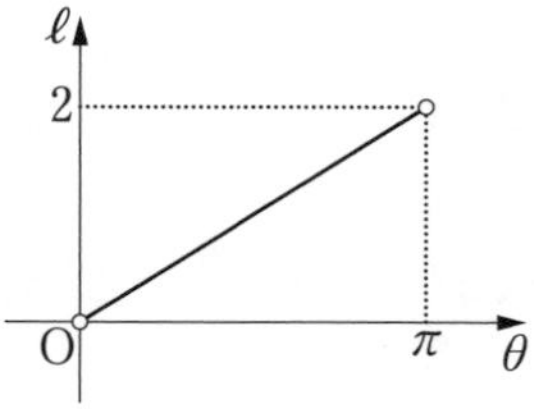


⑦
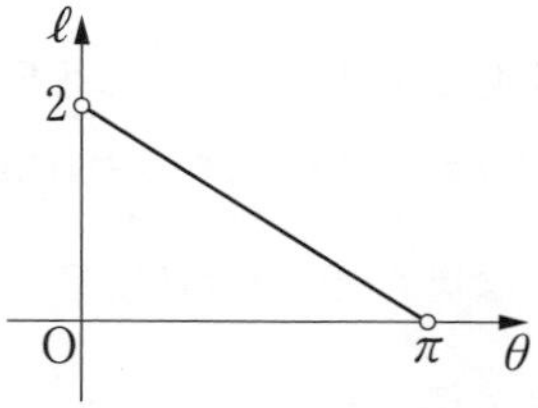


⑧
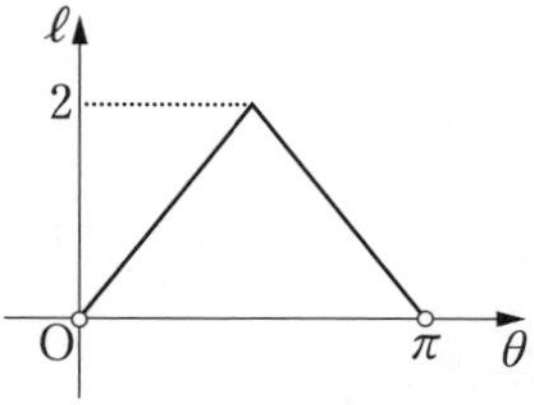


⑨
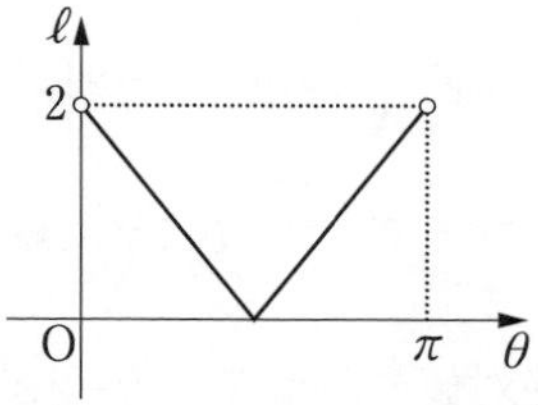


（2018年度試行調査）

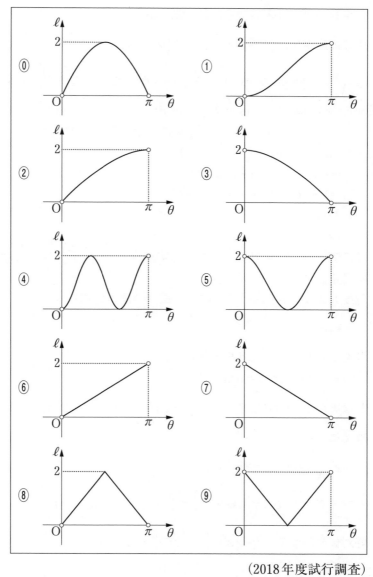

(1)　点Pの座標は定義から，$(\cos\theta,\ \sin\theta)$

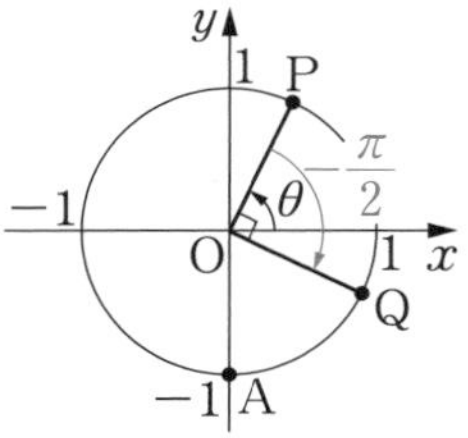


点Qの座標は，$\left(\cos\left(\theta-\dfrac{\pi}{2}\right),\ \sin\left(\theta-\dfrac{\pi}{2}\right)\right)$

$\cos\left(\theta-\dfrac{\pi}{2}\right)=\sin\theta,\ \sin\left(\theta-\dfrac{\pi}{2}\right)=-\cos\theta$ だから，Qの座標は，$(\sin\theta,\ -\cos\theta)$

**答え** ア：①，イ：⓪，ウ：⓪，エ：④

(2)　$\ell^2=(\sin\theta-0)^2+(-\cos\theta+1)^2$

$=\sin^2\theta+\cos^2\theta-2\cos\theta+1$

$=1-2\cos\theta+1=2(1-\cos\theta)$

したがって，$\ell>0$ より，

$\ell=\sqrt{2(1-\cos\theta)}$

ここで，$\ell$ の $\sqrt{\ }$ を外したいから，**中身を$(\quad)^2$の形にすることを考えよう**！

角度を2倍にして次数を下げる公式（半角の公式）

$$\sin^2 x=\frac{1-\cos 2x}{2}$$

があったね！　これを変形すると，

$$1-\cos 2x=2\sin^2 x$$

となるから $2x=\theta$ とすれば，$1-\cos\theta=2\sin^2\dfrac{\theta}{2}$ となるんだ。

ゆえに，

$$\ell=\sqrt{4\sin^2\frac{\theta}{2}}=2\left|\sin\frac{\theta}{2}\right|$$

となって，$0<\theta<\pi$ より $0<\dfrac{\theta}{2}<\dfrac{\pi}{2}$ だから，$\sin\dfrac{\theta}{2}>0$

絶対値も外せて，$\ell=2\sin\dfrac{\theta}{2}\quad\left(0<\dfrac{\theta}{2}<\dfrac{\pi}{2}\right)$

よって，$\ell=2\sin\dfrac{\theta}{2}$のグラフは$y=\sin\theta$のグラフを，**$y$軸方向に2倍拡大をして，周期を2倍にしたグラフ**である。

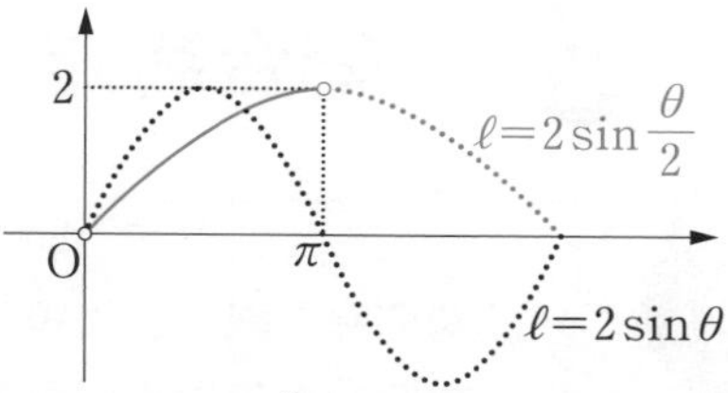


これは，振幅が2，周期が$4\pi$のグラフで，$0\leqq\dfrac{\theta}{2}\leqq\dfrac{\pi}{2}$でずっと増加して，$\dfrac{\theta}{2}=\dfrac{\pi}{2}$，つまり$\theta=\pi$で最大値2をとるようなグラフだね。

これには①と②が適合するけど，「sin」の形状に適しているのは②だね。

答え　**オ**：②

**POINT**

- 三角関数のグラフは，単位円上をグルグル回る点に単位円の左から光を当てて，右にあるスクリーンにうつる影の動きをイメージする！

THEME 5

# 総合問題

ここで覚きめる！

- 三角関数が総合的に扱えるかチェックしよう！
- 三角関数と方程式の解の個数の処理の仕方をマスターしよう！

## 1 三角関数を含む方程式

**過去問にチャレンジ**

関数$f(\theta)=3\sin^2\theta+4\sin\theta\cos\theta-\cos^2\theta$を考える。

(1) $f(0)=$ アイ ，$f\left(\dfrac{\pi}{3}\right)=$ ウ $+\sqrt{\boxed{エ}}$ である。

(2) 2倍角の公式を用いて計算すると，$\cos^2\theta=\dfrac{\cos 2\theta+\boxed{オ}}{\boxed{カ}}$

となる。さらに，$\sin 2\theta$，$\cos 2\theta$を用いて$f(\theta)$を表すと

$f(\theta)=\boxed{キ}\sin 2\theta-\boxed{ク}\cos 2\theta+\boxed{ケ}$ ……①

となる。

(3) $\theta$が$0\leqq\theta\leqq\pi$の範囲を動くとき，関数$f(\theta)$のとり得る最大の整数の値$m$とそのときの$\theta$の値を求めよう。

三角関数の合成を用いると，①は

$f(\theta)=\boxed{コ}\sqrt{\boxed{サ}}\sin\left(2\theta-\dfrac{\pi}{\boxed{シ}}\right)+\boxed{ケ}$

と変形できる。したがって，$m=\boxed{ス}$ である。

また，$0\leqq\theta\leqq\pi$において，$f(\theta)=\boxed{ス}$ となる$\theta$の値は，小さい順に，$\dfrac{\pi}{\boxed{セ}}$，$\dfrac{\pi}{\boxed{ソ}}$ である。

（2019年度センター本試験）

(1)は数値を代入するだけ。サクサク計算していこう！

(1)　$\sin 0=0$，$\cos 0=1$ だから，

$$f(0)=3\cdot 0^2+4\cdot 0\cdot 1-1^2=-1$$

**答え　アイ：−1**

$\sin\frac{\pi}{3}=\frac{\sqrt{3}}{2}$，$\cos\frac{\pi}{3}=\frac{1}{2}$ だから，

$$f\left(\frac{\pi}{3}\right)=3\cdot\left(\frac{\sqrt{3}}{2}\right)^2+4\cdot\frac{\sqrt{3}}{2}\cdot\frac{1}{2}-\left(\frac{1}{2}\right)^2=\frac{9}{4}+\sqrt{3}-\frac{1}{4}=2+\sqrt{3}$$

**答え　ウ：2，$\sqrt{\text{エ}}$：$\sqrt{3}$**

(2)　これは**半角の公式**（角度を2倍して次数を下げる公式）だね！

$$\cos^2\theta=\frac{\cos 2\theta+1}{2}$$

**答え　オ：1，カ：2**

$\sin^2\theta$，$\sin\theta\cos\theta$ についても，

$$\sin^2\theta=\frac{1-\cos 2\theta}{2},\quad \sin\theta\cos\theta=\frac{\sin 2\theta}{2}$$

が成り立つから，これらを使って $f(\theta)$ を変形すると，

$$f(\theta)=3\cdot\frac{1-\cos 2\theta}{2}+4\cdot\frac{\sin 2\theta}{2}-\frac{\cos 2\theta+1}{2}$$
$$=2\sin 2\theta-2\cos 2\theta+1 \quad\cdots\cdots①$$

となるね！

**答え　キ：2，ク：2，ケ：1**

(3)　$f(\theta)$ の $\sin 2\theta$ の係数は2，$\cos 2\theta$ の係数は $-2$ だから，

$$f(\theta)=2\sqrt{2}\sin\left(2\theta-\frac{\pi}{4}\right)+1$$

と変形できるね！

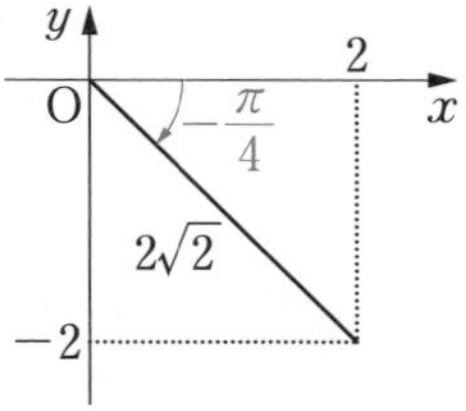


**答え　コ$\sqrt{\text{サ}}$：$2\sqrt{2}$，シ：4**

ここから関数 $f(\theta)$ のとり得る最大の整数の値 $m$ を求めよう！

まずは，$f(\theta)$ のとり得る値の範囲を，

**角度の範囲 ⟶ 三角関数の範囲 ⟶ $f(\theta)$ の範囲**

の順で求めていくよ！

$0 \leqq \theta \leqq \pi$ より，

$$0 \leqq 2\theta \leqq 2\pi$$

$$-\frac{\pi}{4} \leqq 2\theta - \frac{\pi}{4} \leqq \frac{7}{4}\pi$$

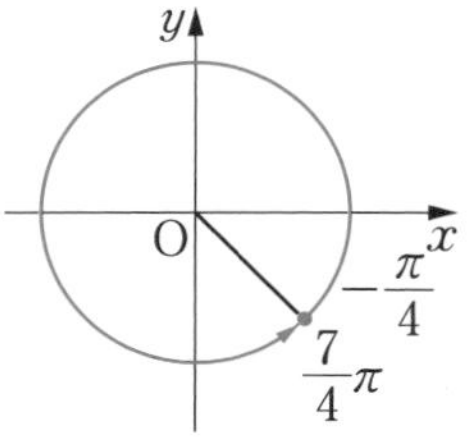


であるから，

$$-1 \leqq \sin\left(2\theta - \frac{\pi}{4}\right) \leqq 1 \quad \cdots\cdots ②$$

$f(\theta) = 2\sqrt{2}\sin\left(2\theta - \frac{\pi}{4}\right) + 1$ だから，②を $2\sqrt{2}$ 倍して1を加えて，

$$-2\sqrt{2} + 1 \leqq f(\theta) \leqq 2\sqrt{2} + 1$$

この範囲にある最大の整数を求めればいいから，**$2\sqrt{2}+1$ の整数部分を求めればいい**ね！

$2\sqrt{2} + 1 = \sqrt{8} + 1$ だから，

$\sqrt{4} < \sqrt{8} < \sqrt{9}$ より，$2 < \sqrt{8} < 3$

つまり，

$$3 < \sqrt{8} + 1 < 4$$

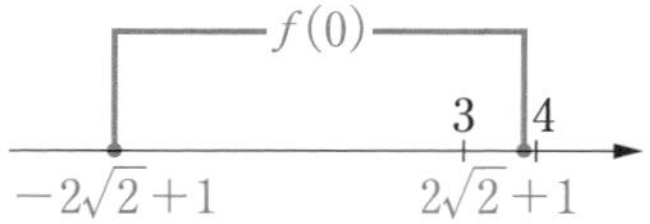


したがって，$f(\theta)$ のとり得る最大の整数の値 $m$ は，

$$m = 3$$

**答え　ス：3**

共通テストでは近似値を使うのも有効だよ！

$\sqrt{2} \fallingdotseq 1.41$ だから $2\sqrt{2} + 1 \fallingdotseq 2 \cdot 1.41 + 1 = 3.82$
$m = 3$ と求めることができました！

$m = 3$ とわかったから，$f(\theta) = 3 \, (0 \leqq \theta \leqq \pi)$ を解いていこう。

$$2\sqrt{2}\sin\left(2\theta - \frac{\pi}{4}\right) + 1 = 3$$

すなわち，$\sin\left(2\theta - \frac{\pi}{4}\right) = \frac{1}{\sqrt{2}}$

$-\frac{\pi}{4} \leqq 2\theta - \frac{\pi}{4} \leqq \frac{7}{4}\pi$ であるから，

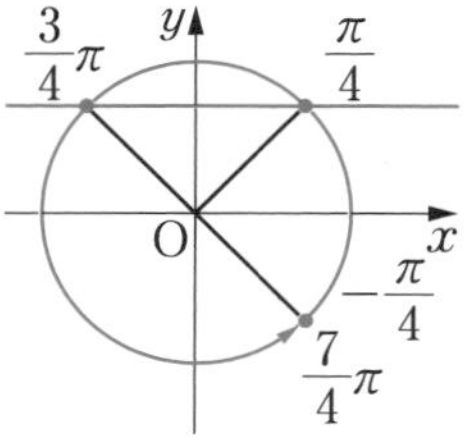


5
総合問題

$$2\theta-\frac{\pi}{4}=\frac{\pi}{4},\ \frac{3}{4}\pi$$

$\theta$について求めると，$\theta=\dfrac{\pi}{4},\ \dfrac{\pi}{2}$

**答え　セ：4，ソ：2**

2倍角，合成，範囲に最大値，方程式と三角関数の色々な計算があって大変でした。

この問題を難なく解けていたら基礎力が定着していると思うよ！

## 2　三角関数と解の個数

### 過去問にチャレンジ

関数$f(x)=\sqrt{3}\cos\left(3x+\dfrac{\pi}{3}\right)+\sqrt{3}\cos 3x$について考える。

(1)　三角関数の加法定理および合成を用いると

$$f(x)=-\frac{\boxed{\text{ア}}}{\boxed{\text{イ}}}\sin 3x+\frac{\boxed{\text{ウ}}\sqrt{\boxed{\text{エ}}}}{\boxed{\text{イ}}}\cos 3x$$

$$=\boxed{\text{オ}}\sin\left(3x+\frac{\boxed{\text{カ}}}{\boxed{\text{キ}}}\pi\right)$$

と表される。ただし，$0<\dfrac{\boxed{\text{カ}}}{\boxed{\text{キ}}}\pi\leqq 2\pi$とする。

したがって，$f(x)$の最大値は$\boxed{\text{ク}}$である。また，$f(x)$の正の周期のうち最小のものは$\dfrac{\boxed{\text{ケ}}}{\boxed{\text{コ}}}\pi$である。

(2)　$f(x)$ を $0 \leqq x \leqq 2\pi$ の範囲で考えたとき，実数 $t$ に対して

$f(x)=t$ となる $x$ の値の個数 $N$ を調べよう。$3x+\dfrac{\boxed{\text{カ}}}{\boxed{\text{キ}}}\pi$ の

とり得る値の範囲に注意すると，次のことがわかる。

$|t|>\boxed{\text{ク}}$ のとき，$N=\boxed{\text{サ}}$ である。

$t=\boxed{\text{ク}}$ のとき，$N=\boxed{\text{シ}}$ である。

$t=f(0)$ のとき，$N=\boxed{\text{ス}}$ である。

$|t|<\boxed{\text{ク}}$ かつ $t \neq f(0)$ のとき，$N=\boxed{\text{セ}}$ である。

$t=-\boxed{\text{ク}}$ のとき，$N=\boxed{\text{ソ}}$ である。

（2020年度センター追試験）



(1)　$f(x)=\sqrt{3}\cos\left(3x+\dfrac{\pi}{3}\right)+\sqrt{3}\cos 3x$ を加法定理と合成で変形していこう！　誘導があるから，この流れに乗ればいいね。

$$f(x)=\sqrt{3}\left(\cos 3x\cos\frac{\pi}{3}-\sin 3x\sin\frac{\pi}{3}\right)+\sqrt{3}\cos 3x$$
$$=\frac{\sqrt{3}}{2}\cos 3x-\frac{3}{2}\sin 3x+\sqrt{3}\cos 3x$$
$$=-\frac{3}{2}\sin 3x+\frac{3\sqrt{3}}{2}\cos 3x$$
$$=3\left(-\frac{1}{2}\sin 3x+\frac{\sqrt{3}}{2}\cos 3x\right)$$
$$=3\sin\left(3x+\frac{2}{3}\pi\right)$$

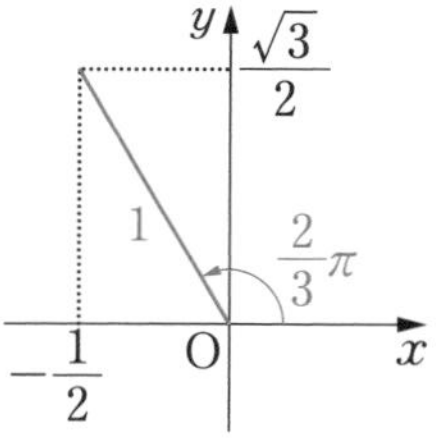


答え　$\dfrac{\text{ア}}{\text{イ}}$：$\dfrac{3}{2}$，ウ$\sqrt{\text{エ}}$：$3\sqrt{3}$，オ：3，$\dfrac{\text{カ}}{\text{キ}}$：$\dfrac{2}{3}$

最大値と周期を聞かれているから $y=f(x)$ のグラフをかいていこう！
$y=\sin x$ は単位円上の右（(1,　0) に対応する点）からスタートするグルグル回る点を考えてグラフをかいたね。

$y=3\sin\left(3x+\dfrac{2}{3}\pi\right)$ は**半径3（sinの係数）の円周上**の**$\sin x$のスタート地点から$\dfrac{2}{3}\pi$だけ回転させた点**から**3倍（$x$の係数）の速さ**でグ

ルグル回る点を考えればいいね！
回る速さは3倍だから$2\pi$までの間に3周するってことだ！

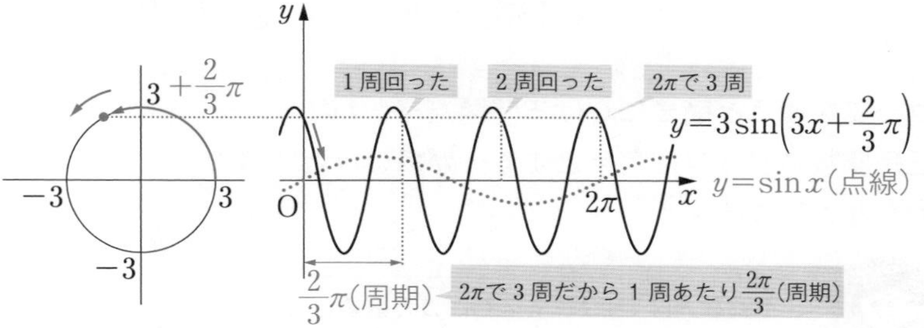


グラフより，最大値は3，周期は$\dfrac{2}{3}\pi$だね！

**答え**　ク：3，$\dfrac{\text{ケ}}{\text{コ}}$：$\dfrac{2}{3}$

(2)　この問題は**グラフを使う**とすぐに終わるよ！

$f(x)=t\,(0\leqq x\leqq 2\pi)$の解は$y=f(x)$と$y=t$の交点の$x$座標だ。

つまり，解の個数$N$は$y=f(x)$と$y=t$の交点の個数を調べればいいね。

(1)でかいたグラフに$y=t$（横線）を引いて解の個数を調べると，

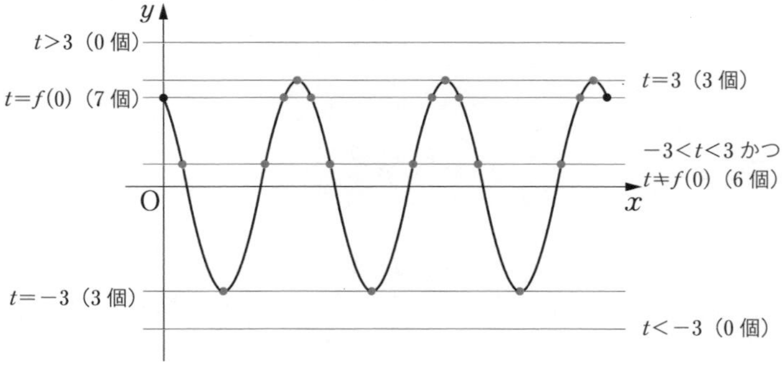


上のグラフのようになるから，

サ：$|t|>3$のとき　$N=0$

シ：$t=3$のとき　$N=3$

ス：$t=f(0)$のとき　$N=7$

セ：$|t|<3$ かつ $t \neq f(0)$ のとき　$N=6$

ソ：$t=-3$ のとき　$N=3$

**答え** **サ：0，シ：3，ス：7，セ：6，ソ：3**

グラフを使うと簡単に解ける問題だったね！
三角関数のグラフは苦手とする人が多いけど一度コツをつかむと強力な味方になるよ！

不安な人は **THEME 4** にもどって復習しておこう！

# SECTION 2

## 指数関数・対数関数

### THEME

1　指数・対数の定義と計算
2　グラフと大小関係
3　方程式と不等式
4　指数関数・対数関数
5　総合問題

きめる！
KIMERU SERIES

# SECTION 2で学ぶこと

この単元は，高速で駆け抜けてほしい。基本的には「解けて当たり前」のところなので，確実に得点源にしたい。そのうえで，なるべく時間を稼ぎ，他の問題の時間配分に余裕をもたせたい。最初はとても簡単な計算から始まる問題もあるので，テキパキ処理をする。あとはグラフをキレイにかけるように！

ここが問われる！

## 定義をしっかり理解しておくこと！

「指数」とは何か？　「対数」とは何か？　の**定義をしっかり確認**。

雰囲気で理解している人は，自分で自分を論破する勢いで「それってあなたの感想ですよね？」「定義って何ですか？」「何か根拠はあるんですか？」と問い直そう。隙あらばセルフ論破を試みることは，数学のレベルアップには何かと重要な姿勢でもある。

ここが問われる！

## グラフがかければ簡単解決！の問題が多い

指数関数・対数関数のグラフの特徴を押さえて，すぐに**グラフをキレイにかけるようにしておく**こと。何となくの形で覚えているだけで，意外と正確にかけない人も多い。$y=a^x$，$y=\log_a x$のグラフはそれぞれどのようになるか，瞬時に頭に思い浮かぶようにしておこう。値の範囲を調べる問題はよく出るが，グラフがかければすぐわかる部分で手こずって，解答に辿り着けない人も多くてもったいない。式を見た瞬間にグラフが思い浮かぶようにしておこう！

## ここが問われる！ 引っかかっている暇はない！サクッと終えてサクッと進もう

数学Ⅱ・B・Cには，微分法・積分法をはじめ，重要度も配点も高い単元が他にいろいろある。試験も勉強も，なるべく時間をかけずに終わらせて，**より重要な単元にエネルギーを注げるように調整してほしい**。とはいえ，難しく感じるようなら，演習量を増やすとよい。パターン化されている部分が多く，数をこなせば，けっこう解けるようになるからだ。

2次方程式と絡めた問題が出ることも多い。不安な人は，数学Ⅰの「2次関数」も合わせておさらいしておこう。

**この単元は，あんまり話すことがない。定義を押さえて，計算がきちんとできるようにしておけば，あとは得点するだけだからだよ！**

THEME 1

# 指数・対数の定義と計算

ここで 働きめる!

指数法則や対数の定義，底の変換公式を使いこなせるようになろう。

## 1 指数・対数のある計算

**過去問にチャレンジ**

$8^{\frac{5}{6}}=$ ア $\sqrt{\text{イ}}$，$\log_{27}\dfrac{1}{9}=\dfrac{\text{ウエ}}{\text{オ}}$ である。

（2016年度センター本試験）

指数と対数の簡単な計算だね。**指数法則**や**対数の定義**，**底の変換公式**などを確認しておこう！

**指数法則**

$a^m\times a^n=a^{m+n}$

$a^m\div a^n=a^{m-n}$

$(a^m)^n=a^{mn}=(a^n)^m$

**対数の定義**

$a>0$，$a\neq1$ のとき，

$a^p=M$ ならば $\log_a M=p$

**底の変換公式**

$a>0$，$a\neq 1$，$M>0$とすると，

$$\log_a M=\frac{\log_b M}{\log_b a}$$

$$8^{\frac{5}{6}}=(2^3)^{\frac{5}{6}}=2^{3\cdot\frac{5}{6}}=2^{\frac{5}{2}}=2^{2+\frac{1}{2}}=4\sqrt{2}$$

答え　ア$\sqrt{\text{イ}}$：$4\sqrt{2}$

$$\log_{27}\frac{1}{9}=\frac{\log_3\frac{1}{9}}{\log_3 27}=\frac{\log_3 3^{-2}}{\log_3 3^3}=\frac{-2}{3}$$

答え　$\frac{\text{ウエ}}{\text{オ}}$：$\frac{-2}{3}$

## 2　指数の対称式

**過去問にチャレンジ**

$t$は正の実数であり，$t^{\frac{1}{3}}-t^{-\frac{1}{3}}=-3$を満たすとする。このとき，

$t^{\frac{2}{3}}+t^{-\frac{2}{3}}=$ アイ

である。さらに

$t^{\frac{1}{3}}+t^{-\frac{1}{3}}=\sqrt{\text{ウエ}}$，$t-t^{-1}=$ オカキ

である。

（2020年度センター本試験）

**対称性**をうまく利用する問題だね！

$t^{\frac{2}{3}}=(t^{\frac{1}{3}})^2$，$t^{-\frac{2}{3}}=(t^{-\frac{1}{3}})^2$だから，$t^{\frac{1}{3}}-t^{-\frac{1}{3}}=-3$の両辺を2乗すると，

$$(t^{\frac{1}{3}}-t^{-\frac{1}{3}})^2=(-3)^2$$

$$t^{\frac{2}{3}}-2t^{\frac{1}{3}}t^{-\frac{1}{3}}+t^{-\frac{2}{3}}=9$$

$$t^{\frac{2}{3}}-2+t^{-\frac{2}{3}}=9$$

$$t^{\frac{2}{3}}+t^{-\frac{2}{3}}=11 \quad \cdots\cdots①$$

答え　アイ：11

さらに①の左辺を変形すると，

$$t^{\frac{2}{3}}+t^{-\frac{2}{3}}=(t^{\frac{1}{3}}+t^{-\frac{1}{3}})^2-2=11$$

となるから，

$$(t^{\frac{1}{3}}+t^{-\frac{1}{3}})^2=13$$

$t^{\frac{1}{3}}>0$，$t^{-\frac{1}{3}}>0$ より $t^{\frac{1}{3}}+t^{-\frac{1}{3}}>0$ が成り立つから，

$$t^{\frac{1}{3}}+t^{-\frac{1}{3}}=\sqrt{13}$$

**答え　ウエ：13**

また，$t-t^{-1}=(t^{\frac{1}{3}})^3-(t^{-\frac{1}{3}})^3$

$$=(t^{\frac{1}{3}}-t^{-\frac{1}{3}})(\underline{t^{\frac{2}{3}}}+t^{\frac{1}{3}}t^{-\frac{1}{3}}+\underline{t^{-\frac{2}{3}}})$$

$$=-3(\underline{11}+1)=-36$$

$a^3-b^3$
$(a-b)(a^2+ab+b^2)$

となるね！

**答え　オカキ：−36**

## 3　指数・対数の定義

### 過去問にチャレンジ

(1)　$a>0$，$a\neq1$，$b>0$ のとき，$\log_a b=x$ とおくと，［ア］が成り立つ。

［ア］の解答群

| | | |
|---|---|---|
| ⓪　$x^a=b$ | ①　$x^b=a$ | ②　$a^x=b$ |
| ③　$b^x=a$ | ④　$a^b=x$ | ⑤　$b^a=x$ |

(2)　様々な対数の値が有理数か無理数かについて考えよう。

(i)　$\log_5 25=$［イ］，$\log_9 27=\dfrac{［ウ］}{［エ］}$ であり，どちらも有理数である。

(ii)　$\log_2 3$ が有理数と無理数のどちらであるかを考えよう。

$\log_2 3$ が有理数であると仮定すると，$\log_2 3>0$ であるので，

二つの自然数 $p$, $q$ を用いて $\log_2 3=\dfrac{p}{q}$ と表すことができる。

このとき，(1)により $\log_2 3=\dfrac{p}{q}$ は [オ] と変形できる。いま，2は偶数であり3は奇数であるので，[オ] を満たす自然数 $p$, $q$ は存在しない。

したがって，$\log_2 3$ は無理数であることがわかる。

(iii)　$a$, $b$ を2以上の自然数とするとき，(ii)と同様に考えると，「[カ] ならば $\log_a b$ はつねに無理数である」ことがわかる。

[オ] の解答群

| | | |
|---|---|---|
| ⓪　$p^2=3q^2$ | ①　$q^2=p^3$ | ②　$2^q=3^p$ |
| ③　$p^3=2q^3$ | ④　$p^2=q^3$ | ⑤　$2^p=3^q$ |

[カ] の解答群

⓪　$a$ が偶数
①　$b$ が偶数
②　$a$ が奇数
③　$b$ が奇数
④　$a$ と $b$ がともに偶数，または $a$ と $b$ がともに奇数
⑤　$a$ と $b$ のいずれか一方が偶数で，もう一方が奇数

(2023年度共通テスト本試験)

(1)　まずは対数の基本的なところから確認していこう。

**$\log_a b=x$ とするとき，$a^x=b$**

が成り立つよ。というよりも，これが**対数の定義**なのでしっかりと覚えておこう！

答え　ア：②

(2)　次は，様々な対数の値が有理数か無理数かを確認する問題だ。

(i)　定義より，$\log_5 25=2$　← $5^2=25$ だから $\log_5 25=2$

**底の変換公式**を使って，$\log_9 27=\dfrac{\log_3 27}{\log_3 9}=\dfrac{3}{2}$　← $3^3=27$ だから $\log_3 27=3$，$3^2=9$ だから $\log_3 9=2$

なので，どちらも有理数だよ。
これは，(1)を使って具体的に$x$を求めてももちろん良いね。
$\log_5 25=x$とおくと，(1)より，$5^x=25$　つまり，$\boldsymbol{x=2}$
$\log_9 27=y$とおくと，(1)より，$9^y=27$　つまり，$\boldsymbol{y=\frac{3}{2}}$

**答え　イ：2，$\dfrac{\text{ウ}}{\text{エ}}$：$\dfrac{3}{2}$**

(ii)　**背理法**と呼ばれている有名な証明方法だ。必要な箇所だけ埋めてしまおう。

> $\log_2 3$が有理数であると仮定すると，$\log_2 3>0$であるので，二つの自然数$p$，$q$を用いて$\log_2 3=\dfrac{p}{q}$と表すことができる。このとき，(1)により，$\log_2 3=\dfrac{p}{q}$は［オ］と変形できる。

とあるけど，(1)で「**$\log_a b=x$とおくと，$a^x=b$が成り立つ**」ことを確認したね。これにあてはめると，$a=2$，$b=3$，$x=\dfrac{p}{q}$より，

$2^{\frac{p}{q}}=3$　……①

が成り立つね。［オ］にこの選択肢はないけど，①の両辺を$q$乗すると，次のように変形できるよ。

$2^p=3^q$

**答え　オ：⑤**

$2^p=3^q$より，左辺は偶数，右辺は奇数だから，矛盾するね。
よって，$2^p=3^q$を満たす$p$，$q$が存在しないから$\log_2 3$は無理数なんだ！

(iii)

> $a$，$b$を2以上の自然数とするとき，(ii)と同様に考えると，「［カ］ならば$\log_a b$はつねに無理数である」ことがわかる。

とある。(ii)を参考にすると，もし，$\log_a b$が有理数なら二つの自

然数$p$，$q$を用いて，$\log_a b=\dfrac{p}{q}$と表すことができるから，$a^{\frac{p}{q}}=b$が成り立ち，さらに$a^p=b^q$が成り立つね。

このように考えると，(ii)の後半部分のように，$a$，$b$のいずれか一方が偶数で，もう一方が奇数となれば，$a^q=b^p$を満たす自然数$p$，$q$は絶対に存在せず，$\log_a b=\dfrac{q}{p}$とおくことはできないよね。

そこで$\log_a b$は有理数じゃない，つまりは無理数であることがいえるよ！

**答え** カ：⑤

**POINT**

- 指数法則や対数の定義，底の変換公式は必ず使えるよう。
- 指数法則

  $a^m \times a^n = a^{m+n}$

  $a^m \div a^n = a^{m-n}$

  $(a^m)^n = a^{mn} = (a^n)^m$
- 対数の定義

  $a^p=M$　ならば　$\log_a M=p$
- 底の変換公式

  $a>0$，$a \neq 1$，$M>0$とすると，

  $$\log_a M = \frac{\log_b M}{\log_b a}$$

THEME 2

# グラフと大小関係

ここできめる！

- 指数関数・対数関数のグラフの特徴を理解し，かけるようになろう。
- グラフを利用して対数などの数の大小関係を導こう。

## 1 指数関数・対数関数のグラフ

**過去問にチャレンジ**

$y=2^x$ のグラフと $y=\left(\dfrac{1}{2}\right)^x$ のグラフは ア である。

$y=2^x$ のグラフと $y=\log_2 x$ のグラフは イ である。

$y=\log_2 x$ のグラフと $y=\log_{\frac{1}{2}} x$ のグラフは ウ である。

$y=\log_2 x$ のグラフと $y=\log_2 \dfrac{1}{x}$ のグラフは エ である。

ア ～ エ の解答群（同じものを繰り返し選んでもよい。）

| | |
|---|---|
| ⓪ 同一のもの | ① $x$ 軸に関して対称 |
| ② $y$ 軸に関して対称 | ③ 直線 $y=x$ に関して対称 |

（2016年度センター本試験）

まずは，$y=2^x$，$y=\left(\dfrac{1}{2}\right)^x$，$y=\log_2 x$，$y=\log_{\frac{1}{2}} x$ のグラフを確認しておこう！

グラフをかくときは，具体的な数字をプロットすることを意識すると，万が一グラフの形を忘れてもミスを防げるよ！

$y=2^x$

| $x$ | $-2$ | $-1$ | $0$ | $1$ | $2$ |
|---|---|---|---|---|---|
| $y$ | $\frac{1}{4}$ | $\frac{1}{2}$ | $1$ | $2$ | $4$ |

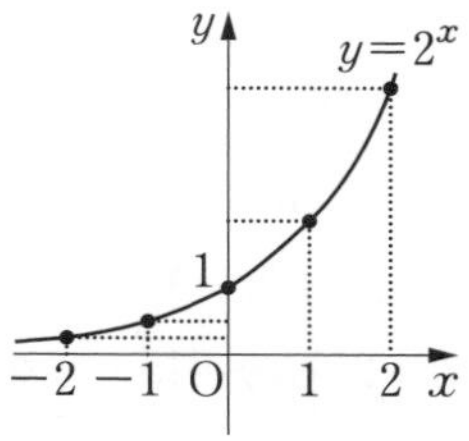


$y=\left(\frac{1}{2}\right)^x$

| $x$ | $-2$ | $-1$ | $0$ | $1$ | $2$ |
|---|---|---|---|---|---|
| $y$ | $4$ | $2$ | $1$ | $\frac{1}{2}$ | $\frac{1}{4}$ |

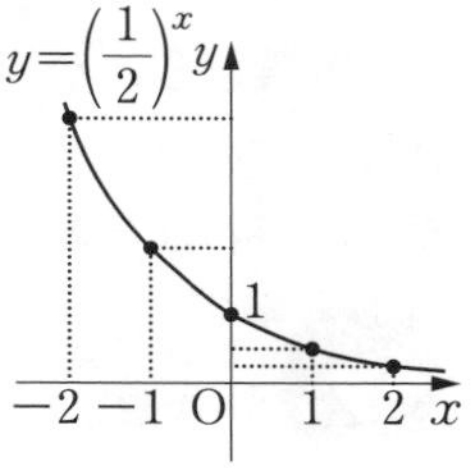


$y=\log_2 x$

| $x$ | $\frac{1}{4}$ | $\frac{1}{2}$ | $1$ | $2$ | $4$ |
|---|---|---|---|---|---|
| $y$ | $-2$ | $-1$ | $0$ | $1$ | $2$ |

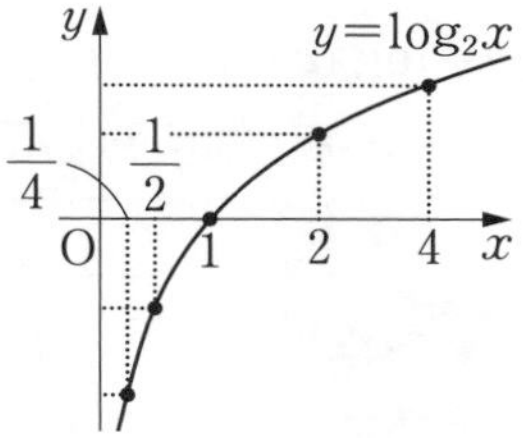


$y=\log_{\frac{1}{2}} x$

| $x$ | $\frac{1}{4}$ | $\frac{1}{2}$ | $1$ | $2$ | $4$ |
|---|---|---|---|---|---|
| $y$ | $2$ | $1$ | $0$ | $-1$ | $-2$ |

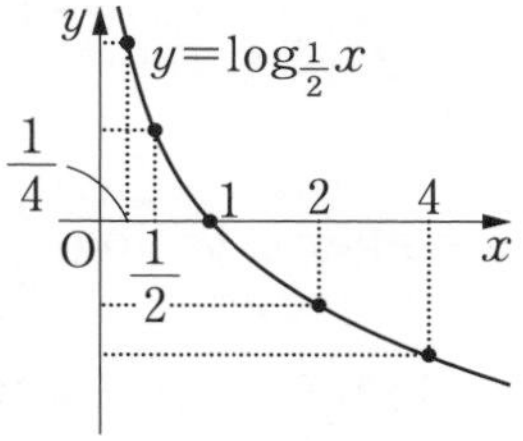


$y=2^x$ と $y=\left(\frac{1}{2}\right)^x$ を比較すると，

**グラフは $y$ 軸に関して対称**だね！

$\left(\frac{1}{2}\right)^x=2^{-x}$ だから $f(x)=2^x$ とすると，

$f(-x)=\left(\frac{1}{2}\right)^x$ だね。

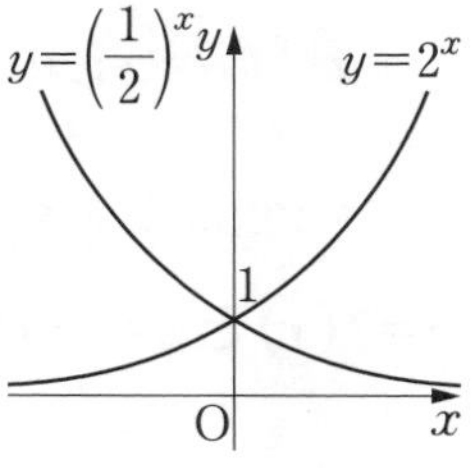

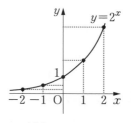

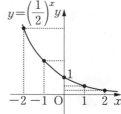

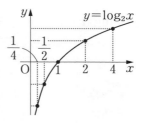

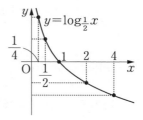

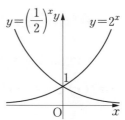

$y=f(x)$ と $y=f(-x)$ のグラフは $y$ 軸対称でした！

答え　ア：②

$y=2^x$ と $y=\log_2 x$ を比較すると，
グラフは $y=x$ に関して対称だ。
その定義から，$y=\log_2 x \iff x=2^y$
つまり，$y=2^x$ と $x=2^y$ のグラフを比較していることがわかるね。

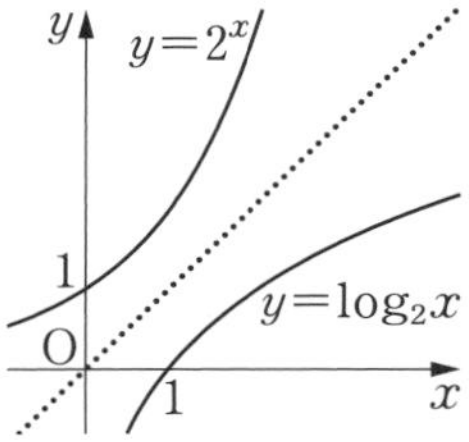

$y=f(x)$ と $x=f(y)$ のグラフは
直線 $y=x$ に関して対称だよ！

答え　イ：③

$y=\log_2 x$ と $y=\log_{\frac{1}{2}} x$ を比較すると，
グラフは $x$ 軸に関して対称だね！

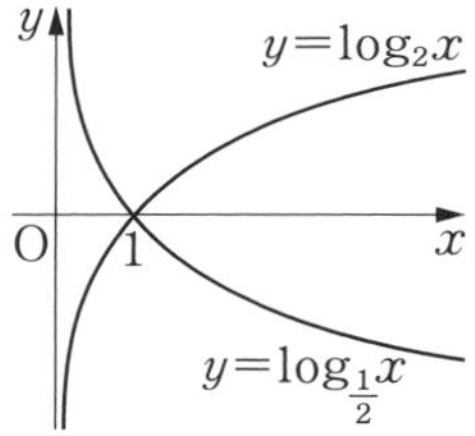

$\log_{\frac{1}{2}} x = \dfrac{\log_2 x}{\log_2 \frac{1}{2}} = -\log_2 x$ だから
$f(x)=\log_2 x$ とおくと，
$-f(x)=-\log_2 x=\log_{\frac{1}{2}} x$ だよ。

答え　ウ：①

$y=\log_2 x$ と $y=\log_2 \dfrac{1}{x}$ を比較しよう。

$y=\log_2 \dfrac{1}{x}$ は具体的な数字をプロットしてグラフをかいてもいいけど，

$\dfrac{1}{x}=x^{-1}$ だから $\log_2 \dfrac{1}{x}=\log_2 x^{-1}=-\log_2 x$ より，

$f(x)=\log_2 x$ とおくと，$-f(x)=\log_2 \dfrac{1}{x}$ だね！

**$y=f(x)$ と $y=-f(x)$ のグラフは $x$ 軸に関して対称**だから，

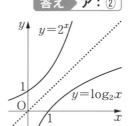

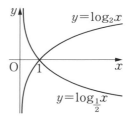

$y=\log_2 x$ と $y=\log_2 \dfrac{1}{x}$ のグラフは $x$ 軸に関して対称だ。

**答え** エ：①

最後に，指数関数，対数関数のグラフについてまとめておくよ。

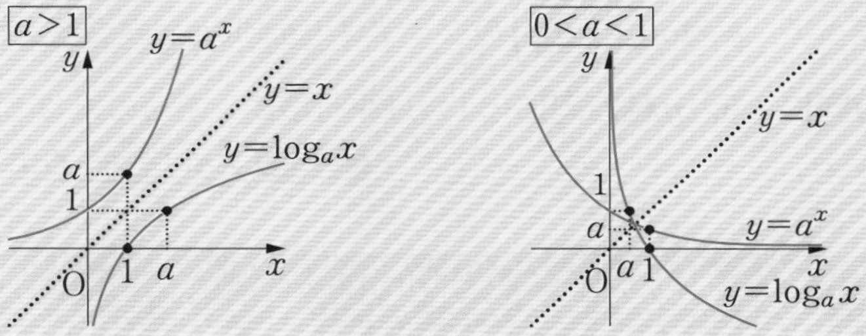


## 2 グラフの平行移動

**過去問にチャレンジ**

関数 $y=\log_2\left(\dfrac{x}{2}+3\right)$ ……①のグラフは，関数 $y=\log_2 x$……②のグラフを $x$ 軸方向に [アイ]，$y$ 軸方向に [ウエ] だけ平行移動したものである。

（2000年度センター本試験・一部抜粋）

グラフの平行移動について復習しておこう。

$y=f(x)$ を $x$ 軸方向に $p$，$y$ 軸方向に $q$ だけ平行移動したものは，

$$y-q=f(x-p)$$

$x \to x-p$，$y \to y-q$ としたよ！

$$y=f(x-p)+q$$

$y=\log_2\left(\dfrac{x}{2}+3\right)$ を $y=\log_2(x-p)+q$ の形に変形すればいいね。

$$\log_2\left(\frac{x}{2}+3\right)=\log_2\frac{x+6}{2}=\log_2(x+6)-\log_2 2$$
$$=\log_2\{x-(-6)\}+(-1)$$

したがって，$y=\log_2\left(\dfrac{x}{2}+3\right)$ のグラフは，$y=\log_2 x$ のグラフを

**$x$ 軸方向に $-6$，$y$ 軸方向に $-1$** だけ平行移動したものだね！

**答え** アイ：$-6$，ウエ：$-1$



## 3 指数・対数グラフと大小

**過去問にチャレンジ**

$p$，$q$，$x$，$y$ は実数とし，関係式 $p=\log_3\left\{3^x-\left(\dfrac{1}{3}\right)^x\right\}$，

$q=\log_3\left\{3^y-\left(\dfrac{1}{3}\right)^y\right\}$ を満たすとする。

真数の条件により，$x>$ $\boxed{\text{ア}}$，$y>$ $\boxed{\text{ア}}$ である。ただし，対数 $\log_a b$ に対し，$a$ を底といい，$b$ を真数という。

また，$x<y$ であるとき

$$3^x \boxed{\text{イ}} 3^y,\quad \left(\frac{1}{3}\right)^x \boxed{\text{ウ}} \left(\frac{1}{3}\right)^y,\quad p \boxed{\text{エ}} q$$

が成り立つ。

$\boxed{\text{イ}}$，$\boxed{\text{ウ}}$，$\boxed{\text{エ}}$ の解答群（同じものを繰り返し選んでもよい。）

| | | |
|---|---|---|
| ⓪ < | ① ＝ | ② > |

（2017年度センター追試験・一部抜粋）

指数関数の大小と対数関数の大小について復習しておこう！

$y=a^x$ のグラフは $a$ の値によって次のようになっていたね。

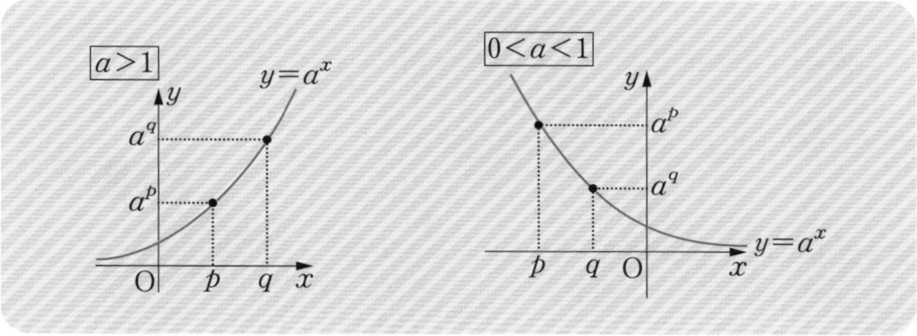


グラフより，$a>1$ のとき，$p<q \Longleftrightarrow a^p<a^q$

$0<a<1$ のとき，$p<q \Longleftrightarrow a^p>a^q$ 不等号の向きが逆

$y=\log_a x$ のグラフは $a$ の値によって，次のようになっていたね。

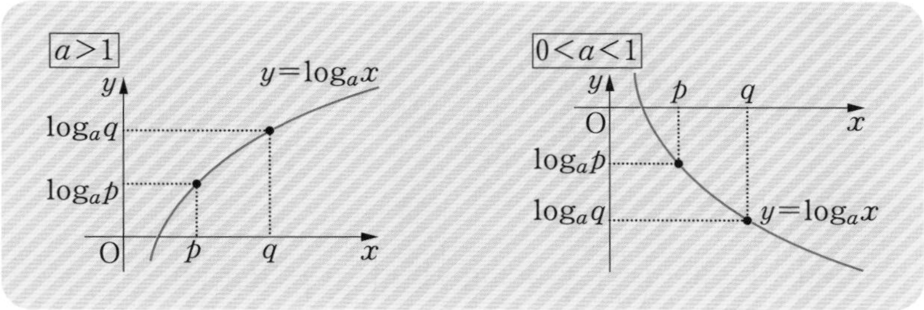


グラフより，$a>1$ のとき，$p<q \Longleftrightarrow \log_a p<\log_a q$

$0<a<1$ のとき，$p<q \Longleftrightarrow \log_a p>\log_a q$ 不等号の向きが逆

これを踏まえて問題を解いていこう！

まず $p$ について**真数は正である**から，$3^x-\left(\dfrac{1}{3}\right)^x>0$ だ。

$\left(\dfrac{1}{3}\right)^x=\dfrac{1}{3^x}=3^{-x}$ より，$3^x-3^{-x}>0$　つまり，$3^x>3^{-x}$

底の3は1より大きいから，$x>-x$ 　$a>1$ のとき $p<q \Longleftrightarrow a^p<a^q$

移項すると$2x>0$であるから，$x>0$

同様に$q$について**真数は正である**条件から，

$$3^y-\left(\frac{1}{3}\right)^y>0$$

よって，$y>0$

**答え ア：0**

底3は1より大きいから，$x<y \Longleftrightarrow 3^x<3^y$

> $a>1$のとき
> $p<q \Longleftrightarrow a^p<a^q$

底$\frac{1}{3}$は1より小さいから，$x<y \Longleftrightarrow \left(\frac{1}{3}\right)^x>\left(\frac{1}{3}\right)^y$

> $0<a<1$のとき
> $p<q \Longleftrightarrow a^p>a^q$

次は，下の関係式を知っているとすぐに解けるよ。

> 小　大　㊀小　㊀大　　小　㊀大　大　㊀小
> **$a<b$かつ$c<d$のとき$a-d<b-c$**

したがって，$\underset{\text{小}}{3^x}-\underset{\text{㊀大}}{\left(\frac{1}{3}\right)^x}<\underset{\text{大}}{3^y}-\underset{\text{㊀小}}{\left(\frac{1}{3}\right)^y}$

底3は1より大きいから，

$$3^x-\left(\frac{1}{3}\right)^x<3^y-\left(\frac{1}{3}\right)^y \Longleftrightarrow \log_3\left\{3^x-\left(\frac{1}{3}\right)^x\right\}<\log_3\left\{3^y-\left(\frac{1}{3}\right)^y\right\}$$

よって，$p<q$となるね！

**答え イ：⓪，ウ：②，エ：⓪**

## 4 指数・対数の大小

### 過去問にチャレンジ

五つの数0，1，$a=\log_5 2^{1.5}$，$b=\log_5 3^{1.5}$，$c=\log_5 0.5^{1.5}$を小さい順に並べると

| ア | $<0<$ | イ | $<$ | ウ | $<$ | エ |

である。

（2001年度センター追試験）

まずは底を5にそろえた対数で大小を考えていこう。

$0=\log_5 1$，$1=\log_5 5$，$a=\log_5 2^{1.5}$，$b=\log_5 3^{1.5}$，$c=\log_5 0.5^{1.5}$

底5は1より大きいから，真数の$1, 5, 2^{1.5}, 3^{1.5}, 0.5^{1.5}$の大小がそのまま，$0, 1, a, b, c$の大小になるってことだ！

$1.5=\dfrac{3}{2}$だから，すべての数を2乗しよう！

すると，$1, 5, 2^{1.5}, 3^{1.5}, 0.5^{1.5}$はすべて正の数で，平方しても大小関係は変わらないから，

$1^2=1, 5^2=25, (2^{1.5})^2=2^3=8, (3^{1.5})^2=3^3=27, (0.5^{1.5})^2=0.5^3=0.125$

$0.125<1<8<25<27$であるから，$0.5^{1.5}<1<2^{1.5}<5<3^{1.5}$

つまり，$c<0<a<1<b$とわかるよ！

**答え　ア：$c$，イ：$a$，ウ：1，エ：$b$**

**POINT**

$a>1$

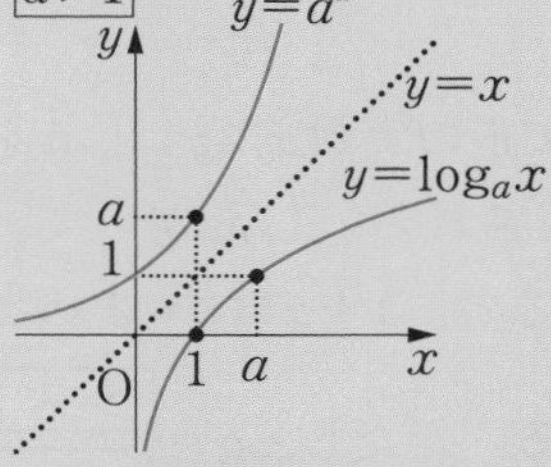


$0<a<1$

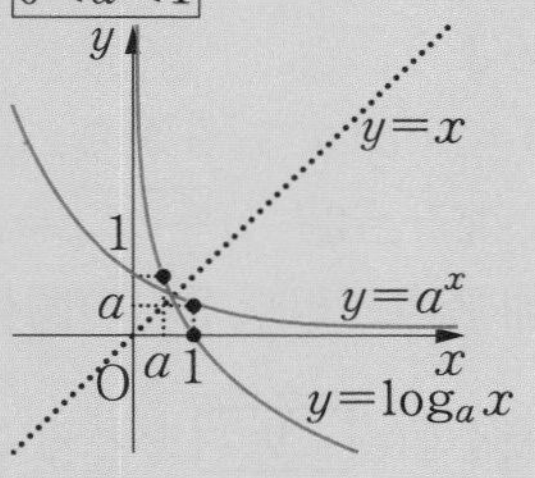


$a>1$のとき（真数と対数の大小が同じ）

$p<q \Longleftrightarrow a^p<a^q$，$p<q \Longleftrightarrow \log_a p<\log_a q$

$0<a<1$のとき（真数と対数の大小が逆転）

$p<q \Longleftrightarrow a^p>a^q$，$p<q \Longleftrightarrow \log_a p>\log_a q$

THEME 3

# 方程式と不等式

ここできめる!

- 指数を含む方程式，不等式が解けるようにしよう。
- 対数を含む方程式，不等式が解けるようにしよう。

## 1 指数方程式

### 過去問にチャレンジ

$a$，$b$を正の実数とする。連立方程式(∗) $\begin{cases} x\sqrt{y^3}=a \\ \sqrt[3]{x}y=b \end{cases}$ を満たす正の実数$x$，$y$について考えよう。

(1) 連立方程式(∗)を満たす正の実数$x$，$y$は$x=a^{\boxed{ア}}b^{\boxed{イウ}}$，$y=a^{p}b^{\boxed{エ}}$となる。ただし，$p=\dfrac{\boxed{オカ}}{\boxed{キ}}$である。

(2) $b=2\sqrt[3]{a^4}$とする。$a$が$a>0$の範囲を動くとき，連立方程式(∗)を満たす正の実数$x$，$y$について，$x+y$の最小値を求めよう。

$b=2\sqrt[3]{a^4}$であるから，(∗)を満たす正の実数$x$，$y$は，$a$を用いて$x=2^{\boxed{イウ}}a^{\boxed{クケ}}$，$y=2^{\boxed{エ}}a^{\boxed{コ}}$と表される。したがって，相加平均と相乗平均の関係を利用すると，$x+y$は$a=2^{q}$のとき最小値$\sqrt{\boxed{サ}}$をとることがわかる。ただし，$q=\dfrac{\boxed{シス}}{\boxed{セ}}$である。

(2015年度センター本試験)

(1) まずは，**累乗根をすべて指数の形で表そう**。

$$\begin{cases} x\sqrt{y^3}=a \\ \sqrt[3]{x}\,y=b \end{cases} \quad \text{は} \quad \begin{cases} x\cdot y^{\frac{3}{2}}=a \quad \cdots\cdots① \\ x^{\frac{1}{3}}\cdot y=b \quad \cdots\cdots② \end{cases} \quad \text{となるね}$$

連立方程式は**文字消去**によって解くことができるから

①か②の式を$x$か$y$について解こう！

今回は②を$y$について解いていくよ。

$x>0$より，$y=\dfrac{b}{x^{\frac{1}{3}}}=x^{-\frac{1}{3}}\cdot b$

だから，これを①に代入すると，

$$x\cdot(x^{-\frac{1}{3}}\cdot b)^{\frac{3}{2}}=a$$

$$x\cdot x^{-\frac{1}{2}}\cdot b^{\frac{3}{2}}=a$$

$(a^m)^n=a^{mn}$だったね

$$x^{\frac{1}{2}}=a\cdot b^{-\frac{3}{2}}$$

両辺を2乗すると，$x=a^2b^{-3}$

これを，$y=x^{-\frac{1}{3}}b$に代入すると，

$$y=(a^2b^{-3})^{-\frac{1}{3}}\cdot b=a^{-\frac{2}{3}}b^1\cdot b=a^{-\frac{2}{3}}b^2$$

よって，$p=-\dfrac{2}{3}$

**答え** **ア**：2，**イウ**：−3，**エ**：2，$\dfrac{\textbf{オカ}}{\textbf{キ}}$：$\dfrac{-2}{3}$

(2)　$2\sqrt[3]{a^4}=2a^{\frac{4}{3}}$だから，$b=2\sqrt[3]{a^4}=2a^{\frac{4}{3}}$のとき

$$x=a^2(2a^{\frac{4}{3}})^{-3}=2^{-3}a^2a^{-4}=2^{-3}a^{-2}$$

$$y=a^{-\frac{2}{3}}(2a^{\frac{4}{3}})^2=2^2a^{-\frac{2}{3}}a^{\frac{8}{3}}=2^2a^2$$

**答え** **クケ**：−2，**コ**：2

よって，$x+y=2^{-3}a^{-2}+2^2a^2$

$\dfrac{1}{8a^2}+4a^2$で逆数の和だ

さぁ，ここで**相加平均と相乗平均の関係**について復習しておこう！

**相加平均と相乗平均の関係**

$a>0$，$b>0$のとき，

$$\frac{a+b}{2}\geqq\sqrt{ab} \quad (a+b\geqq2\sqrt{ab})$$

等号成立$(a+b=2\sqrt{ab}$となるとき$)$は$a=b$のとき

$a>0$ より，$x>0$，$y>0$ だね。これを確認する習慣をつけよう！

**相加平均と相乗平均の関係**により，

$$x+y \geqq 2\sqrt{xy}=2\sqrt{2^{-3}a^{-2}\cdot 2^2a^2}=2\sqrt{\frac{1}{2}}=\sqrt{2}$$

よって，$x+y \geqq \sqrt{2}$

等号が成り立つのは，$2^{-3}a^{-2}=2^2a^2$ のときだよ。

両辺に $a^2$ を掛けて，

$$2^{-3}=2^2a^4$$

両辺を $2^2$ で割ると，

$$2^{-5}=a^4$$

$$a=2^{-\frac{5}{4}}$$

すなわち，$a=2^{-\frac{5}{4}}$ のとき $x+y$ は最小値 $\sqrt{2}$ をとる。

このとき，$q=\frac{-5}{4}$

**答え** サ：2，$\frac{\text{シス}}{\text{セ}}$：$\frac{-5}{4}$

## 2 指数を含む2次方程式

### 過去問にチャレンジ

$a$ を定数とする。$x$ の方程式 $4^{x+a}-2^{x+a}+a=0$ ……①がただ一つの解をもつとき，その解を求めよう。

(1) $X=2^x$ とおくと，$X$ のとり得る値の範囲は［ア］である。

また，①を $X$ を用いて表すと，$X$ の2次方程式

$$2^{\boxed{イウ}}X^2-2^{\boxed{エ}}X+a=0 \quad ……②$$

となる。この2次方程式の判別式を $D$ とすると

$D=2^{\boxed{イウ}}(\boxed{オ}-\boxed{カ}a)$ である。

［ア］の解答群

| | | | |
|---|---|---|---|
| ⓪ $X\geqq 0$ | ① $X>0$ | ② $X\geqq 1$ | ③ $X>1$ |

(2)　$a=\dfrac{\boxed{\text{オ}}}{\boxed{\text{カ}}}$ のとき，②は $\boxed{\text{ア}}$ の範囲でただ一つの解をもつ。したがって，①もただ一つの解をもち，その解は

$x=\dfrac{\boxed{\text{キク}}}{\boxed{\text{ケ}}}$ である。

(3)　$a\neq\dfrac{\boxed{\text{オ}}}{\boxed{\text{カ}}}$ のとき，②が $\boxed{\text{ア}}$ の範囲でただ一つの解をもつための必要十分条件は，$\boxed{\text{コ}}$ である。

$\boxed{\text{コ}}$ のとき，①もただ一つの解をもち，その解は

$x=\boxed{\text{サ}}\,a-\boxed{\text{シ}}+\log_2\left(\boxed{\text{ス}}+\sqrt{\boxed{\text{オ}}-\boxed{\text{カ}}\,a}\right)$ である。

$\boxed{\text{コ}}$ の解答群

| | | |
|---|---|---|
| ⓪　$a>0$ | ①　$a<0$ | ②　$a\geqq 0$ |
| ③　$a\leqq 0$ | ④　$a>\dfrac{\boxed{\text{オ}}}{\boxed{\text{カ}}}$ | ⑤　$a<\dfrac{\boxed{\text{オ}}}{\boxed{\text{カ}}}$ |

(2018年度センター追試験)

(1)　一般に，$a>0$ のとき，$a^x>0$ だから，$X=2^x>0$ だね。

**答え　ア：①**

次に，①を変形していくよ！

$4^{x+a}=(2^2)^{x+a}$，$2^{x+a}=2^x\cdot 2^a$ より，

$$2^{2x+2a}-2^a\cdot 2^x+a=0$$

$$2^{2a}\cdot(2^x)^2-2^a\cdot 2^x+a=0$$

$$2^{2a}X^2-2^aX+a=0 \quad \cdots\cdots②$$

**答え　イウ：$2a$，エ：$a$**

この $X$ についての2次方程式の判別式を $D$ とすると，

$$D=(-2^a)^2-4\cdot 2^{2a}\cdot a$$

$$=2^{2a}-4\cdot 2^{2a}\cdot a=2^{2a}(1-4a)$$

**答え　オ：1，カ：4**

(2)　$a=\dfrac{1}{4}$のとき，判別式$D=0$だから$X$の方程式②は，

$$2^{\frac{1}{2}}X^2-2^{\frac{1}{4}}X+\frac{1}{4}=0$$

$$2^{\frac{5}{2}}X^2-2\cdot 2^{\frac{5}{4}}X+1=0$$

$$(2^{\frac{5}{4}}X)^2-2\cdot(2^{\frac{5}{4}}X)+1=0$$

$$(2^{\frac{5}{4}}X-1)^2=0$$

$$X=\frac{1}{2^{\frac{5}{4}}}=2^{-\frac{5}{4}}$$



よって，$2^x=2^{-\frac{5}{4}}$

ゆえに，$x=\dfrac{-5}{4}$

答え　$\dfrac{\text{キク}}{\text{ケ}}$ : $\dfrac{-5}{4}$

(3)　$a\neq\dfrac{1}{4}$のとき，②が$X>0$の範囲でただ1つの解をもつときを考えていくよ。「ただ1つの解」というと重解をもつときも含まれているけど，それは(2)で$x=\dfrac{-5}{4}$のときと求めてあるから，これは考えなくていいね。

**方程式の解は軸との共有点**だからここで，$f(X)=2^{2a}X^2-2^aX+a$とおいて，$X$軸との交点を考えていこう。

②が$X>0$の範囲でただ1つの解をもつのは，$X>0$と$X\leqq 0$に1つずつ解をもつときだから，

このときの$y=f(X)$のグラフは右下の図のようになるね！

解の存在範囲の問題では**判別式，軸，端点（境界点）の$y$座標**に注目するんだったね！

判別式は$D=2^{2a}(1-4a)$だったよ。

$$f(X)=2^{2a}\left(X-\frac{1}{2\cdot 2^a}\right)^2-\frac{1}{4}+a$$

より軸の方程式は$X=\dfrac{1}{2^{a+1}}$だね！

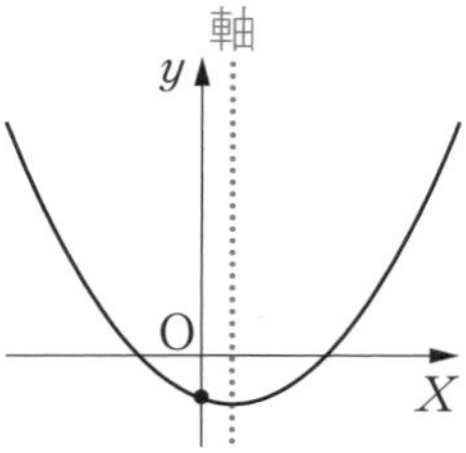

境界となるのは$X=0$だから，$f(0)$を考えると，$f(0)=a$

軸に注目すると，$X=\dfrac{1}{2^{a+1}}>0$だから，**方程式$f(X)=0$が実数解をもつなら，少なくとも1つは正の実数解**だね！

$X>0$と$X\leqq 0$に1つずつ解をもつための必要十分条件は，

$D>0$　かつ　$f(0)\leqq 0$

$\begin{cases} 1-4a>0 \\ a\leqq 0 \end{cases}$　を解くと，$a\leqq 0$となるよ。

**答え　コ：③**

---

**【別解】**

実は，「1つだけ正の解」であるためには，もう1つの制限，境界$f(0)$の符号が重要だよ。グラフからわかる通り，$f(0)\leqq 0$だ。そして，この条件さえあれば，グラフは$x$軸と共有点をもつんだよ。

つまり，$f(0)\leqq 0$のみを考えればいいから，

$a\leqq 0$

次は①と②の関係なんだけど，$X$が1つ決まると，これに対する$x$は1つしかないよ。だから，まずは$X$について解けばいいんだ。

$2^{2a}X^2-2^aX+a=0$を解の公式で解くと，

$$X=\frac{2^a\pm\sqrt{2^{2a}(1-4a)}}{2\cdot 2^{2a}}=\frac{2^a\pm 2^a\sqrt{1-4a}}{2\cdot(2^a)^2}=\frac{1\pm\sqrt{1-4a}}{2\cdot 2^a}$$

$X>0$より，

$$X=\frac{1+\sqrt{1-4a}}{2^{a+1}}$$

$X=2^x$だから，

$$2^x=\frac{1+\sqrt{1-4a}}{2^{a+1}}$$

$$\begin{aligned} x&=\log_2\frac{1+\sqrt{1-4a}}{2^{a+1}} \\ &=\log_2(1+\sqrt{1-4a})-\log_2 2^{a+1} \\ &=-a-1+\log_2(1+\sqrt{1-4a}) \end{aligned}$$

**答え　サ：−，シ：1，ス：1**

## 3　対数を含む2次方程式

### 過去問にチャレンジ

連立方程式(＊)
$$\begin{cases} xy=128 & \cdots\cdots① \\ \dfrac{1}{\log_2 x}+\dfrac{1}{\log_2 y}=\dfrac{7}{12} & \cdots\cdots② \end{cases}$$
を満たす正の実数$x$，$y$を求めよう。ただし，$x \neq 1$，$y \neq 1$とする。①の両辺で2を底とする対数をとると$\log_2 x+\log_2 y=$ **ア** が成り立つ。

これと②より$(\log_2 x)(\log_2 y)=$ **イウ** である。

したがって，$\log_2 x$，$\log_2 y$は2次方程式

$t^2-$ **エ** $t+$ **オカ** $=0$……③の解である。

③の解は$t=$ **キ** ， **ク** である。ただし， **キ** と **ク** は解答の順序を問わない。よって，連立方程式(＊)の解は

$(x,\ y)=($ **ケ** ， **コサ** $)$または$(x,\ y)=($ **コサ** ， **ケ** $)$である。

（2010年度センター本試験）

①の両辺について，2を底とする対数をとると，

$$\log_2 xy=\log_2 128$$

$\log_2 xy=\log_2 x+\log_2 y$，$\log_2 128=\log_2 2^7=7$だから，

$$\log_2 x+\log_2 y=7 \quad \cdots(\mathrm{i})$$

**答え　ア：7**

また②について，分母をはらうために両辺に$12\log_2 x\log_2 y$を掛けると，

$$12(\log_2 x+\log_2 y)=7(\log_2 x)(\log_2 y)$$

これの左辺に$\log_2 x+\log_2 y=7$を代入すると，

$$12\cdot 7=7(\log_2 x)(\log_2 y)$$

よって，$(\log_2 x)(\log_2 y)=12 \quad \cdots(\mathrm{ii})$

**答え　イウ：12**

(i)，(ii)より$\log_2 x$と$\log_2 y$の**和と積の値がわかったから，解と係数の関係を使う**と，
$\log_2 x$，$\log_2 y$は2次方程式$t^2-7t+12=0$の2解だね！

**答え　エ：7，オカ：12**

左辺を因数分解すると$(t-3)(t-4)=0$だから，
$t=3$，$4$(または$t=4$，$3$)

**答え　キ，ク：3，4（順不同）**

したがって，
$(\log_2 x,\ \log_2 y)=(3,\ 4)$または$(4,\ 3)$
となるから，
$(x,\ y)=(2^3,\ 2^4)$または$(2^4,\ 2^3)$
すなわち
$(x,\ y)=(8,\ 16)$または$(x,\ y)=(16,\ 8)$だね！

**答え　ケ：8，コサ：16**

## 4　対数の連立方程式

**過去問にチャレンジ**

連立方程式

$$\begin{cases} \log_2(x+2)-2\log_4(y+3)=-1 & \cdots\cdots① \\ \left(\dfrac{1}{3}\right)^y-11\left(\dfrac{1}{3}\right)^{x+1}+6=0 & \cdots\cdots② \end{cases}$$

を満たす実数$x$，$y$を求めよう。
真数の条件により，$x$，$y$のとり得る値の範囲は［ア］である。
ただし，対数$\log_a b$に対し，$a$を底といい，$b$を真数という。
底の変換公式により$\log_4(y+3)=\dfrac{\log_2(y+3)}{［イ］}$である。
よって，①から
$y=$［ウ］$x+$［エ］　……③

が得られる。

次に，$t=\left(\dfrac{1}{3}\right)^x$ とおき，③を用いて②を$t$の方程式に書き直すと

$$t^2-\boxed{\text{オカ}}\,t+\boxed{\text{キク}}=0 \quad \cdots\cdots ④$$

が得られる。また，$x$が[ア]における$x$の範囲を動くとき，$t$のとり得る値の範囲は

$$\boxed{\text{ケ}}<t<\boxed{\text{コ}} \quad \cdots\cdots ⑤$$

である。

⑤の範囲で方程式④を解くと，$t=\boxed{\text{サ}}$となる。したがって，連立方程式①，②を満たす実数$x$，$y$の値は

$$x=\log_3\frac{\boxed{\text{シ}}}{\boxed{\text{ス}}},\quad y=\log_3\frac{\boxed{\text{セ}}}{\boxed{\text{ソ}}}$$

であることがわかる。

[ア]の解答群

| | | |
|---|---|---|
| ⓪ $x>0$，$y>0$ | ① $x>2$，$y>3$ | ② $x>-2$，$y>-3$ |
| ③ $x<0$，$y<0$ | ④ $x<2$，$y<3$ | ⑤ $x<-2$，$y<-3$ |

（2019年度センター本試験）

①について，（真数）$>0$ より，

$$x+2>0 \quad かつ \quad y+3>0$$

したがって，$x>-2$ かつ $y>-3$

答え ア：②

次は$\log_4(y+3)$の底を2に変換しよう！

**底の変換公式**より，

$$\log_4(y+3)=\frac{\log_2(y+3)}{\log_2 4}=\frac{\log_2(y+3)}{2}$$

答え イ：2

この結果をもとに①を変形して$y$を$x$の式で表すよ。

$$\log_2(x+2)-2\frac{\log_2(y+3)}{2}=-1$$

$$\log_2(x+2)-\log_2(y+3)=-1$$

$$\log_2(y+3)=\log_2(x+2)+1$$

$$\log_2(y+3)=\log_2(x+2)+\log_2 2$$

$$\log_2(y+3)=\log_2 2(x+2)$$

$y$について解くための変形だよ。

したがって，$y+3=2(x+2)$ だから，$y=2x+1$　……③

**答え　ウ：2，エ：1**

③を②に代入すると，$\left(\frac{1}{3}\right)^{2x+1}-11\left(\frac{1}{3}\right)^{x+1}+6=0$

$$\frac{1}{3}\cdot\left(\frac{1}{3}\right)^{2x}-11\cdot\frac{1}{3}\cdot\left(\frac{1}{3}\right)^{x}+6=0$$

$$\left\{\left(\frac{1}{3}\right)^{x}\right\}^2-11\left(\frac{1}{3}\right)^{x}+18=0$$

両辺に3を掛けたよ！

$t=\left(\frac{1}{3}\right)^{x}$ とおくと，$t^2-11t+18=0$　……④

**答え　オカ：11，キク：18**

$t$ の範囲を求めるために，まず $x$ の範囲を求めよう。

$x>-2$，$y>-3$，$y=2x+1$ より，

$x>-2$　かつ　$2x+1>-3$

$2x+1>-3$ を解くと，$x>-2$ だから，

$x$ の範囲は $x>-2$ だね！

よって，底 $\frac{1}{3}$ は1より小さいから，

$$\left(\frac{1}{3}\right)^{x}<\left(\frac{1}{3}\right)^{-2}$$

$0<a<1$ のとき，$p<q \iff a^p>a^q$

また，$\left(\frac{1}{3}\right)^{x}>0$ だから，$0<\left(\frac{1}{3}\right)^{x}<9$

したがって，$0<t<9$　……⑤

**答え　ケ：0，コ：9**

④の $t^2-11t+18=0$ より，

$$(t-2)(t-9)=0$$

$$t=2,\ 9$$

⑤より，$t=2$

答え サ：2

$t=\left(\dfrac{1}{3}\right)^x$ だから，$\left(\dfrac{1}{3}\right)^x=2$

$$3^x=\frac{1}{2}$$

$$x=\log_3\frac{1}{2}$$

$a^p=M \iff p=\log_a M$

③の $y=2x+1$ から，

$$y=2\log_3\frac{1}{2}+1$$

$$=\log_3\frac{1}{4}+\log_3 3$$

$$=\log_3\left(\frac{1}{4}\times 3\right)$$

$$=\log_3\frac{3}{4}$$

したがって，連立方程式①，②を満たす実数 $x$，$y$ の値は，

$$x=\log_3\frac{1}{2},\ y=\log_3\frac{3}{4}$$

答え $\dfrac{\text{シ}}{\text{ス}}$：$\dfrac{1}{2}$，$\dfrac{\text{セ}}{\text{ソ}}$：$\dfrac{3}{4}$

## 5 対数の不等式

**過去問にチャレンジ**

$c$を正の定数として，不等式 $x^{\log_3 x} \geqq \left(\dfrac{x}{c}\right)^3$ ……① を考える。

3を底とする①の両辺の対数をとり，$t=\log_3 x$とおくと

$$t^{[ア]} - [イ]\,t + [イ]\log_3 c \geqq 0 \text{……②}$$

となる。ただし，対数$\log_a b$に対し，$a$を底といい，$b$を真数という。

$c=\sqrt[3]{9}$のとき，①を満たす$x$の値の範囲を求めよう。

②により$t\leqq$ [ウ]，$t\geqq$ [エ] である。さらに，真数の条件を考えて [オ] $<x\leqq$ [カ]，$x\geqq$ [キ] となる。

次に，①が$x>$ [オ] の範囲でつねに成り立つような$c$の値の範囲を求めよう。

$x$が$x>$ [オ] の範囲を動くとき，$t$のとり得る値の範囲は [ク] である。

この範囲の$t$に対して，②がつねに成り立つための必要十分条件は，$\log_3 c \geqq \dfrac{[ケ]}{[コ]}$ である。すなわち，$c\geqq \sqrt[[サ]]{[シス]}$ である。

[ク] の解答群

| | |
|---|---|
| ⓪ 正の実数全体 | ① 負の実数全体 |
| ② 実数全体 | ③ 1以外の実数全体 |

(2018年度センター本試験)

問題文に不等式①の両辺の対数をとるように誘導がついているけど，念のため**対数がとれるか確認**しておこう！

つまり，**不等式の両辺が正であることを確認**するよ。

$\log_3 x$について真数は正であるから$x>0$だね。

$c>0$とあわせると，**①の両辺は正**だ。
①の両辺について底3の対数をとると，底3は1より大きいから，不等号の向きは変わらず，

$$\log_3 x^{\log_3 x} \geqq \log_3\left(\frac{x}{c}\right)^3$$

$$(\log_3 x)^2 \geqq 3(\log_3 x-\log_3 c)$$

$t=\log_3 x$とおくと，

$$t^2 \geqq 3(t-\log_3 c)$$

$$t^2-3t+3\log_3 c \geqq 0 \cdots\cdots ②$$

**答え　ア：2，イ：3**

今度は$c=\sqrt[3]{9}$として考えるんだね。
このとき，②に代入して，

$$3\log_3 c=3\log_3\sqrt[3]{9}=3\log_3 3^{\frac{2}{3}}=3\cdot\frac{2}{3}=2$$

だから，②は，

$$t^2-3t+2 \geqq 0$$

$$(t-1)(t-2) \geqq 0$$

よって，$t \leqq 1$，$t \geqq 2$

**答え　ウ：1，エ：2**

$t=\log_3 x$だから，

$\log_3 x \leqq 1$ または $\log_3 x \geqq 2$

すなわち，$\log_3 x \leqq \log_3 3$ または $\log_3 x \geqq \log_3 9$
真数の条件の$x>0$と合わせると，$0<x \leqq 3$，$x \geqq 9$

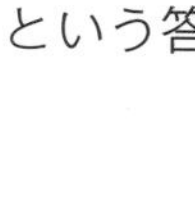

底3>1より，不等号の向きは変わらないよ。

**答え　オ：0，カ：3，キ：9**

さっきは$c$の値から不等式を解いたけど，今度は，不等式が$x>0$という答えをもつような$c$の範囲を求めるんだね。

$x$が$x>0$の範囲を動くとき，
$t=\log_3 x$のとり得る値の範囲を考えると実数全体だね！

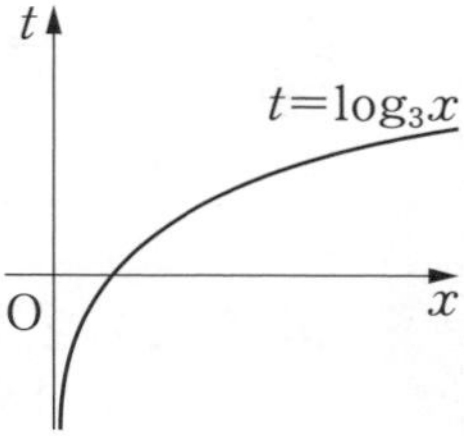


答え　ク：②

よって，**①が$x>0$の範囲でつねに成り立つような$c$の値の範囲**は，**②がすべての実数$t$でつねに成り立つ$c$の値の範囲と一致する**ね！
つまり，$f(t)=t^2-3t+3\log_3 c$とおいたとき，**$f(t)\geqq 0$がすべての実数$t$で成り立てばいい**から，
$f(t)$の判別式を$D$とすると，求める条件は，

$$D=(-3)^2-4\cdot 1\cdot 3\log_3 c\leqq 0$$

よって，$9-12\log_3 c\leqq 0$

$$\log_3 c\geqq \frac{3}{4}$$

答え　$\frac{ケ}{コ}$：$\frac{3}{4}$

したがって，$c\geqq 3^{\frac{3}{4}}=\sqrt[4]{27}$

答え　$\sqrt[サ]{シス}$：$\sqrt[4]{27}$

**POINT**

- カタマリ（$2^x$や$\log x$など）を文字でおくことで，2次方程式，2次不等式の問題になるよ。
  そのときの**文字の範囲**に気をつける！
- **相加平均と相乗平均の関係**
  $a>0$，$b>0$のとき，
  $$\frac{a+b}{2}\geqq\sqrt{ab}\quad(a+b\geqq 2\sqrt{ab})$$
  等号成立（$a+b=2\sqrt{ab}$となるとき）は$a=b$のとき

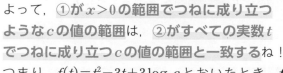

THEME 4

# 指数関数・対数関数

ここできめる!

**頻出の２次関数との融合問題を解けるようになろう。**

## 1 対数関数と2次関数

**過去問にチャレンジ**

$x>0$の範囲における関数$y=\left(\log_2\dfrac{x}{4}\right)^2-4\log_4 x+3$の最小値を求めよう。

$t=\log_2 x$とおく。このとき，$y=t^2-$ ア $t+$ イ である。

また，$x$が$x>0$の範囲を動くとき，$t$のとり得る値の範囲は ウ である。

したがって，$y$は$t=$ エ のとき，すなわち$x=$ オ のとき，最小値 カキ をとる。

ウ の解答群

| | |
|---|---|
| ⓪ $t>0$ | ① $t>1$ |
| ② $t>0$かつ$t\neq 1$ | ③ 実数全体 |

(2016年度センター本試験)

2次関数との融合問題になっているね。「$t=\log_2 x$とおく」という指示に従って，まずは$y$を$\log_2 x$の関数となるように式を変形していこう。

$$y=(\log_2 x-\log_2 4)^2-4\frac{\log_2 x}{\log_2 4}+3$$

$=(\log_2 x-2)^2-2\log_2 x+3$
$=(t-2)^2-2t+3$
$=t^2-6t+7$

答え **ア：6，イ：7**

**$x>0$ のとき，$t$ のとり得る値の範囲は実数全体**だ。

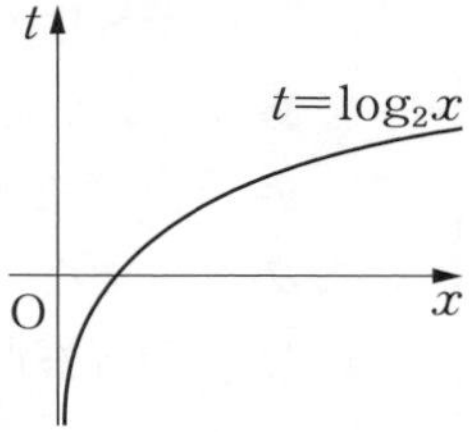


これは，グラフをイメージできていれば問題ないね！

答え **ウ：③**

あとはただの2次関数の問題だよ。

$y=(t-3)^2-2$ （$t$ は実数全体）

と平方完成できるから，$y$ は $t=3$ のとき最小値 $-2$ をとるね。

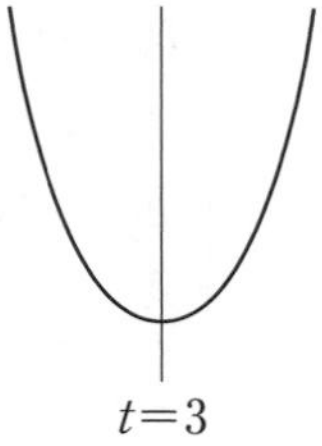


$t=3$ のとき，

$3=\log_2 x$

$x=8$

したがって，$y$ は $t=3$ のとき，すなわち $x=8$ のとき，最小値 $-2$ をとるよ。

答え **エ：3，オ：8，カキ：−2**

## 2　指数関数と2次関数

### 過去問にチャレンジ

関数 $y=-2^{2x}+2^{x+4}-48$ について考える。

(1)　$t=2^x$ とおく。$y$ を $t$ の式で表すと

$y=$ ア $(t-$ イ $)^2+$ ウエ

となる。

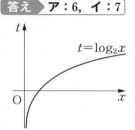

$x=1$のとき，$y=$[オカキ]である。$x \geqq 1$のとき，$y$は$x=$[ク]で最大値[ケコ]をとる。

(2)　$k>1$とする。$x$が$1 \leqq x \leqq k$の範囲を動くとき，$y$の最小値が[オカキ]であるような$k$の値の範囲は

$1<k \leqq \log_2$[サシ]

である。この範囲に含まれる最大の整数の値は[ス]である。

(3)　$y=0$を満たす$x$は二つある。そのうちの小さい方は[セ]である。また，大きい方は[ソ]を満たす。

[ソ]の解答群（$\log_{10}2=0.3010$，$\log_{10}3=0.4771$とする。）

| | | |
|---|---|---|
| ⓪　$1<x<1.2$ | ①　$1.2<x<1.3$ | ②　$1.5<x<1.6$ |
| ③　$2.4<x<2.5$ | ④　$2.5<x<2.6$ | ⑤　$2.6<x<2.8$ |
| ⑥　$3.5<x<3.6$ | ⑦　$3.6<x<3.8$ | ⑧　$4.2<x<4.4$ |
| ⑨　$x>10$ | | |

（2020年度センター追試験）



(1)　$t=2^x$とおくと，

$$y=-2^{2x}+2^{x+4}-48$$
$$=-(2^x)^2+2^4\cdot 2^x-48$$
$$=-t^2+16t-48$$
$$=-(t-8)^2+16 \quad \cdots ①$$

となるね。

**答え　ア：−，イ：8，ウエ：16**

$x=1$のとき$t=2$なので，①に代入して，

$$y=-20$$

**答え　オカキ：−20**

$x \geqq 1$のとき，$t \geqq 2$となるから，
この範囲で$y$の最大値を考えると，$t=8$
で最大値16をとることがわかるね。
$t=8$のとき$2^x=8$だから，$x=3$

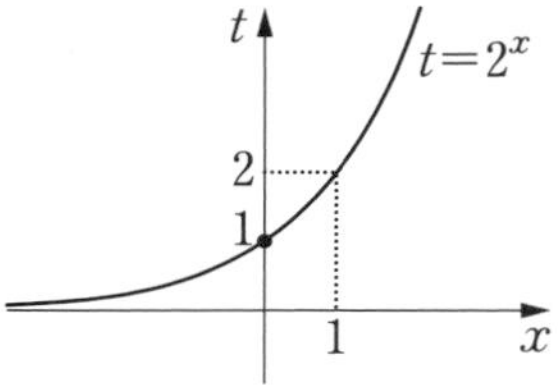

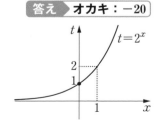

すなわち，$x=3$で最大値16となるんだ。

**答え　ク：3，ケコ：16**

(2)　$k>1$とし，**$x$が$1\leqq x\leqq k$の範囲を動くとき，$2\leqq t\leqq 2^k$**となるね。

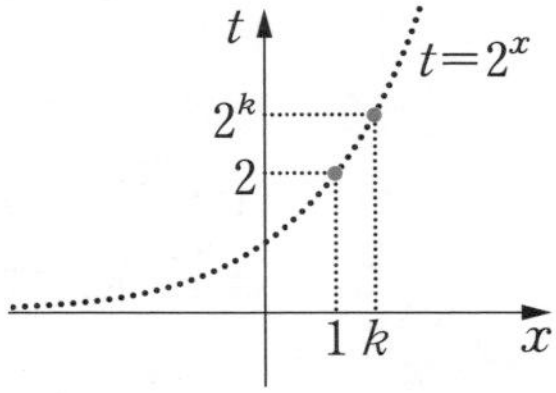


この範囲で，最小値が$-20$になるような$k$の範囲を考えていこう。
図1のような状態のときには，最小値が$-20$になっているね。
ところが，図2のようになると，最小値を$t=2^k$で取ることになり，最小値は$-20$とはならないね。
$t=2$と$t=8$の幅（6）よりも$t=2^k$と$t=8$の幅が小さければいいね。
つまり，図3のように，$2^k\leqq 14$であれば，最小値は$-20$になるんだよ。

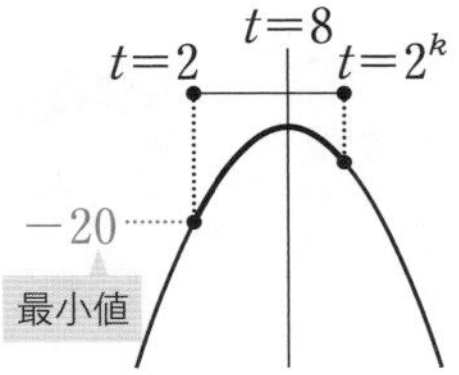

図1

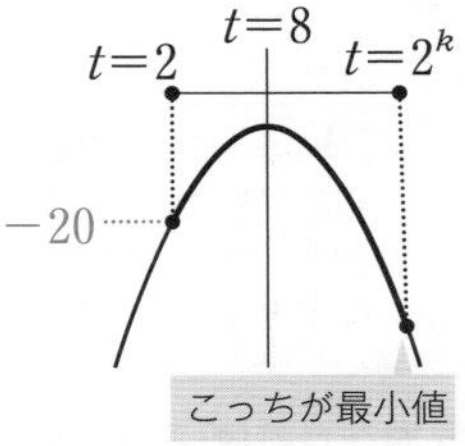

図2

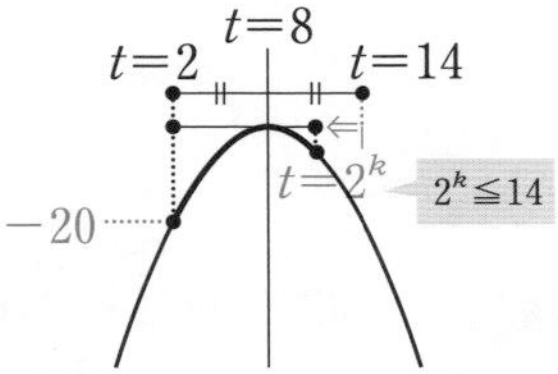

図3

$2^k\leqq 14$から，底が2の対数を考えると，

$$k\leqq\log_2 14$$

$k>1$と合わせて，

$$1<k\leqq\log_2 14$$

このとき，$y$の最小値は$-20$となることがいえるね。

**答え　サシ：14**

ところで，$\log_2 14$が大体どれくらいの値なのかを調べると，

$$\log_2 8<\log_2 14<\log_2 16$$

つまり，$3<\log_2 14<4$
であることがわかるね。

すなわち，$\log_2 14=3.\cdots$であることがわかるから，

$$1<k\leqq\log_2 14=3.\cdots$$

より，この範囲に含まれる最大の整数の値は3だね！

答え ス：3

(3)　$y=0$のとき，$-t^2+16t-48=0$について，

$$(t-4)(t-12)=0$$

よって，$t=4$，12となるね。

$t=2^x$だから，$t=4$の方が$x$の値は小さいよ。

$4=2^x$より，$x=2$だね！

答え セ：2



大きい方は$t=12$のときなので，

$12=2^x$より，

$$x=\log_2 12$$

$\log_2 2^2\cdot 3$

$$=2+\log_2 3$$

$\log_2 3$って計算できますか？

問題に示された$\log_{10}2$と$\log_{10}3$の近似値がヒントだよ。
これをもとに，底の変換をすればいいね。

$$\log_2 3=\frac{\log_{10}3}{\log_{10}2}=\frac{0.4771}{0.3010}=1.585\cdots$$より，

$$3.5<x<3.6$$

になるんだ！

答え ソ：⑥

POINT

- **指数・対数を $t$ でおいた**後は，2次関数の知識で解ける！
- **$t$ の範囲**に気をつける。
- 近似値（$\log_{10}2=0.3010$，$\log_{10}3=0.4771$ など），底の変換公式を利用して計算する！

THEME 5

# 総合問題

ここで 聞きめる!

- 誘導に乗って解くことに慣れよう。
- 常用対数を使いこなせるようになろう。

## 1 指数・対数と連立方程式

過去問 にチャレンジ

連立方程式（＊）$\begin{cases} x+y+z=3 \\ 2^x+2^y+2^z=\dfrac{35}{2} \\ \dfrac{1}{2^x}+\dfrac{1}{2^y}+\dfrac{1}{2^z}=\dfrac{49}{16} \end{cases}$ を満たす実数$x$，$y$，$z$

を求めよう。ただし，$x \leqq y \leqq z$とする。

$X=2^x$，$Y=2^y$，$Z=2^z$とおくと，$x \leqq y \leqq z$により$X \leqq Y \leqq Z$である。

（＊）から，$X$，$Y$，$Z$の関係式 $\begin{cases} XYZ=\boxed{\text{ア}} \\ X+Y+Z=\dfrac{35}{2} \\ XY+YZ+ZX=\dfrac{\boxed{\text{イウ}}}{\boxed{\text{エ}}} \end{cases}$ が得られる。

この関係式を利用すると，$t$の3次式$(t-X)(t-Y)(t-Z)$は

$$(t-X)(t-Y)(t-Z)$$
$$=t^3-(X+Y+Z)t^2+(XY+YZ+ZX)t-XYZ$$
$$=t^3-\frac{35}{2}t^2+\frac{\boxed{\text{イウ}}}{\boxed{\text{エ}}}t-\boxed{\text{ア}}$$

$$=\left(t-\frac{1}{2}\right)\left(t-\boxed{\text{　オ　}}\right)\left(t-\boxed{\text{カキ}}\right)$$

となる。したがって，$X \leqq Y \leqq Z$ により $X=\dfrac{1}{2}$，$Y=\boxed{\text{　オ　}}$，

$Z=\boxed{\text{カキ}}$ となり，$x=\log_{\boxed{\text{ク}}}X$，$y=\log_{\boxed{\text{ク}}}Y$，$z=\log_{\boxed{\text{ク}}}Z$ から

$x=\boxed{\text{ケコ}}$，$y=\boxed{\text{　サ　}}$，$z=\boxed{\text{　シ　}}$ であることがわかる。

（2013年度センター本試験）

3文字の連立方程式だよ。誘導にしたがって，丁寧に解いていこう！

$x+y+z=3$ だから，

$$XYZ=2^x \cdot 2^y \cdot 2^z=2^{x+y+z}=2^3=8 \quad \cdots\cdots ①$$

答え　ア：8

$2^x+2^y+2^z=\dfrac{35}{2}$ だから，

$$X+Y+Z=\frac{35}{2} \quad \cdots\cdots ②$$

となるね。次に，$XY+YZ+ZX$ について調べてみよう。

$$XY+YZ+ZX=2^x \cdot 2^y+2^y \cdot 2^z+2^z \cdot 2^x$$

となるね。$\dfrac{1}{2^x}+\dfrac{1}{2^y}+\dfrac{1}{2^z}=\dfrac{49}{16}$ を変形してみよう。

左辺を通分すると，

$$\frac{2^x \cdot 2^y+2^y \cdot 2^z+2^z \cdot 2^x}{2^x \cdot 2^y \cdot 2^z}=\frac{49}{16}$$

$2^x \cdot 2^y \cdot 2^z=8$ だから，

$$\frac{2^x \cdot 2^y+2^y \cdot 2^z+2^z \cdot 2^x}{8}=\frac{49}{16}$$

$$2^x \cdot 2^y+2^y \cdot 2^z+2^z \cdot 2^x=\frac{49}{2}$$

よって，$XY+YZ+ZX=\dfrac{49}{2} \quad \cdots\cdots ③$

答え　$\dfrac{\text{イウ}}{\text{エ}}$：$\dfrac{49}{2}$

続きをみていこう。①，②，③より，

$$(t-X)(t-Y)(t-Z)=t^3-(X+Y+Z)t^2+(XY+YZ+ZX)t-XYZ$$

$$=t^3-\frac{35}{2}t^2+\frac{49}{2}t-8$$

ここで，$\left(t-\frac{1}{2}\right)(t-$ **オ** $)(t-$ **カキ** $)$ とあるから，$t-\frac{1}{2}$ で割り切れるね。

商は $t^2-17t+16$ だから，

$$t^3-\frac{35}{2}t^2+\frac{49}{2}t-8=\left(t-\frac{1}{2}\right)(t^2-17t+16)$$

$$=\left(t-\frac{1}{2}\right)(t-1)(t-16)$$

$$\begin{array}{r}
t^2-17t+16\phantom{)} \\
t-\frac{1}{2}\,\overline{\big)\,t^3-\frac{35}{2}t^2+\frac{49}{2}t-8} \\
t^3-\frac{1}{2}t^2\phantom{+\frac{49}{2}t-8} \\
\hline
-17t^2+\frac{49}{2}t-8 \\
-17t^2+\frac{17}{2}t\phantom{-8} \\
\hline
16t-8 \\
16t-8 \\
\hline
0
\end{array}$$

**答え　オ：1，カキ：16**

この式の両辺を比較すれば，$0<X\leqq Y\leqq Z$ より，

$$X=\frac{1}{2},\quad Y=1,\quad Z=16$$

したがって，$x=\log_2 X$，$y=\log_2 Y$，$z=\log_2 Z$ となるから，

$$x=\log_2\frac{1}{2}=-1,\quad y=\log_2 1=0,\quad z=\log_2 16=\log_2 2^4=4$$

と求められたね！

**答え　ク：2，ケコ：−1，サ：0，シ：4**

誘導がないと少し難しい問題だけど，しっかり誘導に乗っていけば怖くないね！

実は，これは3次方程式の解と係数の問題なんだ。誘導付きとはいえ，出てくることもあるから，別冊で確認しておこう！（「いろいろな式」でまとめているよ）

## 2 指数・対数の関係と大小

### 過去問にチャレンジ

$a$，$b$は正の実数であり，$a \neq 1$，$b \neq 1$を満たすとする。太郎さんは$\log_a b$と$\log_b a$の大小関係を調べることにした。

(1) 太郎さんは次のような考察をした。

まず，$\log_3 9 = \boxed{\text{ア}}$，$\log_9 3 = \dfrac{1}{\boxed{\text{ア}}}$である。この場合

$$\log_3 9 > \log_9 3$$

が成り立つ。

一方，$\log_{\frac{1}{4}} \boxed{\text{イ}} = -\dfrac{3}{2}$，$\log_{\boxed{\text{イ}}} \dfrac{1}{4} = -\dfrac{2}{3}$である。この場合

$$\log_{\frac{1}{4}} \boxed{\text{イ}} < \log_{\boxed{\text{イ}}} \frac{1}{4}$$

が成り立つ。

(2) ここで

$$\log_a b = t \quad \cdots\cdots ①$$

とおく。

(1)の考察をもとにして，太郎さんは次の式が成り立つと推測し，それが正しいことを確かめることにした。

$$\log_b a = \frac{1}{t} \quad \cdots\cdots ②$$

①により，$\boxed{\text{ウ}}$である。このことにより$\boxed{\text{エ}}$が得られ，②が成り立つことが確かめられる。

$\boxed{\text{ウ}}$の解答群

| | | | |
|---|---|---|---|
| ⓪ $a^b = t$ | ① $a^t = b$ | ② $b^a = t$ | ③ $b^t = a$ |
| ④ $t^a = b$ | ⑤ $t^b = a$ | | |

SECTION 2 指数関数・対数関数

[エ] の解答群

⓪ $a=t^{\frac{1}{b}}$　① $a=b^{\frac{1}{t}}$　② $b=t^{\frac{1}{a}}$　③ $b=a^{\frac{1}{t}}$
④ $t=b^{\frac{1}{a}}$　⑤ $t=a^{\frac{1}{b}}$

(3)　次に，太郎さんは(2)の考察をもとにして

$$t>\frac{1}{t}\ \cdots\cdots ③$$

を満たす実数 $t\,(t\neq 0)$ の値の範囲を求めた。

**太郎さんの考察**

$t>0$ ならば，③の両辺に $t$ を掛けることにより，$t^2>1$ を得る。このような $t\,(t>0)$ の値の範囲は $1<t$ である。
$t<0$ ならば，③の両辺に $t$ を掛けることにより，$t^2<1$ を得る。このような $t\,(t<0)$ の値の範囲は $-1<t<0$ である。

この考察により，③を満たす $t\,(t\neq 0)$ の値の範囲は

$$-1<t<0,\ 1<t$$

であることがわかる。
ここで，$a$ の値を一つ定めたとき，不等式

$$\log_a b>\log_b a\ \cdots\cdots ④$$

を満たす実数 $b\,(b>0,\ b\neq 1)$ の値の範囲について考える。
④を満たす $b$ の値の範囲は，$a>1$ のときは [オ] であり，$0<a<1$ のときは [カ] である。

[オ] の解答群

⓪ $0<b<\frac{1}{a},\ 1<b<a$　① $0<b<\frac{1}{a},\ a<b$
② $\frac{1}{a}<b<1,\ 1<b<a$　③ $\frac{1}{a}<b<1,\ a<b$

[カ]の解答群

| | |
|---|---|
| ⓪　$0<b<a,\ 1<b<\dfrac{1}{a}$ | ①　$0<b<a,\ \dfrac{1}{a}<b$ |
| ②　$a<b<1,\ 1<b<\dfrac{1}{a}$ | ③　$a<b<1,\ \dfrac{1}{a}<b$ |

(4)　$p=\dfrac{12}{13},\ q=\dfrac{12}{11},\ r=\dfrac{14}{13}$ とする。

次の⓪～③のうち，正しいものは[キ]である。

[キ]の解答群

⓪　$\log_p q>\log_q p$ かつ $\log_p r>\log_r p$
①　$\log_p q>\log_q p$ かつ $\log_p r<\log_r p$
②　$\log_p q<\log_q p$ かつ $\log_p r>\log_r p$
③　$\log_p q<\log_q p$ かつ $\log_p r<\log_r p$

(2022年度共通テスト本試験)

(1)　$\log_a b$ と $\log_b a$ の大小関係を調べるんだ。はじめは基本的な計算なので，ぱぱっと終わらせよう。

まず，$\log_3 9=2$　◀ $3^2=9$ だから $\log_3 9=2$

$$\log_9 3=\frac{1}{\log_3 9}=\frac{1}{2}$$

であるから，$\log_3 9>\log_9 3$ が成り立つね。

答え　ア：2

次に，$\log_{\frac{1}{4}}$ [イ] $=-\dfrac{3}{2}$ という式が出てきているけど，**対数の定義**である，$a^n=M \iff n=\log_a M$ から，

$$[\text{イ}]=\left(\frac{1}{4}\right)^{-\frac{3}{2}}$$

となるね。

これを計算していこう。

$$\left(\frac{1}{4}\right)^{-\frac{3}{2}}=4^{\frac{3}{2}}=(2^2)^{\frac{3}{2}}=2^3=8$$

**答え イ：8**

さて，このとき，$\log_{\frac{1}{4}}8=-\dfrac{3}{2}$，$\log_8\dfrac{1}{4}=-\dfrac{2}{3}$となるから，

$$\log_{\frac{1}{4}}8<\log_8\frac{1}{4}$$

が成り立つね。

(2)　$\log_a b=t$　……①

とおいてみると，太郎さんは

$$\log_b a=\frac{1}{t}\quad\cdots\cdots②$$

が成り立つと推測しているみたいだ。順番に見ていくと，①から，

$$a^t=b$$

が成り立つね。このことより，**両辺を$\dfrac{1}{t}$乗する**と，

$$a=b^{\frac{1}{t}}$$

**答え ウ：①，エ：①**

これは，対数の定義から②が成り立つことを示しているね。

(3)

> 次に，太郎さんは(2)の考察をもとにして，
>
> $$t>\frac{1}{t}\quad\cdots\cdots③$$
>
> を満たす実数$t$（$t\neq0$）の値の範囲を求めた。

とあるね。問題文の**太郎さんの考察**によって，$t$は，

$$-1<t<0,\ 1<t\quad\cdots\cdots(*)$$

であることがわかったわけだ。

ここで，$a$の値を一つ定めたとき，不等式

$\log_a b > \log_b a$　……④

を満たす実数$b$（$b>0$，$b \neq 1$）の値の範囲について考える。

の部分ついて解説していくよ。

いま，$\log_a b = t$とおいたとき，$\log_b a = \dfrac{1}{t}$となるから，④は，

$$t > \frac{1}{t}$$

だから太郎さんは③の不等式を解いて(*)の答えを求めたんだ。

(*)の$t$を$\log_a b$で書きかえれば，

$-1 < \log_a b < 0$，$1 < \log_a b$　……⑤

が成り立っているんだね。「$a$の値を一つ定めたとき」というのは，「$a=2$とか$a=\dfrac{1}{2}$のようなとき」という意味で，このとき$b$はどういう値を取るのかを考えるわけだ。**$a>1$なのか$0<a<1$かによって，$y=\log_a b$のグラフは変わる**ので，場合分けだね。

いま，$t=\log_a b$とおいているから，横軸を$b$，縦軸を$t$にしてグラフをかこう。

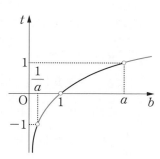

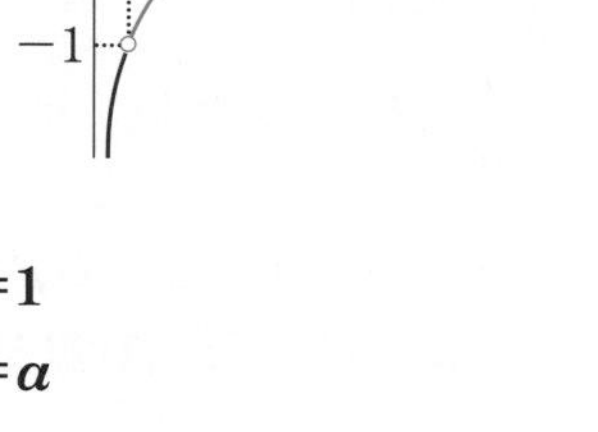


(i)　$a>1$のとき，右図のようなグラフになる。

さて，⑤の範囲のとき，グラフで見ると，

$-1<t<0$，$1<t$を満たす$b$の範囲は，

**$t=-1$のとき**，$\log_a b = -1$

つまり，$\boldsymbol{b = a^{-1} = \dfrac{1}{a}}$

**$t=0$のとき**，$\log_a b = 0$　つまり，$\boldsymbol{b=1}$

**$t=1$のとき**，$\log_a b = 1$　つまり，$\boldsymbol{b=a}$

よって，$\dfrac{1}{a}<b<1$，$a<b$であることがわかるね。

答え　オ：③

(ii)　$0<a<1$のとき，右図のようなグラフになるよ。さて，⑤の範囲のとき，グラフで見ると，

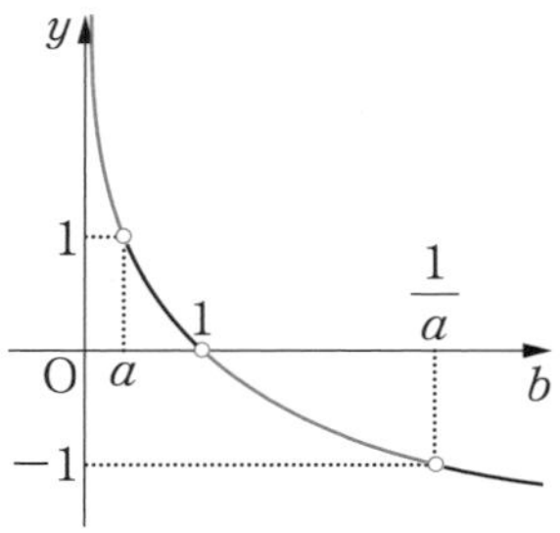


$-1<t<0$，$1<t$を満たす$b$の範囲は，

**$t=-1$のとき**，$\log_a b=-1$　つまり，

$\boldsymbol{b=a^{-1}=\dfrac{1}{a}}$

**$t=0$のとき**，$\log_a b=0$　つまり，**$b=1$**

**$t=1$のとき**，$\log_a b=1$　つまり，**$b=a$**

よって，$0<b<a$，$1<b<\dfrac{1}{a}$であることがわかるね。

答え　カ：⓪

(4)　最後だ！　(3)の内容を用いて，具体的な数値を考える問題だね！考えなければならないのは，次の2つだ。

（ア）　$\log_p q$，$\log_q p$　の比較

（イ）　$\log_p r$，$\log_r p$　の比較

(3)から得られたことをまとめておくね。

> $0<a<1$のとき，
>
> $1<b<\dfrac{1}{a}$ **または** $0<b<a \Longrightarrow \log_a b>\log_b a$　……(*)
>
> $a>1$のとき，
>
> $\dfrac{1}{a}<b<1$ **または** $a<b \Longrightarrow \log_a b<\log_b a$

（ア），（イ）どちらも$p$が出てくるね。$0<p<1$だから，**ここでは$0<a<1$で考えればいい**ね。

「$\log_a b<\log_b a$」となる場合については，改めて$t>\dfrac{1}{t}$から求めてもいいけど，$\log_a b$と$\log_b a$の間には，$\log_a b<\log_b a$，$\log_a b=\log_b a$，$\log_a b>\log_b a$の関係しかないし，(4)で$a=b$とな

ることもないから，$a$，$b$が(*)の条件を満たすことがないなら$\log_a b<\log_b a$とわかるんだ。ここが少し難しいかも。

さあ，調べるターゲットはわかった。1と$b$と$a$と$\dfrac{1}{a}$の大小関係だね。

（ア）　$a=p=\dfrac{12}{13}$，$b=q=\dfrac{12}{11}$とすると，$\dfrac{1}{a}=\dfrac{13}{12}$

$a<1<b$より，$a<b$

$\dfrac{1}{a}=\dfrac{13}{12}=1+\dfrac{1}{12}$，$b=\dfrac{12}{11}=1+\dfrac{1}{11}$だから，

$\dfrac{1}{12}<\dfrac{1}{11}$より，$\dfrac{1}{a}<b$

この2つはどちらも(*)の仮定を満たさないから，

$$\log_a b<\log_b a$$

つまり，$\log_p q<\log_q p$

（イ）　$a=p=\dfrac{12}{13}$，$b=r=\dfrac{14}{13}$とすると，$\dfrac{1}{a}=\dfrac{13}{12}$

$a<1<b$より，$a<b$

$\dfrac{1}{a}=\dfrac{13}{12}=1+\dfrac{1}{12}$，$b=\dfrac{14}{13}=1+\dfrac{1}{13}$だから，

$\dfrac{1}{12}>\dfrac{1}{13}$より，$\dfrac{1}{a}>b$

すなわち，$1<b<\dfrac{1}{a}$

これは(*)の仮定を満たすから，

$$\log_a b>\log_b a \Longleftrightarrow \log_p r>\log_q p$$

答え　キ：②

## 3 常用対数

### 過去問にチャレンジ

(1) $\log_{10}10=\boxed{\text{ア}}$ である。また，$\log_{10}5$，$\log_{10}15$ をそれぞれ $\log_{10}2$ と $\log_{10}3$ を用いて表すと

$$\log_{10}5=\boxed{\text{イ}}\log_{10}2+\boxed{\text{ウ}}$$

$$\log_{10}15=\boxed{\text{エ}}\log_{10}2+\log_{10}3+\boxed{\text{オ}}$$

となる。

(2) 太郎さんと花子さんは，$15^{20}$ について話している。

以下では，$\log_{10}2=0.3010$，$\log_{10}3=0.4771$ とする。

太郎：$15^{20}$ は何桁の数だろう。

花子：15の20乗を求めるのは大変だね。$\log_{10}15^{20}$ の整数部分に着目してみようよ。

$\log_{10}15^{20}$ は

$$\boxed{\text{カキ}}<\log_{10}15^{20}<\boxed{\text{カキ}}+1$$

を満たす。よって，$15^{20}$ は $\boxed{\text{クケ}}$ 桁の数である。

太郎：$15^{20}$ の最高位の数字も知りたいね。だけど，$\log_{10}15^{20}$ の整数部分にだけ着目してもわからないな。

花子：$N\cdot 10^{\boxed{\text{カキ}}}<15^{20}<(N+1)\cdot 10^{\boxed{\text{カキ}}}$ を満たすような正の整数 $N$ に着目してみたらどうかな。

$\log_{10}15^{20}$ の小数部分は $\log_{10}15^{20}-\boxed{\text{カキ}}$ であり

$$\log_{10}\boxed{\text{コ}}<\log_{10}15^{20}-\boxed{\text{カキ}}<\log_{10}(\boxed{\text{コ}}+1)$$

が成り立つので，$15^{20}$ の最高位の数字は $\boxed{\text{サ}}$ である。

（2021年度共通テスト本試験（第2日程））

(1) 最初は基本的な式変形だね！

$$\log_{10}10=1$$

**答え　ア：1**

よって，$\log_{10}5=\log_{10}\dfrac{10}{2}=\log_{10}10-\log_{10}2=-\log_{10}2+1$

$$\begin{aligned}\log_{10}15=\log_{10}(5\times3)&=\log_{10}5+\log_{10}3\\&=(-\log_{10}2+1)+\log_{10}3\\&=-\log_{10}2+\log_{10}3+1\end{aligned}$$

**答え　イ：－，ウ：1，エ：－，オ：1**

(2) 続いて，$15^{20}$の桁数についてだね。誘導にしたがっていこう。

$$\begin{aligned}\log_{10}15^{20}&=20\log_{10}15\\&=20(-\log_{10}2+\log_{10}3+1)\\&=20(-0.3010+0.4771+1)\\&=20\times1.1761\\&=23.522\end{aligned}$$

よって，$23<\log_{10}15^{20}<23+1$を満たすね。

**答え　カキ：23**

つまり，$23\log_{10}10<\log_{10}15^{20}<24\log_{10}10$

$$\iff \log_{10}10^{23}<\log_{10}15^{20}<\log_{10}10^{24}$$

が成り立つから，

$$10^{23}<15^{20}<20^{24}$$

**$10^{23}$は24桁の最小の数であり，$10^{24}$は25桁の最小の数であることに気をつける**と，$15^{20}$は24桁の数だね！

**答え　クケ：24**

次に，$15^{20}$の最高位の数字を$N$として連続する自然数$N$と$N+1$を考えると，

$$N\cdot10^{23}<15^{20}<(N+1)\cdot10^{23}\quad\cdots\cdots①$$

が成り立つね。この$N$を求めていこう！

①の各辺の常用対数をとると，

$$\log_{10}(N\cdot10^{23})<\log_{10}15^{20}<\log_{10}\{(N+1)\cdot10^{23}\}$$

$$\log_{10}N+23<\log_{10}15^{20}<\log_{10}(N+1)+23$$

$$\log_{10}N < \log_{10}15^{20} - 23 < \log_{10}(N+1)$$

が成り立っているね。

$\log_{10}15^{20} = 23.522$ は⑵で求めてあるから，

$$\log_{10}N < 0.522 < \log_{10}(N+1)$$

が成り立つんだね。

$$\log_{10}3 = 0.4771$$

$$\log_{10}4 = \log_{10}2^2 = 2\log_{10}2 = 2 \times 0.3010 = 0.6020$$

より，

$$\log_{10}3 < 0.522 < \log_{10}4$$

となるから，$N=3$ とわかる。$15^{20}$ の最高位数は3だね！

**答え　コ：3，サ：3**

# SECTION 3

## 図形と方程式

### THEME

きめる! KIMERU SERIES

# SECTION 3で学ぶこと

この単元の問題が単独で出題されることは，ぶっちゃけると，少ない。ただし，「三角関数」を使う問題や，「微分法・積分法」との融合問題として出てくることはある。基本的な問題はキッチリ解けるようにしておこう。他の単元に比べて，覚えた公式（方程式）に値を代入して計算するパターンがよく見られるので，それらが頭に入っていないと厳しい。確実に頭に入れておこう。

## ここが問われる！ 点と直線の距離の公式はよく使う！

正直に言うと，この単元の優先順位は中程度。「微分法・積分法」や「数列」のカバーで遅れをとっているなら，そちらを優先する判断はアリ。もし，この単元のポイントだけ押さえておきたいという場合は，**点と直線の距離の公式**を使う問題はよく登場するので，どんな場面で使うのか，パターンを押さえておこう。

## ここが問われる！ 領域の問題は難しくない！

領域と線形計画法は，**日常生活に絡めた問題として出る**ことがある。最大値・最小値を，領域を使って求めるパターンで，苦手意識がある人も多いけど，「間違いやすくて苦手」と決めつけて敬遠するのはやめて，本編の問題を通してきちんと理解し，できるようにしておこう。

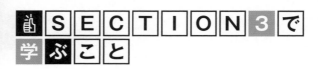

**ここが問われる！**

## 「微分法・積分法」「ベクトル」「平面上の曲線と複素数平面」が難しいと感じたら戻ってこよう！

この単元のみの大問が出題されることは，正直，考えにくい。ただし，「微分法・積分法」や「ベクトル」，「平面上の曲線と複素数平面」では，図形に関する問題が出るので，この単元を前提とした内容になっていることが多いんだ。挙げた単元の問題がうまく解けないようなら，ここに戻って復習することも考えよう。

線形計画法は，問題文が長い……。しかも，条件について「$k$を～とする」「～を$k$とする」といった明示がないまま最大値・最小値を求めてくるので，レベルとして高めではある。苦手意識を持っている人も多いと思うけど，その感覚は正しくて，問題自体が難しいものになりがちなのは確か。そこで言えることはひとつ。がんばれ。ただ，先ほども言ったように，線形計画法を完璧にするよりは，微分法・積分法や数列に取り組むほうが先。「線形計画法」だけをあとまわしにして，別の単元に進むという選択も戦略として意識できているならヨシだ。

**勉強で不安を感じて寂しい夜は，僕のYouTubeを見てくれ。田井先生とのコラボ動画は，めちゃくちゃ面白くてためになるぞ！**
**YouTubeで「迫田　田井」で検索だ！**

THEME

# 1 公式の利用

ここできめる!

図形と方程式で利用する公式を正しく覚えよう。

## 1 点と直線

**過去問にチャレンジ**

Oを原点とする座標平面において，点P$(p,\ q)$を中心とする円$C$が，方程式$y=\dfrac{4}{3}x$で表される直線$l$に接しているとする。

(1) 円$C$の半径$r$を求めよう。点Pを通り直線$l$に垂直な直線の方程式は$y=-\dfrac{\boxed{\text{ア}}}{\boxed{\text{イ}}}(x-p)+q$なので，Pから$l$に引いた垂線と$l$の交点Qの座標は

$\left(\dfrac{3}{25}(\boxed{\text{ウ}}p+\boxed{\text{エ}}q),\ \dfrac{4}{25}(\boxed{\text{ウ}}p+\boxed{\text{エ}}q)\right)$となる。

求める$C$の半径$r$は，Pと$l$の距離PQに等しいので

$r=\dfrac{1}{5}|\boxed{\text{オ}}p-\boxed{\text{カ}}q|$ ……①である。

(2) 円$C$が，$x$軸に接し，点R$(2,\ 2)$を通る場合を考える。このとき，$p>0$，$q>0$である。$C$の方程式を求めよう。

$C$は$x$軸に接するので，$C$の半径$r$は$q$に等しい。したがって，①により，$p=\boxed{\text{キ}}q$である。

$C$は点Rを通るので，求める$C$の方程式は

$(x-\boxed{\text{ク}})^2+(y-\boxed{\text{ケ}})^2=\boxed{\text{コ}}$ ……②

または $(x-\boxed{\text{サ}})^2+(y-\boxed{\text{シ}})^2=\boxed{\text{ス}}$ ……③

であることがわかる。ただし，［コ］<［ス］とする。

(3)　方程式②の表す円の中心をS，方程式③の表す円の中心をTとおくと，直線STは原点Oを通り，点Oは線分STを［セ］する。

［セ］の解答群

| | | |
|---|---|---|
| ⓪　1：1に内分 | ①　1：2に内分 | ②　2：1に内分 |
| ③　1：1に外分 | ④　1：2に外分 | ⑤　2：1に外分 |

（2014年度センター本試験）



(1)　まずは，直線の方程式と2直線の垂直条件について確認しよう！

**直線の方程式**

点$(p,\ q)$を通り，傾き$m$の直線を表す方程式は

$$y-q=m(x-p)$$
$$(y=m(x-p)+q)$$

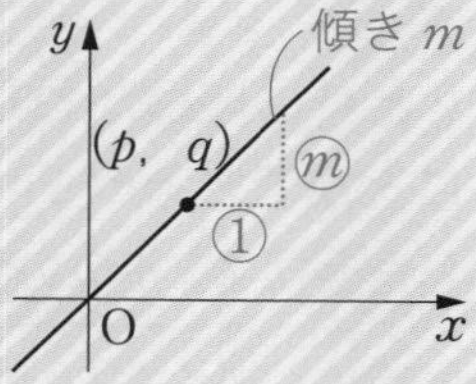


**2直線の垂直条件**

2直線　$l_1: y=m_1x+n_1,\ l_2: y=m_2x+n_2\ (m_1,\ m_2\neq 0)$について

$$l_1 \perp l_2 \iff m_1 \cdot m_2=-1$$

$l: y=\frac{4}{3}x$ $\left(傾き\frac{4}{3}\right)$ に垂直な直線の傾きを$m$とすると，

$m\cdot\frac{4}{3}=-1$より，$m=-\frac{3}{4}$

$P(p,\ q)$を通り傾き$-\frac{3}{4}$の直線の方程式は，

$$y=-\frac{3}{4}(x-p)+q$$

答え　$\frac{ア}{イ}$：$\frac{3}{4}$

**$y=\frac{4}{3}x$ と $y=-\frac{3}{4}(x-p)+q$ の連立方程式を解くことで交点Qの座標が求まる**ね！　$p$ と $q$ を残したまま計算するよ。

$$\begin{cases} y=\frac{4}{3}x \\ y=-\frac{3}{4}(x-p)+q \end{cases}$$

より，$\frac{4}{3}x=-\frac{3}{4}(x-p)+q$

これを解くと，$x=\frac{3}{25}(3p+4q)$

$y=\frac{4}{3}x$ に代入して，$y=\frac{4}{25}(3p+4q)$

となるから，Qの座標は，$\left(\frac{3}{25}(3p+4q),\ \frac{4}{25}(3p+4q)\right)$

**答え** ウ：3，エ：4

**PとQの座標がわかったから距離PQは2点間の距離で求めることができる**ね！

したがって，PQの距離である半径 $r$ は，

$$r=\sqrt{\left\{\frac{3}{25}(3p+4q)-p\right\}^2+\left\{\frac{4}{25}(3p+4q)-q\right\}^2}$$

このまま展開をすると大変そうです。

答えの形が絶対値の形だから，$\sqrt{\ }$ の中が $\square^2$ の形になるはずだ。工夫をして計算してみよう！

$$=\sqrt{\left(\frac{-16p+12q}{25}\right)^2+\left(\frac{12p-9q}{25}\right)^2}$$

$$=\sqrt{\left(-\frac{4}{25}\right)^2(4p-3q)^2+\left(\frac{3}{25}\right)^2(4p-3q)^2}$$

$$=\sqrt{\frac{(16+9)(4p-3q)^2}{25^2}}$$

$$=\sqrt{\frac{25(4p-3q)^2}{25^2}}$$

$$=\frac{|4p-3q|}{5}=\frac{1}{5}|4p-3q|$$

**答え** オ：4，カ：3

**【別解】**

半径$r$はPとQの座標から誘導にのって「2点間の距離」の公式を利用したけど，$r$は点Pと直線$l$の距離だから「**点と直線の距離**」の公式を使って求めることもできるよ！

**点と直線の距離**

点$(x_0,\ y_0)$と直線$ax+by+c=0$の距離$d$は

$$d=\frac{|ax_0+by_0+c|}{\sqrt{a^2+b^2}}$$

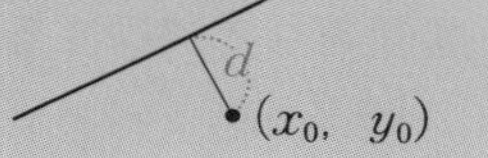


直線$l$の方程式は$4x-3y=0$となるから，点$P(p,\ q)$と$l$：$4x-3y=0$の距離$r$は，

$$r=\frac{|4p-3q|}{\sqrt{4^2+3^2}}=\frac{|4p-3q|}{5}$$

実は誘導にのるより，こちらの方がとても簡単に求まるんだ。

(2)　まずは条件を満たすときの円やグラフの位置関係を見ていくよ。

**$C$が$x$軸に接するから，半径$r$と中心Pの$y$座標$q$は等しい**ね。

したがって，$q=\frac{1}{5}|4p-3q|$

これを$p$について解こう！

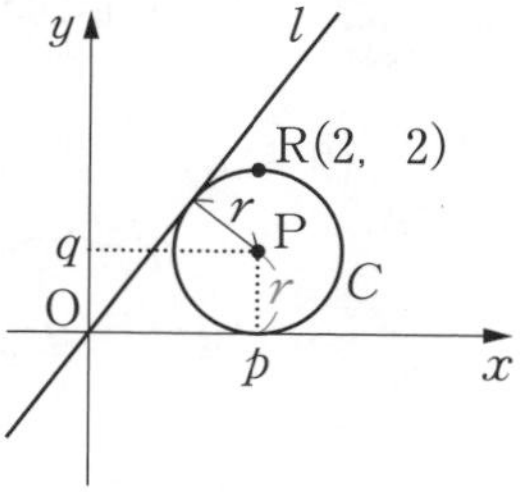


絶対値があるから中身の符号で場合分けですね。

(i)　$4p-3q\geqq 0$のとき　$|4p-3q|=4p-3q$

$q=\frac{1}{5}(4p-3q)$だから，$p=2q$

(ii)　$4p-3q<0$の場合　$|4p-3q|=-(4p-3q)$

$q=\frac{1}{5}(-4p+3q)$だから，$p=-\frac{1}{2}q$

これは，$p$と$q$が異符号になるから$p>0$，$q>0$より不適だね。

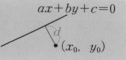

(i)，(ii)から，$p=2q$

**答え　キ：2**

円の方程式について確認するよ。

**円の方程式**

**中心$(a,\ b)$，半径$r$の円の方程式は**

$$(x-a)^2+(y-b)^2=r^2$$

**展開をして整理すると，**

$$x^2+y^2+mx+ny+l=0\ \text{（一般形）}$$

よって，円$C$は中心$(2q,\ q)$，半径$q$だから，円$C$を表す方程式は，

$$(x-2q)^2+(y-q)^2=q^2$$

$C$は点R(2，2)を通るから，

**通る点**は図形の方程式に代入だよ！

$$(2-2q)^2+(2-q)^2=q^2$$

$$q^2-3q+2=0$$

$$(q-1)(q-2)=0$$

$$q=1,\ 2$$

よって，求める$C$の方程式は，

$$(x-2)^2+(y-1)^2=1 \quad \cdots\cdots ②$$

または，$(x-4)^2+(y-2)^2=4 \quad \cdots\cdots ③$

**答え　ク：2，ケ：1，コ：1，サ：4，シ：2，ス：4**

(3)　S(2，1)，T(4，2)であるから，

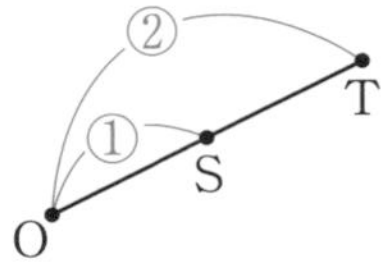


$$\mathrm{SO}:\mathrm{OT}=\sqrt{2^2+1^2}:\sqrt{4^2+2^2}$$

$$=\sqrt{5}:2\sqrt{5}=1:2$$

よって，点Oは線分STを1：2に外分するね！

**答え　セ：④**

## 2 円と直線の位置関係

### 過去問にチャレンジ

$a$を実数とする。座標平面上で，点(3，1)を中心とする半径1の円を$C$とし，直線$y=ax$を$l$とする。

(1) 円$C$の方程式は$x^2+y^2-\boxed{\text{ア}}x-\boxed{\text{イ}}y+\boxed{\text{ウ}}=0$である。

(2) 円$C$と直線$l$が接するのは$a=\boxed{\text{エ}}$，$\dfrac{\boxed{\text{オ}}}{\boxed{\text{カ}}}$のときである。$a=\dfrac{\boxed{\text{オ}}}{\boxed{\text{カ}}}$のとき，$C$と$l$の接点を通り，$l$に垂直な直線の方程式は$y=\dfrac{\boxed{\text{キク}}}{\boxed{\text{ケ}}}x+\boxed{\text{コ}}$である。
ただし，$\boxed{\text{キク}}$，$\boxed{\text{ケ}}$，$\boxed{\text{コ}}$は，文字$a$を用いない形で答えること。

(3) 円$C$と直線$l$が異なる2点A，Bで交わるとき，二つの交点を結ぶ線分ABの長さは$\boxed{\text{サ}}\sqrt{\dfrac{\boxed{\text{シ}}a-\boxed{\text{ス}}a^2}{a^2+1}}$である。また，ABの長さが$\sqrt{2}$となる$a$のうち小さい方は
$a=\dfrac{\boxed{\text{セ}}-\sqrt{\boxed{\text{ソタ}}}}{\boxed{\text{チツ}}}$である。

(2019年度センター追試験・改)

(1) まずは，図形と方程式の基本的な内容の確認からだ！
中心(3，1)，半径1の円は，

$$(x-3)^2+(y-1)^2=1$$
$$x^2-6x+9+y^2-2y+1=1$$
$$x^2+y^2-6x-2y+9=0$$

**答え** ア：6，イ：2，ウ：9

(2) 円と直線の位置関係（共有点の個数）の判別には次の2つの方法があるよ。

**円と直線の位置関係**

① 円と直線の方程式を連立して得られる，$x$（または$y$）の2次方程式の判別式$D$の符号を調べる。

② 円の中心と直線の距離$d$と円の半径$r$の大小関係を調べる。

| | | | |
|---|---|---|---|
| ① | $D>0$ | $D=0$ | $D<0$ |
| ② | $d<r$ | $d=r$ | $d>r$ |
| 位置関係 |  異なる2点で交わる | 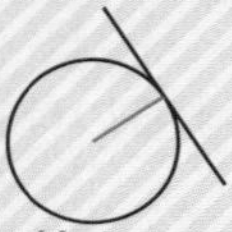 接する | 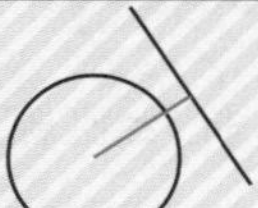 共有点なし |

点と直線の距離と円の半径を比較する方法がオススメだよ！
計算量が少なくて済むことが多いんだ。

円$C$と直線$l$が接するときは，

(中心$(3,\ 1)$と直線$ax-y=0$の距離)=(半径1)だから，

$$\frac{|3a-1|}{\sqrt{a^2+1}}=1$$

$$|3a-1|=\sqrt{a^2+1}$$

両辺を2乗して，

$$(3a-1)^2=a^2+1 \quad \leftarrow |X|^2=X^2$$

$$8a^2-6a=0$$

$$a=0,\ \frac{3}{4}$$

**答え** エ：0，$\frac{\text{オ}}{\text{カ}}$：$\frac{3}{4}$

$a=\dfrac{3}{4}$ のとき，直線 $l$ の方程式は $y=\dfrac{3}{4}x$ だから，$l$ に垂直な直線の傾きは $-\dfrac{4}{3}$ だね！

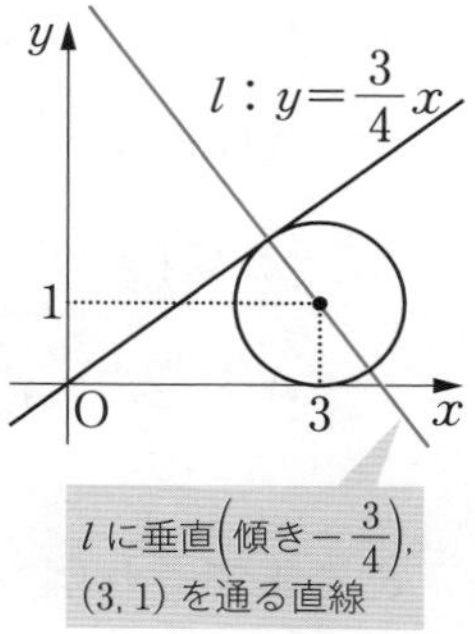


$C$ と $l$ の接点を通る $l$ に垂直な直線は，$C$ の中心も通るね。したがって，求めたいのは，$C$ の中心 (3，1) を通り，傾き $-\dfrac{4}{3}$ の直線の方程式だから，

$$y-1=-\frac{4}{3}(x-3)$$

$$y=-\frac{4}{3}x+5$$

**答え** $\dfrac{\text{キク}}{\text{ケ}}$ : $\dfrac{-4}{3}$，コ : 5

(3)　まずは円 $C$ と直線 $l$ が2点で交わるような $a$ の範囲を求めよう。

$a=0$，$a=\dfrac{3}{4}$ のとき接するから，

$$0<a<\frac{3}{4}$$

直線を円で切り取る線分の長さを求めるポイントは，

**「円の中心から線分ABに垂線を下ろす」** ことだよ！

円 $C$ の中心（点Cとする）から線分ABに垂線を下ろしその足をHとする。

そうすると，ABの長さはAHの2倍になって，△CAHは直角三角形になるね！

△CAHに注目すると，CAは半径だから CA=1で，

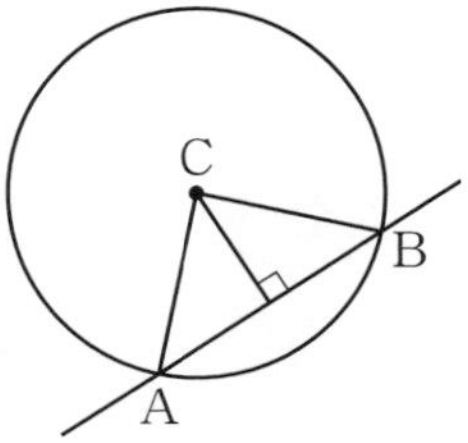


**CHは点Cと直線 $l$ : $ax-y=0$ の距離**だ。

よって，$\mathrm{CH}=\dfrac{|3a-1|}{\sqrt{a^2+1}}$

だから，三平方の定理より，

$$\mathrm{AH}=\sqrt{\mathrm{CA}^2-\mathrm{CH}^2}=\sqrt{1-\frac{(3a-1)^2}{a^2+1}}=\sqrt{\frac{6a-8a^2}{a^2+1}}$$

$\mathrm{AB}=2\mathrm{AH}$ より，

$$\mathrm{AB}=2\sqrt{\frac{6a-8a^2}{a^2+1}}$$

**答え サ：2，シ：6，ス：8**

ここまでくれば，あとは難しくないよ！

$\mathrm{AB}=\sqrt{2}$ となる $a$ の値は，$2\sqrt{\frac{6a-8a^2}{a^2+1}}=\sqrt{2}$ を解けばいいんだ。

両辺を2乗して $a^2+1$ を掛けると，

$$4(6a-8a^2)=2(a^2+1)$$

$$17a^2-12a+1=0$$

$$a=\frac{6\pm\sqrt{19}}{17}$$

このうち小さい方は，$a=\frac{6-\sqrt{19}}{17}$

$0<6-\sqrt{19}$，$\frac{6}{17}<\frac{3}{4}$ だから，
とくに $0<\frac{6-\sqrt{19}}{17}<\frac{3}{4}$ ですね。

**答え セ：6，$\sqrt{ソタ}$：$\sqrt{19}$，チツ：17**

## 3 円と接線の方程式

**過去問にチャレンジ**

円 $C$：$x^2+y^2-6ax-4ay+26a-65=0$ の中心の座標は

$(\boxed{\text{ア}}\,a,\ \boxed{\text{イ}}\,a)$ であり，円 $C$ は $a$ の値によらず2定点

$\mathrm{A}(\boxed{\text{ウエ}},\ \boxed{\text{オ}})$，$\mathrm{B}(\boxed{\text{カ}},\ \boxed{\text{キク}})$ を通る。

点A，Bにおける円 $C$ の接線の傾きはそれぞれ

$\dfrac{\boxed{\text{ケコ}}\,a-\boxed{\text{サ}}}{\boxed{\text{シ}}\,a-\boxed{\text{ス}}}$，$\dfrac{\boxed{\text{セソ}}\,a+\boxed{\text{タ}}}{\boxed{\text{チ}}\,a+\boxed{\text{ツ}}}$ である。

ただし，分母が0となる場合は除いて考えるものとする。

この2定点A，Bにおける円 $C$ の2本の接線が直交するならば

$a=\boxed{\text{テト}}$ または $a=\boxed{\text{ナ}}$ である。また，点Aにおける円 $C$ の接線が原点を通れば $a=\boxed{\text{ニ}}$ である。

（1998年度センター本試験・数学Ⅱ）

まずは，$x^2+y^2-6ax-4ay+26a-65=0$……① を平方完成して中心を求めていこう。

$$x^2+y^2-6ax-4ay+26a-65=0$$
$$(x^2-6ax)+(y^2-4ay)+26a-65=0$$
$$(x-3a)^2-9a^2+(y-2a)^2-4a^2+26a-65=0$$
$$(x-3a)^2+(y-2a)^2=13a^2-26a+65$$

右辺は $13(a^2-2a+5)=13(a-1)^2+52>0$ だから，

①は中心 $(3a,\ 2a)$ の円を表すね！

**答え** ア：3，イ：2

$a$ の値によらず定点A，Bを通るってどういうことですか？

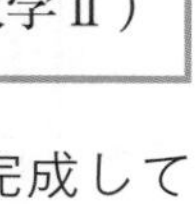

下のように考えられるよ。

$a$ の値によらず点 $(x,\ y)$ を通る

⇩

$a$ の値によらず①が成り立つ

（$a$ になにを代入しても①が成立）

⇩

①は $a$ についての恒等式である



①を $a$ について整理すると，

$$(-6x-4y+26)a+x^2+y^2-65=0$$

$a$ についての恒等式だといっているので，

$Aa+B=0$ が $a$ についての恒等式 $\Longleftrightarrow$ $A=0$ かつ $B=0$

$$\begin{cases} -6x-4y+26=0 & \cdots\cdots ② \\ x^2+y^2-65=0 & \cdots\cdots ③ \end{cases}$$

を解けばいいね！

②より，$y=-\dfrac{3}{2}x+\dfrac{13}{2}$ だから③に代入すると，

$$x^2+\left(-\frac{3}{2}x+\frac{13}{2}\right)^2-65=0$$

$$\frac{13}{4}x^2-\frac{39}{2}x+\frac{13^2}{4}-65=0$$

$$x^2-6x-7=0$$

$$(x+1)(x-7)=0$$

$$x=-1,\ 7$$

$x=-1$ のとき，②より $y=8$

$x=7$ のとき，②より $y=-4$

よって，求める定点は $(-1,\ 8)$，$(7,\ -4)$

**答え** ウエ：$-1$，オ：$8$，カ：$7$，キク：$-4$

次に進む前に，円の接線について確認しておこう！

**円の接線**

**$(x-a)^2+(y-b)^2=r^2$ 上の点 $(x_0,\ y_0)$ における**

**接線の方程式は，**

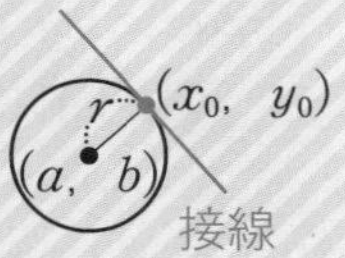


$$(x_0-a)(x-a)+(y_0-b)(y-b)=r^2$$

$(x-a)^2$ を $(x-a)(x-a)$ として，前の $x$ に $x_0$ を代入
（$y$ についても同じ）

**特に，中心が原点 $(0,\ 0)$ のとき，接線の方程式は，**

$$x_0x+y_0y=r^2$$

$(x-3a)^2+(y-2a)^2=13a^2-26a+65$ 上の点 $\mathrm{A}(-1,\ 8)$ における接線の方程式は，

$$(-1-3a)(x-3a)+(8-2a)(y-2a)=13a^2-26a+65$$

$$(8-2a)(y-2a)=(1+3a)x+4a^2-29a+65$$

$$y=\frac{1+3a}{8-2a}x+\frac{4a^2-29a+65}{8-2a}+2a$$

傾きが求まればいいから，
定数項は計算しなくていいよ

よって傾きは，$\dfrac{1+3a}{8-2a}=\dfrac{-3a-1}{2a-8}$

分母と分子に $-1$ を掛けて
解答欄の形に合わせるよ

**答え　ケコ：$-3$，サ：$1$，シ：$2$，ス：$8$**

同様にして点 $\mathrm{B}(7,\ -4)$ における接線の方程式は，

$$(7-3a)(x-3a)+(-4-2a)(y-2a)=13a^2-26a+65$$

$$y=\frac{3a-7}{-2a-4}x+\frac{4a^2-5a+65}{-2a-4}+2a$$

よって傾きは，$\dfrac{3a-7}{-2a-4}=\dfrac{-3a+7}{2a+4}$

**答え　セソ：$-3$，タ：$7$，チ：$2$，ツ：$4$**

2定点A，Bにおける円$C$の2本の接線が直交するとき，
**傾きの積が $-1$** だから，

$$\frac{-3a-1}{2a-8}\cdot\frac{-3a+7}{2a+4}=-1$$

$$(3a+1)(3a-7)=-(2a-8)(2a+4)$$

$$9a^2-18a-7=-4a^2+8a+32$$

$$13a^2-26a-39=0$$

$$a^2-2a-3=0$$

$$(a+1)(a-3)=0$$

$$a=-1,\ 3$$

**答え** テト：$-1$，ナ：3

最後に，点Aにおける円$C$の接線が原点$(0,\ 0)$を通るときの$a$の値を求めるよ！

点Aにおける接線の方程式

$$(-1-3a)(x-3a)+(8-2a)(y-2a)=13a^2-26a+65$$

に$(x,\ y)=(0,\ 0)$を代入すると，

$$(-1-3a)(-3a)+(8-2a)(-2a)=13a^2-26a+65$$

$$9a^2+3a+4a^2-16a=13a^2-26a+65$$

$$13a=65$$

$$a=5$$

**答え** ニ：5

**POINT**

- **直線の方程式**

点$(p,\ q)$を通り，傾き$m$の直線を表す方程式は

$$y-q=m(x-p)$$

$$(y=m(x-p)+q)$$

- **2直線の垂直条件**

2直線　$l_1：y=m_1x+n_1$，$l_2：y=m_2x+n_2$　について

$$l_1\perp l_2 \iff m_1\cdot m_2=-1$$

● **点と直線の距離**

点$(x_0,\ y_0)$と直線$ax+by+c=0$の距離$d$は

$$d=\frac{|ax_0+by_0+c|}{\sqrt{a^2+b^2}}$$

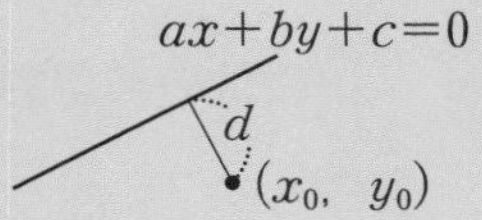


● **円の方程式**

中心$(a,\ b)$，半径$r$の円の方程式は

$$(x-a)^2+(y-b)^2=r^2$$

展開をして整理すると，

$$x^2+y^2+mx+ny+l=0\ \text{（一般形）}$$

● **円と直線の位置関係**

① 円と直線の方程式を連立して得られる，$x$（または$y$）の2次方程式の判別式$D$の符号を調べる。

② 円の中心と直線の距離$d$と円の半径$r$の大小関係を調べる。

| ① | $D>0$ | $D=0$ | $D<0$ |
|---|---|---|---|
| ② | $d<r$ | $d=r$ | $d>r$ |
| 位置関係 | 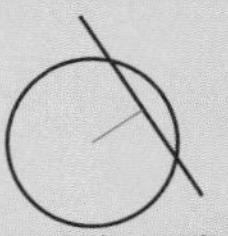 異なる２点で交わる | 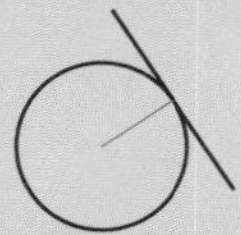 接する | 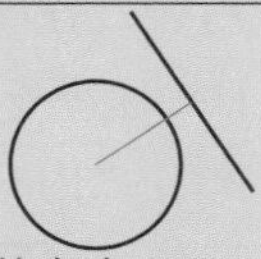 共有点なし |

点と直線の距離と半径の比較は計算量が少ないことが多くてオススメ！

● **円の接線の方程式**

$(x-a)^2+(y-b)^2=r^2$上の点$(x_0,\ y_0)$における接線の方程式は

$$(x_0-a)(x-a)+(y_0-b)(y-b)=r^2$$

特に，中心が原点$(0,\ 0)$のとき，接線の方程式は

$$x_0x+y_0y=r^2$$

THEME 2

# 軌跡

ここできめる!

軌跡の典型的な問題に慣れよう。

## 1 軌跡と方程式

### 過去問にチャレンジ

座標平面上に原点Oを中心とする半径2の円$C$と点A(4, 3)がある。

(1) 点Pが$C$上を動くとき，線分APを2：1に内分する点Qの軌跡を求めよう。

円$C$の方程式は$x^2+y^2=\boxed{\text{ア}}$……①である。

Pの座標を$(s,\ t)$，Qの座標を$(x,\ y)$とすると，QはAPを2：1に内分するので

$$x=\frac{\boxed{\text{イ}}+\boxed{\text{ウ}}\,s}{\boxed{\text{エ}}},\quad y=\frac{\boxed{\text{オ}}+\boxed{\text{ウ}}\,t}{\boxed{\text{エ}}}$$

が成り立つ。よって，$x$，$y$は

$$\left(x-\frac{\boxed{\text{カ}}}{\boxed{\text{キ}}}\right)^2+\left(y-\boxed{\text{ク}}\right)^2=\left(\frac{\boxed{\text{ケ}}}{\boxed{\text{コ}}}\right)^2\text{……②}$$

を満たし，点Qの軌跡は$\left(\dfrac{\boxed{\text{カ}}}{\boxed{\text{キ}}},\ \boxed{\text{ク}}\right)$を中心とする半径$\dfrac{\boxed{\text{ケ}}}{\boxed{\text{コ}}}$の円である。この円を$C'$とする。

(2) 円$C$と円$C'$の二つの交点と原点Oを頂点とする三角形の面積$S$を求めよう。

$C$と$C'$の二つの交点を通る直線を$l$とする。$C$と$C'$の交点の座標$(x,\ y)$は，等式①と②を満たす。
これらの差をとることにより得られる等式は
[サ]$x+$[シ]$y=15$であり，これが$l$の方程式である。
また，Oと$l$の距離は$\dfrac{[ス]}{[セ]}$である。
したがって，$S=\dfrac{[ソ]\sqrt{[タ]}}{[チ]}$である。

（2016年度センター追試験）

曲線上を動く点Pに連動する点Qの軌跡の問題だね。

軌跡を求めたい点を$(X,\ Y)$などとおく場合が多いと思うんだけど，共通テストでは軌跡を求めたい点を$(x,\ y)$とおくことが多いから気をつけよう！

(1) 円$C$は中心$(0,\ 0)$，半径2の円だから，その方程式は，

$x^2+y^2=4$ ……①

**答え ア：4**

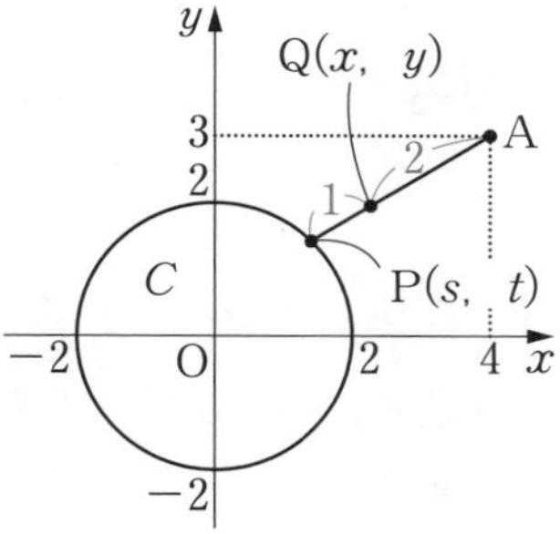


点P$(s,\ t)$，点Q$(x,\ y)$において，
点Qは線分APを2：1に内分するので，

$x=\dfrac{1\cdot4+2\cdot s}{2+1}$，$y=\dfrac{1\cdot3+2\cdot t}{2+1}$

すなわち，$x=\dfrac{4+2s}{3}$，$y=\dfrac{3+2t}{3}$

**答え イ：4，ウ：2，エ：3，オ：3**

これを変形してみよう。

$x=\dfrac{4+2s}{3}$より，$3x=4+2s$

よって，$2s=3x-4$

したがって，$s=\dfrac{3x-4}{2}$ ……ⓐ

$y=\dfrac{3+2t}{3}$ より，$3y=3+2t$

よって，$2t=3y-3$

したがって，$t=\dfrac{3y-3}{2}$ ……ⓑ

P は $C$ 上の点であるから，①に $(s,\ t)$ を代入した $s^2+t^2=4$ ……ⓒ
が成り立つ。

ⓒにⓐ，ⓑを代入し，

$$\left(\frac{3x-4}{2}\right)^2+\left(\frac{3y-3}{2}\right)^2=4$$

$$\left\{\frac{3}{2}\left(x-\frac{4}{3}\right)\right\}^2+\left\{\frac{3}{2}(y-1)\right\}^2=4$$

$$\frac{9}{4}\left(x-\frac{4}{3}\right)^2+\frac{9}{4}(y-1)^2=4$$

> $x$ の係数を1にするために
> $\dfrac{3x-4}{2}=\dfrac{3}{2}\left(x-\dfrac{4}{3}\right)$ と変形
> ($y$ も同様)

よって，$\left(x-\dfrac{4}{3}\right)^2+(y-1)^2=\left(\dfrac{4}{3}\right)^2$ ……②

これを満たすから，点Qの軌跡は **$\left(\dfrac{4}{3},\ 1\right)$ を中心とする半径 $\dfrac{4}{3}$ の円**である，ということだね！

**答え** **カキ**：$\dfrac{4}{3}$，**ク**：1，**ケコ**：$\dfrac{4}{3}$

(2) 誘導の通り，$C$ と $C'$ の2つの交点を通る直線 $l$ の方程式を求めよう。

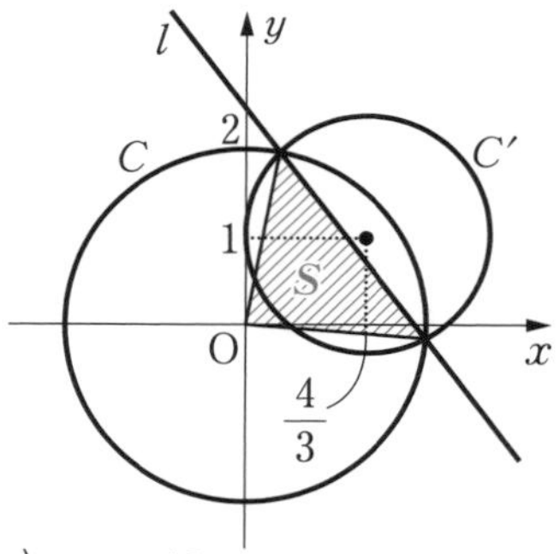


誘導から①－②をすると，

$$x^2+y^2-\left\{\left(x-\frac{4}{3}\right)^2+(y-1)^2\right\}$$
$$=4-\left(\frac{4}{3}\right)^2$$

これを計算してみよう。

$$x^2+y^2-\left(x^2-\frac{8}{3}x+\frac{16}{9}+y^2-2y+1\right)=4-\frac{16}{9}$$

$x^2$，$y^2$，$-\dfrac{16}{9}$ などが消えていくので，

$$\frac{8}{3}x+2y-1=4$$

よって，$8x+6y=15$

**答え** **サ**：8，**シ**：6

Oと$l$の距離は，**点と直線の距離の公式**より，

$$\frac{|8\cdot0+6\cdot0-15|}{\sqrt{8^2+6^2}}=\frac{|-15|}{\sqrt{100}}=\frac{15}{10}=\frac{3}{2}$$

**答え** $\dfrac{\textbf{ス}}{\textbf{セ}}$：$\dfrac{3}{2}$

$C$と$C'$の2つの交点を図のようにB，Cとしよう。求める面積は△OBCの面積なので，BCの長さを求めよう。Oから$l$に下ろした垂線の足をHとすると，

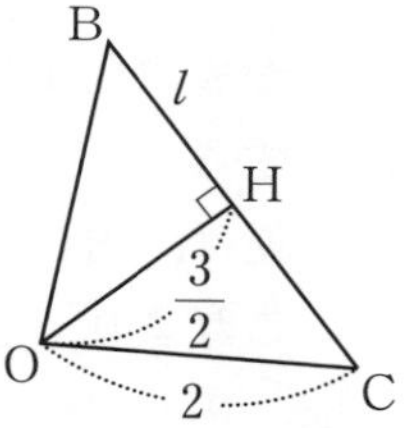


$$\mathrm{CH}=\sqrt{2^2-\left(\frac{3}{2}\right)^2}=\sqrt{\frac{7}{4}}=\frac{\sqrt{7}}{2}$$

したがって，$\mathrm{BC}=\dfrac{\sqrt{7}}{2}\times2=\sqrt{7}$

$$S=\frac{1}{2}\cdot\mathrm{BC}\cdot\mathrm{OH}=\frac{1}{2}\cdot\sqrt{7}\cdot\frac{3}{2}=\frac{3\sqrt{7}}{4}$$

**答え** $\dfrac{\textbf{ソ}\sqrt{\textbf{タ}}}{\textbf{チ}}$：$\dfrac{3\sqrt{7}}{4}$

## 2　点の軌跡

### 過去問にチャレンジ

(1)　次の**問題1**について考えよう。

**問題1**　座標平面上の原点をOとし，方程式
$(x-10)^2+(y-5)^2=25$が表す円を$C_1$とする。点Pが円$C_1$上を動くとき，線分OPを2：3に内分する点Qの軌跡を求めよ。

(i) 円 $C_1$ は，中心 $(\boxed{\text{アイ}}, \boxed{\text{ウ}})$，半径 $\boxed{\text{エ}}$ の円である。

(ii) 点Qの軌跡を求めよう。

点P，Qの座標をそれぞれ $(s,\ t)$，$(x,\ y)$ とすると

$$x=\frac{\boxed{\text{オ}}}{\boxed{\text{カ}}}s,\quad y=\frac{\boxed{\text{キ}}}{\boxed{\text{ク}}}t$$

が成り立つ。したがって

$$s=\frac{\boxed{\text{カ}}}{\boxed{\text{オ}}}x,\quad t=\frac{\boxed{\text{ク}}}{\boxed{\text{キ}}}y$$

である。

点 $\mathrm{P}(s,\ t)$ は円 $C_1$ 上にあることに注意すると，点Qは方程式

$$(x-\boxed{\text{ケ}})^2+(y-\boxed{\text{コ}})^2=\boxed{\text{サ}}^2 \quad \cdots\cdots①$$

が表す円上にあることがわかる。方程式①が表す円を $C_2$ とする。

逆に，円 $C_2$ 上のすべての点 $\mathrm{Q}(x,\ y)$ は，条件を満たす。

これより，点Qの軌跡が円 $C_2$ であることがわかる。

(iii) 円 $C_1$ の中心をAとする。円 $C_2$ の中心は線分OAを $\boxed{\text{シ}}$ に内分する点である。

$\boxed{\text{シ}}$ の解答群

| | | |
|---|---|---|
| ⓪ 1：2 | ① 1：3 | ② 2：3 |
| ③ 2：1 | ④ 3：1 | ⑤ 3：2 |

(2) 次の**問題2**について考えよう。

**問題2** 座標平面上の原点をOとし，方程式 $(x-10)^2+(y-5)^2=25$ が表す円を $C_1$ とする。点Pが円 $C_1$ 上を動くとき，線分OPを $m:n$ に内分する点Rの軌跡を求めよ。ただし，$m$ と $n$ は正の実数である。

円 $C_1$ の中心をAとする。点Rの軌跡は円となり，その中心は線分OAを [ス] に内分する点であり，半径は円 $C_1$ の半径の [セ] 倍である。

[ス] の解答群

| | | |
|---|---|---|
| ⓪ $1:m$ | ① $1:n$ | ② $m:n$ |
| ③ $m:1$ | ④ $n:1$ | ⑤ $n:m$ |

[セ] の解答群

| | | | |
|---|---|---|---|
| ⓪ $\dfrac{m}{n}$ | ① $\dfrac{n}{m}$ | ② $\dfrac{m+n}{m}$ | ③ $\dfrac{m+n}{n}$ |
| ④ $\dfrac{m}{m+n}$ | ⑤ $\dfrac{n}{m+n}$ | | |

(3)　太郎さんと花子さんは，次の**問題3**について話している。

**問題3**　座標平面上の2点D(1, 6)，E(3, 2)をとり，方程式 $(x-5)^2+(y-7)^2=9$ が表す円を $C_3$ とする。点Pが円 $C_3$ 上を動くとき，△DEPの重心Gの軌跡を求めよ。

太郎：点P，Gの座標をそれぞれ $(s, t)$，$(x, y)$ とおいて，(1)の(ii)のようにして計算すれば求められそうだね。

花子：(1)の(iii)や(2)で考えたことをもとにしても求められるかな。

線分DEの中点をMとする。△DEPの重心Gは，線分MPを [ソ] に内分する点である。

点Gの軌跡は，中心( [タ] , [チ] )，半径 [ツ] の円である。

ソ の解答群

| | | |
|---|---|---|
| ⓪ 1：2 | ① 1：3 | ② 2：3 |
| ③ 2：1 | ④ 3：1 | ⑤ 3：2 |

（2023年度共通テスト本試験・数学Ⅱ）

(1)(i)　円$C_1$の方程式から，中心は$(10,\ 5)$，半径5の円であることはすぐわかるね！

**答え** **アイ：10，ウ：5，エ：5**

(ii)　次に線分OPを2：3に内分する点Qの軌跡を求めていこう！点P，Qの座標をそれぞれ$(s,\ t)$，$(x,\ y)$とおいているから，内分の公式を使って関係式を求めてもよいけど，右下の図のように見てしまえば，OQはOPを5等分したうちの2つ分だからすぐに関係式は求められるんだ。

$$x=\frac{2}{5}s,\quad y=\frac{2}{5}t$$

が成り立つから，それぞれ，

$$s=\frac{5}{2}x,\quad t=\frac{5}{2}y \quad \cdots\cdots ⓐ$$

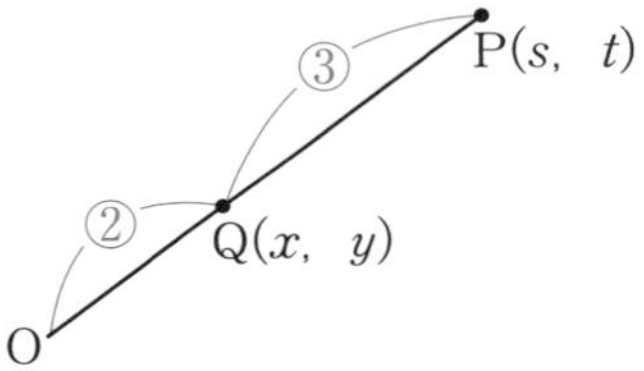


**答え** **$\frac{オ}{カ}$：$\frac{2}{5}$，$\frac{キ}{ク}$：$\frac{2}{5}$**

点$P(s,\ t)$が円$C_1$上にある，つまり，

$$(s-10)^2+(t-5)^2=25 \quad \cdots\cdots ⓑ$$

が成り立つから，ⓐをⓑに代入し，

$$\left(\frac{5}{2}x-10\right)^2+\left(\frac{5}{2}y-5\right)^2=25$$

が成り立つね。これを変形していこう。

$$\left\{\frac{5}{2}(x-4)\right\}^2+\left\{\frac{5}{2}(y-2)\right\}^2=25$$

$$\frac{25}{4}(x-4)^2+\frac{25}{4}(y-2)^2=25$$

$$(x-4)^2+(y-2)^2=4(=2^2) \quad \cdots\cdots ①$$

となり，点Qは方程式①が表す円上にあることがわかるね。これを$C_2$とするとき，逆に$C_2$上のすべての点Q$(x,\ y)$は，条件を満たすから，この円$C_2$が点Qの軌跡だよ。

**答え** **ケ：4，コ：2，サ：2**

(iii) 円$C_1$の中心をAとするから，A(10，5)だね。
①より，円$C_2$の中心は(4，2)とわかり，この点は線分OAを2：3に内分している点だ。

**答え** **シ：②**

**ここで，(2)につなげるために，点Qの軌跡を図形的に捉えてみよう。**

線分OAを2：3に内分する点をBとすると，B(4，2)であり，これが円$C_2$の中心だったわけだね。
図1を見てみよう。

$$\mathrm{OQ}:\mathrm{QP}=2:3$$
$$\mathrm{OB}:\mathrm{BA}=2:3$$

より，△OAP∽△OBQが成り立つから，

$$\mathrm{AP}\,/\!/\,\mathrm{BQ}$$

が常に成り立っているね。
図2のようにPを$C_1$上でグルグル回してみると，点Qもそれに連動してグルグル回ることがわかるよ。まるで，点Qは点Pの影のようになっているね。

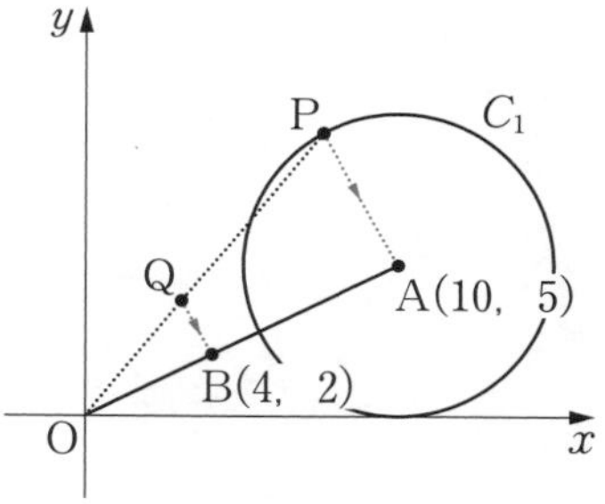


図1

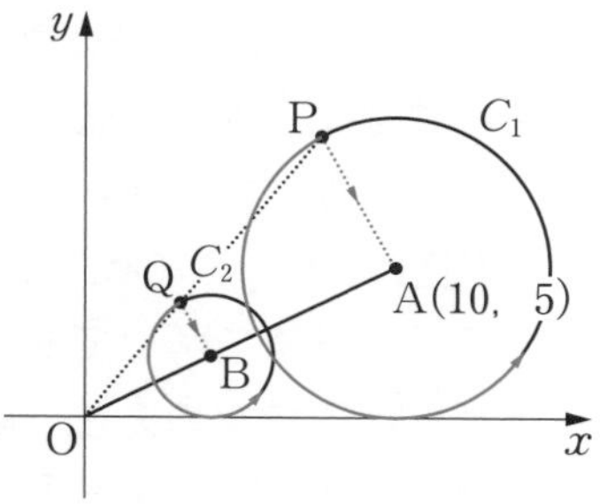


図2

(2)　さて，今度は(1)の「2：3」を「$m$：$n$」に変えたわけだね。もちろん，(1)(ii)のような流れで求めることもできるんだけど，(iii)がヒントになっていることに気づけると，実は(2)もあっさり解けてしまうんだ。

線分OAを$m$：$n$に内分する点をCとする。

$$\text{OR}:\text{RP}=m:n$$

$$\text{OC}:\text{CA}=m:n$$

より，△OAP∽△OCRが成り立つから，

$$\text{AP}/\!/\text{CR}$$

が成り立つ。

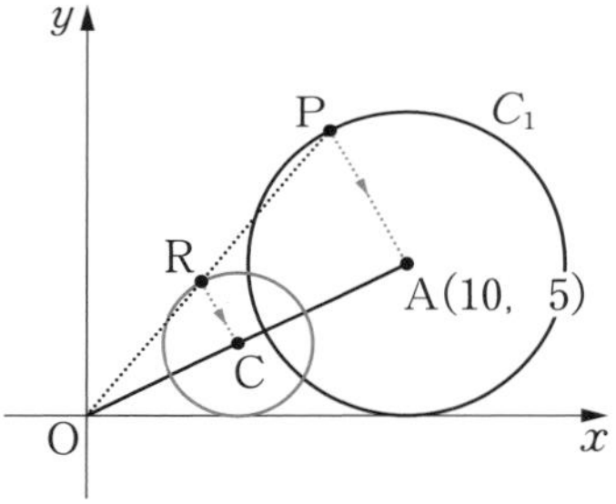


したがって，点Pが円$C_1$上を動くとき，図のように点Rは点Cを中心とする円を描く。逆に，このような円$C$の円周上の点Rはすべて OR：RP＝$m$：$n$を満たすような$C_1$上の点Pが存在するよ。だから，これが点Rの軌跡なんだね！

半径は，相似比から，

$$\text{CR}:\text{AP}=m:(m+n)$$

となるので，$C_1$の半径の$\dfrac{m}{m+n}$倍になっているね。

**答え** ス：②，セ：④

(3)　まずは問題3の状況の整理だ。

円$C_3$の中心をKとする。

$(x-5)^2+(y-7)^2=9$ より，K(5,　7)で半径は3であることがわかるね。

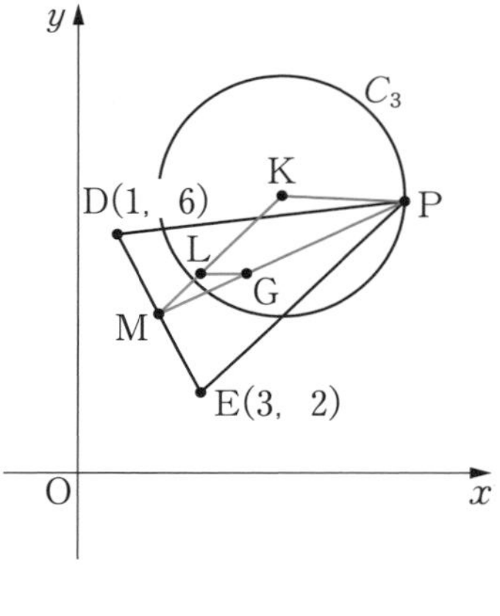


太郎君の方法で解いてもいいんだけど，花子さんの方法（図形的に軌跡を求める方法）で考えてみよう。

線分DEの中点Mの座標は，

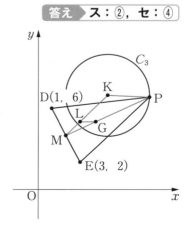

$$\left(\frac{1+3}{2},\ \frac{6+2}{2}\right)$$

より，M(2，4)とわかるね。

**△DEPの重心Gは，線分MPを1：2に内分する点になっているよ。**

答え ソ：⓪

ここで，線分MKを1：2に内分する点をLとしてみよう。

内分の公式より，Lの座標は，

$$\left(\frac{2\times2+1\times5}{1+2},\ \frac{2\times4+1\times7}{1+2}\right)$$

よって，L(3，5)

ここで，**MG：GP＝ML：LK＝1：2**

**が成り立つから，△MPK∽△MGLがいえて，常にGL∥PKが成り立っているよ。**

ということは，点Gの軌跡はLを中心とする円になるはずだ！

PK：GL＝3：1でPK＝3だから，GL＝1とわかる。

すなわち，点Gの軌跡は，中心(3，5)，半径1の円になってるんだね！

答え タ：3，チ：5，ツ：1

**POINT**

- 内分公式や点と直線の距離などは確実に使いこなして，タイムロスをなくしておこう。別冊も要チェック！

THEME

# 3 領域

ここできめる！ 不等式で表された領域が図示できるようになろう。

## 1 領域と最大・最小

過去問にチャレンジ

$x$，$y$は正の実数とする。連立不等式

$$\begin{cases} \log_3(x\sqrt{y}) \leqq 5 & \cdots\cdots① \\ \log_{81}\dfrac{y}{x^3} \leqq 1 & \cdots\cdots② \end{cases}$$

について考える。

$X=\log_3 x$，$Y=\log_3 y$とおくと，①は

$\boxed{ア}X+Y \leqq \boxed{イウ}$ ……③

と変形でき，②は

$\boxed{エ}X-Y \geqq \boxed{オカ}$ ……④

と変形できる。

$X$，$Y$が③と④を満たすとき，$Y$のとり得る最大の整数の値は$\boxed{キ}$である。また，$x$，$y$が①，②と$\log_3 y=\boxed{キ}$を同時に満たすとき，$x$のとり得る最大の整数の値は$\boxed{ク}$である。

（2020年度センター本試験）

まずは，①，②をそれぞれ変形していこう！

①の左辺は，

$$\log_3(x\sqrt{y})=\log_3 xy^{\frac{1}{2}}=\log_3 x+\log_3 y^{\frac{1}{2}}$$

$$=\log_3 x+\frac{1}{2}\log_3 y$$

$$=X+\frac{1}{2}Y$$

となるから，①は，

$$X+\frac{1}{2}Y \leqq 5$$

$$2X+Y \leqq 10 \quad \cdots\cdots ③$$

と変形できるね。

**答え** **ア：2，イウ：10**

②の左辺は，

$$\log_{81}\frac{y}{x^3}=\frac{\log_3 \frac{y}{x^3}}{\log_3 81}$$

$$=\frac{\log_3 y-\log_3 x^3}{\log_3 3^4}$$

$$=\frac{\log_3 y-3\log_3 x}{4}$$

となるから，②は，

$$\frac{Y-3X}{4} \leqq 1$$

$$Y-3X \leqq 4$$

$$3X-Y \geqq -4 \quad \cdots\cdots ④$$

と変形できるね。

**答え** **エ：3，オカ：−4**

次に，「$X$，$Y$が③と④を満たすとき，$Y$のとり得る最大の整数の値」を求めることになるんだけど，$X$，$Y$と2つの変数が含まれた不等式を考えていくのはちょっと難しく感じるね。こんなときには**目で見る**，つまり，③，④の条件を図示して考えてみよう！

$XY$平面上に，③と④が表す領域を図示してみよう。

③は$Y \leqq -2X+10$，④は，$Y \leqq 3X+4$とするとわかりやすいね！

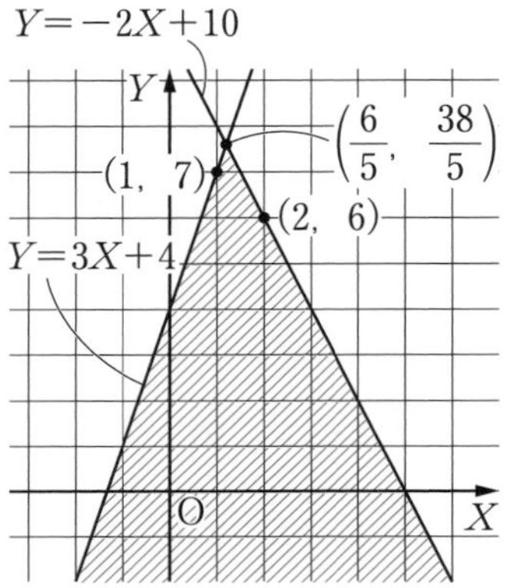


右の色を塗られた部分が，③，④が表す領域になっているよ。
$Y=3X+4$ と $Y=-2X+10$ の共有点を連立方程式で求めると，

$$(X,\ Y)=\left(\frac{6}{5},\ \frac{38}{5}\right)$$

だから，この中にある点 $(X,\ Y)$ で $Y$ が最も大きい整数となるような点は，$X=1$ か $X=2$ のときの境界の点だ。それぞれの点を求めると $(1,\ 7)$ と $(2,\ 6)$ だね。よって，$Y$ のとり得る最大の整数の値は7だ！

**答え キ：7**

最後に，$x$，$y$ が①，②と $\log_3 y=7$ を同時に満たす場合を考えてみよう。
$\log_3 y=7$ は，$Y=7$ ということだから，③，④より，

$$\begin{cases} 2X+7 \leqq 10 \\ 3X-7 \geqq -4 \end{cases}$$

これを整理すると，

$$\begin{cases} X \leqq \dfrac{3}{2} \\ X \geqq 1 \end{cases}$$

つまり，$1 \leqq X \leqq \dfrac{3}{2}$ ……⑤

となることがわかるね。$X=\log_3 x$ だから，⑤より，

$$1 \leqq \log_3 x \leqq \frac{3}{2}$$

つまり，$\log_3 3 \leqq \log_3 x \leqq \log_3 3^{\frac{3}{2}}=\log_3\sqrt{27}$
底の3は1より大きいから，

$$3 \leqq x \leqq \sqrt{27} \quad (5<\sqrt{27}<6)$$

このとき，$x$ のとり得る最大の整数の値は5とわかるんだ！

**答え ク：5**

## 2 直線がつくる三角形

### 過去問にチャレンジ

座標平面上で，直線$3x+2y-39=0$を$l_1$とする。また，$k$を実数とし，直線$kx-y-5k+12=0$を$l_2$とする。

(1) 直線$l_1$と$x$軸は，点($\boxed{\text{アイ}}$, 0)で交わる。
また，直線$l_2$は$k$の値に関係なく点($\boxed{\text{ウ}}$, $\boxed{\text{エオ}}$)を通り，直線$l_1$もこの点を通る。

(2) 2直線$l_1$，$l_2$および$x$軸によって囲まれた三角形が**できないような**$k$の値は

$$k=\boxed{\text{カ}},\ \frac{\boxed{\text{キク}}}{\boxed{\text{ケ}}}$$

である。

(3) 2直線$l_1$，$l_2$および$x$軸によって囲まれた三角形ができるとき，この三角形の周および内部からなる領域を$D$とする。さらに，$r$を正の実数とし，不等式$x^2+y^2 \leqq r^2$の表す領域を$E$とする。
直線$l_2$が点$(-13,\ 0)$を通る場合を考える。このとき，
$k=\dfrac{\boxed{\text{コ}}}{\boxed{\text{サ}}}$である。さらに，$D$が$E$に含まれるような$r$の値の範囲は

$$r \geqq \boxed{\text{シス}}$$

である。
次に，$r=\boxed{\text{シス}}$の場合を考える。このとき，$D$が$E$に含まれるような$k$の値の範囲は

$$k \geqq \frac{\boxed{\text{セ}}}{\boxed{\text{ソ}}} \text{ または } k<\frac{\boxed{\text{タチ}}}{\boxed{\text{ツ}}}$$

である。

(2022年度共通テスト追試験)

(1)　$x$軸との交点だから，直線$l_1$の方程式に$y=0$を代入すると，

$$3x-39=0$$

これを解いて，$x=13$となるので，直線$l_1$と$x$軸の交点の座標は$(13,\ 0)$だね。

**答え　アイ：13**



次に，直線$l_2$の式を$k$について整理してみよう。

$$kx-y-5k+12=0 \quad \text{つまり，} \quad (x-5)k-y+12=0 \quad \cdots\cdots①$$

**$l_2$が$k$の値に関係なく通る点というのは，どんな$k$の値でも①の等式が成り立つような，点$(x,\ y)$**だよね？　つまり，$k$についての恒等式となればいいから，

$$x-5=0,\quad -y+12=0$$

を満たせばいいんだ！

これを解いて，$(x,\ y)=(5,\ 12)$

**答え　ウ：5，エオ：12**

この点を直線$l_1$の方程式に代入すると，

$$3\times5+2\times12-39=0$$

が成り立つことも確認できるので，点$(5,\ 12)$は$l_1$も通ることが確認できるね。

(2)　3本の直線で三角形が**できない**条件を考える問題だね！　一般的に，3本の直線で三角形ができないのは，次のようなときだ。

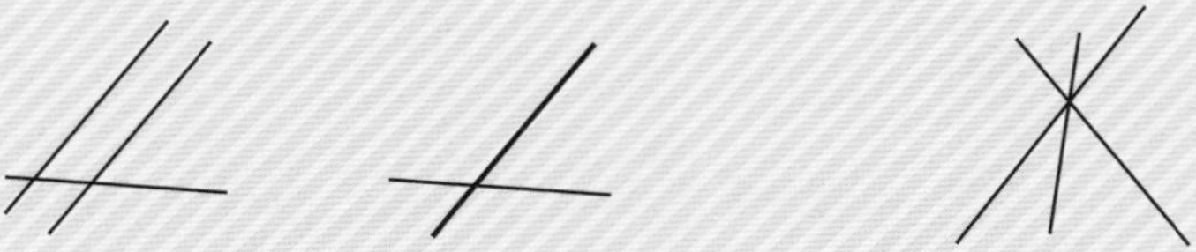

少なくとも2本の直線が平行，または一致する

3本の直線が1点で交わる

いま，$l_1$，$l_2$，$x$軸の3つの直線のうち，$l_1$と$x$軸は固定されている直線だけど，直線$l_2$だけは$k$の値によって変化する直線だね。だから，「$l_2$がどうなったら三角形ができないか」を考えてみよう。適当な$k$の値で直線$l_1$，$l_2$を座標平面上にかくと図のようになるね。

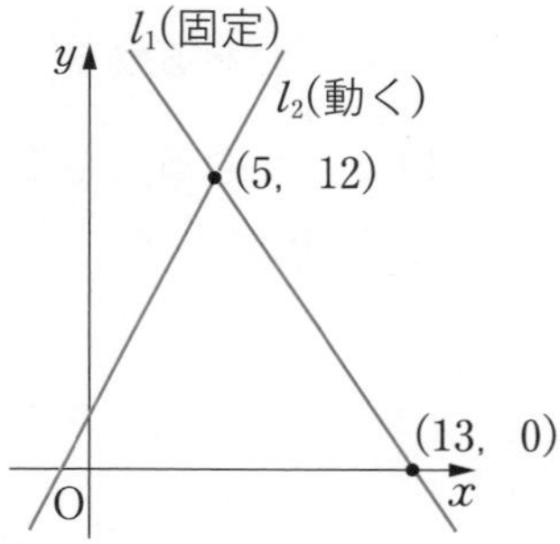


$l_2$が点(5，12)を常に通ることに注意すると，3つの直線で三角形ができないのは，次の2つの場合だね。

(i)　**$l_2$が$x$軸と平行になるとき**

(ii)　**$l_2$が$l_1$と平行になる（結果的に$l_1$に重なる）とき**

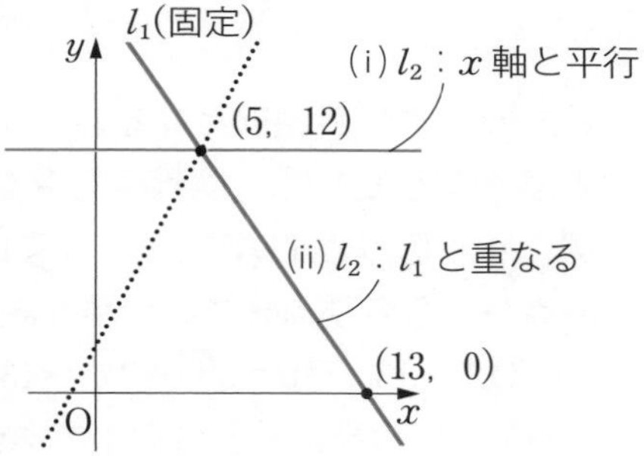


$l_2$は$y=kx-5k+12$と変形できるので，

(i)のとき，$x$軸に平行だから傾きが0になる。

つまり，$k=0$となるね。

(ii)のとき，$l_1$：$y=-\dfrac{3}{2}x+\dfrac{39}{2}$より，$k=-\dfrac{3}{2}$となるね。

**答え**　**カ：0，$\dfrac{\text{キク}}{\text{ケ}}$：$\dfrac{-3}{2}$**

(3)　さぁ，まずは$l_2$が点(−13，0)を通る場合を考えてみよう。

$l_2$の方程式に(−13，0)を代入し，

$$k\times(-13)-0-5k+12=0$$

これを解いて，

$$k=\frac{2}{3}$$

**答え**　**$\dfrac{\text{コ}}{\text{サ}}$：$\dfrac{2}{3}$**

「さらに」とあるから，ここでは$k=\dfrac{2}{3}$のとき，つまり，$l_2$が$(-13,\ 0)$を通るときを考えるわけだね。A(13, 0)，B(5, 12)，C(−13, 0)として，状況を図示してみよう。

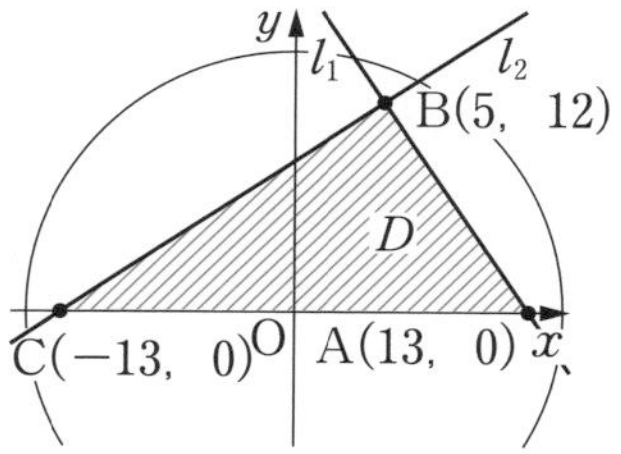


領域$D$は図の斜線部となるね。また**領域$E$は原点を中心とした半径$r$の円の内部（境界線を含む）なので，図のように円の内側にすっぽりと$D$がおさまっていればよい**わけだね。

原点Oから各頂点までの距離を調べると，

$$OA=13,\ \ OB=\sqrt{5^2+12^2}=13,\ \ OC=13$$

よって，円の半径$r$が13以上であれば$D$は$E$の内部に含まれるね。

**答え　シス：13**

次に，$r=13$の場合を考えてみよう。今度は円が固定されていて，$k$がどんな値かわかっていないね。$D$が$E$に含まれるように，$l_2$をどんどん動かしてみよう。

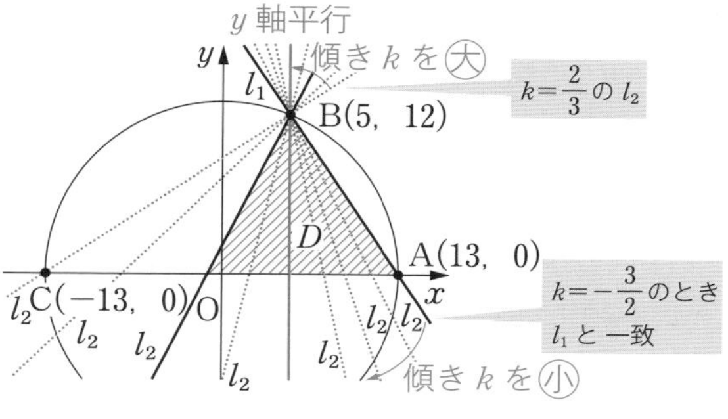


$l_2$が点Cを通る状態（もちろんBは常に通るよ！），つまり$k=\dfrac{2}{3}$から，徐々に$l_2$の傾きを大きくしていこう。

直線$l_2$がBを通りながら，
反時計回りに回るイメージ！

すると，$D$は常に$E$（円の内部）に含まれている状態になることがわかるね。こうして動かしたとき，$l_2$はBを通り$y$軸に平行な直線に近づいていくことがわかる。

ということで，まずは$k \geqq \frac{2}{3}$という範囲が得られたよ。

一方で，$l_2$が点Aを通る状態，つまり$k=-\frac{3}{2}$の状態より傾きを急に（$k$の値を小さく）すると，$D$は$E$から出てしまうね。逆にこの状態から，傾きを小さくすると，$D$が$E$に含まれている状態をキープできるね！　(2)より，$k=-\frac{3}{2}$のときは三角形ができないから，$k<-\frac{3}{2}$という範囲も答えだ！

**答え**　$\frac{\text{セ}}{\text{ソ}}:\frac{2}{3}$，$\frac{\text{タチ}}{\text{ツ}}:\frac{-3}{2}$

## 3　円と直線でできる領域

**対策問題にチャレンジ**

(1)　次の座標平面上の図の斜線部（境界線を含む）を表す不等式は［ア］である。

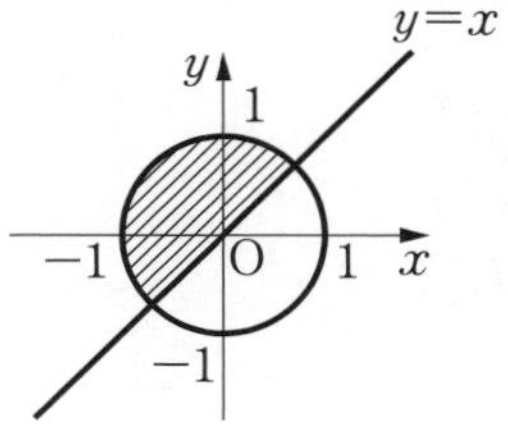

[ア]の解答群

| | | | | | | | |
|---|---|---|---|---|---|---|---|
| ⓪ | $x^2+y^2\leqq1$ | かつ | $y\leqq x$ | ① | $x^2+y^2\leqq1$ | かつ | $y\geqq x$ |
| ② | $x^2+y^2\geqq1$ | かつ | $y\leqq x$ | ③ | $x^2+y^2\geqq1$ | かつ | $y\geqq x$ |
| ④ | $x^2+y^2\leqq1$ | または | $y\leqq x$ | | | | |
| ⑤ | $x^2+y^2\leqq1$ | または | $y\geqq x$ | | | | |
| ⑥ | $x^2+y^2\geqq1$ | または | $y\leqq x$ | | | | |
| ⑦ | $x^2+y^2\geqq1$ | または | $y\geqq x$ | | | | |

(2) 座標平面上で，不等式$(x^2+y^2-1)(y-x)\leqq0$が表す領域を調べよう。この不等式は，次の不等式と同値である。

$$\begin{cases} x^2+y^2-1\geqq0 \\ y-x\ \boxed{\text{イ}}\ 0 \end{cases} \quad \boxed{\text{ウ}} \quad \begin{cases} x^2+y^2-1\leqq0 \\ y-x\ \boxed{\text{エ}}\ 0 \end{cases}$$

よって，この不等式が表す領域を図示したものは[オ]である。

[イ]，[エ]の解答群（同じものを繰り返し選んでもよい。）

| | | | | |
|---|---|---|---|---|
| ⓪ ＝ | ① ＜ | ② ＞ | ③ ≦ | ④ ≧ |

[ウ]の解答群

| | |
|---|---|
| ⓪ かつ | ① または |

[オ]の解答群

⓪
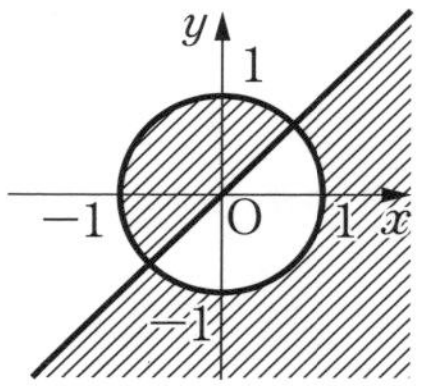


①
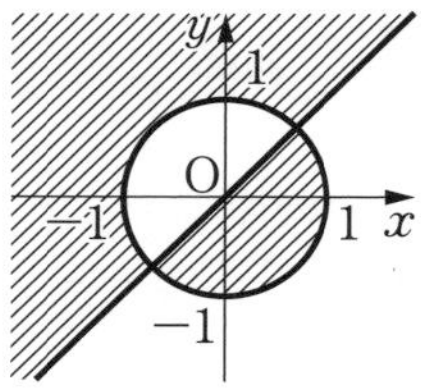


②
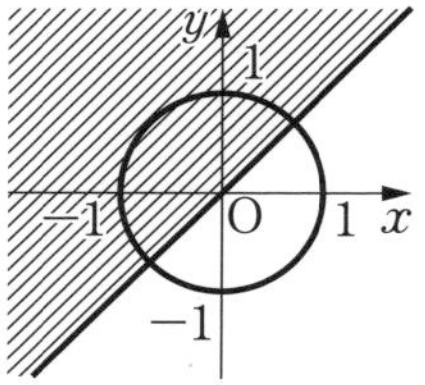


③
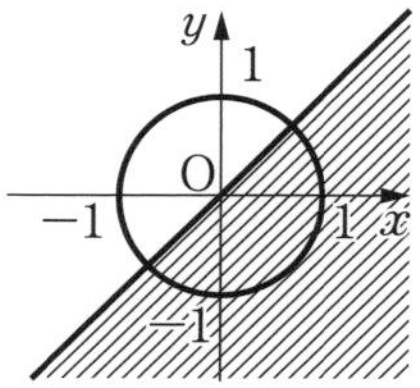

④
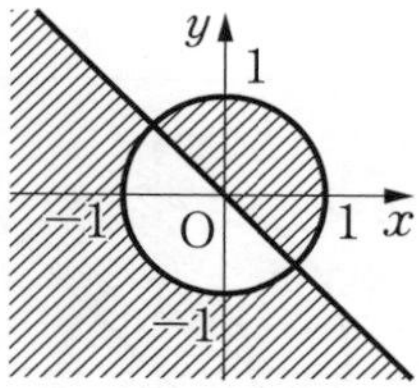


⑤
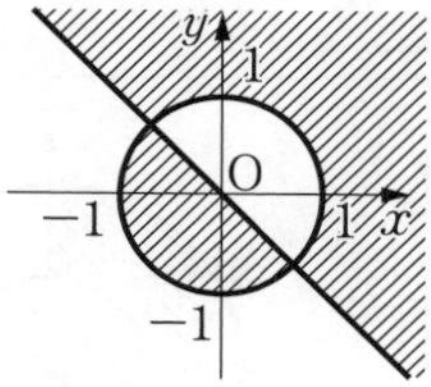


⑥
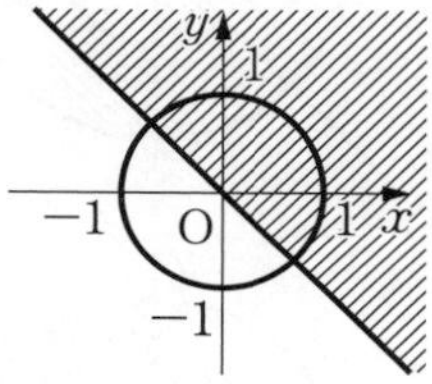


⑦
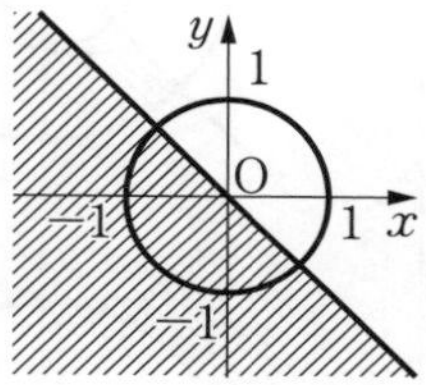


(3) 座標平面上で，不等式

$(x^2+y^2-4)(x^2+y^2-1)(y-x)\leqq 0$……①の表す領域を$D$とする。$D$がどのような領域になるか調べよう。

(i) $x^2+y^2-4\geqq 0$のとき，①から

$(x^2+y^2-1)(y-x)$ **カ** $0$ ……②

が成り立つ。このとき②より

$\begin{cases} x^2+y^2-1\geqq 0 \\ y-x \ \text{イ}\ 0 \end{cases}$ **ウ** $\begin{cases} x^2+y^2-1\leqq 0 \\ y-x \ \text{エ}\ 0 \end{cases}$ ……③

である。

(ii) $x^2+y^2-4\leqq 0$のとき，①から

$(x^2+y^2-1)(y-x)$ **キ** $0$ ……④

が成り立つ。このとき④より

$\begin{cases} x^2+y^2-1\geqq 0 \\ y-x \ \text{エ}\ 0 \end{cases}$ **ウ** $\begin{cases} x^2+y^2-1\leqq 0 \\ y-x \ \text{イ}\ 0 \end{cases}$ ……⑤

である。③，⑤より，領域$D$を図示したものは **ク** である。

**カ**，**キ** の解答群（同じものを繰り返し選んでもよい。）

| | | | | |
|---|---|---|---|---|
| ⓪ ＝ | ① ＜ | ② ＞ | ③ ≦ | ④ ≧ |

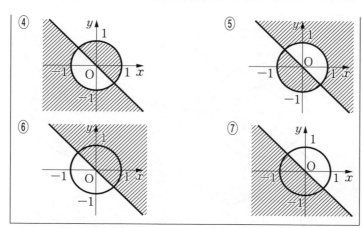

**ク** の解答群

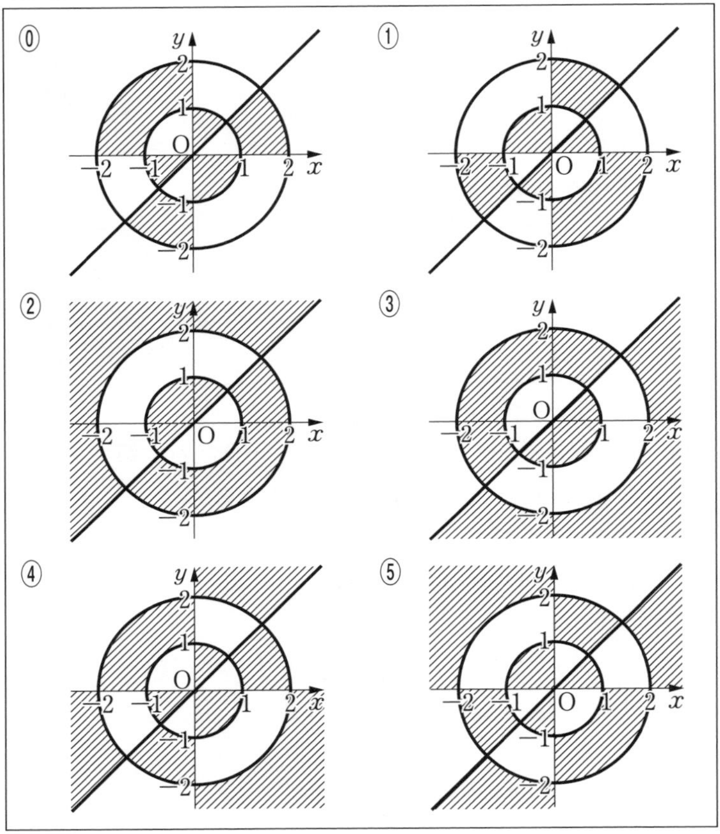


（オリジナル）

(1)　まずは，領域を表す不等式を考える問題だね。

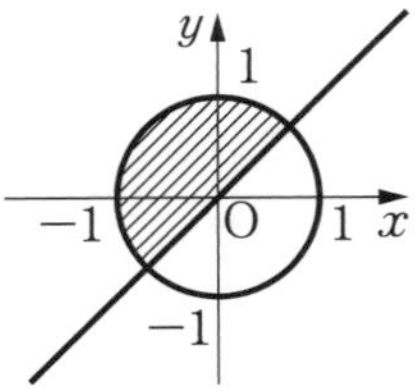

図の斜線部の領域は，

**・原点を中心とする半径1の円の内部**

**かつ**

**・原点を通り傾きが1の直線の上部**

であることがわかる。

すなわち，$x^2+y^2 \leqq 1$　かつ　$y \geqq x$ が求める不等式だ。

**答え　ア：①**

(2)　座標平面上で，不等式 $(x^2+y^2-1)(y-x) \leqq 0$ が表す領域を調べる問題なんだけど，この不等式の左辺は，

$$\boldsymbol{x^2+y^2-1} \quad \text{と} \quad \boldsymbol{y-x}$$

の積になっているね。$(x^2+y^2-1)(y-x) \leqq 0$ というのは，2つの式が異符号であればいいのだから，
この不等式は，

$$\begin{cases} x^2+y^2-1 \geqq 0 \\ y-x \leqq 0 \end{cases} \cdots\cdots ⓐ \qquad \text{または} \qquad \begin{cases} x^2+y^2-1 \leqq 0 \\ y-x \geqq 0 \end{cases} \cdots ⓑ$$

と同値だといえるわけだ。

**答え　イ：③，ウ：①，エ：④**

ⓐは $\begin{cases} x^2+y^2 \geqq 1 \\ y \leqq x \end{cases}$ と変形でき，ⓑは $\begin{cases} x^2+y^2 \leqq 1 \\ y \geqq x \end{cases}$ と変形できるよ。

ⓑの表す領域は(1)と同じものだと考えると，ⓐまたはⓑが表す領域は，⓪の図のようになるね。

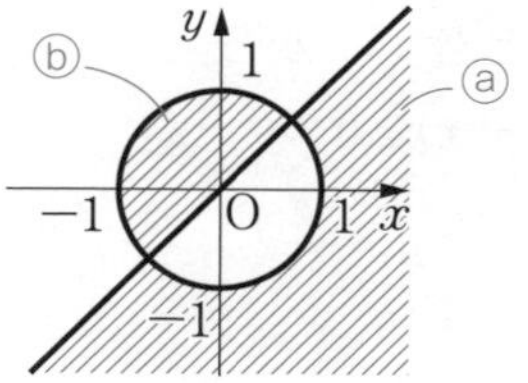


**答え　オ：⓪**

(3)　最後に，不等式 $(x^2+y^2-4)(x^2+y^2-1)(y-x) \leqq 0$ ……①の表す領域 $D$ を調べる問題だね！
この不等式の左辺は，

$$\boldsymbol{x^2+y^2-4} \quad \text{と} \quad \boldsymbol{x^2+y^2-1} \quad \text{と} \quad \boldsymbol{y-x}$$

の積になっているんだけど，このうち $x^2+y^2-1$ と $y-x$ の積である $(x^2+y^2-1)(y-x)$ に関しては，(2)で扱っているね。
ということで，$(x^2+y^2-1)(y-x)$ をひとかたまりと考えて，$x^2+y^2-4$ の場合分けから考えていくんだ。

(i)　$x^2+y^2-4 \geqq 0$ のとき，①から，

$$(x^2+y^2-1)(y-x) \leqq 0 \quad \cdots\cdots ②$$

が成り立つ。

**答え カ：③**

このとき，②は(2)で扱ったものと同じ不等式なので，

$$\begin{cases} x^2+y^2-1 \geqq 0 \\ y-x \leqq 0 \end{cases} \quad \text{または} \quad \begin{cases} x^2+y^2-1 \leqq 0 \\ y-x \geqq 0 \end{cases} \quad \cdots\cdots③$$

となるね。さっきの [ オ ] の図だよ。

**$x^2+y^2-4 \geqq 0$ のとき**が表すのは，**$(x, y)$ が原点を中心とする半径2の円の外部にあるとき**ということだから，これらを図示すると，次のようになるね。

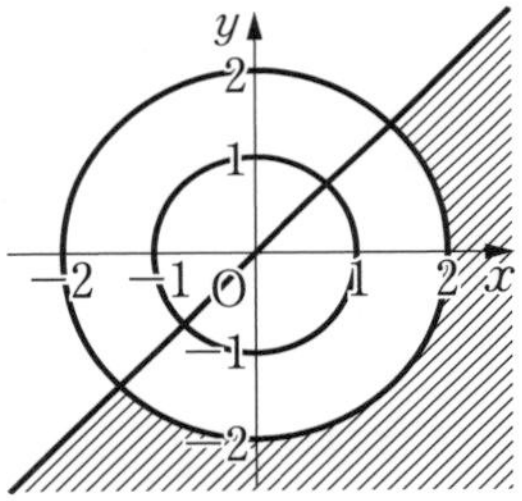


(ii)　$x^2+y^2-4 \leqq 0$ のとき，①から，

$$(x^2+y^2-1)(y-x) \geqq 0 \quad \cdots\cdots④$$

が成り立つ。

**答え キ：④**

このとき④より

$$\begin{cases} x^2+y^2-1 \geqq 0 \\ y-x \geqq 0 \end{cases} \quad \text{または} \quad \begin{cases} x^2+y^2-1 \leqq 0 \\ y-x \leqq 0 \end{cases} \quad \cdots\cdots⑤$$

となるね。これは，(2)で塗られた領域以外を表しているから，次の図のようになる。

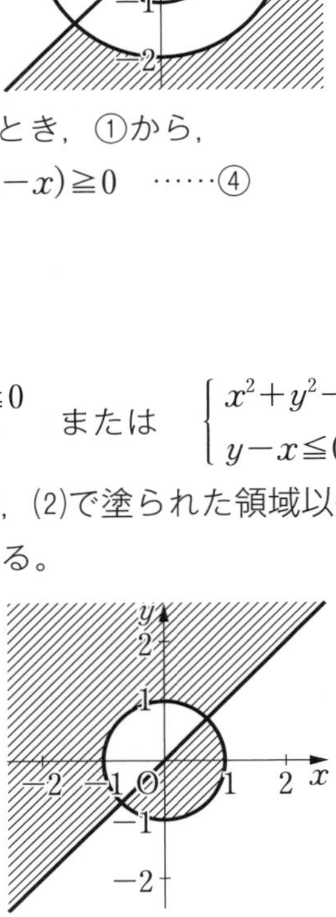

**$x^2+y^2-4 \leqq 0$のとき**が表すのは，**$(x,\ y)$が原点を中心とする半径2の円の内部にあるとき**ということだから，⑤を図示すると，次の図のようになるね。

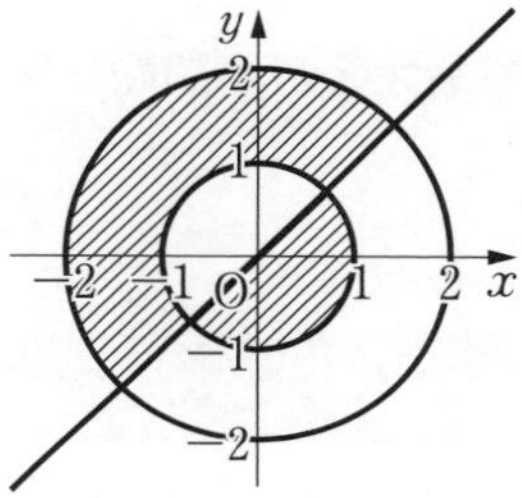


以上(i)(ii)より，領域$D$を図示したものは次の図だ。

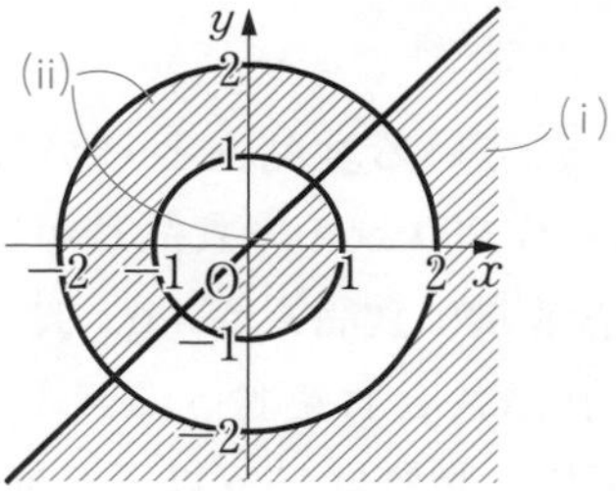


答え　ク：③

**POINT**

- $(x,\ y$の式$)\times(x,\ y$の式$)<0$のような不等式で表された領域は，**場合分け**をして考えよう。
- 境界線に対して隣り合うところが領域になることはないので注意しよう！

THEME 4

# 線形計画法

ここできめる!

領域を利用して最大・最小問題を解くことができるようになる。

## 1 文章題と線形計画法

### 過去問にチャレンジ

100 gずつ袋詰めされている食品AとBがある。1袋あたりのエネルギーは食品Aが200 kcal，食品Bが300 kcalであり，1袋あたりの脂質の含有量は食品Aが4 g，食品Bが2 gである。

(1) 太郎さんは，食品AとBを食べるにあたり，エネルギーは1500 kcal以下に，脂質は16 g以下に抑えたいと考えている。食べる量(g)の合計が最も多くなるのは，食品AとBをどのような量の組合せで食べるときかを調べよう。ただし，一方のみを食べる場合も含めて考えるものとする。

(i) 食品Aを$x$袋分，食品Bを$y$袋分だけ食べるとする。このとき，$x$，$y$は次の条件①，②を満たす必要がある。

摂取するエネルギー量についての条件　[ア]……①
摂取する脂質の量についての条件　[イ]……②

[ア]の解答群

| | |
|---|---|
| ⓪ $200x+300y \leqq 1500$ | ① $200x+300y \geqq 1500$ |
| ② $300x+200y \leqq 1500$ | ③ $300x+200y \geqq 1500$ |

[イ]の解答群

| | |
|---|---|
| ⓪ $2x+4y \leqq 16$ | ① $2x+4y \geqq 16$ |
| ② $4x+2y \leqq 16$ | ③ $4x+2y \geqq 16$ |

(ii) $x$，$y$の値と条件①，②の関係について正しいものを，次の⓪～③のうちから二つ選べ。ただし，解答の順序は問わない。［ウ］，［エ］

⓪ $(x,\ y)=(0,\ 5)$は条件①を満たさないが，条件②は満たす。

① $(x,\ y)=(5,\ 0)$は条件①を満たすが，条件②は満たさない。

② $(x,\ y)=(4,\ 1)$は条件①も条件②も満たさない。

③ $(x,\ y)=(3,\ 2)$は条件①と条件②をともに満たす。

(iii) 条件①，②をともに満たす$(x,\ y)$について，食品AとBを食べる量の合計の最大値を二つの場合で考えてみよう。食品A，Bが1袋を小分けにして食べられるような食品のとき，すなわち$x$，$y$のとり得る値が実数の場合，食べる量の合計の最大値は［オカキ］gである。このときの$(x,\ y)$の組は，$(x,\ y)=\left(\dfrac{\text{ク}}{\text{ケ}},\ \dfrac{\text{コ}}{\text{サ}}\right)$である。

次に，食品A，Bが1袋を小分けにして食べられないような食品のとき，すなわち$x$，$y$のとり得る値が整数の場合，食べる量の合計の最大値は［シスセ］gである。このときの$(x,\ y)$の組は［ソ］通りある。

(2) 花子さんは，食品AとBを合計600 g以上食べて，エネルギーは1500 kcal以下にしたい。脂質を最も少なくできるのは，食品A，Bが1袋を小分けにして食べられない食品の場合，Aを［タ］袋，Bを［チ］袋食べるときで，そのときの脂質は［ツテ］gである。

(2018年度試行調査)

(1)(i) 1袋あたりのエネルギーは食品Aが200 kcal，食品Bが300 kcalだから，食品Aを$x$袋と食品Bを$y$袋分を食べると合計$200x+300y$ kcalのエネルギーを摂取することになるね！

摂取するエネルギーは1500 kcal以下に抑えるから，エネルギーについての条件式は

$200x+300y \leqq 1500$　……①

となるね！

**答え　ア：⓪**

脂質についても，食品A（1袋あたり4 g）を$x$袋と食品B（1袋あたり2 g）を$y$袋分食べると合計$4x+2y$(g)の脂質を摂取することになるね！

摂取する脂質は16 g以下に抑えるから，脂質についての条件式は，

$4x+2y \leqq 16$　……②

**答え　イ：②**

(ii)　この問題は単純に①，②の式に代入して成り立つかを1つずつすべて確認していこう！

計算を簡単にするために条件の不等式を簡単にしておくよ。

①は両辺を100でわって，$2x+3y \leqq 15$　……①′

②は両辺を2でわって，$2x+y \leqq 8$　……②′

⓪　$(x,\ y)=(0,\ 5)$のとき，

①′：$2 \cdot 0+3 \cdot 5=15$(＝右辺)

②′：$2 \cdot 0+5=5(\leqq 8)$

となるから，$(x,\ y)=(0,\ 5)$は条件①，②をともに満たすね！

よって，**⓪は正しくない**よ。

①　$(x,\ y)=(5,\ 0)$のとき，

①′：$2 \cdot 5+3 \cdot 0=10(\leqq 15)$

②′：$2 \cdot 5+0=10(>8)$

となるから，$(x,\ y)=(5,\ 0)$は条件①を満たすけど，条件②は満たさないね。

ゆえに，**①は正しい**ね！

② $(x,\ y)=(4,\ 1)$ のとき，

①′：$2\cdot4+3\cdot1=11(\leqq15)$

②′：$2\cdot4+1=9(>8)$

となるから，$(x,\ y)=(4,\ 1)$ は条件①は満たすけど，条件②は満たさないね。

よって，②**は正しくない**ね。

③ $(x,\ y)=(3,\ 2)$ のとき，

①′：$2\cdot3+3\cdot2=12(\leqq15)$

②′：$2\cdot3+2=8(=$ 右辺$)$

となるから，$(x,\ y)=(3,\ 2)$ は条件①，②をともに満たすね。

よって，③**は正しい**ね！

**答え ウ，エ：①，③（順不同）**

(iii) 1袋100 gだから，食べる量の合計は $100x+100y$(g) だ。

**オカキ** は　$x\geqq0$ かつ $y\geqq0$ かつ①かつ②を満たすときの $100x+100y$(g) の最大値を求めればいいね！

**条件の不等式を $xy$ 平面に図示して $100x+100y=k$ とおいてグラフを利用して最大値を求めていこう！**

まずは $x\geqq0$ かつ $y\geqq0$ かつ①かつ②を図示しよう。

①(①′)から，$y\leqq-\dfrac{2}{3}x+5$

②(②′)から，$y\leqq-2x+8$

2直線 $y=-\dfrac{2}{3}x+5$，$y=-2x+8$ の交点を求めるよ。

連立方程式 $\begin{cases} y=-\dfrac{2}{3}x+5 \\ y=-2x+8 \end{cases}$ を解くと，$x=\dfrac{9}{4}$，$y=\dfrac{7}{2}$

よって交点の座標は $\left(\dfrac{9}{4},\ \dfrac{7}{2}\right)$ だから，4つの不等式 $x\geqq0$，$y\geqq0$，①，②を合わせた連立不等式の表す領域 $D$ は，右の図の斜線部分（境界線を含む）のようになるね。

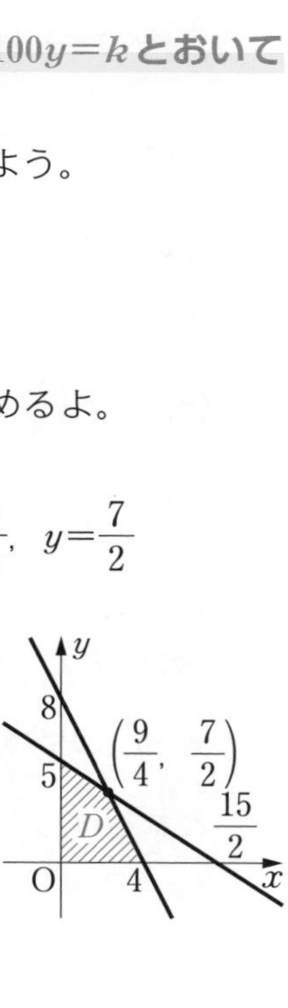

$100x+100y=k$ とおくと,

$$y=-x+\frac{k}{100} \quad \cdots\cdots ③$$

これは傾きが $-1$, $y$ 切片が $\frac{k}{100}$ の直線を表すよ。

$k$ が最大のとき $\frac{k}{100}$ も最大だから, 直線③が領域 $D$ と共有点をもつような切片 $\left(\frac{k}{100}\right)$ の最大値を考えていくよ!

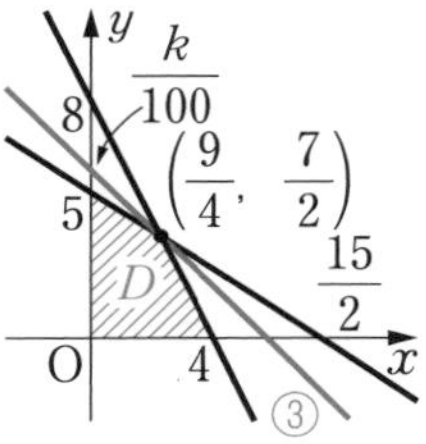


$y=-\frac{2}{3}x+5$ と $y=-2x+8$ と $y=-x+\frac{k}{100}$ の傾きに注目すると, $-2<-1<-\frac{2}{3}$ だから, 直線③は $y=-\frac{2}{3}x+5$ より傾きが急で $y=-2x+8$ より傾きが緩やかということだ。

$x$, $y$ のとり得る値が実数のときは, 図より直線③が点 $\left(\frac{9}{4}, \frac{7}{2}\right)$ を通るとき, 切片 $\frac{k}{100}$ の値は最大となるね!

このとき, $k=100\cdot\frac{9}{4}+100\cdot\frac{7}{2}=575$

$k=100x+100y$ に $(x, y)=\left(\frac{9}{4}, \frac{7}{2}\right)$ を代入

よって, 食べる量の合計の最大値は 575 g であり, このとき $(x, y)=\left(\frac{9}{4}, \frac{7}{2}\right)$ だね。

**答え** **オカキ:575, $\frac{\text{ク}}{\text{ケ}}$:$\frac{9}{4}$, $\frac{\text{コ}}{\text{サ}}$:$\frac{7}{2}$**

$x$, $y$ のとり得る値が整数の場合, $100x+100y=100(x+y)$ は 100 の倍数だね。

$x$, $y$ が実数のときは $(x, y)=\left(\frac{9}{4}, \frac{7}{2}\right)$ のとき, 最大値 575 がとれるけど,

$x$, $y$ が整数のときの $100(x+y)$ の最大値は, **575を超えない最**

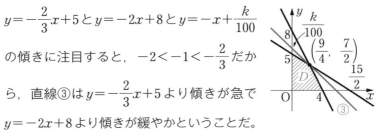

**大の100の倍数**である500だとわかる。

$100x+100y=500$ つまり，$x+y=5$ となる不等式を満たす整数の組 $(x,\ y)$ を考えていこう！

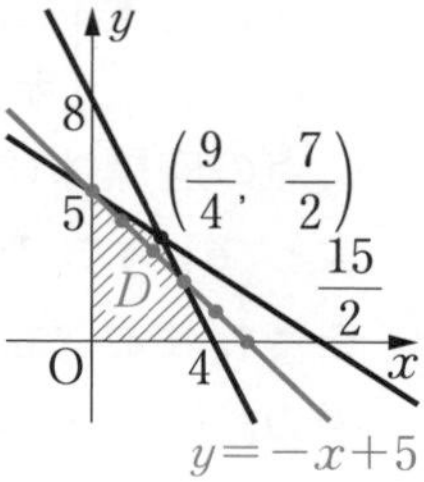


まずは　$x\geqq 0$，$y\geqq 0$ の範囲で，$x+y=5$ を満たす整数 $(x,\ y)$ の組を求めると，

$$(x,\ y)=(0,\ 5),\ (1,\ 4),\ (2,\ 3),\ (3,\ 2),\ (4,\ 1),\ (5,\ 0)$$

この6点が領域 $D$ 内にあるかを調べていこう！　大変そうに思えるけど，実は(ii)で点 $(0,\ 5)$，$(3,\ 2)$ は領域 $D$ 上にあって，点 $(4,\ 1)$，$(5,\ 0)$ は領域 $D$ 上にないことを確認済みだ。

また，$x$ 座標が $\frac{9}{4}$ より小さい点 $(1,\ 4)$，$(2,\ 3)$ は図から領域 $D$ 内にあるね！

よって，食べる量の合計の最大値は500 gで，このときの組 $(x,\ y)$ は，

$(x,\ y)=(0,\ 5)$，$(1,\ 4)$，$(2,\ 3)$，$(3,\ 2)$ の4通りだね！

**答え　シスセ：500，ソ：4**

(2)　1袋を小分けにして食べられない食品AとBを合計600 g以上食べて，エネルギーは1500 kcal以下にするときの，脂質を最も少なくする場合を考えていくよ。

エネルギー量については，①(①′)と同じだね！

$$2x+3y\leqq 15 \quad \cdots\cdots ①'$$

食品AとBを合計600 g以上食べるから，

$$100(x+y)\geqq 600$$

$$y\geqq -x+6 \quad \cdots\cdots ④$$

$x\geqq 0$，$y\geqq 0$，①′，④を図示していこう！

2直線 $y=-\frac{2}{3}x+5$，$y=-x+6$ の交点の座標を求めるよ。

連立方程式 $\begin{cases} y=-\dfrac{2}{3}x+5 \\ y=-x+6 \end{cases}$ を解くと $x=y=3$ だから，

交点の座標は $(3,\ 3)$ だね！

よって，4つの不等式 $x \geqq 0$，$y \geqq 0$，①′，④を合わせた連立不等式の表す領域 $E$ は，右の図の斜線部（境界線を含む）のようになるね。

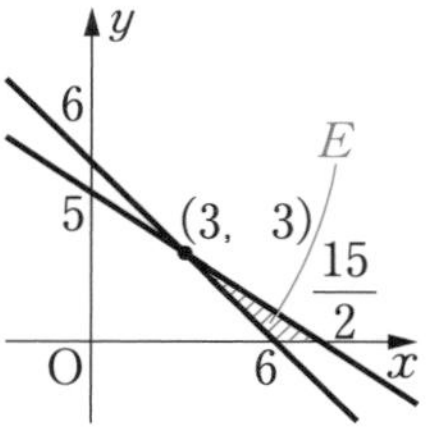


食品Aを $x$ 袋，食品Bを $y$ 袋食べたときの脂質の摂取量は $4x+2y$(g) だから $4x+2y=k$ とおくと，

$$y=-2x+\frac{k}{2} \quad \cdots\cdots ⑤$$

これは傾きが $-2$，$y$ 切片が $\dfrac{k}{2}$ の直線を表すね！　$k$ が最小のとき $\dfrac{k}{2}$ も最小だから，**この直線が領域 $E$ と共有点をもつような切片 $\dfrac{k}{2}$ の最小値を求めればいい**よ。

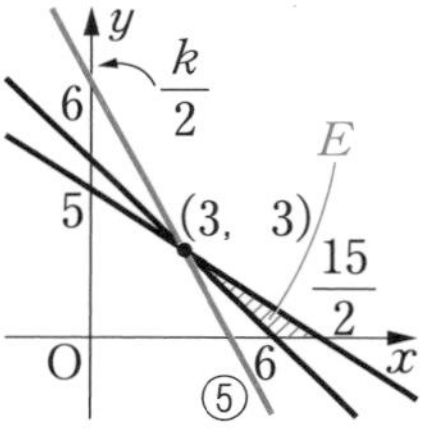


直線の傾きに注目すると，$-2<-1<-\dfrac{2}{3}$ だから直線⑤が一番傾きが急だ。

よって，図より直線⑤が点 $(3,\ 3)$ を通るとき，切片は最小になるね！

このとき，$k=4\cdot 3+2\cdot 3=18$

$k=4x+2y$ に $(x,\ y)=(3,\ 3)$ を代入したんですね！

したがって，脂質を最も少なくできるのは，Aを3袋，Bを3袋食べるときで，そのときの脂質は18 gだね！

**答え**　**タ：3，チ：3，ツテ：18**

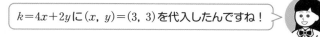

## 2 方程式と線形計画法

### 過去問にチャレンジ

$x \geqq 2$, $y \geqq 2$, $8 \leqq xy \leqq 16$ のとき，$z = \log_2 \sqrt{x} + \log_2 y$ の最大値を求めよう。

$s = \log_2 x$, $t = \log_2 y$ とおくと，$s$, $t$, $s+t$ のとり得る値の範囲はそれぞれ

$s \geqq \boxed{\text{ア}}$, $t \geqq \boxed{\text{ア}}$, $\boxed{\text{イ}} \leqq s+t \leqq \boxed{\text{ウ}}$　となる。

また，$z = \dfrac{\boxed{\text{エ}}}{\boxed{\text{オ}}} s + t$ が成り立つから，$z$ は $s = \boxed{\text{カ}}$,

$t = \boxed{\text{キ}}$ のとき最大値 $\dfrac{\boxed{\text{ク}}}{\boxed{\text{ケ}}}$ をとる。したがって，$z$ は

$x = \boxed{\text{コ}}$, $y = \boxed{\text{サ}}$ のとき最大値 $\dfrac{\boxed{\text{ク}}}{\boxed{\text{ケ}}}$ をとる。

(2009年度センター本試験)

まずは，$x \geqq 2$, $y \geqq 2$, $8 \leqq xy \leqq 16$ の全辺に底が2の対数をとって範囲を調べよう。

底2は1より大きいから，$x \geqq 2$ より，$\log_2 x \geqq \log_2 2$

よって，$s = \log_2 x$ より，$s \geqq 1$

$\log_2 2 = 1$ だね

同様に，$y \geqq 2$ より $t = \log_2 y$ とおくと，$t \geqq 1$

**答え　ア：1**

また，$8 \leqq xy \leqq 16$ より

$\log_2 8 \leqq \log_2 xy \leqq \log_2 16$

$3 \leqq \log_2 x + \log_2 y \leqq 4$

$3 \leqq s+t \leqq 4$

**答え** イ：3，ウ：4

また，$z=\log_2\sqrt{x}+\log_2 y=\dfrac{1}{2}\log_2 x+\log_2 y$

よって，$z=\dfrac{1}{2}s+t$　……☆

**答え** $\dfrac{\text{エ}}{\text{オ}}$：$\dfrac{1}{2}$

$s \geqq 1$，$t \geqq 1$，$3 \leqq s+t \leqq 4$ は横軸 $s$，縦軸 $t$ の平面の領域として図示できるね！
$3 \leqq s+t \leqq 4$ は $-s+3 \leqq t \leqq -s+4$ だから，
$s \geqq 1$，$t \geqq 1$，$-s+3 \leqq t \leqq -s+4$ を図示すると右の図の斜線部分のようになるよ。（ただし，境界線を含む）

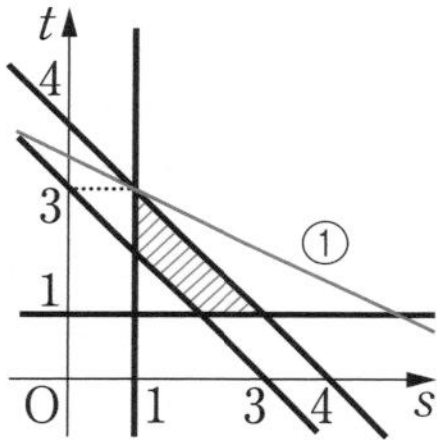


$(s,\ t)$ がこの領域を動くときの $\dfrac{1}{2}s+t$ の最大値を求めればいいから，

☆より，$t=-\dfrac{1}{2}s+z$ として，**不等式を満たす領域と直線 $t=-\dfrac{1}{2}s+z$　……①が共有点をもつような $t$ 切片 $z$ の最大値を求めよう**。

$t=-\dfrac{1}{2}s+z$ の傾きは $-\dfrac{1}{2}$ で $t=-s+3$，$t=-s+4$ よりゆるやかだから，図より，直線①が点 $(1,\ 3)$ を通るとき $z$ は最大になるね！

$z=\dfrac{1}{2}\times 1+3=\dfrac{7}{2}$

すなわち，$z$ は $s=1$，$t=3$ のとき最大値 $\dfrac{7}{2}$ をとるね。

**答え** カ：1，キ：3，$\dfrac{\text{ク}}{\text{ケ}}$：$\dfrac{7}{2}$

このときの $x$ の値は，
$1=\log_2 x$ より，$x=2$

$3=\log_2 y$ より，$y=8$

だから，$z$ は $x=2$，$y=8$ のとき最大値 $\frac{7}{2}$ をとるね！

**答え　コ：2，サ：8**

---

**【別解】**

実は，この問題は答えの形から求めることもできるんだ。

$z=\frac{1}{2}s+t$ までは求めたとするよ。

[カ]，[キ]，[コ]，[サ] から，$x$，$y$，$s$，$t$ は1桁の整数だね。

$s=\log_2 x$ から，$x=2$，4，8

$t=\log_2 y$ から，$y=2$，4，8

しかありえないね。

$2 \leqq xy \leqq 16$ を満たす $(x, y)$ をすべて調べると，

| $(x, y)$ | $(2, 4)$ | $(2, 8)$ | $(4, 2)$ | $(4, 4)$ | $(8, 2)$ |
|---|---|---|---|---|---|
| $(s, t)$ | $(1, 2)$ | $(1, 3)$ | $(2, 1)$ | $(2, 2)$ | $(3, 1)$ |
| $z=\frac{1}{2}s+t$ | $\frac{5}{2}$ | $\frac{7}{2}$ | 2 | 3 | $\frac{5}{2}$ |

（$(x, y)$ → $(s, t)$：$\log_2$ をとる）
（$(s, t)$ → $z$：$z=\frac{1}{2}s+t$ に代入）

$(x, y)=(2, 8)$，$(s, t)=(1, 3)$ のとき，$z$ の最大値は $\frac{7}{2}$ とわかるね。

答えが"整数"ということからしらみつぶしで全て調べる技は最終手段に使おう！

**POINT**

- **領域を利用する最大最小問題は，**
  **（最大値・最小値を求めたい $x$ と $y$ の式）$=k$**
  **とおいて $xy$ 平面上の領域と直線が共有点をもつような $k$ の最大値と最小値を求める。**

THEME 5

# 総合問題

ここできめる！

複数の単元にまたがった問題に慣れておこう。

## 1 領域と直線の傾き

過去問にチャレンジ

座標平面上に点A$(-8,\ 0)$をとる。また，不等式

$$x^2+y^2-4x-10y+4 \leqq 0$$

の表す領域を$D$とする。

(1)　領域$D$は，中心が点( ア , イ )，半径が ウ の円の エ である。

エ の解答群

| | | |
|---|---|---|
| ⓪　周 | ①　内　部 | ②　外　部 |
| ③　周および内部 | | ④　周および外部 |

以下，点( ア , イ )をQとし，方程式

$$x^2+y^2-4x-10y+4=0$$

の表す領域を$C$とする。

(2)　点Aを通る直線と領域$D$が共有点をもつのはどのようなときかを考えよう。

(i)　(1)により，直線$y=$ オ は点Aを通る$C$の接線の一つとなることがわかる。

太郎さんと花子さんは点Aを通る$C$のもう一つの接線について話している。

点Aを通り，傾きが$k$の直線を$l$とする。

> 太郎：直線$l$の方程式は$y=k(x+8)$と表すことができるから，これを
>
> $$x^2+y^2-4x-10y+4=0$$
>
> に代入することで接線を求められそうだね。
>
> 花子：$x$軸と直線AQのなす角のタンジェントに着目することでも求められそうだよ。

(ii)　太郎さんの求め方について考えてみよう。

$y=k(x+8)$を$x^2+y^2-4x-10y+4=0$に代入すると，$x$についての2次方程式

$$(k^2+1)x^2+(16k^2-10k-4)x+64k^2-80k+4=0$$

が得られる。この方程式が$\boxed{\text{カ}}$ときの$k$の値が接線の傾きとなる。

$\boxed{\text{カ}}$の解答群

|  |  |
|---|---|
| ⓪ | 重解をもつ |
| ① | 異なる二つの実数解をもち，一つは0である |
| ② | 異なる二つの正の実数解をもつ |
| ③ | 正の実数解と負の実数解をもつ |
| ④ | 異なる二つの負の実数解をもつ |
| ⑤ | 異なる二つの虚数解をもつ |

(iii)　花子さんの求め方について考えてみよう。

$x$軸と直線AQのなす角を$\theta\left(0<\theta\leqq\dfrac{\pi}{2}\right)$とすると

$$\tan\theta=\frac{\boxed{\text{キ}}}{\boxed{\text{ク}}}$$

であり，直線$y=\boxed{\text{オ}}$と異なる接線の傾きは$\tan\boxed{\text{ケ}}$と表すことができる。

$\boxed{\text{ケ}}$の解答群

⓪ $\theta$　① $2\theta$　② $\left(\theta+\frac{\pi}{2}\right)$　③ $\left(\theta-\frac{\pi}{2}\right)$

④ $(\theta+\pi)$　⑤ $(\theta-\pi)$　⑥ $\left(2\theta+\frac{\pi}{2}\right)$

⑦ $\left(2\theta-\frac{\pi}{2}\right)$

(iv) 点Aを通る$C$の接線のうち，直線$y=$ **オ** と異なる接線の傾きを$k_0$とする。このとき，(ii)または(iii)の考え方を用いることにより

$$k_0=\frac{\boxed{\text{コ}}}{\boxed{\text{サ}}}$$

であることがわかる。

直線$l$と領域$D$が共有点をもつような$k$の値の範囲は **シ** である。

**シ** の解答群

⓪ $k>k_0$　① $k\geqq k_0$　② $k<k_0$

③ $k\leqq k_0$　④ $0<k<k_0$　⑤ $0\leqq k\leqq k_0$

(2022年度共通テスト本試験)

(1)　まずは，$x^2+y^2-4x-10y+4\leqq 0$の左辺の式を平方完成して，中心と半径を求めていこう！

$$x^2-4x+4+y^2-10y+25-25\leqq 0$$
$$(x-2)^2+(y-5)^2\leqq 25$$

よって，領域$D$は中心(2, 5)，半径5の円の周および内部だね！

**答え** ア：2，イ：5，ウ：5，エ：③

(2)(i)　右図より$x$軸は$C:(x-2)^2+(y-5)^2=25$の接線だ。つまり，Aを通る$C$の接線のひとつは$y=0$だね！

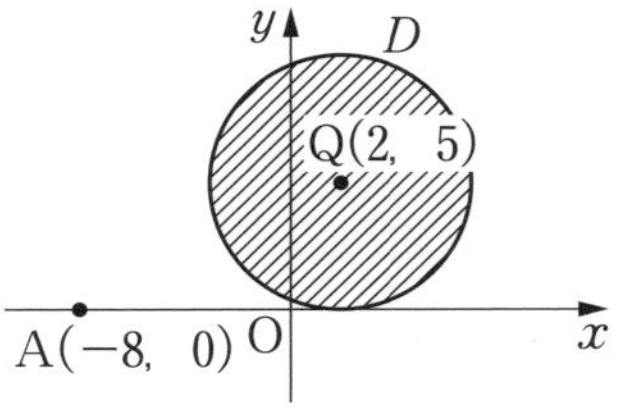


**答え** オ：0

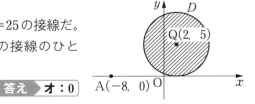

(ii)　太郎さんの解き方を考えていこう！

点A$(-8,\ 0)$を通り傾き$k$の直線$l$の方程式は，

$$y=k(x+8)$$

共有点は2つの曲線の方程式の連立方程式を解くことで求めることができるから，

$y=k(x+8)$を$x^2+y^2-4x-10y+4=0$に代入すると，

$$x^2+\{k(x+8)\}^2-4x-10\cdot k(x+8)+4=0$$

$$(k^2+1)x^2+(16k^2-10k-4)x+64k^2-80k+4=0\cdots\cdots①$$

この方程式の解が共有点の$x$座標だから，円と直線が接するときは①は**重解をもつ**ことになるね！

**答え　カ：⓪**

(iii)　花子さんの解き方も考えていこう！

傾きと$\tan\theta$について確認しておくよ。

**傾きとtan**

**直線$y=mx+n$と$x$軸の正の方向とのなす角を$\theta$とすると**

**$m=\tan\theta$（傾き$=\tan\theta$）**

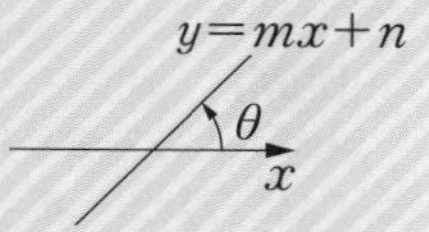


直線AQの傾きは$\dfrac{y\text{の増加量}}{x\text{の増加量}}$だから，

右図より，（AQの傾き）$=\dfrac{5}{10}=\dfrac{1}{2}$

$x$軸と直線AQのなす角を$\theta$とすると，

$$\tan\theta=\frac{1}{2}$$

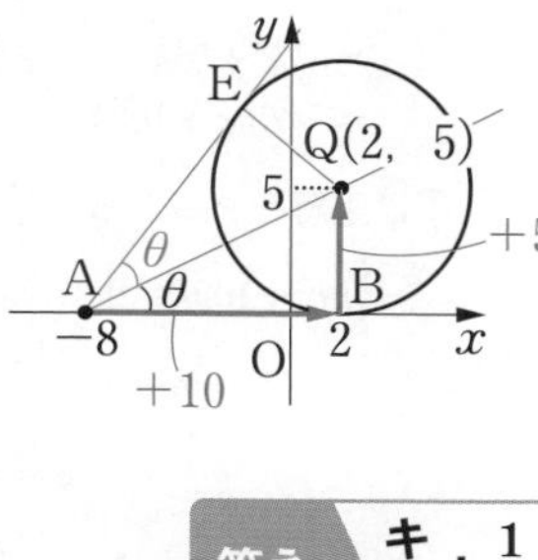


**答え　キ/ク：$\dfrac{1}{2}$**

$y=0$でない接線と円$C$との接点をE,

点$(2,\ 0)$をBとすると，$\triangle\mathrm{AEQ}\equiv\triangle\mathrm{ABQ}$

だから，$\angle\mathrm{EAQ}=\angle\mathrm{BAQ}=\theta$

したがって，($y=0$と異なる接線の傾き)$=\tan\angle\mathrm{BAE}=\tan 2\theta$

**答え** ケ：①

(iv)　$y=0$以外の点Aを通る$C$の接線を求めていこう！

花子さんの方法のほうが計算が楽だから，こっちで答えを求めていくよ。

(iii)より接線の傾き$k_0$は，

$$k_0=\tan 2\theta=\tan(\theta+\theta)$$

$$=\frac{\tan\theta+\tan\theta}{1-\tan\theta\tan\theta}$$

$\tan 2\theta=\dfrac{2\tan\theta}{1-\tan^2\theta}$

$$=\frac{1}{1-\frac{1}{4}}=\frac{4}{3}$$

**答え** コ/サ：$\dfrac{4}{3}$

---

**【別解】**

太郎さんの方法でも出してみるよ！

$(k^2+1)x^2+(16k^2-10k-4)x+64k^2-80k+4=0\cdots\cdots$①

$(k^2+1)x^2+2(8k^2-5k-2)x+64k^2-80k+4=0$

判別式を$D$とすると，

$$\frac{D}{4}=(8k^2-5k-2)^2-(k^2+1)(64k^2-80k+4)$$

$$=64k^4+25k^2+4-80k^3+20k-32k^2-(64k^4-80k^3+4k^2+64k^2-80k+4)$$

$$=-75k^2+100k$$

①が重解をもつから，$\dfrac{D}{4}=0$

$-75k^2+100k=0$

$k=0,\ \dfrac{4}{3}$

$k\neq0$より，$k=\dfrac{4}{3}$

$k=0$のときは傾き0だから
$y=0$（$x$軸）のことだよ

直線$l$と領域$D$が共有点をもつような$k$（傾き）の範囲は右図より，

$0 \leqq k \leqq k_0$

領域$D$は境界線も含むから等号もつくよ！

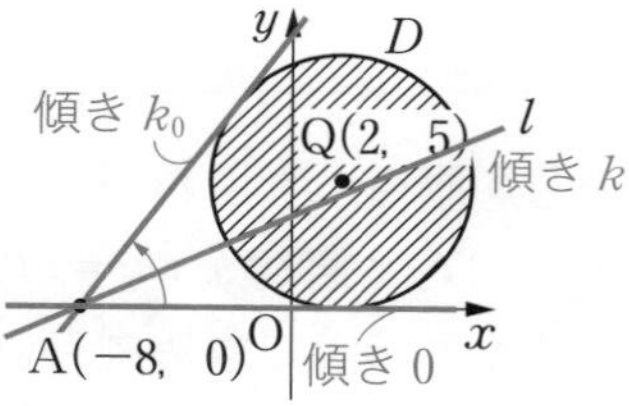


答え シ：⑤

## 2 曲線を含む領域と最大・最小

### 過去問にチャレンジ

座標平面上で，連立不等式 $\begin{cases} x^2+y^2 \leqq 1 \\ x+y \leqq 1 \\ 3x-y \leqq 3 \end{cases}$ の表す領域を$D$とし，

原点を中心とする半径1の円を$C$とする。$a$を実数とし，

点$\mathrm{A}\left(\dfrac{5}{3},\ 0\right)$を通り，傾きが$a$の直線を$l$とする。

$l$と$D$が共有点をもつような$a$の最大値と最小値を求めよう。

(1) $C$と直線$x+y=1$の共有点の座標は，$(0,\ \boxed{ア})$，$(\boxed{イ},\ 0)$であり，$C$と直線$3x-y=3$の共有点の座標は，$\left(\dfrac{\boxed{ウ}}{\boxed{エ}},\ \dfrac{\boxed{オカ}}{\boxed{エ}}\right)$，$(\boxed{キ},\ 0)$である。

(2) $C$と$l$が接するのは，$a=\dfrac{\boxed{ク}}{\boxed{ケ}}$または$a=-\dfrac{\boxed{ク}}{\boxed{ケ}}$のときであり，このときの接点の$x$座標は$\dfrac{\boxed{コ}}{\boxed{サ}}$である。

したがって，$l$と$D$が共有点をもつような$a$の最大値は$\dfrac{\boxed{シ}}{\boxed{ス}}$であり，最小値は$\dfrac{\boxed{セソ}}{\boxed{タ}}$である。

（2006年度センター本試験・数学Ⅱ）

中心が原点，半径1の円$C$の方程式は$x^2+y^2=1$だね！

(1)　円$C$と直線$x+y=1$の共有点の座標は連立方程式で求めてもいいけど，$x+y=1$は$x$切片1，$y$切片1の直線だから，図からすぐにわかるね。

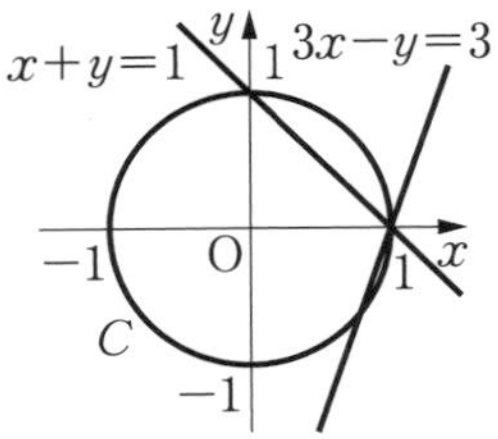


共有点の座標は，

$(0,\ 1)$，$(1,\ 0)$

**答え**　**ア：1，イ：1**

$C$と直線$3x-y=3$の共有点の座標は，次の連立方程式を解こう！

$$\begin{cases} x^2+y^2=1 & \cdots\cdots① \\ 3x-y=3 & \cdots\cdots② \end{cases}$$

あとはひたすら計算を頑張るだけだ。

②から，$y=3x-3$

これを①に代入すると，

$$x^2+(3x-3)^2=1$$

$$5x^2-9x+4=0$$

$$(x-1)(5x-4)=0$$

$$x=\frac{4}{5},\ 1$$

$y=3x-3$より，

$x=\dfrac{4}{5}$のとき　$y=-\dfrac{3}{5}$，　$x=1$のとき　$y=0$

よって，$C$と直線$3x-y=3$の共有点の座標は，

$\left(\dfrac{4}{5},\ \dfrac{-3}{5}\right)$，$(1,\ 0)$

**答え**　**$\dfrac{\text{ウ}}{\text{エ}}$：$\dfrac{4}{5}$，$\dfrac{\text{オカ}}{\text{エ}}$：$\dfrac{-3}{5}$，キ：1**

(2)　点$\mathrm{A}\left(\dfrac{5}{3},\ 0\right)$を通り，傾きが$a$の直線$l$の方程式は，

$$y=a\left(x-\frac{5}{3}\right)$$

直線と円が接するときは，次の関係を使うのがオススメだよ。

**（円の中心と直線の距離）＝半径**

直線$l$の方程式を点と直線の距離の公式が使える形に変形して，

$$3ax-3y-5a=0$$

$C$の中心$(0,\ 0)$と$l$との距離が$C$の半径1に等しいから，

$$\frac{|-5a|}{\sqrt{(3a)^2+(-3)^2}}=1$$

$$5|a|=3\sqrt{a^2+1}$$

絶対値は2乗すると外れるよ。
$|X|^2=X^2$だ！

$$25a^2=9(a^2+1)$$

$$a^2=\frac{9}{16}$$

よって，$a=\frac{3}{4}$　または，$a=-\frac{3}{4}$だね！

答え　$\frac{ク}{ケ}$：$\frac{3}{4}$

$a=\frac{3}{4}$のとき，$l$の方程式は，$y=\frac{3}{4}\left(x-\frac{5}{3}\right)$

つまり，$y=\frac{3}{4}x-\frac{5}{4}$　だね。

$C$と$l$の接点は，円の方程式と直線の式を連立して求めてもいいけど，

$y=\frac{3}{4}x-\frac{5}{4}$を円の方程式に代入するとすこし計算が厄介だね！

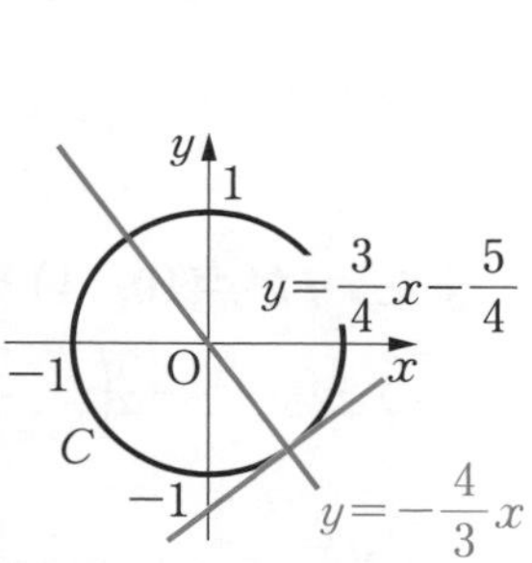


ここでは接点は，**$C$の中心$(0,\ 0)$を通り$l$に垂直な直線と$l$との交点であることを使って解いてみる**よ！

$l$の傾きは$\dfrac{3}{4}$だから垂直な直線の傾きは$-\dfrac{4}{3}$だね。

したがって，$C$の中心$(0,\ 0)$を通り$l$に垂直な直線の方程式は，

$$y=-\frac{4}{3}x$$

$l$の方程式と連立をすると，

$$\frac{3}{4}\left(x-\frac{5}{3}\right)=-\frac{4}{3}x \quad \text{すなわち，}\ x=\frac{3}{5}$$

よって，接点の$x$座標は$\dfrac{3}{5}$だね！

答え　$\dfrac{\text{コ}}{\text{サ}}$：$\dfrac{3}{5}$

ここで，領域$D$を図示すると下の図の斜線部分（境界線を含む）になるよ。

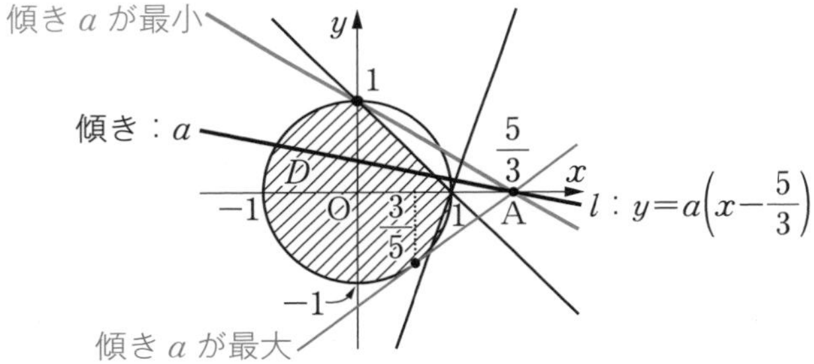


図から，$l$と$D$が共有点をもつような傾き$a$の最大値と最小値を求めていくよ。

**$l$が$D$上で円$C$と接するときに傾き$a$は最大になる**ね！

このとき，$a=\dfrac{3}{4}$

答え　$\dfrac{\text{シ}}{\text{ス}}$：$\dfrac{3}{4}$

また，**$l$が点$(0,\ 1)$を通るとき傾き$a$は最小になる。**

このとき，$1=a\left(0-\dfrac{5}{3}\right)$

$y=a\left(x-\dfrac{5}{3}\right)$に
$x=0$，$y=1$を代入

$$a=\frac{-3}{5}$$

答え　$\dfrac{\text{セソ}}{\text{タ}}$：$\dfrac{-3}{5}$

# SECTION 4

## 微分法・積分法

### THEME

きめる! KIMERU SERIES

# SECTION 4 で学ぶこと

微分法・積分法は，毎年必ず大問が出題される超重要単元。20点以上と，配点がもっとも大きな必答問題になる可能性が高いため，確実に得点できる力をつけたい。とはいえ，簡単な単元ではない。レベルアップのとっかかりとして重要なのは，苦手意識は脇に置いて，言葉の定義をきちんと押さえること。そのうえで，3次関数のグラフの特徴を把握し，図形の見方に慣れていこう。

## ここが問われる！ 計算力で道を開け！　淡々と計算し続ける気力・体力を鍛えよう！

微分法・積分法は，とにかく**計算の量が多い**。グラフと方程式を行き来して複雑な計算をいくつも積み重ね，やっと答えに到着するような問題のせいで「この単元は難しい」と思っている人もいる。だけど，それは内容が難しいのではなく，「計算が大変」という印象のせいである部分も大きい。膨大な計算処理が必要な問題でも，きちんと答えが合うまでちゃんと手を動かすことで，その計算処理そのものに慣れてしまおう。慣れてしまえば，淡々と解き進められる問題が増えてくる。膨大な計算にも萎えない精神力を養うべし。

## ここが問われる！ 解法を覚えるときは，関数の意味まで理解すること！

解法を暗記して少しでも得点に繋げようとする人も多いけど，オススメはしない。例えば「導関数とは何か？」と聞かれたら，きちんと説明できるくらいにそれぞれの**言葉の意味は理解しておこう**。

導関数は，与えられた式を微分して増減表をかいてグラフをかいて……だけでは，解けない問題もよく出題されるよ。ひとつひとつの言葉の意味をよく理解することにも時間を割いてほしい。

**ここが問われる！**

## ３次関数のグラフの性質は徹底的に把握すべし！

**３次関数を扱う問題**がグラフとともによく出題される。３次関数のグラフの基本形とともに，係数が変化するとグラフの形がどのように変化するのかをよく理解しておこう。遠回りに聞こえるかもしれないけれど，このような基本をしっかり理解していることが，本番で問題を解く時間を短くすることに繫がる。そのためにオリジナル問題を用意してあるので，心して取り組んでくれ！

解答時間の節約には，解答の道のりでよく登場する因数定理，相加平均，相乗平均について，よく復習しておこう。積分法では，面積を一発で出せる公式（1/3公式，1/6公式，1/12公式）も暗記しておくと便利。こちらは別冊で整理してあるので，要チェック。この単元は，20分かかる人もいれば，13分で通過できる人もいて，所要時間に開きが出やすい。時短には，とにかく計算力をアップさせること。そのうえで，効率化に役立つ知識をひとつずつ増やそう。

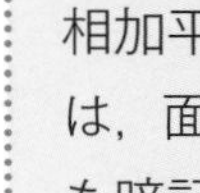

**この単元は配点が大きいうえに解くのに時間がかかる。この時間の問題を克服するためにも，「数学Ⅱ・B・C対策」では微分法・積分法から始めるべし，と言ってもいい。**

THEME 1

# 微分係数と接線

ここできめる!

- 微分係数の定義を覚えよう。
- 接線の方程式を求められるようになろう。

## 1 微分係数と接線の方程式

### 過去問にチャレンジ

(1) 関数$f(x)=\dfrac{1}{2}x^2$の$x=a$における微分係数$f'(a)$を求めよう。$h$が0でないとき，$x$が$a$から$a+h$まで変化するときの$f(x)$の平均変化率は$\boxed{\text{ア}}+\dfrac{h}{\boxed{\text{イ}}}$である。

したがって，求める微分係数は

$f'(a)=\displaystyle\lim_{h\to\boxed{\text{ウ}}}\left(\boxed{\text{ア}}+\dfrac{h}{\boxed{\text{イ}}}\right)=\boxed{\text{エ}}$である。

(2) 放物線$y=\dfrac{1}{2}x^2$を$C$とし，$C$上に点$\mathrm{P}\left(a,\ \dfrac{1}{2}a^2\right)$をとる。ただし，$a>0$とする。

点Pにおける$C$の接線$l$の方程式は$y=\boxed{\text{オ}}x-\dfrac{1}{\boxed{\text{カ}}}a^2$である。直線$l$と$x$軸との交点Qの座標は$\left(\dfrac{\boxed{\text{キ}}}{\boxed{\text{ク}}},\ 0\right)$である。点Qを通り$l$に垂直な直線を$m$とすると，$m$の方程式は

$y=\dfrac{\boxed{\text{ケコ}}}{\boxed{\text{サ}}}x+\dfrac{\boxed{\text{シ}}}{\boxed{\text{ス}}}$である。

直線$m$と$y$軸との交点をAとする。三角形APQの面積を$S$とおくと　$S=\dfrac{a(a^2+\boxed{\text{セ}})}{\boxed{\text{ソ}}}$となる。

(2015年度センター本試験・改)

まずは，**平均変化率**と**微分係数**の確認からしていくよ！

**平均変化率**

$x$の値が$a$から$b$まで変化するときの，関数$f(x)$の**平均変化率**は

$$\frac{f(b)-f(a)}{b-a}$$

【図形的意味】

$\mathrm{A}(a,\ f(a))$，$\mathrm{B}(b,\ f(b))$とすると平均変化率は

$$\frac{f(b)-f(a)}{b-a}=\frac{y\text{の増加量}}{x\text{の増加量}}$$

だから，**直線ABの傾き**を表す。

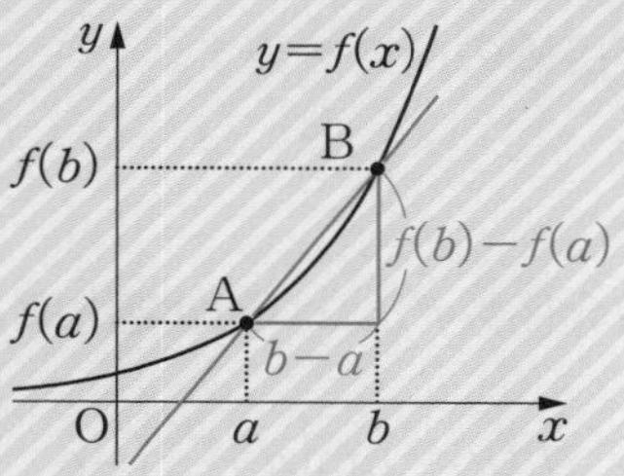


$a$から$a+h$まで変化するときの$f(x)$の平均変化率は，

$$\frac{f(a+h)-f(a)}{a+h-a}=\frac{\frac{1}{2}(a+h)^2-\frac{1}{2}a^2}{h}$$

$$=\frac{ah+\frac{1}{2}h^2}{h}$$

$$=a+\frac{h}{2}$$

答え　ア：$a$，イ：2

**微分係数**

関数 $f(x)$ の $x=a$ における

**微分係数 $f'(a)$** は

$$f'(a)=\lim_{h\to 0}\frac{f(a+h)-f(a)}{h}$$

【図形的意味】

微分係数 $f'(a)$ は，曲線

$y=f(x)$ 上の点Aにおける

**接線の傾き**を表す。

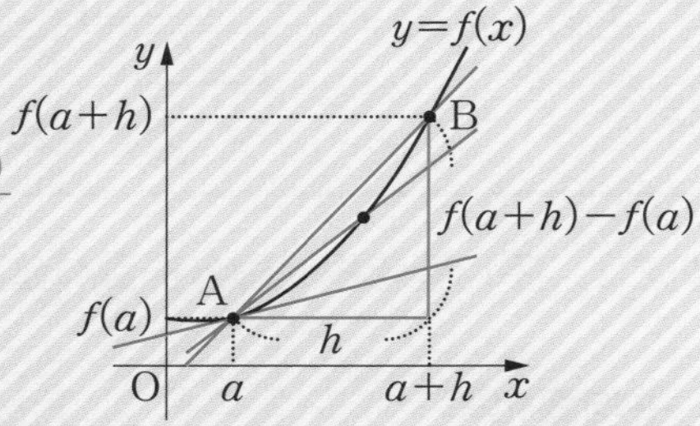


微分係数 $f'(a)$ は**平均変化率 $a+\dfrac{h}{2}$ の $h$ を0に近づけたもの**だから，

$$f'(a)=\lim_{h\to 0}\left(a+\frac{h}{2}\right)=a$$

**答え** **ウ：0，エ：$a$**

接線 $l$ の方程式を求めていくよ！

**直線の方程式**

点 $(a,\ b)$ を通り傾き $m$ の直線の方程式

$$y-b=m(x-a)$$

今回の問題は，

接線は点 $\left(a,\ \dfrac{1}{2}a^2\right)$ を通り傾き $f'(a)$ の直線だね

$$y-\frac{1}{2}a^2=f'(a)(x-a)$$

$$y=a(x-a)+\frac{1}{2}a^2$$

$$y=ax-\frac{1}{2}a^2$$

**答え** オ：$a$，カ：2

$l$ と $x$ 軸 $(y=0)$ との交点Qの座標を求めていくよ。

$y=ax-\frac{1}{2}a^2$ に $y=0$ を代入すると，

$$ax-\frac{1}{2}a^2=0$$

$$x=\frac{a}{2}$$

だから，$\mathrm{Q}\left(\frac{a}{2},\ 0\right)$ だね！

**答え** $\frac{\text{キ}}{\text{ク}}$：$\frac{a}{2}$

直線 $m$ は $l$ に垂直だから，$m$ の傾きを $b$ とすると，$b\cdot a=-1$ より，

$$b=-\frac{1}{a}$$

になるね！　よって，Qを通り $l$ に垂直な直線 $m$ の方程式は，

$$y=-\frac{1}{a}\left(x-\frac{a}{2}\right)$$

$$y=\frac{-1}{a}x+\frac{1}{2}$$

**答え** $\frac{\text{ケコ}}{\text{サ}}$：$\frac{-1}{a}$，$\frac{\text{シ}}{\text{ス}}$：$\frac{1}{2}$

曲線 $C$，直線 $l$，直線 $m$ を図示すると右の図のようになるよ。

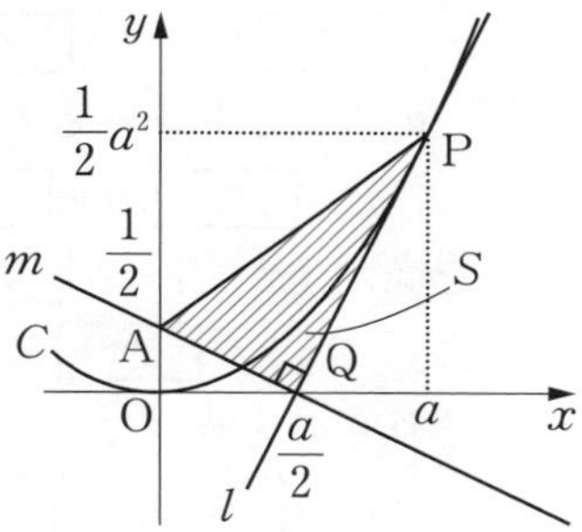


最後に△APQの面積 $S$ を求めよう！

$l\perp m$ より△APQは直角三角形だから，

$$S=\frac{1}{2}\cdot\mathrm{AQ}\cdot\mathrm{PQ}$$

で求めることができるね。

点Aは直線$m$の$y$切片だから，$A\left(0,\ \dfrac{1}{2}\right)$だ。よって，

$$AQ=\sqrt{\left(\frac{a}{2}\right)^2+\left(\frac{1}{2}\right)^2}=\sqrt{\frac{a^2+1}{4}}=\frac{\sqrt{a^2+1}}{2}$$

$P\left(a,\ \dfrac{1}{2}a^2\right)$，$Q\left(\dfrac{a}{2},\ 0\right)$より，

$$PQ=\sqrt{\left(a-\frac{1}{2}a\right)^2+\left(\frac{1}{2}a^2\right)^2}=\sqrt{\frac{a^2+a^4}{4}}=\frac{a\sqrt{a^2+1}}{2}$$

したがって，

$$S=\frac{1}{2}\cdot\frac{\sqrt{a^2+1}}{2}\cdot\frac{a\sqrt{a^2+1}}{2}$$
$$=\frac{a(a^2+1)}{8}$$

**答え** セ：1，ソ：8

## 2 曲線上でない点を通る接線の方程式

**過去問にチャレンジ**

Oを原点とする座標平面上の放物線$y=x^2+1$を$C$とし，点$(a,\ 2a)$をPとする。

(1) 点Pを通り，放物線$C$に接する直線の方程式を求めよう。

$C$上の点$(t,\ t^2+1)$における接線の方程式は

$y=\boxed{\text{ア}}tx-t^2+\boxed{\text{イ}}$である。

この直線がPを通るとすると，$t$は方程式

$$t^2-\boxed{\text{ウ}}at+\boxed{\text{エ}}a-\boxed{\text{オ}}=0$$

を満たすから，$t=\boxed{\text{カ}}a-\boxed{\text{キ}}$，$\boxed{\text{ク}}$である。

よって，$a\neq\boxed{\text{ケ}}$のとき，Pを通る$C$の接線は2本あり，

それらの方程式は

$$y=(\boxed{\text{コ}}a-\boxed{\text{サ}})x-\boxed{\text{シ}}a^2+\boxed{\text{ス}}a \quad \cdots\cdots①$$

と$y=\boxed{\text{セ}}x$である。

(2) (1)の方程式①で表される直線を$l$とする。$l$と$y$軸との交点をR(0, $r$)とすると，$r=-\boxed{\text{シ}}a^2+\boxed{\text{ス}}a$である。
$r>0$となるのは，$\boxed{\text{ソ}}<a<\boxed{\text{タ}}$のときであり，このとき，三角形OPRの面積$S$は$S=\boxed{\text{チ}}(a^{\boxed{\text{ツ}}}-a^{\boxed{\text{テ}}})$となる。

(2017年度センター本試験・改)



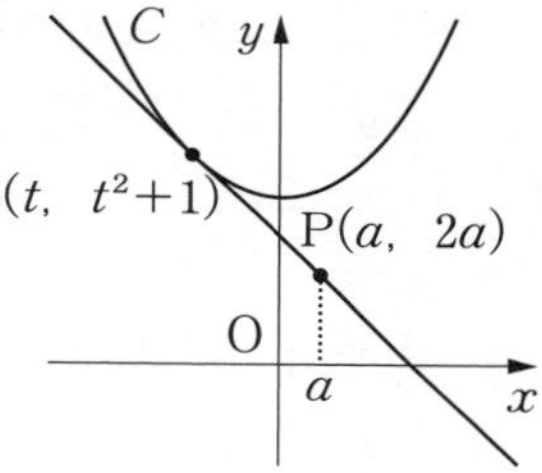


曲線上でない点を通る接線を求める問題では，誘導通り**接点の$x$座標を文字($t$)でおく**ことから始めるよ！

(1) $C:y=x^2+1$より$y'=2x$だから，
$(t,\ t^2+1)$における$C$の接線の傾きは$2t$だね。
したがって，接線の方程式は

$$y-(t^2+1)=2t(x-t)$$

$$y=2tx-t^2+1 \quad \cdots\cdots☆$$

**答え** ア：2，イ：1

この直線がP($a$, $2a$)を通るとき，☆に$x=a$，$y=2a$を代入しても成り立つから，

$$2a=2at-t^2+1$$

$t$についての方程式とみて整理すると，

$$t^2-2at+2a-1=0$$

**答え** ウ：2，エ：2，オ：1

積が$2a-1$，和が$-2a$の組み合わせは$-(2a-1)$，$-1$ですね。

$$\{t-(2a-1)\}(t-1)=0$$

$$t=2a-1,\ 1$$

**答え** カ：2，キ：1，ク：1

$t$は接点の$x$座標だから，Pを通る$C$の接線が2本となるのは，

$$2a-1 \neq 1$$

つまり，$a \neq 1$ のときだね。

**答え** ケ：1

$t=2a-1$ を☆に代入すると，

$$y=2(2a-1)x-(2a-1)^2+1$$

$$y=(4a-2)x-4a^2+4a \quad \cdots\cdots①$$

**答え** コ：4，サ：2，シ：4，ス：4

$t=1$ を☆に代入すると，

$$y=2x-1^2+1$$

$$y=2x$$

**答え** セ：2

(2)　点 $\mathrm{R}(0,\ r)$ は $l$ : $y=(4a-2)x-4a^2+4a$ の $y$ 切片だから，

$$r=-4a^2+4a$$

$r>0$ とすると，$-4a^2+4a>0$ だから，

$$a(a-1)<0$$

$$0<a<1$$

つまり，$r>0$ となるのは $0<a<1$ のときだね！

**答え** ソ：0，タ：1

ここまでの，状況を図示すると右図のようになるよ。

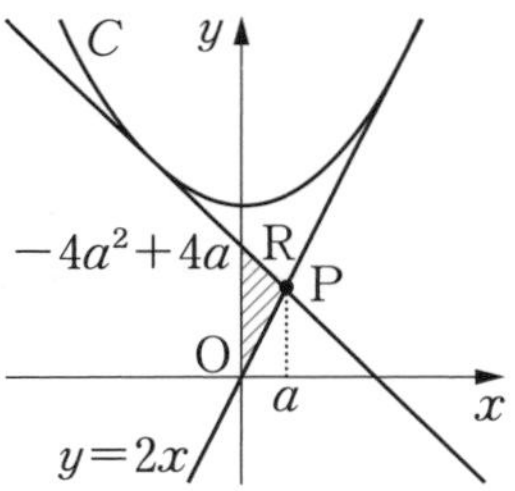


三角形OPRについて，ORを底辺とみると高さはPの $x$ 座標になるから△OPRの面積 $S$ は，

$$S=\frac{1}{2}\cdot r\cdot a$$

$$=\frac{1}{2}(-4a^2+4a)\cdot a$$

$$=\frac{4}{2}(-a^3+a^2)$$

$$=2(a^2-a^3)$$

**答え** チ：2，ツ：2，テ：3

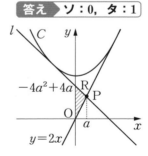

POINT

- $x$の値が$a$から$b$まで変化するときの，関数$f(x)$の**平均変化率**は$\dfrac{f(b)-f(a)}{b-a}$

  これは，$\mathrm{A}(a,\ f(a))$，$\mathrm{B}(b,\ f(b))$とすると

  $$\frac{f(b)-f(a)}{b-a}=\frac{y\text{の増加量}}{x\text{の増加量}}$$

  だから，**直線ABの傾き**を表す。
- 関数$f(x)$の$x=a$における**微分係数$f'(a)$**は

  $$f'(a)=\lim_{h\to 0}\frac{f(a+h)-f(a)}{h}$$

  微分係数$f'(a)$は，曲線$y=f(x)$上の点Aにおける**接線の傾き**を表す。
- $y=f(x)$上の点$(a,\ f(a))$における接線の方程式は

  $$y-f(a)=f'(a)(x-a)$$
- 曲線上にない点を通る接線を求める問題は**接点の$x$座標を文字でおく**ことからはじめる。

THEME 2

# 関数の増減

ここで きめる!

- 導関数を用いてグラフの概形をつかもう。
- 増減表をかけるようにしよう。

## 1 グラフの概形

**過去問にチャレンジ**

$a$ を実数とし，$f(x)=x^3-6ax+16$ とおく。

$y=f(x)$ のグラフの概形は

　$a=0$ のとき，［ア］　　$a<0$ のとき，［イ］

である。

［ア］，［イ］の解答群（同じものを繰り返し選んでもよい。）

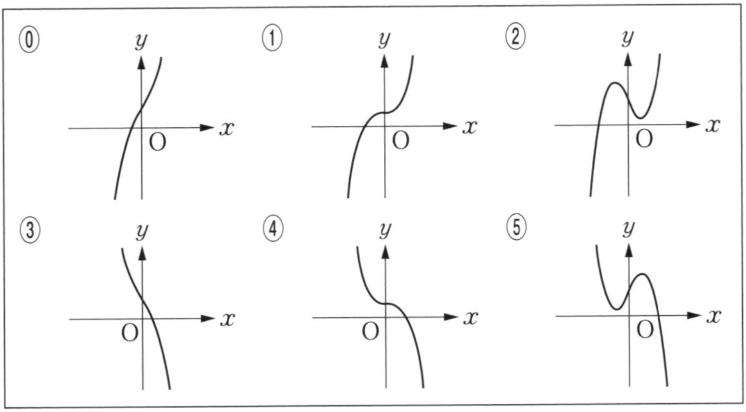


（2022年度共通テスト本試験・改）

$y=f(x)$ のグラフの概形を考えるために，**導関数 $f'(x)$ を求めよう**！

$f(x)=x^3-6ax+16$ について，$f'(x)=3x^2-6a$

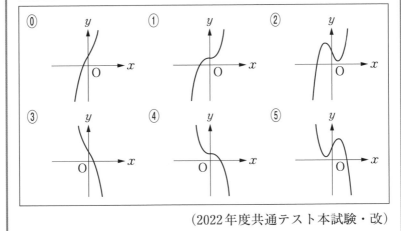

$a=0$のとき，

$f'(x)=3x^2\geqq 0$

よって，**すべての$x$で増加する**ね。$f'(0)=0$であることに注意すると，グラフの概形は①だね！

$a<0$のとき，$-6a>0$だから，

$f'(x)>0$

よって，こちらも**すべての$x$で増加する**ね。ただ，このときは$f'(x)=0$となることがないので，該当するグラフは⓪だね！

**答え** **ア：①，イ：⓪**

## 2 極値をもつための条件

### 過去問にチャレンジ

$p$を実数とし，$f(x)=x^3-px$とする。

(1) 関数$f(x)$が極値をもつための$p$の条件を求めよう。$f(x)$の導関数は，$f'(x)=$ [ア] $x^{[イ]}-p$である。したがって，$f(x)$が$x=a$で極値をとるならば，[ア] $a^{[イ]}-p=$ [ウ] が成り立つ。さらに，$x=a$の前後での$f'(x)$の符号の変化を考えることにより，$p$が条件 [エ] を満たす場合は，$f(x)$は必ず極値をもつことがわかる。

[エ] の解答群

| | | | | |
|---|---|---|---|---|
| ⓪ $p=0$ | ① $p>0$ | ② $p\geqq 0$ | ③ $p<0$ | ④ $p\leqq 0$ |

(2) 関数$f(x)$が$x=\dfrac{p}{3}$で極値をとるとする。また，曲線$y=f(x)$を$C$とし，$C$上の点$\left(\dfrac{p}{3},\ f\left(\dfrac{p}{3}\right)\right)$をAとする。$f(x)$が$x=\dfrac{p}{3}$で極値をとることから，$p=$ [オ] であり，$f(x)$は

$x=$ **カキ** で極大値をとり，$x=$ **ク** で極小値をとる。

(2014年度センター本試験)

(1)　まずは，極値をもつための条件について整理をしておこう！

共通テストの微分法の単元では，2次関数や3次関数など多項式で表される関数しか扱わないよ



関数$f(x)$が，$f(x)=ax^2+bx+c$や$f(x)=ax^3+bx^2+cx+d$であるとき，**$x=a$の前後で$f'(x)$の符号が変化するならば，関数$f(x)$は$x=a$で極値をもつということがいえる**んだ。

・**$x=a$で$f'(x)$の符号が＋から－に変わるとき，$f(a)$が極大値**

・**$x=a$で$f'(x)$の符号が－から＋に変わるとき，$f(a)$が極小値**

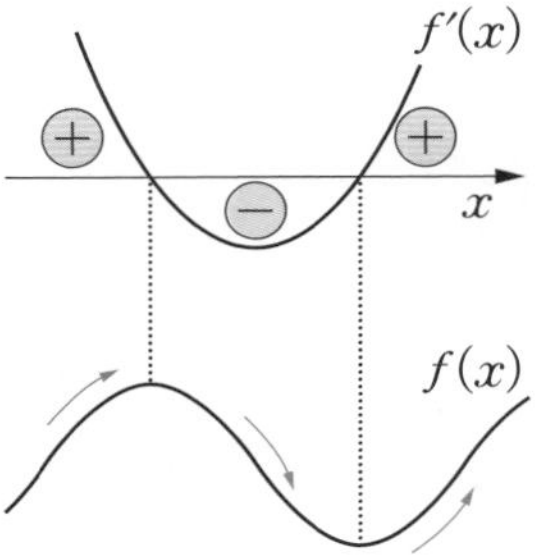


になるんだったね。一般には，＋→0→－，－→0→＋となるから$f'(a)=0$の値に着目するんだ。

注意しておきたいのは，**$f'(a)=0$ならば，$f(a)$は極値とはいえない**んだ。右図のように，$f'(a)=0$だけど，$x=a$で極大値にも極小値にもならないことはあるからね！

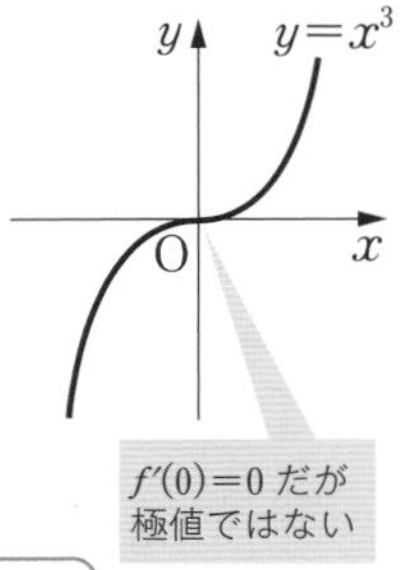

「$f(x)$が$x=a$で極値をもつ　$\Longrightarrow$　$f'(a)=0$」は真だけど「$f'(a)=0$　$\Longrightarrow$　$f(x)$が$x=a$で極値をもつ」は偽だよ

$f(x)=x^3-px$から，$f'(x)=3x^2-p$

**答え** **ア：3，イ：2**

$f(x)$が$x=a$で極値をとるとき，$f'(a)=0$が必要条件なので，次

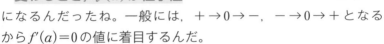

の式が成り立つよ。

$3a^2-p=0$

**答え** ウ：0

さて，$f(x)$ が $x=a$ で極値をもつためには，**$f'(x)$ の符号が，$x=a$ の前後で変化しないといけない**よ。もし，$p\leqq 0$ だったとき，$f'(x)=3x^2-p\geqq 0$ となり，$f'(x)$ は常に0以上となる，つまり，$f(x)$ は常に増加するので，極値をもたないね。

極値をもつためには $p>0$ でないといけないんだ。

実際，$p>0$ のとき，$a$ の2次方程式 $3a^2-p=0$ は異なる2つの実数解 $a=\pm\sqrt{\dfrac{p}{3}}$ をもち，右の増減表のように，$f(x)$ は $x=\pm\sqrt{\dfrac{p}{3}}$ で極値をもつよ。

| $x$ | $\cdots$ | $-\sqrt{\dfrac{p}{3}}$ | $\cdots$ | $\sqrt{\dfrac{p}{3}}$ | $\cdots$ |
|---|---|---|---|---|---|
| $f'(x)$ | $+$ | $0$ | $-$ | $0$ | $+$ |
| $f(x)$ | ↗ | 極大 | ↘ | 極小 | ↗ |

したがって，$f(x)$ が極値をもつための $p$ の条件は $p>0$ だ！

**答え** エ：①

(2)　$f(x)$ は $x=\dfrac{p}{3}$ で極値をとるから，$f'\left(\dfrac{p}{3}\right)=0$

よって，$3\left(\dfrac{p}{3}\right)^2-p=0$

$p^2-3p=0$

$p(p-3)=0$

(1)より $p>0$ だから，$p=3$ が求められたね！

**答え** オ：3

このとき，$f(x)=x^3-3x$

$f'(x)=3x^2-3=3(x+1)(x-1)$

よって，$f(x)$ の増減表は右のようになる。

| $x$ | $\cdots$ | $-1$ | $\cdots$ | $1$ | $\cdots$ |
|---|---|---|---|---|---|
| $f'(x)$ | $+$ | $0$ | $-$ | $0$ | $+$ |
| $f(x)$ | ↗ | 極大 | ↘ | 極小 | ↗ |

したがって，$f(x)$ は $x=-1$ で極大値をとり，$x=1$ で極小値をとるね！

**答え** カキ：$-1$，ク：1

## 3 複雑な関数の最大・最小

### 過去問にチャレンジ

実数$x$の関数

$$y=4\cdot 8^{x}-24\cdot 4^{x}+57\cdot 2^{x}-73+57\cdot 2^{-x}-24\cdot 4^{-x}+4\cdot 8^{-x}$$

の最小値を求めよう。

$t=2^{x}+2^{-x}$とおくと$t$の最小値は$\boxed{\text{ア}}$であり，$t$は$\boxed{\text{ア}}$以上のすべての実数をとり得る。$y$を$t$で表すと

$y=\boxed{\text{イ}}t^{3}-\boxed{\text{ウエ}}t^{2}+\boxed{\text{オカ}}t-\boxed{\text{キク}}$となる。これを因数分解して$y=(t-\boxed{\text{ケ}})(\boxed{\text{コ}}t-\boxed{\text{サ}})^{2}$が得られる。

$t\geqq\boxed{\text{ア}}$であるから，$y$は$t=\dfrac{\boxed{\text{シ}}}{\boxed{\text{ス}}}$のとき最小値$\boxed{\text{セ}}$をとる。$t=\dfrac{\boxed{\text{シ}}}{\boxed{\text{ス}}}$となるのは$x=\boxed{\text{ソ}}$または$x=-\boxed{\text{ソ}}$のときである。

（2009年度センター追試験）

ちょっと複雑そうな関数だけど，誘導に乗っていけば大丈夫だよ！
まず，問題の全体を眺めてみると，$t=2^{x}+2^{-x}$とおいて，$x$の関数を$t$の関数に置き換えているね。いわゆる**変数置換**だね。変数置換をしたときは，**新しい変数である$t$の範囲を調べる必要がある**んだ。
だから，$t$の最小値を求めて$t$の範囲を求めようとしているんだね。
さて，$t$の最小値を求めるんだけど，ここでは何を用いているかわかったかな？

$a^{x}+a^{-x}$や$a+\dfrac{1}{a}$のような形が出てきたときには，
**相加平均・相乗平均の関係**を疑ってほしいんだ！

$2^x>0$, $2^{-x}>0$ であるから，相加平均・相乗平均の大小関係より，

$t=2^x+2^{-x} \geqq 2\sqrt{2^x \cdot 2^{-x}}=2$　$a>0$, $b>0$ のとき，$\dfrac{a+b}{2} \geqq \sqrt{ab}$

等号成立は $2^x=2^{-x}$，すなわち $x=0$ のときだね。

よって，$t=2^x+2^{-x}$ は $x=0$ のとき最小値 2 をとるよ。

**答え　ア：2**

$t$ は 2 以上のすべての値をとることができるから，$\boldsymbol{t \geqq 2}$

さぁ，$y$ を $t$ の式で表していくよ。まずは，式の整理からだ！

$$y=4 \cdot 8^x-24 \cdot 4^x+57 \cdot 2^x-73+57 \cdot 2^{-x}-24 \cdot 4^{-x}+4 \cdot 8^{-x}$$
$$=4(8^x+8^{-x})-24(4^x+4^{-x})+57(2^x+2^{-x})-73$$

ここで，$4^x+4^{-x}=(2^x+2^{-x})^2-2 \cdot 2^x \cdot 2^{-x}=t^2-2$

$8^x+8^{-x}=(2^x+2^{-x})^3-3 \cdot 2^x \cdot 2^{-x}(2^x+2^{-x})=t^3-3t$

が成り立つから，$y$ を $t$ で表すと，

$$y=4(t^3-3t)-24(t^2-2)+57t-73$$
$$=4t^3-24t^2+45t-25 \quad \cdots\cdots ①$$

**答え　イ：4，ウエ：24，オカ：45，キク：25**

さらに，$P(t)=4t^3-24t^2+45t-25$ として右辺を因数分解するよ。

まずは，**因数定理**を使うために，$P(t)=0$ を満たす $t$ を探してみよう！

**因数定理**

1 次式 $x-\alpha$ が多項式 $P(x)$ の因数である　$\Longleftrightarrow$　$P(\alpha)=0$

$P(t)=0$ を満たす $t$ の候補は，

$$t=\pm 1,\ \pm 5,\ \pm 25,\ \pm\frac{5}{2},\ \pm\frac{25}{2},\ \pm\frac{5}{4},\ \pm\frac{25}{4}$$

と本来は非常に多いんだけど，こういうとき共通テストのような穴埋め式特有のテクニックが使えるよ！　問題文の，

$y=(t-$ [ケ] $)($ [コ] $t-$ [サ] $)^2$

の部分を見てみよう。この [ケ] には 1 桁の整数が入ることが確定しているから，ここには 1 か 5 しか入らないね！

SECTION 4 微分法・積分法

さらに！ ([コ]$t-$[サ]$)^2$を見ると，$P(t)$の定数項が$-25$だから[サ]には5しか入らないこともわかるよ！
少し難しいから，[ケ]に1か5が入ることだけでも絞れていれば上出来だよ！

$$P(1)=4\cdot1^3-24\cdot1^2+45\cdot1-25=0$$

より，$P(t)$は$(t-1)$を因数にもつことがわかるから，

$$P(t)=(t-1)(4t^2-20t+25)$$
$$=(t-1)(2t-5)^2$$

**答え ケ：1，コ：2，サ：5**

**【補足】**

$y=(t-1)($[コ]$t-$[サ]$)^2$

という形がわかった時点で，[コ]，[サ]はわかってしまうんだ！　というのも，[コ]を2乗したとき4($x^3$の係数)になるんだから，[コ]は2，[サ]を2乗したとき25(定数項)になるんだから，[サ]は5と求められるんだね！

さて，続いて$y$の最小値を求めていこう！

$y$を$t$で微分すると，①から，$y'=12t^2-48t+45$

$$=3(4t^2-16t+15)$$
$$=3(2t-3)(2t-5)$$

$y'=0$のとき，$t=\frac{3}{2}$，$\frac{5}{2}$

よって，$t\geqq2$における$y$の増減表は右のようになるから，$y$は$t=\frac{5}{2}$のとき最小値0をとるね。

| $t$ | 2 | $\cdots$ | $\frac{5}{2}$ | $\cdots$ |
|---|---|---|---|---|
| $y'$ | | $-$ | 0 | $+$ |
| $y$ | | ↘ | 極小<br>0 | ↗ |

**答え シス：$\frac{5}{2}$，セ：0**

最後に，$t=\frac{5}{2}$となる$x$の値を求めよう。$t=2^x+2^{-x}$だから，

$$\frac{5}{2}=2^x+2^{-x}$$

$5\cdot2^x=2\cdot(2^x)^2+2$　◀両辺に$2\cdot2^x$を掛けたよ

整理して，$2\cdot(2^x)^2-5\cdot2^x+2=0$
これを因数分解しよう。

やりづらい場合は，左辺で $2^x=X$ などとおいて，$2X^2-5X+2$ と見るとやりやすいよ。

$(2^x-2)(2\cdot2^x-1)=0$ ◀ $(X-2)(2X-1)=0$

よって，$2^x=2,\ \dfrac{1}{2}$

したがって，$x=1,\ -1$

**答え ソ：1**

**【補足】**

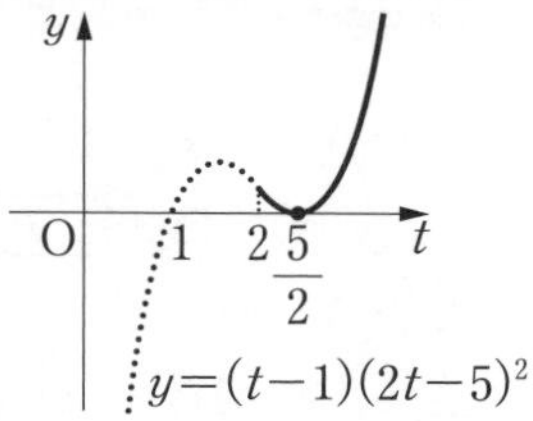


$y$ の最小値を求めるときに増減表を用いたけど，
関数 $y=(t-1)(2t-5)^2$
のように，右辺が因数分解されているとき，簡単にグラフの概形をかくことができるんだ。
まず，$t^3$ の係数が正の値なので，グラフは全体として見ると右上がりのようなグラフになるんだ。
さらに，$y=0$ のとき，$t=1$ を解にもつから，$t=1$ で $t$ 軸と交わることがわかる。さらに，$t=\dfrac{5}{2}$ で重解をもっているから，$t=\dfrac{5}{2}$ で $t$ 軸と接することがわかるんだ。このことから，グラフの概形は，図のようになることがすぐにわかってしまうんだ。こうしてみると，最小値が $t=\dfrac{5}{2}$ のとき $y=0$ となることは，すぐに確認できたんだね！

**POINT**

- $x=a$ の前後で $f'(x)$ の符号が変化するとき，関数 $f(x)$ は $x=a$ で極値をもつから，**$f'(a)=0$ となる $a$ に着目**する！
（ただし「$f'(a)=0 \Longrightarrow x=a$ で極値」とは限らない）
- **因数定理**
1次式 $x-\alpha$ が多項式 $P(x)$ の因数である $\Longleftrightarrow$ $P(\alpha)=0$

THEME

# 3 微分法の応用

ここできめる!

- 微分法を用いて，最大値・最小値を求めよう。
- 定数分離ができるようになろう。

## 1 極値と最大・最小

### 対策問題にチャレンジ

関数$f(x)=x^3-3x^2-24x+80$について考える。因数定理により，

$f(x)=(x+\boxed{\text{ア}})(x-\boxed{\text{イ}})^2$

と因数分解できる。

次に，導関数$f'(x)$を求めると，

$f'(x)=\boxed{\text{ウ}}(x+\boxed{\text{エ}})(x-\boxed{\text{オ}})$

と表せるから，極大値は$\boxed{\text{カキク}}$，極小値は$\boxed{\text{ケ}}$である。

さらに，関数$f(x)=x^3-3x^2-24x+80\quad(m\leqq x\leqq n)$における最大値が$\boxed{\text{カキク}}$，最小値が$\boxed{\text{ケ}}$となるような整数$m$，$n$の組$(m,\ n)$の個数を求めよう。

(1) $f(x)=\boxed{\text{カキク}}$を考えてみよう。この式は，

$(x+\boxed{\text{コ}})^2(x-\boxed{\text{サ}})=0$

と変形できるから，$f(\boxed{\text{サ}})=\boxed{\text{カキク}}$であることがわかる。

同様に，$f(x)=\boxed{\text{ケ}}$について考えると，$f(\boxed{\text{シス}})=\boxed{\text{ケ}}$であることがわかる。

(2) (1)より，$m\leqq x\leqq n$における最大値が$\boxed{\text{カキク}}$，最小値が$\boxed{\text{ケ}}$となるような，整数$m$，$n$の組$(m,\ n)$は$\boxed{\text{セソ}}$個である。

（オリジナル）

最大値，最小値に関する問題だね。知っているとちょっと計算が楽になる知識があるので，それも紹介していくね。

$f(x)=x^3-3x^2-24x+80$ について，

$$f(-5)=(-5)^3-3\cdot(-5)^2-24\cdot(-5)+80=0$$

因数定理により，$f(x)$ は $(x+5)$ を因数にもつことがわかるね！
したがって，次のように因数分解できる。

$$f(x)=(x+5)(x^2-8x+16)=(x+5)(x-4)^2$$

**答え** ア：5，イ：4

次に，導関数 $f'(x)$ を求めよう。

$$\begin{aligned} f'(x)&=3x^2-6x-24\\ &=3(x^2-2x-8)\\ &=3(x+2)(x-4) \end{aligned}$$

**答え** ウ：3，エ：2，オ：4

| $x$ | $\cdots$ | $-2$ | $\cdots$ | $4$ | $\cdots$ |
|---|---|---|---|---|---|
| $f'(x)$ | $+$ | $0$ | $-$ | $0$ | $+$ |
| $f(x)$ | ↗ | 極大 | ↘ | 極小 | ↗ |

$f(x)$ の増減表は，右のようになるから，極大値は，

$$f(-2)=-8-12+48+80=108$$

極小値は，

$$f(4)=64-48-96+80=0$$

**答え** カキク：108，ケ：0

次に，関数 $f(x)=x^3-3x^2-24x+80\quad(m\leqq x\leqq n)$ における最大値，最小値について考えていこう！

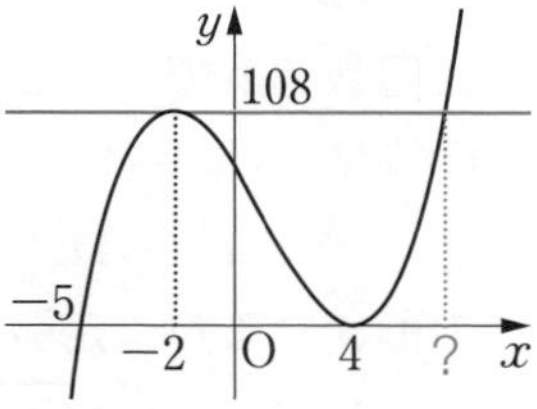


$$f(x)=(x+5)(x-4)^2$$

よって，方程式 $f(x)=0$ の解は，

$$x=-5,\ x=4\ （重解）$$

になるね。つまり，曲線 $y=f(x)$ は $x$ 軸と $x=-5$ で交わり，$x=4$ で接することがわかるんだ。

さらに，増減表よりグラフをかくと右上のようになるね。

(1) 図の？を求めたいので，方程式 $f(x)=108$ を考えてみよう。

$$x^3-3x^2-24x+80=108$$
$$x^3-3x^2-24x-28=0$$

と，ここまで変形できるね。

次は因数定理ですね！

因数定理を使うのはちょっと時間のロスかな。というのも，**左辺は絶対に $(x+2)^2$ を因数にもつことがわかっている**からなんだ。なんでかというと，グラフから曲線 $y=f(x)$ と直線 $y=108$ は $x=-2$ で接しているわけだから，$x=-2$ を重解にもつんだ。つまりこの式は，$(x+2)^2$ を因数にもつから，

$$(x+2)^2(x-\boxed{\text{サ}})=0$$

という形に絶対になるはずなんだね。

既知の情報から因数分解を手早く行う計算は共通テストでよく出てくるから覚えておこう！

さて，この式は，

$$(x+2)(x+2)(x-\boxed{\text{サ}})=0$$

となるね。因数分解する前の $x^3-3x^2-24x-28$ の定数項に着目すると，

$$2\times2\times(-\boxed{\text{サ}})=-28$$

となるはずだから，$\boxed{\text{サ}}$ は7となる。つまり，

$$(x+2)^2(x-7)=0$$

と因数分解できることがわかるね。つまり，図の？は7だ！

同様に，$f(x)=0$ は，グラフが $x=4$ を重解にもつから，

$$x^3-3x^2-24x+80=(x+4)^2(x-\boxed{\text{シス}})$$

の形になるね。定数項に注目すると，

$$4\times4\times(-\boxed{\text{シス}})=80$$

すなわち，$\boxed{\text{シス}}=-5$

よって，$(x+4)^2(x+5)=0$ と因数分解できるから，$x=4,\ -5$，$f(-5)=0$ であることがわかるね！

**答え** コ：2，サ：7，シス：$-5$

(2)　さぁということで，(1)より，$m \leqq x \leqq n$ における最大値が108，最小値が0となるような，整数 $m$，$n$ の組 $(m,\ n)$ を求めていこう！
文字が出てくると途端に拒否反応を示す受験生が多いんだけど，**文字がわかりづらいときには，具体的な数を入れて考えてみよう**！

要は「最大値が108になって，最小値が0になるような定義域を考えよう！」ってことだよ

たとえば，$m=-3$，$n=5$ のときは，次のようになるね。

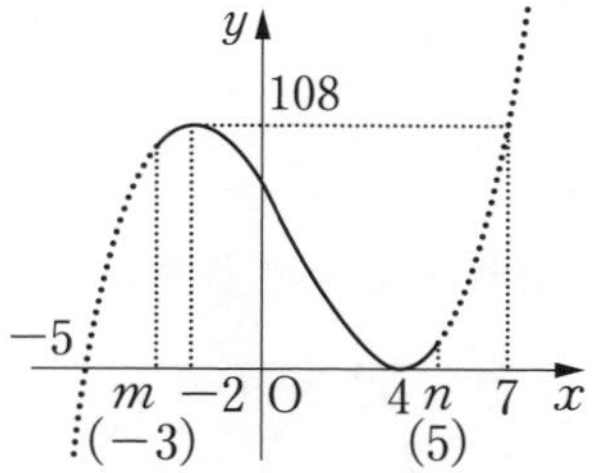


このとき，最大値は108，最小値は0になっているね。
では，$m=-6$，$n=8$ だとどうかな？
右のように，最大値は108より大きくなり，最小値は0より小さくなってしまうよね。

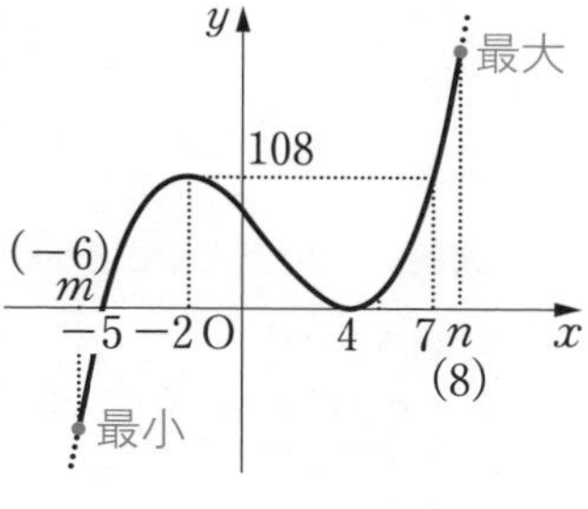


$m$ の値によって，場合分けしよう。

$$\begin{cases} m=-5 \text{ のとき，} -2 \leqq n \leqq 7 \\ -4 \leqq m \leqq -2 \text{ のとき，} 4 \leqq n \leqq 7 \\ -1 \leqq m \leqq 4 \text{ のとき，} n=7 \end{cases}$$

したがって，条件を満たす整数 $m$，$n$ の組は，

$10+4\times 3+6=28$（個）

**答え** セソ：28

**【補足】**

3次関数のグラフに関しては，実は以下の知識を知っていると役に立つことがあるんだ。

### ・3次関数を箱に入れる

3次関数は，図のように上に凸と下に凸が入れ替わる点（図の●）があるよ。この点のことを変曲点というんだ（数学Ⅲで学習する）。3次関数のグラフは変曲点に関して点対称になっていて，また，図のように等間隔に区切った長方形や平行四辺形の中にすっぽり収まるよ。この性質を用いると，3次関数の扱いが楽になることがあるので，覚えておこう！

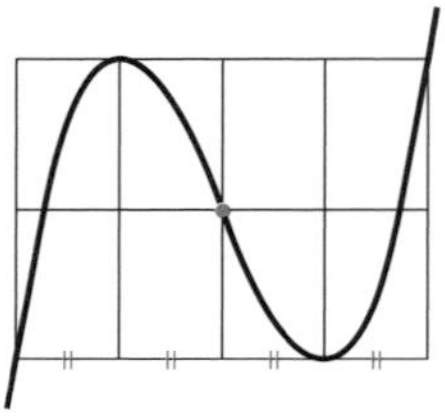

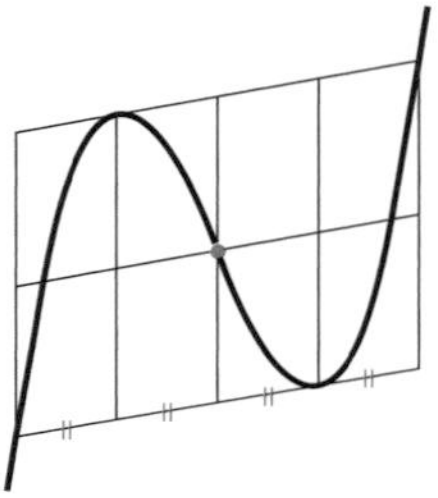

さて，この問題でいうと増減表をかいた段階で次のことがわかるね。

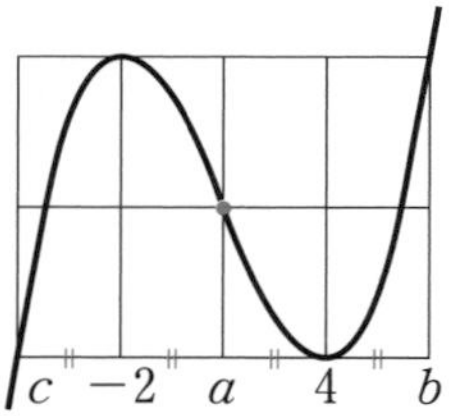


横幅がすべて等しいことから，1つ分の幅は，$\dfrac{4-(-2)}{2}=3$であることがわかるね！

ということは，

$a=4-3=1$，$b=4+3=7$，$c=-2-3=-5$

と一瞬で求められてしまうんだ！

この知識を持っていれば，$f(x)=108$になる$x$や，$f(x)=0$になる$x$が簡単に求められるので，解答の時短に繋がるね。

共通テストでこの知識が活用できるケースは多々あるのでぜひ覚えておこう！

## 2 定数分離

### 過去問にチャレンジ

3次関数$y=x^3-3x^2$のグラフを$C$とする。$a$を実数として，座標平面上に点$\mathrm{P}(3,\ a)$をとる。

(1) 点$\mathrm{Q}(t,\ t^3-3t^2)$における$C$の接線が点Pを通るとき

[アイ]$t^3+$[ウエ]$t^2-$[オカ]$t=a$

が成り立つ。

$f(t)=$[アイ]$t^3+$[ウエ]$t^2-$[オカ]$t$とおくと，関数$f(t)$は$t=$[キ]で極小となり，$t=$[ク]で極大となる。

したがって，点Pを通る$C$の接線の本数が2本となるのは$a=$[ケ]，$a=$[コサ]のときであり，$a=$[ケ]のときの2本の接線の傾きは[シ]と[ス]である。ただし，[シ]と[ス]は解答の順序を問わない。

(2) 点Pを通る$C$の接線の本数とその傾きの符号は

$a=2$のとき[セ]，　$a=-2$のとき[ソ]

$a=-6$のとき[タ]

である。

[セ]～[タ]の解答群。

⓪ 接線は1本で，傾きは正
① 接線は1本で，傾きは負
② 接線は3本で，傾きはすべて正
③ 接線は3本で，傾きは1本が正，他の2本は負
④ 接線は3本で，傾きは2本が正，他の1本は負
⑤ 接線は3本で，傾きはすべて負

（2006年度センター本試験・数学Ⅱ）

非常に定番の問題なので，しっかりと押さえておこう！　まずは，**曲線の外部の点を通る接線**だね！　THEME1で扱った通り，**まずは接点の$x$座標を$t$とおいてスタートしている**ね！

(1)　$y=x^3-3x^2$を微分すると，

$$y'=3x^2-6x$$

よって，点$Q(t,\ t^3-3t^2)$における$C$の接線の方程式は，

$$y=(3t^2-6t)(x-t)+t^3-3t^2$$

これを整理して，

$$y=(3t^2-6t)x-2t^3+3t^2$$

となるね。この接線が点$P(3,\ a)$を通るとき，

$$a=(3t^2-6t)\cdot 3-2t^3+3t^2$$

が成り立つね。整理すると，

$$-2t^3+12t^2-18t=a \quad \cdots\cdots ①$$

**答え**　アイ：$-2$，ウエ：$12$，オカ：$18$

この方程式①の実数解$t$は何を表しているかわかるかな？　$t$は接点の$x$座標だから，①を解いて出てくる$t$の値は接点の$x$座標だよね？　3次関数のグラフにおいては，「1つの接線に対して，ただ1つの接点が存在する」から，

**「①の実数解$t$の個数」＝「接点の個数」＝「接線の本数」**

ということが成り立っているね。つまり，点Pを通る接線の本数を調べるために，①の解の個数を調べるんだね。そのために，$f(t)=-2t^3+12t^2-18t$とおいて，$y=f(t)$のグラフを考えていくんだ。なんでそんなことをするのかは，この後説明するね！

$f(t)=-2t^3+12t^2-18t$について，

$$f'(t)=-6t^2+24t-18=-6(t-1)(t-3)$$

$f'(t)=0$のとき，$t=1,\ 3$

よって，$f(t)$の増減表は右のようになるね。

| $t$ | $\cdots$ | $1$ | $\cdots$ | $3$ | $\cdots$ |
|---|---|---|---|---|---|
| $f'(t)$ | $-$ | $0$ | $+$ | $0$ | $-$ |
| $f(t)$ | ↘ | 極小<br>$-8$ | ↗ | 極大<br>$0$ | ↘ |

したがって，$f(t)$は$t=1$のとき極小，$t=3$のとき極大になるんだね。

**答え**　キ：$1$，ク：$3$

さぁ，ここからが本番だ！

**点Pを通る$C$の接線の本数が2本**

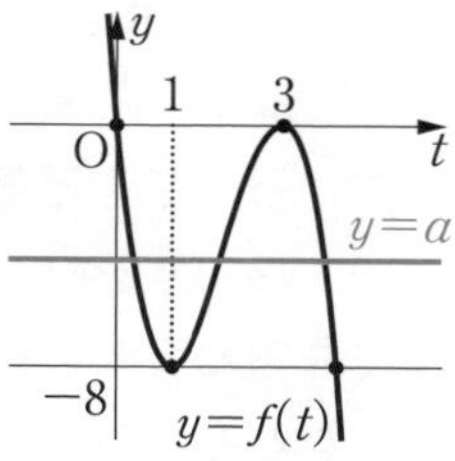


というのは，言い換えれば，**①が異なる実数解を2つだけもつ**ということだね。

そして，**①の実数解の個数**は，**曲線$y=f(t)$と直線$y=a$の交点の個数**と等しいね！

だから，$y=f(t)$のグラフを調べていたんだね！

増減表からグラフをかくと右のようになるね。

曲線$y=f(t)$と直線$y=a$の共有点が2個となるのは，図から，

$$a=0,\ -8$$

のときだね！

**答え　ケ：0，コサ：−8**

さて，$a=0$のとき，①は，

$$-2t^3+12t^2-18t=0 \quad \cdots\cdots ②$$

となるね。ここから2つの$t$の値を求め，$y'(=3t^2-6t)$を求めていけばよいね！　②を整理すると，

$$-2t(t^2-6t+9)=0$$

$$-2t(t-3)^2=0$$

となるから，②の実数解は$t=0$，3となるね。これを接線の傾きの式である，$3t^2-6t$に代入しよう。

$t=0$のとき，$3t^2-6t=0$

$t=3$のとき，$3t^2-6t=27-18=9$

よって，$a=0$のときの2本の接線の傾きは0と9だ。

**答え　シ：0 (9)，ス：9 (0)**

(2)　ここまでわかってしまえば，あともう一息だ！　問題は，$a=2$，$-2$，$-6$のときに，何本の接線があり，そしてその接線の傾きがどうなるか，ということだね。接線の傾きは，$t$の値と，

$$y'=3t^2-6t$$

から決まるよ。まずは，傾きが正，負の値をとるのは，$t$がどのような範囲にあるときなのかを考えてみよう！

接線の傾きが正のとき　$y'>0$　すなわち　$3t^2-6t>0$　だね。

$3t^2-6t>0$

$3t(t-2)>0$

だから，この不等式を満たす $t$ の範囲は，

$t<0,\ 2<t$

となるね。これより，接線の傾きが負のとき，$y'<0$

すなわち，$3t(t-2)<0$ だから，

$0<t<2$

①の実数解 $t$ は，曲線 $y=f(t)$ と直線 $y=a$ の交点の $t$ 座標だから，図のように考えることができるよ。

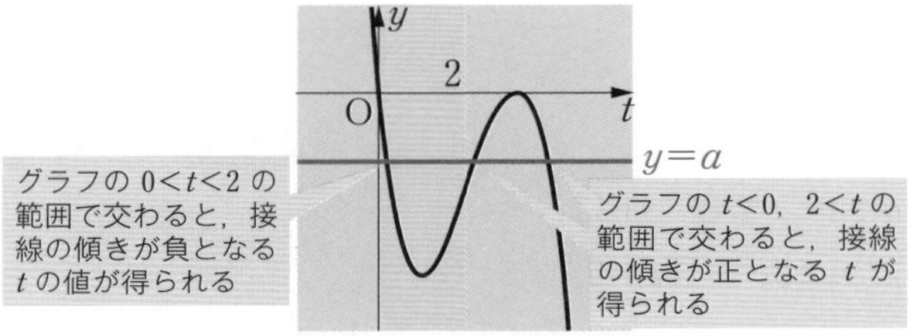
y
2
O
t
y=a
グラフの 0<t<2 の範囲で交わると，接線の傾きが負となる t の値が得られる
グラフの t<0，2<t の範囲で交わると，接線の傾きが正となる t が得られる

$f(0)=0$ , $f(2)=-16+48-36=-4$

ここからは，区間に注意していこう！

[1]　$a=2$ のとき

図から，①はただ1つの実数解をもち，その解は $t<0$ の範囲にあるね！

よって，接線は1本で，傾きは正になる。

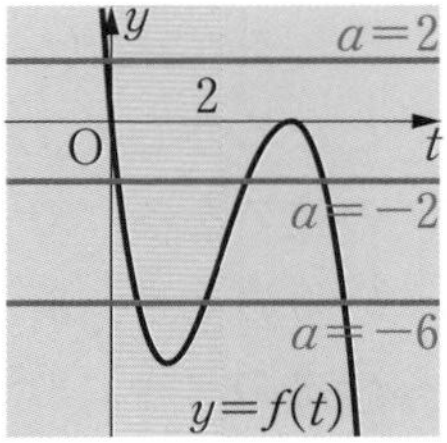
y
a=2
2
O
t
a=−2
a=−6
y=f(t)

[2]　$a=-2$ のとき

図から，①は異なる3つの実数解をもち，そのうち2つは $t>2$ の範囲にあるから，このときの $t$ を用いると，接線の傾きは正だね。他の1つは $0<t<2$ の範囲にあるから，このときの $t$ を用いると，接線の傾きは負だね。

よって，接線は3本で，傾きは2本が正，他の1本は負になるんだ。

[3]　$a=-6$のとき

図から，①は異なる3つの実数解をもち，そのうち1つは$t>2$の範囲にあり，他の2つは$0<t<2$の範囲にあるね。

よって，接線は3本で，傾きは1本が正，他の2本は負になる。

**答え** セ：⓪，ソ：④，タ：③

この，方程式①のように，方程式内に文字定数が入ってきたとき，**＝の左右で定数を分離し，2つのグラフの共有点で実数解の個数を考える**問題はかなり定番なのでしっかり押さえておこう！　また，この問題はさらに深堀りして，$t$の値によって，接線の傾きがどうなるのか？　まで考えているね。

いま「自分が扱っている式は何を表すのか？」を，常に意識するようにしておこう！

**POINT**

- **増減表**や**グラフ**を用いると最大値・最小値が見える。
- 方程式に文字の定数が入るときは，**＝の左右で定数を分離**して，左右の式のグラフの共有点から方程式の解を調べる。

THEME 4

# 面積

ここできめる!

- 積分を用いて面積を求められるようになろう。
- $\frac{1}{6}$ 公式などのショートカットをマスターしよう。

## 1 曲線で囲まれた部分の面積

**過去問にチャレンジ**

$a>0$ として，$x$ の関数 $f(x)$ と $g(x)$ を $f(x)=x^3-x$，
$g(x)=f(x-a)+2a$ とする。

(1) 二つの関数の差 $g(x)-f(x)$ は

$$g(x)-f(x)=a(\boxed{\text{アイ}}\,x^2+\boxed{\text{ウ}}\,ax-a^2+\boxed{\text{エ}})$$

と表され，$x$ の方程式 $g(x)-f(x)=0$ が異なる二つの実数解をもつような $a$ の範囲は $0<a<\boxed{\text{オ}}\sqrt{\boxed{\text{カ}}}$ である。

(2) $a=\sqrt{3}$ のとき，曲線 $y=f(x)$ と曲線 $y=g(x)$ の二つの交点P，Qの座標は

$$\mathrm{P}(\boxed{\text{キ}},\ 0),\quad \mathrm{Q}(\sqrt{\boxed{\text{ク}}},\ \boxed{\text{ケ}}\sqrt{\boxed{\text{コ}}})$$

であり，二つの曲線 $y=f(x)$，$y=g(x)$ で囲まれた部分の面積 $S$ は $S=\dfrac{\boxed{\text{サ}}}{\boxed{\text{シ}}}$ である。

(2007年度センター本試験・改)

まずは，関数 $g(x)$ を明らかにしていこう！

$$\begin{aligned} g(x)&=f(x-a)+2a \\ &=(x-a)^3-(x-a)+2a \\ &=x^3-3ax^2+3a^2x-a^3-x+a+2a \end{aligned}$$

$=x^3-3ax^2+(3a^2-1)x-a^3+3a$

(1)　二つの関数の差$g(x)-f(x)$を求めると，

$$g(x)-f(x)=x^3-3ax^2+(3a^2-1)x-a^3+3a-(x^3-x)$$
$$=-3ax^2+3a^2x-a^3+3a$$
$$=a(-3x^2+3ax-a^2+3)\quad\cdots\cdots①$$

**答え　アイ：$-3$，ウ：$3$，エ：$3$**

方程式$g(x)-f(x)=0$が異なる2つの実数解をもつための条件は，

$$-3x^2+3ax-a^2+3=0$$

の判別式$D$が$D>0$を満たすことなので，

$$D=(3a)^2-4\cdot(-3)\cdot(-a^2+3)=-3(a^2-12)>0$$

が成り立つことである。

よって，$a^2-12<0$

$$(a+2\sqrt{3})(a-2\sqrt{3})<0$$

これを解くと，$-2\sqrt{3}<a<2\sqrt{3}$

いま，$a>0$だから，共通範囲を求めて，

$$0<a<2\sqrt{3}$$

**答え　オ$\sqrt{カ}$：$2\sqrt{3}$**

(2)　曲線$y=f(x)$と曲線$y=g(x)$の2つの交点の$x$座標は，$y$を消去した方程式$f(x)=g(x)$の解だね。これは，$g(x)-f(x)=0$の解と同じだよね。

$a=\sqrt{3}$のとき，①は，

$$g(x)-f(x)=\sqrt{3}(-3x^2+3\sqrt{3}x)$$
$$=-3\sqrt{3}x(x-\sqrt{3})$$

となるから，2つの交点の$x$座標は，$x=0,\ \sqrt{3}$

よって，$\mathrm{P}(0,\ 0)$，$\mathrm{Q}(\sqrt{3},\ 2\sqrt{3})$

**答え　キ：$0$，$\sqrt{ク}$：$\sqrt{3}$，ケ$\sqrt{コ}$：$2\sqrt{3}$**

ここで，2つの曲線$y=f(x)$，$y=g(x)$で囲まれた部分の面積$S$を求めよう。まずは，この範囲で$f(x)$と$g(x)$のどっちが上にあるかを考えてみよう！

$g(x)-f(x)\geqq 0$と仮定すると，

$$-3\sqrt{3}x(x-\sqrt{3})\geqq 0$$

$x(x-\sqrt{3}) \leqq 0$

よって，$0 \leqq x \leqq \sqrt{3}$

つまり，$0 \leqq x \leqq \sqrt{3}$のとき，$g(x) \geqq f(x)$が成り立つから，

グラフは図のように，**$0 \leqq x \leqq \sqrt{3}$においては，$g(x)$が$f(x)$の上側にある**ね！

よって，

$$S=\int_0^{\sqrt{3}}\{g(x)-f(x)\}dx$$

$$=\int_0^{\sqrt{3}}\{-3\sqrt{3}x(x-\sqrt{3})\}dx$$

$$=-3\sqrt{3}\int_0^{\sqrt{3}}x(x-\sqrt{3})dx$$

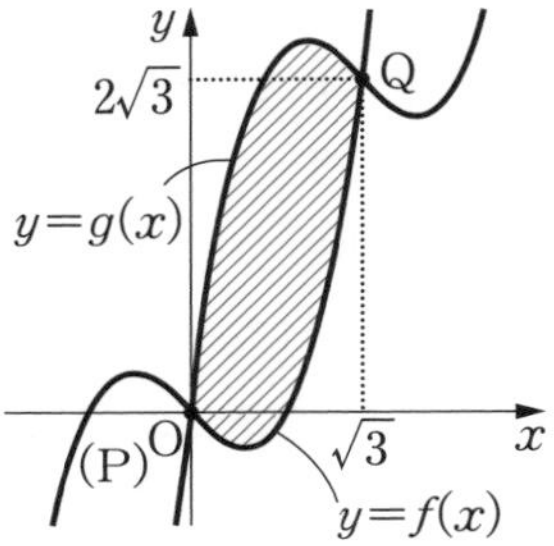


さあ，ここで，**$\frac{1}{6}$公式**を使おう！

**$\frac{1}{6}$公式**

$$\int_\alpha^\beta (x-\alpha)(x-\beta)dx=-\frac{1}{6}(\beta-\alpha)^3$$

$$S=-3\sqrt{3}\cdot\left(-\frac{1}{6}\right)\cdot(\sqrt{3}-0)^3=\frac{9}{2}$$

上の$\frac{1}{6}$公式の
$\alpha=0$，$\beta=\sqrt{3}$としたよ

**答え** サシ：$\frac{9}{2}$

## 2 絶対値を含む関数のグラフと面積

### 過去問にチャレンジ

$g(x)=|x|(x+1)$とおく。

点P$(-1,\ 0)$を通り，傾きが$c$の直線を$l$とする。

$g'(-1)=$ ［ア］ であるから，$0<c<$ ［ア］ のとき，曲線 $y=g(x)$ と直線 $l$ は3点で交わる。そのうちの1点はPであり，残りの2点を点Pに近い方から順にQ，Rとすると，点Qの $x$ 座標は ［イ］ であり，点Rの $x$ 座標は ［ウ］ である。
また，$0<c<$ ［ア］ のとき，線分PQと曲線 $y=g(x)$ で囲まれた図形の面積を $S$ とし，線分QRと曲線 $y=g(x)$ で囲まれた図形の面積を $T$ とすると，

$$S=\frac{\boxed{\text{エ}}\,c^3+\boxed{\text{オ}}\,c^2-\boxed{\text{カ}}\,c+1}{\boxed{\text{キ}}}$$

$$T=c^{\boxed{\text{ク}}}$$

である。

［イ］，［ウ］ の解答群（同じものを繰り返し選んでもよい。）

| | | |
|---|---|---|
| ⓪ $c$ | ① $-c$ | ② $\frac{c}{2}$ |
| ③ $-\frac{c}{2}$ | ④ $\frac{c}{3}$ | ⑤ $-\frac{c}{3}$ |

（2021年度共通テスト本試験（第2日程）・改）

絶対値がついている関数は苦手です。

冷静に考えればそんなに難しいものじゃないよ。

まずは基本の確認だけど，

$$|a|=\begin{cases} a & (a\geqq 0) \\ -a & (a<0) \end{cases}$$

であることは大丈夫だよね？　要は**絶対値の中身が0以上かそうじゃないかで|　|の外し方が異なる**んだね。これより，

$$g(x)=\begin{cases} x(x+1) & (x\geqq 0) \\ -x(x+1) & (x<0) \end{cases} \quad \text{つまり} \quad g(x)=\begin{cases} x^2+x & (x\geqq 0) \\ -x^2-x & (x<0) \end{cases}$$

であることはわかるね。

$g'(-1)$ を求めたいから，$g(x)=-x^2-x\ (x<0)$ を微分して，

$$g'(x)=-2x-1$$

よって，$g'(-1)=-2\cdot(-1)-1=1$

**答え ア：1**

今調べた $g'(-1)=1$ は，曲線 $y=g(x)$ の点 $(-1,\ 0)$ における接線の傾きだから，もし $0<c<1$ なら，直線 $l$ は曲線 $y=g(x)$ と確実に3点で交わるんだ。

これらを踏まえて，点 $\mathrm{P}(-1,\ 0)$ を通り，傾きが $c$ （$0<c<1$） の直線 $l$ と曲線 $y=g(x)$ を図示すると，次のようになるね。

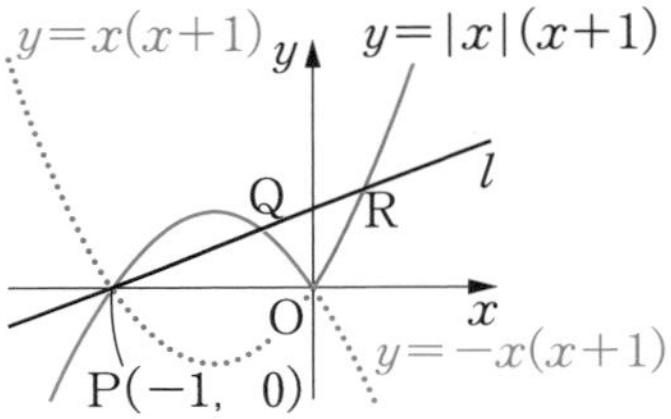


曲線 $y=g(x)$ は，

**・$x\geqq 0$ のときは，$y=x(x+1)$**

**・$x<0$ のときは，$y=-x(x+1)$**

になることに注意しよう！

点Q，Rは図のようになるね。点Qは，放物線 $y=-x(x+1)$ と直線 $y=c(x+1)$ との交点なので，2式から $y$ を消去し，

$$-x(x+1)=c(x+1)$$

$$x(x+1)+c(x+1)=0$$

$$(x+c)(x+1)=0$$

Pの $x$ 座標が $-1$ だから，点Qの $x$ 座標は $-c$ だね。

**答え イ：①**

同様に，点Rは，放物線 $y=x(x+1)$ と直線 $y=c(x+1)$ との交点なので，2式から $y$ を消去し，

$$x(x+1)=c(x+1)$$

$$x(x+1)-c(x+1)=0$$

$$(x-c)(x+1)=0$$

よって，点Rの $x$ 座標は $c$ だね。

**答え ウ：⓪**

最後に，$0<c<1$ のとき，すなわち図のように曲線 $y=g(x)$ と直線 $l$ が異なる3点で交わるとき，面積 $S$，$T$ について考えていこう。

ここで，$y=g(x)$ のグラフをかくと，
次のようになるね。

$$S=\frac{|-1|}{6}\{-c-(-1)\}^3$$
$$=\frac{(-c+1)^3}{6}$$
$$=\frac{-c^3+3c^2-3c+1}{6}$$

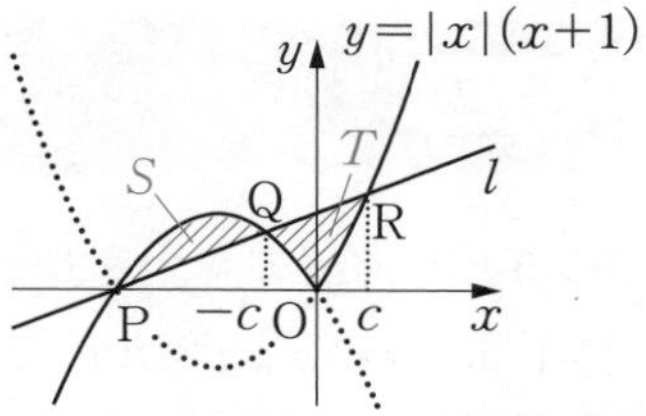


**答え** **エ：−，オ：3，カ：3，キ：6**

また，$T$ についても，実は工夫ができるので，一緒に確認しよう！
図のように，曲線 $y=g(x)$ と線分 OQ で囲まれた部分の面積を $U$，曲線 $y=g(x)$ と線分 OR で囲まれた部分の面積を $V$ とすると，次式が成り立つ。

$T=$(△OQR の面積)$-U+V$

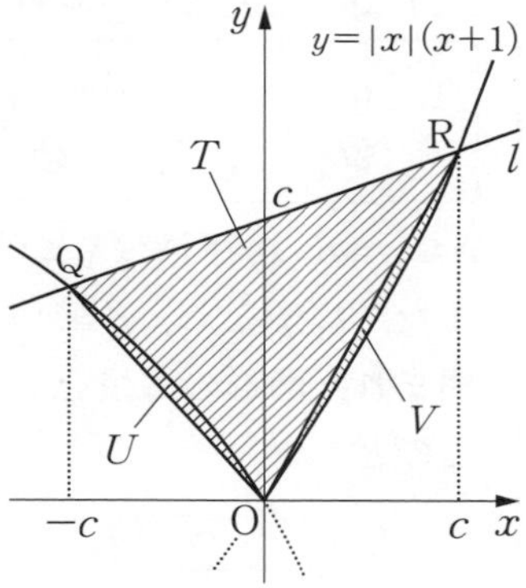


ところで，$\frac{1}{6}$ 公式を使えば，

$$U=\frac{|-1|}{6}\{0-(-c)\}^3=\frac{c^3}{6}$$

$$V=\frac{|1|}{6}(c-0)^3=\frac{c^3}{6}$$

となり，**$U=V$ となることがわかる**ね！ $\frac{1}{6}$ 公式は，$\frac{|a|}{6}d^3$ と表せていたわけだけど，$|a|$ と $d$ が等しければ面積も等しくなるので，この図を見た瞬間に「あ，$U=V$ だ！」と見抜けたら最高だね！
これにより，次のことがわかってしまうよ。

**$T=$(△OQR の面積)~~$-U+V$~~$=$(△OQR の面積)**

$l$ の方程式は，$y=cx+c$ なので，$l$ の $y$ 切片は $c$ だね！

よって，$T=$(△OQR の面積)$=\frac{1}{2}\times c\times\{c-(-c)\}=c^2$

と簡単に求めることができたね！

**答え** **ク：2**

## 3　3次関数と面積

### 過去問にチャレンジ

$b>0$ とし，$g(x)=x^3-3bx+3b^2$，$h(x)=x^3-x^2+b^2$ とおく。座標平面上の曲線 $y=g(x)$ を $C_1$，曲線 $y=h(x)$ を $C_2$ とする。
$C_1$ と $C_2$ は2点で交わる。これらの交点の $x$ 座標をそれぞれ $\alpha$，$\beta$ （$\alpha<\beta$） とすると，$\alpha=$ $\boxed{\text{ア}}$，$\beta=$ $\boxed{\text{イ}}$ である。
$\boxed{\text{ア}}$，$\boxed{\text{イ}}$ の解答群（同じものを繰り返し選んでもよい。）

| | | | | | | | |
|---|---|---|---|---|---|---|---|
| ⓪ | $a$ | ① | $1$ | ② | $b$ | ③ | $-b$ |
| ④ | $2b$ | ⑤ | $-2b$ | ⑥ | $4b$ | ⑦ | $-4b$ |

$\alpha \leqq x \leqq \beta$ の範囲で $C_1$ と $C_2$ で囲まれた図形の面積を $S$ とする。
また，$t>\beta$ とし，$\beta \leqq x \leqq t$ の範囲で $C_1$ と $C_2$ および直線 $x=t$ で囲まれた図形の面積を $T$ とする。
このとき

$$S=\int_{\alpha}^{\beta} \boxed{\text{ウ}}\,dx$$

$$T=\int_{\beta}^{t} \boxed{\text{エ}}\,dx$$

$$S-T=\int_{\alpha}^{t} \boxed{\text{オ}}\,dx$$

であるので

$$S-T=\frac{\boxed{\text{カキ}}}{\boxed{\text{ク}}}\left(2t^3-\boxed{\text{ケ}}\,bt^2+\boxed{\text{コサ}}\,b^2t-\boxed{\text{シ}}\,b^3\right)$$

が得られる。

したがって，$S=T$ となるのは $t=\dfrac{\boxed{\text{ス}}}{\boxed{\text{セ}}}b$ のときである。

ウ ～ オ の解答群（同じものを繰り返し選んでもよい。）

| | | | |
|---|---|---|---|
| ⓪ | $\{g(x)+h(x)\}$ | ① | $\{g(x)-h(x)\}$ |
| ② | $\{h(x)-g(x)\}$ | ③ | $\{2g(x)+2h(x)\}$ |
| ④ | $\{2g(x)-2h(x)\}$ | ⑤ | $\{2h(x)-2g(x)\}$ |
| ⑥ | $2g(x)$ | ⑦ | $2h(x)$ |

（2022年度共通テスト本試験・改）

まずは，$C_1$，$C_2$の交点の$x$座標を求める問題だね！

$g(x)=h(x)$のとき，

$$(x^3-3bx+3b^2)=(x^3-x^2+b^2)$$

$$x^2-3bx+2b^2=0$$

$$(x-b)(x-2b)=0 \quad \cdots\cdots①$$

が成り立つね。$b>0$だから，$b<2b$となるので，$\alpha=b$，$\beta=2b$だね！

答え ア：②，イ：④

次に，$S$，$T$を求めるために，$C_1$，$C_2$のグラフを考えよう。

**$g(x)$，$h(x)$ともに$x^3$の係数が正**だから，全体的に右上がりのグラフになるから，右図のようになることが予測できるね。

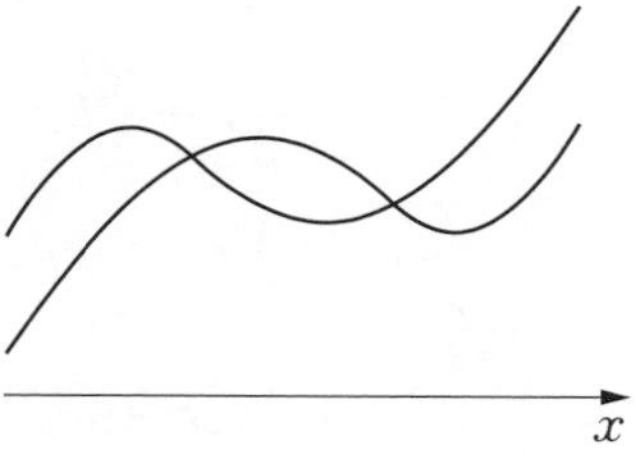


$C_1$と$C_2$の上下関係を調べるために，$g(x)\leqq h(x)$つまり，$g(x)-h(x)\leqq 0$となる$x$の範囲を考えてみよう。

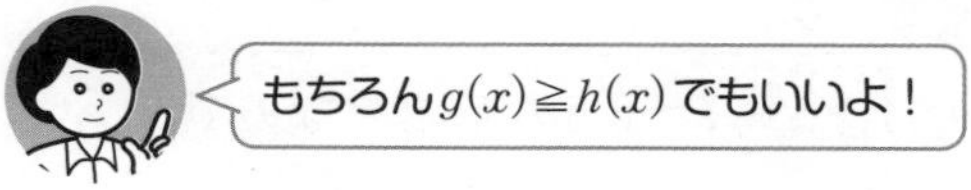


$g(x)-h(x)\leqq 0$のとき，

$$(x-b)(x-2b)\leqq 0$$

よって，$b\leqq x\leqq 2b$

つまり，$b\leqq x\leqq 2b$のときは$g(x)\leqq h(x)$であることがわかるので，この範囲では$C_1$が下，$C_2$が上にあるんだ。これで，図の状態がイメージできるはずだね！

よって，

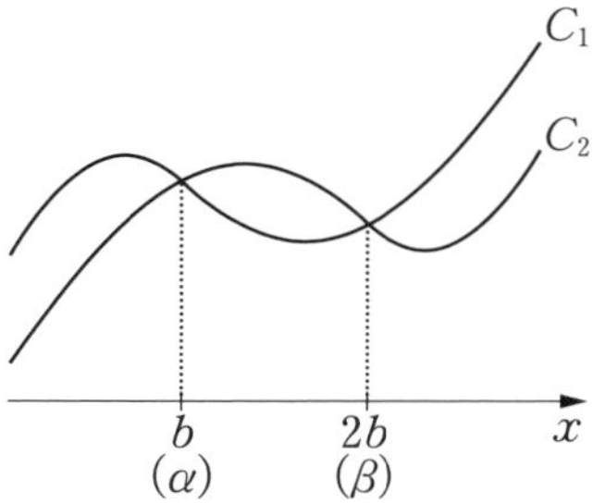


$$S=\int_{\alpha}^{\beta}\{h(x)-g(x)\}dx$$

$$T=\int_{\beta}^{t}\{g(x)-h(x)\}dx$$

となるから，

$$\begin{aligned}S-T&=\int_{\alpha}^{\beta}\{h(x)-g(x)\}dx-\int_{\beta}^{t}\{g(x)-h(x)\}dx\\&=\int_{\alpha}^{\beta}\{h(x)-g(x)\}dx+\int_{\beta}^{t}\{h(x)-g(x)\}dx\\&=\int_{\alpha}^{t}\{h(x)-g(x)\}dx\end{aligned}$$

**答え** **ウ：②，エ：①，オ：②**

$\alpha=b$であることから，

$$S-T=\int_{b}^{t}(-x^2+3bx-2b^2)dx$$

①で$g(x)-h(x)$を計算しているから，それの異符号だ！

$$\begin{aligned}&=\left[-\frac{1}{3}x^3+\frac{3}{2}bx^2-2b^2x\right]_b^t\\&=-\frac{1}{3}t^3+\frac{3}{2}bt^2-2b^2t-\left(-\frac{1}{3}b^3+\frac{3}{2}b\cdot b^2-2b^2\cdot b\right)\\&=-\frac{1}{3}t^3+\frac{3}{2}bt^2-2b^2t+\frac{5}{6}b^3\\&=\frac{-1}{6}(2t^3-9bt^2+12b^2t-5b^3)\end{aligned}$$

**答え** **$\dfrac{\text{カキ}}{\text{ク}}$：$\dfrac{-1}{6}$，ケ：9，コサ：12，シ：5**

したがって，$S=T$となるのは，$S-T=0$となるときなので，

$$2t^3-9bt^2+12b^2t-5b^3=0$$

が成り立つときだ。ここで，$P(t)=2t^3-9bt^2+12b^2t-5b^3$とおいて因数定理を使いたいんだけど，ちょっと一呼吸おいて考えてみよう。$P(t)=0$となるような$t$は実はすぐに見つけられるんだ。

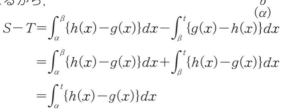

$$P(t)=S-T=\int_{\alpha}^{t}\{h(x)-g(x)\}dx$$

だったわけだけど，もしも $t=\alpha$，つまり $t=b$ なら，

$$P(b)=S-T=\int_{b}^{b}\{h(x)-g(x)\}dx=0$$

となるはずだ。つまり，**$t=b$ のとき $S-T=0$ となることはすぐにわかる**。$P(b)=0$ から，**$P(t)$ は $(t-b)$ を因数にもつ**ことがわかるね！

本番でも気づけるかな…。

このことに気づかなくてもそんなに気にしなくていいよ！　普通に $P(t)=0$ となるような $t$ を丁寧に見つけていこう！

ということで，$P(t)$ は $(t-b)$ を因数にもつことがわかったので，

$$\begin{aligned}P(t)&=(t-b)(2t^2-7bt+5b^2)\\&=(t-b)(t-b)(2t-5b)\\&=(t-b)^2(2t-5b)\end{aligned}$$

となるね。$t>b$ より，$S-T=0$ となるのは $t=\frac{5}{2}b$ のときだね！

**答え**　$\frac{\text{ス}}{\text{セ}}$：$\frac{5}{2}$

**POINT**

- **$\frac{1}{6}$ 公式**

  $$\int_{\alpha}^{\beta}(x-\alpha)(x-\beta)dx=-\frac{1}{6}(\beta-\alpha)^3$$

- 絶対値は中身が0以上かそうでないかで場合分けする。
- 簡単なグラフをかいて位置関係をイメージする。

THEME 5

# 積分の様々な問題

ここできめる！

定積分が含まれた方程式から $f(x)$ を求めることができるようになろう。

## 1 積分方程式(1)（積分区間が定数）

### 対策問題にチャレンジ

[1](1) $f_1(x)=-3x^2+\int_0^2 f_1(t)dt$ を満たす関数 $f_1(x)$ を求めよう。

$\int_0^2 f_1(t)dt=a$（$a$ は定数）とすると，$f_1(x)=-3x^2+a$ と表せるから，$a=$ ア 。よって，$f_1(x)=-3x^2+$ ア

(2) 次に，$f_2(x)=2+\int_0^1 (2x-t)f_2(t)dt$ を満たす関数 $f_2(x)$ を求めよう。

$\int_0^1 f_2(t)dt=b$，$\int_0^1 tf_2(t)dt=c$（$b$，$c$ は定数） とおくと，

$f_2(x)=$ イ

と表せる。さらに，$b$ と $c$ を求めると，$b=$ ウ ，$c=$ エ だから

$f_2(x)=$ オ $x$

イ の解答群

| | |
|---|---|
| ⓪ $bx+c+2$ | ① $bx-c+2$ |
| ② $2bx+c+2$ | ③ $2bx-c+2$ |
| ④ $(2b-c)x+2$ | |

[2] 関数 $f(x)$ と $g(x)$ は

$$f(x)=3x^2-\int_0^1 tg(t)dt\cdots①\quad g(x)=-3x+\int_0^2 f(t)dt\cdots②$$

を満たしている。

$\int_0^1 tg(t)dt=A$，$\int_0^2 f(t)dt=B$（$A$ と $B$ は定数）とおくと，

$f(x)=3x^2-A$，$g(x)=-3x+B$ と表せるから，

$$f(x)=3x^2-\frac{\boxed{\text{カ}}}{\boxed{\text{キ}}},\ g(x)=-3x+\boxed{\text{ク}}$$

（オリジナル）

さぁ，定積分を含む関数を求める問題だ。

このような問題を**積分方程式**の問題と呼ぶことにするよ！

**$\int_{定数}^{定数} f(t)dt$ を含むタイプ**の問題は $\int_{定数}^{定数} f(t)dt$ は定数だから，

**$\int_{定数}^{定数} f(t)dt$ を文字でおく**ことで解くことができるよ！

[1](1)　$f_1(x)=-3x^2+\int_0^2 f_1(t)dt$ を満たす $f_1(x)$ を求めるよ！

$\int_0^2 f_1(t)dt$ は定数だから，**$\int_0^2 f_1(t)dt=a$ とおく**と，

$$f_1(x)=-3x^2+a$$

となるから，

$$a=\int_0^2 f_1(t)dt=\int_0^2(-3t^2+a)dt$$

$$=\Big[-t^3+at\Big]_0^2=-8+2a$$

よって，$a=-8+2a$

これを解くと $a=8$ だから，$f_1(x)=-3x^2+8$ だね！

答え　ア：8

(2)　$f_2(x)=2+\int_0^1(2x-t)f_2(t)dt$ を満たす $f_2(x)$ を求めていくよ！

右辺の $\int_0^1(2x-t)f_2(t)dt$ には $x$ が入ってるから定数ではないね。

こういうときは，$\int_0^1(2x-t)f_2(t)dt$ を丸ごと文字でおけないよ。

$(2x-t)f_2(t)$ を展開すると，

$$\int_0^1 (2x-t)f_2(t)dt=\int_0^1 (2xf_2(t)-tf_2(t))dt$$
$$=\int_0^1 2xf_2(t)dt-\int_0^1 tf_2(t)dt$$

ここで，$\int_0^1 2xf_2(t)dt$ は $t$ についての積分だから，

**$t$ に関係ない文字 $x$ は $\int$ の外側に出せる**ね！　つまり，

$$f_2(t)=2+\int_0^1 2xf_2(t)dt-\int_0^1 tf_2(t)dt$$
$$=2+2x\int_0^1 f_2(t)dt-\int_0^1 tf_2(t)dt$$

$\int_0^1 f_2(t)dt=b$，$\int_0^1 tf_2(t)dt=c$ とおくと，

$$f_2(t)=2+2bx-c=2bx-c+2$$

答え　イ：③

この結果から，(1)と同様に，$b=\int_0^1 f_2(t)dt$ を利用すると，

$$b=\int_0^1 f_2(t)dt=\int_0^1 (2bt-c+2)dt$$
$$=\Big[bt^2-ct+2t\Big]_0^1=b-c+2$$

よって，$b=b-c+2$　すなわち，$c=2$ だね。

さらに，$c=\int_0^1 tf_2(t)dt$ であり，$c=2$ から $f_2(t)=2bx$ だから，

$$2=\int_0^1 2bt^2dt=\left[\frac{2}{3}bt^3\right]_0^1=\frac{2}{3}b$$

$2=\frac{2}{3}b$ より，$b=3$ だね！

答え　ウ：3，エ：2

よって，$f_2(x)=2bx-c+2$ に $b=3$，$c=2$ を代入して，

$$f_2(x)=6x$$

答え　オ：6

[2]　$f(x)=3x^2-\int_0^1 tg(t)dt$……①　　$g(x)=-3x+\int_0^2 f(t)dt$……②

を満たす $f(x)$ と $g(x)$ を求めていくよ！

$\int_0^1 tg(t)dt=A$，$\int_0^2 f(t)dt=B$ とすると，

$$f(x)=3x^2-A,\ \ g(x)=-3x+B$$

と表せるから，$A=\int_0^1 tg(t)dt$ に $g(t)=-3t+B$ を代入すると，

$$A=\int_0^1(-3t^2+Bt)dt$$

$$=\left[-t^3+\frac{1}{2}Bt^2\right]_0^1=-1+\frac{1}{2}B$$

したがって，$2A-B=-2$　……③

$B=\int_0^2 f(t)dt$ に $f(t)=3t^2-A$ を代入すると，

$$B=\int_0^2(3t^2-A)dt$$

$$=\left[t^3-At\right]_0^2=8-2A$$

したがって，$2A+B=8$　……④

③と④の $A$，$B$ の連立方程式を解くと，$A=\frac{3}{2}$，$B=5$ だから，

$$f(x)=3x^2-\frac{3}{2},\ \ g(x)=-3x+5$$

**答え**　$\frac{\text{カ}}{\text{キ}}$：$\frac{3}{2}$，ク：5

## 2　積分方程式(2)（積分区間に変数を含む）

**過去問にチャレンジ**

$a$ を実数とし，$f(x)=(x-a)(x-2)$ とおく。また，

$F(x)=\int_0^x f(t)dt$ とする。

(1)　$a=1$ のとき，$F(x)$ は $x=$ ア で極小になる。

(2)　$a=$ [イ] のとき，$F(x)$ はつねに増加する。また，
$F(0)=$ [ウ] であるから，$a=$ [イ] のとき，$F(2)$ の値は [エ] である。

[エ] の解答群

| | | |
|---|---|---|
| ⓪　0 | ①　正 | ②　負 |

(3)　$a>$ [イ] とする。

$b$ を実数とし，$G(x)=\int_b^x f(t)dt$ とおく。

関数 $y=G(x)$ のグラフは，$y=F(x)$ のグラフを [オ] 方向に [カ] だけ平行移動したものと一致する。また，$G(x)$ は $x=$ [キ] で極大になり，$x=$ [ク] で極小になる。
$G(b)=$ [ケ] であるから，$b=$ [キ] のとき，曲線 $y=G(x)$ と $x$ 軸との共有点の個数は [コ] 個である。

[オ] の解答群

| | |
|---|---|
| ⓪　$x$ 軸 | ①　$y$ 軸 |

[カ] の解答群

| | | |
|---|---|---|
| ⓪　$b$ | ①　$-b$ | ②　$F(b)$ |
| ③　$-F(b)$ | ④　$F(-b)$ | ⑤　$-F(-b)$ |

(2021年度共通テスト本試験（第2日程））

$\int_{定数}^x f(t)dt$ のように**積分区間に変数 $x$ が入ったタイプの積分方程式の問題**だ！　このような問題では，次の2つを利用していくよ。

**[1]**　$\dfrac{d}{dx}\left(\int_{定数}^x f(t)dt\right)=f(x)$

**[2]**　$\int_a^a f(t)dt=0$

左辺は $\int_{定数}^x f(t)dt$ を $x$ で微分するという意味だよ

条件で与えられた $F(x)=\int_0^x f(t)dt$ の両辺を $x$ で微分すると，
$F'(x)=f(x)$ だから，$\boldsymbol{F'(x)=(x-a)(x-2)}$

(1)　$a=1$のとき，

$f(x)=(x-1)(x-2)$だから，

$$F'(x)=(x-1)(x-2)$$

| $x$ | $\cdots$ | 1 | $\cdots$ | 2 | $\cdots$ |
|---|---|---|---|---|---|
| $f'(x)$ | $+$ | 0 | $-$ | 0 | $+$ |
| $f(x)$ | ↗ | 極大 | ↘ | 極小 | ↗ |

だね。したがって，増減表は右上のようになるから，$F(x)$は$x=2$で極小になるね！

**答え　ア：2**

(2)　$F(x)$がつねに増加するには$F'(x) \geqq 0$であればいいね！

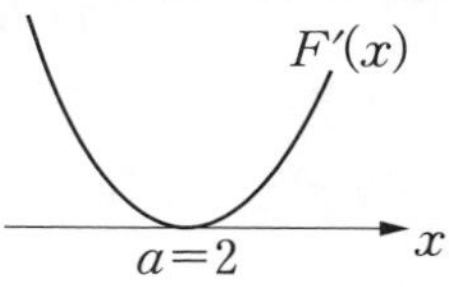


$F'(x)=(x-a)(x-2)$だから，$y=F'(x)$は$x$軸と$x=a$，2で共有点をもつから，つねに$F'(x) \geqq 0$となるのは$y=F'(x)$が$x$軸と1点で接するときだ。
つまり，$a=2$のとき$F'(x) \geqq 0$だから$F(x)$は常に増加するね。

**答え　イ：2**

$F(x)=\int_0^x f(t)dt$に$x=0$を代入すると，$F(0)=\int_0^0 f(t)dt=0$だ。

**答え　ウ：0**

したがって，$a=2$のとき$F(x)$はつねに増加するから$F(0)<F(2)$であり，$F(0)=0$だから，$F(2)>0$（$F(2)$は正）だね！

**答え　エ：①**

(3)　$G(x)=\int_b^x f(t)dt$としたときの$y=G(x)$と$y=F(x)$のグラフの関係を見ていこう！　$G(x)$と$F(x)$は**積分区間がちがう**よ。
定積分の性質を利用して，$G(x)$と$F(x)$の関係を考えていくよ！

**定積分の性質**

- $\int_a^b g(x)dx=\int_a^c g(x)dx+\int_c^b g(x)dx$
- $\int_a^b g(x)dx=-\int_b^a g(x)dx$

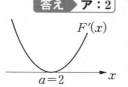

$$G(x)=\int_b^x f(t)dt=\int_b^0 f(t)dt+\int_0^x f(t)dt$$

定積分の0が$\int$の下にあれば$F(x)$の形で表せるから，

$$G(x)=F(x)-\int_0^b f(t)dt$$

つまり，$y=G(x)$は$F(x)-F(b)$となるから，

$$y-(-F(b))=F(x)$$

だから，$y=G(x)$は$y=F(x)$を$y$軸方向に$-F(b)$だけ平行移動したグラフだね！

**答え　オ：①，カ：③**

$G(x)=\int_b^x f(t)dt$より，両辺$x$で微分すると，

$$G'(x)=f(x)=(x-a)(x-2)$$

$a>2$より，$G(x)$の増減表は右のようになるから，$G(x)$は$x=2$で極大になり，$x=a$で極小だよ。

| $x$ | $\cdots$ | 2 | $\cdots$ | $a$ | $\cdots$ |
|---|---|---|---|---|---|
| $G'(x)$ | $+$ | 0 | $-$ | 0 | $+$ |
| $G(x)$ | ↗ | 極大 | ↘ | 極小 | ↗ |

**答え　キ：2，ク：$a$**

$$G(b)=\int_b^b f(t)dt=0$$

今度は$b=2$とおくんだね。

$b=2$のとき，極大値$G(2)=0$だから

$y=G(x)$のグラフは右のようになるね。

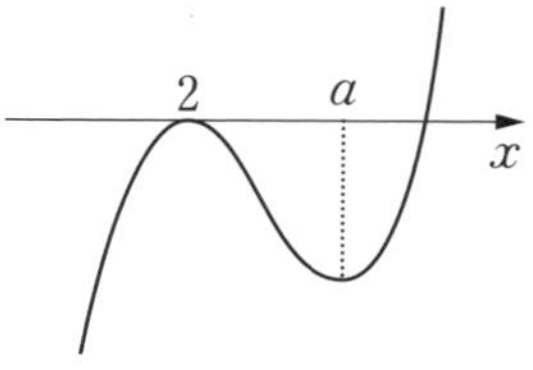


よって，$x$軸との交点は2個だ。

**答え　ケ：0，コ：2**

## 3　極値の差を積分で表す

**対策問題にチャレンジ**

$a$を実数の定数とする。

関数$f(x)=2x^3-(a-1)x^2-2x+4a$の極大値と極小値の差が最小になる$a$の値を求めよう。

$$f'(x)=\boxed{\text{ア}}x^2-\boxed{\text{イ}}(a-1)x-\boxed{\text{ウ}}$$

だから，$f'(x)=0$ の判別式を $D$ とすると

$$\frac{D}{4}=(a-\boxed{\text{エ}})^2+\boxed{\text{オカ}}>0$$

だから，$f(x)$ は $a$ の値に関係なくつねに極大値と極小値をもつ。
2次方程式 $f'(x)=0$ の2解を $x=\alpha,\ \beta\ (\alpha<\beta)$ とおくと，
$f'(x)=\boxed{\text{キ}}(x-\alpha)(x-\beta)$ となるから，

$$\alpha+\beta=\frac{a-\boxed{\text{ク}}}{\boxed{\text{ケ}}},\quad \alpha\beta=\frac{\boxed{\text{コサ}}}{\boxed{\text{シ}}}$$

である。また，$(\alpha-\beta)^2=(\alpha+\beta)^2-\boxed{\text{ス}}\alpha\beta$ と $\alpha<\beta$ より

$$\alpha-\beta=\frac{\boxed{\text{セ}}\sqrt{a^2-\boxed{\text{ソ}}a+\boxed{\text{タチ}}}}{\boxed{\text{ツ}}}$$

極大値は $f(\alpha)$，極小値は $f(\beta)$ だから，極大値と極小値の差を積分で表すと，

$$f(\alpha)-f(\beta)=\boxed{\text{テ}}$$

である。

したがって，

$$f(\alpha)-f(\beta)=\frac{\left(\sqrt{a^2-\boxed{\text{ト}}a+\boxed{\text{ナニ}}}\right)^3}{\boxed{\text{ヌネ}}}$$

より，$a=\boxed{\text{ノ}}$ のとき極大値と極小値の差は最小になる。

$\boxed{\text{テ}}$ の解答群

| | |
|---|---|
| ⓪ $\displaystyle\int_\alpha^\beta f'(x)dx$ | ① $\displaystyle\int_\beta^\alpha f'(x)dx$ |
| ② $\displaystyle\int_\alpha^\beta f(x)dx$ | ③ $\displaystyle\int_\beta^\alpha f(x)dx$ |

（オリジナル）

$f(x)=2x^3-(a-1)x^2-2x+4a$ を微分すると，

$$f'(x)=6x^2-2(a-1)x-2$$

**答え** ア：6，イ：2，ウ：2

$f'(x)=0$ の判別式 $D$ とすると，

$$\frac{D}{4}=(a-1)^2+6\cdot 2=(a-1)^2+12>0$$

だから，$f'(x)=0$ は異なる2つの実数解をもつので，$f(x)$ はつねに極大値と極小値をもつね！

**答え** **エ：1，オカ：12**

$f'(x)=0$ の2解は $x=\alpha,\ \beta$ であり，$f'(x)$ の $x^2$ の係数が6だから，

$$f'(x)=6(x-\alpha)(x-\beta)$$

**答え** **キ：6**

であり，解と係数の関係から，

$$\alpha+\beta=\frac{a-1}{3},\quad \alpha\beta=-\frac{1}{3}$$

**答え** **ク：1，ケ：3，$\dfrac{\text{コサ}}{\text{シ}}$：$\dfrac{-1}{3}$**

解と係数の関係が不安な人は別冊をcheck！

$(\alpha-\beta)^2=\alpha^2-2\alpha\beta+\beta^2=(\alpha+\beta)^2-4\alpha\beta$ だから，

$$(\alpha-\beta)^2=\left(\frac{a-1}{3}\right)^2-4\cdot\left(-\frac{1}{3}\right)$$
$$=\frac{a^2-2a+13}{9}$$

$\alpha<\beta$ より，$\alpha-\beta<0$ だから，

$$\alpha-\beta=-\sqrt{\frac{a^2-2a+13}{9}}=\frac{-\sqrt{a^2-2a+13}}{3}$$

**答え** **ス：4，セ：−，ソ：2，タチ：13，ツ：3**

$f(\alpha)-f(\beta)$ を定積分で表すよ。$f(\alpha)-f(\beta)$ は積分したあとに $\alpha$ と $\beta$ を代入したものと考えると積分して $f(x)$ になるのは $f'(x)$ だから，

$$f(\alpha)-f(\beta)=\Big[f(x)\Big]_{\beta}^{\alpha}=\int_{\beta}^{\alpha}f'(x)dx$$

**答え** **テ：①**

$\frac{1}{6}$公式を使うと計算がラクになるよ！

$$\begin{aligned}f(\alpha)-f(\beta)&=\int_{\beta}^{\alpha}6(x-\alpha)(x-\beta)dx\\&=6\int_{\beta}^{\alpha}(x-\alpha)(x-\beta)dx\\&=6\left\{-\frac{1}{6}(\alpha-\beta)^3\right\}\\&=-(\alpha-\beta)^3\\&=-\left\{\frac{-\sqrt{a^2-2a+13}}{3}\right\}^3\\&=\frac{(\sqrt{a^2-2a+13})^3}{27}\end{aligned}$$

$\frac{1}{6}$公式を使ったよ

**答え** ト：2，ナニ：13，ヌネ：27

最小値となる$a$の値を求めるためにルートの中を平方完成しよう！

$$f(\alpha)-f(\beta)=\frac{\{\sqrt{(a-1)^2+12}\}^3}{27}$$

よって$a=1$のとき，極大値$f(\alpha)$と極小値$f(\beta)$の差が最小になるよ。

**答え** ノ：1

**POINT**

- **$\int_{定数}^{定数}f(t)dt$を含むタイプの積分方程式**

$\int_{定数}^{定数}f(t)dt$は定数だから，$\int_{定数}^{定数}f(t)dt$を文字でおく

- **積分区間に変数$x$が入ったタイプの積分方程式**

[1] $\frac{d}{dx}\left(\int_{定数}^{x}f(t)dt\right)=f(x)$

[2] $\int_{a}^{a}f(t)dt=0$

THEME 6

# 総合問題

ここできめる!

- 微分と積分が混ざった問題を確実に解いていこう。
- 難しい問題の処理の仕方を身につけよう。

## 1 微分・積分とグラフ

### 過去問にチャレンジ

関数$f(x)=x^3-5x^2+3x-4$について考える。

(1) 関数$f(x)$の増減を調べよう。$f(x)$の導関数は

$f'(x)=\boxed{\text{ア}}x^2-\boxed{\text{イウ}}x+\boxed{\text{エ}}$であり，$f(x)$は

$x=\dfrac{\boxed{\text{オ}}}{\boxed{\text{カ}}}$で極大値，$x=\boxed{\text{キ}}$で極小値をとる。

よって，$x\geqq 0$の範囲における$f(x)$の最小値は$\boxed{\text{クケコ}}$である。

また，方程式$f(x)=0$の異なる実数解の個数は$\boxed{\text{サ}}$個である。

(2) 曲線$y=f(x)$上の点$(0,\ f(0))$における接線を$l$とすると，$l$の方程式は$y=\boxed{\text{シ}}x-\boxed{\text{ス}}$である。

また，放物線$y=x^2+px+q$を$C$とし，$C$は

点$(a,\ \boxed{\text{シ}}a-\boxed{\text{ス}})$で$l$と接しているとする。

このとき，$p$，$q$は$a$を用いて$p=\boxed{\text{セソ}}a+\boxed{\text{タ}}$，

$q=a^{\boxed{\text{チ}}}-\boxed{\text{ツ}}$と表される。

(3) (2)の放物線$C$は，$0\leqq x\leqq 1$の範囲では，$x$軸とただ1点$(\beta,\ 0)$で交わり，$0<\beta<1$であるとする。

このとき，$g(x)=x^2+px+q$とおけば

$g(0)g(1)=a(a+\boxed{\text{テ}})(a-\boxed{\text{ト}})^2<0$である。

$(a-$ [ト] $)^2$は負にならないので，$a$の値の範囲は

[ナニ] $<a<$ [ヌ] であり，$g(0)$ [ネ] $0$，$g(1)$ [ノ] $0$である。

放物線$C$の$0 \leqq x \leqq \beta$の部分と，$x$軸および$y$軸で囲まれた図形の面積を$S$とする。また，$C$の$\beta \leqq x \leqq 1$の部分と，$x$軸および直線$x=1$で囲まれた図形の面積を$T$とする。このとき，

$a$の値によらず，$\int_0^1 g(x)dx=$ [ハ] が成り立つ。

したがって，$S=T$となる$a$の値を求めると，

$a=\dfrac{\boxed{ヒ}-\sqrt{\boxed{フヘ}}}{\boxed{ホ}}$である。

[ネ]，[ノ] の解答群（同じものを繰り返し選んでもよい。）

| | | |
|---|---|---|
| ⓪ $<$ | ① $=$ | ② $>$ |

[ハ] の解答群

| | | | |
|---|---|---|---|
| ⓪ $S+T$ | ① $\dfrac{S+T}{2}$ | ② $2S+T$ | ③ $2T+S$ |
| ④ $S-T$ | ⑤ $T-S$ | ⑥ $2S-T$ | ⑦ $2T-S$ |

（2017年度センター追試験）

(1)　最初の方は微分の基礎的な内容だ！

サクサク解いていこう。

$$f'(x)=3x^2-10x+3$$
$$=(x-3)(3x-1)$$

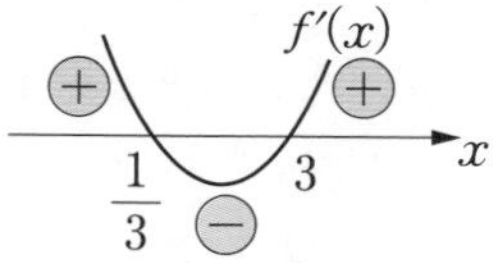


**答え** ア：3，イウ：10，エ：3

したがって，増減表は右のようになるね！

| $x$ | $\cdots$ | $\frac{1}{3}$ | $\cdots$ | $3$ | $\cdots$ |
|---|---|---|---|---|---|
| $f'(x)$ | $+$ | $0$ | $-$ | $0$ | $+$ |
| $f(x)$ | ↗ | 極大 | ↘ | 極小 | ↗ |

よって，$f(x)$は，$x=\frac{1}{3}$で極大値，

$x=3$で極小値をとるよ。

**答え** $\frac{オ}{カ}$：$\frac{1}{3}$，キ：3

$$f\left(\frac{1}{3}\right)=\left(\frac{1}{3}\right)^3-5\cdot\left(\frac{1}{3}\right)^2+3\cdot\frac{1}{3}-4=-\frac{95}{27}$$

$$f(3)=3^3-5\cdot3^2+3\cdot3-4=-13$$

$$f(0)=-4\ (y\text{切片})$$

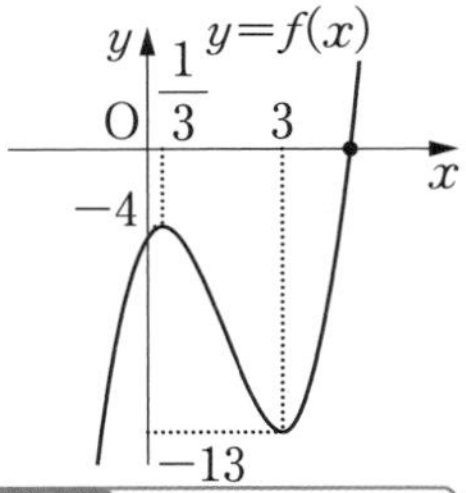


だから，グラフは右のようになるよ！

よって，$x \geqq 0$ における $f(x)$ の最小値は，

$-13$

**答え　クケコ：$-13$**

また，方程式 $f(x)=0$ の異なる実数解の個数は，

$y=f(x)$ と $x$ 軸との共有点の個数だから，グラフより，1個

**答え　サ：1**



(2)　$f'(0)=3$ より，曲線 $y=f(x)$ 上の点 $(0,\ f(0))$ における接線 $l$ の方程式は，

$$y-f(0)=f'(0)(x-0)$$

$$y-(-4)=3x$$

$$y=3x-4$$

**答え　シ：3，ス：4**

ここから，少しずつ難しくなっていくよ！

放物線 $y=x^2+px+q$ が点 $(a,\ 3a-4)$ で $l$ と接しているとは，

**$C$ 上の $x=a$ の点における接線の傾きが $3$**，

かつ **$x=a$ のとき $y=x^2+px+q$ の $y$ 座標が $3a-4$ と等しい**ということだ！

$y=x^2+px+q$ を $x$ で微分すると，$y'=2x+p$ だから，

$2a+p=3$　……①　かつ $a^2+pa+q=3a-4$　……②

が成り立つということだよ！

①より，$p=-2a+3$

**答え　セソ：$-2$，タ：3**

これを②に代入して，$a^2+(-2a+3)a+q=3a-4$

よって，$q=a^2-4$

**答え　チ：2，ツ：4**

(3)　$g(x)=x^2+px+q$ とおくよ。

(2)より，$g(x)=x^2+(-2a+3)x+a^2-4$　だね。

放物線$C$：$y=g(x)$は，$0\leqq x\leqq 1$の範囲で，$x$軸とただ1点$(\beta,\ 0)$（$0<\beta<1$）で交わるから，放物線$C$が$x$軸と$0<x<1$の範囲で交わればいい。下の(i)，(ii)の通り，**$g(0)$と$g(1)$が異符号**であればいいから，**$g(0)g(1)<0$**となるときを考えることになるね！

(i)　$g(0)$が$x$軸より上（$g(0)>0$）ならば
　　$g(1)$は$x$軸より下（$g(1)<0$）
(ii)　$g(0)$が$x$軸より下（$g(0)<0$）ならば
　　$g(1)$は$x$軸より上（$g(1)>0$）

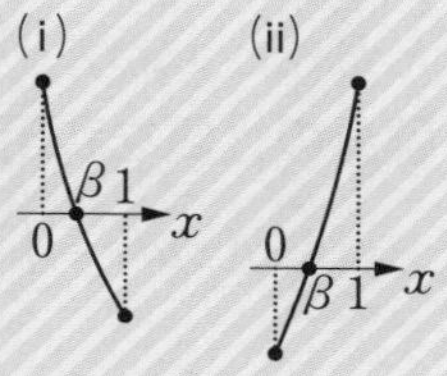


$g(0)=a^2-4$，$g(1)=1+p+q=a^2-2a$より，

$$g(0)g(1)=(a^2-4)(a^2-2a)$$
$$=(a+2)(a-2)\cdot a(a-2)$$
$$=a(a+2)(a-2)^2<0$$

が成り立つんだ。

**答え　テ：2，ト：2**

$(a-2)^2\geqq 0$より，$a(a+2)(a-2)^2<0$となるのは，

$(a-2)^2>0$　かつ，$a(a+2)<0$

つまり，$-2<a<0$のとき。

**答え　ナニ：−2，ヌ：0**

また，$g(0)=a^2-4$に対して，直前の結果から，$a^2<4$だから，

$a^2-4<0$

つまり，$g(0)<0$

また，$g(0)g(1)<0$で$g(0)<0$とわかったから，当然$g(1)>0$となるね。

**答え　ネ：⓪，ノ：②**

$g(1)=a(a-2)$で$-2<a<0$
からも判断できるけどね。

以上から，$C$のグラフは右図のようになるね！

したがって，

$$S=\int_0^{\beta}(-g(x))dx,\quad T=\int_{\beta}^{1}g(x)dx$$

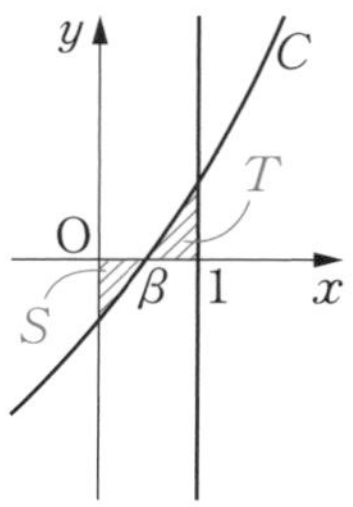


次に，$\int_0^1 g(x)dx$を$S$と$T$を用いて表したいんだけど，定積分の範囲に$\beta$がないから，**定積分の性質を利用して変形**していこう！

$$\int_0^1 g(x)dx=\int_0^{\beta}g(x)dx+\int_{\beta}^{1}g(x)dx$$

$$=-\int_0^{\beta}\{-g(x)\}dx+\int_{\beta}^{1}g(x)dx$$

$$=-S+T=T-S$$

**答え　ハ：⑤**

$S$，$T$は面積だけど，$\int_0^1 g(x)dx$，$\int_0^{\beta}g(x)dx$は面積を表していないことに注意が必要なんだ。

いよいよ最後の問題だ！

$S=T$のとき$T-S=0$だから，$\int_0^1 g(x)dx=0$だね！

ここで，$\int_0^1 g(x)dx=\int_0^1\{x^2+(-2a+3)x+(a^2-4)\}dx$

$$=\left[\frac{x^3}{3}+\frac{-2a+3}{2}x^2+(a^2-4)x\right]_0^1$$

$$=\frac{1}{3}+\frac{-2a+3}{2}+a^2-4$$

$$=a^2-a-\frac{13}{6}$$

$\int_0^1 g(x)dx=0$より，$a^2-a-\frac{13}{6}=0$

これを解くと，$a=\frac{3\pm\sqrt{87}}{6}$

$-2<a<0$だから，$a=\frac{3-\sqrt{87}}{6}$

**答え　ヒ：3，フヘ：87，ホ：6**

## 2 曲線で囲まれた部分と図形の共通点

### 過去問にチャレンジ

座標平面上で，放物線$y=\dfrac{1}{2}x^2+\dfrac{1}{2}$を$C_1$とし，放物線$y=\dfrac{1}{4}x^2$を$C_2$とする。

(1) 実数$a$に対して，2直線$x=a$，$x=a+1$と$C_1$，$C_2$で囲まれた図形$D$の面積$S$は

$$S=\int_a^{a+1}\left(\frac{1}{\boxed{\text{ア}}}x^2+\frac{1}{\boxed{\text{イ}}}\right)dx=\frac{a^2}{\boxed{\text{ウ}}}+\frac{a}{\boxed{\text{エ}}}+\frac{\boxed{\text{オ}}}{\boxed{\text{カキ}}}$$

である。

$S$は$a=\dfrac{\boxed{\text{クケ}}}{\boxed{\text{コ}}}$で最小値$\dfrac{\boxed{\text{サシ}}}{\boxed{\text{スセ}}}$をとる。

(2) 4点$(a,\ 0)$，$(a+1,\ 0)$，$(a+1,\ 1)$，$(a,\ 1)$を頂点とする正方形を$R$で表す。$a$が$a\geqq 0$の範囲を動くとき，正方形$R$と(1)の図形$D$の共通部分の面積を$T$とおく。$T$が最大となる$a$の値を求めよう。

直線$y=1$は，$C_1$と$(\pm\boxed{\text{ソ}},\ 1)$で，$C_2$と$(\pm\boxed{\text{タ}},\ 1)$で交わる。したがって，正方形$R$と図形$D$の共通部分が空集合にならないのは，$0\leqq a\leqq\boxed{\text{チ}}$のときである。

$\boxed{\text{ソ}}\leqq a\leqq\boxed{\text{チ}}$のとき，正方形$R$は放物線$C_1$と$x$軸の間にあり，この範囲で$a$が増加するとき，$T$は$\boxed{\text{ツ}}$。

したがって，$T$が最大になる$a$の値は，$0\leqq a\leqq\boxed{\text{ソ}}$の範囲にある。$0\leqq a\leqq\boxed{\text{ソ}}$のとき，(1)の図形$D$のうち，正方形$R$の外側にある部分の面積$U$は$U=\dfrac{a^3}{\boxed{\text{テ}}}+\dfrac{a^2}{\boxed{\text{ト}}}$である。

よって，$0\leqq a\leqq\boxed{\text{ソ}}$において

$$T=-\frac{a^3}{\boxed{\text{ナ}}}-\frac{a^2}{\boxed{\text{ニ}}}+\frac{a}{\boxed{\text{ヌ}}}+\frac{\boxed{\text{オ}}}{\boxed{\text{カキ}}}\quad\cdots\cdots①$$

である。①の右辺の増減を調べることにより，$T$は

$a=\dfrac{\boxed{\text{ネノ}}+\sqrt{\boxed{\text{ハ}}}}{\boxed{\text{ヒ}}}$ で最大値をとることがわかる。

ツ の解答群

| | | |
|---|---|---|
| ⓪ 増加する | ① 減少する | ② 変化しない |

（2016年度センター本試験）

(1) 念のため $C_1$ と $C_2$ の位置関係を調べておこう！

$$\left(\frac{1}{2}x^2+\frac{1}{2}\right)-\frac{1}{4}x^2=\frac{1}{4}x^2+\frac{1}{2}>0$$

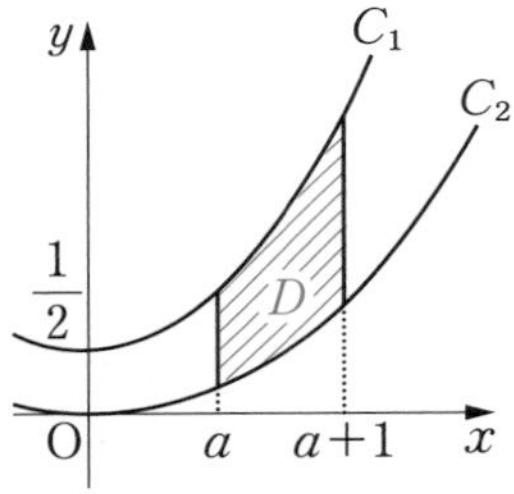


だから，すべての実数$x$について

$\frac{1}{2}x^2+\frac{1}{2}>\frac{1}{4}x^2$ だね！　よって，

$$S=\int_a^{a+1}\left\{\left(\frac{1}{2}x^2+\frac{1}{2}\right)-\frac{1}{4}x^2\right\}dx$$

$$=\int_a^{a+1}\left(\frac{1}{4}x^2+\frac{1}{2}\right)dx$$

$$=\left[\frac{x^3}{12}+\frac{x}{2}\right]_a^{a+1}=\left(\frac{(a+1)^3}{12}+\frac{a+1}{2}\right)-\left(\frac{a^3}{12}+\frac{a}{2}\right)$$

$$=\frac{a^2}{4}+\frac{a}{4}+\frac{7}{12}$$

**答え** ア：4，イ：2，ウ：4，エ：4，$\dfrac{\text{オ}}{\text{カキ}}$：$\dfrac{7}{12}$

$S$を平方完成すると，

$$S=\frac{1}{4}\left(a+\frac{1}{2}\right)^2+\frac{25}{48}$$

だから，$S$は$a=\dfrac{-1}{2}$で最小値$\dfrac{25}{48}$をとるね。

**答え** $\dfrac{\text{クケ}}{\text{コ}}$：$\dfrac{-1}{2}$，$\dfrac{\text{サシ}}{\text{スセ}}$：$\dfrac{25}{48}$

(2)　$y=\frac{1}{2}x^2+\frac{1}{2}$ に $y=1$ を代入すると，$1=\frac{1}{2}x^2+\frac{1}{2}$ より，$x^2=1$

これを解くと，$x=\pm1$ だから，

$C_1$ と $y=1$ との交点の座標は，$(\pm1,\ 1)$

**答え　ソ：1**

$C_2$ についても同様にして，

$\frac{1}{4}x^2=1$ を解くと，$x=\pm2$ だから，

$C_2$ と $y=1$ との交点の座標は，$(\pm2,\ 1)$

**答え　タ：2**

ここからは，少し図も複雑になっていくよ！　このような $a$ の値によって面積が変わっていく問題は，とにかくイロイロな状態の図をかいていくことが解決につながるんだ。

$a$ を0から大きくしていったときの $R$ と $D$ の動きをみていこう。

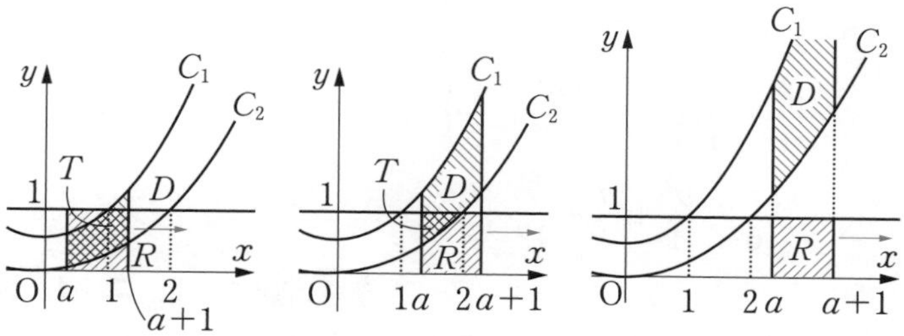


この図から，**$a>2$ のとき，$R$ は $C_2$ と $x$ 軸の間にあるから，$D$ と $R$ が共通部分を持たない**ことがわかるね！

$a\geqq0$ であるから，$S$ と $R$ が共通部分をもつ $a$ の範囲は，$0\leqq a\leqq2$

**答え　チ：2**

$1\leqq a\leqq2$ のとき，共通部分は右の図のようになるよ！

図より，$a$ が増加するとき，$R$ は右に移動していき，$D$ は右上に動いていくね。

したがって，**共通部分 $T$ は減少する。**

**答え　ツ：①**

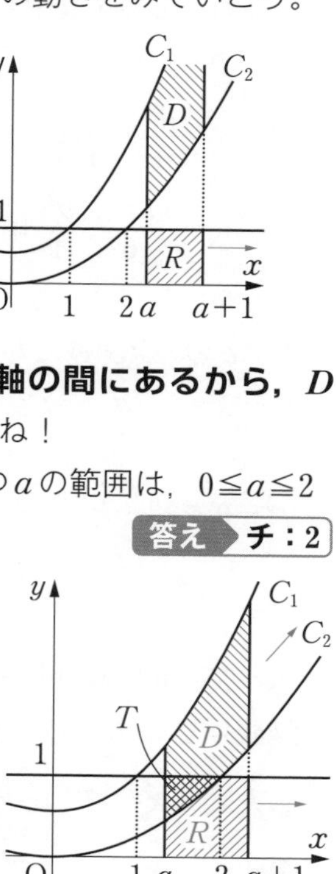

$0 \leqq a \leqq 1$のとき，$D$のうち$R$の外側にある部分は次の図のようになるから，$U$は$C_1$と$y=1$と$x=a+1$で囲まれた部分の面積だね。

$$U=\int_1^{a+1}\left\{\left(\frac{1}{2}x^2+\frac{1}{2}\right)-1\right\}dx$$
$$=\int_1^{a+1}\left(\frac{1}{2}x^2-\frac{1}{2}\right)dx$$
$$=\left[\frac{x^3}{6}-\frac{x}{2}\right]_1^{a+1}$$
$$=\frac{(a+1)^3}{6}-\frac{a+1}{2}-\left(\frac{1}{6}-\frac{1}{2}\right)$$
$$=\frac{a^3}{6}+\frac{a^2}{2}$$

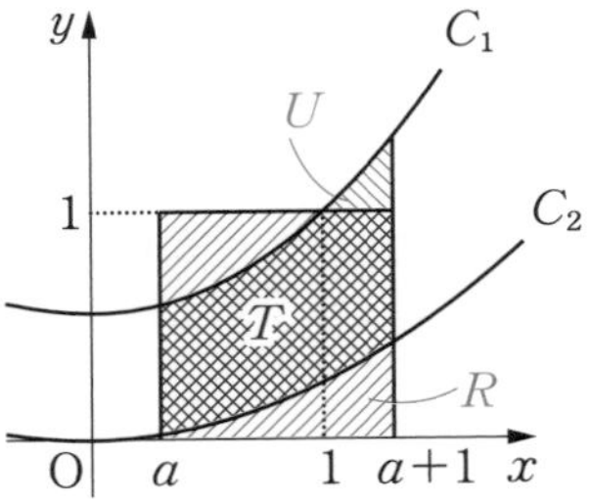


**答え** テ：6，ト：2

したがって，$0 \leqq a \leqq 1$において，

$T$は$D$の面積$S$（(1)で求めたよ）から$U$を引けばいいから，

$$T=S-U$$
$$=\frac{a^2}{4}+\frac{a}{4}+\frac{7}{12}-\left(\frac{a^3}{6}+\frac{a^2}{2}\right)$$
$$=-\frac{a^3}{6}-\frac{a^2}{4}+\frac{a}{4}+\frac{7}{12}$$

**答え** ナ：6，ニ：4，ヌ：4

$T$は$a$の3次関数だから，増減を調べるために$T$を$a$で微分すると，

$$T'=-\frac{a^2}{2}-\frac{a}{2}+\frac{1}{4}$$

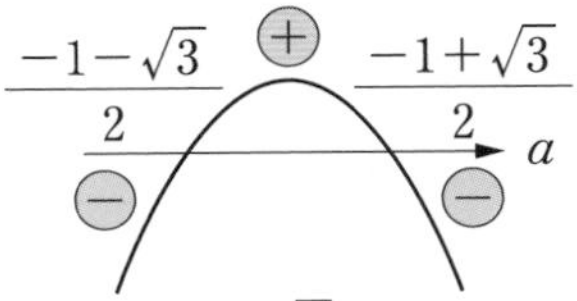


$T'=0$を解くと，$a=\dfrac{-1\pm\sqrt{3}}{2}$

$a=\dfrac{-1\pm\sqrt{3}}{2}$のうち，$0 \leqq a \leqq 1$を満たすのは，$\dfrac{-1+\sqrt{3}}{2}$だ！

よって，$0 \leqq a \leqq 1$における$T$の増減表は右のようになるね！

| $a$ | 0 | … | $\frac{-1+\sqrt{3}}{2}$ | … | 1 |
|---|---|---|---|---|---|
| $T'$ | | $+$ | 0 | $-$ | |
| $T$ | | ↗ | 極大 | ↘ | |

したがって，$T$は$a=\dfrac{-1+\sqrt{3}}{2}$で最大値をとる。

**答え** ネノ：$-1$，ハ：3，ヒ：2

## 3 軌跡と微分・積分

### 過去問にチャレンジ

放物線 $y=2x^2$ を $C$，点 $(1,\ -2)$ をAとする。点Q$(u,\ v)$に関して，点Aと対称な点をP$(x,\ y)$とすると，$u=\dfrac{x+\boxed{\text{ア}}}{\boxed{\text{イ}}}$，

$v=\dfrac{y-\boxed{\text{ウ}}}{\boxed{\text{エ}}}$ が成り立つ。Qが $C$ 上を動くときの点Pの軌跡を $D$ とすると，$D$ は放物線 $y=x^2+\boxed{\text{オ}}x+\boxed{\text{カ}}$ である。

二つの放物線 $C$ と $D$ の交点をRとSとする。ただし，$x$ 座標の小さい方をRとする。点R，Sの $x$ 座標はそれぞれ $\boxed{\text{キク}}$，$\boxed{\text{ケ}}$ で，点R，Sにおける放物線 $D$ の接線の方程式はそれぞれ，$y=\boxed{\text{コ}}$，$y=\boxed{\text{サ}}x-\boxed{\text{シ}}$ である。

Pを放物線 $D$ 上の点とし，Pの $x$ 座標を $a$ とおく。Pから $x$ 軸に引いた垂線と放物線 $C$ との交点をHとする。

$\boxed{\text{キク}}<a<\boxed{\text{ケ}}$ のとき，三角形PHRの面積 $S(a)$ は

$S(a)=\dfrac{1}{\boxed{\text{ス}}}(\boxed{\text{セ}}a^3+a^2+\boxed{\text{ソ}}a+\boxed{\text{タ}})$ と表される。

$S(a)$ は $a=\dfrac{\boxed{\text{チ}}}{\boxed{\text{ツ}}}$ のとき，最大値をとる。

$a=\dfrac{\boxed{\text{チ}}}{\boxed{\text{ツ}}}$ のとき，直線HRと放物線 $D$ の交点のうち，Rと異なる点の $x$ 座標は $\dfrac{\boxed{\text{テ}}}{\boxed{\text{ト}}}$ である。

このとき，$\dfrac{\boxed{\text{テ}}}{\boxed{\text{ト}}}\leqq x\leqq\dfrac{\boxed{\text{チ}}}{\boxed{\text{ツ}}}$ の範囲で，放物線 $D$ と直線PHおよび直線HRで囲まれた図形の面積は $\dfrac{\boxed{\text{ナニヌ}}}{\boxed{\text{ネノ}}}$ である。

(2009年度センター本試験)

点Q$(u,\ v)$に関して，点Aと対称な点が点P$(x,\ y)$だから，右の図のような関係になってるね！

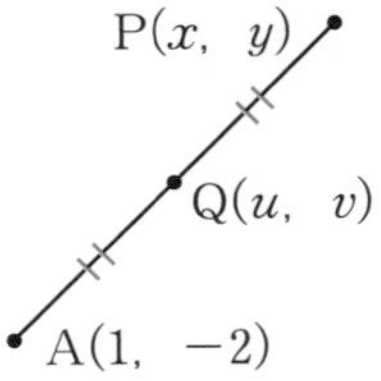


つまり，線分APの中点がQだから，

$$u=\frac{x+1}{2},\quad v=\frac{y-2}{2}$$ が成り立つね。

答え ア：1，イ：2，ウ：2，エ：2



Q$(u,\ v)$は放物線$y=2x^2$上の点だから，

$$v=2u^2$$

が成り立つね！

$u=\frac{x+1}{2}$，$v=\frac{y-2}{2}$を代入すると，

$$\frac{y-2}{2}=2\cdot\left(\frac{x+1}{2}\right)^2$$

$$y=x^2+2x+3$$

答え オ：2，カ：3

$y=2x^2$と$y=x^2+2x+3$の交点を求めていくよ！

$2x^2=x^2+2x+3$とすると，

$$x^2-2x-3=0$$

$$(x+1)(x-3)=0$$

$$x=-1,\ 3$$

よって，点R，Sの$x$座標はそれぞれ$-1$，3だ！

答え キク：−1，ケ：3

$y=2x^2$に$x=-1$，3を代入するとそれぞれ，

$$2\cdot(-1)^2=2,\quad 2\cdot 3^2=18$$

となるから，Rの座標は$(-1,\ 2)$，Sの座標は$(3,\ 18)$だね！

$y=x^2+2x+3$について，$y'=2x+2$

だから，点R$(-1,\ 2)$における接線の傾きは，

$$y'=2\cdot(-1)+2=0$$

したがって，点Rにおける接線の方程式は，

$$y-2=0\cdot\{x-(-1)\}$$

すなわち，$y=2$

点S(3, 18)における接線の方程式も同様にすると，傾きは8だから，

$$y-18=8\cdot(x-3)$$

すなわち，$y=8x-6$

**答え　コ：2，サ：8，シ：6**

点Pと点Hの$x$座標はともに$a$だから，

$$\mathrm{P}(a,\ a^2+2a+3),\ \mathrm{H}(a,\ 2a^2)$$

となるね。

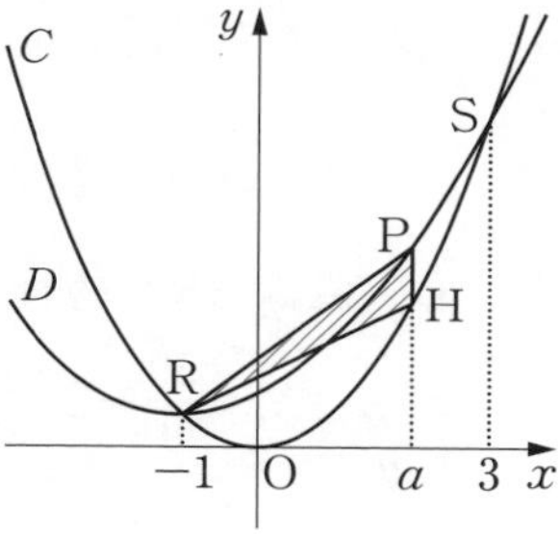


$-1<a<3$のとき，△PHRの面積$S(a)$を求めるよ。

PHを底辺としてみると，

$$\mathrm{PH}=(a^2+2a+3)-2a^2$$
$$=-a^2+2a+3$$

PHはPとHの$y$座標の差だよ。

高さはRとHの$x$座標の差で，

$$a-(-1)=a+1$$

したがって，

$$S(a)=\frac{1}{2}(-a^2+2a+3)(a+1)$$
$$=\frac{1}{2}(-a^3+a^2+5a+3)$$

**答え　ス：2，セ：−，ソ：5，タ：3**

$S(a)$は$a$の3次関数だから，最大値を求めるために微分して増減を求めていくよ。

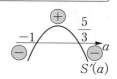




$$S'(a)=\frac{1}{2}(-3a^2+2a+5)=-\frac{1}{2}(a+1)(3a-5)$$

よって，$-1<a<3$ における $S(a)$ の増減表は，右のようになるから，$S(a)$ は $a=\frac{5}{3}$ のとき，最大値をとることがわかるね！

| $a$ | $-1$ | $\cdots$ | $\frac{5}{3}$ | $\cdots$ | $3$ |
|---|---|---|---|---|---|
| $S'(a)$ | | $+$ | $0$ | $-$ | |
| $S(a)$ | | ↗ | 極大 | ↘ | |

**答え** チツ：$\frac{5}{3}$

$a=\frac{5}{3}$ のときの直線HRの方程式を求めて，放物線 $D$ との交点を求めていこう。点Hの座標は $(a,\ 2a^2)$ より，$\left(\frac{5}{3},\ \frac{50}{9}\right)$ で $\mathrm{R}(-1,\ 2)$ だったから，直線HRの方程式は，

$$y-2=\frac{\frac{50}{9}-2}{\frac{5}{3}-(-1)}\{x-(-1)\}$$

$$y-2=\frac{4}{3}(x+1)$$

さらに計算して整理すると，$y=\frac{4}{3}x+\frac{10}{3}$ となるよ。

$y=x^2+2x+3$ と連立をすると，$x^2+2x+3=\frac{4}{3}x+\frac{10}{3}$ より，

$$3x^2+2x-1=0$$

$$(x+1)(3x-1)=0$$

$$x=-1,\ \frac{1}{3}$$

よって，直線HRと放物線 $D$ の交点のうち，Rと異なる点の $x$ 座標は $\frac{1}{3}$ だね。

**答え** テト：$\frac{1}{3}$

求める面積を図示すると右のようになるね！

したがって，斜線部の面積は，

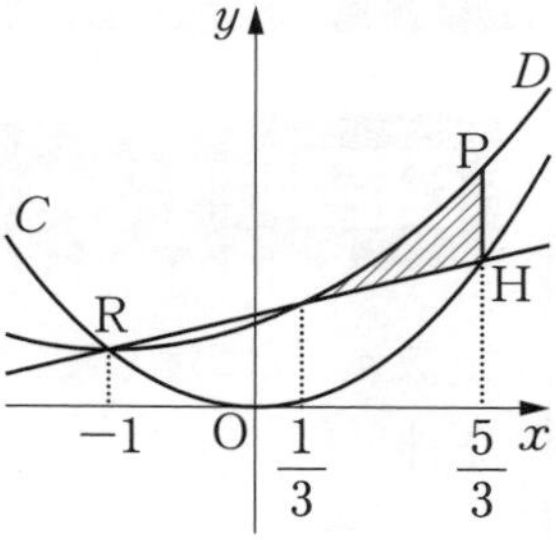


$$\int_{\frac{1}{3}}^{\frac{5}{3}}\left\{x^2+2x+3-\left(\frac{4}{3}x+\frac{10}{3}\right)\right\}dx$$

$$=\int_{\frac{1}{3}}^{\frac{5}{3}}\left(x^2+\frac{2}{3}x-\frac{1}{3}\right)dx$$

$$=\left[\frac{1}{3}x^3+\frac{1}{3}x^2-\frac{1}{3}x\right]_{\frac{1}{3}}^{\frac{5}{3}}$$

$$=\frac{1}{3}\left[x^3+x^2-x\right]_{\frac{1}{3}}^{\frac{5}{3}}$$

$$=\frac{1}{3}\left[\left\{\left(\frac{5}{3}\right)^3+\left(\frac{5}{3}\right)^2-\frac{5}{3}\right\}-\left\{\left(\frac{1}{3}\right)^3+\left(\frac{1}{3}\right)^2-\frac{1}{3}\right\}\right]=\frac{160}{81}$$

**答え** $\dfrac{\text{ナニヌ}}{\text{ネノ}}$ ： $\dfrac{160}{81}$

---

**【別解】** 面積を変形して，$\frac{1}{6}$公式を利用して面積を求める方法もあるよ！

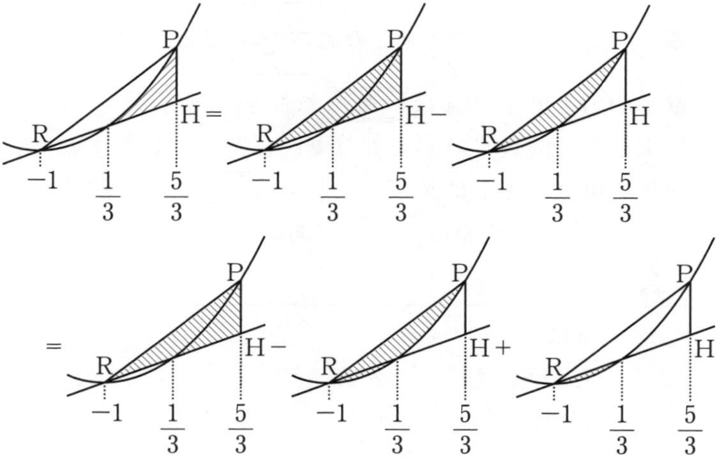


$$=S\left(\frac{5}{3}\right)-\frac{1}{6}\left\{\frac{5}{3}-(-1)\right\}^3+\frac{1}{6}\left\{\frac{1}{3}-(-1)\right\}^3$$

## 4 微分法と積分法の応用

### 過去問にチャレンジ

定数$a$, $b$に対して, $f(x)=2x^3-ax^2+bx$とおく。関数$f(x)$は条件

(★)　$0<x<1$の範囲で極大値と極小値をもつ

を満たすとする。

(1)　このとき, 定数$a$, $b$が満たす条件を求めよう。

- 導関数$f'(x)=\boxed{\text{ア}}x^2-\boxed{\text{イウ}}x+\boxed{\text{エ}}$について, 方程式$f'(x)=0$は$0<x<1$の範囲に二つの異なる解をもつ。したがって, $x$が実数全体を動くときの導関数$f'(x)$の最小値$\boxed{\text{オ}}-\dfrac{a^2}{\boxed{\text{カ}}}$は負である。
- $f'(x)$が最小値をとる$x$の値$\dfrac{\boxed{\text{キ}}}{\boxed{\text{ク}}}$は0と1の間にある。
- $f'(0)$と$f'(1)$の値は$\boxed{\text{ケ}}$である。

以上から, 関数$f(x)$が条件（★）を満たすような点$(a, b)$全体を座標平面上に図示すると, 図$\boxed{\text{コ}}$の斜線部分となり, その部分の面積は$\boxed{\text{サ}}$である。

$\boxed{\text{ケ}}$の解答群

| | |
|---|---|
| ⓪　ともに正 | ①　ともに負 |
| ②　一方が正, もう一方が負 | ③　ともに0 |
| ④　一方が0, もう一方が正 | |
| ⑤　一方が0, もう一方が負 | |

$\boxed{\text{コ}}$ の解答群

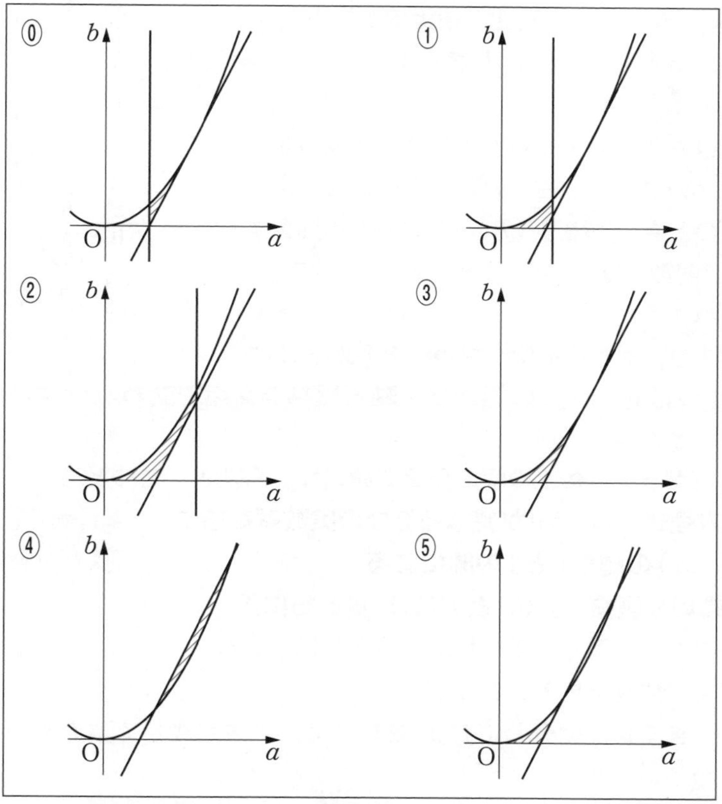


(2) 関数 $f(x)$ が条件（★）を満たすような $a$，$b$ で，ともに整数となるのは $a=\boxed{\text{シ}}$，$b=\boxed{\text{ス}}$ のみである。このとき，関数 $f(x)$ は $x=\dfrac{1}{\boxed{\text{セ}}}-\dfrac{\sqrt{\boxed{\text{ソ}}}}{\boxed{\text{タ}}}$ で極大となる。

$$f(x)=\left(\frac{1}{\boxed{\text{チ}}}x-\frac{1}{6}\right)f'(x)-\frac{1}{3}x+\frac{1}{6}$$

と変形できるので，$f(x)$ の極大値は $\dfrac{\sqrt{\boxed{\text{ツ}}}}{\boxed{\text{テト}}}$ である。

（2005年度センター追試験・改）

まずは，関数$f(x)$が条件

（★）　$0<x<1$の範囲で極大値と極小値をもつ

を満たすとき，$f'(x)$が満たすべき条件を考えてみよう。

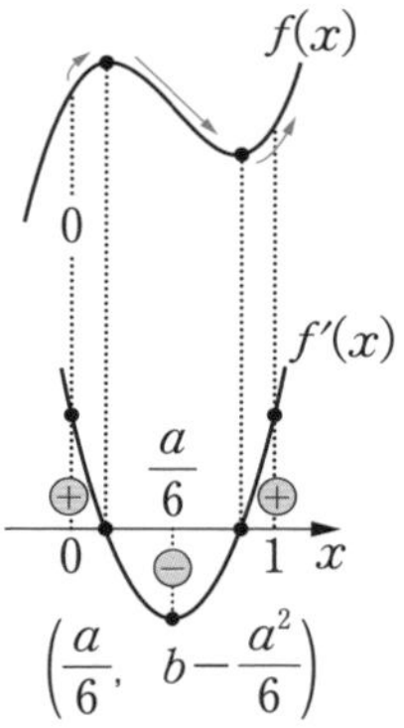


$f(x)$が$0<x<1$の範囲で極大値と極小値をもつときのグラフは右上の図のようになるよ。

このときの，増減（$f'(x)$の符号）に注目すると，2次関数$f'(x)$は右の下のようになることがわかるね。

つまり，3次関数$f(x)$が（★）を満たすには，

**$f'(x)$は$0<x<1$の範囲で$x$軸と異なる2点で交わればよい**ということだね！

したがって，数Ⅰの解の配置問題になるんだ！　このとき，

・**方程式$f'(x)=0$が異なる2つの実数解をもつ**

・**$f'(x)$の軸が0と1の間にある**

・**端の$y$座標（$f'(0)$と$f'(1)$）がともに正**

判別式$D>0$　または
（頂点の$y$座標）$<0$

のすべてを満たしていればよいことになるね。

さぁ，問題を見ていこう！

(1)　まずは，微分して$f'(x)$を求めて，平方完成して頂点と軸を求めていこう。

$$\begin{aligned} f'(x)&=6x^2-2ax+b \\ &=6\left(x-\frac{a}{6}\right)^2+b-\frac{a^2}{6} \end{aligned}$$

**答え**　**ア：6，イウ：$2a$，エ：$b$**

$x$が実数全体を動くときの導関数$f'(x)$の最小値は$b-\dfrac{a^2}{6}$だね。

**答え**　**オ：$b$，カ：6**

方程式$f'(x)=0$が異なる2つの実数解をもつ条件は**(頂点の$y$座標)<0**だから

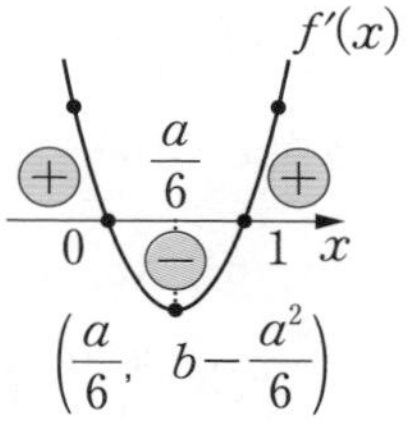


$$b-\frac{a^2}{6}<0 \quad \text{ゆえに,}\ b<\frac{a^2}{6} \quad \cdots\cdots①$$

次に，**$f'(x)$が最小値をとる$x$の値$\frac{a}{6}$ $\left(\text{軸の方程式}x=\frac{a}{6}\right)$ は0と1の間にある**から，

$$0<\frac{a}{6}<1 \quad \text{ゆえに,}\ 0<a<6 \quad \cdots\cdots②$$

**答え** キ/ク：$\frac{a}{6}$

最後に，**$f'(0)$と$f'(1)$の値はともに正**だから，

$$f'(0)=b>0 \quad \cdots\cdots③$$
$$f'(1)=6-2a+b>0$$

よって，$b>2a-6$ ……④

**答え** ケ：⓪

$$\begin{cases} b<\frac{a^2}{6} & \cdots\cdots① \\ 0<a<6 & \cdots\cdots② \\ b>0 & \cdots\cdots③ \\ b>2a-6 & \cdots\cdots④ \end{cases}$$

を図示していくよ！

そのために，$b=\frac{a^2}{6}$と$b=2a-6$のグラフの共有点を調べると，$\frac{a^2}{6}=2a-6$より，$(a-6)^2=0$

したがって，$a=6$，$b=6$となるから，①と④のグラフは点$(6,\ 6)$で接することわかるね！

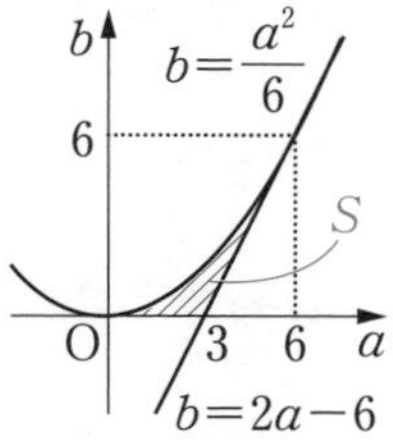


①から④のすべての条件を図示すると右図（境界線は含まない）のようになるから，③が答えだね。

**答え** コ：③

この斜線部分の面積を$S$とすると，

$a$軸と$b=\dfrac{a^2}{6}$と$a=6$で囲まれた面積から

(6，6)，(3，0)，(6，0)を結んだ三角形の面積を引けばいいから，

$$S=\int_0^6\frac{a^2}{6}da-\frac{1}{2}\cdot(6-3)\cdot 6=\frac{1}{6}\left[\frac{a^3}{3}\right]_0^6-9=12-9=3$$

**答え　サ：3**

---

**【別解】**

別冊にある$\dfrac{|a|}{3}$公式を利用する方法があるよ！

$S$は$b=\dfrac{a^2}{6}$と$b=\dfrac{a^2}{6}$の接線$b=0$，$b=2a-6$で囲まれた面積だから，$\dfrac{|a|}{3}$公式を利用すると，

$$S=\frac{\left|\frac{1}{6}\right|}{3}(3-0)^3+\frac{\left|\frac{1}{6}\right|}{3}(6-3)^3=\frac{3}{2}+\frac{3}{2}=3$$

(2)　図から，$a=1$，2，3，4，5のときの$b$の範囲を調べればいいね！

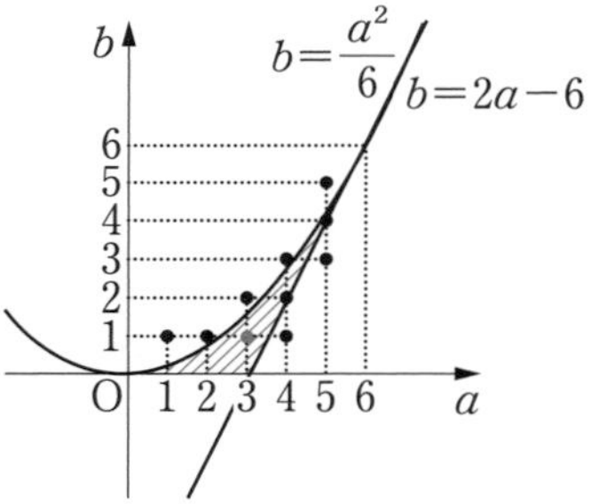


$a=1$のとき，①，③，④から，

$$0<b<\frac{1}{6}$$

これを満たす整数$b$は存在しないね。

以下同様に，

$a=2$のとき，$0<b<\dfrac{2}{3}$

$a=3$のとき，$0<b<\dfrac{3}{2}$　このとき，$b=1$はこの条件を満たす。

$a=4$のとき，$2<b<\dfrac{8}{3}$

$a=5$のとき，$4<b<\dfrac{25}{6}$

以上から，$a=3$，$b=1$のみが条件を満たすんだ！

**答え　シ：3，ス：1**

このとき，$f(x)=2x^3-3x^2+x$，$f'(x)=6x^2-6x+1$

$f'(x)=0$とすると，$x=\dfrac{3\pm\sqrt{3}}{6}=\dfrac{1}{2}\pm\dfrac{\sqrt{3}}{6}$

右図より，$f'(x)$の符号は$x=\dfrac{1}{2}-\dfrac{\sqrt{3}}{6}$の前後で正から負に変わるから，$f(x)$は$x=\dfrac{1}{2}-\dfrac{\sqrt{3}}{6}$で極大となるね！

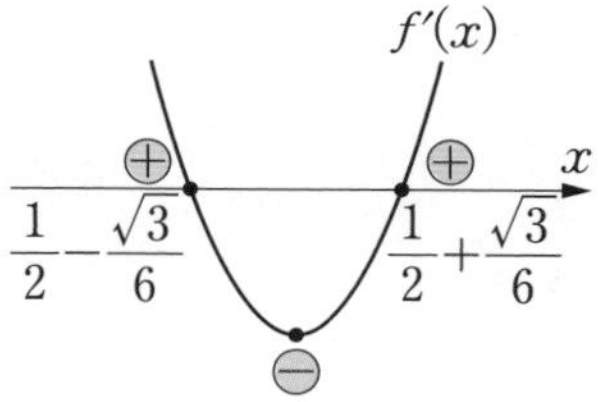


**答え** **セ**：2，$\dfrac{\sqrt{\textbf{ソ}}}{\textbf{タ}}$：$\dfrac{\sqrt{3}}{6}$

最後に極大値を求めていくよ。

$x$の値を直接代入して計算で求めるのは大変そうです。

そこで，$f'\left(\dfrac{1}{2}-\dfrac{\sqrt{3}}{6}\right)=0$を利用するよ！

$f(x)$を$f'(x)$で割ることで，問題文のように

$$f(x)=\underbrace{\left(\frac{1}{\boxed{\text{チ}}}x-\frac{1}{6}\right)}_{\text{商}}f'(x)\underbrace{-\frac{1}{3}x+\frac{1}{6}}_{\text{余り}}$$

の形に変形できるから，ここに$x=\dfrac{1}{2}-\dfrac{\sqrt{3}}{6}$を代入すれば

**$f'\left(\dfrac{1}{2}-\dfrac{\sqrt{3}}{6}\right)=0$より商がある部分は消えて，余りの部分にのみ代入すればいい**ことになるね！

実際に，$f(x)$ を $f'(x)$ で割ると，商が $\dfrac{1}{3}x-\dfrac{1}{6}$，余りが $-\dfrac{1}{3}x+\dfrac{1}{6}$ となるから，

$$f(x)=\left(\frac{1}{3}x-\frac{1}{6}\right)f'(x)-\frac{1}{3}x+\frac{1}{6}$$

答え チ：3

$$
\begin{array}{r@{\,}l}
 & \frac{1}{3}x-\frac{1}{6} \\ \cline{2-2}
6x^2-6x+1 \big) & 2x^3-3x^2+\phantom{\frac{1}{3}}x \\
 & 2x^3-2x^2+\frac{1}{3}x \\ \cline{2-2}
 & \phantom{2x^3}-\phantom{2}x^2+\frac{2}{3}x \\
 & \phantom{2x^3}-\phantom{2}x^2+\phantom{\frac{2}{3}}x-\frac{1}{6} \\ \cline{2-2}
 & \phantom{2x^3-2x^2}-\frac{1}{3}x+\frac{1}{6}
\end{array}
$$

$x=\dfrac{1}{2}-\dfrac{\sqrt{3}}{6}$ を代入すると，

$f'\left(\dfrac{1}{2}-\dfrac{\sqrt{3}}{6}\right)=0$ であるから

$$f\left(\frac{1}{2}-\frac{\sqrt{3}}{6}\right)=0-\frac{1}{3}\left(\frac{1}{2}-\frac{\sqrt{3}}{6}\right)+\frac{1}{6}=\frac{\sqrt{3}}{18}$$

よって，$f(x)$ の極大値は $\dfrac{\sqrt{3}}{18}$

答え $\dfrac{\sqrt{ツ}}{テト}$：$\dfrac{\sqrt{3}}{18}$

# SECTION 5

## 数列

### THEME

1　基本事項の確認
2　数列の和
3　漸化式
4　総合問題

# SECTION5で学ぶこと

「数列」は，**他の単元と絡んだ問題の出ない独立した単元**。数学Ⅱ・B・Cに超苦手意識があって，「とにかく点数を上げたい」という場合，ここから潰していく考え方もアリ。勉強した分が点数に繋がりやすく，努力の効果を実感しやすいので，コスパが高い単元なのだ。問題のバリエーションも多くないので，ぜひ得意単元にしてしまおう。

## ここが問われる! 答えを解答欄に合わせた形で書くことに慣れよう！

数列の問題で基本パターンと言えば，**数列の和から一般項を求める**という形式。解き方をマスターすること自体は，決して難しいことではないが，共通テストの場合，マークシートの空欄に合わせた形に式を変形することにも慣れておく必要がある。数列の和や一般項などには，さまざまな表し方があって，どれも数学的には正解なのだが，マークシートに当てはまる形に変形できなければ，共通テスト的な「正解」にはならない。答えが出せるだけでなく，**解答欄に合わせて式を変形する練習**もしておこう。

## ここが問われる! 誘導による「縛られた式変形」の処理に慣れよう！

これも共通テストならではの対策になるが，**問題の誘導に従って式を変形していくやり方**に慣れておこう。式を変形した結果を答えさせる問題も多いけど，「何をしたくてこの変形をしているのか？」を見失うと，先に進めなくなってしまう。記述式の問題なら正解できる難易度なのに共通テストで失点してしまう人は，普段とは異なる「縛られた式変形」の処理に慣れておこう。



## ここが問われる！ 漸化式のパターンは絶対に解けるようにしておくこと！

数列の大問には**漸化式がほぼ確実に出題される**ので，基本パターンは絶対に解けるようにしておくこと！　漸化式から一般的な項を推測して，数学的帰納法で証明するというような問題もあるよ。「規則がつかめない」「手がかりが見えない」「何をしたらよいかわからない」というときは，考えるよりも手を動かそう。$n=1$，$n=2$，$n=3$とか，いろんな値を代入してみると糸口が見えてくることがある。とにかく手を止めて考え込むことのないように。

確実に得点するには，答えが出たら$n$や$k$に具体的な数を代入して検算するクセを付けておくのも効果的だ。数列の単元は，検算で答えが確かめやすいのも特徴。時短の技として計算を早くするコツや共通テストで使える数列のテクニックも紹介しているので，合わせ技で活用してほしい。ただし，「なぜその処理でOKか」は，必ず理解して使うようにしよう。

**よく考えれば「定番」でも，受験生には「見慣れない」という形の問題も出ることはある。ただ，慌てることはない。誘導をしっかり読めば，何がしたいのかは，必ず読み取れるよ。**

THEME 1

# 基本事項の確認

ここで 𝐝きめる!

- 等差数列，等比数列，階差数列の一般項や和を求めよう。
- 漸化式から一般項が求められるようになろう。

## 1 等差・等比数列の基本

### 過去問にチャレンジ

第4項が30，初項から第8項までの和が288である等差数列を$\{a_n\}$とし，$\{a_n\}$の初項から第$n$項までの和を$S_n$とする。
また，第2項が36，初項から第3項までの和が156である等比数列で公比が1より大きいものを$\{b_n\}$とし，$\{b_n\}$の初項から第$n$項までの和を$T_n$とする。

(1) $\{a_n\}$の初項は アイ，公差は ウエ であり
$S_n=$ オ $n^2-$ カキ $n$である。

(2) $\{b_n\}$の初項は クケ，公比は コ であり
$T_n=$ サ ( シ $^n-$ ス )である。

(2018年度センター本試験)

数列の基本となる**等差数列**，**等比数列**について確認しておこう！

(1) $\{a_n\}$の初項を$a$，公差を$d$，その和を$S_n$とすると，

$$a_n=a+d(n-1),\quad S_n=\frac{1}{2}n(a_1+a_n)=\frac{1}{2}n\{2a+(n-1)d\}$$

だったね。$a_4=30$より，$a+3d=30$ ……①

また，$a_8=a+7d$であり，初項から第8項までの和が288だから，

$$\frac{1}{2}\cdot 8\cdot(a_1+a_8)=288$$

$4(2a+7d)=288$

$2a+7d=72$ ……②

①，②より，$a=-6$，$d=12$ が得られるから，

**$\{a_n\}$ の初項は $-6$，公差は 12** だね！

答え アイ：$-6$，ウエ：12

また，初項から第 $n$ 項までの和 $S_n$ は，

$$S_n=\frac{1}{2}n\{2\cdot(-6)+(n-1)\cdot 12\}=6n^2-12n$$

答え オ：6，カキ：12

(2) $\{b_n\}$ の初項を $b$，公比を $r$，その和を $T_n$ とすると，

$$b_n=b\cdot r^{n-1}$$

$$T_n=\frac{b(r^n-1)}{r-1}\ (r\neq 1)$$

だったね。$b_2=36$ より，$br=36$ ……③

また，初項から第3項までの和が156だから，

$b+br+br^2=156$

$b(1+r+r^2)=156$ ……④

項の数が少ないときは書き出すと早い

③，④を解いて $b$，$r$ を求めよう！

③の式を見ると，$br$ というカタマリがあるわけだから，④の両辺を $r$ 倍してみよう。

$br(1+r+r^2)=156r$

この式に③を代入すれば，$r$ だけの方程式が作れるね！

$36(1+r+r^2)=156r$

$3r^2-10r+3=0$ ◀ 両辺を12で割ってから整理した

$(3r-1)(r-3)=0$

が成り立ち，$r=\frac{1}{3}$，3が得られるよ。$r>1$ より，$r=3$ だね！

また，③より，$b=\frac{36}{r}=\frac{36}{3}=12$ だね。

したがって，**$\{b_n\}$ の初項は 12，公比は 3** だ！

答え クケ：12，コ：3

最後に初項から第$n$項までの和$T_n$を求めよう。

**等比数列の和の公式**から，

$$T_n=\frac{12(3^n-1)}{3-1}=6(3^n-1)$$

答え　サ：6，シ：3，ス：1

## 2　階差数列

### 過去問にチャレンジ

初項が3，公比が4の等比数列の初項から第$n$項までの和を$S_n$とする。また，数列$\{T_n\}$は，初項が$-1$であり，$\{T_n\}$の階差数列が数列$\{S_n\}$であるような数列とする。

(1)　$S_2=$ [アイ]，$T_2=$ [ウ] である。

(2)　$\{S_n\}$と$\{T_n\}$の一般項は，それぞれ

$$S_n=\boxed{エ}^{\boxed{オ}}-\boxed{カ}$$

$$T_n=\frac{\boxed{キ}^{\boxed{ク}}}{\boxed{ケ}}-n-\frac{\boxed{コ}}{\boxed{サ}}$$

である。

[オ]，[ク] の解答群（同じものを繰り返し選んでもよい。）

| | | | | |
|---|---|---|---|---|
| ⓪　$n-1$ | ①　$n$ | ②　$n+1$ | ③　$n+2$ | ④　$n+3$ |

（2019年度センター本試験・略）

**階差数列**について基本的な内容を確認していくよ！

(1)　まずは$S_2$からだ。**初項が3，公比が4の等比数列**で，初項と第2項を足せばよいから，

$$S_2=3+3\cdot4=15$$

答え　アイ：15

$\{T_n\}$の階差数列が$\{S_n\}$であるから，

$$T_2=T_1+S_1=-1+3=2$$

答え　ウ：2

(2)　$S_n$は**等比数列の和の公式**で求められるね。

$$S_n=\frac{3(4^n-1)}{4-1}=4^n-1$$

**答え**　エ：4，オ：①，カ：1

よって，$n \geqq 2$のとき，

$$T_n=T_1+\sum_{k=1}^{n-1}S_k=-1+\sum_{k=1}^{n-1}(4^k-1)$$

$$=-1+\frac{4(4^{n-1}-1)}{4-1}-(n-1)=-1+\frac{1}{3}(4^n-4)-n+1$$

$$=\frac{4^n}{3}-n-\frac{4}{3}$$

初項$T_1$は$T_1=-1$だから，これは$n=1$のときにも成り立つね。

本来であればこの確認は重要だよ。

本来であれば？

1秒でも節約したい場合は，解答欄を見て「あ，$n=1$のときは考えなくていいな」と判断するのも手だよ。

したがって，$T_n=\dfrac{4^n}{3}-n-\dfrac{4}{3}$

**答え**　キ：4，ク：①，ケ：3，$\dfrac{\text{コ}}{\text{サ}}$：$\dfrac{4}{3}$

## 3　基本的な漸化式

**対策問題にチャレンジ**

(1)　数列$\{a_n\}$が関係式

$$a_{n+1}=a_n+4,\quad a_1=7$$

を満たしているとき，$a_n=\boxed{\text{ア}}\,n+\boxed{\text{イ}}$ である。

(2)　数列 $\{b_n\}$ が関係式

$$b_1=2,\quad b_{n+1}=4b_n$$

を満たしているとき，$b_n=2^{\boxed{\text{ウ}}}$ である。

$\boxed{\text{ウ}}$ の解答群

| | | |
|---|---|---|
| ⓪　$n-1$ | ①　$n$ | ②　$n+1$ |
| ③　$2n-1$ | ④　$2n$ | ⑤　$2n+1$ |

(3)　数列 $\{c_n\}$ が関係式

$$c_1=2,\quad c_{n+1}=c_n+3^n$$

を満たしているとき，$c_n=\dfrac{\boxed{\text{エ}}^{\,n}+1}{\boxed{\text{オ}}}$

(4)　数列 $\{d_n\}$ が関係式

$$d_{n+1}=4d_n-6,\quad d_1=7$$

を満たすとき，一般項 $d_n$ を求めよう。

$$d_{n+1}-\boxed{\text{カ}}=\boxed{\text{キ}}\left(d_n-\boxed{\text{カ}}\right)$$

と変形できるから，数列 $\{d_n-\boxed{\text{カ}}\}$ は初項が $d_1-\boxed{\text{カ}}$，公比が $\boxed{\text{キ}}$ の等比数列である。

したがって，$d_n=\boxed{\text{ク}}\cdot\boxed{\text{ケ}}^{\,n-1}+\boxed{\text{コ}}$

（オリジナル）

基本的な**漸化式**について確認をしていこう！

(1)　$a_{n+1}=a_n+4$，第 $n$ 項に定数4を加えたら次の第 $n+1$ 項になるから，**数列 $\{a_n\}$ は公差が4の等差数列**だね。初項は $a_1=7$ だから，

$$a_n=7+4(n-1)=4n+3$$

**答え　ア：4，イ：3**

(2)　$a_{n+1}=4a_n$ より，第 $n$ 項に定数4を掛けたら次の第 $n+1$ 項になるから，**数列 $\{b_n\}$ は公比が4の等比数列**だね。

初項は $b_1=2$ だから，

$$b_n=2\cdot4^{n-1}=2\cdot(2^2)^{n-1}=2^1\cdot2^{2n-2}=2^{2n-1}$$

**答え　ウ：③**

(3)　$c_{n+1}=c_n+3^n$ より，第 $n$ 項に $3^n$($n$ の式) を加えたら，第 $n+1$ 項になっているから，加えていく数の列が数列 $\{3^n\}$ になっているね。つまり，**数列 $\{c_n\}$ の階差数列が $\{3^n\}$** ということだね。

$$c_1,\ c_2,\ c_3,\ \cdots\cdots,\ c_n,\ c_{n+1}$$
$$+3^1\quad +3^2\quad +3^3\qquad +3^{n-1}\quad +3^n$$

したがって，$n \geqq 2$ のとき，

$$c_n=c_1+\sum_{k=1}^{n-1}3^k$$
$$=2+\frac{3(3^{n-1}-1)}{3-1}$$
$$=\frac{4}{2}+\frac{3^n-3}{2}$$
$$=\frac{3^n+1}{2}$$

これは $n=1$ のときも満たすから，一般項は $c_n=\dfrac{3^n+1}{2}$ となるよ。

**答え　エ：3，オ：2**

(4)　基本的な漸化式なんだけど，ちゃんと解けたかな？　いくつかの解き方があるんだけど，よく知られた方法を紹介するね。

$$\begin{array}{rl} d_{n+1} & =4d_n-6 \\ -\qquad \alpha & =4\alpha-6 \\ \hline d_{n+1}-\alpha & =4(d_n-\alpha) \end{array}$$

$\alpha=4\alpha-6$ を解くと $\alpha=2$ だから，

$$d_{n+1}-2=4(d_n-2)$$

**答え　カ：2，キ：4**

数列 $\{d_n-2\}$ は**初項が $d_1-2=5$，公比が 4 の等比数列**だから，

$$d_n-2=5\cdot 4^{n-1}$$

したがって，$d_n=5\cdot 4^{n-1}+2$ として一般項が得られるね！

**答え　ク：5，ケ：4，コ：2**

THEME 2

# 数列の和

ここできめる!

- 数列の和から一般項を求められるようになろう。
- 群数列の問題に慣れよう。
- 部分分数分解を利用して和を求められるようになろう。

## 1 数列の和から一般項を求める

**過去問にチャレンジ**

自然数$n$に対して，$S_n=5^n-1$とする。さらに，数列$\{a_n\}$の初項から第$n$項までの和が$S_n$であるとする。このとき，

$a_1=\boxed{\text{ア}}$である。また，$n\geqq 2$のとき

$$a_n=\boxed{\text{イ}}\cdot\boxed{\text{ウ}}^{\,n-1}$$

である。この式は$n=1$のときにも成り立つ。

上で求めたことから，すべての自然数$n$に対して

$$\sum_{k=1}^{n}\frac{1}{a_k}=\frac{\boxed{\text{エ}}}{\boxed{\text{オカ}}}\left(1-\boxed{\text{キ}}^{\,-n}\right)$$

が成り立つことがわかる。

（2021年度共通テスト本試験（第2日程））

数列の和が与えられたときに，元の数列の一般項を求める問題だ！解くのに必要な考え方をまとめておくよ。

**数列の和から一般項を求める**

数列$\{a_n\}$の初項から第$n$項までの和を$S_n$とおく。つまり

$$S_n=a_1+a_2+\cdots+a_n$$

このとき，

[1]　$a_1=S_1$

[2]　**$n\geqq2$のとき，$a_n=S_n-S_{n-1}$**

[1]は数列**$\{S_n\}$の初項は数列$\{a_n\}$の第1項までの和**という当たり前の式だ。

$$\begin{array}{rl} S_n= & a_1+a_2+\cdots+a_{n-1}+a_n \\ -)\ S_{n-1}= & a_1+a_2+\cdots+a_{n-1} \\ \hline S_n-S_{n-1}= & \text{―消える―}\quad a_n \end{array}$$

[2]は$\{a_n\}$の第$n$項$a_n$を求めたかったら，**第$n$項までの和から，第$n-1$項までの和を消せばいい**ということだよ。

$S_{n-1}$は$n-1$番目までの和だから$n\geqq2$でしか成り立たない式だね。

さて，$S_n=5^n-1$のときの数列$\{a_n\}$の一般項を求めていこう！

$n=1$のとき，$a_1=S_1=5^1-1=4$

**答え　ア：4**

$n\geqq2$のとき，
$$\begin{aligned} a_n&=S_n-S_{n-1}\\ &=(5^n-1)-(5^{n-1}-1)\\ &=5\cdot5^{n-1}-5^{n-1} \quad \text{◀ } 5^n=5\cdot5^{n-1}\text{としてるよ}\\ &=4\cdot5^{n-1} \end{aligned}$$

$4\cdot5^{n-1}$に$n=1$を代入すると，$4\cdot5^0=4=a_1$だから$n=1$のときも成り立つね。

**答え　イ：4，ウ：5**

$a_n=4\cdot5^{n-1}$だから，

$$\sum_{k=1}^{n}\frac{1}{a_k}=\sum_{k=1}^{n}\frac{1}{4\cdot5^{k-1}}=\sum_{k=1}^{n}\frac{1}{4}\cdot\left(\frac{1}{5}\right)^{k-1}$$

となるね。$\sum_{k=1}^{n}\frac{1}{4}\cdot\left(\frac{1}{5}\right)^{k-1}$ は**初項$\frac{1}{4}$，公比$\frac{1}{5}$の等比数列の和**だから，

$$\sum_{k=1}^{n}\frac{1}{a_k}=\frac{\frac{1}{4}\left\{1-\left(\frac{1}{5}\right)^n\right\}}{1-\frac{1}{5}}\begin{matrix}\times 20\\ \\ \times 20\end{matrix}$$

分母分子に20を掛けて
分数の分数を解消するよ

$$=\frac{5(1-5^{-n})}{16}$$

**答え** $\frac{\boxed{エ}}{\boxed{オカ}}$：$\frac{5}{16}$，$\boxed{キ}$：5



## 2 群数列

**過去問にチャレンジ**

自然数の列1，2，3，4，……を，次のように群に分ける。

1|2，3，4，5|6，7，8，9，10，11，12|……
第1群　第2群　　　　　第3群

ここで，一般に第$n$群は$(3n-2)$個の項からなるものとする。第$n$群の最後の項を$a_n$で表す。

(1)　$a_1=1$，$a_2=5$，$a_3=12$，$a_4=\boxed{アイ}$である。
$a_n-a_{n-1}=\boxed{ウ}\,n-\boxed{エ}$　$(n=2,\ 3,\ 4,\ \cdots)$が成り立ち，
$a_n=\frac{\boxed{オ}}{\boxed{カ}}n^{\boxed{キ}}-\frac{\boxed{ク}}{\boxed{ケ}}n$　$(n=1,\ 2,\ 3,\ \cdots)$である。よって，第12群の20番目の項は$\boxed{コサシ}$であり，また600は，第$\boxed{スセ}$群の小さい方から$\boxed{ソタ}$番目の項である。

(2)　$n=1$，2，3，……に対し，第$(n+1)$群の小さい方から$2n$番目の項を$b_n$で表すと$b_n=\frac{\boxed{チ}}{\boxed{ツ}}n^{\boxed{テ}}+\frac{\boxed{ト}}{\boxed{ナ}}n$であり，

$\frac{1}{b_n}=\frac{\boxed{ニ}}{\boxed{ヌ}}\left(\frac{1}{n}-\frac{1}{n+\boxed{ネ}}\right)$が成り立つ。

これより，$\sum_{k=1}^{n}\frac{1}{b_k}=\frac{\boxed{\text{ノ}}\,n}{\boxed{\text{ハ}}\,n+\boxed{\text{ヒ}}}$　$(n=1,\ 2,\ 3,\ \cdots\cdots)$

となる。

（2010年度センター本試験・改）

(1)　元の数列は自然数を並べたものであり

$a_4$は第4群の末項だから，$a_3$に第4群の項数を足せば$a_4$が求められるね！

第4群

$a_3|$ ○，○，…，$a_4|$

＋(第4群の項数)

第4群は$3\cdot4-2=10$（個）の項からなるので，

$$a_4=a_3+10=12+10=22$$

答え　アイ：22

$a_n$についても同じように考えれば，

$a_{n-1}$に第$n$群の項数$3n-2$を足せば$a_n$が求められるから，

第$n$群

$a_{n-1}|$ ○，○，…，$a_n|$

＋(第$n$群の項数)

$$a_n=a_{n-1}+(3n-2)$$

$$a_n-a_{n-1}=3n-2\quad(n=2,\ 3,\ 4,\ \cdots\cdots)$$

答え　ウ：3，エ：2

これは$a_n$と$a_{n-1}$の関係式（漸化式）だね。

$a_n$と$a_{n-1}$の関係式よりは$a_n$と$a_{n+1}$の関係式の方が見慣れてるから$n$を$n+1$に変えてみよう！（$n$に$n+1$を代入したような形）

$$a_{n+1}-a_n=3(n+1)-2=3n+1\quad(n=1,\ 2,\ 3,\ \cdots\cdots)$$

これは，数列$\{a_n\}$の**階差数列が$\{3n+1\}$**ということだから，

$n\geqq2$のとき，

$$a_n=a_1+\sum_{k=1}^{n-1}(3k+1)$$

ここで，$\sum_{k=1}^{n-1}(3k+1)=4+7+10+\cdots+\{3(n-1)+1\}$だから，

**初項4，末項$3(n-1)+1$，項数$n-1$の等差数列の和**だね。よって，

$$a_n=a_1+\frac{(n-1)\{4+(3n-2)\}}{2}=1+\frac{3n^2-n-2}{2}=\frac{3}{2}n^2-\frac{1}{2}n$$

$\sum_{k=1}^{n-1}(3k+1)$ を計算して求めてもいいよ！

$=3\sum_{k=1}^{n-1}k+\sum_{k=1}^{n-1}1$

$=3\cdot\frac{1}{2}(n-1)n+(n-1)$

ですね！

初項は $a_1=1$ だから，この式は $n=1$ のときにも成り立つね。

よって，$a_n=\frac{3}{2}n^2-\frac{1}{2}n$

**答え** $\frac{\text{オ}}{\text{カ}}:\frac{3}{2}$，キ：2，$\frac{\text{ク}}{\text{ケ}}:\frac{1}{2}$

---

**【別解】**

$a_n$ は次のように求めてもいいよ。

$a_n$ は第 $n$ 群の末項で，元の数列は自然数を並べたものだから，

$a_n$ は**第1群から第 $n$ 群までの項数の和**だね。

したがって，

$$a_n=\sum_{k=1}^{n}(3k-2)=\frac{n\{1+(3n-2)\}}{2}$$

初項1，末項 $3n-2$，項数 $n$ の和

$$=\frac{3n^2-n}{2}=\frac{3}{2}n^2-\frac{1}{2}n$$

第12群の20番目は第11群の末項に20を足せばいいから，

$$a_{11}+20$$

$$=\left(\frac{3}{2}\cdot 11^2-\frac{11}{2}\right)+20=196$$

第11群　　第12群

$\cdots a_{11}|$ ○，○，…，●，…，$a_{12}|$

20番目

20項

**答え** コサシ：196

600が第何群の何番目にあるかを求めていくよ。

まずは，第何群にあるかを定めるよ！

600が第 $m$ 群にあったとすると，

$$a_{m-1}<600\leqq a_m$$

第 $m-1$ 群　　第 $m$ 群

$a_{m-1}|$ ○，○，…，600，…，$a_m|$

ここで，$a_n=\dfrac{3}{2}n^2-\dfrac{1}{2}n=\dfrac{3}{2}n\left(n-\dfrac{1}{3}\right)$ だから，

$$\frac{3}{2}(m-1)\left(m-\frac{4}{3}\right)<600\leqq\frac{3}{2}m\left(m-\frac{1}{3}\right)$$

これは $m$ の2次不等式だけど，数列のこうした問題では大体の数を考えて求めていくことが多いんだ！

全辺に $\dfrac{2}{3}$ を掛けると，

$$(m-1)\left(m-\frac{4}{3}\right)<400\leqq m\left(m-\frac{1}{3}\right)$$

右辺の $m\left(m-\dfrac{1}{3}\right)$ において $-\dfrac{1}{3}$ は誤差みたいなものだからほぼ $m^2$ と同じだね。ほぼ2乗で400に近くなる数は20だから，$a_{20}$ の周辺を調べてみるよ！

まずは，$a_{20}=590$ で600より少し小さい。

$a_{21}$ を調べると，$a_{21}=651$

したがって，

$a_{m-1}<600\leqq a_m$ を満たす

$m$ は $m=21$ だ！

第20群　　第21群

$\cdots590\,|\,\underbrace{591,\ 592,\ \cdots,\ 600}_{600-590=10\text{項}},\ \cdots,\ 651\,|$

第20群の末項 $a_{20}$ が $a_{20}=590$ だから，$600-590=10$ より，

600は第21群の10番目の項だとわかるね。

**答え　スセ：21，ソタ：10**

(2)　$b_n$ は **コサシ** と同じように求めていくよ。第 $(n+1)$ 群の小さい方から $2n$ 番目の項は，$a_n$ に $2n$ を足せばいいから，

$$b_n=a_n+2n=\frac{3}{2}n^2-\frac{1}{2}n+2n=\frac{3}{2}n^2+\frac{3}{2}n$$

**答え　$\dfrac{\text{チ}}{\text{ツ}}$：$\dfrac{3}{2}$，テ：2，$\dfrac{\text{ト}}{\text{ナ}}$：$\dfrac{3}{2}$**

$b_n=\dfrac{3}{2}n^2+\dfrac{3}{2}n=\dfrac{3}{2}n(n+1)$ より，

$$\frac{1}{b_n}=\frac{1}{\frac{3}{2}n(n+1)}=\frac{2}{3}\cdot\frac{1}{n(n+1)}$$

次は，多項式の積の逆数を差の形に直す変形をしていくよ！
この変形を**部分分数分解**というんだ。やり方を確認しよう。

**部分分数分解**

部分分数分解は，次の3STEPで行うのがオススメだよ！

$\left(\text{例}\ \dfrac{1}{(n+1)(n+3)}\right)$

**ステップ1** 分子に **(分母の大きい因数)−(分母の小さい因数)** を作る。

大　小

$$\frac{(n+3)-(n+1)}{(n+1)(n+3)}$$

**ステップ2** **STEP1の分子の逆数をかけて**つじつまを合わせる。

$$\frac{1}{(n+1)(n+3)}=\frac{(n+3)-(n+1)}{(n+1)(n+3)}\times\frac{1}{2}$$

分子を計算すると2だから消すように$\dfrac{1}{2}$をかける

**ステップ3** **分母の分配をして約分**をする。

$$\frac{1}{(n+1)(n+3)}=\frac{(n+3)-(n+1)}{(n+1)(n+3)}\times\frac{1}{2}$$

$$=\frac{1}{2}\left\{\frac{n+3}{(n+1)(n+3)}-\frac{n+1}{(n+1)(n+3)}\right\}$$

$$=\frac{1}{2}\left(\frac{1}{n+1}-\frac{1}{n+3}\right)$$

$\dfrac{b-c}{a}=\dfrac{b}{a}-\dfrac{c}{a}$

$$\frac{1}{b_n}=\frac{2}{3}\cdot\frac{(n+1)-n}{n(n+1)}$$

$$=\frac{2}{3}\left\{\frac{n+1}{n(n+1)}-\frac{n}{n(n+1)}\right\}=\frac{2}{3}\left(\frac{1}{n}-\frac{1}{n+1}\right)$$

**答え** **ニ/ヌ**：$\dfrac{2}{3}$，**ネ**：1

最後に $\displaystyle\sum_{k=1}^{n}\frac{1}{b_k}=\sum_{k=1}^{n}\frac{2}{3}\left(\frac{1}{k}-\frac{1}{k+1}\right)$ を計算していくことになるよ。

$\sum_{k=1}^{n}\frac{1}{k}$ を $\frac{1}{\sum_{k=1}^{n}k}$ としないように注意しよう。

このような**Σの公式の使えない差の形の和は，書き出して消していく**ことで求めるんだ。

$$\sum_{k=1}^{n}\frac{1}{b_k}=\sum_{k=1}^{n}\frac{2}{3}\left(\frac{1}{k}-\frac{1}{k+1}\right)$$
$$=\frac{2}{3}\left\{\left(\frac{1}{1}-\frac{1}{2}\right)+\left(\frac{1}{2}-\frac{1}{3}\right)+\cdots\cdots+\left(\frac{1}{n}-\frac{1}{n+1}\right)\right\}$$
$$=\frac{2}{3}\left(1-\frac{1}{n+1}\right)=\frac{2}{3}\cdot\frac{n}{n+1}$$
$$=\frac{2n}{3n+3}$$

**答え** ノ：2，ハ：3，ヒ：3

## 3　数列の和と大小関係

**過去問にチャレンジ**

数列 $\{a_n\}$ は，初項が1で

$a_{n+1}=a_n+4n+2$　$(n=1,\ 2,\ 3,\ \cdots)$

を満たすとする。また，数列 $\{b_n\}$ は，初項が1で

$b_{n+1}=b_n+4n+2+2\cdot(-1)^n$　$(n=1,\ 2,\ 3,\ \cdots)$

を満たすとする。さらに，$S_n=\sum_{k=1}^{n}a_k$ とおく。

(1)　$a_2=$ ア であるまた，階差数列を考えることにより

$a_n=$ イ $n^2-$ ウ　$(n=1,\ 2,\ 3,\ \cdots)$

であることがわかる。さらに

$$S_n=\frac{\boxed{エ}\,n^3+\boxed{オ}\,n^2-\boxed{カ}\,n}{\boxed{キ}}\quad(n=1,\ 2,\ 3,\ \cdots)$$

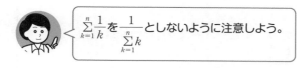

を得る。

(2) $b_2=\boxed{\text{ク}}$ である。また，すべての自然数 $n$ に対して

$$a_n-b_n=\boxed{\text{ケ}}$$

が成り立つ。

$\boxed{\text{ケ}}$ の解答群

| | | |
|---|---|---|
| ⓪ $0$ | ① $2n$ | ② $2n-2$ |
| ③ $n^2-1$ | ④ $n^2-n$ | ⑤ $1+(-1)^n$ |
| ⑥ $1-(-1)^n$ | ⑦ $-1+(-1)^n$ | ⑧ $-1-(-1)^n$ |

(3) (2)から

$$a_{2021}\boxed{\text{コ}}b_{2021},\ a_{2022}\boxed{\text{サ}}b_{2022}$$

が成り立つことがわかる。また，$T_n=\sum_{k=1}^{n}b_k$ とおくと

$$S_{2021}\boxed{\text{シ}}T_{2021},\ S_{2022}\boxed{\text{ス}}T_{2022}$$

が成り立つこともわかる。

$\boxed{\text{コ}}$ ～ $\boxed{\text{ス}}$ の解答群（同じものを繰り返し選んでもよい。）

| | | |
|---|---|---|
| ⓪ $<$ | ① $=$ | ② $>$ |

(4) 数列 $\{b_n\}$ の初項を変えたらどうなるかを考えてみよう。つまり，初項が $c$ で

$$c_{n+1}=c_n+4n+2+2\cdot(-1)^n\ (n=1,\ 2,\ 3,\ \cdots)$$

を満たす数列 $\{c_n\}$ を考える。

すべての自然数 $n$ に対して

$$b_n-c_n=\boxed{\text{セ}}-\boxed{\text{ソ}}$$

が成り立つ。

また，$U_n=\sum_{k=1}^{n}c_k$ とおく。$S_4=U_4$ が成り立つとき，$c=\boxed{\text{タ}}$ である。このとき

$$S_{2021}\boxed{\text{チ}}U_{2021},\ S_{2022}\boxed{\text{ツ}}U_{2022}$$

も成り立つ。

ただし，$\boxed{\text{タ}}$ は，文字（$a$～$d$）を用いない形で答えること。

チ, ツ の解答群（同じものを繰り返し選んでもよい。）

| | | |
|---|---|---|
| ⓪ $<$ | ① $=$ | ② $>$ |

（2022年度共通テスト追試験）

(1)　$a_1=1$ で，$a_2$ は，$a_{n+1}=a_n+4n+2$ に $n=1$ を代入して，

$$a_2=a_1+4\cdot 1+2$$
$$=1+4+2=7$$

答え　ア：7

$a_{n+1}=a_n+4n+2$ より，数列 $\{a_n\}$ の**階差数列が $\{4n+2\}$** だから，
$n\geqq 2$ のとき，

$$a_n=a_1+\sum_{k=1}^{n-1}(4k+2)$$
$$=1+\frac{(n-1)\{6+4(n-1)+2\}}{2}$$
$$=1+\frac{(n-1)(4n+4)}{2}$$
$$=2n^2-1$$

$\sum_{k=1}^{n-1}(4k+2)$ は初項6，
末項 $4(n-1)+2$，
項数 $n-1$ の等差数列の和

$n=1$ のときも成り立っています！

答え　イ：2，ウ：1

実は，これ $\Sigma$ の計算をしなくてもマーク式ならではの解き方があるんだ。

$a_n=$ イ $n^2-$ ウ だから，$a_n=xn^2-y$ とおけるね。
あとは $x$ と $y$ を求めればいいね。
求めたい文字が2つあるから2つ式を立てるんだ。
$a_1=1$，$a_2=7$ だから，$a_n=xn^2-y$ に $n=1$，2を代入すると，

$$\begin{cases}1=x-y\\7=4x-y\end{cases}$$

これを解くと，$x=2$，$y=1$
よって，$a_n=2n^2-1$ となるよ。

最終手段に使おう。

次は，$S_n$ を求めるよ。

$$
\begin{aligned}
S_n&=\sum_{k=1}^{n}(2k^2-1)\\
&=2\sum_{k=1}^{n}k^2-\sum_{k=1}^{n}1\\
&=2\cdot\frac{1}{6}n(n+1)(2n+1)-n=\frac{2n^3+3n^2-2n}{3}
\end{aligned}
$$

**答え** エ：2，オ：3，カ：2，キ：3

(2)　$b_{n+1}=b_n+4n+2+2\cdot(-1)^n$ に $n=1$ を代入して $b_2$ を求めよう。

$$b_2=b_1+4\cdot 1+2+2\cdot(-1)^1=5 \quad \leftarrow b_1=1$$

**答え** ク：5

$b_{n+1}=b_n+4n+2+2\cdot(-1)^n$ も階差数列型の漸化式だから，
数列 $\{b_n\}$ の一般項を求めて $a_n-b_n$ を求めてもいいけど，
$b_{n+1}=b_n+\underline{4n+2}+2\cdot(-1)^n$ と $a_{n+1}=a_n+\underline{4n+2}$ の形が近いことと，
$a_n-b_n$ を求めさせてることに注目しよう！
$a_{n+1}=a_n+4n+2$ の両辺から $b_{n+1}=b_n+4n+2+2\cdot(-1)^n$ を引けば，**数列 $\{a_n-b_n\}$ の漸化式が求められる**んだ。

$$
\begin{array}{rl}
a_{n+1}&=a_n+4n+2\\
-)\ b_{n+1}&=b_n+4n+2+2\cdot(-1)^n\\
\hline
a_{n+1}-b_{n+1}&=a_n-b_n\qquad -2\cdot(-1)^n
\end{array}
$$

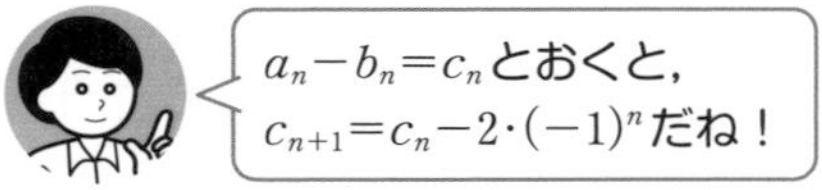
$a_n-b_n=c_n$ とおくと，
$c_{n+1}=c_n-2\cdot(-1)^n$ だね！

数列 $\{a_n-b_n\}$ の漸化式としてみると，**階差数列は $\{-2\cdot(-1)^n\}$** だから，$n\geqq 2$ のとき，

$$
\begin{aligned}
a_n-b_n&=(a_1-b_1)+\sum_{k=1}^{n-1}\{-2\cdot(-1)^k\}\\
&=(1-1)+\frac{2\{1-(-1)^{n-1}\}}{1-(-1)}\\
&=1-(-1)^{n-1}=1+(-1)^n
\end{aligned}
$$

> $\sum_{k=1}^{n-1}\{-2\cdot(-1)^k\}$ は初項2，公比 $-1$，項数 $n-1$ の等比数列の和だよ

これは $n=1$ のときも成り立つから　$a_n-b_n=1+(-1)^n$　……①

**答え　ケ：⑤**

(3)　$a_n-b_n=1+(-1)^n$ に $n=2021$，2022 を代入して $a_{2021}$ と $b_{2021}$，$a_{2022}$ と $b_{2022}$ の大小関係を調べていくよ！

**$n$ が偶数のとき $(-1)^n=1$，$n$ が奇数のとき $(-1)^n=-1$** であることに気を付けると，

$$a_{2021}-b_{2021}=1+(-1)^{2021}=1-1=0$$

よって，$a_{2021}=b_{2021}$

**答え　コ：①**

$$a_{2022}-b_{2022}=1+(-1)^{2022}=1+1=2$$

よって，$a_{2022}=b_{2022}+2$ だから，$a_{2022}>b_{2022}$

**答え　サ：②**

一般の $n$ についても同じように考えると，

$n$ が奇数のとき，$a_n-b_n=0$ だから，

$$a_n=b_n$$

$n$ が偶数のとき，$a_n-b_n=2$ だから，$a_n=b_n+2$（$a_n>b_n$）だね！

$S_{2021}=\sum_{k=1}^{2021}a_k$，$T_{2021}=\sum_{k=1}^{2021}b_k$ の大小を考えると，奇数番目は $a_n=b_n$ だけど，偶数番目は $a_n>b_n$ だからそれらの和を考えれば，$S_{2021}$ の方が大きいことがわかるよ。

$$
\begin{array}{ccccccccccccccc}
 & & & & \text{大} & & & & \text{大} & & & & \text{大} & & \\
S_{2021} & = & a_1 & + & a_2 & + & a_3 & + & a_4 & + & \cdots & + & a_{2020} & + & a_{2021}\\
 & & \parallel & & \vee & & \parallel & & \vee & & & & \vee & & \parallel\\
T_{2021} & = & b_1 & + & b_2 & + & b_3 & + & b_4 & + & \cdots & + & b_{2020} & + & b_{2021}
\end{array}
$$

$n=2022$ のときも同様にして $S_{2022}>T_{2022}$ が成り立つね！

**答え　シ：②，ス：②**

(4)　共通テストでよくある**条件を変えて，今までの解法をマネして問題を解く**パターンだ！

$c_1=c$，$c_{n+1}=c_n+4n+2+2\cdot(-1)^n$ を満たす数列 $\{c_n\}$ と数列 $\{b_n\}$ の差を考えていくよ。

(2)で $a_n-b_n$ を求めたときと同様に $b_n$ と $c_n$ の漸化式の差をとるよ。

$$\begin{array}{rl} & b_{n+1}=b_n+4n+2+2\cdot(-1)^n \\ -) & \underline{c_{n+1}=c_n+4n+2+2\cdot(-1)^n} \\ & b_{n+1}-c_{n+1}=b_n-c_n \end{array}$$

数列 $\{b_n-c_n\}$ は前後の項が等しい数列，つまり，**すべての項が定数 $b_1-c_1=1-c$ の定数数列**だね！

初項 $b_1-c_1$，公差0の
等差数列と考えてもいいよ。

よって，$b_n-c_n=1-c$　……②

**答え　セ：1，ソ：$c$**

$S_4=U_4$ が成り立つときの $c$ の値を求めよう。$S_n$ は数列 $\{a_n\}$ の和だから，$a_n$ と $c_n$ の関係を考えていくよ！

(2)より，$a_n-b_n=1+(-1)^n$　……①だから，①＋②を考えると，

$$\begin{array}{rll} & a_n-\cancel{b_n}=1+(-1)^n & \cdots\cdots① \\ +) & \underline{\cancel{b_n}-c_n=1-c} & \cdots\cdots② \\ & a_n-c_n=2-c+(-1)^n & \cdots\cdots③ \end{array}$$

となるね！　$S_4$ と $U_4$ の関係式が与えられてるから，両辺 $n=1$ から $n=4$ までの和を考えると，

$$\sum_{k=1}^{4}(a_k-c_k)=\sum_{k=1}^{4}\{2-c+(-1)^k\}$$

$$\sum_{k=1}^{4}a_k-\sum_{k=1}^{4}c_k=\sum_{k=1}^{4}(2-c)+\underline{\sum_{k=1}^{4}(-1)^k}$$

$$S_4-U_4=4(2-c)+\underline{\{(-1)+1+(-1)+1\}}$$

$$S_4-U_4=4(2-c)$$

$\sum_{k=1}^{4}(-1)^k$ は項数が少ないから書き出そう

$S_4=U_4$ のとき，$S_4-U_4=0$ だから，

$$0=4(2-c)$$

つまり，$c=2$ だ！

答え タ：2

このとき③より，$a_n-c_n=(-1)^n$

$S_n=\sum_{k=1}^{n}a_k$ と $U_n=\sum_{k=1}^{n}c_k$ の大小関係を調べたいから，$a_n-c_n=(-1)^n$ の両辺の $\Sigma$ をとると，

$$\sum_{k=1}^{n}(a_k-c_k)=\sum_{k=1}^{n}(-1)^k$$

$$\sum_{k=1}^{n}a_k-\sum_{k=1}^{n}c_k=\frac{(-1)\{1-(-1)^n\}}{1-(-1)}$$

$$S_n-U_n=-\frac{1}{2}\{1-(-1)^n\}$$

$n=2021$ のとき，$S_{2021}-U_{2021}=-\frac{1}{2}\{1-(-1)^{2021}\}=-1<0$

よって，$S_{2021}-U_{2021}<0$ より，$S_{2021}<U_{2021}$ だね。

答え チ：⓪

$n=2022$ とすると，$S_{2022}-U_{2022}=-\frac{1}{2}\{1-(-1)^{2022}\}=0$

よって，$S_{2022}=U_{2022}$ だね！

答え ツ：①

**POINT**

- **数列の和から一般項を求める**
  数列 $\{a_n\}$ の初項から第 $n$ 項までの和を $S_n$ とおくと，
  [1]　$a_1=S_1$　　[2]　$n\geqq 2$ のとき，$a_n=S_n-S_{n-1}$
- 群数列の問題は群と項と群の末項の関係を図や表などで整理しよう。
- 「**$\Sigma$ の記号は和を表す**」ということを常に意識しておこう。$\Sigma$ の公式が使えない和は，**部分分数分解**や**有理化**などの工夫をして書き出す。

THEME 3

# 漸化式

ここできめる!

- 置き換えるタイプの漸化式を誘導に沿って解こう。
- 漸化式から具体的な項を求めて，一般項を推測して数学的帰納法で証明しよう。

## 1 置き換えを使って漸化式を解く

### 過去問にチャレンジ

数列$\{a_n\}$の初項は6であり，$\{a_n\}$の階差数列は初項が9，公差が4の等差数列である。

(1) $a_2=\boxed{\text{アイ}}$，$a_3=\boxed{\text{ウエ}}$である。数列$\{a_n\}$の一般項を求めよう。$\{a_n\}$の階差数列の第$n$項が$\boxed{\text{オ}}n+\boxed{\text{カ}}$であるから，数列$\{a_n\}$の一般項は$a_n=\boxed{\text{キ}}n^{\boxed{\text{ク}}}+\boxed{\text{ケ}}n+\boxed{\text{コ}}$ ……①である。

(2) 数列$\{b_n\}$は，初項が$\dfrac{2}{5}$で，漸化式$b_{n+1}=\dfrac{a_n}{a_{n+1}-1}b_n$ ($n=1$，2，3，…) ……②を満たすとする。$b_2=\dfrac{\boxed{\text{サ}}}{\boxed{\text{シス}}}$である。数列$\{b_n\}$の一般項と初項から第$n$項までの和$S_n$を求めよう。

①，②により，すべての自然数$n$に対して

$b_{n+1}=\dfrac{\boxed{\text{セ}}n+\boxed{\text{ソ}}}{\boxed{\text{セ}}n+\boxed{\text{タ}}}b_n$ ……③が成り立つことがわかる。ここで，$c_n=(\boxed{\text{セ}}n+\boxed{\text{ソ}})b_n$ ……④とするとき，③を$c_n$と$c_{n+1}$を用いて変形すると，すべての自然数$n$に対して$(\boxed{\text{セ}}n+\boxed{\text{チ}})c_{n+1}=(\boxed{\text{セ}}n+\boxed{\text{ツ}})c_n$が成り立つことがわかる。これにより$d_n=(\boxed{\text{セ}}n+\boxed{\text{テ}})c_n$

……⑤とおくと，すべての自然数$n$に対して，$d_{n+1}=d_n$が成り立つことがわかる。

$d_1=\boxed{\text{ト}}$であるから，すべての自然数$n$に対して，$d_n=\boxed{\text{ト}}$である。

したがって，④と⑤により，数列$\{b_n\}$の一般項は

$$b_n=\frac{\boxed{\text{ト}}}{(\boxed{\text{セ}}\,n+\boxed{\text{ソ}})(\boxed{\text{セ}}\,n+\boxed{\text{テ}})}$$

である。また，

$$b_n=\frac{\boxed{\text{ナ}}}{\boxed{\text{セ}}\,n+\boxed{\text{ソ}}}-\frac{\boxed{\text{ニ}}}{\boxed{\text{セ}}\,n+\boxed{\text{テ}}}$$

が成り立つことを利用すると，数列$\{b_n\}$の初項から第$n$項までの和$S_n$は

$$S_n=\frac{\boxed{\text{ヌ}}\,n}{\boxed{\text{ネ}}\,n+\boxed{\text{ノ}}}$$

であることがわかる。

（2014年度センター本試験）

(1)　$\{a_n\}$の**階差数列**の初項は9だから，$a_2=a_1+9=6+9=15$

**答え　アイ：15**

階差数列の公差は4だから階差数列の第2項は13だね！

したがって，$a_3$は$a_2$に13を足せばいいから，

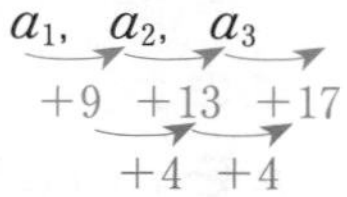


$$a_3=a_2+13=15+13=28$$

**答え　ウエ：28**

$\{a_n\}$の階差数列は**初項9，公差4の等差数列**だから第$n$項は，

$$9+(n-1)\cdot 4=4n+5$$

**答え　オ：4，カ：5**

$n\geqq 2$のとき，

$$a_n=a_1+\sum_{k=1}^{n-1}(4k+5)$$

$$=6+4\cdot\frac{1}{2}(n-1)n+5(n-1)=2n^2+3n+1$$

これは，$n=1$のときも成り立つから，

$$a_n=2n^2+3n+1 \quad \cdots\cdots ①$$

**答え　キ：2，ク：2，ケ：3，コ：1**

(2)　$b_2$ を求めるために，$b_{n+1}=\dfrac{a_n}{a_{n+1}-1}b_n$　……②　に $n=1$ 代入すると，$b_1=\dfrac{2}{5}$ より，

$$b_2=\frac{a_1}{a_2-1}b_1=\frac{6}{15-1}\cdot\frac{2}{5}=\frac{6}{14}\cdot\frac{2}{5}=\frac{6}{35}$$

**答え**　$\dfrac{\text{サ}}{\text{シス}}$：$\dfrac{6}{35}$

①と②により，

$$\begin{aligned} b_{n+1}&=\frac{a_n}{a_{n+1}-1}b_n \\ &=\frac{2n^2+3n+1}{2(n+1)^2+3(n+1)+1-1}b_n \\ &=\frac{2n^2+3n+1}{2n^2+7n+5}b_n \\ &=\frac{(n+1)(2n+1)}{(n+1)(2n+5)}b_n \end{aligned}$$

$a_n=2n^2+3n+1$ より
$a_{n+1}=2(n+1)^2+3(n+1)+1$

したがって，$b_{n+1}=\dfrac{2n+1}{2n+5}b_n$　……③

**答え**　セ：2，ソ：1，タ：5

$c_n=(2n+1)b_n$ とおいて，③を $c_n$ の漸化式にしていくよ！
このように，数列の置き換えが指示されているときは，
**$n$ を $n+1$ に置き換えた式に，もとの漸化式を代入することで，新しく定義された数列の漸化式を作る**んだ！

$b_n=\dfrac{c_n}{2n+1}$ より，$b_{n+1}=\dfrac{c_{n+1}}{2n+3}$ だから，$c_{n+1}=(2n+3)b_{n+1}$ だね。

これに $b_{n+1}=\dfrac{2n+1}{2n+5}b_n$ を代入して，$c_{n+1}$ と $c_n$ の漸化式に書き換えると，

$$c_{n+1}=(2n+3)\cdot\frac{2n+1}{2n+5}b_n=\frac{2n+3}{2n+5}c_n$$

$c_n=(2n+1)b_n$

よって，$(2n+5)c_{n+1}=(2n+3)c_n$

**答え**　チ：5，ツ：3

$c_n$ と $c_{n+1}$ の係数はそれぞれ，$2n+3$ と $2n+5$ で

定数項（3と5）はちょうど$n$の係数（2）の分ずれているから，
$d_n=(2n+3)c_n$とおくと，(左辺)$=\{2(n+1)+3\}c_{n+1}$であるから，
$d_{n+1}=d_n$となるね！

答え テ：3

$d_n=(2n+3)c_n$，$c_n=(2n+1)b_n$より，

$$d_1=(2\cdot1+3)c_1=5\cdot(2\cdot1+1)b_1=5\cdot3\cdot\frac{2}{5}=6$$

よって，すべての自然数$n$に対して$d_n=6$となるね！

$a_1=a$，$a_{n+1}=a_n$のとき，
数列$\{a_n\}$は$a_n=a$の定数数列だったね

答え ト：6

$d_n=(2n+3)c_n$と$c_n=(2n+1)b_n$を利用して，数列$\{b_n\}$の一般項を求めていこう。
$d_n=6$より，$(2n+3)c_n=6$
したがって，$(2n+3)(2n+1)b_n=6$

$$b_n=\frac{6}{(2n+1)(2n+3)}$$

これを部分分数分解すると，

$$b_n=6\cdot\frac{(2n+3)-(2n+1)}{(2n+1)(2n+3)}\cdot\frac{1}{2}$$

$$=\frac{6}{2}\left\{\frac{2n+3}{(2n+1)(2n+3)}-\frac{2n+1}{(2n+1)(2n+3)}\right\}=\frac{3}{2n+1}-\frac{3}{2n+3}$$

よって，$b_n=\dfrac{3}{2n+1}-\dfrac{3}{2n+3}$

答え ナ：3，ニ：3

これを利用すると，

$$S_n=\sum_{k=1}^{n}3\left(\frac{1}{2k+1}-\frac{1}{2k+3}\right)$$

$$=3\left(\sum_{k=1}^{n}\frac{1}{2k+1}-\sum_{k=1}^{n}\frac{1}{2k+3}\right)$$

$$=3\left\{\left(\frac{1}{3}+\frac{1}{5}+\cdots+\frac{1}{2n+1}\right)-\left(\frac{1}{5}+\cdots+\frac{1}{2n+1}+\frac{1}{2n+3}\right)\right\}$$

$$=3\left(\frac{1}{3}-\frac{1}{2n+3}\right)=\frac{2n}{2n+3}$$

**答え** ヌ：2，ネ：2，ノ：3



## 2 分数型の漸化式

### 過去問にチャレンジ

$s$を定数とし，数列$\{a_n\}$を次のように定義する。

$$a_1=\frac{1}{2},\quad a_{n+1}=\frac{2a_n+s}{a_n+2}\quad (n=1,\ 2,\ 3,\ \cdots)\quad \cdots\cdots①$$

(1)　$s=4$とする。$a_2=\boxed{\text{ア}}$，$a_{100}=\boxed{\text{イ}}$である。

(2)　$s=0$とする。$b_n=\dfrac{1}{a_n}$とおくと，$b_1=\boxed{\text{ウ}}$である。

さらに，$b_n$と$b_{n+1}$は関係式$b_{n+1}=b_n+\dfrac{\boxed{\text{エ}}}{\boxed{\text{オ}}}$を満たすから，

$\{a_n\}$の一般項は　$a_n=\dfrac{\boxed{\text{カ}}}{n+\boxed{\text{キ}}}$　である。

(3)　$s=1$とする。$c_n=\dfrac{1+a_n}{1-a_n}$とおくと，$c_1=\boxed{\text{ク}}$である。

さらに，$c_n$と$c_{n+1}$の関係式を求め，数列$\{c_n\}$の一般項を求めることにより，$\{a_n\}$の一般項は$a_n=\boxed{\text{ケ}}-\dfrac{\boxed{\text{コ}}}{\boxed{\text{サ}}^{\boxed{\text{シ}}}+1}$

であることがわかる。

$\boxed{\text{シ}}$の解答群

| | | | | |
|---|---|---|---|---|
| ⓪　$n-2$ | ①　$n-1$ | ②　$n$ | ③　$n+1$ | ④　$n+2$ |

（2018年度センター追試験・略）

(1)　①の漸化式に$s=4$を代入すると，

$$a_{n+1}=\frac{2a_n+4}{a_n+2}=\frac{2(a_n+2)}{a_n+2}=2 \quad (n=1,\ 2,\ 3,\ \cdots)$$

つまり，$a_2=2$，$a_3=2$，$a_4=2$，$\cdots$　となるから，

$$a_1=\frac{1}{2},\ a_n=2\ (n=2,\ 3,\ 4,\ \cdots)$$

よって，$a_2=2$，$a_{100}=2$

**答え　ア：2，イ：2**

(2)　①の漸化式に$s=0$を代入すると，$a_{n+1}=\dfrac{2a_n}{a_n+2}$　……②

となるね。また，$b_n=\dfrac{1}{a_n}$だから，$b_1=\dfrac{1}{a_1}=2$

**答え　ウ：2**

$b_n=\dfrac{1}{a_n}$より，$b_{n+1}=\dfrac{1}{a_{n+1}}$だから，$a_{n+1}=\dfrac{2a_n}{a_n+2}$を代入すると，

$$b_{n+1}=\frac{1}{\dfrac{2a_n}{a_n+2}}\begin{array}{l}\times(a_n+2)\\ \times(a_n+2)\end{array}$$

$$=\frac{a_n+2}{2a_n}$$

$$=\frac{1}{2}+\frac{1}{a_n}$$

$\dfrac{1}{a_n}$は$b_n$だよ

よって，$b_{n+1}=b_n+\dfrac{1}{2}$となるね！

**答え　$\dfrac{\text{エ}}{\text{オ}}$：$\dfrac{1}{2}$**

数列$\{b_n\}$は**初項$b_1=2$，公差$\dfrac{1}{2}$の等差数列**だから，

$$b_n=2+(n-1)\cdot\frac{1}{2}=\frac{n+3}{2}$$

$a_n=\dfrac{1}{b_n}$に$b_n=\dfrac{n+3}{2}$を代入すると，$a_n=\dfrac{2}{n+3}$

**答え　カ：2，キ：3**

(3) ①の漸化式に$s=1$を代入すると，$a_{n+1}=\dfrac{2a_n+1}{a_n+2}$ ……②

$c_n=\dfrac{1+a_n}{1-a_n}$に$n=1$を代入すると，$a_1=\dfrac{1}{2}$より，

$$c_1=\frac{1+a_1}{1-a_1}=\frac{1+\frac{1}{2}}{1-\frac{1}{2}}=3$$

**答え ク：3**



$c_{n+1}=\dfrac{1+a_{n+1}}{1-a_{n+1}}$に$a_{n+1}=\dfrac{2a_n+1}{a_n+2}$を代入すると，

$$c_{n+1}=\frac{1+a_{n+1}}{1-a_{n+1}}=\frac{1+\frac{2a_n+1}{a_n+2}}{1-\frac{2a_n+1}{a_n+2}}\begin{matrix}\times(a_n+2)\\ \times(a_n+2)\end{matrix}$$

$$=\frac{a_n+2+(2a_n+1)}{a_n+2-(2a_n+1)}$$

$$=\frac{3a_n+3}{-a_n+1}$$

$$=3\cdot\frac{1+a_n}{1-a_n}=3c_n$$

したがって，$c_{n+1}=3c_n$

数列$\{c_n\}$は**初項$c_1=3$，公比3の等比数列**だから，

$$c_n=3\cdot3^{n-1}=3^n$$

$c_n=\dfrac{1+a_n}{1-a_n}$だから，

$$\frac{1+a_n}{1-a_n}=3^n$$

$$(3^n+1)a_n=3^n-1$$

$$a_n=\frac{3^n-1}{3^n+1}=\frac{(3^n+1)-2}{3^n+1}$$

よって，$a_n=1-\dfrac{2}{3^n+1}$となるんだ！

**答え ケ：1，コ：2，サ：3，シ：②**

## 3 数学的帰納法と漸化式

### 過去問にチャレンジ

数列 $\{a_n\}$ を $a_1=4$，$a_{n+1}=\dfrac{1}{4}\left(1+\dfrac{1}{n}\right)a_n+3n+3$ （$n=1$，2，3，…）……①で定める。$\{a_n\}$ の一般項を求めよう。

まず，$a_2=$ [ア]，$a_3=$ [イウ]，$a_4=$ [エオ] であることにより，$\{a_n\}$ の一般項は $a_n=$ [カ] ……②と推定できる。

[カ] の解答群

| | | | |
|---|---|---|---|
| ⓪ $n+3$ | ① $4n$ | ② $2^{n+1}$ | ③ $12-\dfrac{8}{n}$ |

②の推定が正しいことを，数学的帰納法によって証明しよう。

[Ⅰ] $n=1$ のとき，$a_1=4$ により②が成り立つ。

[Ⅱ] $n=k$ のとき，②が成り立つと仮定すると，①により

$$a_{k+1}=\frac{1}{4}\left(1+\frac{1}{k}\right)a_k+3k+3=\text{[キ]}$$

である。よって，$n=$ [ク] のときも②が成り立つ。

[Ⅰ]，[Ⅱ]により，②はすべての自然数 $n$ について成り立つ。

[キ]，[ク] の解答群（同じものを繰り返し選んでもよい。）

| | | | |
|---|---|---|---|
| ⓪ $k+1$ | ① $k+4$ | ② $4k+1$ | ③ $4k+4$ |
| ④ $2^{k+1}$ | ⑤ $2^{k+2}$ | ⑥ $12-\dfrac{8}{k}$ | ⑦ $12-\dfrac{8}{k+1}$ |

数列 $\{a_n\}$ の初項から第 $n$ 項までの和を $S_n$ とすると

$S_n=$ [ケ] $n^2+$ [コ] $n$ ……③である。

次に，$\{a_n\}$ と同じ漸化式を満たし，初項が異なる数列 $\{b_n\}$ を

$$b_1=7,\quad b_{n+1}=\frac{1}{4}\left(1+\frac{1}{n}\right)b_n+3n+3 \quad (n=1,\ 2,\ 3,\ \cdots)$$

……④

で定める。$\{b_n\}$の一般項を求めよう。①と④により，すべての自然数$n$に対して$b_{n+1}-a_{n+1}=\dfrac{1}{4}\left(1+\dfrac{1}{n}\right)(b_n-a_n)$である。

$c_n=\dfrac{b_n-a_n}{n}$　$(n=1,\ 2,\ 3,\ \cdots)$　……⑤とおくと，数列$\{c_n\}$は，

初項$\boxed{\text{サ}}$，公比$\dfrac{\boxed{\text{シ}}}{\boxed{\text{ス}}}$の等比数列であるから，一般項は，

$c_n=\dfrac{\boxed{\text{セ}}}{\boxed{\text{ソ}}^{\boxed{\text{タ}}}}$となる。

$\boxed{\text{タ}}$の解答群

| | | | | |
|---|---|---|---|---|
| ⓪　$n$ | ①　$n-1$ | ②　$n+1$ | ③　$n-2$ | ④　$n+2$ |

したがって，②と⑤により$b_n=\boxed{\text{カ}}+\dfrac{\boxed{\text{セ}}\,n}{\boxed{\text{ソ}}^{\boxed{\text{タ}}}}$が成り立つ。

数列$\{b_n\}$の初項から第$n$項までの和を$T_n$とする。⑤により$b_n=a_n+nc_n$であるから，$T_n=S_n+\sum_{k=1}^{n}kc_k$である。$U_n=\sum_{k=1}^{n}kc_k$

とおくと$U_n-\dfrac{\boxed{\text{シ}}}{\boxed{\text{ス}}}U_n=\sum_{k=1}^{n}\dfrac{\boxed{\text{チ}}}{\boxed{\text{ソ}}^{k-1}}-\dfrac{\boxed{\text{ツ}}\,n}{\boxed{\text{ソ}}^{n}}$となり

$U_n=\dfrac{\boxed{\text{テト}}}{\boxed{\text{ナ}}}-\dfrac{\boxed{\text{ニ}}\,n+\boxed{\text{ヌ}}}{\boxed{\text{ナ}}\cdot\boxed{\text{ネ}}^{n-1}}$　……⑥が成り立つ。

$T_n=S_n+U_n$と③と⑥により，$T_n$を得ることができる。

（2014年度センター追試験）

$a_{n+1}=\dfrac{1}{4}\left(1+\dfrac{1}{n}\right)a_n+3n+3$　$(n=1,\ 2,\ 3,\ \cdots\cdots)$　……①に

$n=1$を代入すると，$a_1=4$より，

$$a_2=\frac{1}{4}\left(1+\frac{1}{1}\right)a_1+3\cdot1+3=8$$

**答え** ア：8

同様に，①に$n=2$，3を順々に代入すると，

$$a_3=\frac{1}{4}\left(1+\frac{1}{2}\right)a_2+3\cdot2+3=12$$

$$a_4=\frac{1}{4}\left(1+\frac{1}{3}\right)a_3+3\cdot3+3=16$$

**答え** イウ：12，エオ：16

$a_1=4$，$a_2=8$，$a_3=12$，$a_4=16$から，

$a_n=4n$　……②

と推定できるね！

**答え** カ：①

これは，単なる推測だからすべての自然数$n$について
**$a_n=4n$であることを「証明」する必要がある**んだ！
誘導にもあるように，自然数$n$に関する命題の証明には**数学的帰納法**が有効だ！

**数学的帰納法**

自然数$n$に関する命題$P(n)$がすべての自然数$n$について成り立つことを証明するには，
次の［Ⅰ］，［Ⅱ］を示せばよい。

［Ⅰ］　$n=1$のとき，$P(1)$が成り立つ。

［Ⅱ］　$n=k$のとき，$P(k)$が成り立つと仮定して，$P(k+1)$が成り立つ。

$a_n=4n$…②を数学的帰納法により証明していくよ。

［Ⅰ］　$n=1$のとき，$a_1=4$だから成り立つね！

［Ⅱ］　$n=k$のとき，$a_k=4k$が成り立つと仮定すると

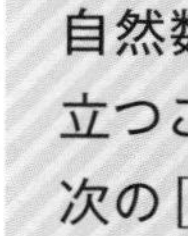

目標は
$a_{k+1}=4(k+1)$を示すことだよ！

$a_{n+1}=\frac{1}{4}\left(1+\frac{1}{n}\right)a_n+3n+3$ から， ◀ これはいつでも成り立つ

$$a_{k+1}=\frac{1}{4}\left(1+\frac{1}{k}\right)a_k+3k+3=\frac{1}{4}\cdot\frac{k+1}{k}\cdot 4k+3k+3$$
$$=4k+4=4(k+1)$$

◀ 仮定を用いる（$4k$）

**答え キ：③**

よって，$n=k+1$ のときも②が成り立つから

［Ⅰ］，［Ⅱ］により，②はすべての自然数 $n$ について成り立つね！

**答え ク：⓪**

数列 $\{a_n\}$ の初項から第 $n$ 項までの和 $S_n$ は，**初項4，項数 $n$，末項 $4n$ の等差数列の和**だから，

$$S=\frac{n(4+4n)}{2}$$ ◀ $\frac{(項数)\times\{(初項)+(末項)\}}{2}$

$$=2n^2+2n \quad \cdots\cdots ③$$

**答え ケ：2，コ：2**

次に，$b_1=7$，$b_{n+1}=\frac{1}{4}\left(1+\frac{1}{n}\right)b_n+3n+3$ （$n=1$，2，3，…） ……④

について誘導に沿って考えていくよ。

問題には，

$$b_{n+1}-a_{n+1}=\frac{1}{4}\left(1+\frac{1}{n}\right)(b_n-a_n)$$

とあるね。実際に求めてみるよ。

$$\begin{array}{rl} & b_{n+1}=\frac{1}{4}\left(1+\frac{1}{n}\right)b_n+3n+3 \\ -) & a_{n+1}=\frac{1}{4}\left(1+\frac{1}{n}\right)a_n+3n+3 \\ \hline & b_{n+1}-a_{n+1}=\frac{1}{4}\left(1+\frac{1}{n}\right)(b_n-a_n) \end{array}$$

④の辺々から①を引くと，

$$b_{n+1}-a_{n+1}=\frac{1}{4}\left(1+\frac{1}{n}\right)(b_n-a_n)$$

この式をもとに，$c_n=\frac{b_n-a_n}{n}$ とおくと $c_{n+1}$ と $c_n$ の関係式が得られるんだね。この形を意識してさらに変形していくよ。

$$b_{n+1}-a_{n+1}=\frac{1}{4}\cdot\frac{n+1}{n}(b_n-a_n)$$

両辺に $\frac{1}{n+1}$ を掛けて，$\frac{b_{n+1}-a_{n+1}}{n+1}=\frac{1}{4}\cdot\frac{b_n-a_n}{n}$

$c_n=\dfrac{b_n-a_n}{n}$ $(n=1,\ 2,\ 3,\ \cdots)$ ……⑤とおいて$\{c_n\}$の漸化式を立てよう！

$c_{n+1}=\dfrac{b_{n+1}-a_{n+1}}{n+1}$だから，$\dfrac{b_{n+1}-a_{n+1}}{n+1}=\dfrac{1}{4}\cdot\dfrac{b_n-a_n}{n}$より，

$$\begin{aligned}c_{n+1}&=\frac{b_{n+1}-a_{n+1}}{n+1}\\&=\frac{1}{4}\cdot\frac{b_n-a_n}{n}\\&=\frac{1}{4}c_n\end{aligned}$$

したがって，$c_{n+1}=\dfrac{1}{4}c_n$だね！

また，初項は$c_1=\dfrac{b_1-a_1}{1}=\dfrac{7-4}{1}=3$だから，数列$\{c_n\}$は**初項3，公比$\dfrac{1}{4}$の等比数列**だね！

答え **サ：3，$\dfrac{\text{シ}}{\text{ス}}$：$\dfrac{1}{4}$**

$$c_n=3\cdot\left(\frac{1}{4}\right)^{n-1}=\frac{3}{4^{n-1}}$$

答え **セ：3，ソ：4，タ：①**

⑤より，$b_n=a_n+nc_n=4n+\dfrac{3n}{4^{n-1}}$

数列$\{b_n\}$の初項から第$n$項までの和を$T_n$とする。

$b_n=a_n+nc_n$であるから，

$$T_n=S_n+\sum_{k=1}^{n}kc_k$$

$U_n=\displaystyle\sum_{k=1}^{n}kc_k$とおくと，

$U_n=\displaystyle\sum_{k=1}^{n}k\cdot3\left(\frac{1}{4}\right)^{k-1}$は**（等差数列）×（等比数列）の和**だね！

これは，**公比倍して引く**ことで求めることができたね。

$U_n$の両辺を$\dfrac{1}{4}$倍して引くと，

$$
\begin{array}{rl}
U_n = & 3+\dfrac{6}{4}+\dfrac{9}{4^2}+\dfrac{12}{4^3}+\cdots\cdots+\dfrac{3n}{4^{n-1}} \\
-)\ \dfrac{1}{4}U_n = & \qquad \dfrac{3}{4}+\dfrac{6}{4^2}+\dfrac{9}{4^3}+\cdots\cdots+\dfrac{3(n-1)}{4^{n-1}}+\dfrac{3n}{4^n} \\
\hline
\dfrac{3}{4}U_n = & 3+\dfrac{3}{4}+\dfrac{3}{4^2}+\dfrac{3}{4^3}+\cdots\cdots+\dfrac{3}{4^{n-1}}-\dfrac{3n}{4^n}
\end{array}
$$

マーカーの部分は，初項3，公比$\dfrac{1}{4}$の等比数列の和だね！

すなわち，$\dfrac{3}{4}U_n=\sum_{k=1}^{n}\dfrac{3}{4^{k-1}}-\dfrac{3n}{4^n}$

**答え** チ：3，ツ：3

よって，

$$U_n=\frac{4}{3}\left(\sum_{k=1}^{n}\frac{3}{4^{k-1}}-\frac{3n}{4^n}\right)=\frac{4}{3}\cdot\frac{3\left(1-\dfrac{1}{4^n}\right)}{1-\dfrac{1}{4}}-\frac{4}{3}\cdot\frac{3n}{4^n}=\frac{16}{3}-\frac{3n+4}{3\cdot 4^{n-1}}$$

**答え** $\dfrac{\text{テト}}{\text{ナ}}$：$\dfrac{16}{3}$，ニ：3，ヌ：4，ネ：4

**POINT**

- 置き換えが指示されている漸化式の問題は，
  **$n$ を $n+1$ に置き換えた式に，もとの漸化式を代入すること**で，新しく定義された数列の漸化式を作る。
- **数学的帰納法**
  自然数 $n$ に関する命題 $P(n)$ がすべての自然数 $n$ について成り立つことを証明するには，次の［Ⅰ］，［Ⅱ］を示せばよい。
  ［Ⅰ］ $n=1$ のとき，$P(1)$ が成り立つ。
  ［Ⅱ］ $n=k$ のとき，$P(k)$ が成り立つと仮定して，$P(k+1)$ が成り立つ。
- 等差数列 × 等比数列の和は，
  **等比数列の公比の部分を掛けて引く**ことで求める。

THEME

# 4 総合問題

ここできめる！

- パターン化されていない漸化式に対応できるようになろう。
- 長い文章の問題に慣れよう。

## 1 パターン化されていない漸化式

**過去問にチャレンジ**

数列 $\{a_n\}$ を次のように定める。

$$a_1=-5,\quad na_{n+1}=(n+2)a_n+4(n+1)\quad (n=1,\ 2,\ 3,\ \cdots)$$

$\{a_n\}$ の一般項を求めよう。

$b_n=\dfrac{a_n}{n(n+1)}$ とおくと，$b_1=\dfrac{\boxed{\text{アイ}}}{\boxed{\text{ウ}}}$ である。さらに，$b_n$ と $b_{n+1}$ は関係式 $b_{n+1}-b_n=\dfrac{\boxed{\text{エ}}}{n(n+\boxed{\text{オ}})}$ を満たす。

ここで，すべての自然数 $k$ に対して

$$\frac{\boxed{\text{エ}}}{k(k+\boxed{\text{オ}})}=\boxed{\text{カ}}\left(\frac{1}{k}-\frac{1}{k+\boxed{\text{オ}}}\right)$$

が成り立つから，2以上の自然数 $n$ に対して

$$\sum_{k=1}^{n-1}\frac{\boxed{\text{エ}}}{k(k+\boxed{\text{オ}})}=\frac{\boxed{\text{キ}}\,n^2-n-\boxed{\text{ク}}}{n(n+\boxed{\text{ケ}})}$$

である。これを用いて数列 $\{b_n\}$ の一般項を求めることにより

$$a_n=\frac{n^2-\boxed{\text{コ}}\,n-\boxed{\text{サ}}}{\boxed{\text{シ}}}$$

であることがわかる。

（2019年度センター追試験・略）

見慣れない漸化式です。

共通テストでは頻出だよ。誘導に乗って解いていこう！

$$na_{n+1}=(n+2)a_n+4(n+1)\quad(n=1,\ 2,\ 3,\ \cdots)\quad\cdots\cdots①$$

とするよ。

数列$\{a_n\}$の一般項を誘導にしたがって求めていこう。

$$b_n=\frac{a_n}{n(n+1)}\quad\cdots\cdots②$$

とおくわけだけど，数列$\{b_n\}$の一般項を求めれば，数列$\{a_n\}$の一般項もわかるから，①を使って数列$\{b_n\}$についての関係式（漸化式）を求めていこう。

まず，$a_1=-5$だから，②より，

$$b_1=\frac{a_1}{1\cdot(1+1)}=\frac{-5}{2}$$

答え $\dfrac{\text{アイ}}{\text{ウ}}:\dfrac{-5}{2}$

①を$b_n=\dfrac{a_n}{n(n+1)}$という式を使って，$b_{n+1}$，$b_n$の漸化式に書き換えてみよう。

①より，$a_{n+1}=\dfrac{n+2}{n}a_n+\dfrac{4(n+1)}{n}$だから，

$$b_{n+1}=\frac{a_{n+1}}{(n+1)(n+2)}$$

$b_n=\dfrac{a_n}{n(n+1)}$の$n$を$n+1$に書き換え

$$=\frac{1}{(n+1)(n+2)}\left\{\frac{n+2}{n}a_n+\frac{4(n+1)}{n}\right\}$$

$$=\frac{1}{n(n+1)}a_n+\frac{4}{n(n+2)}$$

$$=b_n+\frac{4}{n(n+2)}$$

$\dfrac{1}{n(n+1)}a_n=b_n$

つまり，$b_{n+1}-b_n=\dfrac{4}{n(n+2)}\quad\cdots\cdots④$

誘導にしたがうと，そんなに難しくないよね。
これは共通テストの特徴でもあるんだ。

答え　エ：4，オ：2

さぁ，ここで問題文全体を眺めてみよう。この④が何を意味するかというと，数列$\{b_n\}$の階差数列の一般項が$\dfrac{4}{n(n+2)}$であるってことなんだね。つまり，数列$\{b_n\}$の一般項$b_n$は$n \geqq 2$のとき，

$$b_n = b_1 + \sum_{k=1}^{n-1} \frac{4}{k(k+2)}$$

として求めることができるんだ。だから$\displaystyle\sum_{k=1}^{n-1} \frac{4}{k(k+2)}$を求めるために問題が続いているんだね。

問題の全体が俯瞰できるようになると，解法の見通しも立ちやすくなるよ。意識しておこう！

$$\frac{4}{k(k+2)} = 4 \cdot \frac{(k+2)-k}{k(k+2)} \cdot \frac{1}{2} = 2\left(\frac{1}{k} - \frac{1}{k+2}\right)$$

と変形できる。

答え　カ：2

$n \geqq 2$のとき，

$$\sum_{k=1}^{n-1} \frac{4}{k(k+2)} = 2\sum_{k=1}^{n-1}\left(\frac{1}{k} - \frac{1}{k+2}\right)$$

$$= 2\left(\frac{1}{1} + \frac{1}{2} + \frac{1}{3} + \frac{1}{4} + \cdots\cdots + \frac{1}{n-2} + \frac{1}{n-1}\right)$$

$$-2\left(\frac{1}{3} + \frac{1}{4} + \cdots\cdots + \frac{1}{n-2} + \frac{1}{n-1} + \frac{1}{n} + \frac{1}{n+1}\right)$$

$$= 2\left(1 + \frac{1}{2} - \frac{1}{n} - \frac{1}{n+1}\right)$$

$$= 2 \cdot \frac{2n(n+1) + n(n+1) - 2(n+1) - 2n}{2n(n+1)}$$

$$= \frac{3n^2 - n - 2}{n(n+1)}$$

答え　キ：3，ク：2，ケ：1

よって，$n \geqq 2$ のとき，$b_n = b_1 + \sum_{k=1}^{n-1} \frac{4}{k(k+2)}$ より，

$$\frac{a_n}{n(n+1)} = -\frac{5}{2} + \frac{3n^2 - n - 2}{n(n+1)}$$

$$a_n = -\frac{5}{2}n(n+1) + 3n^2 - n - 2$$ 両辺に $n(n+1)$ を掛けたよ

$$= \frac{-5n^2 - 5n + 6n^2 - 2n - 4}{2}$$

$$= \frac{n^2 - 7n - 4}{2}$$

$n=1$ のときにも成り立つので，これが数列 $\{a_n\}$ の一般項だね！

**答え** コ：7，サ：4，シ：2

## 2 数列の文章題

**過去問にチャレンジ**

太郎さんは和室の畳を見て，畳の敷《し》き方が何通りあるかに興味を持った。ちょうど手元にタイルがあったので，畳をタイルに置き換えて，数学的に考えることにした。
縦の長さが1，横の長さが2の長方形のタイルが多数ある。それらを縦か横の向きに，隙間《すきま》も重なりもなく敷き詰めるとき，その敷き詰め方をタイルの「配置」と呼ぶ。

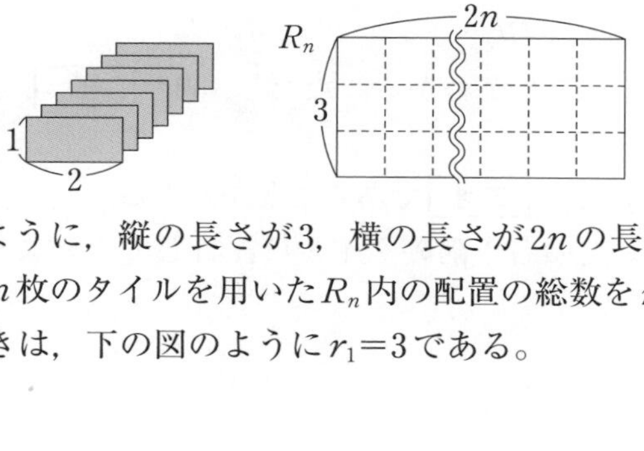


上の図のように，縦の長さが3，横の長さが $2n$ の長方形を $R_n$ とする。$3n$ 枚のタイルを用いた $R_n$ 内の配置の総数を $r_n$ とする。
$n=1$ のときは，下の図のように $r_1 = 3$ である。

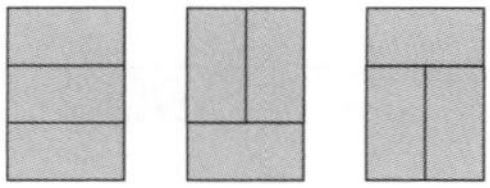

また，$n=2$ のときは，下の図のように $r_2=11$ である。

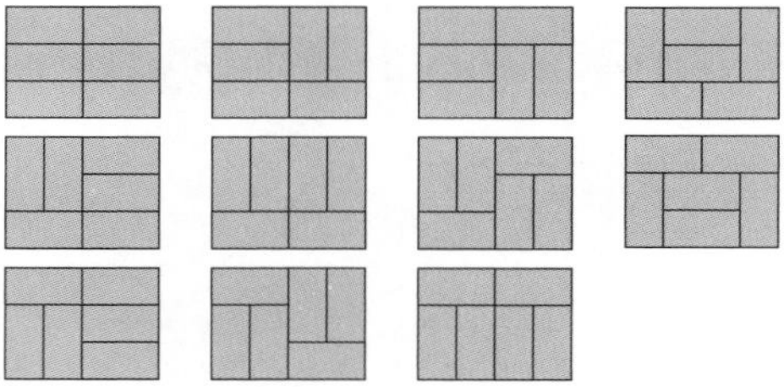

(1)　太郎さんは次のような図形 $T_n$ 内の配置を考えた。

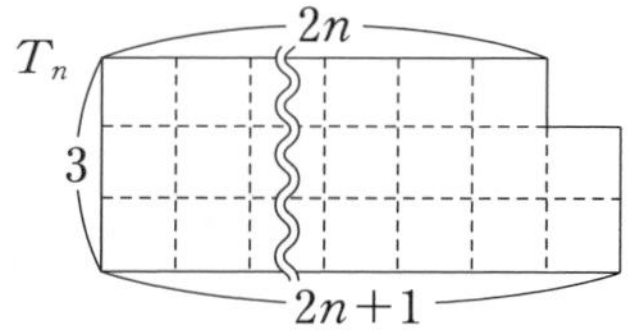


$(3n+1)$ 枚のタイルを用いた $T_n$ 内の配置の総数を $t_n$ とする。
$n=1$ のときは，$t_1=$ [ア] である。
さらに，太郎さんは $T_n$ 内の配置について，右下隅《すみ》のタイルに注目して次のような図をかいて考えた。

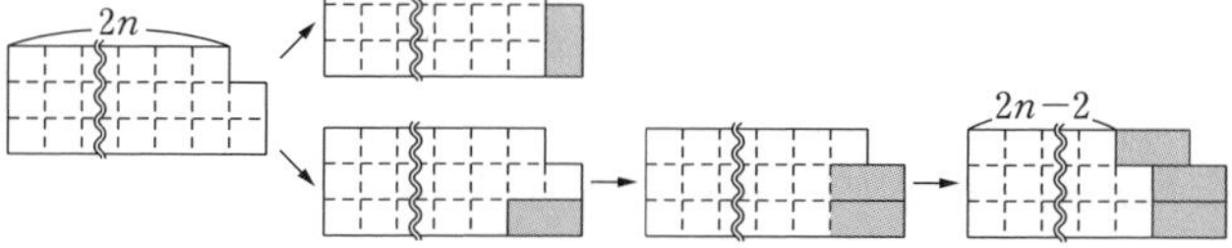


この図から，2以上の自然数 $n$ に対して

$$t_n=Ar_n+Bt_{n-1}$$

が成り立つことがわかる。ただし，$A=$ [イ]，$B=$ [ウ] である。
以上から，$t_2=$ [エオ] であることがわかる。
同様に，$R_n$ の右下隅のタイルに注目して次のような図をかいて考えた。

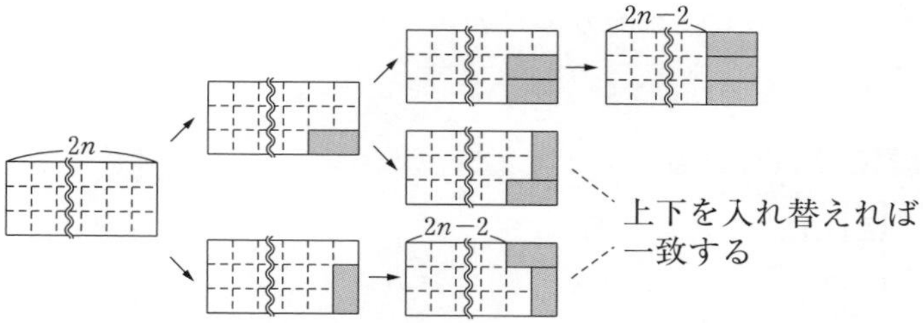


この図から，2以上の自然数$n$に対して

$$r_n = Cr_{n-1} + Dt_{n-1}$$

が成り立つことがわかる。ただし，$C=$[カ]，$D=$[キ]である。

(2)　畳を縦の長さが1，横の長さが2の長方形とみなす。縦の長さが3，横の長さが6の長方形の部屋に畳を敷き詰めるとき，敷き詰め方の総数は[クケ]である。

また，縦の長さが3，横の長さが8の長方形の部屋に畳を敷き詰めるとき，敷き詰め方の総数は[コサシ]である。

（2021年度共通テスト本試験（第2日程））

見慣れない問題でビックリした人もいるかもしれないけど，誘導にしっかり乗っていけばきっと解けるはずだよ！

(1)　図形$T_n$内でのタイルの配置を考えていこう。

まず，$n=1$のとき（$T_1$）は図のようになるね。

さて，このときのタイルの敷き詰め方を考えてみよう。

実は冒頭にある図形$R_n$における$n=1$の場合（$R_1$）を参考にすると考えやすいよ。

右下のはみ出ている部分にどのようにタイルを置くかで場合分けしてみよう。

**・縦に置いてみる**

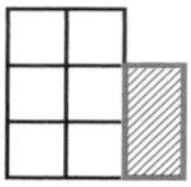

この図のように，右下に縦にタイルを配置した際，太枠内の図形は$R_1$になっているね。つまり，この場合のタイルの敷き詰め方は，$r_1=3$通りあるわけだ。次の場合を考えてみよう！

**・横に置いてみる**

はみ出ている部分に横にタイルを置くと，自動的に次の1通りの置き方しかなくなるね！

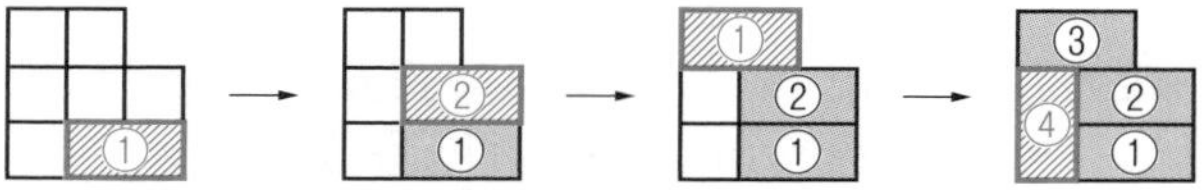


したがって，$n=1$のときの$T_n$内の配置の総数$t_1$は，

$$t_1=r_1+1=3+1=4$$

**答え　ア：4**

さぁ，太郎さんの考察を見てみよう。太郎さんは$T_n$内の配置を次の（ア）（イ）の場合に分けて考えたわけだね。

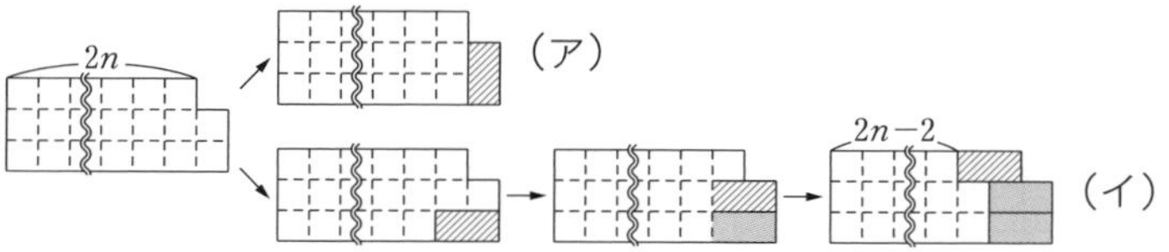


**・（ア）のとき**

このとき，縦の長さ3，横の長さ$2n$の図形にタイルを敷き詰めるわけだけど，この図形は$R_n$だから，タイルの配置は$r_n$通りだ。

**・（イ）のとき**

白い部分の図形は$T_{n-1}$になっているから，この部分のタイルの配置は$t_{n-1}$通りあるはずだね！

したがって，図形$T_n$内のタイルの配置の場合の数$t_n$は，

$$t_n = r_n + t_{n-1} \quad \cdots\cdots ①$$

よって，$A=1$，$B=1$だね。

**答え　イ：1，ウ：1**

①から，$t_2 = r_2 + t_1 = 11 + 4 = 15$

**答え　エオ：15**

次に，$R_n$も同じように，右下の配置について考えてみよう。結果的に次の（ウ）（エ）（オ）の場合に分けることができるんだね。

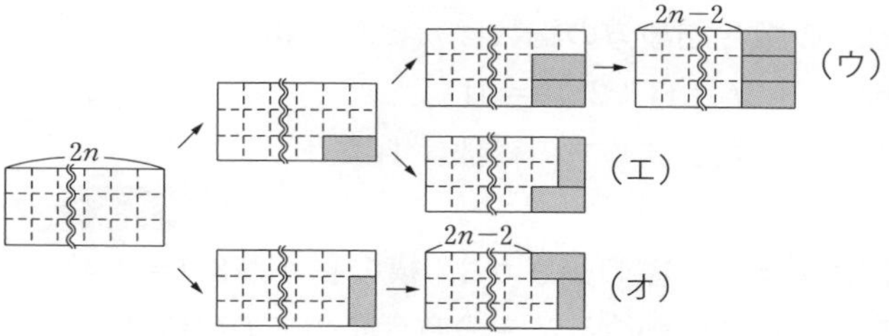


**・（ウ）のとき**

白い部分の図形は$R_{n-1}$だから，このときのタイルの配置は$r_{n-1}$通りあるね。

**・（エ），（オ）のとき**

問題文の通り，白い部分は上下を入れ替えれば一致するので（オ）の場合だけ見てみよう。白い部分の図形は$T_{n-1}$だから，このときのタイルの配置は$t_{n-1}$通りだ。もちろん，（エ）も同じだよ！

よって，$R_n$のタイルの配置の総数$r_n$は，

$$r_n = r_{n-1} + t_{n-1} + t_{n-1} = r_{n-1} + 2t_{n-1} \quad \cdots\cdots ②$$

という関係式が成り立つんだね！

よって，$C=1$，$D=2$だね，

**答え　カ：1，キ：2**

ここまで来れば，もう心配ない！
計算ミスだけ気をつけよう。

(2)　ここまでの情報を整理すると，

$$r_1=3,\ \ r_2=11,\ \ t_1=4,\ \ t_2=15$$
$$t_n=r_n+t_{n-1} \quad \cdots\cdots ①$$
$$r_n=r_{n-1}+2t_{n-1} \quad \cdots\cdots ②$$

縦の長さが3，横の長さが6（$=2\cdot3$）の長方形の部屋に畳を敷き詰めときの敷き詰め方の総数は$r_3$となるね。②より，

$$r_3=r_2+2t_2=11+2\cdot15=41$$

よって，畳の敷き詰め方の総数は41だ！

**答え　クケ：41**

同様に考えると，縦の長さが3，横の長さが8（$=2\cdot4$）の長方形の部屋に畳を敷き詰めるときの敷き詰め方の総数は$r_4$となるね。

①より，$t_3=r_3+t_2=41+15=56$

②より，$r_4=r_3+2t_3=41+2\cdot56=153$

したがって，畳の敷き詰め方の総数は153だよ。

**答え　コサシ：153**

# SECTION 6
## 確率分布と統計的な推測

### THEME

きめる! KIMERU SERIES

# SECTION 6で学ぶこと

この単元の特徴は……とにかく問題文が長い。日常の場面から問題に繋げていく展開もあり，数学Ⅰ・A「データの分析」のようなわずらわしさ（と言ってしまおう！）があるかもしれない。ただ，前半の問題は点数が比較的とりやすいという特徴もある。公式を押さえたらあとはミスに気をつけて，ぱっぱと解き進めよう。節約した時間を使って，後半の問題をしっかり解くようにしたい。

## ここが問われる！ キーワードと公式で解ける問題もある！公式の暗記は完璧に！

この単元は，**公式を覚えていないと話にならない**。逆に，公式を覚えていて，それを使うキーワードが頭に入っていればすぐに答えを出せてしまう側面もある。ぶっちゃけるなら，公式の意味や本質を理解していなくても正解に辿り着けてしまう問題も少なくないよ。ただ，公式には「母平均の推定」のように長いものもある。とにかくスムーズにできるようになるまで問題を繰り返し解くようにしよう。

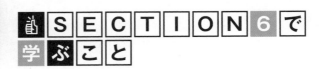

## ここが問われる！ 最初は公式集を見ながら解くのでもOK

公式を暗記してから問題に向かう必要はない。最初は手元に教科書や公式集を置いて問題を解いていって構わない。使いながら覚えていき，同時に「ここで使うのはどの公式か？」の判断力も鍛えていこう。使っていくうちに覚えるし，裏を返せば「覚えるくらいに使うべし！」ということ。計算が多くて大変だけど，特に前半は「この問題は，この公式で……」と，ほとんど反射神経で解けるくらいに鍛えておきたい。大問の後半は，考えさせる問題が多いだろうから，そちらに時間を配分できるように対策しておきたい。



## ここが問われる！ 「仮説検定」の出題が本格的になる！

2025年度入試からは，今まで取り上げられてこなかった**「仮説検定」の領域が本格的に出題される**ことになる。「帰無仮説」と「対立仮説」を立てる目的は何か？　信頼区間95%ってどういうこと？　有意水準と棄却域の関係は？　など，ややこしい部分は意味からしっかり理解しよう。仮説検定の問題は計算量が多いせいで，「今，何の計算だっけ？」と本筋を見失いやすいところにも注意だよ。

3桁×3桁の計算や小数点の計算がたくさん出てくるので，「算数力」が勝負の分かれ目となる。解法を読んでわかった気になるのではなく，必ず自分の手を動かして計算をし，答えに至る練習を重ねること。公式集を見ながら問題を解くのは構わないけれど，その場合も，計算は必ず行うように！

**長文の読み方は「データの分析」と似ているよ。まず全体にざっと目を通し，それから問題を解くために必要な情報をピックアップしながら読み進め，解いていこう。いきなり問題文の頭から1文字ずつ読んでいくのではなく，「まず全体像を把握する」という習慣を身につけよう。**

THEME

# 1 確率分布

ここできめる!

- 期待値，分散，標準偏差を求められるようになろう。
- 変数変換ができるようになろう。

## 1 期待値と分散

### 過去問にチャレンジ

袋の中に白球が4個，赤球が3個入っている。この袋の中から同時に3個の球を取り出すとき，白球の個数を $W$ とする。確率変数 $W$ について $P(W=0)=\dfrac{\boxed{\text{ア}}}{\boxed{\text{イウ}}}$，$P(W=1)=\dfrac{\boxed{\text{エオ}}}{\boxed{\text{イウ}}}$，$P(W=2)=\dfrac{\boxed{\text{カキ}}}{\boxed{\text{イウ}}}$，$P(W=3)=\dfrac{\boxed{\text{ク}}}{\boxed{\text{イウ}}}$ であり，期待値（平均）は $\dfrac{\boxed{\text{ケコ}}}{\boxed{\text{サ}}}$，分散は $\dfrac{\boxed{\text{シス}}}{\boxed{\text{セソ}}}$ である。

（2015年度センター本試験改・略）

まずは確率分布を作る練習をしておこう！
白球4個，赤球3個が入っている袋から球を3個取り出す方法は，
${}_7\mathrm{C}_3=35$（通り）あるね。
確率変数 $W$ のとり得る値は0，1，2，3しかないから，それぞれの確率を求めると，

$$P(W=0)=\frac{{}_3\mathrm{C}_3}{35}=\frac{1}{35}$$

$$P(W=1)=\frac{{}_4C_1\times{}_3C_2}{35}=\frac{4\times3}{35}=\frac{12}{35}$$

$$P(W=2)=\frac{{}_4C_2\times{}_3C_1}{35}=\frac{6\times3}{35}=\frac{18}{35}$$

$$P(W=3)=\frac{{}_4C_3}{35}=\frac{4}{35}$$

| $W$ | 0 | 1 | 2 | 3 | 計 |
|---|---|---|---|---|---|
| $P$ | $\frac{1}{35}$ | $\frac{12}{35}$ | $\frac{18}{35}$ | $\frac{4}{35}$ | 1 |

**答え** $\frac{\text{ア}}{\text{イウ}}$ : $\frac{1}{35}$, **エオ** : 12, **カキ** : 18, **ク** : 4

確率分布は表のようになるから, $W$の期待値（平均）$E(W)$は,

$$E(W)=0\cdot\frac{1}{35}+1\cdot\frac{12}{35}+2\cdot\frac{18}{35}+3\cdot\frac{4}{35}=\frac{60}{35}=\frac{12}{7}$$

**答え** $\frac{\text{ケコ}}{\text{サ}}$ : $\frac{12}{7}$

続いて分散だけど, 分散を求めるときには次の公式を使うことが多いので覚えておこう！

**分散**

$$V(X)=E(X^2)-E(X)^2$$

$W^2$の期待値（平均）を求めると,

$$E(W^2)=0^2\cdot\frac{1}{35}+1^2\cdot\frac{12}{35}+2^2\cdot\frac{18}{35}+3^2\cdot\frac{4}{35}=\frac{120}{35}=\frac{24}{7}$$

となるから, $W$の分散$V(W)$は,

$$V(W)=E(W^2)-\{E(W)\}^2=\frac{24}{7}-\left(\frac{12}{7}\right)^2=\frac{24}{49}$$

**答え** $\frac{\text{シス}}{\text{セソ}}$ : $\frac{24}{49}$

## 2 二項分布の期待値と標準偏差

### 過去問にチャレンジ

太郎さんのクラスでは，確率分布の問題として，2個のさいころを同時に投げることを72回繰り返す試行を行い，2個とも1の目が出た回数を表す確率変数$X$の分布を考えることとなった。そこで，21名の生徒がこの試行を行った。

$X$は二項分布$B\left(\boxed{\text{アイ}},\ \dfrac{\boxed{\text{ウ}}}{\boxed{\text{エオ}}}\right)$に従う。このとき，

$k=\boxed{\text{アイ}}$，$p=\dfrac{\boxed{\text{ウ}}}{\boxed{\text{エオ}}}$とおくと，$X=r$である確率は

$$P(X=r)={}_k\mathrm{C}_r p^r(1-p)^{\boxed{\text{カ}}}\quad (r=0,\ 1,\ 2,\ \cdots,\ k)\quad \cdots\cdots①$$

である。

また，$X$の平均（期待値）は$E(X)=\boxed{\text{キ}}$，標準偏差は

$\sigma(X)=\dfrac{\sqrt{\boxed{\text{クケ}}}}{\boxed{\text{コ}}}$である。

$\boxed{\text{カ}}$の解答群

| | | | |
|---|---|---|---|
| ⓪ $k$ | ① $k+r$ | ② $k-r$ | ③ $r$ |

（2022年度共通テスト追試験・略）

シンプルな**二項分布**の問題だね！　まず，2個のさいころを同時に投げ，2個とも1の目が出る確率は，

$$\frac{1}{6^2}=\frac{1}{36}$$

$B(n,\ p)$
試行回数（$n$）　1回あたりの確率（$p$）

このとき，$X$は二項分布$B\left(72,\ \dfrac{1}{36}\right)$に従うことがわかるね。

**答え** アイ：72，$\dfrac{\text{ウ}}{\text{エオ}}$：$\dfrac{1}{36}$

$k=72$，$p=\dfrac{1}{36}$として，$X=r$，つまり，2個とも1の目が出た回数が$r$回である確率は，**反復試行の確率**を考えると，

$$P(X=r)={}_k\mathrm{C}_r p^r(1-p)^{k-r} \quad (r=0,\ 1,\ 2,\ \cdots,\ k) \quad \cdots\cdots①$$

**答え** **カ：②**

次に，$X$の期待値（平均），標準偏差を求めよう。
以下の公式を確認しておこう。

**期待値・分散・標準偏差**

確率変数$X$が二項分布$B(n,\ p)$に従うとき，
期待値（平均）$\boldsymbol{E(X)=np}$，分散$\boldsymbol{V(X)=np(1-p)}$，
標準偏差$\boldsymbol{\sigma(X)=\sqrt{np(1-p)}}$

この公式から，

$$E(X)=72\cdot\frac{1}{36}=2,\quad \sigma(X)=\sqrt{72\cdot\frac{1}{36}\cdot\left(1-\frac{1}{36}\right)}=\sqrt{\frac{70}{36}}=\frac{\sqrt{70}}{6}$$

**答え** **キ：2，$\dfrac{\sqrt{\text{クケ}}}{\text{コ}}$：$\dfrac{\sqrt{70}}{6}$**

## 3 変数変換と期待値の分散

**過去問にチャレンジ**

$n$を自然数とする。原点Oから出発して数直線上を$n$回移動する点Aを考える。点Aは，1回ごとに，確率$p$で正の向きに3だけ移動し，確率$1-p$で負の向きに1だけ移動する。ここで，$0<p<1$である。$n$回移動した後の点Aの座標を$X$とし，$n$回の移動のうち正の向きの移動の回数を$Y$とする。

(1)　$p=\dfrac{1}{3}$, $n=2$ のとき，確率変数 $X$ のとり得る値は，小さい順に $-\boxed{\text{ア}}$, $\boxed{\text{イ}}$, $\boxed{\text{ウ}}$ であり，これらの値をとる確率は，それぞれ $\dfrac{\boxed{\text{エ}}}{\boxed{\text{オ}}}$, $\dfrac{\boxed{\text{カ}}}{\boxed{\text{オ}}}$, $\dfrac{\boxed{\text{キ}}}{\boxed{\text{オ}}}$ である。

(2)　$n$ 回移動したとき，$X$ と $Y$ の間に $X=\boxed{\text{ク}}\,n+\boxed{\text{ケ}}\,Y$ の関係が成り立つ。

確率変数 $Y$ の平均（期待値）は $\boxed{\text{コ}}$，分散は $\boxed{\text{サ}}$ なので，$X$ の平均は $\boxed{\text{シ}}$，分散は $\boxed{\text{ス}}$ である。

$\boxed{\text{コ}}$ ～ $\boxed{\text{ス}}$ の解答群（同じものを繰り返し選んでもよい。）

| | | |
|---|---|---|
| ⓪ $np$ | ① $np(1-p)$ | ② $\dfrac{p(1-p)}{n}$ |
| ③ $2np$ | ④ $2np(1-p)$ | ⑤ $p(1-p)$ |
| ⑥ $4np$ | ⑦ $4np(1-p)$ | ⑧ $16np(1-p)$ |
| ⑨ $4np-n$ | ⓐ $4np(1-p)-n$ | ⓑ $16np(1-p)-n$ |

（2016年度センター本試験・略）

(1)　$p=\dfrac{1}{3}$, $1-p=\dfrac{2}{3}$, $n=2$ のとき，点Aの移動について考えてみよう！　次の3通りが考えられるね。

(i)　負の向きに2回移動

このとき，$X=-1-1=-2$ で　$P(X=-2)=\left(\dfrac{2}{3}\right)^2=\dfrac{4}{9}$

(ii)　正の向きと負の向きに1回ずつ移動

このとき，$X=3-1=2$ で　$P(X=2)={}_2\mathrm{C}_1\left(\dfrac{1}{3}\right)^1\left(\dfrac{2}{3}\right)^1=\dfrac{4}{9}$

(iii)　正の向きに2回移動

このとき，$X=3+3=6$ で　$P(X=6)=\left(\dfrac{1}{3}\right)^2=\dfrac{1}{9}$

**答え**　ア：2，イ：2，ウ：6，$\dfrac{\text{エ}}{\text{オ}}$：$\dfrac{4}{9}$，カ：4，キ：1

(2)　$n$回移動して，正の向きに移動した回数が$Y$であるとき，負の向きに移動した回数は$n-Y$回だね。したがって，点Aの座標$X$は，

$$X=3Y+(-1)\cdot(n-Y)=-n+4Y$$

**答え** **ク：−，ケ：4**

1回ごとの移動は独立だから，確率変数$Y$は二項分布$B(n,\ p)$に従うね。よって，$Y$の平均と分散は，

$$E(Y)=np$$
$$V(Y)=np(1-p)$$

**答え** **コ：⓪，サ：①**

さて，次に$X$の平均と分散を求めよう。公式を確認するよ。

**変数変換**

$Y=aX+b$のとき，

$$E(Y)=aE(X)+b,\quad V(Y)=a^2V(X)$$

公式の$X$，$Y$はこの問題の$X$，$Y$と入れ替わっているので注意してね！

この公式を用いれば，$X=4Y-n$だから，

$$E(X)=E(4Y-n)=4E(Y)-n=4np-n$$
$$V(X)=V(4Y-n)=4^2V(Y)=16np(1-p)$$

**答え** **シ：⑨，ス：⑧**

この変数変換もよく出題されるので，しっかり覚えておこう！

**POINT**

- **期待値**，**分散**，**標準偏差**の公式は必ず覚えよう。覚えているだけで数点が取れることもある。別冊を要チェック！
- **変数変換**を用いて期待値，分散，標準偏差を求める。

THEME

# 2 正規分布

ここで 魁きめる!

- 正規分布と標準正規分布を正しく理解しよう。
- グラフと正規分布表を使いこなせるようにしよう。
- 二項分布を正規分布に近似して，確率を計算しよう。

## 1 正規分布

### 過去問にチャレンジ

以下の問題を解答するにあたっては，必要に応じてp.362の正規分布表を用いてもよい。

全国規模の検定試験が毎年度行われており，この試験の満点は200点で，点数が100点以上の人が合格となる。今年度行われた試験について考える。今年度の試験については，受験者全体での平均点が95点，標準偏差が20点あることだけが公表されている。受験者全体での点数の分布を正規分布とみなして，この試験の合格率を求めよう。試験の点数を表す確率変数を$X$としたとき，$Z=\dfrac{X-\boxed{\text{アイ}}}{\boxed{\text{ウエ}}}$が標準正規分布に従うことを利用すると

$$P(X \geqq 100)=P(Z \geqq \boxed{\text{オ}}.\boxed{\text{カキ}})$$

により，合格率は$\boxed{\text{クケ}}$%である。

また，点数が受験者全体の上位10%の中に入る受験者の最低点はおよそ$\boxed{\text{コ}}$である。

$\boxed{\text{コ}}$の解答群

| | | | |
|---|---|---|---|
| ⓪ 116点 | ① 121点 | ② 126点 | ③ 129点 |
| ④ 134点 | ⑤ 142点 | | |

（2019年度センター追試験・略）

ベーシックな**正規分布**の問題だね！
まず，正規分布についてざっくり復習をしておこう！

**正規分布**

$m$を期待値，$\sigma^2$を分散とするとき，
正規分布を表す確率密度関数$f(x)$は，

$$f(x)=\frac{1}{\sqrt{2\pi}\sigma}e^{-\frac{(x-m)^2}{2\sigma^2}}$$

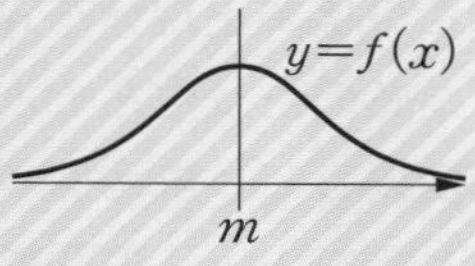

図1

で定義される。このとき，確率変数$X$は
正規分布$N(m,\ \sigma^2)$に従うという。
ただし，$e$はネイピア数という無理数であり，$e=2.71828\cdots\cdots$
という定数である。

難しそうに見えるけど，共通テストを解く上では$f(x)=\frac{1}{\sqrt{2\pi}\sigma}e^{-\frac{(x-m)^2}{2\sigma^2}}$という式は覚えていなくても大丈夫だよ！

正規分布は，人間の身長や大量生産されている製品の誤差など，社会現象や自然現象の中に多く現れる，超イイ感じの分布なんだ！
$a\leqq X\leqq b$となる確率$P(a\leqq X\leqq b)$を本来は，

$$P(a\leqq X\leqq b)=\int_a^b f(x)dx=\int_a^b \frac{1}{\sqrt{2\pi}\sigma}e^{-\frac{(x-m)^2}{2\sigma^2}}dx$$

として求めるんだけど，当然こんな計算を毎回するのは面倒だね。
そこで，正規分布については，次の事柄がとても重要になってくるんだ。絶対に覚えておこう！

確率変数$X$が正規分布$N(m,\ \sigma^2)$に従うとき，確率変数$Z$を
$Z=\frac{X-m}{\sigma}$とすると，$Z$は標準正規分布$N(0,\ 1)$に従う。

これはどういうことかというと，正規分布という分布は図1のように対称性のある確率分布なんだけど，$m$ や $\sigma$ の値によって，図2のように様々な形になるんだ。だけど，いろいろな形になる正規分布も **$Z=\dfrac{X-m}{\sigma}$ という変換をすると，$Z$ は標準正規分布と呼ばれる $m=0$，$\sigma=1$ の特別な正規分布（図3）になる**んだ。正規分布表はこの標準正規分布 $N(0,\ 1)$ をもとに計算した結果を表にまとめていたものだったんだよ。つまり，どんな正規分布も，標準正規分布に変換してしまえば，表を用いて確率を求めることができるということだね！　この変換を**標準化**なんて呼んだりするよ。

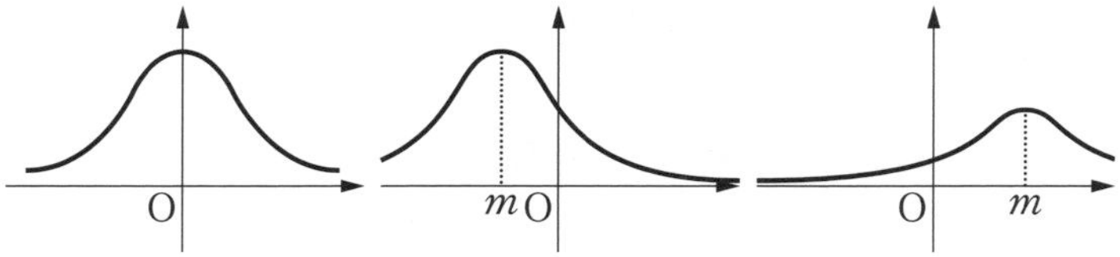


図2

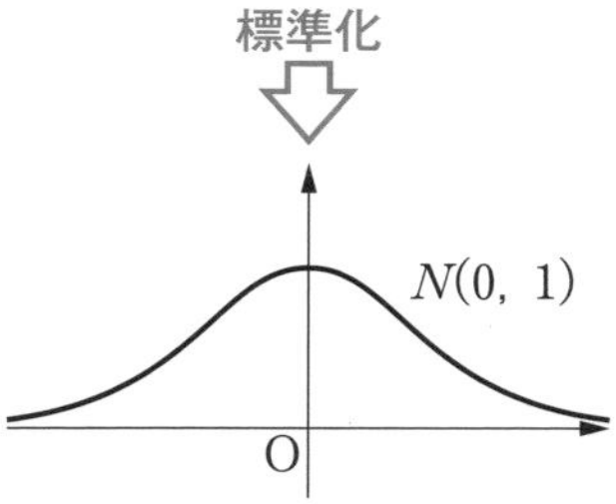


図3

具体的に問題を解きながら理解していこう！
この問題では「正規分布とみなして」とあるので，**$X$ は正規分布 $N(95,\ 20^2)$ に従う**ことがわかるね。これを $Z=\dfrac{X-95}{20}$ で標準化すると，**$Z$ は標準正規分布 $N(0,\ 1)$ に従う**んだ！

**答え　アイ：95，ウエ：20**

さて，$P(X \geqq 100)$ を求めてみよう。これは，受験者全体に対する $X$ が100点以上の割合を求めているんだね。
$X \geqq 100$ より，両辺から95を引いて20で割ると，

$$\frac{X-95}{20} \geqq \frac{100-95}{20} = 0.25$$

となるね。つまり，

$$P(X \geqq 100) = P\left(\frac{X-95}{20} \geqq 0.25\right) = P(Z \geqq 0.25)$$

**答え** **オ.カキ：0.25**

では，正規分布表から$P(Z \geqq 0.25)$の値を求めてみよう！

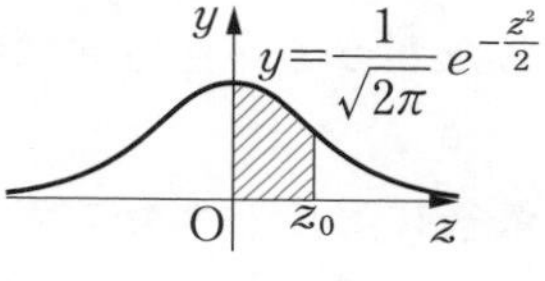


図4

まず，知っておかなければならないのは，表で与えられているのは，$P(0 \leqq Z \leqq Z_0)$に対応する，右図4の面積だということだね。

一方，求めたい$P(Z \geqq 0.25)$は図5の面積なんだ。

これは，次のような流れで求めるんだ。

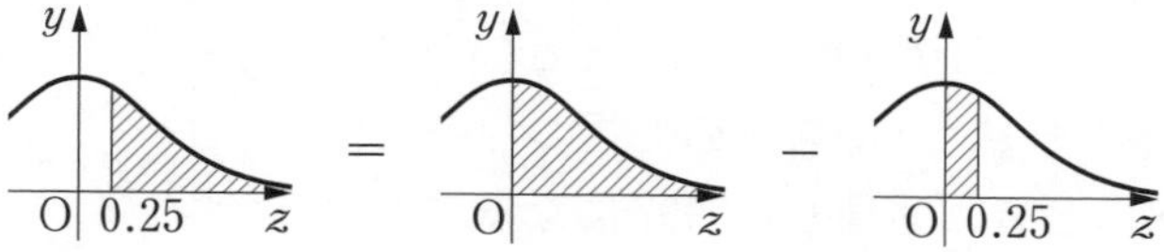


図5　図6　図7

図7の面積は，表から$z_0=0.25$の値を見つければOKだよ！　表の行（横のライン）が小数点第1位，列（縦のライン）が小数点第2位を表しているよ。

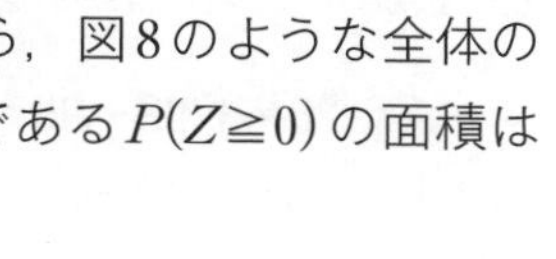


図8

図6の斜線部の面積$P(Z \geqq 0)$は0.5だよ。

これは，正規分布曲線は確率密度関数だから，図8のような全体の面積は確率全体の1になるから，その半分である$P(Z \geqq 0)$の面積は0.5になるということなんだ。

グラフが横軸と交わらないのになんで面積が求められるんですか？

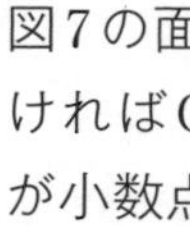

これは少し難しい話になってしまうので，高校数学の範囲では事実として知っておこう！

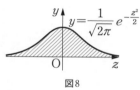

話を問題に戻すよ！　いま，$P(Z \geqq 0.25)$の値を表から求めると，0.0987とわかるね！

| $Z$ | .00 | .01 | …… | .05 |
|---|---|---|---|---|
| 0.0 | | | | |
| 0.1 | | | | |
| 0.2 | | | | 0.0987 |

よって，

$$P(Z \geqq 0.25) = P(Z \geqq 0) - P(0 \leqq Z \leqq 0.25)$$
$$= 0.5 - 0.0987$$
$$= 0.4013$$

したがって，合格率は40%となるね！

**答え　クケ：40**

最後に，点数が受験者全体の上位10%の中に入る受験者の最低点はおよそ何点なのかを求めよう！

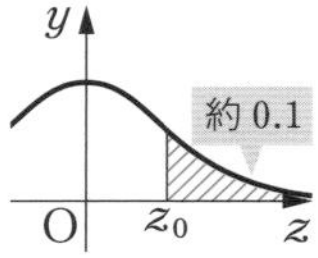

図9

まず求めたいのは，図9の斜線部の面積が約0.1となる$z_0$の値だね。これは，図10のように$P(0 \leqq Z \leqq z_0)$の面積が約0.4になるということだ！　表から約0.4になる値を見つけると，$z_0 = 1.28$のとき，面積が0.3997になることがわかるね。

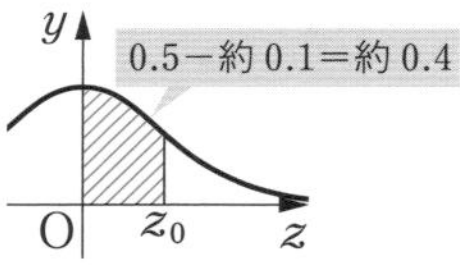

図10

| $Z$ | .00 | .01 | …… | .08 |
|---|---|---|---|---|
| 0.0 | | | | |
| 0.1 | | | | |
| ⋮ | | | | |
| 1.2 | | | | 0.3997 |

$Z = 1.28$のとき，$Z = \dfrac{X - 95}{20}$より，

$$X = 20 \times 1.28 + 95 = 120.6 \fallingdotseq 121$$

つまり，最低点はおよそ121点とわかるんだ！

**答え　コ：①**

正規分布の基本的な扱い方は理解できたかな？

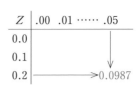

## 2 二項分布と正規分布

### 過去問にチャレンジ

以下の問題を解答するにあたっては，必要に応じてp.362の正規分布表を用いてもよい。

(1) $a$を正の整数とする。2，4，6，……，$2a$の数字がそれぞれ一つずつ書かれた$a$枚のカードが箱に入っている。
この箱から1枚のカードを無作為に取り出すとき，そこに書かれた数字を表す確率変数を$X$とする。このとき，$X=2a$となる確率は$\dfrac{\boxed{\text{ア}}}{\boxed{\text{イ}}}$である。
$a=5$とする。$X$の平均（期待値）は$\boxed{\text{ウ}}$，$X$の分散は$\boxed{\text{エ}}$である。また，$s$，$t$は定数で$s>0$のとき，$sX+t$の平均が20，分散が32となるように$s$，$t$を定めると，$s=\boxed{\text{オ}}$，$t=\boxed{\text{カ}}$である。このとき，$sX+t$が20以上である確率は$0.\boxed{\text{キ}}$である。

(2) (1)の箱のカードの枚数$a$は3以上とする。この箱から3枚のカードを同時に取り出し，それらのカードを横1列に並べる。この試行において，カードの数字が左から小さい順に並んでいる事象を$A$とする。このとき，事象$A$の起こる確率は$\dfrac{\boxed{\text{ク}}}{\boxed{\text{ケ}}}$である。
この試行を180回繰り返すとき，事象$A$が起こる回数を表す確率変数を$Y$とすると，$Y$の平均$m$は$\boxed{\text{コサ}}$，$Y$の分散$\sigma^2$は$\boxed{\text{シス}}$である。
ここで，事象$A$が18回以上36回以下起こる確率の近似値を次のように求めよう。
試行回数180は大きいことから，$Y$は近似的に平均$m=\boxed{\text{コサ}}$，標準偏差$\sigma=\sqrt{\boxed{\text{シス}}}$の正規分布に従うと考えられる。ここで，$Z=\dfrac{Y-m}{\sigma}$ とおくと，求める確率の近似値は次のようになる。

$P(18 \leqq Y \leqq 36)$

$=P(-\boxed{\text{セ}}.\boxed{\text{ソタ}} \leqq Z \leqq \boxed{\text{チ}}.\boxed{\text{ツテ}})=0.\boxed{\text{トナ}}$

（2018年度センター本試験・略）



(1)　$a$ 枚のカードから $2a$ と書かれた1枚のカードを取り出す確率だから，$\dfrac{1}{a}$ だね。

**答え** $\dfrac{\text{ア}}{\text{イ}}$ **:** $\dfrac{1}{a}$

さぁ，ここからは $a=5$ のときを考えていこう。まずは，確率変数 $X$ の確率分布は右の表のようになるね。

| $X$ | 2 | 4 | 6 | 8 | 10 | 計 |
|---|---|---|---|---|---|---|
| $P$ | $\frac{1}{5}$ | $\frac{1}{5}$ | $\frac{1}{5}$ | $\frac{1}{5}$ | $\frac{1}{5}$ | 1 |

したがって，$X$ の期待値 $E(X)$ は，

$$E(X)=2\cdot\frac{1}{5}+4\cdot\frac{1}{5}+6\cdot\frac{1}{5}+8\cdot\frac{1}{5}+10\cdot\frac{1}{5}$$
$$=6$$

**答え** ウ **:** 6

$X$ の分散 $V(X)$ は，

$$V(X)=(2-6)^2\cdot\frac{1}{5}+(4-6)^2\cdot\frac{1}{5}+(6-6)^2\cdot\frac{1}{5}+(8-6)^2\cdot\frac{1}{5}$$
$$+(10-6)^2\cdot\frac{1}{5}=8$$

**答え** エ **:** 8

**【別解】**

$$V(X)=E(X^2)-\{E(X)\}^2$$
$$=2^2\cdot\frac{1}{5}+4^2\cdot\frac{1}{5}+6^2\cdot\frac{1}{5}+8^2\cdot\frac{1}{5}+10^2\cdot\frac{1}{5}-6^2$$
$$=(2^2+4^2+6^2+8^2+10^2)\cdot\frac{1}{5}-36$$
$$=44-36=8$$

さぁ，続いては変数変換だよ。

直前の結果から，$E(X)=6$，$V(X)=8$ だから，

$$E(sX+t)=sE(X)+t=6s+t$$
$$V(sX+t)=s^2V(X)=8s^2$$

が成り立つ。さらに，$E(sX+t)=20$，$V(sX+t)=32$ だから，

$$6s+t=20,\quad 8s^2=32$$

$s>0$ であるから，$s=2$，したがって，$t=8$ が得られるね！

**答え オ：2，カ：8**

このとき，$sX+t\geqq 20$ から $2X+8\geqq 20$ つまり $X\geqq 6$ となる確率は，

$$P(X\geqq 6)=P(X=6)+P(X=8)+P(X=10)$$
$$=\frac{1}{5}+\frac{1}{5}+\frac{1}{5}=\frac{3}{5}=0.6$$

**答え キ：6**

(2)　取り出す3枚のカードの番号を小さい順に，$x$，$y$，$z$ としよう。この3枚のカードを横1列に並べる総数は $3!=6$ 通りだね。そのうち，小さい順（$x$，$y$，$z$ の順）に並ぶ並べ方は1通りしかないから，事象 $A$ の起こる確率は $\frac{1}{6}$ となるよ。

**答え $\frac{ク}{ケ}$：$\frac{1}{6}$**

この試行を何回行っても，それぞれの試行は独立しているから，

**確率変数 $Y$ は二項分布 $B\left(180,\ \frac{1}{6}\right)$ に従う**ことがわかるね。

よって，$Y$ の平均 $m$ は，

$$m=180\cdot\frac{1}{6}=30$$

$B(n,\ p)$ の期待値は $m=np$

$Y$ の分散 $\sigma^2$ は，

$$\sigma^2=180\cdot\frac{1}{6}\cdot\left(1-\frac{1}{6}\right)=25$$

$B(n,\ p)$ の分散は $\sigma^2=np(1-p)$

**答え コサ：30，シス：25**

さぁここから，「事象 $A$ が18回以上36回以下起こる確率（の近似値）」を求めよう！　**二項分布は試行回数が大きいときは近似的に正規分布に従う**ということが知られているよ。

この問題では，「試行回数180は大きいことから」っていう一文があるよね。これは「この二項分布は近似的に正規分布と見なしていいよ！」という合図なんだ。ということで，**$Y$は近似的に正規分布$N(30,\ 5^2)$に従う**ものとして考えていこう。さぁ，ここからは誘導にしたがって，$Z=\dfrac{Y-m}{\sigma}$とおいて標準化だ！

今，$m=30$，$\sigma=5$から，$Z=\dfrac{Y-30}{5}$とおくと，**$Z$は標準正規分布$N(0,\ 1)$に従う**んだね。

$18\leqq Y\leqq 36$のとき，各辺から30を引いて5で割ると，

$$\frac{18-30}{5}\leqq\frac{Y-30}{5}\leqq\frac{36-30}{5}$$

よって，$-2.4\leqq Z\leqq 1.2$となるね。

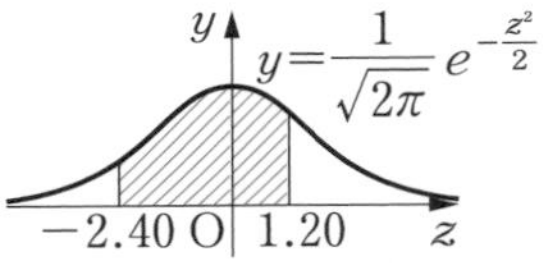


したがって，

$$P(18\leqq Y\leqq 36)=P(-2.40\leqq Z\leqq 1.20)$$

**答え　セ.ソタ：2.40，チ.ツテ：1.20**

ところでこの面積は，対称性を考えれば，次のように考えられるよ。

$$P(0\leqq Z\leqq 2.40)+P(0\leqq Z\leqq 1.20)$$

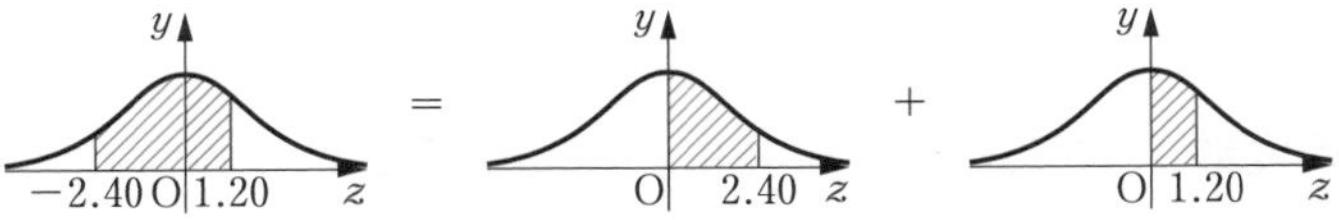


正規分布表から，$z_0=2.40$，$1.20$の場合を見つけて計算しよう！

$$P(0\leqq Z\leqq 2.40)=0.4918,\quad P(0\leqq Z\leqq 1.20)=0.3849$$

したがって，求める確率は，

$$\begin{aligned}P(18\leqq Y\leqq 36)&=P(-2.40\leqq Z\leqq 1.20)\\&=0.4918+0.3849\\&=0.8767\fallingdotseq 0.88\end{aligned}$$

**答え　トナ：88**

二項分布→正規分布の流れは超定番なのでしっかり押さえよう！

## 3　連続型確率変数の期待値，分散，標準偏差

### 過去問にチャレンジ

以下の問題を解答するにあたっては，必要に応じてp.362の正規分布表を用いてもよい。

(1)　1回の試行において，事象$A$の起こる確率が$p$，起こらない確率が$1-p$であるとする。この試行を$n$回繰り返すとき，事象$A$の起こる回数を$W$とする。確率変数$W$の平均(期待値)$m$が$\dfrac{1216}{27}$，標準偏差$\sigma$が$\dfrac{152}{27}$であるとき，$n=\boxed{\text{アイウ}}$，

$p=\dfrac{\boxed{\text{エ}}}{\boxed{\text{オカ}}}$である。

(2)　(1)の反復試行において，$W$が38以上となる確率の近似値を求めよう。

いま　$P(W \geqq 38)=P\left(\dfrac{W-m}{\sigma} \geqq -\boxed{\text{キ}}.\boxed{\text{クケ}}\right)$と変形できる。ここで，$Z=\dfrac{W-m}{\sigma}$とおき，$W$の分布を正規分布で近似すると，正規分布表から確率の近似値は次のように求められる。

$$P(Z \geqq -\boxed{\text{キ}}.\boxed{\text{クケ}})=0.\boxed{\text{コサ}}$$

(3)　連続型確率変数$X$のとり得る値$x$の範囲が$s \leqq x \leqq t$で，確率密度関数が$f(x)$のとき，$X$の平均$E(X)$は次の式で与えられる。

$$E(X)=\int_s^t xf(x)dx$$

$a$を正の実数とする。連続型確率変数$X$のとり得る値$x$の範囲が$-a \leqq x \leqq 2a$で，確率密度関数が

$$f(x)=\begin{cases}\dfrac{2}{3a^2}(x+a) & (-a\leqq x\leqq 0\text{のとき})\\[2mm] \dfrac{1}{3a^2}(2a-x) & (0\leqq x\leqq 2a\text{のとき})\end{cases}$$

であるとする。このとき，$a\leqq X\leqq \dfrac{3}{2}a$となる確率は$\dfrac{\boxed{\text{シ}}}{\boxed{\text{ス}}}$である。

また，$X$の平均は$\dfrac{\boxed{\text{セ}}}{\boxed{\text{ソ}}}$である。さらに，$Y=2X+7$とおくと，$Y$の平均は$\dfrac{\boxed{\text{タチ}}}{\boxed{\text{ツ}}}+\boxed{\text{テ}}$である。

（2017年度センター本試験）

(1)　問題の冒頭に，「この試行を$n$回繰り返すとき」とあるね。この一文から，確率変数**$W$が二項分布$B(n,\ p)$に従っている**ことは見抜けたかな？　これが見抜けていれば，瞬時に，

$$m=np,\ \ \sigma=\sqrt{np(1-p)}$$

から$n$と$p$を求めるという流れになっていることがわかるね！

期待値（平均）$m$が$\dfrac{1216}{27}$，標準偏差$\sigma$が$\dfrac{152}{27}$だから，

$$np=\frac{1216}{27}\quad\cdots\cdots①$$

$$\sqrt{np(1-p)}=\frac{152}{27}\quad\cdots\cdots②$$

が成り立つはずだね。②の両辺を2乗すると，

$$np(1-p)=\frac{152^2}{27^2}$$

この後の計算で約分ができるかもしれないからあえて2乗は計算しないよ！

これに①を代入すれば，

$$\frac{1216}{27}(1-p)=\frac{152^2}{27^2}$$

すなわち，$1-p=\dfrac{152^2}{27^2}\cdot\dfrac{27}{1216}=\dfrac{(2^3\cdot 19)^2\cdot 27}{27^2\cdot 2^6\cdot 19}=\dfrac{19}{27}$

よって，$p=1-\dfrac{19}{27}=\dfrac{8}{27}$

また，①から，次の式が得られる。

$$n=\frac{1216}{27}\cdot\frac{1}{p}=\frac{2^6\cdot 19}{27}\cdot\frac{27}{8}=152$$

**答え** **アイウ：152，$\dfrac{\text{エ}}{\text{オカ}}$：$\dfrac{8}{27}$**

(2)　冒頭に，「$W$が38以上になる確率を求めよう。」とあるね。$W$としては0～38が最低限考えられるけど，この中で38回というのは，これはもう$n$としては十分大きな値なんだ。だから，**近似的に正規分布$N(m,\ \sigma^2)$つまり$N\left(\dfrac{1216}{27},\ \left(\dfrac{152}{27}\right)^2\right)$に従う**として考えていこう。$Z=\dfrac{W-m}{\sigma}$で標準化すると，

$W\geqq 38$のとき，$\dfrac{W-m}{\sigma}\geqq\dfrac{38-m}{\sigma}=\dfrac{38-\dfrac{1216}{27}}{\dfrac{152}{27}}=-1.25$

よって，

$$P(W\geqq 38)=P\left(\frac{W-m}{\sigma}\geqq -1.25\right)$$

**答え** **キ.クケ：1.25**

これは右図の斜線部の面積を求めると，

$$P(0\leqq Z\leqq 1.25)+P(Z\geqq 0)$$

と等しくなるね！

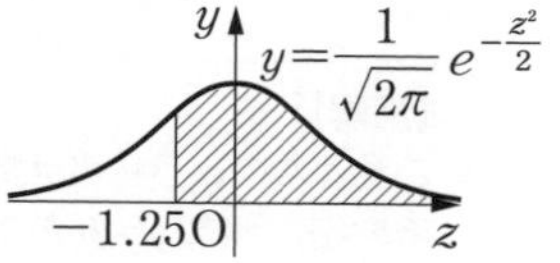


したがって，

$$\begin{aligned}P(W\geqq 38)&=P\left(\frac{W-m}{\sigma}\geqq -1.25\right)\\&=P(0\leqq Z\leqq 1.25)+P(Z\geqq 0)\\&=0.3944+0.5\\&=0.8944\fallingdotseq 0.89\end{aligned}$$

**答え** **0.コサ：0.89**

(3) 次の問題は，ちょっと抽象的な話になっているね。

**連続型確率変数 $X$ のとり得る値 $x$ の範囲が $s \leqq x \leqq t$ で，確率密度関数が $f(x)$ のとき，$X$ の平均 $E(X)$ は次の式で与えられる。**

$$E(X)=\int_s^t xf(x)dx$$

これは，連続型確率変数のときの期待値（平均）の定義そのものなんだ。忘れている人も多いかもしれないので注意しておこう。

さて，$a \leqq X \leqq \frac{3}{2}a$ のとき，これは $0 \leqq x \leqq 2a$ に含まれるので，確率密度関数は $f(x)=\frac{1}{3a^2}(2a-x)$ で与えられるから，

$$\begin{aligned}
P\left(a \leqq X \leqq \frac{3}{2}a\right) &= \int_a^{\frac{3}{2}a} f(x)dx \\
&= \int_a^{\frac{3}{2}a} \frac{1}{3a^2}(2a-x)dx \\
&= \frac{1}{3a^2}\left[2ax-\frac{1}{2}x^2\right]_a^{\frac{3}{2}a} \\
&= \frac{1}{3a^2}\left[\left\{2a\cdot\frac{3}{2}a-\frac{1}{2}\left(\frac{3}{2}a\right)^2\right\}-\left(2a\cdot a-\frac{1}{2}a^2\right)\right] \\
&= \frac{1}{8}
\end{aligned}$$

答え シ/ス：$\frac{1}{8}$

**【別解】**

これは次のように考えても良いんだ。

確率密度関数 $y=f(x)$ のグラフをかくと右のようになるね。$a \leqq X \leqq \frac{3}{2}a$ となる確率は，右の斜線部の面積と等しくなっているんだ。図の台形の面積を求めると，同じように $\frac{1}{8}$ が得られるよ！

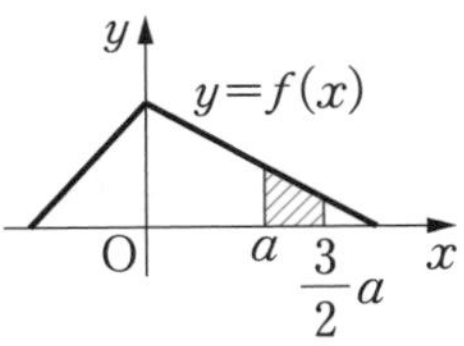


続いて，確率変数 $X$ の期待値（平均）は，

$X$ の全範囲，つまり $-a \leqq x \leqq 2a$ で考えるよ！

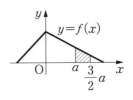

$$E(X)=\int_{-a}^{2a}xf(x)dx$$
$$=\int_{-a}^{0}x\cdot\frac{2}{3a^2}(x+a)dx+\int_{0}^{2a}x\cdot\frac{1}{3a^2}(2a-x)dx$$
$$=\frac{2}{3a^2}\int_{-a}^{0}x(x+a)dx+\frac{1}{3a^2}\int_{0}^{2a}x(2a-x)dx$$
$$=\frac{2}{3a^2}\left[-\frac{1}{6}\{0-(-a)\}^3\right]+\frac{1}{3a^2}\left\{\frac{1}{6}(2a-0)^3\right\}$$ ◀ $\frac{1}{6}$公式
$$=\frac{a}{3}$$

**答え** セソ：$\frac{a}{3}$

最後に，典型的な変数変換だ！
確率変数 $Y$ を $Y=2X+7$ とおいているから，

$$E(Y)=E(2X+7)$$
$$=2E(X)+7$$
$$=2\cdot\frac{a}{3}+7$$
$$=\frac{2a}{3}+7$$

となるわけだね！

**答え** タチツ：$\frac{2a}{3}$，テ：7

**POINT**

- 確率変数 $X$ が正規分布 $N(m,\ \sigma^2)$ に従うとき，確率変数 $Z$ を $Z=\frac{X-m}{\sigma}$ とすると，$Z$ は標準正規分布 $N(0,\ 1)$ に従う。
- 二項分布は，試行回数が大きいときは正規分布で近似できる！（そのあとは標準正規分布にして考えよう。）
- 正規分布以外の確率密度関数が出てきても慌てない！
  **積分計算は面積に帰着できる**ので，積分せず，図形的に $P(X)$ や $E(X)$ を求められることも確認しておこう。

THEME 3

# 統計的な推測

ここできめる!

- 母平均の推定，母比率の推定をできるようにしよう。
- 仮説検定の手順や仕組みを理解しよう。

## 1 標本平均の分布と母平均の推定

### 過去問にチャレンジ

ある母集団の確率分布が平均$m$，標準偏差9の正規分布であるとする。
以下の問題を解答するにあたっては，必要に応じてp.362の正規分布表を用いてもよい。

(1) $m=50$のときに，この母集団から無作為に抽出される標本の値を$X$とする。このとき，

$P(X \geqq 45.5)=0.$[アイウエ]，$P(X \geqq 63.5)=0.$[オカキク]

が成り立つ。

(2) $m=50$のときに，この母集団から無作為に大きさ144の標本を抽出すると，その標本平均の平均（期待値）は[ケコ]，標準偏差は[サ].[シス]である。

(3) 母平均$m$がわかっていないときに，無作為に大きさ144の標本を抽出したところ，その標本平均の値は51.0であった。母平均$m$に対する信頼度95%の信頼区間は

[セソ].[タ]$\leqq m \leqq$[チツ].[テ]である。

(4) 母平均$m$がわかっていないときに，(3)と同様に，無作為に大きさ144の標本を抽出して母平均$m$に対する信頼度95%の信頼区間を求めることを，304回繰り返す。
このとき，それらの信頼区間のうち，母平均$m$を含むもの

の数を$Y$とすると，確率変数$Y$は二項分布に従うので，平均は[トナニ].[ヌ]，標準偏差は[ネ].[ノ]である。
$Y \leqq 285$となる確率の近似値を求めよう。ここで，

$$P(Y \leqq 285)=P\left(\frac{Y-\boxed{トナニ}.\boxed{ヌ}}{\boxed{ネ}.\boxed{ノ}} \leqq -\boxed{ハ}.\boxed{ヒフ}\right)$$

である。標準正規分布に従う確率変数を$Z$とすると，304は十分に大きいので，求める確率の近似値は正規分布表から次のように求められる。

$$P(Z \leqq -\boxed{ハ}.\boxed{ヒフ})=0.\boxed{ヘホ}$$

（2016年度センター追試験）

(1) **確率が計算できるのは，標準正規分布$N(0,\ 1)$のとき**だね！
正規分布$N(50,\ 9^2)$に従う$X$に対し，

$$Z=\frac{X-50}{9}$$

とおくと，**$Z$は標準正規分布$N(0,\ 1)$に従う**ね。
$X \geqq 45.5$のとき，

$$Z \geqq \frac{45.5-50}{9}=-0.5$$

つまり，$Z \geqq -0.5$だから，

$$P(X \geqq 45.5)=P(Z \geqq -0.5)$$
$$=0.5+P(0 \leqq Z \leqq 0.5)$$
$$=0.5+0.1915=0.6915$$

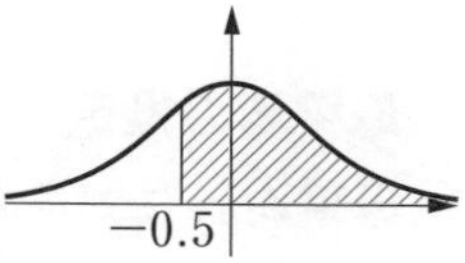


**答え アイウエ：6915**

また，$X \geqq 63.5$のとき，

$$Z \geqq \frac{63.5-50}{9}=1.5$$

つまり，$Z \geqq 1.5$だから，

$$P(X \geqq 63.5)=P(Z \geqq 1.5)$$
$$=0.5-P(0 \leqq Z \leqq 1.5)$$
$$=0.5-0.4332=0.0668$$

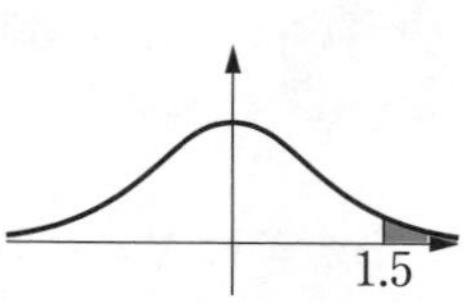


**答え オカキク：0668**

(2) **標本平均**の平均（期待値）と標準偏差について確認しておこう！

**標本平均**

母集団の平均を $m$，標準偏差を $\sigma$ とすると，
大きさ $n$ の標本平均 $\overline{X}$ の平均（期待値）$E(\overline{X})$，標準偏差 $\sigma(\overline{X})$ は，

$$E(\overline{X})=m,\ \sigma(\overline{X})=\frac{\sigma}{\sqrt{n}}$$



母平均 $m=50$，母標準偏差 9 の母集団から，大きさ 144 の標本を無作為に抽出するとき，
標本平均の平均（期待値）は，50

標準偏差は，$\dfrac{9}{\sqrt{144}}=\dfrac{9}{12}=0.75$

**答え** **ケコ：50，サ.シス：0.75**

$m=50$，$\sigma=9$，$n=144$ として，
公式に当てはめたんですね。

(3) **母平均の推定**について確認しておくよ！

**母平均の推定**

母平均 $m$ に対する信頼度 95% の信頼区間は，標本の大きさ $n$ が大きいとき，母標準偏差 $\sigma$，標本平均 $\overline{X}$ を用いて

$$\left[\overline{X}-1.96\times\frac{\sigma}{\sqrt{n}},\ \overline{X}+1.96\times\frac{\sigma}{\sqrt{n}}\right]$$

$[a,\ b]$ は区間 $a\leqq m\leqq b$
を表すよ。

標本平均 $\overline{X}=51.0$，母標準偏差 $\sigma=9$，標本の大きさ $n=144$ だから，
母平均 $m$ に対する信頼度 95% の信頼区間は，

$$\left[51.0-1.96\times\frac{9}{\sqrt{144}},\ 51.0+1.96\times\frac{9}{\sqrt{144}}\right]$$

$$[51.0-1.47,\ 51.0+1.47]$$

$$[49.53,\ 52.47]$$

ゆえに，$49.53 \leqq m \leqq 52.47$

小数第2位を四捨五入すると，$49.5 \leqq m \leqq 52.5$

**答え** **セソ.タ：49.5，チツ.テ：52.5**

(4)　母平均 $m$ に対する信頼度95％の信頼区間というのは，

$$\left[\overline{X}-1.96\times\frac{\sigma}{\sqrt{n}},\ \overline{X}+1.96\times\frac{\sigma}{\sqrt{n}}\right]$$

によって，信頼区間を作ることを100回行ったら95回ほどは信頼区間に母平均が含まれるという意味だったね！

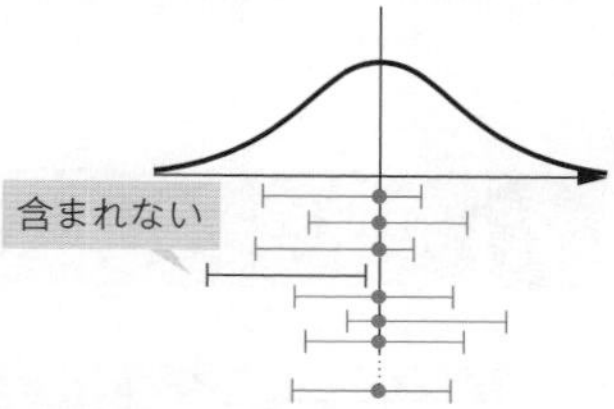


つまり，信頼度95％の信頼区間の定義から，信頼区間を作るときに母平均 $m$ を含む確率は0.95だから，**$Y$は二項分布 $B(304,\ 0.95)$ に従う**よ。

よって，平均は，$304\cdot 0.95=288.8$

標準偏差は，$\sqrt{304\cdot 0.95\cdot 0.05}=\sqrt{4^2\cdot 19\cdot\frac{5\cdot 19}{10^2}\cdot\frac{5}{10^2}}$

$$=\frac{4\cdot 19\cdot 5}{10^2}=3.8$$

二項分布 $B(n,\ p)$ の
平均は $np$，標準偏差は $\sqrt{np(1-p)}$ だよ

**答え** **トナニ.ヌ：288.8，ネ.ノ：3.8**

よって，

$$P(Y \leqq 285)=P\left(\frac{Y-288.8}{3.8} \leqq \frac{285-288.8}{3.8}\right)=P\left(\frac{Y-288.8}{3.8} \leqq -1.00\right)$$

**答え** **ハ.ヒフ：1.00**

304は大きいので，$Z=\dfrac{Y-288.8}{3.8}$ は**近似的に標準正規分布**

**$N(0,\ 1)$ に従う**から，

$$P(Z \leqq -1.00)=0.5-P(0 \leqq Z \leqq 1)$$
$$=0.5-0.3413=0.1587$$

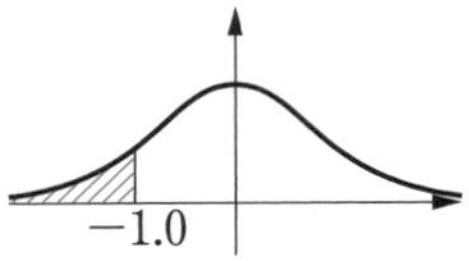


小数第3位を四捨五入すると，

$$P(Z \leqq -1.00)=0.16$$

答え　ヘホ：16



## 2　母比率と区間推定

### 過去問にチャレンジ

以下の問題を解答するにあたっては，必要に応じてp.362の正規分布表を用いてもよい。

ある都市での世論調査において，無作為に400人の有権者を選び，ある政策に対する賛否を調べたところ，320人が賛成であった。この都市の有権者全体のうち，この政策の賛成者の母比率 $p$ に対する信頼度95%の信頼区間を求めたい。

この調査での賛成者の比率（以下，これを標本比率という）は0.［ア］である。標本の大きさが400と大きいので，二項分布の正規分布による近似を用いると，$p$ に対する信頼度95%の信頼区間は0.［イウ］$\leqq p \leqq$ 0.［エオ］である。

母比率 $p$ に対する信頼区間 $A \leqq p \leqq B$ において，$B-A$ をこの信頼区間の幅とよぶ。以下，$R$ を標本比率とし，$p$ に対する信頼度95%の信頼区間を考える。

上で求めた信頼区間の幅を $L_1$

標本の大きさが400の場合に $R=0.6$ が得られたときの信頼区間の幅を $L_2$

標本の大きさが500の場合に $R=0.8$ が得られたときの信頼

区間の幅を$L_3$
とする。このとき，$L_1$，$L_2$，$L_3$について **カ** が成り立つ。
**カ** の解答群

| | | |
|---|---|---|
| ⓪ $L_1<L_2<L_3$ | ① $L_1<L_3<L_2$ | ② $L_2<L_1<L_3$ |
| ③ $L_2<L_3<L_1$ | ④ $L_3<L_1<L_2$ | ⑤ $L_3<L_2<L_1$ |

（2018年度センター本試験・略）

問題文に丁寧な誘導がついているね！
400人の有権者のうち，320人が賛成だから，標本比率$R$は，

$$R=\frac{320}{400}=\frac{4}{5}=0.8$$

答え　**ア：8**

さて，**母比率の推定**に関して，次のことをしっかり覚えておこう。
標本の大きさが十分大きいとき，以下のことが知られているんだ。

**母比率の推定**
母集団において，ある特性$A$の母比率$p$の区間推定は次の手順で行う。

ステップ❶ **標本比率$R$を求める**
（標本の大きさが$n$，その中の特性$A$の数が$T$のとき，$R=\frac{T}{n}$）

ステップ❷ **信頼度95%の場合①，信頼度99%の場合②が求める区間**

① $R-1.96\sqrt{\frac{R(1-R)}{n}}\leqq p\leqq R+1.96\sqrt{\frac{R(1-R)}{n}}$

② $R-2.58\sqrt{\frac{R(1-R)}{n}}\leqq p\leqq R+2.58\sqrt{\frac{R(1-R)}{n}}$

今回は$n=400$で標本は十分大きいね。

ここで，

$$\sqrt{\frac{R(1-R)}{n}}=\sqrt{\frac{0.8\times(1-0.8)}{400}}=0.02$$

だから，$p$に対する**信頼度95％の信頼区間**は，

$$0.8-1.96\times0.02\leqq p\leqq0.8+1.96\times0.02$$

$$0.7608\leqq p\leqq0.8392$$

四捨五入して，

$$0.76\leqq p\leqq0.84$$

が求める信頼区間だ！

**答え** **イウ：76，エオ：84**

さて，次の問題だよ。信頼区間の幅$B-A$を$L$とすると，

$$L=B-A=\left(R+1.96\sqrt{\frac{R(1-R)}{n}}\right)-\left(R-1.96\sqrt{\frac{R(1-R)}{n}}\right)$$

$$=2\times1.96\sqrt{\frac{R(1-R)}{n}}$$

となるね。これらの$L$を，

$n=400$，$R=0.8$　のとき，$L_1$

$n=400$，$R=0.6$　のとき，$L_2$

$n=500$，$R=0.8$　のとき，$L_3$

として，$L_1$，$L_2$，$L_3$の値を比較していくわけだ！

よって，$L_1=2\times1.96\sqrt{\dfrac{0.8\times(1-0.8)}{400}}$

$$=2\times1.96\sqrt{\frac{0.16}{400}}=2\times1.96\sqrt{\frac{0.04}{100}}$$

$$L_2=2\times1.96\sqrt{\frac{0.6\times(1-0.6)}{400}}$$

$$=2\times1.96\sqrt{\frac{0.24}{400}}=2\times1.96\sqrt{\frac{0.06}{100}}$$

$$L_3=2\times1.96\sqrt{\frac{0.8\times(1-0.8)}{500}}$$

$$=2\times1.96\sqrt{\frac{0.16}{500}}=2\times1.96\sqrt{\frac{0.032}{100}}$$

以上より，

$$L_3<L_1<L_2$$

であることがわかったんだ！

**答え　カ：④**

---

**【別解】**

まず，$L_1$と$L_2$を比較すると，$n$の値が同じで$R$の値が異なっているから，根号の中の$R(1-R)$の値を比べればいいね！

$L_1$　……　$R(1-R)=0.8\times0.2=0.16$

$L_2$　……　$R(1-R)=0.6\times0.4=0.24$

よって，$L_1<L_2$が成り立つよ。

次に，$L_1$と$L_3$を比較すると，$R$の値が同じで$n$の値が異なっているね。$n$の値が大きい方が$L$の値は小さくなるから，$L_3<L_1$であることがわかるんだ！

したがって，$L_1<L_2$かつ$L_3<L_1$より，$L_3<L_1<L_2$

## 3　仮説検定

### 対策問題にチャレンジ

以下の問題を解答するにあたっては，必要に応じてp.362の正規分布表を用いてもよい。

太郎さんと花子さんは技術の授業でサイコロを2個ずつ作成し，作った自分のサイコロを使って遊んでいた。

以下，計算には次の値を使用してもよい。

$\sqrt{5}=2.2361$，$\sqrt{15}=3.8730$

(1)　各々1個のサイコロを選び，そのサイコロを繰り返し90回投げて出た目の和が大きい方が勝ちというルールで遊んでいた。このとき，太郎さんと花子さんの出た目の分布は次のようになった。

太郎さん

| サイコロの目 | 1 | 2 | 3 | 4 | 5 | 6 | 合計 |
|---|---|---|---|---|---|---|---|
| 回数 | 18 | 15 | 13 | 13 | 14 | 17 | 90 |

花子さん

| サイコロの目 | 1 | 2 | 3 | 4 | 5 | 6 | 合計 |
|---|---|---|---|---|---|---|---|
| 回数 | 13 | 12 | 14 | 11 | 19 | 21 | 90 |

太郎さん「花子さんのサイコロは5の目と6の目が他の目に比べて多く出ている気がするよ。」

花子さん「私は，偶然5の目と6の目が多く出ただけだと思ったよ。」

太郎さん「花子さんのサイコロは5または6の目が多く出るサイコロかどうかを仮説検定によって，判断することにしない？」

太郎さんと花子さんは，5または6の目が出る確率が$\frac{1}{3}$より大きいと判断してよいかを考えるために，有意水準5%で検定することにした。

ここで，花子さんのサイコロを1回投げたとき，5または6の目が出る確率を$p$とおき，帰無仮説と対立仮説を次のように立てた。

帰無仮説$H_0$：$p=\frac{1}{3}$である。

対立仮説$H_1$：$p>\frac{1}{3}$である。

$p=\frac{1}{3}$と仮定すると，サイコロを90回投げたときに5または6の目が出る回数$X$は二項分布$\boxed{\text{ア}}$に従う。

このとき，$X$の平均（期待値）$m$と，標準偏差$\sigma$は

$m=\boxed{\text{イウ}}$，$\sigma=\boxed{\text{エ}}\sqrt{\boxed{\text{オ}}}$

となり，90は十分大きいから，$X$は近似的に正規分布

$N(\boxed{\text{イウ}}, \boxed{\text{カキ}})$に従う。

よって，$Z=\dfrac{X-\boxed{\text{ク}}}{\boxed{\text{ケ}}}$とおくと，$Z$は正規分布

$N($[コ], [サ]$)$に従う。

ここで，$P(Z\leqq 1.64)=0.95$だから，花子さんのサイコロについて$Z$の値を$z$とすると，$1.64\leqq z$のとき[シ]。

花子さんのサイコロについて，$X=$[スセ]に対し$Z$の値を計算すると$z=$[ソ].[タチ]である。

したがって，[ツ]。

[ア]の解答群

| | | |
|---|---|---|
| ⓪ $B\left(\frac{1}{3},\ \frac{2}{3}\right)$ | ① $B\left(90,\ \frac{1}{3}\right)$ | ② $B(30,\ 20)$ |

[ク]，[ケ]の解答群

| | | | |
|---|---|---|---|
| ⓪ $m$ | ① $2m$ | ② $\sigma$ | ③ $\sigma^2$ |
| ④ $p$ | ⑤ $1-p$ | ⑥ 90 | |

[シ]の解答群

⓪ 帰無仮説$H_0$が棄却される

① 帰無仮説$H_0$は棄却されない

② 対立仮説$H_1$が棄却される

[ツ]の解答群

⓪ 帰無仮説$H_0$は棄却され，$p>\frac{1}{3}$と判断してよい。

① 帰無仮説$H_0$は棄却され，$p=\frac{1}{3}$と判断してよい。

② 帰無仮説$H_0$は棄却されず，$p>\frac{1}{3}$か判断ができない。

③ 帰無仮説$H_0$は棄却されず，$p=\frac{1}{3}$と判断できる。

④ 対立仮説$H_1$は棄却され，$p=\frac{1}{3}$と判断できる。

⑤　対立仮説$H_1$は棄却され，$p>\frac{1}{3}$と判断できる。

(2)　次に，太郎さんと花子さんは，それぞれが作った2つのサイコロを同時に投げることを108回行って，ゾロ目（2つのサイコロの目が同じ状態）が多く出た方が勝ちというルールのもと遊んだ。

このとき，太郎さんは12回，花子さんは26回，ゾロ目が出た。

花子さん「太郎さんのサイコロの組はゾロ目が出にくいんじゃない？」

太郎さん「花子さんの作ったサイコロの組がゾロ目が出やすいのだと思ったよ。」

花子さん「私たちのサイコロの組をそれぞれ仮説検定で調べましょう。」

すべての出る目が$\frac{1}{6}$であるサイコロを2つ同時に投げたときゾロ目が出る確率は$\frac{1}{6}$である。

太郎さんと花子さんはお互いのサイコロを交換して，ゾロ目が出る確率が$\frac{1}{6}$ではないと判断してよいかを考えるために，有意水準5%で検定することにした。

ここで，2個のサイコロを同時に投げてゾロ目が出る確率を$q$とおき，次の仮説を立てた。

帰無仮説$H_0$：$q=\frac{1}{6}$である。

対立仮説$H_1$：$q\neq\frac{1}{6}$である。

$q=\dfrac{1}{6}$ と仮定すると，2個のサイコロを108回同時に投げたとき，ゾロ目が出る回数 $Y$ は二項分布 [テ] に従うから，近似的に正規分布 $N($[トナ], [ニヌ]$)$ に従う。
また，確率変数 $Z$ が $N($[コ], [サ]$)$ に従うとき，正規分布表から

$P(-$[ネ].[ノハ]$\leqq Z \leqq$[ネ].[ノハ]$)=0.95$

である。以上を利用して仮説検定を行うと，
太郎さんのサイコロの組は [ヒ]。また，花子さんのサイコロの組は [フ]。

[テ] の解答群

⓪ $B\left(\dfrac{1}{6},\ \dfrac{5}{6}\right)$　① $B\left(108,\ \dfrac{1}{6}\right)$　② $B(18,\ 15)$

[ヒ]，[フ] の解答群

⓪ $q=\dfrac{1}{6}$ と判断してよい

① $q=\dfrac{1}{6}$ でないと判断してよい

② $q=\dfrac{1}{6}$ でないかどうか判断ができない

（オリジナル）

**仮説検定**はどのようなステップで行っていくか確認をしておこう！

**仮説検定**

**ステップ❶ 帰無仮説$H_0$と対立仮説$H_1$を立てる**

帰無仮説は「否定したい仮説」，対立仮説は「主張したい仮説」というイメージで考えると立てやすいよ！

**ステップ❷ 有意水準$\alpha$に対し棄却域を求める**

有意水準というのは，棄却するかどうかの基準になる数字だ。棄却域を求めるときは，標準化をして正規分布表を利用するよ。

**ステップ❸ 与えられた確率変数の値が棄却域に入るか調べる**

棄却域に入った場合，帰無仮説$H_0$を棄却して，
棄却域に入らなかった場合，帰無仮説$H_0$は棄却できないよ。
（棄却域に入らなかった場合，対立仮説$H_1$を棄却するわけではないことに注意！）

(1)のようにある値より「大きい（小さい）」かを判断するための仮説検定を**片側検定**といい，(2)のようにある値と「異なっている」かを判断するための仮説検定を**両側検定**というよ。
片側検定と両側検定では棄却域がちがうよ！

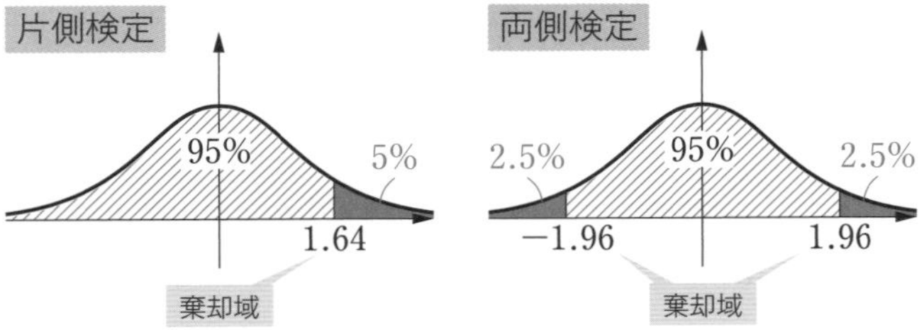

片側検定のときは$P(Z \leqq 1.64)=0.95$
両側検定のときは$P(-1.96 \leqq Z \leqq 1.96)=0.95$
を用いるから覚えておこう！

(1)　帰無仮説$H_0$：$p=\dfrac{1}{3}$を仮定したとき，

サイコロを90回投げたときに5または6の目がでる確率変数$X$**は二項分布**$B\left(90,\ \frac{1}{3}\right)$**に従う**ね！

$B(n,\ p)$　試行回数　1回あたりの確率

答え　ア：①

よって，$X$の平均$m$と標準偏差$\sigma$は，

$$m=90\cdot\frac{1}{3}=30,\quad \sigma=\sqrt{90\cdot\frac{1}{3}\left(1-\frac{1}{3}\right)}=2\sqrt{5}$$

となるよ。

答え　イウ：30，エ$\sqrt{オ}$：$2\sqrt{5}$

90は十分大きいから，$X$**は正規分布**$N(30,\ 20)$**に従う**ね。

答え　カキ：20

よって，$Z=\dfrac{X-m}{\sigma}\left(=\dfrac{X-30}{2\sqrt{5}}\right)$とおくと，$Z$**は正規分布**$N(0,\ 1)$**に従う**んだ！

答え　ク：⓪，ケ：②，コ：0，サ：1

ここで，$P(Z\leqq 1.64)=0.95$だから棄却域は$1.64\leqq Z$だね！

したがって，花子さんのサイコロに対する$X$によって得られた$Z$の値$z$については，$1.64\leqq z$のとき**帰無仮説$H_0$が棄却される**ということになるよ。

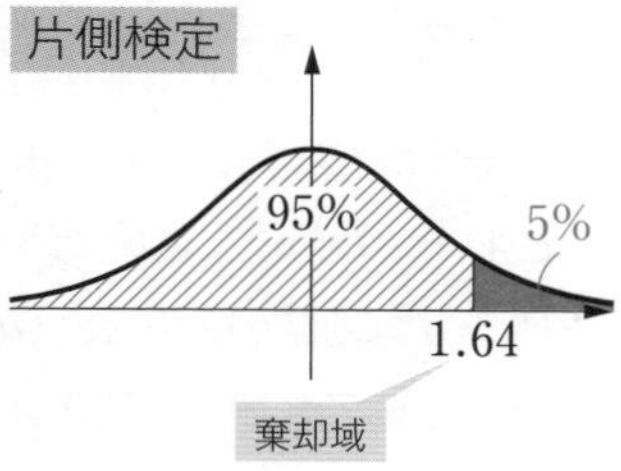


答え　シ：⓪

右の花子さんの表より，$X=19+21=40$だね。

| サイコロの目 | 1 | 2 | 3 | 4 | 5 | 6 | 合計 |
|---|---|---|---|---|---|---|---|
| 回数 | 13 | 12 | 14 | 11 | 19 | 21 | 90 |

答え　スセ：40

よって，$Z=\dfrac{X-30}{2\sqrt{5}}$より，

$$z=\frac{40-30}{2\sqrt{5}}=\frac{10}{2\sqrt{5}}=\sqrt{5}=2.236$$

小数第3位を四捨五入すると，$z=2.24$ だね！

**答え ソ.タチ：2.24**

よって，$z \geqq 1.64$ となり棄却域に入るから，帰無仮説 $H_0$ は棄却され $p>\dfrac{1}{3}$ と判断できるということになるんだ。

**答え ツ：⓪**

(2) 次に2つのサイコロを同時に108回投げてゾロ目になる回数 $Y$ について考えていくよ。

$q=\dfrac{1}{6}$ と仮定しているから **$Y$ は二項分布 $B\left(108,\ \dfrac{1}{6}\right)$ に従う**ね！

**答え テ：①**

よって，$Y$ の平均と標準偏差を計算すると，

$$\text{平均}\ 108\cdot\frac{1}{6}=18,\quad \text{標準偏差}\sqrt{108\cdot\frac{1}{6}\cdot\left(1-\frac{1}{6}\right)}=\sqrt{15}$$

となるから，**$Y$ は近似的に $N(18,\ 15)$ に従う**ね。

**答え トナ：18，ニヌ：15**

よって，$Z=\dfrac{Y-18}{\sqrt{15}}$ とおくと，**$Z$ は正規分布 $N(0,\ 1)$ に従う**ね。

$P(-1.96 \leqq Z \leqq 1.96)=0.95$ を覚えていれば，[ネ].[ノハ] は1.96とわかるけど，念のため正規分布表から求める方法も紹介するよ。

$P(-a \leqq Z \leqq a)=0.95$ $(a>0)$ となる $a$ を求めてみよう。

$P(-a \leqq Z \leqq a)=2P(0 \leqq Z \leqq a)$ だから，

$$P(0 \leqq Z \leqq a)=0.475$$

となる $a$ を正規分布表から求めればいいんだ。すると $a=1.96$ とわかるから，

$$P(-1.96 \leqq Z \leqq 1.96)=0.95$$

**答え ネ.ノハ：1.96**

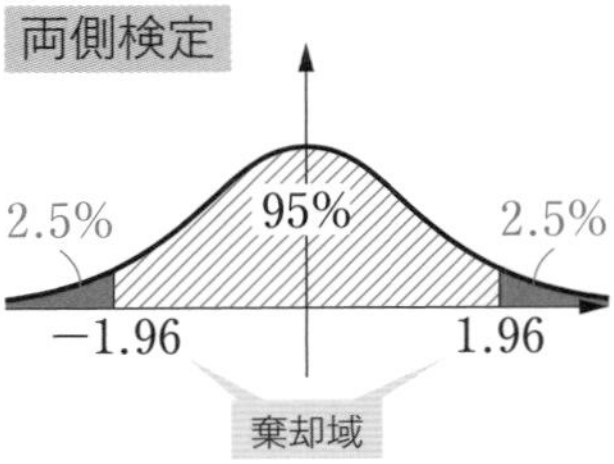


よって，棄却域は $Z \leqq -1.96$ または $1.96 \leqq Z$ だね！

いよいよ，太郎さんと花子さんのサイコロについて調べていくよ！

太郎さんのサイコロについては $Y=12$ だから

$$Z=\frac{12-18}{\sqrt{15}}=\frac{-6}{\sqrt{15}}=-\frac{2\sqrt{15}}{5}$$

$\sqrt{15}=3.873$ より，$Z=-1.549$

つまり，$-1.96<-1.549<1.96$ だから棄却域に入っていないので $H_0$ は棄却されず，**$q=\frac{1}{6}$ でないかどうか判断ができない**ね。

$q=\frac{1}{6}$ ということですか？

いや，$q=\frac{1}{6}$ であることが棄却されなかっただけで，対立仮説 $\left(q\neq\frac{1}{6}\right)$ が棄却されたわけではないよ。$q=\frac{1}{6}$ だけど偶然ゾロ目が少なかったのか，本当は $q\neq\frac{1}{6}$ であったのかが仮説検定によっては判断できなかったという結論に至るんだ。

答え　ヒ：②

花子さんの方も調べていくよ！　花子さんの場合 $Y=26$ だから，

$$Z=\frac{26-18}{\sqrt{15}}=\frac{8}{\sqrt{15}}=\frac{8\sqrt{15}}{15}$$

$\sqrt{15}=3.873$ より，$Z=2.06\ldots$ だから，

$1.96\leqq Z$ となって棄却域に入るよ。

したがって花子さんの場合，帰無仮説 $H_0$ は棄却され **$q=\frac{1}{6}$ でないと判断できる**ね！

答え　フ：①

**POINT**

- **母平均の推定**

母平均$m$に対する信頼区間は，標本の大きさ$n$が大きいとき，母標準偏差$\sigma$，標本平均$\overline{X}$を用いて

$$\left[\overline{X}-1.96\times\frac{\sigma}{\sqrt{n}},\ \overline{X}+1.96\times\frac{\sigma}{\sqrt{n}}\right]$$（信頼度95%）

$$\left[\overline{X}-2.58\times\frac{\sigma}{\sqrt{n}},\ \overline{X}+2.58\times\frac{\sigma}{\sqrt{n}}\right]$$（信頼度99%）

- **母比率の推定**

母集団において，ある特性$A$の母比率$p$の区間推定の手順。

ステップ 1 **標本比率$R$を求める**

ステップ 2 **信頼度95%の場合$\boxed{1}$，信頼度99%の場合$\boxed{2}$が求める区間**

$$\boxed{1}\quad R-1.96\sqrt{\frac{R(1-R)}{n}}\leqq p\leqq R+1.96\sqrt{\frac{R(1-R)}{n}}$$

$$\boxed{2}\quad R-2.58\sqrt{\frac{R(1-R)}{n}}\leqq p\leqq R+2.58\sqrt{\frac{R(1-R)}{n}}$$

- **仮説検定**

ステップ 1 **帰無仮説$H_0$と対立仮説$H_1$を立てる**

ステップ 2 **有意水準$\alpha$に対し棄却域を求める**

ステップ 3 **与えられた確率変数の値が棄却域に入るか調べる**

THEME 4

# 総合問題

ここできめる!

- 基本事項を駆使して総合問題を解けるようにしよう。
- 長い問題文から必要な情報を適切に抜き出そう。

## 1 標本調査の実例と信頼区間の性質

### 過去問にチャレンジ

以下の問題を解答するにあたっては，必要に応じてp.362の正規分布表を用いてもよい。

Q高校の校長先生は，ある日，新聞で高校生の読書に関する記事を読んだ。そこで，Q高校の生徒全員を対象に，直前の1週間の読書時間に関して，100人の生徒を無作為に抽出して調査を行った。その結果，100人の生徒のうち，この1週間に全く読書をしなかった生徒が36人であり，100人の生徒のこの1週間の読書時間（分）の平均値は204であった。Q高校の生徒全員のこの1週間の読書時間の母平均を$m$，母標準偏差を150とする。

(1) 全く読書をしなかった生徒の母比率を0.5とする。このとき，100人の無作為標本のうちで全く読書をしなかった生徒の数を表す確率変数を$X$とすると，$X$は[ア]に従う。また，$X$の平均（期待値）は[イウ]，標準偏差は[エ]である。

[ア]の解答群

| | |
|---|---|
| ⓪ 正規分布$N(0,\ 1)$ | ① 二項分布$B(0,\ 1)$ |
| ② 正規分布$N(100,\ 0.5)$ | ③ 二項分布$B(100,\ 0.5)$ |
| ④ 正規分布$N(100,\ 36)$ | ⑤ 二項分布$B(100,\ 36)$ |

(2)　標本の大きさ100は十分に大きいので，100人のうち全く読書をしなかった生徒の数は近似的に正規分布に従う。
全く読書をしなかった生徒の母比率を0.5とするとき，全く読書をしなかった生徒が36人以下となる確率を$p_5$とおく。
$p_5$の近似値を求めると，$p_5$=[オ]である。
また，全く読書をしなかった生徒の母比率を0.4とするとき，全く読書をしなかった生徒が36人以下となる確率を$p_4$とおくと，[カ]である。

[オ]の解答群

| | | |
|---|---|---|
| ⓪　0.001 | ①　0.003 | ②　0.026 |
| ③　0.050 | ④　0.133 | ⑤　0.497 |

[カ]の解答群

| | | |
|---|---|---|
| ⓪　$p_4<p_5$ | ①　$p_4=p_5$ | ②　$p_4>p_5$ |

(3)　1週間の読書時間の母平均$m$に対する信頼度95%の信頼区間を$C_1 \leqq m \leqq C_2$とする。標本の大きさ100は十分大きいことと，1週間の読書時間の標本平均が204，母標準偏差が150であることを用いると，$C_1+C_2$=[キクケ]，
$C_2-C_1$=[コサ].[シ]であることがわかる。
また，母平均$m$と$C_1$，$C_2$については，[ス]。

[ス]の解答群

⓪　$C_1 \leqq m \leqq C_2$が必ず成り立つ
①　$m \leqq C_2$は必ず成り立つが，$C_1 \leqq m$が成り立つとは限らない
②　$C_1 \leqq m$は必ず成り立つが，$m \leqq C_2$が成り立つとは限らない
③　$C_1 \leqq m$も$m \leqq C_2$も成り立つとは限らない

(4)　Q高校の図書委員長も，校長先生と同じ新聞記事を読んだため，校長先生が調査をしていることを知らずに，図書委員

長として校長先生と同様の調査を独自に行った。ただし，調査期間は校長先生による調査と同じ直前の1週間であり，対象をQ高校の生徒全員として100人の生徒を無作為に抽出した。その調査における，全く読書をしなかった生徒の数を$n$とする。

校長先生の調査結果によると全く読書をしなかった生徒は36人であり，**セ**。

**セ** の解答群

⓪　$n$は必ず36に等しい　　①　$n$は必ず36未満である
②　$n$は必ず36より大きい
③　$n$と36との大小はわからない

(5)　(4)の図書委員長が行った調査結果による母平均$m$に対する信頼度95％の信頼区間を$D_1 \leqq m \leqq D_2$，校長先生が行った調査結果による母平均$m$に対する信頼度95％の信頼区間を(3)の$C_1 \leqq m \leqq C_2$とする。ただし，母集団は同一であり，1週間の読書時間の母標準偏差は150とする。

このとき，次の⓪～⑤のうち，正しいものは **ソ** と **タ** である。

**ソ**，**タ** の解答群（解答の順序は問わない。）

⓪　$C_1 = D_1$と$C_2 = D_2$が必ず成り立つ。
①　$C_1 < D_2$または$D_1 < C_2$のどちらか一方のみが必ず成り立つ。
②　$D_2 < C_1$または$C_2 < D_1$となる場合もある。
③　$C_2 - C_1 > D_2 - D_1$が必ず成り立つ。
④　$C_2 - C_1 = D_2 - D_1$が必ず成り立つ。
⑤　$C_2 - C_1 < D_2 - D_1$が必ず成り立つ。

（2021年度共通テスト本試験（第1日程））

今回大事になる値とキーワードをまとめてみるよ。

**・調査を行った100人のうち読書をしなかった生徒は36人，読書時間の平均は204分**

**・Q高校の生徒全員（母集団）の母平均は$m$，母標準偏差は150**

確率統計では，問題文は長いけど，重要な情報はこれだけなんだ！

校長先生が調査をしたとかはどうでもいいんですね（笑）

実際の試験のときは，大事そうなワードや数値を丸をしたり線を引いたりしておこう！

(1)　全く読書をしなかった生徒の母比率が0.5というのは，母集団から1人の生徒を選んだとき，読書をしなかった生徒である確率が0.5ということだよ。

だから，100人の無作為標本のうち読書をしなかった生徒数$X$**は二項分布**$B(100,\ 0.5)$**に従う**ね！

**答え　ア：③**

したがって，$X$の期待値（平均）は，$100\cdot 0.5=50$，

標準偏差は，$\sqrt{100\cdot 0.5\cdot 0.5}=5$

**答え　イウ：50，エ：5**

(2)　標本の大きさ100は十分大きいから，(1)の$X$の確率分布

$B(100,\ 0.5)$**は正規分布**$N(50,\ 5^2)$**に近似できる**よ。

読書をしなかった生徒が36人以下となる確率$p_5$を求めるには$P(0\leqq X\leqq 36)$を求めればいいね！

標準正規分布であれば確率を求めることができるから，

$Z=\dfrac{X-50}{5}$とおくと$Z$は$N(0,\ 1)$に従うね。

$X\leqq 36$のとき$Z$は，$Z\leqq\dfrac{36-50}{5}$

つまり，$Z\leqq -2.8$だから，確率$p_5$は，

$$\begin{aligned}p_5&=P(X\leqq 36)\\&=P(Z\leqq -2.8)\end{aligned}$$

$=0.5-P(0 \leqq Z \leqq 2.8)$

$=0.5-0.4974=0.0026 \fallingdotseq 0.003$

答え オ：①

母比率0.4のときを考えていくよ。

読書をしなかった生徒の数 **$Y$は二項分布$B(100,\ 0.4)$に従う**から，

$Y$の平均は$100 \cdot 0.4=40$，標準偏差は$\sqrt{100 \cdot 0.4 \cdot 0.6}=\sqrt{24}$

100は十分大きいから，**$Y$は正規分布$N(40,\ 24)$に従う**と考えられるから，$Z=\dfrac{Y-40}{\sqrt{24}}$とおくと，**$Z$は正規分布$N(0,\ 1)$に従う**ね。

$Y \leqq 36$のとき，$Z \leqq \dfrac{36-40}{\sqrt{24}}=-\dfrac{\sqrt{24}}{6}=-\dfrac{\sqrt{6}}{3}$だから，

$$p_4=P\left(Z \leqq -\frac{\sqrt{6}}{3}\right)$$

ここで，$p_5=P(Z \leqq -2.8)$との大小を調べるには，

$-2.8$と$-\dfrac{\sqrt{6}}{3}$の大小を調べればいいね！

$2.8=\dfrac{8.4}{3}$で，$8.4>\sqrt{6}$より，$-\dfrac{8.4}{3}<-\dfrac{\sqrt{6}}{3}$

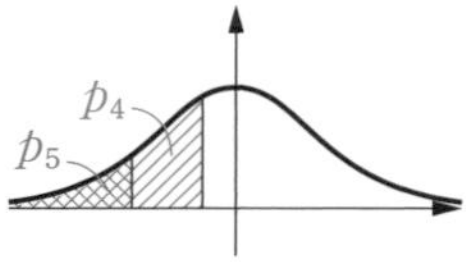


よって，$P(Z \leqq -2.8)<P\left(Z \leqq -\dfrac{\sqrt{6}}{3}\right)$

$$p_5<p_4$$

答え カ：②

(3)　大きさ$n$の標本の標本平均が$\overline{X}$，母標準偏差$\sigma$のとき，

母平均$m$に対する**信頼度95%の信頼区間**は，

$$\left[\overline{X}-1.96 \times \frac{\sigma}{\sqrt{n}},\ \overline{X}+1.96 \times \frac{\sigma}{\sqrt{n}}\right]$$

だから，$C_1=\overline{X}-1.96 \times \dfrac{\sigma}{\sqrt{n}}$，$C_2=\overline{X}+1.96 \times \dfrac{\sigma}{\sqrt{n}}$だね。

$$C_1+C_2=\overline{X}-1.96 \times \frac{\sigma}{\sqrt{n}}+\overline{X}+1.96 \times \frac{\sigma}{\sqrt{n}}=2\overline{X}$$

$$C_2-C_1=\overline{X}+1.96 \times \frac{\sigma}{\sqrt{n}}-\left(\overline{X}-1.96 \times \frac{\sigma}{\sqrt{n}}\right)=2 \cdot 1.96 \cdot \frac{\sigma}{\sqrt{n}}$$

読書時間の標本平均$(\overline{X})$は204，母標準偏差$(\sigma)$は150，標本の大きさは100だから，

$\overline{X}=204$，$n=100$，$\sigma=150$を代入すると，

$$C_1+C_2=2\cdot 204=408,$$

$$C_2-C_1=2\times 1.96\times\frac{150}{\sqrt{100}}=58.8$$

**答え　キクケ：408，コサ.シ：58.8**

「信頼度95％の信頼区間」とは，標本ごとに，信頼区間$[C_1,\ C_2]$を作る操作を100回行うと，95回ぐらい母平均$m$が信頼区間に含まれるという度合い（確率）を示しているにすぎないから，これらを断定するものではないよ。よって，$C_1\leqq m$も$m\leqq C_2$も成り立つとは限らないね！

**答え　ス：③**

(4)　校長先生と図書委員長が独自に選んだ100人だから，そのうちの何人$(n)$が一週間のうちに読書しなかったのかは，実際のところ確認してみるまでわかるわけないよね。だから，$n$は36と等しいとは限らないし，大小もわからないね！

**答え　セ：③**

(5)　図書委員長と校長先生の調査の母集団は変わらないから，図書委員長が調査した標本によって得られる信頼区間も，

$$\left[\overline{X}-1.96\times\frac{\sigma}{\sqrt{n}},\ \overline{X}+1.96\times\frac{\sigma}{\sqrt{n}}\right]$$

によって求めることができるね！

このとき，$D_2-D_1$の値は，$C_2-C_1$のときと同様に，

$$D_2-D_1=2\times 1.96\times\frac{\sigma}{\sqrt{n}}$$

つまり，つねに$C_2-C_1=D_2-D_1$が成り立つんだ。

**【参考】**

実は，$C_2-C_1$や$D_2-D_1$は信頼区間の幅を表しているんだ。

信頼区間の幅$2\times 1.96\times\frac{\sigma}{\sqrt{n}}$は母標準偏差と標本の大きさ$n$によって決まるよ。

$C_2-C_1$や$D_2-D_1$は信頼区間の幅だから，当然$C_2-C_1=D_2-D_1$が成り立つんだ。

だから，正しいことの1つは④だ。
もう1つの正しい選択肢は，⓪～②，つまり，$C_1$，$C_2$ と $D_1$，$D_2$ の大小関係について述べたものから選ぶことになる。そう考えて信頼区間をつくってみると，

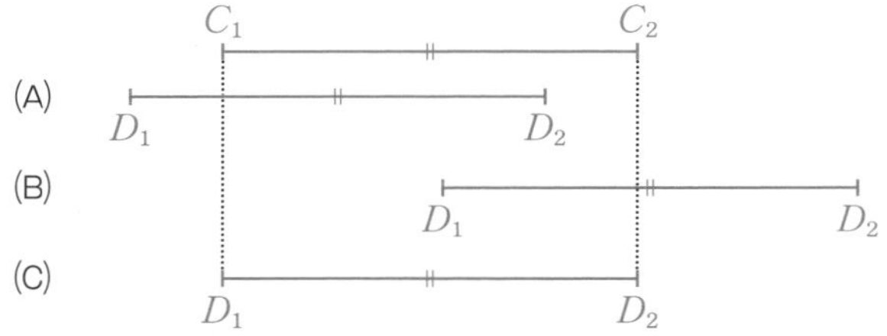


のすべての場合が考えられる。

どうしてですか？

$C_2-C_1=D_2-D_1$ 以外に
わかることがないからだよ！

図の(A)と(B)は⓪を否定するものだし，(C)は①を否定するものだ。⓪と①は**断定しているからダメなんだ。**
その点②は可能性を示唆しているにすぎないから，OKだね！

**答え ソ，タ：②，④**

## 2 連続型確率変数の期待値，標準偏差

### 過去問にチャレンジ

以下の問題を解答するにあたっては，必要に応じてp.362の正規分布表を用いてもよい。
ジャガイモを栽培し販売している会社に勤務する花子さんは，A地区とB地区で収穫されるジャガイモについて調べることになった。

(1) A地区で収穫されるジャガイモには1個の重さが200gを超えるものが25％含まれることが経験的にわかっている。花子さんはA地区で収穫されたジャガイモから400個を無作為に抽出し，重さを計測した。そのうち，重さが200gを超えるジャガイモの個数を表す確率変数を$Z$とする。このとき$Z$は二項分布$B$(400, 0.[アイ])に従うから，$Z$の平均（期待値）は[ウエオ]である。

(2) $Z$を(1)の確率変数とし，A地区で収穫されたジャガイモ400個からなる標本において，重さが200gを超えていたジャガイモの標本における比率を$R=\dfrac{Z}{400}$とする。このとき，$R$の標準偏差は$\sigma(R)=$[カ]である。

標本の大きさ400は十分に大きいので，$R$は近似的に正規分布$N$(0.[アイ], ([カ])$^2$)に従う。

したがって，$P(R\geqq x)=0.0465$となるような$x$の値は[キ]となる。ただし，[キ]の計算においては$\sqrt{3}=1.73$とする。

[カ]の解答群

| | | | |
|---|---|---|---|
| ⓪ $\dfrac{3}{6400}$ | ① $\dfrac{\sqrt{3}}{4}$ | ② $\dfrac{\sqrt{3}}{80}$ | ③ $\dfrac{3}{40}$ |

[キ]の解答群

| | | | |
|---|---|---|---|
| ⓪ 0.209 | ① 0.251 | ② 0.286 | ③ 0.395 |

(3) B地区で収穫され，出荷される予定のジャガイモ1個の重さは100gから300gの間に分布している。B地区で収穫され，出荷される予定のジャガイモ1個の重さを表す確率変数を$X$とするとき，$X$は連続型確率変数であり，$X$のとり得る値$x$の範囲は$100\leqq x\leqq 300$である。

花子さんは，B地区で収穫され，出荷される予定のすべてのジャガイモのうち，重さが200g以上のものの割合を見積もりたいと考えた。そのために花子さんは，$X$の確率密度関数

$f(x)$ として適当な関数を定め，それを用いて割合を見積もるという方針を立てた。
B地区で収穫され，出荷される予定のジャガイモから206個を無作為に抽出したところ，重さの標本平均は180gであった。図1はこの標本のヒストグラムである。

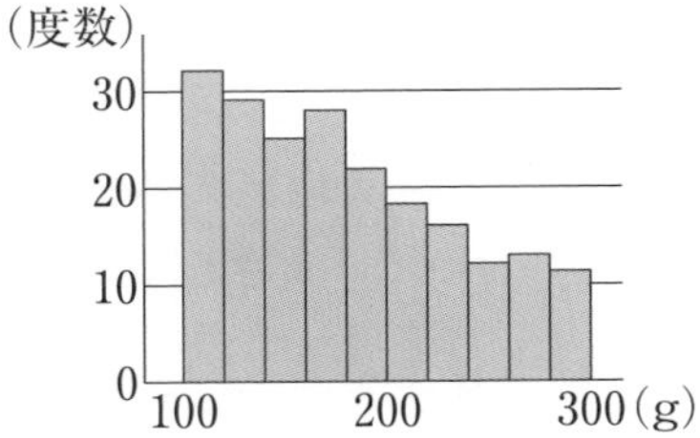

図1　ジャガイモの重さのヒストグラム

花子さんは図1のヒストグラムにおいて，重さ $x$ の増加とともに度数がほぼ一定の割合で減少している傾向に着目し，$X$ の確率密度関数 $f(x)$ として，1次関数

$$f(x)=ax+b\quad(100\leqq x\leqq 300)$$

を考えることにした。ただし，$100\leqq x\leqq 300$ の範囲で $f(x)\geqq 0$ とする。
このとき，$P(100\leqq X\leqq 300)=$ [ク] であることから

$$\boxed{\text{ケ}}\cdot 10^4a+\boxed{\text{コ}}\cdot 10^2b=\boxed{\text{ク}}\quad\cdots\cdots①$$

である。
花子さんは，$X$ の平均（期待値）が重さの標本平均180gと等しくなるように確率密度関数を定める方法を用いることにした。
連続型確率変数 $X$ のとり得る値 $x$ の範囲が $100\leqq x\leqq 300$ で，その確率密度関数が $f(x)$ のとき，$X$ の平均（期待値）$m$ は

$$m=\int_{100}^{300}xf(x)dx$$

で定義される。この定義と花子さんの採用した方法から

$$m=\frac{26}{3}\cdot 10^6a+4\cdot 10^4b=180\quad\cdots\cdots②$$

となる。①と②により，確率密度関数は

$$f(x)=-\boxed{\text{サ}}\cdot 10^{-5}x+\boxed{\text{シス}}\cdot 10^{-3} \quad \cdots\cdots ③$$

と得られる。このようにして得られた③の$f(x)$は，

$100 \leqq x \leqq 300$の範囲で$f(x) \geqq 0$を満たしており，確かに確率密度関数として適当である。

したがって，この花子さんの方針に基づくと，B地区で収穫され，出荷される予定のすべてのジャガイモのうち，重さが200g以上のものは［セ］%あると見積もることができる。

［セ］の解答群

| | | | |
|---|---|---|---|
| ⓪ 33 | ① 34 | ② 35 | ③ 36 |

（2022年度共通テスト本試験）

ジャガイモについて調べる花子さんの問題を解いていこう！

(1) 200gを超えるジャガイモが25%ということは，母集団から無作為に1つジャガイモを選んだとき200gを超える確率が0.25ということだ。したがって，大きさ400の標本に対し200gを超えるジャガイモの個数$Z$は**二項分布$B(400,\ 0.25)$に従う**ね！

答え アイ：25

よって，$Z$の平均は，$400 \times 0.25 = 100$

答え ウエオ：100

(2) $R=\dfrac{Z}{400}$とするときの，$R$の標準偏差を求めよう！

確率変数$Z$の標準偏差は，

$$\sigma(Z)=\sqrt{400 \cdot 0.25 \cdot (1-0.25)}=\sqrt{400 \cdot \frac{1}{4} \cdot \frac{3}{4}}=5\sqrt{3}$$

標準偏差などを計算するときは，確率は分数にすると計算しやすいよ！

よって，$R=\dfrac{1}{400}Z$だから

$$\sigma(R)=\left|\frac{1}{400}\right|\sigma(Z)$$

$\sigma(aX+b)=|a|\sigma(X)$

$$=\frac{5\sqrt{3}}{400}=\frac{\sqrt{3}}{80}$$

答え　カ：②

$R$がどういう正規分布かを求めるために，$R$の平均を求めていくよ。

$$E(R)=\frac{1}{400}E(Z)=\frac{100}{400}=0.25$$



標本の大きさ400は十分に大きいから，確率変数**$R$は正規分布$N\left(0.25,\ \left(\frac{\sqrt{3}}{80}\right)^2\right)$に従う**ね。

次に，$P(R \geqq x)=0.0465$となる$x$を考えるよ。標準正規分布で確率を考えるから，$R$を標準化すると，

$$W=\frac{R-0.25}{\frac{\sqrt{3}}{80}}\left(=\frac{80}{\sqrt{3}}(R-0.25)\right)$$

このとき，**$W$は標準正規分布$N(0,\ 1)$に従う**ね！

$R \geqq x$のとき，$W$は，

$$W \geqq \frac{80}{\sqrt{3}}(x-0.25)$$

だから，$P\left(W \geqq \frac{80}{\sqrt{3}}(x-0.25)\right)=0.0465$となる$x$を求めればいいね。

ここで，$P(W \geqq a)=0.0465$となる$a$を求めていこう。

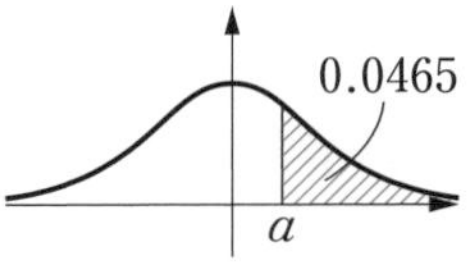


$P(W \geqq a)=0.5-P(0 \leqq W \leqq a)$だから，

$$P(0 \leqq W \leqq a)=0.5-0.0465$$
$$=0.4535$$

正規分布表で$a$の値を調べると，$a=1.68$とわかるよ。

つまり，$a=1.68=\frac{80}{\sqrt{3}}(x-0.25)$だから，

$$x=1.68\cdot\frac{\sqrt{3}}{80}+0.25$$

$$=\frac{1.68\cdot 1.73}{80}+0.25$$

$$=0.28633\fallingdotseq 0.286$$

**答え　キ：②**

(3)　今度は，ジャガイモ1個の重さを表す確率変数を$X$としたときの，$X$の確率密度関数$f(x)$を考えていく問題だ！

ジャガイモの重さ$x$は$100\leqq x\leqq 300$だから，

$$P(100\leqq X\leqq 300)=1$$

**答え　ク：1**

確率密度関数$f(x)$は$x$軸と$x=100$，$x=300$と直線$y=f(x)$で囲まれた面積が1である関数だから，$f(x)=ax+b$とすると，右の図のようになるね！

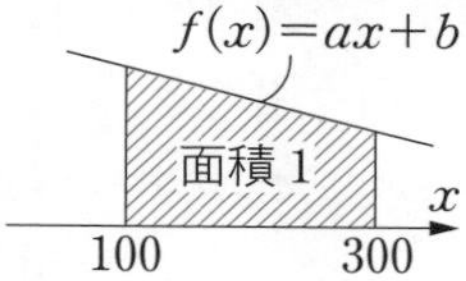


$y=f(x)$，$x=100$，$x=300$，$x$軸で囲まれた台形の面積を計算すると，

$$\frac{1}{2}\{(100a+b)+(300a+b)\}(300-100)$$

$$=40000a+200b$$

$$=4\cdot 10^4a+2\cdot 10^2b$$

この面積が1だから，

$$4\cdot 10^4a+2\cdot 10^2b=1\quad\cdots\cdots①$$

**答え　ケ：4，コ：2**

$X$の平均$m$は，

$$m=\int_{100}^{300}xf(x)dx=\int_{100}^{300}x(ax+b)dx=\int_{100}^{300}(ax^2+bx)dx$$

$$=\left[\frac{a}{3}x^3+\frac{b}{2}x^2\right]_{100}^{300}$$

これをちゃんと計算すると，

$$m=\frac{26}{3}\cdot 10^6a+4\cdot 10^4b$$

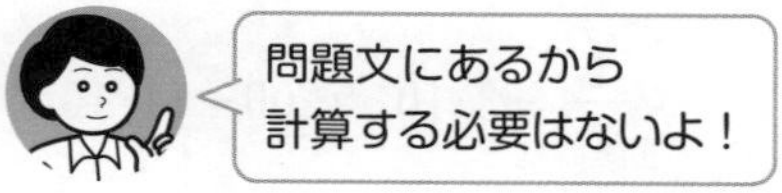


平均180だから，

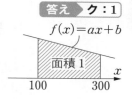

$$\frac{26}{3}\cdot 10^6 a+4\cdot 10^4 b=180 \quad \cdots\cdots ②$$

①，②から $a$ と $b$ の連立方程式を考えると，

$$\begin{cases} 4\cdot 10^4 a+2\cdot 10^2 b=1 & \cdots\cdots ① \\ \dfrac{26}{3}\cdot 10^6 a+4\cdot 10^4 b=180 & \cdots\cdots ② \end{cases}$$

②を3倍して，

$$26\cdot 10^6 a+12\cdot 10^4 b=540$$

①を $6\cdot 10^2$ 倍して，

$$24\cdot 10^6 a+12\cdot 10^4 b=6\cdot 10^2$$

辺々引くと，

$$2\cdot 10^6 a=-60$$
$$a=-3\cdot 10^{-5}$$

①から，

$$\begin{aligned} 2\cdot 10^2 b&=1-4\cdot 10^4 a \\ &=1-4\cdot 10^4\cdot(-3)\cdot 10^{-5} \\ &=2.2 \end{aligned}$$
$$b=2.2\div(2\cdot 10^2)=11\cdot 10^{-3}$$

したがって，

$$f(x)=-3\cdot 10^{-5}x+11\cdot 10^{-3}$$

**答え** **サ：3，シス：11**

200 g以上である確率は，確率密度関数と $x$ 軸で囲まれた右図の斜線部分の面積を求めればいいね！

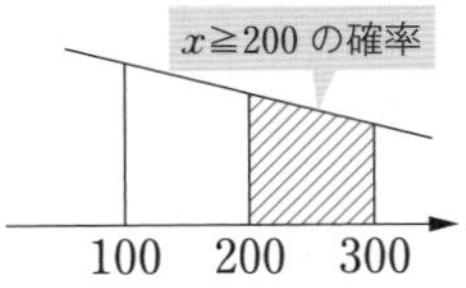


これは台形の面積として計算すればいいから，

$$\frac{1}{2}\{f(200)+f(300)\}\cdot(300-200)$$
$$=\frac{1}{2}\{-3\cdot 10^{-5}\cdot 200+11\cdot 10^{-3}+-3\cdot 10^{-5}\cdot 300+11\cdot 10^{-3}\}\cdot 100$$
$$=\frac{1}{2}(-15\times 10^{-5}\cdot 10^4+2\cdot 11\cdot 10^{-3}\cdot 10^2)$$
$$=1.1-0.75=0.35$$

よって，35%だよ。

答え セ：②

## 3 二項分布と正規分布

**過去問にチャレンジ**

以下の問題を解答するにあたっては，必要に応じてp.362の正規分布表を用いてもよい。

太郎さんのクラスでは，確率分布の問題として，2個のさいころを同時に投げることを72回繰り返す試行を行い，2個とも1の目が出た回数を表す確率変数$X$の分布を考えることとなった。そこで，21名の生徒がこの試行を行った。

このとき，$X$は二項分布$B\left(72,\ \frac{1}{36}\right)$に従う。$k=72$，$p=\frac{1}{36}$とおくと，$X=r$である確率は

$$P(X=r)={}_k\mathrm{C}_r p^r(1-p)^{k-r}\quad(r=0,\ 1,\ 2,\ \cdots,\ k)\quad\cdots\cdots①$$

である。

また，$X$の平均（期待値）は$E(X)=2$，標準偏差は$\sigma(X)=\frac{\sqrt{70}}{6}$である。

(1) 21名全員の試行結果について，2個とも1の目が出た回数を調べたところ，次の表のような結果になった。なお，5回以上出た生徒はいなかった。

| 回数 | 0 | 1 | 2 | 3 | 4 | 計 |
|---|---|---|---|---|---|---|
| 人数 | 2 | 7 | 7 | 3 | 2 | 21 |

この表をもとに，確率変数$Y$を考える。$Y$のとり得る値を0, 1，2，3，4とし，各値の相対度数を確率として，$Y$の確率分布を次の表のとおりとする。

| $Y$ | 0 | 1 | 2 | 3 | 4 | 計 |
|---|---|---|---|---|---|---|
| $P$ | $\frac{2}{21}$ | $\frac{1}{3}$ | $\frac{1}{3}$ | $\frac{\boxed{\text{ア}}}{\boxed{\text{イ}}}$ | $\frac{2}{21}$ | $\boxed{\text{ウ}}$ |

このとき，$Y$の平均は$E(Y)=\frac{\boxed{\text{エオ}}}{\boxed{\text{カキ}}}$，標準偏差は

$\sigma(Y)=\frac{\sqrt{530}}{21}$である。

(2)　太郎さんは，(1)の実際の試行結果から作成した確率変数$Y$の分布について，二項分布の①のように，その確率の値を数式で表したいと考えた。そこで，$Y=1$，$Y=2$である確率が最大であり，かつ，それら二つの確率が等しくなっている確率分布について先生に相談したところ，$Y$の代わりとして，新しく次のような確率変数$Z$を提案された。

**先生の提案**

$Z$のとり得る値は0，1，2，3，4であり，$Z=r$である確率を

$$P(Z=r)=\alpha\cdot\frac{2^r}{r!}\ (r=0,\ 1,\ 2,\ 3,\ 4)$$

とする。ただし，$\alpha$を正の定数とする。また，

$r!=r(r-1)\cdots\cdot 2\cdot 1$ であり，$0!=1$，$1!=1$，$2!=2$，$3!=6$，$4!=24$である。

このとき，(1)と同様に$Z$の確率分布の表を作成することにより，

$\alpha=\frac{\boxed{\text{ク}}}{\boxed{\text{ケ}}}$であることがわかる。

$Z$の平均は$E(Z)=\frac{\boxed{\text{エオ}}}{\boxed{\text{カキ}}}$，標準偏差は$\sigma(Z)=\frac{\sqrt{614}}{21}$であり，

$E(Z)=E(Y)$が成り立つ。また，$Z=1$，$Z=2$である確率が最大であり，かつ，それら二つの確率は等しい。これらのことから，太郎さんは提案されたこの$Z$の確率分布を利用することを考えた。

(3)　(2)で考えた確率変数$Z$の確率分布をもつ母集団を考え，こ

の母集団から無作為に抽出した大きさ$n$の標本を確率変数$W_1$，$W_2$，$\cdots$，$W_n$とし，標本平均を

$\overline{W}=\dfrac{1}{n}(W_1+W_2+\cdots+W_n)$とする。

$\overline{W}$の平均を$E(\overline{W})=m$，標準偏差を$\sigma(\overline{W})=s$とおくと，

$m=\dfrac{\boxed{\text{コサ}}}{\boxed{\text{シス}}}$，$s=\sigma(Z)\cdot\boxed{\text{セ}}$である。

また，標本の大きさ$n$が十分に大きいとき，$\overline{W}$は近似的に正規分布$N(m,\ s^2)$に従う。さらに，$n$が増加すると$s^2$は［ソ］ので，$\overline{W}$の分布曲線と，$m$と$E(X)=2$の大小関係に注意すれば，$n$が増加すると$P(\overline{W}\geqq 2)$は［タ］ことがわかる。ここで，$U=$［チ］とおくと，$n$が十分に大きいとき，確率変数$U$は近似的に標準正規分布$N(0,\ 1)$に従う。このことを利用すると，$n=100$のとき，標本の大きさは十分に大きいので

$$P(\overline{W}\geqq 2)=0.\boxed{\text{ツテト}}$$

である。ただし，0.［ツテト］の計算においては，

$\dfrac{1}{\sqrt{614}}=\dfrac{\sqrt{614}}{614}=0.040$とする。

$\overline{W}$の確率分布において$E(X)$は極端に大きな値をとっていることがわかり，$E(X)$と$E(\overline{W})$は等しいとはみなせない。

［セ］の解答群

| | | | |
|---|---|---|---|
| ⓪ $\dfrac{1}{n}$ | ① 1 | ② $\dfrac{1}{\sqrt{n}}$ | ③ $\sqrt{n}$ |
| ④ $n$ | ⑤ $n^2$ | | |

［ソ］，［タ］の解答群（同じものを繰り返し選んでもよい。）

| | | |
|---|---|---|
| ⓪ 小さくなる | ① 変化しない | ② 大きくなる |

チ の解答群

| | | |
|---|---|---|
| ⓪ $\dfrac{\overline{W}-m}{\sqrt{n}}$ | ① $\dfrac{\overline{W}-m}{n}$ | ② $\dfrac{\overline{W}-m}{n^2}$ |
| ③ $\dfrac{\overline{W}-m}{\sqrt{s}}$ | ④ $\dfrac{\overline{W}-m}{s}$ | ⑤ $\dfrac{\overline{W}-m}{s^2}$ |

（2022年度共通テスト追試験・改）



今回の問題の設定は，次の通りだよ。

**・2個のサイコロを同時に投げることを72回繰り返す**

**・2個とも1の目が出た回数を$X$**

**・21名がこの試行を行う**

(1)　0，1，2，3，4の値のみをとる確率変数$Y$について考えると，$Y=3$となるのは3人だから，

$$P(Y=3)=\frac{3}{21}=\frac{1}{7}$$

また，確率の和は1だよ。

**答え** $\dfrac{ア}{イ}$ : $\dfrac{1}{7}$，ウ : 1

このとき，$Y$の平均（期待値）は，

$$E(Y)=0\cdot\frac{2}{21}+1\cdot\frac{1}{3}+2\cdot\frac{1}{3}+3\cdot\frac{1}{7}+4\cdot\frac{2}{21}=\frac{38}{21}$$

**答え** $\dfrac{エオ}{カキ}$ : $\dfrac{38}{21}$

この結果から，標準偏差を実際に計算をすると，

$$\sigma(Y)=\sqrt{E(Y^2)-E(Y)^2}$$
$$=\sqrt{0^2\cdot\frac{2}{21}+1^2\cdot\frac{1}{3}+2^2\cdot\frac{1}{3}+3^2\cdot\frac{1}{7}+4^2\cdot\frac{2}{21}-\left(\frac{38}{21}\right)^2}$$
$$=\sqrt{\frac{7+28+27+32}{21}-\left(\frac{38}{21}\right)^2}=\sqrt{\frac{94\times21-38^2}{21}}$$
$$=\frac{\sqrt{530}}{21}$$

問題文に与えられているから，
本当は計算する必要はないよ！

となるんだ。

(2)　悩める太郎さんに先生が提案した確率分布を計算していくよ！
確率変数$Z$は，

$$P(Z=r)=\alpha\cdot\frac{2^r}{r!}\quad(\alpha>0,\ r=0,\ 1,\ 2,\ 3,\ 4)$$

この式に$r=0,\ 1,\ 2,\ 3,\ 4$を代入して確率分布表を作成しよう！

$$P(Z=0)=\alpha\cdot\frac{2^0}{0!}=\alpha,\ P(Z=1)=\alpha\cdot\frac{2^1}{1!}=2\alpha,$$

$$P(Z=2)=\alpha\cdot\frac{2^2}{2!}=2\alpha,$$

$$P(Z=3)=\alpha\cdot\frac{2^3}{3!}=\frac{4}{3}\alpha,\ P(Z=4)=\alpha\cdot\frac{2^4}{4!}=\frac{2}{3}\alpha$$

確率分布表は右のようになる。
よって，

| $Z$ | 0 | 1 | 2 | 3 | 4 | 合計 |
|---|---|---|---|---|---|---|
| $P$ | $\alpha$ | $2\alpha$ | $2\alpha$ | $\frac{4}{3}\alpha$ | $\frac{2}{3}\alpha$ | 1 |

$$\alpha+2\alpha+2\alpha+\frac{4}{3}\alpha+\frac{2}{3}\alpha=1$$

確率の合計は1

$$\alpha=\frac{1}{7}$$

答え　$\dfrac{\text{ク}}{\text{ケ}}$：$\dfrac{1}{7}$

確率分布表に$\alpha=\dfrac{1}{7}$を代入すると，
右のようになる。

| $Z$ | 0 | 1 | 2 | 3 | 4 | 合計 |
|---|---|---|---|---|---|---|
| $P$ | $\frac{1}{7}$ | $\frac{2}{7}$ | $\frac{2}{7}$ | $\frac{4}{21}$ | $\frac{2}{21}$ | 1 |

$Z$の平均や標準偏差を計算すると，
$E(Z)=\dfrac{38}{21},\ \sigma(Z)=\dfrac{\sqrt{614}}{21}$となるんだ！

(3)　標本平均の平均と標準偏差を求める問題だ！
$E(\overline{W})$と$\sigma(\overline{Z})$は母集団の平均$E(Z)$と標準偏差$\sigma(Z)$を用いて，
$E(\overline{W})=E(Z),\ \sigma(\overline{W})=\dfrac{\sigma(Z)}{\sqrt{n}}$となるから，

$$m=\frac{38}{21},\ s=\sigma(Z)\cdot\frac{1}{\sqrt{n}}$$

答え　$\dfrac{\text{コサ}}{\text{シス}}$：$\dfrac{38}{21}$，セ：②

ここからは正規分布の問題だね。標本の大きさ$n$が十分に大きいとき，**$\overline{W}$は正規分布$N(m,\ s^2)$に従う**よ。
さて，$n$が増加したときの$s^2$の増減を考えていくよ。

$s^2=\dfrac{\{\sigma(Z)\}^2}{n}$であり，$\{\sigma(Z)\}^2$は定数だから$n$が大きくなると，右辺の分母が大きくなるから$s^2$は小さくなるね！

答え ソ：⓪

$n$が大きくなるときの正規分布曲線の変化を考えていくよ。

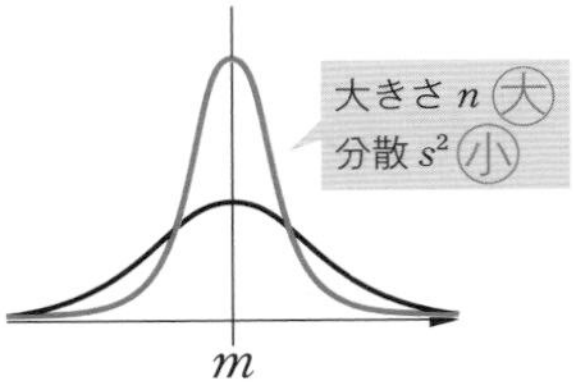


$\overline{W}$の分散$s^2$は確率分布の平均を中心にした散らばりを表していたね。
つまり，**$s^2$が小さい（散らばりが小さい）と平均あたりに集中した確率分布**になるんだ！
これをもとに，$P(\overline{W}\geqq 2)$を考えていくよ！

$\dfrac{38}{21}<2$より，$E(\overline{W})<2$だから，$P(\overline{W}\geqq 2)$が表す面積は下の図のようになる。

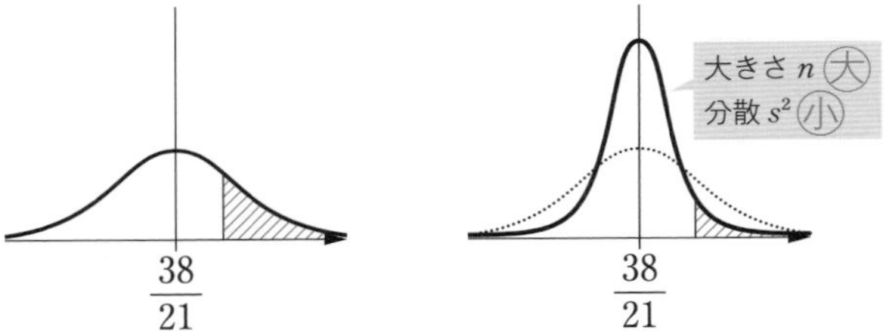

よって，大きさ$n$が大きいと確率$P(\overline{W}\geqq 2)$は小さくなるんだ！

答え タ：⓪

次は，$\overline{W}$の正規分布$N(m,\ s^2)$を標準化する問題だ。

$E(\overline{W})=m$，$\sigma(\overline{W})=s$だから，$U=\dfrac{\overline{W}-m}{s}$とおくと，$U$は$N(0,\ 1)$に従うね。

答え チ：④

最後に$n=100$のとき，$P(\overline{W}\geqq 2)$を求めよう。

$s=\dfrac{\sigma(\overline{W})}{\sqrt{n}}=\dfrac{\sqrt{614}}{210}$であるから，

$$U=\frac{\overline{W}-m}{s}=\frac{\overline{W}-\frac{38}{21}}{\frac{\sqrt{614}}{210}}=\frac{1}{\sqrt{614}}(210\overline{W}-380)$$

条件で「$\frac{1}{\sqrt{614}}=0.040$とする」とあるから，$\overline{W}\geqq 2$のとき，

$$U\geqq\frac{1}{\sqrt{614}}(210\cdot 2-380)=0.040\cdot 40=1.6$$

したがって，$P(\overline{W}\geqq 2)=P(U\geqq 1.6)$

$$=0.5-P(0\leqq U\leqq 1.6)$$
$$=0.5-0.4452$$
$$=0.0548\fallingdotseq 0.055$$

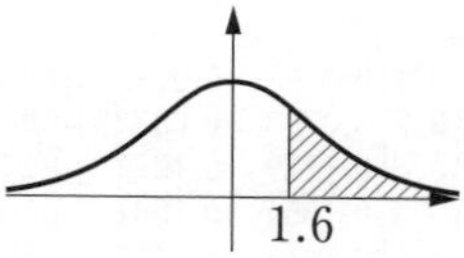


答え ツテト：055

# 正規分布表

次の表は，標準正規分布の分布曲線における右図の灰色部分の面積の値（$P(0 \leqq Z \leqq Z_0)$）をまとめたものである。

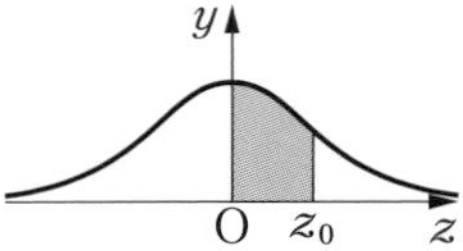


| $z_0$ | .00 | .01 | .02 | .03 | .04 | .05 | .06 | .07 | .08 | .09 |
|---|---|---|---|---|---|---|---|---|---|---|
| 0.0 | 0.0000 | 0.0040 | 0.0080 | 0.0120 | 0.0160 | 0.0199 | 0.0239 | 0.0279 | 0.0319 | 0.0359 |
| 0.1 | 0.0398 | 0.0438 | 0.0478 | 0.0517 | 0.0557 | 0.0596 | 0.0636 | 0.0675 | 0.0714 | 0.0753 |
| 0.2 | 0.0793 | 0.0832 | 0.0871 | 0.0910 | 0.0948 | 0.0987 | 0.1026 | 0.1064 | 0.1103 | 0.1141 |
| 0.3 | 0.1179 | 0.1217 | 0.1255 | 0.1293 | 0.1331 | 0.1368 | 0.1406 | 0.1443 | 0.1480 | 0.1517 |
| 0.4 | 0.1554 | 0.1591 | 0.1628 | 0.1664 | 0.1700 | 0.1736 | 0.1772 | 0.1808 | 0.1844 | 0.1879 |
| 0.5 | 0.1915 | 0.1950 | 0.1985 | 0.2019 | 0.2054 | 0.2088 | 0.2123 | 0.2157 | 0.2190 | 0.2224 |
| 0.6 | 0.2257 | 0.2291 | 0.2324 | 0.2357 | 0.2389 | 0.2422 | 0.2454 | 0.2486 | 0.2517 | 0.2549 |
| 0.7 | 0.2580 | 0.2611 | 0.2642 | 0.2673 | 0.2704 | 0.2734 | 0.2764 | 0.2794 | 0.2823 | 0.2852 |
| 0.8 | 0.2881 | 0.2910 | 0.2939 | 0.2967 | 0.2995 | 0.3023 | 0.3051 | 0.3078 | 0.3106 | 0.3133 |
| 0.9 | 0.3159 | 0.3186 | 0.3212 | 0.3238 | 0.3264 | 0.3289 | 0.3315 | 0.3340 | 0.3365 | 0.3389 |
| 1.0 | 0.3413 | 0.3438 | 0.3461 | 0.3485 | 0.3508 | 0.3531 | 0.3554 | 0.3577 | 0.3599 | 0.3621 |
| 1.1 | 0.3643 | 0.3665 | 0.3686 | 0.3708 | 0.3729 | 0.3749 | 0.3770 | 0.3790 | 0.3810 | 0.3830 |
| 1.2 | 0.3849 | 0.3869 | 0.3888 | 0.3907 | 0.3925 | 0.3944 | 0.3962 | 0.3980 | 0.3997 | 0.4015 |
| 1.3 | 0.4032 | 0.4049 | 0.4066 | 0.4082 | 0.4099 | 0.4115 | 0.4131 | 0.4147 | 0.4162 | 0.4177 |
| 1.4 | 0.4192 | 0.4207 | 0.4222 | 0.4236 | 0.4251 | 0.4265 | 0.4279 | 0.4292 | 0.4306 | 0.4319 |
| 1.5 | 0.4332 | 0.4345 | 0.4357 | 0.4370 | 0.4382 | 0.4394 | 0.4406 | 0.4418 | 0.4429 | 0.4441 |
| 1.6 | 0.4452 | 0.4463 | 0.4474 | 0.4484 | 0.4495 | 0.4505 | 0.4515 | 0.4525 | 0.4535 | 0.4545 |
| 1.7 | 0.4554 | 0.4564 | 0.4573 | 0.4582 | 0.4591 | 0.4599 | 0.4608 | 0.4616 | 0.4625 | 0.4633 |
| 1.8 | 0.4641 | 0.4649 | 0.4656 | 0.4664 | 0.4671 | 0.4678 | 0.4686 | 0.4693 | 0.4699 | 0.4706 |
| 1.9 | 0.4713 | 0.4719 | 0.4726 | 0.4732 | 0.4738 | 0.4744 | 0.4750 | 0.4756 | 0.4761 | 0.4767 |
| 2.0 | 0.4772 | 0.4778 | 0.4783 | 0.4788 | 0.4793 | 0.4798 | 0.4803 | 0.4808 | 0.4812 | 0.4817 |
| 2.1 | 0.4821 | 0.4826 | 0.4830 | 0.4834 | 0.4838 | 0.4842 | 0.4846 | 0.4850 | 0.4854 | 0.4857 |
| 2.2 | 0.4861 | 0.4864 | 0.4868 | 0.4871 | 0.4875 | 0.4878 | 0.4881 | 0.4884 | 0.4887 | 0.4890 |
| 2.3 | 0.4893 | 0.4896 | 0.4898 | 0.4901 | 0.4904 | 0.4906 | 0.4909 | 0.4911 | 0.4913 | 0.4916 |
| 2.4 | 0.4918 | 0.4920 | 0.4922 | 0.4925 | 0.4927 | 0.4929 | 0.4931 | 0.4932 | 0.4934 | 0.4936 |
| 2.5 | 0.4938 | 0.4940 | 0.4941 | 0.4943 | 0.4945 | 0.4946 | 0.4948 | 0.4949 | 0.4951 | 0.4952 |
| 2.6 | 0.49534 | 0.49547 | 0.49560 | 0.49573 | 0.49585 | 0.49598 | 0.49609 | 0.49621 | 0.49632 | 0.49643 |
| 2.7 | 0.49653 | 0.49664 | 0.49674 | 0.49683 | 0.49693 | 0.49702 | 0.49711 | 0.49720 | 0.49728 | 0.49736 |
| 2.8 | 0.49744 | 0.49752 | 0.49760 | 0.49767 | 0.49774 | 0.49781 | 0.49788 | 0.49795 | 0.49801 | 0.49807 |
| 2.9 | 0.49813 | 0.49819 | 0.49825 | 0.49831 | 0.49836 | 0.49841 | 0.49846 | 0.49851 | 0.49856 | 0.49861 |
| 3.0 | 0.49865 | 0.49869 | 0.49874 | 0.49878 | 0.49882 | 0.49886 | 0.49889 | 0.49893 | 0.49897 | 0.49900 |

# SECTION 7

## ベクトル

### THEME

きめる! KIMERU SERIES

# SECTION 7 で学ぶこと

「ベクトル」は，式の形が独特なことに加え，平面図形・立体・座標と出題パターンが多彩に見えるせいで，苦手に感じている人も多い。だが，その大半は誤解だ。なかでも，「基本」に高いハードルを感じている人は，その思い込みのせいで，よくあるパターンの問題が解けず，使うべき公式が使えないといった負けパターンにハマってしまっている。基本的な問題をひととおり完璧に解けるようにしておけば，きっちり得点が取れる単元にすることは十分可能だ。

ここが問われる！

## 図を正確にかくだけで解ける問題もある！

図形が絡む問題の原則として，とにかく**図は丁寧に，キレイにかく**こと。それだけで位置関係や角度について気づくことがある。逆に，図を汚くかいているせいで解ける問題も解けないという人は非常に多い。平面図形はもちろんだけど，空間図形も正四面体，四面体くらいは正確にかけるように練習しておこう。辺の位置を選択肢から選ぶ，辺の長さの比の数字を選ぶ，といった出題パターンが多く，図を正確にかくだけで答えの予想がつけやすいのでおトクだよ。

ここが問われる！

## 座標問題は，図をかかなくても解けるように！

一方，**座標の問題では，図形をかきながら解く必要はない**。特に空間座標では$x$軸・$y$軸・$z$軸が登場して複雑そうに感じるけど，図を正確にかいたからといって，問題で問われていることが見えやすくなるということでもない。そこで，ポイントを絞った抽象的な図をかいて考える練習をする必要がある。座標問題では，シンプルなイメージ図で考察できるようになっておこう。

## ここが問われる！ 数学Ⅰ・A「図形の性質」がアヤシい人は，ここでしっかり復習を！

この単元でしばしば登場するのが，**二つの図形の面積比の問題**。数学Ⅰ・A「図形の性質」の知識が必要になってくる場面が多いので，不安な人はよく確認し，必要なら問題を解いて地力を鍛え直そう。三角形の五心はよく使われるので（ちゃんと言える？），少しでもアヤシイと感じる人は見直すこと。確実な点数に繋がるぞ。

答えが合っていたときも積極的に解き直しをして，自分の解き方に無駄がなかったのかを確かめよう。自分の手を動かして答えを出すことが大切なのは他の単元と同じだけど，ベクトルは，簡単だが細かい計算が多いのが特徴。振り返ると，同じ計算を2回していたなど，計算の作業で無駄があったことに気づける場合も少なくない。「もっと簡単に計算できなかったかな？」と反省する視点で，同じ問題を繰り返し解いてみよう。

**時間との戦いだからこそ，右往左往しないために図をキレイにかいて，丁寧に取り組むことが大事なんだ。時間がないときこそ，丁寧に向き合う。人生の真理をベクトルから学んでほしい。**

THEME 1

# 平面ベクトルの基本

ここできめる!

- 平面ベクトルの基本的な計算ができるようになろう。
- 成分表示の基本事項を用いて考えてみよう。

## 1 平面上のベクトル

### 過去問にチャレンジ

平面上に，1辺の長さが1の正方形ABCDと，その外側に三角形OABがあり，$OA=OB=\dfrac{\sqrt{5}}{2}$とする。$0<t<1$とし，線分OA，AD，CBを$t:(1-t)$に内分する点をそれぞれP，Q，Rとする。以下では，$\overrightarrow{OA}=\vec{a}$，$\overrightarrow{OB}=\vec{b}$とおく。

このとき，$|\vec{a}-\vec{b}|^2=\boxed{\text{ア}}$により，$\vec{a}\cdot\vec{b}=\dfrac{\boxed{\text{イ}}}{\boxed{\text{ウ}}}$である。

また，$\vec{a}+\vec{b}$と$\overrightarrow{AD}$は平行であり，$|\vec{a}+\vec{b}|=\boxed{\text{エ}}$により，

$\overrightarrow{AD}=\dfrac{\boxed{\text{オ}}}{\boxed{\text{カ}}}(\vec{a}+\vec{b})$である。

次に，$\overrightarrow{PQ}$，$\overrightarrow{PR}$を$t$と$\vec{a}$，$\vec{b}$を用いて表すと

$$\overrightarrow{PQ}=\frac{\boxed{\text{キ}}-t}{\boxed{\text{ク}}}\vec{a}+\frac{t}{\boxed{\text{ク}}}\vec{b},$$

$$\overrightarrow{PR}=\frac{1-\boxed{\text{ケ}}\,t}{\boxed{\text{ク}}}\vec{a}+\frac{\boxed{\text{コ}}-t}{\boxed{\text{ク}}}\vec{b}$$

である。

（2014年度センター追試験・改）

ベクトルの基本を確認していこう。

まず，$\vec{a}-\vec{b}=\overrightarrow{\mathrm{OA}}-\overrightarrow{\mathrm{OB}}=\overrightarrow{\mathrm{BA}}$となることは大丈夫かな？　すると，

$$|\vec{a}-\vec{b}|^2=|\overrightarrow{\mathrm{BA}}|^2=1$$

であることがわかるね。次に，

$$|\vec{a}-\vec{b}|^2=|\vec{a}|^2-2\vec{a}\cdot\vec{b}+|\vec{b}|^2$$

が成り立つから，

$$1=\left(\frac{\sqrt{5}}{2}\right)^2-2\vec{a}\cdot\vec{b}+\left(\frac{\sqrt{5}}{2}\right)^2=\frac{5}{2}-2\vec{a}\cdot\vec{b}$$

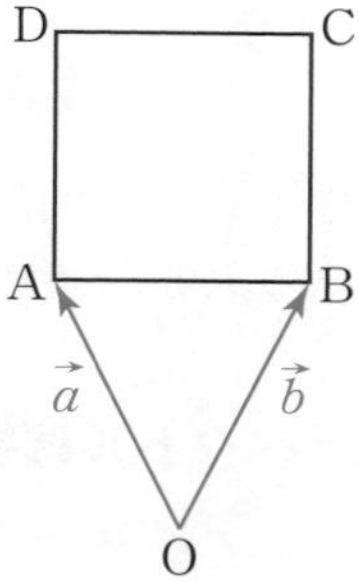


よって，$\vec{a}\cdot\vec{b}=\dfrac{3}{4}$となるね。

**答え**　ア：1，$\dfrac{\text{イ}}{\text{ウ}}$：$\dfrac{3}{4}$

同様に，

$$|\vec{a}+\vec{b}|^2=|\vec{a}|^2+2\vec{a}\cdot\vec{b}+|\vec{b}|^2$$
$$=\left(\frac{\sqrt{5}}{2}\right)^2+2\cdot\frac{3}{4}+\left(\frac{\sqrt{5}}{2}\right)^2=4$$

よって，$|\vec{a}+\vec{b}|=2$

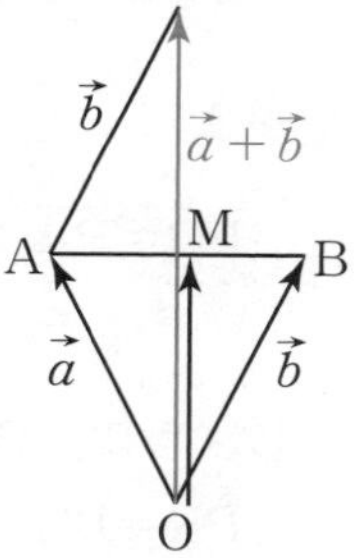


ここで，1つ重要なことなので，別の解き方のアプローチをしてみよう。$\vec{a}+\vec{b}$を図で見るとどのようになっているかな？　線分ABの中点をMとすると，右図のように$\vec{a}+\vec{b}$は$2\overrightarrow{\mathrm{OM}}$となっていることがわかるね。

ところで，△OABは二等辺三角形だから，三平方の定理より，

$$|\overrightarrow{\mathrm{OM}}|=\sqrt{|\overrightarrow{\mathrm{OA}}|^2-|\overrightarrow{\mathrm{AM}}|^2}=\sqrt{\left(\frac{\sqrt{5}}{2}\right)^2-\left(\frac{1}{2}\right)^2}=1$$

よって，$|\vec{a}+\vec{b}|=2|\overrightarrow{\mathrm{OM}}|=2\cdot1=2$

このように，**ベクトルでは図を見れば初等的な計算で大きさなどを求めることができる**んだ。常に「このベクトルは，図で見るとどこの部分かな？」と考えながら解き進めていこうね！　ちなみに，問題文に「$\vec{a}+\vec{b}$と$\overrightarrow{\mathrm{AD}}$は平行であり」とあるから，そこからも判断できるよ。

さて，$|\vec{a}+\vec{b}|=2$となるから，これはちょうど$\overrightarrow{\mathrm{AD}}$の大きさの2倍となっているので，$\overrightarrow{\mathrm{AD}}=\dfrac{1}{2}(\vec{a}+\vec{b})$であることがわかるね。

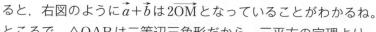

**答え** **エ**：2，$\dfrac{\textbf{オ}}{\textbf{カ}}$：$\dfrac{1}{2}$

さぁ，次の問題を解いていこう！　ここでもベクトルの重要な性質を確認しよう！

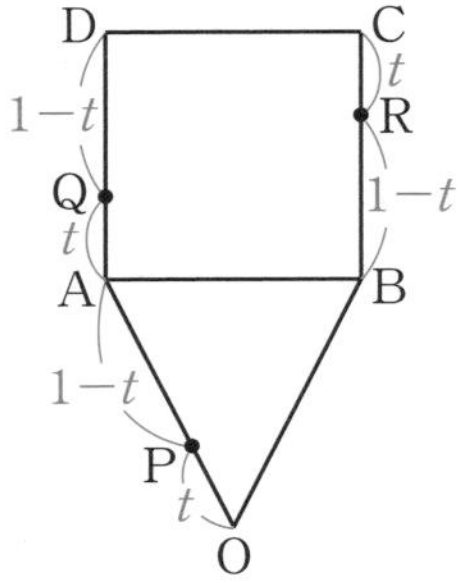


**ベクトルは寄り道OK**

$\overrightarrow{PQ}=\overrightarrow{PA}+\overrightarrow{AQ}$

このように，ベクトルは始点と終点が同じであればどのような経路をたどっても同じベクトルを表しているんだ。

$$\overrightarrow{PA}=(1-t)\vec{a},\quad \overrightarrow{AQ}=t\overrightarrow{AD}=t\cdot\frac{1}{2}(\vec{a}+\vec{b})=\frac{t}{2}\vec{a}+\frac{t}{2}\vec{b}$$

だから，

$$\overrightarrow{PQ}=\overrightarrow{PA}+\overrightarrow{AQ}=(1-t)\vec{a}+\frac{t}{2}\vec{a}+\frac{t}{2}\vec{b}=\frac{2-t}{2}\vec{a}+\frac{t}{2}\vec{b}$$

**答え** **キ**：2，**ク**：2

同じように，$\overrightarrow{PR}$も考えてみよう。

$$\overrightarrow{PR}=\overrightarrow{PO}+\overrightarrow{OB}+\overrightarrow{BR}$$

となるね。

$$\overrightarrow{BR}=(1-t)\overrightarrow{BC}=(1-t)\overrightarrow{AD}=(1-t)\cdot\frac{1}{2}(\vec{a}+\vec{b})$$

であることに注意すると，

$$\overrightarrow{PR}=\overrightarrow{PO}+\overrightarrow{OB}+\overrightarrow{BR}=t(-\vec{a})+\vec{b}+(1-t)\cdot\frac{1}{2}(\vec{a}+\vec{b})$$

$$=\frac{1-3t}{2}\vec{a}+\frac{3-t}{2}\vec{b}$$

**【別解】**

もちろん，これらは，次のように求めてもOKだよ！

$\overrightarrow{OP}=t\vec{a}$,

$\overrightarrow{OQ}=\overrightarrow{OA}+t\overrightarrow{AD}=\vec{a}+t\cdot\dfrac{1}{2}(\vec{a}+\vec{b})=\dfrac{2+t}{2}\vec{a}+\dfrac{t}{2}\vec{b}$,

$\overrightarrow{OR}=\mathrm{OB}+\overrightarrow{BR}=\overrightarrow{OB}+(1-t)\overrightarrow{BC}=\overrightarrow{OB}+(1-t)\overrightarrow{AD}$

$$=\vec{b}+(1-t)\cdot\frac{1}{2}(\vec{a}+\vec{b})=\frac{1-t}{2}\vec{a}+\frac{3-t}{2}\vec{b}$$

であるから，

$$\overrightarrow{\mathrm{PQ}}=\overrightarrow{\mathrm{OQ}}-\overrightarrow{\mathrm{OP}}$$

$$=\frac{2+t}{2}\vec{a}+\frac{t}{2}\vec{b}-t\vec{a}=\frac{2-t}{2}\vec{a}+\frac{t}{2}\vec{b}$$

$$\overrightarrow{\mathrm{PR}}=\overrightarrow{\mathrm{OR}}-\overrightarrow{\mathrm{OP}}$$

$$=\frac{1-t}{2}\vec{a}+\frac{3-t}{2}\vec{b}-t\vec{a}=\frac{1-3t}{2}\vec{a}+\frac{3-t}{2}\vec{b}$$

やっていることは同じなんだ！

**答え** ケ：3，コ：3

ベクトルの性質をしっかり理解しておこうね！

## 2 交点の位置ベクトルと面積比

**過去問にチャレンジ**

1辺の長さが1のひし形OABCにおいて，$\angle\mathrm{AOC}=120^\circ$とする。辺ABを2：1に内分する点をPとし，直線BC上に点Qを$\overrightarrow{\mathrm{OP}}\perp\overrightarrow{\mathrm{OQ}}$となるようにとる。以下，$\overrightarrow{\mathrm{OA}}=\vec{a}$，$\overrightarrow{\mathrm{OB}}=\vec{b}$とおく。

(1) 三角形OPQの面積を求めよう。$\overrightarrow{\mathrm{OP}}=\dfrac{\boxed{\text{ア}}}{\boxed{\text{イ}}}\vec{a}+\dfrac{\boxed{\text{ウ}}}{\boxed{\text{イ}}}\vec{b}$

である。実数$t$を用いて$\overrightarrow{\mathrm{OQ}}=(1-t)\overrightarrow{\mathrm{OB}}+t\overrightarrow{\mathrm{OC}}$と表されるので，$\overrightarrow{\mathrm{OQ}}=\boxed{\text{エ}}\,t\vec{a}+\vec{b}$である。ここで，$\vec{a}\cdot\vec{b}=\dfrac{\boxed{\text{オ}}}{\boxed{\text{カ}}}$，

$\overrightarrow{\mathrm{OP}}\cdot\overrightarrow{\mathrm{OQ}}=\boxed{\text{キ}}$であることから，$t=\dfrac{\boxed{\text{ク}}}{\boxed{\text{ケ}}}$である。

これらのことから，$|\overrightarrow{\mathrm{OP}}|=\dfrac{\sqrt{\boxed{\text{コ}}}}{\boxed{\text{サ}}}$，$|\overrightarrow{\mathrm{OQ}}|=\dfrac{\sqrt{\boxed{\text{シス}}}}{\boxed{\text{セ}}}$である。

よって，三角形OPQの面積$S_1$は，$S_1=\dfrac{\boxed{\text{ソ}}\sqrt{\boxed{\text{タ}}}}{\boxed{\text{チツ}}}$である。

(2)　辺BCを1：3に内分する点をRとし，直線ORと直線PQとの交点をTとする。$\overrightarrow{\mathrm{OT}}$を$\vec{a}$と$\vec{b}$を用いて表し，三角形OPQと三角形PRTの面積比を求めよう。

Tは直線OR上の点であり，直線PQ上の点でもあるので，実数$r$，$s$を用いて

$$\overrightarrow{\mathrm{OT}}=r\overrightarrow{\mathrm{OR}}=(1-s)\overrightarrow{\mathrm{OP}}+s\overrightarrow{\mathrm{OQ}}$$

と表すと，$r=\dfrac{\boxed{\text{テ}}}{\boxed{\text{ト}}}$，$s=\dfrac{\boxed{\text{ナ}}}{\boxed{\text{ニ}}}$となることがわかる。よって，$\overrightarrow{\mathrm{OT}}=\dfrac{\boxed{\text{ヌネ}}}{\boxed{\text{ノハ}}}\vec{a}+\dfrac{\boxed{\text{ヒ}}}{\boxed{\text{フ}}}\vec{b}$である。

上で求めた$r$，$s$の値から，三角形OPQの面積$S_1$と，三角形PRTの面積$S_2$との比は，$S_1:S_2=\boxed{\text{ヘホ}}:2$である。

（2015年度センター本試験）

共通テストで頻出の，**交点の位置ベクトル**，**面積比**について基本を確認しておこう！

(1)　点Pは辺ABを2：1に内分するから，

$$\overrightarrow{\mathrm{OP}}=\frac{1\cdot\vec{a}+2\cdot\vec{b}}{2+1}=\frac{1}{3}\vec{a}+\frac{2}{3}\vec{b}$$

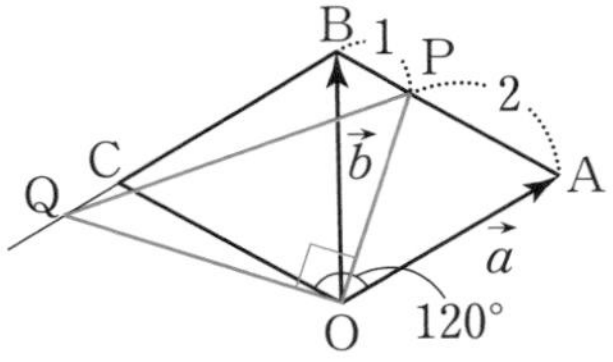


**答え**　$\dfrac{\text{ア}}{\text{イ}}:\dfrac{1}{3}$，ウ：2

さて，続いて$\overrightarrow{\mathrm{OQ}}$だ。$\overrightarrow{\mathrm{OQ}}=(1-t)\overrightarrow{\mathrm{OB}}+t\overrightarrow{\mathrm{OC}}$と表されている部分は大丈夫かな？

ここの部分をちゃんと説明しておくね。

$\overrightarrow{\mathrm{OQ}}=\overrightarrow{\mathrm{OB}}+\overrightarrow{\mathrm{BQ}}$　Bを寄り道したよ

となるんだけど，$\overrightarrow{\mathrm{BQ}}=t\overrightarrow{\mathrm{BC}}$と表せるよね。したがって，

$\overrightarrow{\mathrm{OQ}}=\overrightarrow{\mathrm{OB}}+t\overrightarrow{\mathrm{BC}}$　……①

$$=\overrightarrow{\mathrm{OB}}+t(\overrightarrow{\mathrm{OC}}-\overrightarrow{\mathrm{OB}})$$
$$=(1-t)\overrightarrow{\mathrm{OB}}+t\overrightarrow{\mathrm{OC}}$$

となるわけだ。

このような表し方は頻出なのでパッと理解できるようにしておこうね！

ここで，ひし形の向かい合う辺は平行で長さが等しいから，

$$\overrightarrow{\mathrm{OC}}=\overrightarrow{\mathrm{AB}}$$
$$=\overrightarrow{\mathrm{OB}}-\overrightarrow{\mathrm{OA}}=\vec{b}-\vec{a}$$

であることに注意すると，

$$\overrightarrow{\mathrm{OQ}}=(1-t)\overrightarrow{\mathrm{OB}}+t\overrightarrow{\mathrm{OC}}$$
$$=(1-t)\vec{b}+t(\vec{b}-\vec{a})$$
$$=-t\vec{a}+\vec{b}$$

**答え　エ：−**

さて，△OABに着目すると，OA＝AB，∠AOB＝60°だから，△OABは正三角形であることがわかるね！

すなわち，$\mathrm{OB}=|\vec{b}|=1$となるから，

$$\boldsymbol{\vec{a}\cdot\vec{b}=|\vec{a}||\vec{b}|\cos\angle\mathrm{AOB}}=1\cdot1\cdot\cos60^\circ=\frac{1}{2}$$

$\overrightarrow{\mathrm{OP}}\perp\overrightarrow{\mathrm{OQ}}$であるから，$\overrightarrow{\mathrm{OP}}\cdot\overrightarrow{\mathrm{OQ}}=0$

**答え　$\frac{オ}{カ}$：$\frac{1}{2}$，キ：0**

また，$\overrightarrow{\mathrm{OP}}\cdot\overrightarrow{\mathrm{OQ}}=\left(\frac{1}{3}\vec{a}+\frac{2}{3}\vec{b}\right)\cdot(-t\vec{a}+\vec{b})$

$$=-\frac{t}{3}|\vec{a}|^2+\frac{1}{3}\vec{a}\cdot\vec{b}-\frac{2}{3}t\vec{a}\cdot\vec{b}+\frac{2}{3}|\vec{b}|^2$$
$$=-\frac{t}{3}+\frac{1}{3}\cdot\frac{1}{2}-\frac{2}{3}t\cdot\frac{1}{2}+\frac{2}{3}$$
$$=-\frac{2}{3}t+\frac{5}{6}$$

だから，$-\frac{2}{3}t+\frac{5}{6}=0$

よって，$t=\dfrac{5}{4}$

答え $\dfrac{\text{ク}}{\text{ケ}}$ : $\dfrac{5}{4}$

つまり，$\overrightarrow{\mathrm{OQ}}=-\dfrac{5}{4}\vec{a}+\vec{b}$ということだね。

問題には関係ないけど，①より，BQ : CQ＝5 : 4 だってことがこれでわかるんだ。



さて，これらのことから，$|\overrightarrow{\mathrm{OP}}|$ や $|\overrightarrow{\mathrm{OQ}}|$ を求めよう。
ベクトルの和（差）の絶対値は2乗すると内積の計算にすることができるね！

$$
\begin{aligned}
\text{よって，}|\overrightarrow{\mathrm{OP}}|^2&=\left|\frac{1}{3}\vec{a}+\frac{2}{3}\vec{b}\right|^2\\
&=\frac{1}{9}|\vec{a}|^2+\frac{4}{9}\vec{a}\cdot\vec{b}+\frac{4}{9}|\vec{b}|^2\\
&=\frac{1}{9}+\frac{4}{9}\cdot\frac{1}{2}+\frac{4}{9}\\
&=\frac{7}{9}
\end{aligned}
$$

$|\overrightarrow{\mathrm{OP}}|\geqq 0$だから，$|\overrightarrow{\mathrm{OP}}|=\dfrac{\sqrt{7}}{3}$

答え $\dfrac{\sqrt{\text{コ}}}{\text{サ}}$ : $\dfrac{\sqrt{7}}{3}$

同様に $|\overrightarrow{\mathrm{OQ}}|$ を求めてもいいけど，ちょっと工夫して時間短縮をしよう。$\overrightarrow{\mathrm{OQ}}=-\dfrac{5}{4}\vec{a}+\vec{b}$であるから，

$$|\overrightarrow{\mathrm{OQ}}|=\left|-\frac{5}{4}\vec{a}+\vec{b}\right|=\frac{1}{4}|-5\vec{a}+4\vec{b}|$$

と$\dfrac{1}{4}$を絶対値の外にくくり出しておけば，

$$
\begin{aligned}
|\overrightarrow{\mathrm{OQ}}|&=\left|-\frac{5}{4}\vec{a}+\vec{b}\right|\\
&=\frac{1}{4}|-5\vec{a}+4\vec{b}|
\end{aligned}
$$

$$=\frac{1}{4}\sqrt{|-5\vec{a}+4\vec{b}|^2}$$

$$=\frac{1}{4}\sqrt{25|\vec{a}|^2-40\vec{a}\cdot\vec{b}+16|\vec{b}|^2}$$

$$=\frac{1}{4}\sqrt{25-40\cdot\frac{1}{2}+16}=\frac{\sqrt{21}}{4}$$

**答え** $\frac{\sqrt{シス}}{セ}$ : $\frac{\sqrt{21}}{4}$

△OPQは∠POQ＝90°の直角三角形だから，その面積$S_1$は，

$$S_1=\frac{1}{2}|\overrightarrow{OP}||\overrightarrow{OQ}|=\frac{1}{2}\cdot\frac{\sqrt{7}}{3}\cdot\frac{\sqrt{21}}{4}=\frac{7\sqrt{3}}{24}$$

**答え** $\frac{ソ\sqrt{タ}}{チツ}$ : $\frac{7\sqrt{3}}{24}$

(2)　続いて，直線ORと直線PQの交点をTとしたときの，$\overrightarrow{OT}$を考えてみよう！

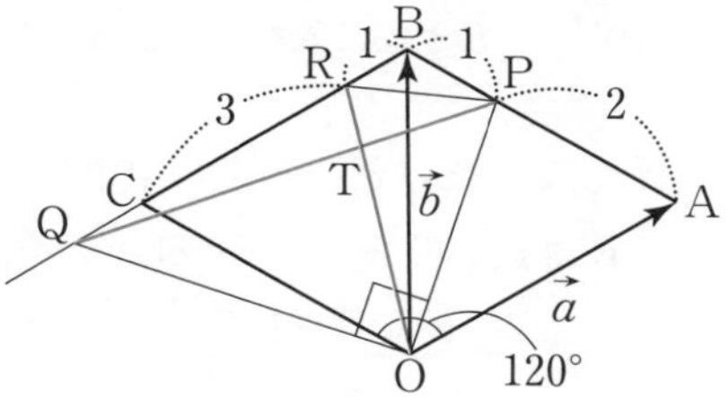


ポイントは，

(a)　**Tは直線OR上にある**

(b)　**Tは直線PQ上にある**

ということなんだ。

当たり前じゃないんですか？

たしかに，(a)(b)は当たり前のことなんだけど，これをしっかりとベクトルの条件に落とし込んでいくことが大切なんだ。

問題文にある，

$$\overrightarrow{OT}=r\overrightarrow{OR}=(1-s)\overrightarrow{OP}+s\overrightarrow{OQ}$$

という式は，

(a)の条件：$\overrightarrow{OT}=r\overrightarrow{OR}$

(b)の条件：$\overrightarrow{OT}=(1-s)\overrightarrow{OP}+s\overrightarrow{OQ}$

ということだったんだね。そして，ここが重要なんだけど，**平面上にあるすべてのベクトルは，平行でない2つのベクトル（た**

**だし$\vec{0}$は除く）を用いてただ1通りに表すことができる**んだ。
かみ砕いていうと，今回の$\vec{a}$，$\vec{b}$という2つのベクトルはどちらも$\vec{0}$ではなく，平行でもないよ。だから，$\overrightarrow{\mathrm{OT}}$を$\vec{a}$と$\vec{b}$で表したら，その表し方は1通りしかないってことなんだ。つまり，

(a)を用いて，$\overrightarrow{\mathrm{OT}}=\square\vec{a}+\triangle\vec{b}$

(b)を用いて，$\overrightarrow{\mathrm{OT}}=\blacksquare\vec{a}+\blacktriangle\vec{b}$

のように，2通りに表せたとしても，実は，$\vec{a}$と$\vec{b}$を用いた$\overrightarrow{\mathrm{OT}}$の表し方は1通りしかないから，$\square=\blacksquare$ かつ $\triangle=\blacktriangle$が成り立つということなんだ！

交点の位置ベクトルを表す問題は共通テストに限らず様々な入試で見られるので，この性質はちゃんと頭に入れておこうね！

長くなったけど，続きを再開していくよ！
点Rは辺BCを1：3に内分する点から，

$$\overrightarrow{\mathrm{OR}}=\frac{3\cdot\overrightarrow{\mathrm{OB}}+1\cdot\overrightarrow{\mathrm{OC}}}{1+3}$$

$$=\frac{3}{4}\vec{b}+\frac{1}{4}(\vec{b}-\vec{a})=-\frac{1}{4}\vec{a}+\vec{b}$$

となるから，(a)，つまり，$\overrightarrow{\mathrm{OT}}=r\overrightarrow{\mathrm{OR}}$より，

$$\overrightarrow{\mathrm{OT}}=r\left(-\frac{1}{4}\vec{a}+\vec{b}\right)=-\frac{r}{4}\vec{a}+r\vec{b}\quad\cdots\cdots②$$

となるね。また，(b)，つまり，$\overrightarrow{\mathrm{OT}}=(1-s)\overrightarrow{\mathrm{OP}}+s\overrightarrow{\mathrm{OQ}}$，
$\overrightarrow{\mathrm{OP}}=\frac{1}{3}\vec{a}+\frac{2}{3}\vec{b}$，$\overrightarrow{\mathrm{OQ}}=-\frac{5}{4}\vec{a}+\vec{b}$より，

$$\overrightarrow{\mathrm{OT}}=(1-s)\left(\frac{1}{3}\vec{a}+\frac{2}{3}\vec{b}\right)+s\left(-\frac{5}{4}\vec{a}+\vec{b}\right)$$

$$=\frac{4-19s}{12}\vec{a}+\frac{2+s}{3}\vec{b}\quad\cdots\cdots③$$

となるわけだね。$\vec{a}\neq\vec{0}$，$\vec{b}\neq\vec{0}$，$\vec{a}\not\parallel\vec{b}$であるから，②，③より，

$$-\frac{r}{4}=\frac{4-19s}{12}\quad\cdots\cdots④,\quad r=\frac{2+s}{3}\quad\cdots\cdots⑤$$

が成り立つんだ。④の両辺に12を掛けると,

$-3r=4-19s$ ……④′

⑤の両辺に3を掛けると,

$3r=2+s$ ……⑤′

となるね。④′＋⑤′より,

$0=6-18s$

よって，$s=\dfrac{1}{3}$となるね。これと⑤′から，$r=\dfrac{7}{9}$も得られるね！

**答え** $\dfrac{\text{テ}}{\text{ト}}:\dfrac{7}{9}$, $\dfrac{\text{ナ}}{\text{ニ}}:\dfrac{1}{3}$

②に$r=\dfrac{7}{9}$を代入して,

$$\overrightarrow{OT}=-\frac{\frac{7}{9}}{4}\vec{a}+\frac{7}{9}\vec{b}=-\frac{7}{36}\vec{a}+\frac{7}{9}\vec{b}$$

**答え** $\dfrac{\text{ヌネ}}{\text{ノハ}}:\dfrac{-7}{36}$, $\dfrac{\text{ヒ}}{\text{フ}}:\dfrac{7}{9}$

$r=\dfrac{7}{9}$より，$\overrightarrow{OT}=\dfrac{7}{9}\overrightarrow{OR}$

$\overrightarrow{OT}$は$\overrightarrow{OR}$を9等分したうちの

7個分だから,

OT：TR＝7：2

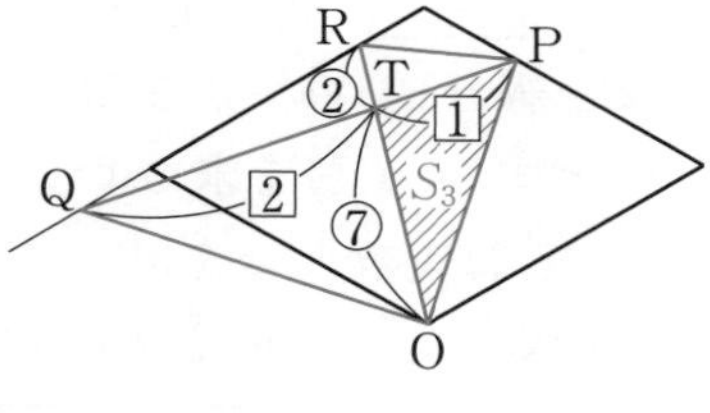


$s=\dfrac{1}{3}$より，$\overrightarrow{OT}=\dfrac{2}{3}\overrightarrow{OP}+\dfrac{1}{3}\overrightarrow{OQ}$

$=\dfrac{2\overrightarrow{OP}+\overrightarrow{OQ}}{3}$

TはPQを1：2に内分する点だから,

PT：TQ＝1：2

三角形OPTの面積を$S_3$とすると,

PQ：PT＝3：1より，$S_3=\dfrac{1}{3}S_1$

OT：TR＝7：2より，$S_2=\dfrac{2}{7}S_3=\dfrac{2}{7}\cdot\dfrac{1}{3}S_1=\dfrac{2}{21}S_1$

よって，$S_1 : S_2 = 21 : 2$

答え　ヘホ：21

位置ベクトルの表し方や面積比について，自分でも図をかいてしっかりと確認しておこうね！

## 3　ベクトルと平面図形

### 過去問にチャレンジ

座標平面上に点A(2, 0)をとり，原点Oを中心とする半径が2の円周上に点B, C, D, E, Fを，点A, B, C, D, E, Fが順に正六角形の頂点となるようにとる。ただし，Bは第1象限にあるとする。

(1)　点Bの座標は$\left(\boxed{\text{ア}},\ \sqrt{\boxed{\text{イ}}}\right)$，点Dの座標は$\left(-\boxed{\text{ウ}},\ 0\right)$である。

(2)　線分BDの中点をMとし，直線AMと直線CDの交点をNとする。$\overrightarrow{\mathrm{ON}}$を求めよう。

$\overrightarrow{\mathrm{ON}}$は実数$r$，$s$を用いて，$\overrightarrow{\mathrm{ON}}=\overrightarrow{\mathrm{OA}}+r\overrightarrow{\mathrm{AM}}$，$\overrightarrow{\mathrm{ON}}=\overrightarrow{\mathrm{OD}}+s\overrightarrow{\mathrm{DC}}$と2通りに表すことができる。ここで

$\overrightarrow{\mathrm{AM}}=\left(-\dfrac{\boxed{\text{エ}}}{\boxed{\text{オ}}},\ \dfrac{\sqrt{\boxed{\text{カ}}}}{\boxed{\text{キ}}}\right)$，$\overrightarrow{\mathrm{DC}}=\left(\boxed{\text{ク}},\ \sqrt{\boxed{\text{ケ}}}\right)$で

あるから，$r=\dfrac{\boxed{\text{コ}}}{\boxed{\text{サ}}}$，$s=\dfrac{\boxed{\text{シ}}}{\boxed{\text{ス}}}$である。

よって，$\overrightarrow{\mathrm{ON}}=\left(-\dfrac{\boxed{\text{セ}}}{\boxed{\text{ソ}}},\ \dfrac{\boxed{\text{タ}}\sqrt{\boxed{\text{チ}}}}{\boxed{\text{ツ}}}\right)$である。

(3)　線分BF上に点Pをとり，その$y$座標を$a$とする。点Pから直線CEに引いた垂線と，点Cから直線EPに引いた垂線との交点をHとする。

$\overrightarrow{\mathrm{EP}}$が$\overrightarrow{\mathrm{EP}}=(\boxed{テ},\ a+\sqrt{\boxed{ト}})$と表せることにより，H の座標を$a$を用いて表すと$\left(\dfrac{\boxed{ナ}\,a^{\boxed{ニ}}+\boxed{ヌ}}{\boxed{ネ}},\ a\right)$である。

さらに，$\overrightarrow{\mathrm{OP}}$と$\overrightarrow{\mathrm{OH}}$のなす角を$\theta$とする。$\cos\theta=\dfrac{12}{13}$のとき，

$a$の値は$a=\pm\dfrac{\boxed{ノ}}{\boxed{ハヒ}}$である。

(2017年度センター本試験・改)

ベクトルを成分表示したときの基本事項についても確認をしておこう！　まずは，図をかいてみるよ。

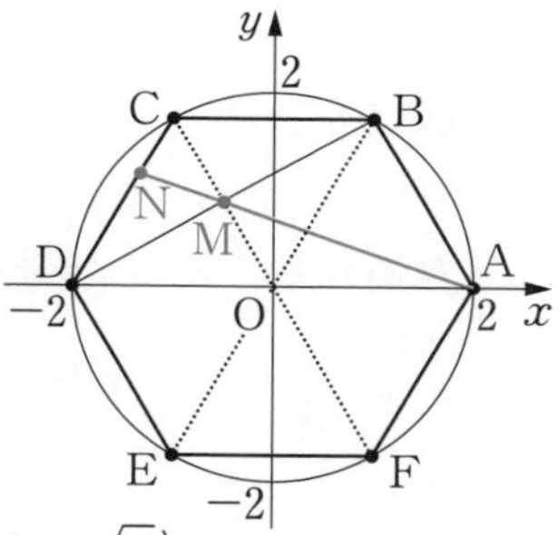


(1)　$\angle\mathrm{AOB}=60^\circ$だから，

点Bの座標は，$(1,\ \sqrt{3})$，

点Dの座標は，$(-2,\ 0)$

**答え**　ア：1，$\sqrt{イ}$：$\sqrt{3}$，ウ：2

(2)　点M，Nは図のようになるね。

点Mは線分BDの中点だから，点Mの座標は，

$$\left(\frac{1+(-2)}{2},\ \frac{\sqrt{3}+0}{2}\right)\quad つまり，\left(-\frac{1}{2},\ \frac{\sqrt{3}}{2}\right)$$

よって，$\overrightarrow{\mathrm{AM}}=\overrightarrow{\mathrm{OM}}-\overrightarrow{\mathrm{OA}}$

$$=\left(-\frac{1}{2},\ \frac{\sqrt{3}}{2}\right)-(2,\ 0)$$

$$=\left(-\frac{1}{2}-2,\ \frac{\sqrt{3}}{2}-0\right)$$

$$=\left(-\frac{5}{2},\ \frac{\sqrt{3}}{2}\right)$$

**答え**　$\dfrac{エ}{オ}$：$\dfrac{5}{2}$，$\dfrac{\sqrt{カ}}{キ}$：$\dfrac{\sqrt{3}}{2}$

また，DC∥OBかつDC＝OBだから，

$\overrightarrow{\mathrm{DC}}=\overrightarrow{\mathrm{OB}}=(1,\ \sqrt{3})$

**答え**　ク：1，$\sqrt{ケ}$：$\sqrt{3}$

さて，ここからは **2** (2)で扱ったものと同じだね。
誘導にある通り，$\overrightarrow{\mathrm{ON}}$を2通りで表していこう！

$$\overrightarrow{\mathrm{ON}}=\overrightarrow{\mathrm{OA}}+r\overrightarrow{\mathrm{AM}}$$
$$=(2,\ 0)+r\left(-\frac{5}{2},\ \frac{\sqrt{3}}{2}\right)$$
$$=\left(2-\frac{5}{2}r,\ \frac{\sqrt{3}}{2}r\right)\quad\cdots\cdots①$$
$$\overrightarrow{\mathrm{ON}}=\overrightarrow{\mathrm{OD}}+s\overrightarrow{\mathrm{DC}}$$
$$=(-2,\ 0)+s(1,\ \sqrt{3})$$
$$=(-2+s,\ \sqrt{3}s)\quad\cdots\cdots②$$

と表すことができるから，

$$2-\frac{5}{2}r=-2+s\quad\cdots\cdots③,\quad \frac{\sqrt{3}}{2}r=\sqrt{3}s\quad\cdots\cdots④$$

が成り立つね。
④から，$r=2s$ ……⑤
となるから，$r=2s$を③に代入して，

$$2-\frac{5}{2}\cdot 2s=-2+s$$
$$6s=4$$

よって，$s=\dfrac{2}{3}$が得られるね。

⑤より，$r=2\cdot\dfrac{2}{3}=\dfrac{4}{3}$だ！

答え $\dfrac{\text{コ}}{\text{サ}}:\dfrac{4}{3}$, $\dfrac{\text{シ}}{\text{ス}}:\dfrac{2}{3}$

したがって，②に$s=\dfrac{2}{3}$ $\left(\text{または，①に}r=\dfrac{4}{3}\right)$を代入して，

$$\overrightarrow{\mathrm{ON}}=\left(-2+\frac{2}{3},\ \sqrt{3}\cdot\frac{2}{3}\right)=\left(-\frac{4}{3},\ \frac{2\sqrt{3}}{3}\right)$$

答え $\dfrac{\text{セ}}{\text{ソ}}:\dfrac{4}{3}$, $\dfrac{\text{タ}\sqrt{\text{チ}}}{\text{ツ}}:\dfrac{2\sqrt{3}}{3}$

(3)　さぁ，次の問題だ！

これは結構重要なんだけど，**共通テストでは設定が変わるたびに正しく図をかき直していこう**！

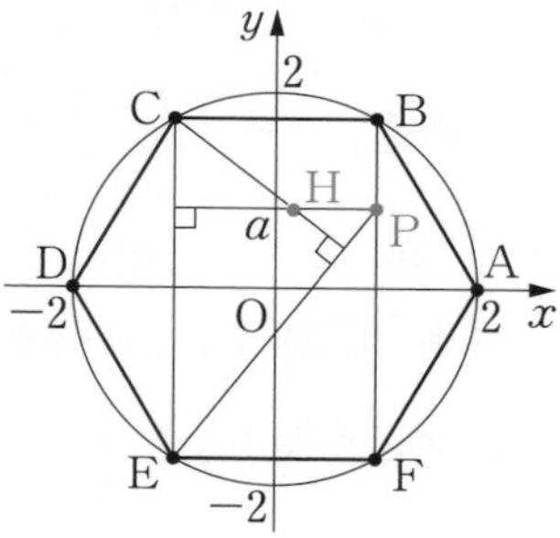


点Eと点Bは原点に関して対称，点Cと点Bは$y$軸に関して対称だから，点C，Eの座標はそれぞれ，

$$C(-1,\ \sqrt{3}),\ E(-1,\ -\sqrt{3})$$

だね。点Pの$x$座標は点Bの$x$座標と等しく，点Pの$y$座標が$a$だから，点Pの座標は，

$$P(1,\ a)$$

となるね。さぁ，準備が整った！

$$\begin{aligned}\overrightarrow{EP}&=\overrightarrow{OP}-\overrightarrow{OE}\\&=(1,\ a)-(-1,\ -\sqrt{3})\\&=(1-(-1),\ a-(-\sqrt{3}))\\&=(2,\ a+\sqrt{3})\end{aligned}$$

**答え**　テ：2，$\sqrt{\text{ト}}$：$\sqrt{3}$

次に，点Hの座標を求めよう。点Hは点Pから直線CEに引いた垂線上にあるから，点Hの$y$座標は点Pの$y$座標と同じ$a$だよね？ということは，あとは点Hの$x$座標がわかればよいから，点Hの座標を$(x,\ a)$とおこう。$\overrightarrow{CH}\perp\overrightarrow{EP}$だから，$\overrightarrow{CH}\cdot\overrightarrow{EP}=0$を利用したいね。まずは$\overrightarrow{CH}$を成分表示しよう！

$$\begin{aligned}\overrightarrow{CH}&=(x,\ a)-(-1,\ \sqrt{3})\\&=(x-(-1),\ a-\sqrt{3})\\&=(x+1,\ a-\sqrt{3})\end{aligned}$$

となるね。$\overrightarrow{CH}\cdot\overrightarrow{EP}$を計算すると，

$$\begin{aligned}\overrightarrow{CH}\cdot\overrightarrow{EP}&=(x+1,\ a-\sqrt{3})\cdot(2,\ a+\sqrt{3})\\&=(x+1)\cdot 2+(a-\sqrt{3})(a+\sqrt{3})\\&=2x+2+a^2-3\\&=2x+a^2-1\end{aligned}$$

$\overrightarrow{\mathrm{CH}}\perp\overrightarrow{\mathrm{EP}}$ より $\overrightarrow{\mathrm{CH}}\cdot\overrightarrow{\mathrm{EP}}=0$ だから，$2x+a^2-1=0$

よって，$x=\dfrac{-a^2+1}{2}$ となるから，点Hの座標は，$\left(\dfrac{-a^2+1}{2},\ a\right)$

**答え　ナ：－，ニ：2，ヌ：1，ネ：2**

さぁ，最後だよ。$\cos\theta=\dfrac{\overrightarrow{\mathrm{OP}}\cdot\overrightarrow{\mathrm{OH}}}{|\overrightarrow{\mathrm{OP}}||\overrightarrow{\mathrm{OH}}|}$ が成り立つから，これを用いて $a$ を求めよう！

$$|\overrightarrow{\mathrm{OP}}|=\sqrt{1^2+a^2}$$
$$=\sqrt{a^2+1}$$
$$|\overrightarrow{\mathrm{OH}}|=\sqrt{\left(\frac{-a^2+1}{2}\right)^2+a^2}$$
$$=\sqrt{\frac{a^4+2a^2+1}{2^2}}$$
$$=\sqrt{\frac{(a^2+1)^2}{2^2}}=\frac{a^2+1}{2}$$
$$\overrightarrow{\mathrm{OP}}\cdot\overrightarrow{\mathrm{OH}}=(1,\ a)\cdot\left(\frac{-a^2+1}{2},\ a\right)$$
$$=1\cdot\frac{-a^2+1}{2}+a\cdot a=\frac{a^2+1}{2}$$

よって，$\cos\theta=\dfrac{\overrightarrow{\mathrm{OP}}\cdot\overrightarrow{\mathrm{OH}}}{|\overrightarrow{\mathrm{OP}}||\overrightarrow{\mathrm{OH}}|}$

$$=\frac{\frac{a^2+1}{2}}{\sqrt{a^2+1}\cdot\frac{a^2+1}{2}}$$
$$=\frac{1}{\sqrt{a^2+1}}$$

$\cos\theta=\dfrac{12}{13}$ だから，

$$\frac{1}{\sqrt{a^2+1}}=\frac{12}{13}$$
$$\sqrt{a^2+1}=\frac{13}{12}$$ 逆数をとったよ
$$a^2+1=\left(\frac{13}{12}\right)^2$$ 両辺を2乗したよ

整理すると，$a^2=\left(\dfrac{13}{12}\right)^2-1$

$$=\left(\frac{13}{12}+1\right)\left(\frac{13}{12}-1\right)$$

$$=\frac{25}{12^2}=\left(\frac{5}{12}\right)^2$$

よって，$a=\pm\dfrac{5}{12}$

答え $\dfrac{\text{ノ}}{\text{ハヒ}}$：$\dfrac{5}{12}$

**POINT**

- ベクトルは寄り道OKで，$\overrightarrow{\mathrm{PQ}}=\overrightarrow{\mathrm{PA}}+\overrightarrow{\mathrm{AQ}}$
- AB上の点Pは実数$t$を用いて$\overrightarrow{\mathrm{OP}}=\overrightarrow{\mathrm{OA}}+t\overrightarrow{\mathrm{AB}}$と表せるから，$\overrightarrow{\mathrm{AB}}=\overrightarrow{\mathrm{OB}}-\overrightarrow{\mathrm{OA}}$より，$\overrightarrow{\mathrm{OP}}=(1-t)\overrightarrow{\mathrm{OA}}+t\overrightarrow{\mathrm{OB}}$となる。
- 平面上にあるすべてのベクトルは，平行でない2つのベクトル（ただし$\vec{0}$は除く）を用いてただ1通りに表すことができる。つまり，あるベクトルを2通りで表現できたら**係数比較**や**成分比較**が使えるぞ！
- 共通テストでは，設定が変わる度に正しく図をかき直していこう！

THEME

# 2 空間ベクトルの基本

ここできめる!

- 空間ベクトルでも平面ベクトルと同じように解けるようになろう。
- 問題を通して座標空間の取り扱いに慣れよう。

## 1 空間のベクトル①

### 過去問にチャレンジ

四面体OABCにおいて，$|\overrightarrow{\mathrm{OA}}|=3$，$|\overrightarrow{\mathrm{OB}}|=|\overrightarrow{\mathrm{OC}}|=2$，$\angle\mathrm{AOB}=\angle\mathrm{BOC}=\angle\mathrm{COA}=60^\circ$であるとする。また，辺OA上に点Pをとり，辺BC上に点Qをとる。以下，$\overrightarrow{\mathrm{OA}}=\vec{a}$，$\overrightarrow{\mathrm{OB}}=\vec{b}$，$\overrightarrow{\mathrm{OC}}=\vec{c}$とおく。

(1)　$0\leqq s\leqq 1$，$0\leqq t\leqq 1$であるような実数$s$，$t$を用いて$\overrightarrow{\mathrm{OP}}=s\vec{a}$，$\overrightarrow{\mathrm{OQ}}=(1-t)\vec{b}+t\vec{c}$と表す。
$\vec{a}\cdot\vec{b}=\vec{a}\cdot\vec{c}=\boxed{\text{ア}}$，$\vec{b}\cdot\vec{c}=\boxed{\text{イ}}$であることから
$|\overrightarrow{\mathrm{PQ}}|^2=(\boxed{\text{ウ}}s-\boxed{\text{エ}})^2+(\boxed{\text{オ}}t-\boxed{\text{カ}})^2+\boxed{\text{キ}}$
となる。
したがって，$|\overrightarrow{\mathrm{PQ}}|$が最小となるのは$s=\dfrac{\boxed{\text{ク}}}{\boxed{\text{ケ}}}$，$t=\dfrac{\boxed{\text{コ}}}{\boxed{\text{サ}}}$のときであり，このとき$|\overrightarrow{\mathrm{PQ}}|=\sqrt{\boxed{\text{シ}}}$となる。

(2)　三角形ABCの重心をGとする。$|\overrightarrow{\mathrm{PQ}}|=\sqrt{\boxed{\text{シ}}}$のとき，三角形GPQの面積を求めよう。
$\overrightarrow{\mathrm{OA}}\cdot\overrightarrow{\mathrm{PQ}}=\boxed{\text{ス}}$から，$\angle\mathrm{APQ}=\boxed{\text{セソ}}^\circ$である。
したがって，三角形APQの面積は$\sqrt{\boxed{\text{タ}}}$である。
また$\overrightarrow{\mathrm{OG}}=\dfrac{\boxed{\text{チ}}}{\boxed{\text{ツ}}}\overrightarrow{\mathrm{OA}}+\dfrac{\boxed{\text{テ}}}{\boxed{\text{ト}}}\overrightarrow{\mathrm{OQ}}$であり，点Gは線分AQ

を $\boxed{\text{ナ}}$ : 1に内分する点である。

以上のことから，三角形GPQの面積は $\dfrac{\sqrt{\boxed{\text{ニ}}}}{\boxed{\text{ヌ}}}$ である。

(2016年度センター本試験)



**空間ベクトルになっても，ベクトルの扱い方はほとんど変わらない**んだ。問題を扱いながら，性質を確認していこう！

(1)　$|\overrightarrow{OA}|=3$，$|\overrightarrow{OB}|=|\overrightarrow{OC}|=2$，$\angle AOB=\angle BOC=\angle COA=60°$ であるから

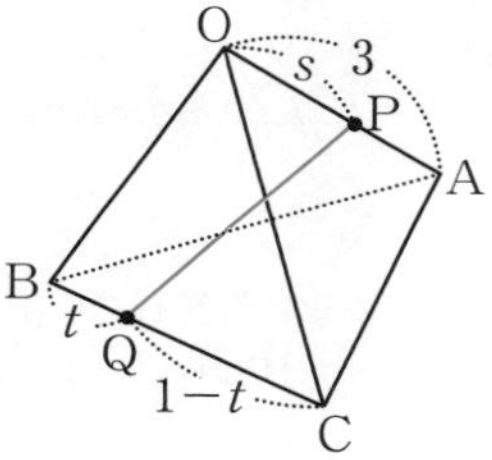


$$\overrightarrow{OA}\cdot\overrightarrow{OB}=|\overrightarrow{OA}||\overrightarrow{OB}|\cos\angle AOB$$
$$=3\cdot2\cdot\frac{1}{2}=3$$
$$\overrightarrow{OA}\cdot\overrightarrow{OC}=|\overrightarrow{OA}||\overrightarrow{OC}|\cos\angle COA$$
$$=3\cdot2\cdot\frac{1}{2}=3$$
$$\overrightarrow{OB}\cdot\overrightarrow{OC}=|\overrightarrow{OB}||\overrightarrow{OC}|\cos\angle BOC=2\cdot2\cdot\frac{1}{2}=2$$

よって，$\vec{a}\cdot\vec{b}=\vec{a}\cdot\vec{c}=3$，$\vec{b}\cdot\vec{c}=2$

**答え　ア：3，イ：2**

ここで，実数 $s$，$t$ を用いて $\overrightarrow{OP}=s\vec{a}$，$\overrightarrow{OQ}=(1-t)\vec{b}+t\vec{c}$ と表すと，

$$|\overrightarrow{PQ}|^2=|\overrightarrow{OQ}-\overrightarrow{OP}|^2=|\overrightarrow{OQ}|^2-2\overrightarrow{OP}\cdot\overrightarrow{OQ}+|\overrightarrow{OP}|^2$$
$$=|(1-t)\vec{b}+t\vec{c}|^2-2\cdot s\vec{a}\cdot\{(1-t)\vec{b}+t\vec{c}\}+|s\vec{a}|^2$$
$$=(1-t)^2|\vec{b}|^2+2t(1-t)\vec{b}\cdot\vec{c}+t^2|\vec{c}|^2-2s(1-t)\vec{a}\cdot\vec{b}$$
$$-2st\vec{a}\cdot\vec{c}+s^2|\vec{a}|^2$$
$$=4(t^2-2t+1)+4t(1-t)+4t^2-6s(1-t)-6st+9s^2$$
$$=9s^2-6s+4t^2-4t+4$$
$$=9s^2-6s+1-1+4t^2-4t+1-1+4$$
$$=(3s-1)^2-1+(2t-1)^2-1+4$$
$$=(3s-1)^2+(2t-1)^2+2$$

**答え　ウ：3，エ：1，オ：2，カ：1，キ：2**

$(3s-1)^2\geqq0$，$(2t-1)^2\geqq0$ であり，$0\leqq s\leqq1$，$0\leqq t\leqq1$ のとき，

$|\overrightarrow{PQ}|^2$ が最小となるのは，$s=\dfrac{1}{3}$，$t=\dfrac{1}{2}$ のときだよ。

このとき，$|\overrightarrow{PQ}|$ は最小になるね！

$s=\dfrac{1}{3}$，$t=\dfrac{1}{2}$ のとき $|\overrightarrow{PQ}|^2=2$ より，$|\overrightarrow{PQ}|$ の最小値は $\sqrt{2}$ だ！

**答え** $\dfrac{\text{ク}}{\text{ケ}}$：$\dfrac{1}{3}$，$\dfrac{\text{コ}}{\text{サ}}$：$\dfrac{1}{2}$，$\sqrt{\text{シ}}$：$\sqrt{2}$

---

**【別解】**

$|\overrightarrow{PQ}|^2$ を求めるとき，次の式変形を用いると少しだけ計算が楽になるよ。

$$|l\vec{a}+m\vec{b}+n\vec{c}|^2=l^2|\vec{a}|^2+m^2|\vec{b}|^2+n^2|\vec{c}|+2lm\vec{a}\cdot\vec{b}$$
$$+2mn\vec{b}\cdot\vec{c}+2nl\vec{c}\cdot\vec{a}$$

実際に計算してみよう。

$$\begin{aligned}|\overrightarrow{PQ}|&=|\overrightarrow{OQ}-\overrightarrow{OP}|^2\\&=|-s\vec{a}+(1-t)\vec{b}+t\vec{c}|^2\\&=s^2|\vec{a}|^2+(1-t)^2|\vec{b}|^2+t^2|\vec{c}|^2-2s(1-t)\vec{a}\cdot\vec{b}+2t(1-t)\vec{b}\cdot\vec{c}-2st\vec{a}\cdot\vec{c}\\&=9s^2+4(1-t)^2+4t^2-6s(1-t)+4t(1-t)-6st\\&=9s^2-6s+4t^2-4t+4\end{aligned}$$

……（以下同じ）

(2)　$|\overrightarrow{PQ}|=\sqrt{2}$ のとき，(1)より，$s=\dfrac{1}{3}$，$t=\dfrac{1}{2}$

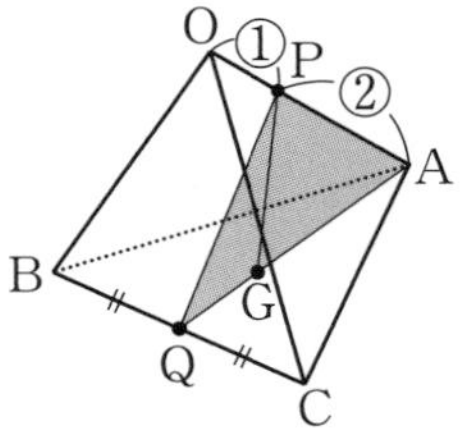


すなわち，$\overrightarrow{OP}=\dfrac{1}{3}\vec{a}$，$\overrightarrow{OQ}=\dfrac{1}{2}\vec{b}+\dfrac{1}{2}\vec{c}$ となるね。OP：PA＝1：2，QはBCの中点と図をかき直しておこう。

$$\begin{aligned}\overrightarrow{OA}\cdot\overrightarrow{PQ}&=\vec{a}\cdot\left(-\frac{1}{3}\vec{a}+\frac{1}{2}\vec{b}+\frac{1}{2}\vec{c}\right)\\&=-\frac{1}{3}|\vec{a}|^2+\frac{1}{2}\vec{a}\cdot\vec{b}+\frac{1}{2}\vec{a}\cdot\vec{c}\\&=-\frac{1}{3}\cdot9+\frac{1}{2}\cdot3+\frac{1}{2}\cdot3\\&=0\end{aligned}$$

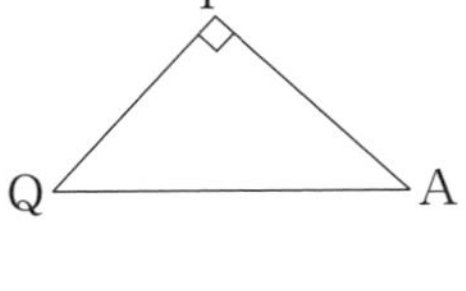


よって，$\overrightarrow{OA}\perp\overrightarrow{PQ}$ だから，$\angle APQ=90^\circ$ だね。

**答え** ス：0，セソ：90

$|\overrightarrow{\mathrm{OA}}|=3$ で OA：AP＝3：2だから，

$$\mathrm{AP}=3\cdot\frac{2}{3}=2$$

となるので，△APQの面積を $S$ とすると，

$$S=\frac{1}{2}\cdot 2\cdot\sqrt{2}=\sqrt{2}$$

答え　$\sqrt{\text{タ}}$：$\sqrt{2}$

さて，点Gは△ABCの重心だから，

$$\overrightarrow{\mathrm{OG}}=\frac{1}{3}(\vec{a}+\vec{b}+\vec{c})=\frac{1}{3}\vec{a}+\frac{2}{3}\left(\frac{1}{2}\vec{b}+\frac{1}{2}\vec{c}\right)$$

$$=\frac{1}{3}\overrightarrow{\mathrm{OA}}+\frac{2}{3}\overrightarrow{\mathrm{OQ}}\quad\cdots\cdots①$$

$\overrightarrow{\mathrm{OQ}}=\frac{1}{2}\vec{b}+\frac{1}{2}\vec{c}$ だから，式変形がポイントだね。さて，①の形を見たときに**内分の位置ベクトルの公式**が思い浮かぶかな？

$$\overrightarrow{\mathrm{OG}}=\frac{1}{3}\overrightarrow{\mathrm{OA}}+\frac{2}{3}\overrightarrow{\mathrm{OQ}}=\frac{1\cdot\overrightarrow{\mathrm{OA}}+2\cdot\overrightarrow{\mathrm{OQ}}}{2+1}$$

と見れば，点Gは線分AQを2：1に内分する点であることがわかるね。

答え　$\frac{\text{チ}}{\text{ツ}}$：$\frac{1}{3}$，$\frac{\text{テ}}{\text{ト}}$：$\frac{2}{3}$，ナ：2

**【別解】**

**重心の性質**を知っていれば，内分から先に求めてしまい，①の形を導くこともできるんだ。重心の性質から，線分AQを2：1に内分することが知られているので，先に［ナ］が求められるんだ。これより，

$$\overrightarrow{\mathrm{OG}}=\frac{1\cdot\overrightarrow{\mathrm{OA}}+2\cdot\overrightarrow{\mathrm{OQ}}}{2+1}=\frac{1}{3}\overrightarrow{\mathrm{OA}}+\frac{2}{3}\overrightarrow{\mathrm{OQ}}$$

と求めると，より素早く回答ができるんだね。

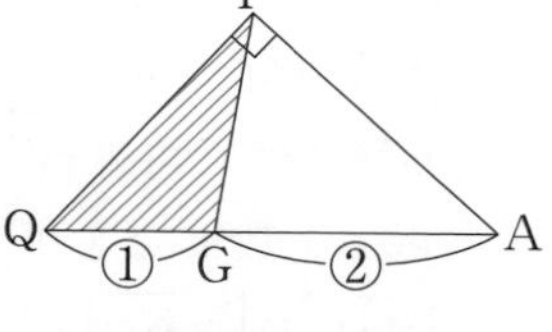


さぁ，最後だ！　△GPQの面積は，

$$\triangle\mathrm{GPQ}=\frac{1}{3}S=\frac{1}{3}\cdot\sqrt{2}=\frac{\sqrt{2}}{3}$$

と求められたね。

答え　$\frac{\sqrt{\text{ニ}}}{\text{ヌ}}$：$\frac{\sqrt{2}}{3}$

## 2 空間のベクトル②

**過去問にチャレンジ**

四角形ABCDを底面とする四角錐OABCDを考える。四角形ABCDは，辺ADと辺BCが平行で，AB＝CD，∠ABC＝∠BCDを満たすとする。さらに，$\overrightarrow{\mathrm{OA}}=\vec{a}$，$\overrightarrow{\mathrm{OB}}=\vec{b}$，$\overrightarrow{\mathrm{OC}}=\vec{c}$として

$$|\vec{a}|=1,\quad |\vec{b}|=\sqrt{3},\quad |\vec{c}|=\sqrt{5}$$

$$\vec{a}\cdot\vec{b}=1,\quad \vec{b}\cdot\vec{c}=3,\quad \vec{a}\cdot\vec{c}=0$$

であるとする。

(1)　∠AOC＝$\boxed{\text{アイ}}$°により，三角形OACの面積は$\dfrac{\sqrt{\boxed{\text{ウ}}}}{\boxed{\text{エ}}}$である。

(2)　$\overrightarrow{\mathrm{BA}}\cdot\overrightarrow{\mathrm{BC}}=\boxed{\text{オカ}}$，$|\overrightarrow{\mathrm{BA}}|=\sqrt{\boxed{\text{キ}}}$，$|\overrightarrow{\mathrm{BC}}|=\sqrt{\boxed{\text{ク}}}$ であるから，∠ABC＝$\boxed{\text{ケコサ}}$°である。さらに，辺ADと辺BCが平行であるから，∠BAD＝∠ADC＝$\boxed{\text{シス}}$°である。よって，$\overrightarrow{\mathrm{AD}}=\boxed{\text{セ}}\,\overrightarrow{\mathrm{BC}}$であり

$$\overrightarrow{\mathrm{OD}}=\vec{a}-\boxed{\text{ソ}}\,\vec{b}+\boxed{\text{タ}}\,\vec{c}$$

と表される。また，四角形ABCDの面積は$\dfrac{\boxed{\text{チ}}\sqrt{\boxed{\text{ツ}}}}{\boxed{\text{テ}}}$である。

(3)　三角形OACを底面とする三角錐BOACの体積$V$を求めよう。

3点O，A，Cの定める平面$\alpha$上に，点Hを$\overrightarrow{\mathrm{BH}}\perp\vec{a}$と$\overrightarrow{\mathrm{BH}}\perp\vec{c}$が成り立つようにとる。

$|\overrightarrow{\mathrm{BH}}|$は三角錐BOACの高さである。Hは$\alpha$上の点であるから，実数$s$，$t$を用いて$\overrightarrow{\mathrm{OH}}=s\vec{a}+t\vec{c}$の形に表される。

$\overrightarrow{\mathrm{BH}}\cdot\vec{a}=\boxed{\text{ト}}$，$\overrightarrow{\mathrm{BH}}\cdot\vec{c}=\boxed{\text{ト}}$により，$s=\boxed{\text{ナ}}$，

$t=\dfrac{\boxed{\text{ニ}}}{\boxed{\text{ヌ}}}$である。よって，$|\overrightarrow{\mathrm{BH}}|=\dfrac{\sqrt{\boxed{\text{ネ}}}}{\boxed{\text{ノ}}}$が得られる。

したがって，(1)により，$V=\dfrac{\boxed{\text{ハ}}}{\boxed{\text{ヒ}}}$であることがわかる。

(4)　(3)の$V$を用いると，四角錐OABCDの体積は$\boxed{\text{フ}}$$V$と表せる。さらに，四角形ABCDを底面とする四角錐OABCDの高さは$\dfrac{\sqrt{\boxed{\text{ヘ}}}}{\boxed{\text{ホ}}}$である。

（2019年度センター本試験）

**図が与えられていないので自分でかく必要がある**ね。
『四角形ABCDは，辺ADと辺BCが平行で，AB＝CD，∠ABC＝∠BCDを満たすとする。』と問題文にあるので，四角形ABCDは**等脚台形**で，次の図のどちらかの形になるはずだね。

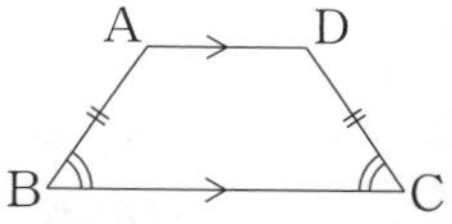


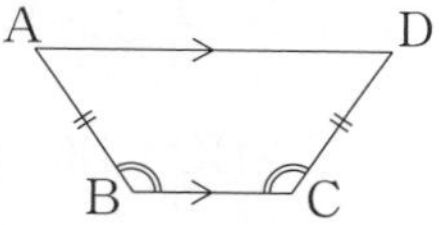


まだ，この段階ではどちらになるのかはわからないので，問題を解き進めて決めていこう！

ただ，この問題は『∠ABC＝$\boxed{\text{ケコサ}}$°』というのがあるので，∠ABCが鈍角であることがわかってしまうから，実は右の図になるんだ！

解答欄がヒントになることもあるんですね！

(1)　$\vec{a}\cdot\vec{c}=\overrightarrow{OA}\cdot\overrightarrow{OC}=0$

であるから，∠AOC＝90°だね。
よって，△OACの面積は，

$$\frac{1}{2}|\overrightarrow{OA}||\overrightarrow{OC}|=\frac{1}{2}\cdot1\cdot\sqrt{5}=\frac{\sqrt{5}}{2}$$

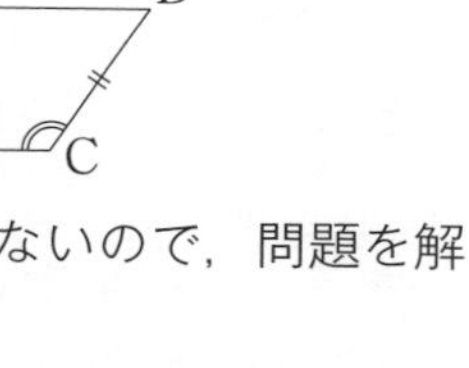


**答え**　**アイ**：90，$\dfrac{\sqrt{\text{ウ}}}{\text{エ}}$：$\dfrac{\sqrt{5}}{2}$

(2) $\overrightarrow{\mathrm{BA}}\cdot\overrightarrow{\mathrm{BC}}=(\vec{a}-\vec{b})\cdot(\vec{c}-\vec{b})$

$=\vec{a}\cdot\vec{c}-\vec{a}\cdot\vec{b}-\vec{b}\cdot\vec{c}+|\vec{b}|^2$

$=0-1-3+(\sqrt{3})^2=-1$

$|\vec{a}|=1,\ |\vec{b}|=\sqrt{3},\ |\vec{c}|=\sqrt{5}$
$\vec{a}\cdot\vec{b}=1,\ \vec{b}\cdot\vec{c}=3,\ \vec{a}\cdot\vec{c}=0$

$|\overrightarrow{\mathrm{BA}}|^2=|\vec{a}-\vec{b}|^2$

$=|\vec{a}|^2-2\vec{a}\cdot\vec{b}+|\vec{b}|^2$

$=1^2-2\cdot1+(\sqrt{3})^2=2$

$|\overrightarrow{\mathrm{BA}}|\geqq0$であるから，$|\overrightarrow{\mathrm{BA}}|=\sqrt{2}$　だね。

また，$|\overrightarrow{\mathrm{BC}}|^2=|\vec{c}-\vec{b}|^2$

$=|\vec{c}|^2-2\vec{b}\cdot\vec{c}+|\vec{b}|^2$

$=(\sqrt{5})^2-2\cdot3+(\sqrt{3})^2=2$

$|\overrightarrow{\mathrm{BC}}|\geqq0$であるから，$|\overrightarrow{\mathrm{BC}}|=\sqrt{2}$　だね。

答え **オカ：$-1$，$\sqrt{\text{キ}}$：$\sqrt{2}$，$\sqrt{\text{ク}}$：$\sqrt{2}$**

$$\cos\angle\mathrm{ABC}=\frac{\overrightarrow{\mathrm{BA}}\cdot\overrightarrow{\mathrm{BC}}}{|\overrightarrow{\mathrm{BA}}||\overrightarrow{\mathrm{BC}}|}=\frac{-1}{\sqrt{2}\cdot\sqrt{2}}=-\frac{1}{2}$$

となり，$0^\circ<\angle\mathrm{ABC}<180^\circ$だから，$\angle\mathrm{ABC}=120^\circ$となるね！

答え **ケコサ：120**

さて，ここまでの値を求めたら，四角形ABCDの形が右図のように特定できるね！

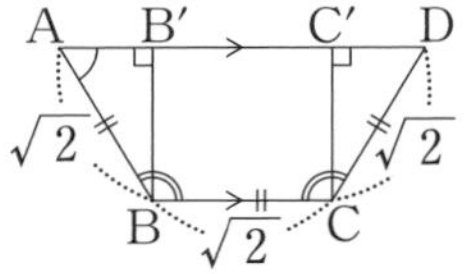


さらに，AD∥BCだから，

$\angle\mathrm{BAD}=\angle\mathrm{ADC}=180^\circ-\angle\mathrm{ABC}$

$=180^\circ-120^\circ=60^\circ$

答え **シス：60**

ここで，B，Cから辺ADにそれぞれ垂線BB′，CC′を引いてみよう。四角形BCC′B′は長方形だから，

$\mathrm{B'C'}=\mathrm{BC}=\sqrt{2}$

2つの直角三角形△ABB′，△DCC′は，$\angle\mathrm{BAD}=\angle\mathrm{ADC}=60^\circ$であるから，$\mathrm{AB'}=\frac{1}{2}\mathrm{AB}$，$\mathrm{DC'}=\frac{1}{2}\mathrm{DC}$が成り立つので，

$$\mathrm{AB'}=\mathrm{DC'}=\frac{\sqrt{2}}{2}$$

よって，$\mathrm{AD}=\mathrm{AB'}+\mathrm{B'C'}+\mathrm{DC'}$

$$=\frac{\sqrt{2}}{2}+\sqrt{2}+\frac{\sqrt{2}}{2}$$
$$=2\sqrt{2}$$

つまり，AD＝2BCであり，AD∥BCであるから　$\overrightarrow{AD}=2\overrightarrow{BC}$ が成り立つね。

**答え　セ：2**

したがって，

$$\overrightarrow{OD}=\overrightarrow{OA}+\overrightarrow{AD}=\vec{a}+2\overrightarrow{BC}=\vec{a}+2(\vec{c}-\vec{b})=\vec{a}-2\vec{b}+2\vec{c}$$

**答え　ソ：2，タ：2**

また，四角形ABCDは台形であり，$BB'=\frac{\sqrt{3}}{2}AB=\frac{\sqrt{6}}{2}$ だから，

その面積は，

$$\frac{1}{2}(BC+AD)\cdot BB'=\frac{1}{2}(\sqrt{2}+2\sqrt{2})\cdot\frac{\sqrt{6}}{2}$$
$$=\frac{3\sqrt{3}}{2}$$

**答え　$\frac{チ\sqrt{ツ}}{テ}$：$\frac{3\sqrt{3}}{2}$**

(3)　三角形OACを底面とする三角錐BOACを考えるので，図をかき直しておこう。

さて，非常に重要な性質を確認しよう！

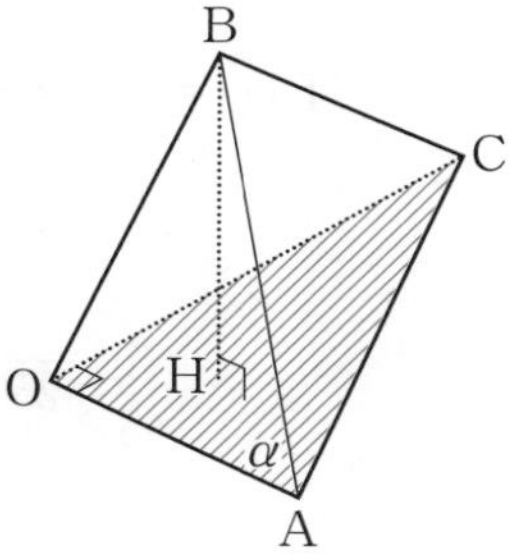


**$\overrightarrow{BH}\perp\alpha \iff \overrightarrow{BH}\perp\vec{a}$ かつ $\overrightarrow{BH}\perp\vec{c}$**

これにより，$\overrightarrow{BH}\cdot\vec{a}=0$，$\overrightarrow{BH}\cdot\vec{c}=0$

**答え　ト：0**

さて，点Hは平面$\alpha$上にあるから，実数$s$，$t$を用いて，

$$\overrightarrow{OH}=s\vec{a}+t\vec{c}\quad\cdots\cdots①$$

と表されるね。よって，

$$\overrightarrow{\mathrm{BH}}=\overrightarrow{\mathrm{OH}}-\overrightarrow{\mathrm{OB}}$$
$$=(s\vec{a}+t\vec{c})-\vec{b}$$
$$=s\vec{a}-\vec{b}+t\vec{c}$$

$|\vec{a}|=1,\ |\vec{b}|=\sqrt{3},\ |\vec{c}|=\sqrt{5}$
$\vec{a}\cdot\vec{b}=1,\ \vec{b}\cdot\vec{c}=3,\ \vec{a}\cdot\vec{c}=0$

となるから，

$$\overrightarrow{\mathrm{BH}}\cdot\vec{a}=(s\vec{a}-\vec{b}+t\vec{c})\cdot\vec{a}$$
$$=s|\vec{a}|^2-\vec{a}\cdot\vec{b}+t\vec{a}\cdot\vec{c}$$
$$=s\cdot1^2-1=s-1$$
$$\overrightarrow{\mathrm{BH}}\cdot\vec{c}=(s\vec{a}-\vec{b}+t\vec{c})\cdot\vec{c}$$
$$=s\vec{a}\cdot\vec{c}-\vec{b}\cdot\vec{c}+t|\vec{c}|^2$$
$$=-3+t\cdot(\sqrt{5})^2=5t-3$$

$\overrightarrow{\mathrm{BH}}\cdot\vec{a}=0$，$\overrightarrow{\mathrm{BH}}\cdot\vec{c}=0$ だから，

$$s-1=0 \quad \cdots\cdots②, \quad 5t-3=0 \quad \cdots\cdots③$$

よって　$s=1$，$t=\dfrac{3}{5}$　が求められるね。

**答え　ナ：1，$\dfrac{ニ}{ヌ}$：$\dfrac{3}{5}$**

①より，$\overrightarrow{\mathrm{BH}}=\vec{a}-\vec{b}+\dfrac{3}{5}\vec{c}=\dfrac{1}{5}(5\vec{a}-5\vec{b}+3\vec{c})$ となるから，

$$|\overrightarrow{\mathrm{BH}}|=\frac{1}{5}|5\vec{a}-5\vec{b}+3\vec{c}|$$

$\dfrac{1}{5}\sqrt{|5\vec{a}-5\vec{b}+3\vec{c}|^2}$

$$=\frac{1}{5}\sqrt{25|\vec{a}|^2+25|\vec{b}|^2+9|\vec{c}|^2-50\vec{a}\cdot\vec{b}-30\vec{b}\cdot\vec{c}+30\vec{a}\cdot\vec{c}}$$
$$=\frac{1}{5}\sqrt{25+75+45-50-90-0}=\frac{\sqrt{5}}{5}$$

**答え　$\dfrac{\sqrt{ネ}}{ノ}$：$\dfrac{\sqrt{5}}{5}$**

(1)より，$\triangle\mathrm{OAC}=\dfrac{\sqrt{5}}{2}$ だから，三角錐BOACの体積 $V$ は，

$$V=\frac{1}{3}\cdot\triangle\mathrm{OAC}\cdot|\overrightarrow{\mathrm{BH}}|=\frac{1}{3}\cdot\frac{\sqrt{5}}{2}\cdot\frac{\sqrt{5}}{5}=\frac{1}{6}$$

**答え　$\dfrac{ハ}{ヒ}$：$\dfrac{1}{6}$**

(4)　(四角錐OABCDの体積)

＝(三角錐BOACの体積)＋(三角錐DOACの体積)

になっているよね。

三角錐BOACと三角錐DOACは，

底面をそれぞれ△ABC，△ADCとみると

高さが等しい（右図の$h$）から，

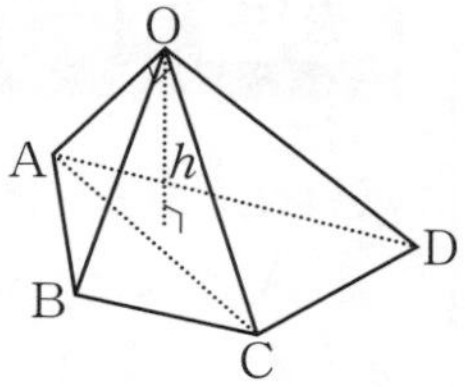


**(三角錐BOACの体積)：**

**(三角錐DOACの体積)**

**＝△ABC：△ADC**

が成り立つね。ここで，△ABCと△ADCの底辺をそれぞれBC，ADと見ると，これも高さが等しくなっているね。つまり，

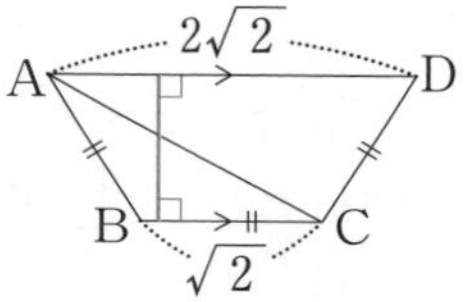


△ABC：△ADC＝BC：AD

$=\sqrt{2}:2\sqrt{2}=1:2$

となるから，

(三角錐BOACの体積)：(三角錐DOACの体積)＝1：2

となるね。したがって，四角錐OABCDの体積は三角錐OABCの体積の3倍となるから，$3V$と表せるんだ。

**答え　フ：3**

したがって，四角形ABCDを底面とする四角錐OABCDの高さを$h$とすると，四角錐OABCDの体積について，

$$\frac{1}{3}\cdot\textbf{(四角形ABCDの面積)}\cdot h=3V$$

が成り立つね。(2)，(3)より，

$$\frac{1}{3}\cdot\frac{3\sqrt{3}}{2}\cdot h=3\cdot\frac{1}{6}$$

が成り立つから，$h=\dfrac{\sqrt{3}}{3}$となるんだね。

**答え　ヘ：3，ホ：3**

この問題のように，底面を変えて体積を2通りの方法で表すことで高さを求める問題はとてもよく出題されるよ！

## 3 座標空間とベクトル

### 過去問にチャレンジ

点Oを原点とする座標空間に2点

$A(3,\ 3,\ -6)$, $B(2+2\sqrt{3},\ 2-2\sqrt{3},\ -4)$

をとる。3点O，A，Bの定める平面を$\alpha$とする。また，$\alpha$に含まれる点Cは

$\overrightarrow{OA}\perp\overrightarrow{OC}$, $\overrightarrow{OB}\cdot\overrightarrow{OC}=24$ ……①

を満たすとする。

(1) $|\overrightarrow{OA}|=$[ア]$\sqrt{[イ]}$，$|\overrightarrow{OB}|=$[ウ]$\sqrt{[エ]}$であり，$\overrightarrow{OA}\cdot\overrightarrow{OB}=$[オカ]である。

(2) 点Cは平面$\alpha$上にあるので，実数$s$，$t$を用いて，$\overrightarrow{OC}=s\overrightarrow{OA}+t\overrightarrow{OB}$と表すことができる。このとき，①から

$s=\dfrac{[キク]}{[ケ]}$，$t=$[コ]である。したがって，

$|\overrightarrow{OC}|=$[サ]$\sqrt{[シ]}$である。

(3) $\overrightarrow{CB}=($[ス]，[セ]，[ソタ]$)$である。したがって，平面$\alpha$上の四角形OABCは[チ]。

$\overrightarrow{OA}\perp\overrightarrow{OC}$であるので，四角形OABCの面積は[ツテ]である。

[チ]の解答群（ただし，少なくとも一組の対辺が平行な四角形を台形という。）

- ⓪ 正方形である
- ① 正方形ではないが，長方形である
- ② 長方形ではないが，平行四辺形である
- ③ 平行四辺形ではないが，台形である
- ④ 台形ではない

(4) $\overrightarrow{OA}\perp\overrightarrow{OD}$，$\overrightarrow{OC}\cdot\overrightarrow{OD}=2\sqrt{6}$かつ$z$座標が1であるような点Dの座標は

$$\left(\boxed{\text{ト}}+\frac{\sqrt{\boxed{\text{ナ}}}}{\boxed{\text{ニ}}},\ \boxed{\text{ヌ}}-\frac{\sqrt{\boxed{\text{ネ}}}}{\boxed{\text{ノ}}},\ 1\right)$$

である。このとき∠COD＝$\boxed{\text{ハヒ}}$°である。

3点O，C，Dの定める平面を$\beta$とする。$\alpha$と$\beta$は垂直であるので，三角形ABCを底面とする四面体DABCの高さは$\sqrt{\boxed{\text{フ}}}$である。したがって，四面体DABCの体積は$\boxed{\text{ヘ}}\sqrt{\boxed{\text{ホ}}}$である。

（2020年度センター本試験）

空間座標の問題だけど，互いに直交する3つの軸をとり，$xyz$空間を考えてもよくわからないよね。点が軸上にあるなどの特殊な場合を除いて，多くの場合では**抽象化したり平面を抜き出したりして考える**よ。この問題でそうした考え方を学んでいこう！

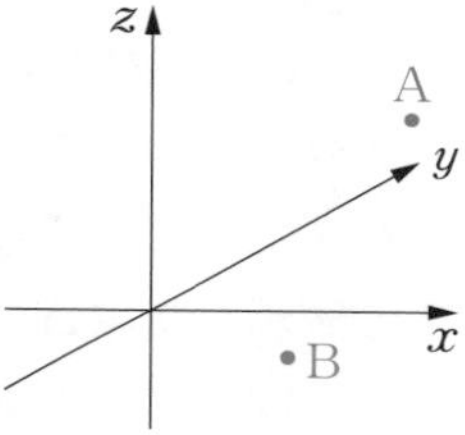


(1)　$\overrightarrow{\mathrm{OA}}=(3,\ 3,\ -6)$だから，

$$|\overrightarrow{\mathrm{OA}}|=\sqrt{3^2+3^2+(-6)^2}=\sqrt{54}=3\sqrt{6}$$

これは，$\overrightarrow{\mathrm{OA}}=3(1,\ 1,\ -2)$と考えて，
$|\overrightarrow{\mathrm{OA}}|=3\sqrt{1^2+1^2+(-2)^2}$とするとスマートだ！

同様に，$|\overrightarrow{\mathrm{OB}}|=\sqrt{(2+2\sqrt{3})^2+(2-2\sqrt{3})^2+(-4)^2}=\sqrt{48}=4\sqrt{3}$

これも，$\overrightarrow{\mathrm{OB}}=2(1+\sqrt{3},\ 1-\sqrt{3},\ -2)$とすると，
少し計算が楽になりますね！

また，$\overrightarrow{\mathrm{OA}}\cdot\overrightarrow{\mathrm{OB}}=3(2+2\sqrt{3})+3(2-2\sqrt{3})+(-6)(-4)=36$

くどいようだけど，これも
$\overrightarrow{\mathrm{OA}}\cdot\overrightarrow{\mathrm{OB}}=3(1,\ 1,\ -2)\cdot2(1+\sqrt{3},\ 1-\sqrt{3},\ -2)$
とすれば，暗算レベルでいけちゃうんだ！

$6\cdot\{(1,\ 1,\ -2)\cdot(1+\sqrt{3},\ 1-\sqrt{3},\ -2)\}$
$=6\{1\cdot(1+\sqrt{3})+1\cdot(1-\sqrt{3})+(-2)(-2)\}$
$=6\cdot6=36$　ほんとだ！

**答え**　**ア$\sqrt{\text{イ}}$：$3\sqrt{6}$，ウ$\sqrt{\text{エ}}$：$4\sqrt{3}$，オカ：36**

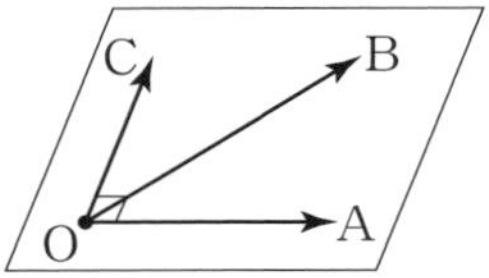


(2)　さて，(2)～(3)では点O，A，B，Cとすべての点が平面$\alpha$上にあるので，**平面ベクトルの問題として考えていこう**！

続いて，$\overrightarrow{\mathrm{OC}}$について考えておこう。問題文にある通り，点Cは平面$\alpha$上にあるから，実数$s$，$t$を用いて，

$$\overrightarrow{\mathrm{OC}}=s\overrightarrow{\mathrm{OA}}+t\overrightarrow{\mathrm{OB}}\quad\cdots\cdots②$$

と表せるね。これにより，$\overrightarrow{\mathrm{OC}}$は成分表示することができるわけなんだけど，ここでちょっと考えてほしいんだ。もし，これを成分表示した場合，

$$\overrightarrow{\mathrm{OC}}=(3s+(2+2\sqrt{3})t,\ 3s+(2-2\sqrt{3})t,\ -6s-4t)$$

と，ちょっと複雑になってしまうね。これから行う作業は，①の条件を用いて$s$，$t$を求めることなんだけど，成分で表すより，②のままの方が計算はしやすそうだね！

共通テストでは，計算を効率よく進めよう！
問題を見て「どんな式変形が適切か」を常に考えるようにしておこう！

①より，$\overrightarrow{\mathrm{OA}}\perp\overrightarrow{\mathrm{OC}}$だから$\overrightarrow{\mathrm{OA}}\cdot\overrightarrow{\mathrm{OC}}=0$だね。

$$\begin{aligned}\overrightarrow{\mathrm{OA}}\cdot\overrightarrow{\mathrm{OC}}&=\overrightarrow{\mathrm{OA}}\cdot(s\overrightarrow{\mathrm{OA}}+t\overrightarrow{\mathrm{OB}})\\&=s|\overrightarrow{\mathrm{OA}}|^2+t\overrightarrow{\mathrm{OA}}\cdot\overrightarrow{\mathrm{OB}}=54s+36t\end{aligned}$$

となるから，$54s+36t=0$　つまり，

$$3s+2t=0\quad\cdots\cdots③$$

が成り立つね。同様に①から，$\overrightarrow{\mathrm{OB}}\cdot\overrightarrow{\mathrm{OC}}=24$であり，

$$\overrightarrow{\mathrm{OB}}\cdot\overrightarrow{\mathrm{OC}}=\overrightarrow{\mathrm{OB}}\cdot(s\overrightarrow{\mathrm{OA}}+t\overrightarrow{\mathrm{OB}})=s\overrightarrow{\mathrm{OA}}\cdot\overrightarrow{\mathrm{OB}}+t|\overrightarrow{\mathrm{OB}}|^2=36s+48t$$

となるから，$36s+48t=24$　つまり，

$$3s+4t=2\quad\cdots\cdots④$$

が成り立つね。③，④より，$s=-\frac{2}{3}$，$t=1$ が求められたね！

**答え** $\dfrac{\text{キク}}{\text{ケ}}$：$\dfrac{-2}{3}$，コ：1

これらの $s$，$t$ の値を②に代入すると，$\overrightarrow{OC}=-\frac{2}{3}\overrightarrow{OA}+\overrightarrow{OB}$ だから，

$$\overrightarrow{OC}=-\frac{2}{3}(3,\ 3,\ -6)+(2+2\sqrt{3},\ 2-2\sqrt{3},\ -4)$$
$$=(2\sqrt{3},\ -2\sqrt{3},\ 0)$$

よって，$|\overrightarrow{OC}|=\sqrt{(2\sqrt{3})^2+(2\sqrt{3})^2}=2\sqrt{6}$

**答え** サ$\sqrt{\text{シ}}$：$2\sqrt{6}$

(3)　ここでは，四角形OABCがどのような図形か考察する必要があるね。そのためにも，点Cがどのような点なのか，図をかいて確認しよう。(2)より，次の式が成り立つよ。

$$\overrightarrow{OC}=-\frac{2}{3}\overrightarrow{OA}+\overrightarrow{OB}$$

これを図で表したらどういう風になるんだろう？

$-\frac{2}{3}\overrightarrow{OA}=\overrightarrow{OA'}$ とすると，

$$\overrightarrow{OC}=\overrightarrow{OA'}+\overrightarrow{OB}$$

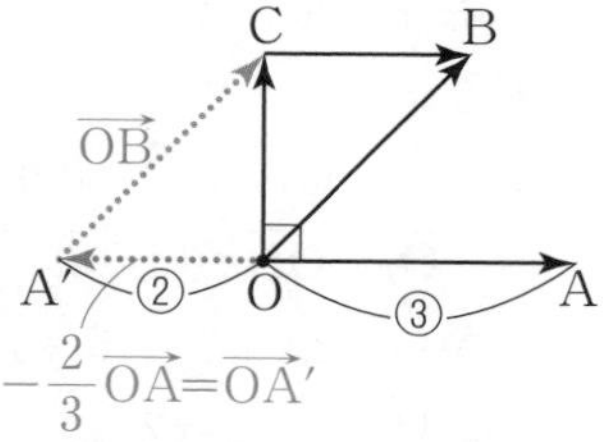


$\overrightarrow{OA}\perp\overrightarrow{OC}$，$\overrightarrow{OA}\cdot\overrightarrow{OB}>0$，$\overrightarrow{OB}\cdot\overrightarrow{OC}>0$ だから，∠AOBと∠BOCが共に鋭角であることなどを考えると，ベクトルの和は平行四辺形の対角線になるから，右図のようになるよね。($\overrightarrow{OA'}$ を考え，点Cを∠AOC＝90°となるようにとると，$\overrightarrow{A'C}=\overrightarrow{OB}$ となる)

四角形OBCA′が平行四辺形だから，$\overrightarrow{CB}$ の成分は，

$$\overrightarrow{CB}=\overrightarrow{A'O}=\frac{2}{3}\overrightarrow{OA}=\frac{2}{3}(3,\ 3,\ -6)=(2,\ 2,\ -4)\quad\cdots\cdots\bigstar$$

と一瞬で求めることができちゃうね！　もちろん，成分を使って，

$$\overrightarrow{CB}=\overrightarrow{OB}-\overrightarrow{OC}=(2+2\sqrt{3},\ 2-2\sqrt{3},\ -4)-(2\sqrt{3},\ -2\sqrt{3},\ 0)$$
$$=(2,\ 2,\ -4)$$

として求めてから，点Cがどのような点なのかを考えてもOKなんだけど，図で確認することでよりスピーディに問題が処理できてしまうね！　ちなみに，$\overrightarrow{\mathrm{CB}}$を計算するときは，

$$\overrightarrow{\mathrm{CB}}=\overrightarrow{\mathrm{OB}}-\overrightarrow{\mathrm{OC}}=\overrightarrow{\mathrm{OB}}-\left(-\frac{2}{3}\overrightarrow{\mathrm{OA}}+\overrightarrow{\mathrm{OB}}\right)=\frac{2}{3}\overrightarrow{\mathrm{OA}}=(2,\ 2,\ -4)$$

と考えると，★と同じ計算式が出てきて，こちらの計算であれば点Cがどのような点なのかがわかりやすいね！

**答え　ス：2，セ：2，ソタ：−4**

$\overrightarrow{\mathrm{CB}}=\frac{2}{3}\overrightarrow{\mathrm{OA}}$から，$\overrightarrow{\mathrm{CB}}/\!/\overrightarrow{\mathrm{OA}}$であって，$|\overrightarrow{\mathrm{CB}}|\neq|\overrightarrow{\mathrm{OA}}|$なので，三角形OABCの形状は台形だとわかるね！

**答え　チ：③**

また，$\overrightarrow{\mathrm{OA}}\perp\overrightarrow{\mathrm{OC}}$だから，台形OABCの面積は，

$$\frac{1}{2}\cdot(\mathrm{OA}+\mathrm{CB})\cdot\mathrm{OC}=\frac{1}{2}(3\sqrt{6}+2\sqrt{6})\cdot2\sqrt{6}=30$$

**答え　ツテ：30**

(4)　点Dについては，$\overrightarrow{\mathrm{OA}}\perp\overrightarrow{\mathrm{OD}}$，$\overrightarrow{\mathrm{OC}}\cdot\overrightarrow{\mathrm{OD}}=2\sqrt{6}$であり，$z$座標が1と条件が与えられているので，$\mathrm{D}(x,\ y,\ 1)$とおいて$x$，$y$を求めよう。

まずは，$\overrightarrow{\mathrm{OA}}\cdot\overrightarrow{\mathrm{OD}}=0$からだ。

$$\overrightarrow{\mathrm{OA}}\cdot\overrightarrow{\mathrm{OD}}=(3,\ 3,\ -6)\cdot(x,\ y,\ 1)=3x+3y-6$$

だから，$3x+3y-6=0$

つまり，$x+y=2$　……⑤　が成り立つね。

また，

$$\overrightarrow{\mathrm{OC}}\cdot\overrightarrow{\mathrm{OD}}=(2\sqrt{3},\ -2\sqrt{3},\ 0)\cdot(x,\ y,\ 1)=2\sqrt{3}x-2\sqrt{3}y$$

だから，$2\sqrt{3}x-2\sqrt{3}y=2\sqrt{6}$

つまり，$x-y=\sqrt{2}$　……⑥　が成り立つね。

⑤，⑥より，$x=\frac{2+\sqrt{2}}{2}=1+\frac{\sqrt{2}}{2}$，$y=\frac{2-\sqrt{2}}{2}=1-\frac{\sqrt{2}}{2}$

よって，点Dの座標は，$\left(1+\frac{\sqrt{2}}{2},\ 1-\frac{\sqrt{2}}{2},\ 1\right)$

答え ト：1, $\dfrac{\sqrt{ナ}}{ニ}:\dfrac{\sqrt{2}}{2}$, ヌ：1, $\dfrac{\sqrt{ネ}}{ノ}:\dfrac{\sqrt{2}}{2}$

したがって,

$$|\overrightarrow{\mathrm{OD}}|=\sqrt{\left(1+\frac{\sqrt{2}}{2}\right)^2+\left(1-\frac{\sqrt{2}}{2}\right)^2+1^2}=\sqrt{4}=2$$

であるから,

$$\cos\angle\mathrm{COD}=\frac{\overrightarrow{\mathrm{OC}}\cdot\overrightarrow{\mathrm{OD}}}{|\overrightarrow{\mathrm{OC}}||\overrightarrow{\mathrm{OD}}|}=\frac{2\sqrt{6}}{2\sqrt{6}\cdot 2}=\frac{1}{2}$$

$0°\leqq\angle\mathrm{COD}\leqq 180°$ だから，$\angle\mathrm{COD}=60°$ だね。

答え ハヒ：60

最後に四面体DABCの高さと体積を求めてみよう！

$\alpha$ と $\beta$ は垂直だから，Dから平面 $\alpha$ に下ろした垂線は平面 $\beta$ 上にあり，Dから直線OCに下ろした垂線と一致するね。この垂線をDHとしよう。

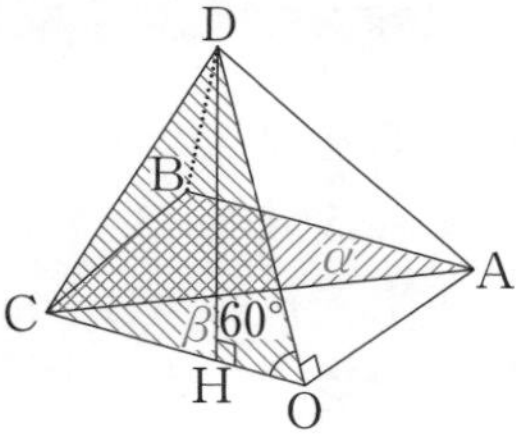


$\angle\mathrm{DOH}=60°$ だから，$\mathrm{DH}:\mathrm{OD}=\sqrt{3}:2$

よって，$\mathrm{DH}=\mathrm{OD}\times\dfrac{\sqrt{3}}{2}=2\times\dfrac{\sqrt{3}}{2}=\sqrt{3}$ だ。

答え $\sqrt{フ}$：$\sqrt{3}$

$\triangle\mathrm{ABC}$ の面積は $\dfrac{1}{2}\cdot\mathrm{BC}\cdot\mathrm{CO}=\dfrac{1}{2}\cdot 2\sqrt{6}\cdot 2\sqrt{6}=12$ なので,

求める体積は,

$$\frac{1}{3}\cdot 12\cdot\sqrt{3}=4\sqrt{3}$$

答え ヘ$\sqrt{ホ}$：$4\sqrt{3}$

**POINT**

- 空間ベクトルは，**平面ベクトルとベクトルの扱い方はほとんど変わらない。**
- 空間座標は原則，$xyz$ 空間でなく，**抽象化したり，平面を切り取って考える。**

THEME 3

# ベクトル方程式

ここできめる!

直線と円のベクトル方程式を使いこなせるようになろう。

## 1 直線のベクトル方程式

**過去問にチャレンジ**

点Oを原点とする座標空間において2点A，Bの座標を

$\mathrm{A}(0,\ -3,\ 5)$，$\mathrm{B}(2,\ 0,\ 4)$

とし，直線ABと$xy$平面との交点をCとする。また，点Dの座標を

$\mathrm{D}(7,\ 4,\ 5)$

とする。

直線AB上の点Pについて，$\overrightarrow{\mathrm{OP}}$を実数$t$を用いて

$\overrightarrow{\mathrm{OP}}=\overrightarrow{\mathrm{OA}}+t\overrightarrow{\mathrm{AB}}$

と表すことにする。

点Pの座標は

$\mathrm{P}(\boxed{\text{ア}}\,t,\ \boxed{\text{イ}}\,t-\boxed{\text{ウ}},\ -t+\boxed{\text{エ}})$

と表すことができる。点Cの座標は

$\mathrm{C}(\boxed{\text{オカ}},\ \boxed{\text{キク}},\ 0)$

である。点Cは線分ABを

$\boxed{\text{ケ}}:\boxed{\text{コ}}$

に外分する。ただし，$\boxed{\text{ケ}}:\boxed{\text{コ}}$は最も簡単な整数の比で答えよ。

（2023年度共通テスト追試験・略）

まずは，次のことを確認しよう。

**直線のベクトル方程式**

**直線ABの上の点Pは次のように表せる。**

$$\overrightarrow{OP}=\overrightarrow{OA}+t\overrightarrow{AB}$$

上のように表せることについて補足をしておくね！
今回はこの式が与えられているけど，問題によっては与えられないこともあるからしっかりと理解しておこう！
この式は決して丸暗記する式ではなくて，**ベクトルの和は道順を表す**ことを考えれば当たり前に成り立つ式なんだ！
OからPまで行くのに，Aを寄り道することを考えれば，

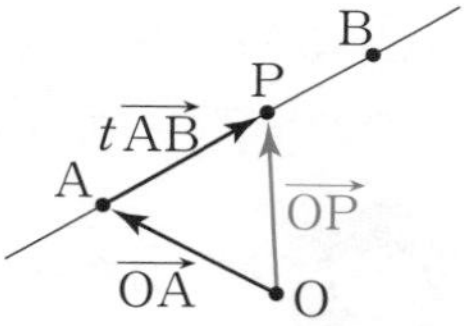


$$\overrightarrow{OP}=\overrightarrow{OA}+\overrightarrow{AP}$$

となるね！ $\overrightarrow{AP}$と$\overrightarrow{AB}$は平行だから，

$$\overrightarrow{AP}=t\overrightarrow{AB}\ (t\text{は実数})\ \cdots\cdots★$$

とかけるので，$\overrightarrow{OP}=\overrightarrow{OA}+t\overrightarrow{AB}$と表せるね。
これらの式を2点A，Bを通る直線を表す**ベクトル方程式**というよ！
$\overrightarrow{AB}$の成分は，

$$\overrightarrow{AB}=\overrightarrow{OB}-\overrightarrow{OA}=(2,\ 0,\ 4)-(0,\ -3,\ 5)=(2,\ 3,\ -1)$$

だから，

$$\overrightarrow{OP}=\overrightarrow{OA}+t\overrightarrow{AB}=(0,\ -3,\ 5)+t(2,\ 3,\ -1)$$
$$=(2t,\ 3t-3,\ -t+5)$$

つまり，Pの座標は，$(2t,\ 3t-3,\ -t+5)$だね！

**答え** **ア：2，イ：3，ウ：3，エ：5**

次に，直線ABと$xy$平面の交点Cの座標を求めていこう！

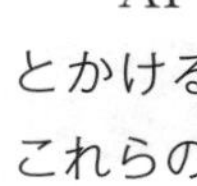

空間座標の問題では図をざっくりかくのがオススメだよ！

点Pが$xy$平面上（$z=0$）にあるときが点Cになるから，
点Pの$z$座標が0になるときを考えると，

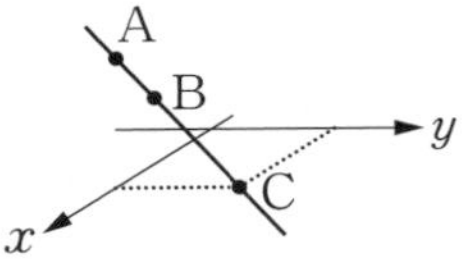


$$-t+5=0$$
$$t=5$$

となるね。このときPは(10，12，0)となるからCの座標は，

C(10，12，0)

**答え　オカ：10，キク：12**

$\overrightarrow{AP}=t\overrightarrow{AB}$とおいて求めた$t$の値が$t=5$で，このときのPが点Cだから，
$\overrightarrow{AC}=5\overrightarrow{AB}$が成り立つよ。
したがって，AC：AB＝5：1だね！

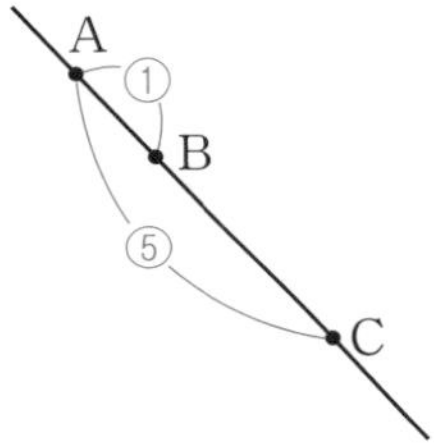

よって，点Cは線分ABを5：4に外分するんだ！

**答え　ケ：5，コ：4**

## 2　ベクトルと面積，距離

### 過去問にチャレンジ

平面上の四角形OABCにおいて，$|\overrightarrow{OA}|=2$，$|\overrightarrow{OB}|=3$，$|\overrightarrow{OC}|=1$，$\angle AOB=\angle BOC=60°$であるとする。点Pが

$$\overrightarrow{PA}\cdot\overrightarrow{PB}=\frac{5}{4}\quad\cdots\cdots①$$

を満たしながら動くとき，三角形OCPの面積の最小値を求めよう。以下，$\overrightarrow{OA}=\vec{a}$，$\overrightarrow{OB}=\vec{b}$，$\overrightarrow{OP}=\vec{p}$とおく。

まず，点Pの動く範囲を考えよう。①は，$(\vec{a}-\vec{p})\cdot(\vec{b}-\vec{p})=\dfrac{5}{4}$

であるから，$\vec{a}\cdot\vec{b}=\boxed{\text{ア}}$ に注意すると

$|\vec{p}|^2-(\vec{a}+\vec{b})\cdot\vec{p}+\dfrac{\boxed{\text{イ}}}{\boxed{\text{ウ}}}=0$ と書き換えられる。

これはさらに $\left|\vec{p}-\dfrac{\vec{a}+\vec{b}}{\boxed{\text{エ}}}\right|=\sqrt{\boxed{\text{オ}}}$ と書き換えられる。点M を $\overrightarrow{\mathrm{OM}}=\dfrac{\vec{a}+\vec{b}}{\boxed{\text{エ}}}$ となるように定めると，点Pは，Mを中心とする半径 $\sqrt{\boxed{\text{オ}}}$ の円周上を動く。

次に，点Pと直線OCの距離について考えよう。直線OC上の点Hを $\overrightarrow{\mathrm{OC}}\perp\overrightarrow{\mathrm{MH}}$ となるようにとる。実数 $t$ を用いて $\overrightarrow{\mathrm{OH}}=t\overrightarrow{\mathrm{OC}}$ と表すと，$\overrightarrow{\mathrm{OC}}\cdot\overrightarrow{\mathrm{MH}}=\boxed{\text{カ}}$ であることから，$t=\dfrac{\boxed{\text{キ}}}{\boxed{\text{ク}}}$ となる。このとき，$|\overrightarrow{\mathrm{MH}}|=\dfrac{\boxed{\text{ケ}}\sqrt{\boxed{\text{コ}}}}{\boxed{\text{サ}}}$ であるから，点Pが①を満たしながら動くとき，点Pと直線OCの距離の最小値は $\dfrac{\sqrt{\boxed{\text{シ}}}}{\boxed{\text{ス}}}$ となる。

したがって，三角形OCPの面積の最小値は $\dfrac{\sqrt{\boxed{\text{セ}}}}{\boxed{\text{ソ}}}$ である。

（2015年度センター追試験）

まずは内積 $\vec{a}\cdot\vec{b}$ を求めていくよ。

$|\vec{a}|=2$，$|\vec{b}|=3$，$\angle\mathrm{AOB}=60^\circ$ から，

$$\vec{a}\cdot\vec{b}=|\vec{a}||\vec{b}|\cos 60^\circ=2\cdot 3\cdot\frac{1}{2}=3$$

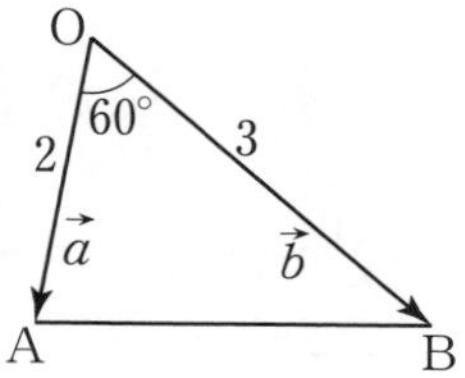


**答え ア：3**

$\overrightarrow{\mathrm{PA}}\cdot\overrightarrow{\mathrm{PB}}=\dfrac{5}{4}$ ……①から，

$$(\vec{a}-\vec{p})\cdot(\vec{b}-\vec{p})=\frac{5}{4}$$

$$\vec{a}\cdot\vec{b}-\vec{a}\cdot\vec{p}-\vec{b}\cdot\vec{p}+\vec{p}\cdot\vec{p}=\frac{5}{4}$$

$$|\vec{p}|^2-(\vec{a}+\vec{b})\cdot\vec{p}+\vec{a}\cdot\vec{b}=\frac{5}{4}$$

$\vec{a}\cdot\vec{b}=3$ を代入すると，

$$|\vec{p}|^2-(\vec{a}+\vec{b})\cdot\vec{p}+3=\frac{5}{4}$$

$$|\vec{p}|^2-(\vec{a}+\vec{b})\cdot\vec{p}+\frac{7}{4}=0$$

答え　$\dfrac{イ}{ウ}$：$\dfrac{7}{4}$

この式を平方完成して，**円のベクトル方程式**の形にしていこう！

**円のベクトル方程式**

**中心が点C，半径 $r$ の円周上の点Pについて，CPの長さが $r$ だから**

$$|\overrightarrow{CP}|=r$$

**つまり**　$|\overrightarrow{OP}-\overrightarrow{OC}|=r$ **が成り立つ。したがって，中心C($\vec{c}$)，半径 $r$ の円のベクトル方程式は**

$$|\vec{p}-\vec{c}|=r$$

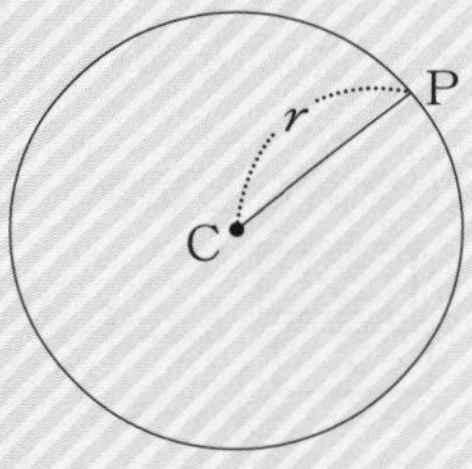


$$|\vec{p}|^2-(\vec{a}+\vec{b})\cdot\vec{p}+\frac{7}{4}=0$$

$$|\vec{p}|^2-(\vec{a}+\vec{b})\cdot\vec{p}+\left|\frac{\vec{a}+\vec{b}}{2}\right|^2-\left|\frac{\vec{a}+\vec{b}}{2}\right|^2+\frac{7}{4}=0$$

$$\left|\vec{p}-\frac{\vec{a}+\vec{b}}{2}\right|^2=\frac{|\vec{a}+\vec{b}|^2}{4}-\frac{7}{4} \quad \cdots\cdots②$$

ここで，$|\vec{a}+\vec{b}|^2$ の値を求めていくよ。

$$|\vec{a}+\vec{b}|^2=|\vec{a}|^2+2\vec{a}\cdot\vec{b}+|\vec{b}|^2=4+2\cdot3+9=19$$

だから，$\left|\vec{p}-\dfrac{\vec{a}+\vec{b}}{2}\right|^2=\dfrac{19}{4}-\dfrac{7}{4}$

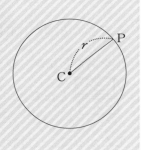

$$\left|\vec{p}-\frac{\vec{a}+\vec{b}}{2}\right|^2=3$$

$\left|\vec{p}-\dfrac{\vec{a}+\vec{b}}{2}\right|>0$ より，$\left|\vec{p}-\dfrac{\vec{a}+\vec{b}}{2}\right|=\sqrt{3}$ となるね！

答え エ：2，$\sqrt{\text{オ}}$：$\sqrt{3}$

点Mを$\overrightarrow{\mathrm{OM}}=\dfrac{\vec{a}+\vec{b}}{2}$と定めると，点Pは，Mを中心とする半径$\sqrt{3}$の円周上を動くね。

次に，点Pと直線OCの距離について考えていくよ！

まずは，$\overrightarrow{\mathrm{OC}}\perp\overrightarrow{\mathrm{MH}}$より$\overrightarrow{\mathrm{OC}}\cdot\overrightarrow{\mathrm{MH}}=0$だね！

答え カ：0

$\overrightarrow{\mathrm{OC}}=\vec{c}$とおくと，$\overrightarrow{\mathrm{OH}}=t\vec{c}$だから，

$$\overrightarrow{\mathrm{OC}}\cdot\overrightarrow{\mathrm{MH}}=0$$

$$\overrightarrow{\mathrm{OC}}\cdot(\overrightarrow{\mathrm{OH}}-\overrightarrow{\mathrm{OM}})=0$$

始点をOに統一したよ！

$$\vec{c}\cdot\left(t\vec{c}-\frac{\vec{a}+\vec{b}}{2}\right)=0$$

$$t|\vec{c}|^2-\frac{1}{2}(\vec{a}\cdot\vec{c}+\vec{b}\cdot\vec{c})=0 \quad \cdots\cdots ③$$

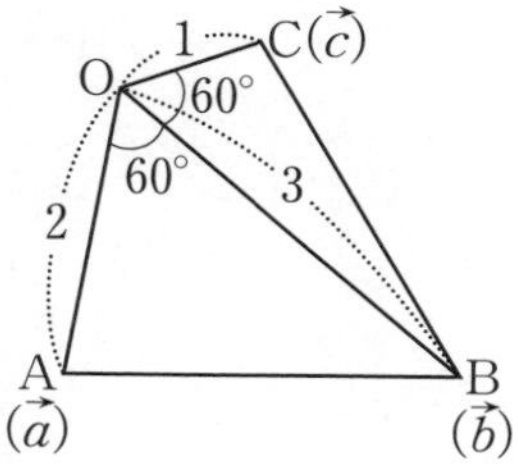


ここで，$\vec{a}\cdot\vec{c}$と$\vec{b}\cdot\vec{c}$の値を求めるよ！

$\angle\mathrm{BOC}=60°$，$\angle\mathrm{AOC}=120°$だから，

$$\vec{b}\cdot\vec{c}=|\vec{b}||\vec{c}|\cos 60°=3\cdot 1\cdot\frac{1}{2}=\frac{3}{2}$$

$$\vec{a}\cdot\vec{c}=|\vec{a}||\vec{c}|\cos 120°=2\cdot 1\cdot\left(-\frac{1}{2}\right)=-1$$

となるね。したがって，③は，

$$t\cdot 1^2-\frac{1}{2}\left(-1+\frac{3}{2}\right)=0$$

$$t-\frac{1}{4}=0$$

したがって，$t=\dfrac{1}{4}$

答え $\dfrac{\text{キ}}{\text{ク}}$：$\dfrac{1}{4}$

このときの $|\overrightarrow{\mathrm{MH}}|$ を求めるよ。$t=\dfrac{1}{4}$ だから $\overrightarrow{\mathrm{OH}}=\dfrac{1}{4}\vec{c}$ だね。

よって，$\overrightarrow{\mathrm{MH}}$ は $\vec{a}$，$\vec{b}$，$\vec{c}$ で表すことができ，$|\overrightarrow{\mathrm{MH}}|^2$ の計算で $\vec{a}\cdot\vec{b}$，$\vec{b}\cdot\vec{c}$，$\vec{a}\cdot\vec{c}$ の値は求めてあるから，$|\overrightarrow{\mathrm{MH}}|^2$ を計算できるよ。

実際に，$\overrightarrow{\mathrm{MH}}=\overrightarrow{\mathrm{OH}}-\overrightarrow{\mathrm{OM}}$

$$=\frac{1}{4}\vec{c}-\frac{\vec{a}+\vec{b}}{2}$$

$$=\frac{1}{4}(-2\vec{a}-2\vec{b}+\vec{c})$$

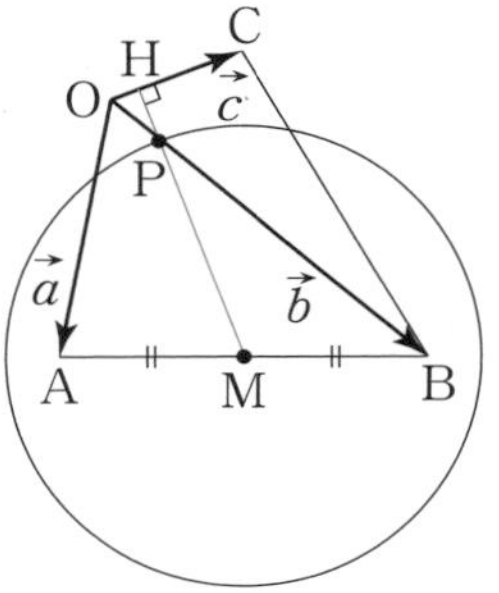


よって，

$$|\overrightarrow{\mathrm{MH}}|=\frac{1}{4}|-2\vec{a}-2\vec{b}+\vec{c}|$$

$$=\frac{1}{4}\sqrt{|-2\vec{a}-2\vec{b}+\vec{c}|^2}$$

$$=\frac{1}{4}\sqrt{4|\vec{a}|^2+4|\vec{b}|^2+|\vec{c}|^2+8\vec{a}\cdot\vec{b}-4\vec{b}\cdot\vec{c}-4\vec{a}\cdot\vec{c}}$$

$$=\frac{1}{4}\sqrt{16+36+1+24-6+4}$$

$$=\frac{\sqrt{75}}{4}=\frac{5\sqrt{3}}{4}$$

**答え** $\dfrac{\text{ケ}\sqrt{\text{コ}}}{\text{サ}}$ : $\dfrac{5\sqrt{3}}{4}$

線分MHの長さは $\dfrac{5\sqrt{3}}{4}$ で円の半径 $\sqrt{3}$ より大きいから直線OCは円の外側にあるね。

したがって，円周上の点Pと直線OCの距離が最小になるのは，円の中心Mから直線OCに下した垂線と円との交点をPにしたときだね。

つまり，円と線分MHの交点がPのときなんだ！

よって，点Pと直線OCの距離の最小値は，

$$\mathrm{PH}=\mathrm{MH}-\mathrm{MP}=\frac{5\sqrt{3}}{4}-\sqrt{3}=\frac{\sqrt{3}}{4}$$

**答え** $\dfrac{\sqrt{\text{シ}}}{\text{ス}}$ : $\dfrac{\sqrt{3}}{4}$

したがって，△OCPの面積が最小となるのは，
OCを底辺とみたときの高さPHが最小のときだね。
つまり，高さ$\mathrm{PH}=\dfrac{\sqrt{3}}{4}$のとき面積が最小となるから，

$$\frac{1}{2}\cdot\mathrm{OC}\cdot\mathrm{PH}=\frac{1}{2}\cdot1\cdot\frac{\sqrt{3}}{4}=\frac{\sqrt{3}}{8}$$

答え $\dfrac{\sqrt{セ}}{ソ}$ : $\dfrac{\sqrt{3}}{8}$

**POINT**

- 2点A，Bを通る直線を表すベクトル方程式は
  $\overrightarrow{\mathrm{OP}}=\overrightarrow{\mathrm{OA}}+t\overrightarrow{\mathrm{AB}}$
- 中心$\mathrm{C}(\vec{c})$，半径$r$の円のベクトル方程式は
  $|\vec{p}-\vec{c}|=r$

THEME 4

# ベクトルの存在範囲

ここできめる!

ベクトルを用いて，点の存在範囲を求められるようになろう。

## 1 点の位置とベクトル

### 過去問にチャレンジ

Oを原点とする座標空間に2点A$(-1,\ 2,\ 0)$，B$(2,\ p,\ q)$がある。ただし，$q>0$とする。線分ABの中点Cから直線OAに引いた垂線と直線OAの交点Dは，線分OAを$9:1$に内分するものとする。また，点Cから直線OBに引いた垂線と直線OBの交点Eは，線分OBを$3:2$に内分するものとする。

(1) 点Bの座標を求めよう。

$|\overrightarrow{\mathrm{OA}}|^2=\boxed{\text{ア}}$ である。また，$\overrightarrow{\mathrm{OD}}=\dfrac{\boxed{\text{イ}}}{\boxed{\text{ウエ}}}\overrightarrow{\mathrm{OA}}$ であることにより，$\overrightarrow{\mathrm{CD}}=\dfrac{\boxed{\text{オ}}}{\boxed{\text{カ}}}\overrightarrow{\mathrm{OA}}-\dfrac{\boxed{\text{キ}}}{\boxed{\text{ク}}}\overrightarrow{\mathrm{OB}}$ と表される。

$\overrightarrow{\mathrm{OA}}\perp\overrightarrow{\mathrm{CD}}$ から

$\overrightarrow{\mathrm{OA}}\cdot\overrightarrow{\mathrm{OB}}=\boxed{\text{ケ}}$ ……①

である。同様に，$\overrightarrow{\mathrm{CE}}$を$\overrightarrow{\mathrm{OA}}$，$\overrightarrow{\mathrm{OB}}$を用いて表すと，

$\overrightarrow{\mathrm{OB}}\perp\overrightarrow{\mathrm{CE}}$ から

$|\overrightarrow{\mathrm{OB}}|^2=20$ ……②

を得る。

①と②，および$q>0$から，Bの座標は$(2,\ \boxed{\text{コ}},\ \sqrt{\boxed{\text{サ}}})$である。

(2)　3点O，A，Bの定める平面を$\alpha$とし，点$(4,\ 4,\ -\sqrt{7})$をGとする。また，$\alpha$上に点Hを$\overrightarrow{\mathrm{GH}}\perp\overrightarrow{\mathrm{OA}}$と$\overrightarrow{\mathrm{GH}}\perp\overrightarrow{\mathrm{OB}}$が成り立つようにとる。$\overrightarrow{\mathrm{OH}}$を$\overrightarrow{\mathrm{OA}}$，$\overrightarrow{\mathrm{OB}}$を用いて表そう。

Hが$\alpha$上にあることから，実数$s$，$t$を用いて

$$\overrightarrow{\mathrm{OH}}=s\overrightarrow{\mathrm{OA}}+t\overrightarrow{\mathrm{OB}}$$

と表される。よって

$$\overrightarrow{\mathrm{GH}}=\boxed{\text{シ}}\,\overrightarrow{\mathrm{OG}}+s\overrightarrow{\mathrm{OA}}+t\overrightarrow{\mathrm{OB}}$$

である。これと，$\overrightarrow{\mathrm{GH}}\perp\overrightarrow{\mathrm{OA}}$および$\overrightarrow{\mathrm{GH}}\perp\overrightarrow{\mathrm{OB}}$が成り立つことから，$s=\dfrac{\boxed{\text{ス}}}{\boxed{\text{セ}}}$，$t=\dfrac{\boxed{\text{ソ}}}{\boxed{\text{タチ}}}$が得られる。ゆえに

$$\overrightarrow{\mathrm{OH}}=\frac{\boxed{\text{ス}}}{\boxed{\text{セ}}}\overrightarrow{\mathrm{OA}}+\frac{\boxed{\text{ソ}}}{\boxed{\text{タチ}}}\overrightarrow{\mathrm{OB}}$$

となる。また，このことから，Hは$\boxed{\text{ツ}}$であることがわかる。

$\boxed{\text{ツ}}$の解答群

⓪　三角形OACの内部の点
①　三角形OBCの内部の点
②　点O，Cと異なる，線分OC上の点
③　三角形OABの周上の点
④　三角形OABの内部にも周上にもない点

（2021年度共通テスト本試験（第2日程）

(1)　$\overrightarrow{\mathrm{OA}}=(-1,\ 2,\ 0)$より，
$|\overrightarrow{\mathrm{OA}}|^2=(-1)^2+2^2+0^2=5$だね。

**答え　ア：5**

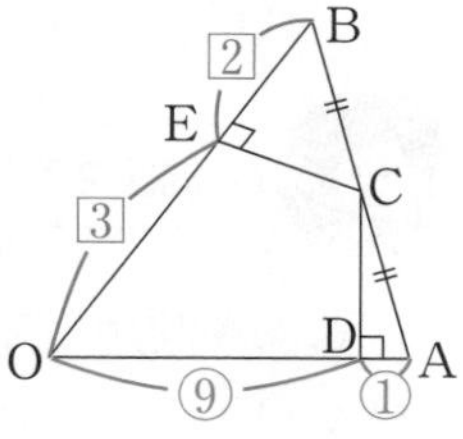


ここからは，座標軸はかかずに各点の関係をざっくり図にかいていこう。
点DはOAを9：1に内分するから，

$$\overrightarrow{\mathrm{OD}}=\frac{9}{10}\overrightarrow{\mathrm{OA}}$$だね。

**答え　$\dfrac{\text{イ}}{\text{ウエ}}$：$\dfrac{9}{10}$**

次に，$\overrightarrow{\mathrm{CD}}$ を $\overrightarrow{\mathrm{OA}}$，$\overrightarrow{\mathrm{OB}}$ で表していくよ！

Cは線分ABの中点だから，$\overrightarrow{\mathrm{OC}}=\dfrac{\overrightarrow{\mathrm{OA}}+\overrightarrow{\mathrm{OB}}}{2}$ だね。

よって，

$$\begin{aligned}\overrightarrow{\mathrm{CD}}&=\overrightarrow{\mathrm{OD}}-\overrightarrow{\mathrm{OC}}\\&=\frac{9}{10}\overrightarrow{\mathrm{OA}}-\frac{\overrightarrow{\mathrm{OA}}+\overrightarrow{\mathrm{OB}}}{2}\\&=\left(\frac{9}{10}-\frac{1}{2}\right)\overrightarrow{\mathrm{OA}}-\frac{1}{2}\overrightarrow{\mathrm{OB}}\\&=\frac{2}{5}\overrightarrow{\mathrm{OA}}-\frac{1}{2}\overrightarrow{\mathrm{OB}}\end{aligned}$$

**答え** オ/カ：$\dfrac{2}{5}$，キ/ク：$\dfrac{1}{2}$

$\overrightarrow{\mathrm{OA}}\perp\overrightarrow{\mathrm{CD}}$ だから，$\overrightarrow{\mathrm{OA}}\cdot\overrightarrow{\mathrm{CD}}=0$ だね！

よって，$\overrightarrow{\mathrm{CD}}=\dfrac{2}{5}\overrightarrow{\mathrm{OA}}-\dfrac{1}{2}\overrightarrow{\mathrm{OB}}$ より，

$$\overrightarrow{\mathrm{OA}}\cdot\left(\frac{2}{5}\overrightarrow{\mathrm{OA}}-\frac{1}{2}\overrightarrow{\mathrm{OB}}\right)=0$$

$$\frac{2}{5}|\overrightarrow{\mathrm{OA}}|^2-\frac{1}{2}\overrightarrow{\mathrm{OA}}\cdot\overrightarrow{\mathrm{OB}}=0$$

$$\overrightarrow{\mathrm{OA}}\cdot\overrightarrow{\mathrm{OB}}=\frac{4}{5}|\overrightarrow{\mathrm{OA}}|^2$$

$$\overrightarrow{\mathrm{OA}}\cdot\overrightarrow{\mathrm{OB}}=4 \quad \cdots\cdots①$$

**答え** ケ：4

$\overrightarrow{\mathrm{OE}}=\dfrac{3}{5}\overrightarrow{\mathrm{OB}}$，$\overrightarrow{\mathrm{CE}}\cdot\overrightarrow{\mathrm{OB}}=0$，$\overrightarrow{\mathrm{OA}}\cdot\overrightarrow{\mathrm{OB}}=4$ より，

$$|\overrightarrow{\mathrm{OB}}|^2=20 \quad \cdots\cdots②$$

問題文で与えられているから確認しなくていいよ。

①と②を利用して，B(2，$p$，$q$)の $p$，$q$ を求めていくよ。

$\overrightarrow{\mathrm{OA}}\cdot\overrightarrow{\mathrm{OB}}=-2+2p+0\cdot q$ だから，①より，

$$\begin{aligned}-2+2p&=4\\p&=3\end{aligned}$$

また$|\overrightarrow{OB}|^2=2^2+p^2+q^2$，$p=3$だから②より，

$$4+9+q^2=20$$

$q>0$より，$q=\sqrt{7}$となるね。よって，B$(2,\ 3,\ \sqrt{7})$

**答え　コ：3，$\sqrt{\text{サ}}$：$\sqrt{7}$**

(2)　G$(4,\ 4,\ -\sqrt{7})$からO，A，Bを通る平面$\alpha$に下ろした垂線の足Hを$\overrightarrow{OA}$と$\overrightarrow{OB}$で表す問題だね！

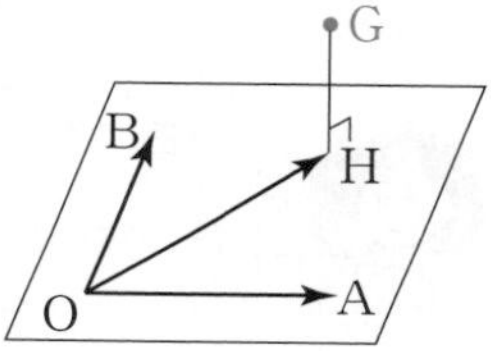


Hは平面$\alpha$上にあるから，

$$\overrightarrow{OH}=s\overrightarrow{OA}+t\overrightarrow{OB}$$

と表せるね！

よって，$\overrightarrow{GH}=\overrightarrow{OH}-\overrightarrow{OG}$

$$=-\overrightarrow{OG}+s\overrightarrow{OA}+t\overrightarrow{OB}$$

**答え　シ：－**

$\overrightarrow{GH}\perp\overrightarrow{OA}$より，$\overrightarrow{GH}\cdot\overrightarrow{OA}=0$だから，

$$(-\overrightarrow{OG}+s\overrightarrow{OA}+t\overrightarrow{OB})\cdot\overrightarrow{OA}=0$$

$$-\overrightarrow{OG}\cdot\overrightarrow{OA}+s|\overrightarrow{OA}|^2+t\overrightarrow{OA}\cdot\overrightarrow{OB}=0$$

$$-4+5s+4t=0$$

$$5s+4t=4\quad\cdots\cdots③$$

$\overrightarrow{OG}\cdot\overrightarrow{OA}=4\cdot(-1)+4\cdot2=4$
$|\overrightarrow{OA}|^2=5$
$\overrightarrow{OA}\cdot\overrightarrow{OB}=4$

同様にして，$\overrightarrow{GH}\perp\overrightarrow{OB}$より，$\overrightarrow{GH}\cdot\overrightarrow{OB}=0$だから，

$$(-\overrightarrow{OG}+s\overrightarrow{OA}+t\overrightarrow{OB})\cdot\overrightarrow{OB}=0$$

$$-\overrightarrow{OG}\cdot\overrightarrow{OB}+s\overrightarrow{OA}\cdot\overrightarrow{OB}+t|\overrightarrow{OB}|^2=0$$

$$-13+4s+20t=0$$

$$4s+20t=13\quad\cdots\cdots④$$

$\overrightarrow{OG}\cdot\overrightarrow{OB}=4\cdot2+4\cdot3+(-\sqrt{7})\cdot\sqrt{7}=13$
$\overrightarrow{OA}\cdot\overrightarrow{OB}=4$
$|\overrightarrow{OB}|^2=20$

③，④を解けば，$s=\dfrac{1}{3}$，$t=\dfrac{7}{12}$になるよ！

したがって，$\overrightarrow{OH}=\dfrac{1}{3}\overrightarrow{OA}+\dfrac{7}{12}\overrightarrow{OB}$

**答え　$\dfrac{\text{ス}}{\text{セ}}$：$\dfrac{1}{3}$，$\dfrac{\text{ソ}}{\text{タチ}}$：$\dfrac{7}{12}$**

$\overrightarrow{OH}=\dfrac{1}{3}\overrightarrow{OA}+\dfrac{7}{12}\overrightarrow{OB}$からHの位置を求めていこう。$\overrightarrow{OH}$は$\overrightarrow{OA}$と$\overrightarrow{OB}$によって表されているから△OABのどこにあるかがわかるんだ！

このような問題では**内分点の公式の形を作る**ことを考えよう！

通分をすると，$\overrightarrow{OH}=\dfrac{4\overrightarrow{OA}+7\overrightarrow{OB}}{12}$となって，分子の$\overrightarrow{OA}$と$\overrightarrow{OB}$の係数をみると，4，7だ。つまり，内分点の公式の形を意識すると，分母は係数の和である11にしたいね！

$$\overrightarrow{OH}=\frac{4\overrightarrow{OA}+7\overrightarrow{OB}}{12}=\frac{4\overrightarrow{OA}+7\overrightarrow{OB}}{11}\cdot\frac{11}{12}$$

分母に作った11を消してつじつまを合わせるために$\dfrac{11}{12}$を掛けたよ。

このとき，$\dfrac{4\overrightarrow{OA}+7\overrightarrow{OB}}{11}$はABを7：4に内分する点を表すからその点をQとすると，

$$\overrightarrow{OH}=\frac{11}{12}\overrightarrow{OQ}$$

となるね。よって，OQを11：1に内分する点がHだよ。

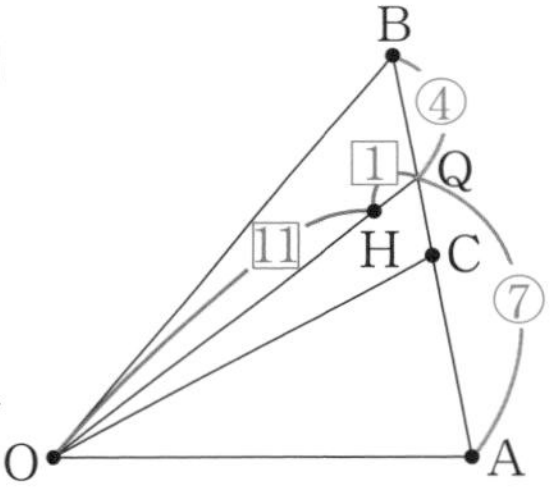


これらを図示すると，上の図のようになるから，選ぶ選択肢は
①三角形OBCの内部の点　だね！

答え　ツ：①

## 2　△ABCと等式を満たす点Pの位置

**過去問にチャレンジ**

$a$を正の実数とする。三角形ABCの内部の点Pが
$5\overrightarrow{PA}+a\overrightarrow{PB}+\overrightarrow{PC}=\vec{0}$を満たしているとする。このとき

$$\overrightarrow{AP}=\frac{\boxed{\text{ア}}}{a+\boxed{\text{イ}}}\overrightarrow{AB}+\frac{\boxed{\text{ウ}}}{a+\boxed{\text{エ}}}\overrightarrow{AC}$$が成り立つ。

直線APと辺BCとの交点Dが辺BCを1：8に内分するならば，

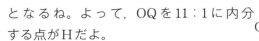

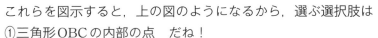

$a=$ [オ] となり，$\overrightarrow{\mathrm{AP}}=\dfrac{\boxed{\text{カ}}}{\boxed{\text{キク}}}\overrightarrow{\mathrm{AD}}$ となる。このとき，点P は線分ADを [ケ]：[コ] に内分する。

さらに，$|\overrightarrow{\mathrm{AB}}|=2\sqrt{2}$，$|\overrightarrow{\mathrm{BC}}|=\sqrt{10}$，$|\overrightarrow{\mathrm{AC}}|=\sqrt{6}$ ならば

$\overrightarrow{\mathrm{AB}}\cdot\overrightarrow{\mathrm{AC}}=$ [サ] である。

したがって $|\overrightarrow{\mathrm{AP}}|^2=\dfrac{\boxed{\text{シスセ}}}{\boxed{\text{ソタ}}}$ となる。

(1999年度センター本試験)

まずは，$5\overrightarrow{\mathrm{PA}}+a\overrightarrow{\mathrm{PB}}+\overrightarrow{\mathrm{PC}}=\vec{0}$ の始点をAに統一して，$\overrightarrow{\mathrm{AP}}$ について解こう！

$$-5\overrightarrow{\mathrm{AP}}+a(\overrightarrow{\mathrm{AB}}-\overrightarrow{\mathrm{AP}})+(\overrightarrow{\mathrm{AC}}-\overrightarrow{\mathrm{AP}})=\vec{0}$$

$$-(a+6)\overrightarrow{\mathrm{AP}}+a\overrightarrow{\mathrm{AB}}+\overrightarrow{\mathrm{AC}}=\vec{0}$$

$$\overrightarrow{\mathrm{AP}}=\frac{a\overrightarrow{\mathrm{AB}}+\overrightarrow{\mathrm{AC}}}{a+6}=\frac{a}{a+6}\overrightarrow{\mathrm{AB}}+\frac{1}{a+6}\overrightarrow{\mathrm{AC}}$$

答え ア：$a$，イ：6，ウ：1，エ：6

ここで，**内分点の公式**の形に変形するよ！

右辺の分子の $\overrightarrow{\mathrm{AB}}$ と $\overrightarrow{\mathrm{AC}}$ の係数の和は $a+1$ だから，

$$\overrightarrow{\mathrm{AP}}=\frac{a\overrightarrow{\mathrm{AB}}+\overrightarrow{\mathrm{AC}}}{a+1}\times\frac{a+1}{a+6}\quad\cdots\cdots①$$

$\overrightarrow{\mathrm{AQ}}=\dfrac{a\overrightarrow{\mathrm{AB}}+\overrightarrow{\mathrm{AC}}}{1+a}$ とおくと，QはBCを1：$a$ に内分する点であって，かつ，$\overrightarrow{\mathrm{AP}}=\dfrac{a+1}{a+6}\overrightarrow{\mathrm{AQ}}$ とおけることから，Qは直線AP上の点であることがわかるね。

したがって，Qは直線APと辺BCの交点となるから，Q=Dであり，DはBCを1：$a$ に内分するんだ。

点DはBCを1：8に内分する点だから，1：$a$=1：8で $a=8$ だね！

答え オ：8

このとき，①に $a=8$ を代入すると $\overrightarrow{\mathrm{AD}}=\dfrac{8\overrightarrow{\mathrm{AB}}+\overrightarrow{\mathrm{AC}}}{9}$ だから，

$\overrightarrow{AP}=\dfrac{9}{14}\overrightarrow{AD}$ だね。

答え カ/キク：$\dfrac{9}{14}$

したがって，線分ADを14等分したうちの9個分がAPだから，

AP：PD＝9：5

答え ケ：9，コ：5

さらに，$|\overrightarrow{AB}|=2\sqrt{2}$，$|\overrightarrow{BC}|=\sqrt{10}$，$|\overrightarrow{AC}|=\sqrt{6}$ のときの $\overrightarrow{AB}\cdot\overrightarrow{AC}$ を求めていくよ！

「さらに」ということは，
$a=8$ で考えるということだね。

まずは，△ABCの3辺の長さがわかっているから，余弦定理から $\cos\angle BAC$ を求めて $\overrightarrow{AB}\cdot\overrightarrow{AC}=|\overrightarrow{AB}||\overrightarrow{AC}|\cos\angle BAC$ を利用して内積の値を求めてもいいけど，ここでは $|\overrightarrow{BC}|=\sqrt{10}$ を利用して直接 $\overrightarrow{AB}\cdot\overrightarrow{AC}$ の値を求めていくよ。

$|\overrightarrow{BC}|^2=|\overrightarrow{AC}-\overrightarrow{AB}|^2=|\overrightarrow{AC}|^2-2\overrightarrow{AC}\cdot\overrightarrow{AB}+|\overrightarrow{AB}|^2$ だから，

$10=6-2\overrightarrow{AB}\cdot\overrightarrow{AC}+8$

$\overrightarrow{AB}\cdot\overrightarrow{AC}=2$

答え サ：2

## COLUMN ベクトルと余弦定理

$|\overrightarrow{BC}|^2=|\overrightarrow{AC}|^2-2\overrightarrow{AC}\cdot\overrightarrow{AB}+|\overrightarrow{AB}|^2$ の右辺の順番を少し入れ替えてみると，

$|\overrightarrow{BC}|^2=|\overrightarrow{AC}|^2+|\overrightarrow{AB}|^2-2\overrightarrow{AB}\cdot\overrightarrow{AC}$ ……＊

これは余弦定理　$a^2=b^2+c^2-2bc\cos A$ の形と同じだね！

実は，＊は余弦定理のベクトル表示なんだ！

だから，3辺の長さがわかってるときの内積の値を求めようと思ったらcosを求める余弦定理ではなく，＊を利用してみよう！

最後に，$|\overrightarrow{AP}|^2$ の値だ！

$\overrightarrow{AP}=\dfrac{9}{14}\overrightarrow{AD}=\dfrac{8\overrightarrow{AB}+\overrightarrow{AC}}{14}$ だからひたすら計算を頑張っていくよ！

$$
\begin{aligned}
|\overrightarrow{AP}|^2&=\left|\frac{8\overrightarrow{AB}+\overrightarrow{AC}}{14}\right|^2\\
&=\frac{1}{14^2}(64|\overrightarrow{AB}|^2+16\overrightarrow{AB}\cdot\overrightarrow{AC}+|\overrightarrow{AC}|^2)\\
&=\frac{64\cdot8+16\cdot2+6}{196}\\
&=\frac{550}{196}=\frac{275}{98}
\end{aligned}
$$

答え　$\dfrac{\text{シスセ}}{\text{ソタ}}$：$\dfrac{275}{98}$

**POINT**

- 点の位置を求める問題では，**内分点の公式を作る**ことを意識する。

THEME 5

# 総合問題

ここできめる!

- ベクトルの総合問題を解けるようになろう。
- 公式を利用するだけではないベクトルの問題を，理解しながら解き進められるようになろう。

## 1 空間のベクトルの総合問題

### 過去問にチャレンジ

三角錐《すい》PABCにおいて，辺BCの中点をMとおく。また，$\angle PAB=\angle PAC$とし，この角度を$\theta$とおく。ただし，$0^\circ<\theta<90^\circ$とする。

(1) $\overrightarrow{AM}$は

$$\overrightarrow{AM}=\frac{\boxed{ア}}{\boxed{イ}}\overrightarrow{AB}+\frac{\boxed{ウ}}{\boxed{エ}}\overrightarrow{AC}$$

と表せる。また

$$\frac{\overrightarrow{AP}\cdot\overrightarrow{AB}}{|\overrightarrow{AP}||\overrightarrow{AB}|}=\frac{\overrightarrow{AP}\cdot\overrightarrow{AC}}{|\overrightarrow{AP}||\overrightarrow{AC}|}=\boxed{オ}\quad\cdots\cdots①$$

である。

$\boxed{オ}$の解答群

| | | |
|---|---|---|
| ⓪ $\sin\theta$ | ① $\cos\theta$ | ② $\tan\theta$ |
| ③ $\dfrac{1}{\sin\theta}$ | ④ $\dfrac{1}{\cos\theta}$ | ⑤ $\dfrac{1}{\tan\theta}$ |
| ⑥ $\sin\angle BPC$ | ⑦ $\cos\angle BPC$ | ⑧ $\tan\angle BPC$ |

(2) $\theta=45^\circ$とし，さらに

$$|\overrightarrow{AP}|=3\sqrt{2},\ |\overrightarrow{AB}|=|\overrightarrow{PB}|=3,\ |\overrightarrow{AC}|=|\overrightarrow{PC}|=3$$

が成り立つ場合を考える。このとき

$$\overrightarrow{AP}\cdot\overrightarrow{AB}=\overrightarrow{AP}\cdot\overrightarrow{AC}=\boxed{\text{カ}}$$

である。さらに，直線AM上の点Dが$\angle APD=90°$を満たしているとする。このとき，$\overrightarrow{AD}=\boxed{\text{キ}}\,\overrightarrow{AM}$である。

(3) $\overrightarrow{AQ}=\boxed{\text{キ}}\,\overrightarrow{AM}$

で定まる点をQとおく。$\overrightarrow{PA}$と$\overrightarrow{PQ}$が垂直である三角錐PABCはどのようなものかについて考えよう。例えば(2)の場合では，点Qは点Dと一致し，$\overrightarrow{PA}$と$\overrightarrow{PQ}$は垂直である。

(i) $\overrightarrow{PA}$と$\overrightarrow{PQ}$が垂直であるとき，$\overrightarrow{PQ}$を$\overrightarrow{AB}$，$\overrightarrow{AC}$，$\overrightarrow{AP}$を用いて表して考えると，$\boxed{\text{ク}}$が成り立つ。さらに①に注意すると，$\boxed{\text{ク}}$から$\boxed{\text{ケ}}$が成り立つことがわかる。

したがって，$\overrightarrow{PA}$と$\overrightarrow{PQ}$が垂直であれば，$\boxed{\text{ケ}}$が成り立つ。逆に，$\boxed{\text{ケ}}$が成り立てば，$\overrightarrow{PA}$と$\overrightarrow{PQ}$は垂直である。

$\boxed{\text{ク}}$の解答群

⓪ $\overrightarrow{AP}\cdot\overrightarrow{AB}+\overrightarrow{AP}\cdot\overrightarrow{AC}=\overrightarrow{AP}\cdot\overrightarrow{AP}$

① $\overrightarrow{AP}\cdot\overrightarrow{AB}+\overrightarrow{AP}\cdot\overrightarrow{AC}=-\overrightarrow{AP}\cdot\overrightarrow{AP}$

② $\overrightarrow{AP}\cdot\overrightarrow{AB}+\overrightarrow{AP}\cdot\overrightarrow{AC}=\overrightarrow{AB}\cdot\overrightarrow{AC}$

③ $\overrightarrow{AP}\cdot\overrightarrow{AB}+\overrightarrow{AP}\cdot\overrightarrow{AC}=-\overrightarrow{AB}\cdot\overrightarrow{AC}$

④ $\overrightarrow{AP}\cdot\overrightarrow{AB}+\overrightarrow{AP}\cdot\overrightarrow{AC}=0$

⑤ $\overrightarrow{AP}\cdot\overrightarrow{AB}-\overrightarrow{AP}\cdot\overrightarrow{AC}=0$

$\boxed{\text{ケ}}$の解答群

⓪ $|\overrightarrow{AB}|+|\overrightarrow{AC}|=\sqrt{2}\,|\overrightarrow{BC}|$

① $|\overrightarrow{AB}|+|\overrightarrow{AC}|=2|\overrightarrow{BC}|$

② $|\overrightarrow{AB}|\sin\theta+|\overrightarrow{AC}|\sin\theta=|\overrightarrow{AP}|$

③ $|\overrightarrow{AB}|\cos\theta+|\overrightarrow{AC}|\cos\theta=|\overrightarrow{AP}|$

④ $|\overrightarrow{AB}|\sin\theta=|\overrightarrow{AC}|\sin\theta=2|\overrightarrow{AP}|$

⑤ $|\overrightarrow{AB}|\cos\theta=|\overrightarrow{AC}|\cos\theta=2|\overrightarrow{AP}|$

(ii) $k$を正の実数とし

$$k\overrightarrow{AP}\cdot\overrightarrow{AB}=\overrightarrow{AP}\cdot\overrightarrow{AC}$$

が成り立つとする。このとき，［コ］が成り立つ。
また，点Bから直線APに下ろした垂線と直線APとの交点をB′とし，同様に点Cから直線APに下ろした垂線と直線APとの交点をC′とする。
このとき，$\overrightarrow{PA}$と$\overrightarrow{PQ}$が垂直であることは，［サ］であることと同値である。特に$k=1$のとき，$\overrightarrow{PA}$と$\overrightarrow{PQ}$が垂直であることは，［シ］であることと同値である。

［コ］の解答群

| | |
|---|---|
| ⓪ $k\lvert\overrightarrow{AB}\rvert=\lvert\overrightarrow{AC}\rvert$ | ① $\lvert\overrightarrow{AB}\rvert=k\lvert\overrightarrow{AC}\rvert$ |
| ② $k\lvert\overrightarrow{AP}\rvert=\sqrt{2}\lvert\overrightarrow{AB}\rvert$ | ③ $k\lvert\overrightarrow{AP}\rvert=\sqrt{2}\lvert\overrightarrow{AC}\rvert$ |

［サ］の解答群

⓪ B′とC′がともに線分APの中点
① B′とC′が線分APをそれぞれ$(k+1):1$と$1:(k+1)$に内分する点
② B′とC′が線分APをそれぞれ$1:(k+1)$と$(k+1):1$に内分する点
③ B′とC′が線分APをそれぞれ$k:1$と$1:k$に内分する点
④ B′とC′が線分APをそれぞれ$1:k$と$k:1$に内分する点
⑤ B′とC′がともに線分APを$k:1$に内分する点
⑥ B′とC′がともに線分APを$1:k$に内分する点

［シ］の解答群

⓪ △PABと△PACがともに正三角形
① △PABと△PACがそれぞれ∠PBA＝90°，∠PCA＝90°を満たす直角二等辺三角形
② △PABと△PACがそれぞれBP＝BA，CP＝CAを満たす二等辺三角形

③　△PABと△PACが合同
④　AP＝BC

（2023年度共通テスト本試験）

(1)　Mは辺BCの中点だから，

$\overrightarrow{AM}=\dfrac{\overrightarrow{AB}+\overrightarrow{AC}}{2}=\dfrac{1}{2}\overrightarrow{AB}+\dfrac{1}{2}\overrightarrow{AC}$だね！

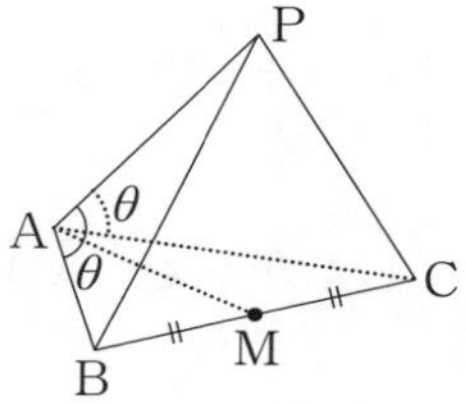


**答え**　$\dfrac{ア}{イ}$：$\dfrac{1}{2}$，$\dfrac{ウ}{エ}$：$\dfrac{1}{2}$

また$\theta=\angle PAB=\angle PAC$だから，

$\cos\theta=\dfrac{\overrightarrow{AP}\cdot\overrightarrow{AB}}{|\overrightarrow{AP}||\overrightarrow{AB}|}=\dfrac{\overrightarrow{AP}\cdot\overrightarrow{AC}}{|\overrightarrow{AP}||\overrightarrow{AC}|}$

が成り立つね。よって，［オ］は①だ！

**答え**　オ：①

(2)　$\theta=45^\circ$，$|\overrightarrow{AP}|=3\sqrt{2}$，$|\overrightarrow{AB}|=|\overrightarrow{PB}|=3$，$|\overrightarrow{AC}|=|\overrightarrow{PC}|=3$ のとき，

$\overrightarrow{AP}\cdot\overrightarrow{AB}=|\overrightarrow{AP}||\overrightarrow{AB}|\cos 45^\circ=3\sqrt{2}\cdot 3\cdot\dfrac{1}{\sqrt{2}}=9$

$|\overrightarrow{AB}|=|\overrightarrow{AC}|$，$\angle PAB=\angle PAC$だから，$\overrightarrow{AP}\cdot\overrightarrow{AC}$も9だね！

**答え**　カ：9

問題文に$\overrightarrow{AP}\cdot\overrightarrow{AB}=\overrightarrow{AP}\cdot\overrightarrow{AC}$とあるから
実際に計算する必要はないよ。

次に，Dは直線AM上にあるから，

$\overrightarrow{AD}=t\overrightarrow{AM}$（$t$は実数）

とおけるね！　$\angle APD=90^\circ$だから，

$\overrightarrow{PA}\perp\overrightarrow{PD}$だね。つまり，

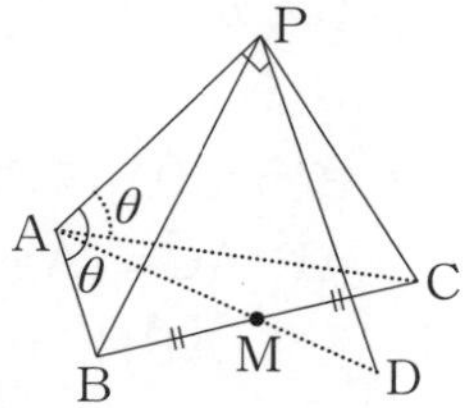


$\overrightarrow{PA}\cdot\overrightarrow{PD}=0$

$-\overrightarrow{AP}\cdot(\overrightarrow{AD}-\overrightarrow{AP})=0$

$-\overrightarrow{AP}\cdot(t\overrightarrow{AM})+|\overrightarrow{AP}|^2=0$

$$-t\overrightarrow{\mathrm{AP}}\cdot\left(\frac{1}{2}\overrightarrow{\mathrm{AB}}+\frac{1}{2}\overrightarrow{\mathrm{AC}}\right)+|\overrightarrow{\mathrm{AP}}|^2=0$$

$$-\frac{t}{2}(\overrightarrow{\mathrm{AP}}\cdot\overrightarrow{\mathrm{AB}}+\overrightarrow{\mathrm{AP}}\cdot\overrightarrow{\mathrm{AC}})+|\overrightarrow{\mathrm{AP}}|^2=0$$

$|\overrightarrow{\mathrm{AP}}|=3\sqrt{2}$，$\overrightarrow{\mathrm{AP}}\cdot\overrightarrow{\mathrm{AB}}=\overrightarrow{\mathrm{AP}}\cdot\overrightarrow{\mathrm{AC}}=9$ より，

$$-\frac{t}{2}(9+9)+18=0$$

$$t=2$$

したがって，$\overrightarrow{\mathrm{AD}}=2\overrightarrow{\mathrm{AM}}$ だとわかるね！

答え キ：2



(3) $\overrightarrow{\mathrm{AQ}}=2\overrightarrow{\mathrm{AM}}$ で定まる点Qについて考えていくよ。このQはDのことじゃん！と思うかもしれないけど，ここでは(2)とちがう(3)の問題だから(2)の仮定，

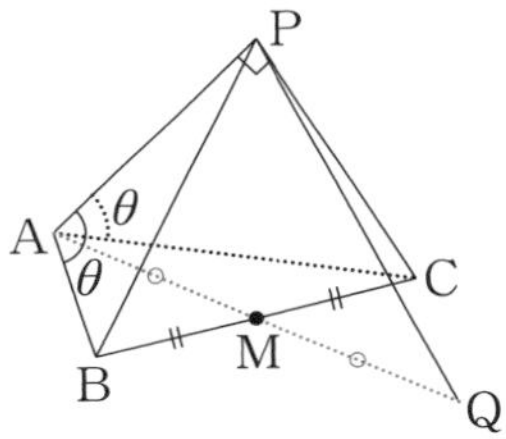


$\theta=45^\circ$，$|\overrightarrow{\mathrm{AP}}|=3\sqrt{2}$，

$|\overrightarrow{\mathrm{AB}}|=|\overrightarrow{\mathrm{PB}}|=3$，$|\overrightarrow{\mathrm{AC}}|=|\overrightarrow{\mathrm{PC}}|=3$

は**使えない**ことに注意が必要だよ！

ここで使える条件は $\overrightarrow{\mathrm{AQ}}=2\overrightarrow{\mathrm{AM}}$ と前提条件である $\angle\mathrm{PAB}=\angle\mathrm{PAC}$，そして $\overrightarrow{\mathrm{PA}}\perp\overrightarrow{\mathrm{PQ}}$ だ。

(i) $\overrightarrow{\mathrm{PA}}\perp\overrightarrow{\mathrm{PQ}}$ のとき，$\overrightarrow{\mathrm{PA}}\cdot\overrightarrow{\mathrm{PQ}}=0$ だね！

$$-\overrightarrow{\mathrm{AP}}\cdot(\overrightarrow{\mathrm{AQ}}-\overrightarrow{\mathrm{AP}})=0$$

$$-\overrightarrow{\mathrm{AP}}\cdot\underline{2\overrightarrow{\mathrm{AM}}}+\overrightarrow{\mathrm{AP}}\cdot\overrightarrow{\mathrm{AP}}=0$$

$$-\overrightarrow{\mathrm{AP}}\cdot\underline{(\overrightarrow{\mathrm{AB}}+\overrightarrow{\mathrm{AC}})}+\overrightarrow{\mathrm{AP}}\cdot\overrightarrow{\mathrm{AP}}=0$$

$2\overrightarrow{\mathrm{AM}}=2\cdot\dfrac{\overrightarrow{\mathrm{AB}}+\overrightarrow{\mathrm{AC}}}{2}$

$$\overrightarrow{\mathrm{AP}}\cdot\overrightarrow{\mathrm{AP}}=\overrightarrow{\mathrm{AP}}\cdot\overrightarrow{\mathrm{AB}}+\overrightarrow{\mathrm{AP}}\cdot\overrightarrow{\mathrm{AC}}$$

したがって，［ク］は⓪だ。

答え ク：⓪

さらに①（内積の定義）より　$\overrightarrow{\mathrm{AP}}\cdot\overrightarrow{\mathrm{AB}}=|\overrightarrow{\mathrm{AP}}||\overrightarrow{\mathrm{AB}}|\cos\theta$，$\overrightarrow{\mathrm{AP}}\cdot\overrightarrow{\mathrm{AC}}=|\overrightarrow{\mathrm{AP}}||\overrightarrow{\mathrm{AC}}|\cos\theta$ だから，［ク］は次のように表せる。

$$|\overrightarrow{\mathrm{AP}}||\overrightarrow{\mathrm{AB}}|\cos\theta+|\overrightarrow{\mathrm{AP}}||\overrightarrow{\mathrm{AC}}|\cos\theta=|\overrightarrow{\mathrm{AP}}|^2$$

$|\overrightarrow{\mathrm{AP}}|\neq0$ だから両辺を $|\overrightarrow{\mathrm{AP}}|$ で割ると，

$$|\overrightarrow{\mathrm{AB}}|\cos\theta+|\overrightarrow{\mathrm{AC}}|\cos\theta=|\overrightarrow{\mathrm{AP}}|$$

答え ケ：③

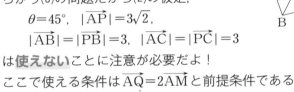

(ii) $k\overrightarrow{\mathrm{AP}}\cdot\overrightarrow{\mathrm{AB}}=\overrightarrow{\mathrm{AP}}\cdot\overrightarrow{\mathrm{AC}}$ ($k>0$) が成り立つときを考えていくよ。

このとき，① (内積の定義) から，

$$k|\overrightarrow{\mathrm{AP}}||\overrightarrow{\mathrm{AB}}|\cos\theta=|\overrightarrow{\mathrm{AP}}||\overrightarrow{\mathrm{AC}}|\cos\theta$$

$0^\circ<\theta<90^\circ$ だから $|\overrightarrow{\mathrm{AP}}|\cos\theta$ ($\neq 0$) で割ると，

$$k|\overrightarrow{\mathrm{AB}}|=|\overrightarrow{\mathrm{AC}}|$$

答え　コ：⓪

B′とC′を図示していくと，右図のようになるね。

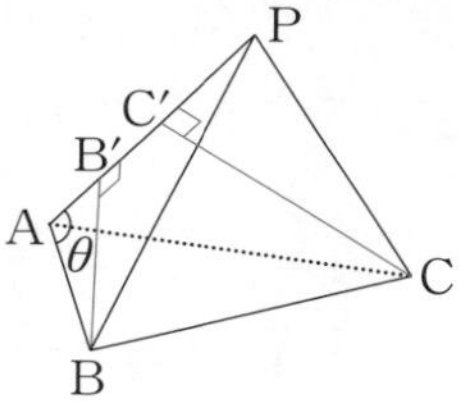


このときの，$\overrightarrow{\mathrm{PA}}\perp\overrightarrow{\mathrm{PQ}}$ の同値条件を考えていくよ。

$\overrightarrow{\mathrm{PA}}$，$\overrightarrow{\mathrm{PQ}}$ は $\vec{0}$ でないから，

$$\begin{aligned}\overrightarrow{\mathrm{PA}}\perp\overrightarrow{\mathrm{PQ}} &\iff \overrightarrow{\mathrm{PA}}\cdot\overrightarrow{\mathrm{PQ}}=0\\ &\iff |\overrightarrow{\mathrm{AB}}|\cos\theta+|\overrightarrow{\mathrm{AC}}|\cos\theta=|\overrightarrow{\mathrm{AP}}|\\ &\iff |\overrightarrow{\mathrm{AB}}|\cos\theta+k|\overrightarrow{\mathrm{AB}}|\cos\theta=|\overrightarrow{\mathrm{AP}}|\\ &\iff (1+k)|\overrightarrow{\mathrm{AB}}|\cos\theta=|\overrightarrow{\mathrm{AP}}|\end{aligned}$$

(ii)の ケ

ここで，直角三角形ABB′に注目すると，斜辺はAB，$\angle\mathrm{BAB'}=\theta$ だから，

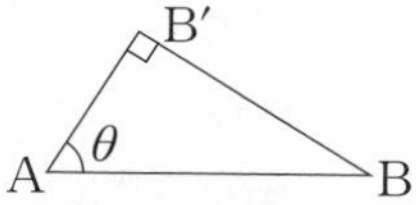


$$|\overrightarrow{\mathrm{AB'}}|=|\overrightarrow{\mathrm{AB}}|\cos\theta$$

よって，$\overrightarrow{\mathrm{PA}}\perp\overrightarrow{\mathrm{PQ}}\iff(1+k)|\overrightarrow{\mathrm{AB}}|\cos\theta=|\overrightarrow{\mathrm{AP}}|$

$$\iff(1+k)|\overrightarrow{\mathrm{AB'}}|=|\overrightarrow{\mathrm{AP}}|$$

サ の解答群に注目すると，いずれの選択肢も線分AP上の点B′とC′がどのようにAPを内分してるかについて述べているね！　ここでの式をまとめると，

$$k|\overrightarrow{\mathrm{AB}}|=|\overrightarrow{\mathrm{AC}}|,\ (1+k)|\overrightarrow{\mathrm{AB'}}|=|\overrightarrow{\mathrm{AP}}|$$

C′の情報も欲しいから，$k|\overrightarrow{\mathrm{AB}}|=|\overrightarrow{\mathrm{AC}}|$ の両辺に $\cos\theta$ を掛けると，

$$k|\overrightarrow{\mathrm{AB}}|\cos\theta=|\overrightarrow{\mathrm{AC}}|\cos\theta$$

$|\overrightarrow{\mathrm{AC}}|\cos\theta=|\overrightarrow{\mathrm{AC'}}|$ だから，

$$k|\overrightarrow{\mathrm{AB'}}|=|\overrightarrow{\mathrm{AC'}}|$$

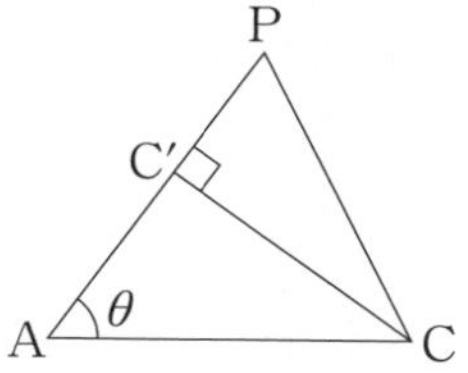

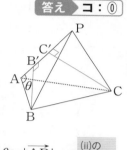

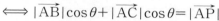

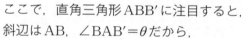

よって，$k|\overrightarrow{AB'}|=|\overrightarrow{AC'}|$，$(1+k)|\overrightarrow{AB'}|=|\overrightarrow{AP}|$ から，

$AB' : AC'=1 : k$,

$AB' : AP=1 : (1+k)$

これらを右の図に表すと，

全体 AP が $(1+k)$ だから，

$AB' : B'P=1 : k$,

$AC' : C'P=k : 1$

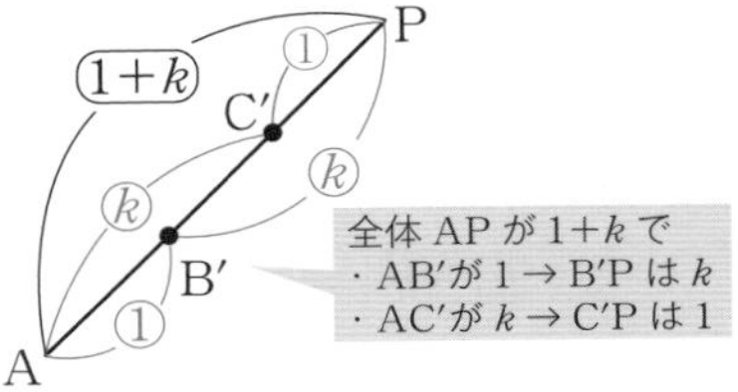


だとわかるね。よって，［サ］は④が正しいね！

答え　サ：④

$k=1$ のとき，［サ］が④より，

**$\overrightarrow{PA}\perp\overrightarrow{PQ} \iff$ B′とC′は線分 AP を1：1に内分する点**

だから，$\overrightarrow{PA}\perp\overrightarrow{PQ}$ のときB′とC′はAPの中点に一致することと同値だよ。

つまり，**B，CからAPに下した垂線がAPの中点であること**と同値だね！

三角形のある頂点から対辺に垂線を下ろしたとき，それが中点ということは，

**その三角形は二等辺三角形**であるということだから，

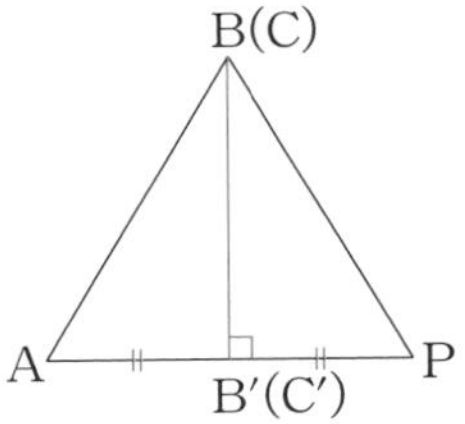


$\overrightarrow{PA}\perp\overrightarrow{PQ} \iff$ △PABと△PACがそれぞれBP＝BA，CP＝CA を満たす二等辺三角形ということになるね！

答え　シ：②

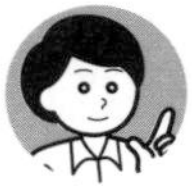

一見，③の△PAB≡△PACも正解に見えるけど，△PAB≡△PAC $\Longrightarrow$ $\overrightarrow{PA}\perp\overrightarrow{PQ}$ が言えないから同値じゃないんだ。

数式だらけになってしまったら**その都度簡単な図をかこう！**

共通テストでは「○○のときの同値条件」を答えさせる問題が度々でてくるから，同値条件を一つ一つ結ぶ訓練もしていこう！



## 2　座標空間の点とベクトル①

### 過去問にチャレンジ

点Oを原点とする座標空間に3点P(0, 6, 3)，Q(4, −2, −5)，R(12, 0, −3)がある。3点O，P，Qの定める平面を$\alpha$とし，$\alpha$上で∠POQの二等分線$l$を考える。$l$上に点Aを，$|\overrightarrow{\mathrm{OA}}|=9$かつ$x$座標が正であるようにとる。

また，$\alpha$上に点Hを，$\overrightarrow{\mathrm{HR}}\perp\overrightarrow{\mathrm{OP}}$，$\overrightarrow{\mathrm{HR}}\perp\overrightarrow{\mathrm{OQ}}$であるようにとる。

(1)　$|\overrightarrow{\mathrm{OP}}|=\boxed{ア}\sqrt{\boxed{イ}}$，$|\overrightarrow{\mathrm{OQ}}|=\boxed{ウ}\sqrt{\boxed{エ}}$であるから，Aの座標は($\boxed{オ}$, $\boxed{カ}$, $\boxed{キク}$)であることがわかる。

(2)　点Hの座標と線分HRの長さを求めよう。$\overrightarrow{\mathrm{OP}}\perp\vec{n}$，$\overrightarrow{\mathrm{OQ}}\perp\vec{n}$であるベクトル$\vec{n}=(2,\ \boxed{ケコ},\ \boxed{サ})$に対し，$\overrightarrow{\mathrm{HR}}=k\vec{n}$とおくと$\overrightarrow{\mathrm{OH}}=\overrightarrow{\mathrm{OR}}-k\vec{n}$である。

$\overrightarrow{\mathrm{OH}}\cdot\vec{n}=\boxed{シ}$であるから，$k=\boxed{ス}$である。したがって，Hの座標は($\boxed{セ}$, $\boxed{ソ}$, $\boxed{タチ}$)であり，HRの長さは$\boxed{ツ}$である。

(3)　平面$\alpha$上で点Aを中心とする半径1の円$C$を考える。点Bが$C$上を動くとき，線分RBの長さの最大値と，そのときのBの座標を求めよう。

AとHの間の距離は $\boxed{\text{テ}}$ である。よって，RBの長さの最大値は $\sqrt{\boxed{\text{トナ}}}$ である。また，RBの長さが最大となるBは

$\overrightarrow{\mathrm{HB}}=\dfrac{\boxed{\text{ニ}}}{\boxed{\text{ヌ}}}\overrightarrow{\mathrm{HA}}$ を満たすから，求めるBの座標は $\left(\dfrac{\boxed{\text{ネノ}}}{\boxed{\text{ハ}}},\ \dfrac{\boxed{\text{ヒフ}}}{\boxed{\text{ハ}}},\ \dfrac{\boxed{\text{ヘホ}}}{\boxed{\text{ハ}}}\right)$ である。

（2019年度センター追試験）



まずは，平面$\alpha$と3点P，Q，Rの状態を簡単に図にしよう！
**空間座標の問題で図をかくコツは座標をかかないこと**だったね。

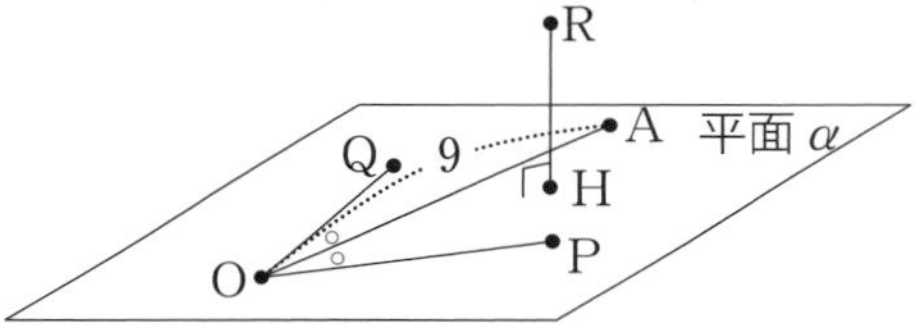


最初の仮定だけでは，各点の正確な位置関係はわからないけど，

- **点Aは∠POQの二等分線上にあり，OA＝9**
- **$\alpha$上の点Hは$\overrightarrow{\mathrm{HR}}\perp\overrightarrow{\mathrm{PO}}$，$\overrightarrow{\mathrm{HR}}\perp\overrightarrow{\mathrm{QO}}$が成り立つから平面 $\alpha\perp\overrightarrow{\mathrm{RH}}$**

この2つだけを意識してかいているよ！
それでは問題を解いていこう！

(1) $\overrightarrow{\mathrm{OP}}=(0,\ 6,\ 3)$，$\overrightarrow{\mathrm{OQ}}=(4,\ -2,\ -5)$だから，

$|\overrightarrow{\mathrm{OP}}|=\sqrt{0^2+6^2+3^2}=3\sqrt{5}$，

$|\overrightarrow{\mathrm{OQ}}|=\sqrt{4^2+(-2)^2+(-5)^2}=3\sqrt{5}$

**答え　ア$\sqrt{\text{イ}}$：$3\sqrt{5}$，ウ$\sqrt{\text{エ}}$：$3\sqrt{5}$**

したがって，△OPQはOP＝OQの二等辺三角形だとわかるから∠POQの二等分線$l$は辺PQの中点Mを通ることがわかるね。

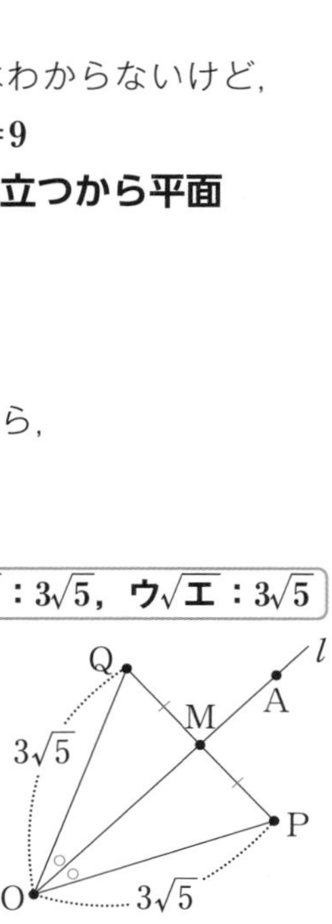

つまり，点Aは直線OM上にあるから，次のようにおけるよ。

$\overrightarrow{\mathrm{OA}}=t\overrightarrow{\mathrm{OM}}$（$t$は実数）

ここで，点Mは線分PQの中点だから座標は

$\mathrm{M}\left(\dfrac{0+4}{2},\ \dfrac{6+(-2)}{2},\ \dfrac{3+(-5)}{2}\right)$となり，

$\mathrm{M}(2,\ 2,\ -1)$

よって，$\overrightarrow{\mathrm{OA}}=t\overrightarrow{\mathrm{OM}}=(2t,\ 2t,\ -t)$

Aの$x$座標は正だから$t>0$だね！

このもとで$|\overrightarrow{\mathrm{OA}}|=9$だから，

$\sqrt{4t^2+4t^2+t^2}=9$

$3t=9$

$t=3$

つまり，$\overrightarrow{\mathrm{OA}}=3\overrightarrow{\mathrm{OM}}=(6,\ 6,\ -3)$

よって，点Aの座標は$(6,\ 6,\ -3)$だね！

**答え　オ：6，カ：6，キク：−3**

(2)　$\overrightarrow{\mathrm{OP}}\perp\vec{n}$，$\overrightarrow{\mathrm{OQ}}\perp\vec{n}$で$x$座標が2のベクトル$\vec{n}$を求めていこう！

$\vec{n}=(2,\ y,\ z)$とおくと，$\overrightarrow{\mathrm{OP}}\cdot\vec{n}=0$，$\overrightarrow{\mathrm{OQ}}\cdot\vec{n}=0$より，

$6y+3z=0$，$8-2y-5z=0$

これを解くと，$y=-1$，$z=2$だから，

$\vec{n}=(2,\ -1,\ 2)$

**答え　ケコ：−1，サ：2**

$\alpha\perp\vec{n}$だから，平面$\alpha$上のベクトルはすべて$\vec{n}$と垂直だね！

したがって，$\overrightarrow{\mathrm{OH}}\perp\vec{n}$であるから，$\overrightarrow{\mathrm{OH}}\cdot\vec{n}=0$

**答え　シ：0**

このように，平面$\alpha$に対して垂直なベクトルを**法線ベクトル**とよぶんだ。$\alpha$に垂直なベクトルはすべて平行だから，$\vec{n}$に平行なベクトルはすべて法線ベクトルだよ。その法線ベクトルの1つとして(2，■，■)を求めたいということなんだ。

ここで，$\overrightarrow{\mathrm{HR}}=k\vec{n}$とおくと，

$\overrightarrow{\mathrm{OH}}=\overrightarrow{\mathrm{OR}}-k\vec{n}=(12,\ 0,\ -3)-k(2,\ -1,\ 2)$

$=(12-2k,\ k,\ -3-2k)$

よって，$\overrightarrow{\mathrm{OH}}\cdot\vec{n}=0$ より，

$$(12-2k)\cdot2+k\cdot(-1)+(-3-2k)\cdot2=0$$
$$18-9k=0$$
$$k=2$$

**答え ス：2**

$\overrightarrow{\mathrm{OH}}=(12-2k,\ k,\ -3-2k)$ に $k=2$ を代入すると，
$\overrightarrow{\mathrm{OH}}=(8,\ 2,\ -7)$ だから，点Hの座標は，$(8,\ 2,\ -7)$

**答え セ：8，ソ：2，タチ：−7**

また，$k=2$ より，$\overrightarrow{\mathrm{HR}}=2\vec{n}=(4,\ -2,\ 4)$ だから，

$$|\overrightarrow{\mathrm{HR}}|=\sqrt{4^2+(-2)^2+4^2}=6$$

**答え ツ：6**

(3)　点Hと点Aの距離を求めていくよ！
$|\overrightarrow{\mathrm{HA}}|$ を求めればいいから，$\overrightarrow{\mathrm{HA}}$ の成分がわかればいいね。

$$\overrightarrow{\mathrm{HA}}=\overrightarrow{\mathrm{OA}}-\overrightarrow{\mathrm{OH}}=(6,\ 6,\ -3)-(8,\ 2,\ -7)=(-2,\ 4,\ 4)$$

したがって，$|\overrightarrow{\mathrm{HA}}|=\sqrt{(-2)^2+4^2+4^2}=6$

**答え テ：6**

ここからは，点Bが平面$\alpha$上にある円$C$の周上を動くときの線分RBの長さの最大値について考えていくんだね。

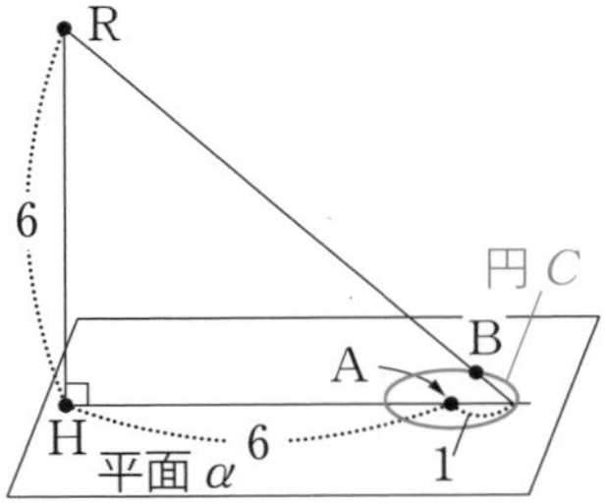


中心A，半径1の円$C$と点H，R，Bの図をかいていくよ！
$|\overrightarrow{\mathrm{HA}}|=6>1$ だから点Hは円$C$の外側にあるね。
線分RBの長さは，直角三角形RHBについて三平方の定理より，

$$\mathrm{RB}=\sqrt{\mathrm{RH}^2+\mathrm{HB}^2}=\sqrt{36+\mathrm{HB}^2}$$

つまり，**RBが最大となるのは，HBが最大になるとき**だね！

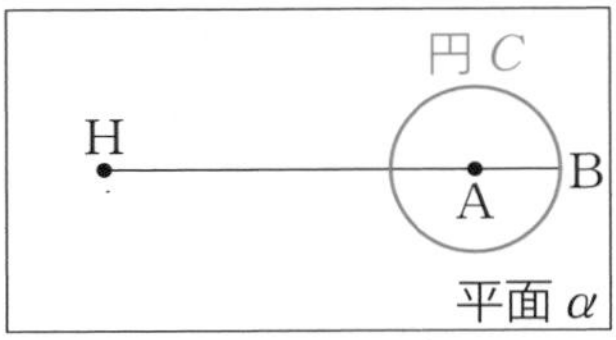


HBが最大となるのは，円$C$上の点Bが点Hから一番遠くに離れたとき，つまり，(右図を参考にして)点H，A，Bがこの順で直線上に並ぶときだ。

このとき，$\mathrm{HB}=6+1=7$ だから，線分RBの長さの最大値は，

$$\mathrm{RB}=\sqrt{36+7^2}=\sqrt{85}$$

答え $\sqrt{\text{トナ}}$ : $\sqrt{85}$

さらに，$\mathrm{HA}=6$，$\mathrm{HB}=7$ だから，

$$\overrightarrow{\mathrm{HB}}=\frac{7}{6}\overrightarrow{\mathrm{HA}}$$

答え $\dfrac{\text{ニ}}{\text{ヌ}}$ : $\dfrac{7}{6}$

この結果を利用して点Bの座標を求めると，

$$\overrightarrow{\mathrm{OB}}=\overrightarrow{\mathrm{OH}}+\overrightarrow{\mathrm{HB}}=\overrightarrow{\mathrm{OH}}+\frac{7}{6}\overrightarrow{\mathrm{HA}}$$

ベクトルは寄り道OK

$$=(8,\ 2,\ -7)+\frac{7}{6}(-2,\ 4,\ 4)=\left(\frac{17}{3},\ \frac{20}{3},\ \frac{-7}{3}\right)$$

答え $\dfrac{\text{ネノ}}{\text{ハ}}$ : $\dfrac{17}{3}$，ヒフ：20，ヘホ：$-7$

## 3 座標空間の点とベクトル②

### 過去問にチャレンジ

点Oを原点とする座標空間に4点 $\mathrm{A}(6,\ -1,\ 1)$，$\mathrm{B}(1,\ 6,\ 2)$，$\mathrm{P}(2,\ -1,\ -1)$，$\mathrm{Q}(0,\ 1,\ -1)$ がある。3点O，P，Qを通る平面を $\alpha$ とし，$\overrightarrow{\mathrm{OP}}=\vec{p}$，$\overrightarrow{\mathrm{OQ}}=\vec{q}$ とおく。平面 $\alpha$ 上に点Mをとり，$|\overrightarrow{\mathrm{AM}}|+|\overrightarrow{\mathrm{MB}}|$ が最小となるときの点Mの座標を求めよう。

(1) $|\vec{p}|=\sqrt{\boxed{\text{ア}}}$，$|\vec{q}|=\sqrt{\boxed{\text{イ}}}$ である。また，$\vec{p}$ と $\vec{q}$ のなす角は $\boxed{\text{ウエ}}$° である。

(2) $\vec{p}$ および $\vec{q}$ と垂直であるベクトルの一つとして
$\vec{n}=(1,\ \boxed{\text{オ}},\ \boxed{\text{カ}})$ をとる。$\overrightarrow{\mathrm{OA}}$ を実数 $r$，$s$，$t$ を用いて $\overrightarrow{\mathrm{OA}}=r\vec{n}+s\vec{p}+t\vec{q}$ の形に表したときの $r$，$s$，$t$ を求めよう。
$\overrightarrow{\mathrm{OA}}\cdot\vec{n}=\boxed{\text{キ}}$，$\vec{n}\cdot\vec{n}=\boxed{\text{ク}}$，$\vec{n}\perp\vec{p}$，$\vec{n}\perp\vec{q}$ であることから，$r=\boxed{\text{ケ}}$ となる。また，$\overrightarrow{\mathrm{OA}}\cdot\vec{p}$，$\overrightarrow{\mathrm{OA}}\cdot\vec{q}$ を考えることにより，

$s=$ [コ], $t=$ [サシ] であることがわかる。
同様に，$\overrightarrow{\mathrm{OB}}$を実数$u$，$v$，$w$を用いて$\overrightarrow{\mathrm{OB}}=u\vec{n}+v\vec{p}+w\vec{q}$の形に表したとき，$u=$ [ス] である。

(3)　$r$，$s$，$t$を(2)で求めた値であるとし，点Cは
$\overrightarrow{\mathrm{OC}}=-r\vec{n}+s\vec{p}+t\vec{q}$となる点とする。
Cの座標は([セ], [ソタ], [チツ])である。また，線分BCと平面$\alpha$との交点は，BCを3：[テ] に内分する。
$\vec{n}\perp\vec{p}$，$\vec{n}\perp\vec{q}$，$\overrightarrow{\mathrm{OA}}=r\vec{n}+s\vec{p}+t\vec{q}$，$\overrightarrow{\mathrm{OC}}=-r\vec{n}+s\vec{p}+t\vec{q}$であることにより，線分ACは平面$\alpha$に垂直であり，その中点は$\alpha$上にある。よって，$\alpha$上の点Mについて，$|\overrightarrow{\mathrm{AM}}|=|\overrightarrow{\mathrm{CM}}|$が成り立ち，$|\overrightarrow{\mathrm{AM}}|+|\overrightarrow{\mathrm{MB}}|$が最小となるMは線分BC上にある。したがって，求めるMの座標は
$\left(\dfrac{[ト]}{[ナ]}, \dfrac{[ニヌ]}{[ネ]}, [ノハ]\right)$である。

(2018年度センター追試験)

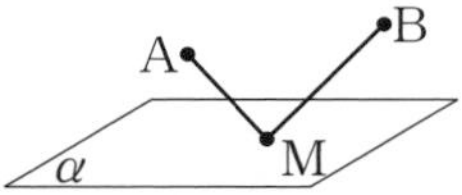


まず，問題がどんなイメージなのか全体像からつかんでおこう！
最終的に求めたいのは，図1の折れ線の長さ$|\overrightarrow{\mathrm{AM}}|+|\overrightarrow{\mathrm{BM}}|$が最小になるときの点Mの座標だね。
さて，似たような問題を平面上で考えてみるよ。
右の図1のように，直線$l$上に点Mがあり，AM＋MBの長さが最小になるときのMの位置について考えてみよう。

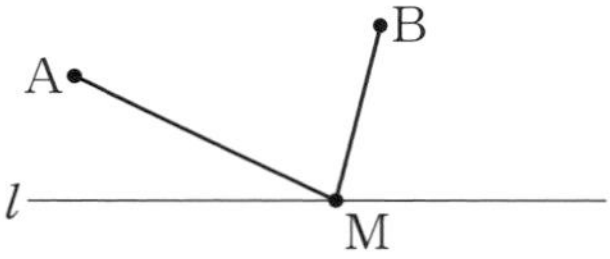

図1

このような問題を考えるときは，図2のように$l$に対する点Aの対称点をとってみるんだ。この点をCとすると，Mがどのような位置にあっても，

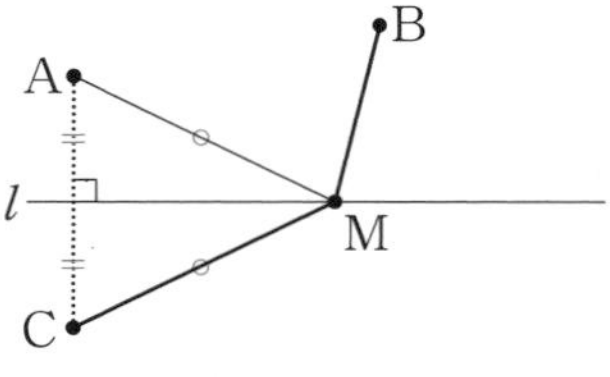

図2

AM＝CM

が成り立っているね。つまり，

$$AM+MB=CM+MB$$

が成り立つってことだ。
つまり，AM+MBが最小になるときとは，CM+MB（図2の折れ線）が最小になるときなんだね。

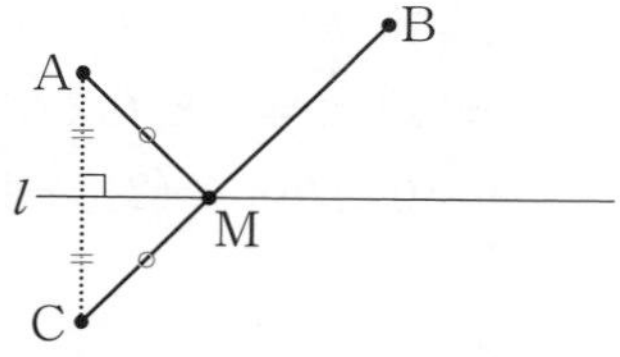

図3

じゃあ，CM+MBが最小になるときはどういうときなのかというと，それは図3のように，3点B，M，Cが一直線に並ぶときなんだ！
つまり，AM+MBが最小となるときの点Mは**直線BCと$l$との交点**だってことなんだ！

今回の問題は，これを空間で考えたものだよ。

平面$\alpha$に対して点Aと対称な点Cをとると，直線BCと平面$\alpha$の交点が求める点Mになるわけだね！

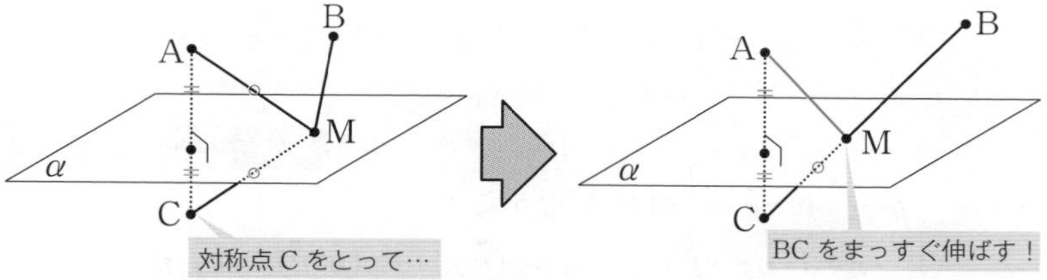


まずは，誘導に従って必要な情報をそろえていこう！
$\vec{p}=\overrightarrow{OP}=(2,\ -1,\ -1)$，$\vec{q}=\overrightarrow{OQ}=(0,\ 1,\ -1)$だよ。

(1)　$|\vec{p}|=\sqrt{2^2+(-1)^2+(-1)^2}=\sqrt{6}$，$|\vec{q}|=\sqrt{0^2+1^2+(-1)^2}=\sqrt{2}$

**答え** $\sqrt{\text{ア}}$：$\sqrt{6}$，$\sqrt{\text{イ}}$：$\sqrt{2}$

また，

$$\vec{p}\cdot\vec{q}=(2,\ -1,\ -1)\cdot(0,\ 1,\ -1)$$
$$=2\cdot0+(-1)\cdot1+(-1)\cdot(-1)=0$$

となるから，$\vec{p}$と$\vec{q}$のなす角は$90^\circ$だね。

**答え** ウエ：90

(2)　次に，$\vec{p}$および$\vec{q}$と垂直であるベクトルの$\vec{n}$を求めよう。$\vec{n}$の$x$成分は1と与えられているので，$\vec{n}=(1,\ y,\ z)$とおいてみよう。
$\vec{p}\cdot\vec{n}=0$だから，$(2,\ -1,\ -1)\cdot(1,\ y,\ z)=0$

$$2-y-z=0$$

つまり，$y+z=2$　……①　が成り立つよ。
同様に，$\vec{q}\cdot\vec{n}=0$から，

$$(0,\ 1,\ -1)\cdot(1,\ y,\ z)=0$$

$$y-z=0 \quad \cdots\cdots②$$

が成り立つね。①，②より，$y=1$，$z=1$が得られるので，

$$\vec{n}=(1,\ 1,\ 1)$$

**答え　オ：1，カ：1**

次は$\overrightarrow{\mathrm{OA}}$を3つのベクトル$\vec{n}$，$\vec{p}$，$\vec{q}$で表すみたいだね。誘導にしたがっていこう。最終目標は，$\overrightarrow{\mathrm{OA}}=r\vec{n}+s\vec{p}+t\vec{q}$とおいたときの$r$，$s$，$t$を求めることだ。
$\overrightarrow{\mathrm{OA}}=(6,\ -1,\ 1)$だから，

$$\overrightarrow{\mathrm{OA}}\cdot\vec{n}=(6,\ -1,\ 1)\cdot(1,\ 1,\ 1)=6-1+1=6$$

$$\vec{n}\cdot\vec{n}=1^2+1^2+1^2=3$$

**答え　キ：6，ク：3**

一方，$\vec{p}\cdot\vec{n}=0$，$\vec{q}\cdot\vec{n}=0$となるから，

$$\overrightarrow{\mathrm{OA}}\cdot\vec{n}=(r\vec{n}+s\vec{p}+t\vec{q})\cdot\vec{n}=r(\vec{n}\cdot\vec{n})+s(\vec{p}\cdot\vec{n})+t(\vec{q}\cdot\vec{n})=3r$$

よって，$3r=6$
したがって，$r=2$　となるね。

**答え　ケ：2**

また，$\overrightarrow{\mathrm{OA}}\cdot\vec{p}=(6,\ -1,\ 1)\cdot(2,\ -1,\ -1)$

$$=6\cdot2+(-1)\cdot(-1)+1\cdot(-1)=12$$

$$\overrightarrow{\mathrm{OA}}\cdot\vec{q}=(6,\ -1,\ 1)\cdot(0,\ 1,\ -1)$$

$$=6\cdot0+(-1)\cdot1+1\cdot(-1)=-2$$

となる。一方，$\vec{p}\cdot\vec{p}=(\sqrt{6})^2=6$，$\vec{q}\cdot\vec{q}=(\sqrt{2})^2=2$，$\vec{p}\cdot\vec{q}=0$，
$\vec{n}\cdot\vec{p}=0$，$\vec{n}\cdot\vec{q}=0$だから，

$$\overrightarrow{\mathrm{OA}}\cdot\vec{p}=(r\vec{n}+s\vec{p}+t\vec{q})\cdot\vec{p}=r(\vec{n}\cdot\vec{p})+s(\vec{p}\cdot\vec{p})+t(\vec{q}\cdot\vec{p})=6s$$

$$\overrightarrow{\mathrm{OA}}\cdot\vec{q}=(r\vec{n}+s\vec{p}+t\vec{q})\cdot\vec{q}=r(\vec{n}\cdot\vec{q})+s(\vec{p}\cdot\vec{q})+t(\vec{q}\cdot\vec{q})=2t$$

これらの式から，

$6s=12$，$2t=-2$　すなわち，$s=2$，$t=-1$

**答え** **コ：2，サシ：−1**

さぁ，今度は$\overrightarrow{\mathrm{OB}}=u\vec{n}+v\vec{p}+w\vec{q}$とおいて，$\overrightarrow{\mathrm{OB}}$について考えていくよ。$\overrightarrow{\mathrm{OA}}$のときと全く同じようにして，$u$を求めてみよう。

$\overrightarrow{\mathrm{OB}}=(1,\ 6,\ 2)$だから，

$$\overrightarrow{\mathrm{OB}}\cdot\vec{n}=(1,\ 6,\ 2)\cdot(1,\ 1,\ 1)=1\cdot1+6\cdot1+2\cdot1=9$$

先ほどと同様に，$\vec{p}\cdot\vec{n}=0$，$\vec{q}\cdot\vec{n}=0$となるから，

$$\overrightarrow{\mathrm{OB}}\cdot\vec{n}=(u\vec{n}+v\vec{p}+w\vec{q})\cdot\vec{n}=u(\vec{n}\cdot\vec{n})+v(\vec{p}\cdot\vec{n})+w(\vec{q}\cdot\vec{n})=3u$$

となるね。

よって，$3u=9$

したがって，$u=3$

$v$，$w$は必要なさそうだから，これらの値は求めずに先に進もう！

**答え** **ス：3**

(3)　さぁ，ここからはゴールに近づいていくよ！

$r$，$s$，$t$については(2)で求めているから，

$$\overrightarrow{\mathrm{OC}}=-r\vec{n}+s\vec{p}+t\vec{q}=-2\vec{n}+2\vec{p}-\vec{q}$$

より，$\overrightarrow{\mathrm{OC}}=-2(1,\ 1,\ 1)+2(2,\ -1,\ -1)-(0,\ 1,\ -1)$

$\qquad=(2,\ -5,\ -3)$

よって，点Cの座標は，$(2,\ -5,\ -3)$

**答え** **セ：2，ソタ：−5，チツ：−3**

また，線分BCと平面$\alpha$の交点を点Dとすると，

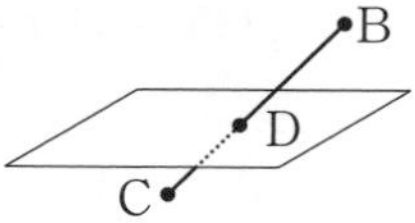


$\overrightarrow{\mathrm{BD}}=k\overrightarrow{\mathrm{BC}}$（$k$：実数）と表せるから，

$$\begin{aligned}\overrightarrow{\mathrm{OD}}&=\overrightarrow{\mathrm{OB}}+k\overrightarrow{\mathrm{BC}}=(1-k)\overrightarrow{\mathrm{OB}}+k\overrightarrow{\mathrm{OC}}\\&=(1-k)(3\vec{n}+v\vec{p}+w\vec{q})+k(-2\vec{n}+2\vec{p}-\vec{q})\\&=(3-5k)\vec{n}+\boxed{(v-kv+2k)\vec{p}+(w-kw-k)\vec{q}}\end{aligned}$$

と表されるね。

ここでちょっと複雑そうに見えるんだけど，実は
$\boxed{\phantom{xx}}$の部分は計算しなくてもよかったんだ。

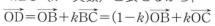

というのも，点Dは平面$\alpha$上にあるわけだから，$\overrightarrow{\mathrm{OD}}$は$\vec{p}$と$\vec{q}$のみで表されるはずだね。ということは，$(3-5k)\vec{n}$は消えるはずなんだ。ということは，$3-5k=0$となるから，$k=\frac{3}{5}$となるんだね。

逆に，$k=\frac{3}{5}$のとき，$\overrightarrow{\mathrm{OD}}=\frac{2}{5}\overrightarrow{\mathrm{OB}}+\frac{3}{5}\overrightarrow{\mathrm{OC}}=\frac{2\overrightarrow{\mathrm{OB}}+3\overrightarrow{\mathrm{OC}}}{5}$となることから，点Dは線分BCを3：2に内分していることがわかるんだ。

**答え テ：2**

さぁ，ここまでの内容をまとめていこう。

2つのベクトル

$$\overrightarrow{\mathrm{OA}}=r\vec{n}+s\vec{p}+t\vec{q}$$
$$\overrightarrow{\mathrm{OC}}=-r\vec{n}+s\vec{p}+t\vec{q}$$

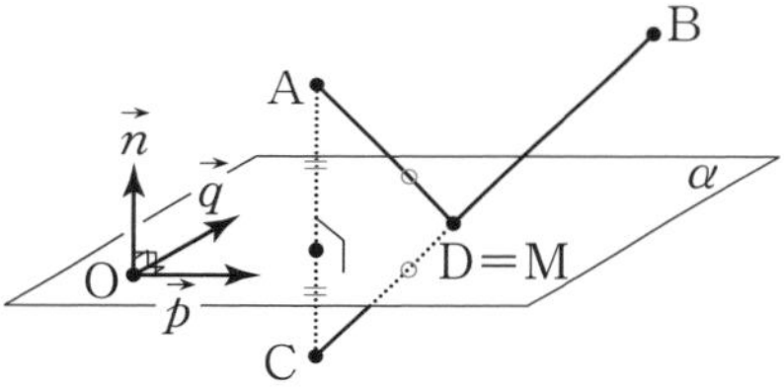


を比べてみよう。$\vec{n}$の係数の絶対値は等しく，符号が異符号になっているよ。

これより点Cは，図のように平面$\alpha$に対して，点Aの対称点になっていることがわかる。

また，線分BCと平面$\alpha$の交点Dは，図のように$|\overrightarrow{\mathrm{AM}}|+|\overrightarrow{\mathrm{MB}}|$を最小にする点Mと一致するんだね！

よって，求める点Mの座標は点Dの座標に一致するから，

$$\overrightarrow{\mathrm{OM}}=\overrightarrow{\mathrm{OD}}=\frac{2}{5}\overrightarrow{\mathrm{OB}}+\frac{3}{5}\overrightarrow{\mathrm{OC}}=\frac{2}{5}(1,\ 6,\ 2)+\frac{3}{5}(2,\ -5,\ -3)$$
$$=\left(\frac{8}{5},\ -\frac{3}{5},\ -1\right)$$

ゆえに点Mの座標は，$\left(\frac{8}{5},\ \frac{-3}{5},\ -1\right)$

となるんだね！

**答え** $\frac{\text{ト}}{\text{ナ}}$：$\frac{8}{5}$，$\frac{\text{ニヌ}}{\text{ネ}}$：$\frac{-3}{5}$，ノハ：$-1$

問題の誘導が何を意味しているのかを理解できたかな？

# SECTION 8

## 平面上の曲線と複素数平面

### THEME

1　2次曲線
2　媒介変数と極座標
3　複素数平面
4　複素数と図形
5　総合問題

# SECTION 8 で学ぶこと

かつては「複素平面」という単元として出題されていた分野であり，出そうな問題傾向の予想はできるけれど，「2次曲線の問題とどんな配分になるのか？」「それぞれの難易度は？」などが現段階では読み切れない。ただ，理系志望の人は，どのみち必要な分野なので，理系としての対策をしていれば，おそらく大丈夫。逆に，文系志望はこの単元は選択しないほうが無難。ということで，以下は理系学部志望の人へのアドバイスと思って読んでほしい。

ここが問われる！

## 複素数平面は「回転のあるベクトル」と位置づければOK

複素数平面は，**「ベクトル」とほぼ同じような考え方が使える**よ。独特なのは「回転」の概念が入ってくることだけ。あまり難しく考えず，「ベクトルに回転がくっついたもの（回転できるベクトル）」くらいに捉えよう。演算もベクトルと変わらない内容が多いので，両者に共通するものが多いことを意識して，ベクトルをしっかり学習しておくことが基礎固めの第一歩となる。そこにトッピングとして「回転」についての理解を乗せていくイメージだ。

ここが問われる！

## 数学Ⅱ「複素数と方程式」をおさらいしておこう

複素数については，数学Ⅱの単元「複素数と方程式」で学ぶ。アヤシイ人は，そこに戻って確認をしておこう。三角関数と絡めた問題が出ることも十分考えられるので，そこも合わせて確認しておきたい。2次曲線に関しては，これも数学Ⅱの単元「図形と方程式」が入っていることが前提の問題が出されると思われる。図形に絡む計算が多用されることは間違いないので，準備はしておこう。2次曲線は定義と性質が大事。これは別冊で確認してほしい。



## ここが問われる！ 度数法・弧度法のどちらで出題されても慌てないように！

三角関数に絡めた問題は，角度を度数法で表す内容になる場合と，弧度法になる場合の両方が考えられる。文部科学省の学習指導要領を守るなら，数学Cの問題は，その単元の他は数学Ⅰさえ学んでいれば解ける問題が出されるはずなのだが，数学Ⅱを学ばずに数学Cに進む人なんて考えにくい……。ということで，度数法・弧度法のどちらで出題されても，慌てないようにしてほしい。本書のTHEME 3，4では弧度法で出題しているが，これは多くの学校の授業でもそうだろうという配慮から（僕らの講義も弧度法だ）。対する総合問題の過去問では，より実践的な度数法での問題を置いた。「弧度法・度数法のどちらで来てもおかしくない」ということで，本番での想定外をここでひとつでも減らしておいてほしい。

ひょっとしたらの予想だけど，「焦点の性質」は出題されてもおかしくない。楕円の焦点は2つあり，片方の焦点から光を発射すると，反射して光はもう一方の焦点に集まる性質があることが知られている。知っておくだけでも対策になるよ。

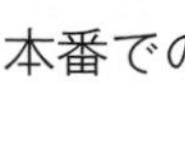

**奇問ではなく，ありのままの実力で対応できる問題の出題が予想される。総合問題の最後のオリジナル問題は「いい問題」だから，じっくり味わってね！**

THEME 1

# 2次曲線

ここで 差がつく きめる!

- 放物線，楕円，双曲線の定義を使って問題を解こう。
- 2次曲線の接線の方程式を求められるようになろう。

## 1 放物線の定義と接線の方程式

### 対策問題にチャレンジ

中心をPとする円$C$は，点A(2, 0)を中心とする半径1の円と直線$x=-1$の両方に接しながら動くとする。

(1) 点Pが描く軌跡を$D$とするとき，$D$は放物線であり，その焦点の座標は( [ア] , [イ] )，準線の方程式は [ウ] である。また，$D$の方程式は $y^2=$ [エ] $x$ である。
また，放物線$D$において，$y$座標が4である点Bにおける接線を$l$とすると，$l$の方程式は，$y=x+$ [オ] である。

[ウ] の解答群

| | | |
|---|---|---|
| ⓪ $x=-2$ | ① $x=-1$ | ② $x=0$ |
| ③ $x=1$ | ④ $x=2$ | |

(2) $a>0$とする。$D$上の$y>0$を満たす部分に点Qをとり，点R$(-a, 0)$はAQ=ARを満たすとする。また，点Qを通り$x$軸に平行な直線と(1)の直線 [ウ] との交点をHとする。
このとき，4つの点A，Q，R，Hを結んでできる四角形を$S$とすると，$S$は [カ] 。また，$a=2$のとき，直線$l$が$S$を2つの図形に分ける。このとき，点Aを含む方の図形の面積は [キ] である。

[カ] の解答群

⓪　常に台形となるが，平行四辺形になるとは限らない。
①　常に平行四辺形となるが，ひし形になるとは限らない。
②　常にひし形となるが，正方形になるとは限らない。
③　正方形である。

（オリジナル）

次のことを確認して，問題を解いていこう。

**放物線**

平面上で**定点FとFを通らない定直線$l$までの距離が等しい**点Pの軌跡を**放物線**といい，定点Fを**焦点**，定直線$l$を**準線**という。
特に，$l：x=-p\ (p\neq 0)$，$F(p,\ 0)$のとき，$\boldsymbol{y=4px}$

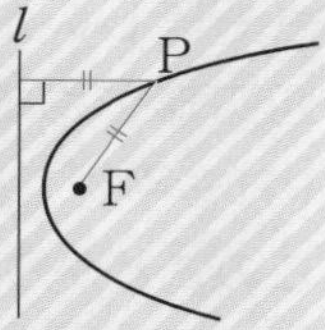


**放物線の接線の方程式**

放物線$y^2=4px$上の点$(x_0,\ y_0)$において，

$$\boldsymbol{y_0y=2p(x+x_0)}$$

(1)　円$C$の半径を$r$とすると，APの長さは，$\boldsymbol{r+1}$と表すことができるね。直線$x=-2$と点Pとの距離も，図から$r+1$となるから，**点Pは点A(2，0)からの距離と，直線$x=-2$からの距離が常に等しくなるように動いていく点**なんだね。

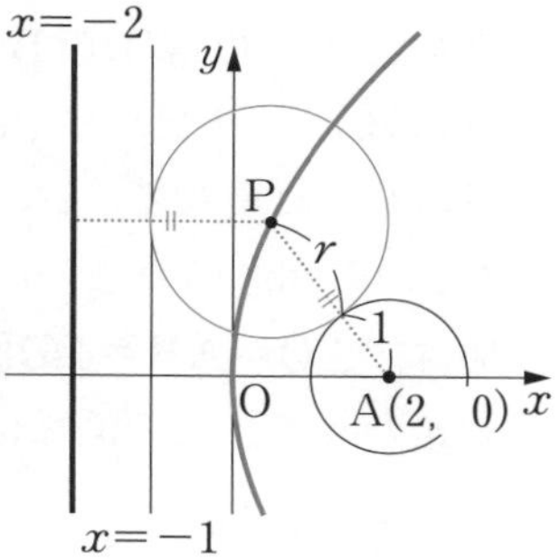


よって，点Pは**点A(2，0)を焦点とし，直線$x=-2$を準線とする放物線**を描くことがわかるんだ！

**答え**　**ア：2，イ：0，ウ：⓪**

したがって，$D$の方程式は，
$y^2=4\cdot 2\cdot x$より，$y^2=8x$

**答え**　**エ：8**

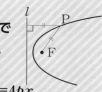

また，$D$上の$y$座標が4である点の座標は$(2,\ 4)$だから，この点における$D$の接線$l$の方程式は，

$4\cdot y=2\cdot 2\cdot(x+2)$より，$y=x+2$

答え オ：2

(2) 図のように，4点A，Q，R，Hを定めてみよう。

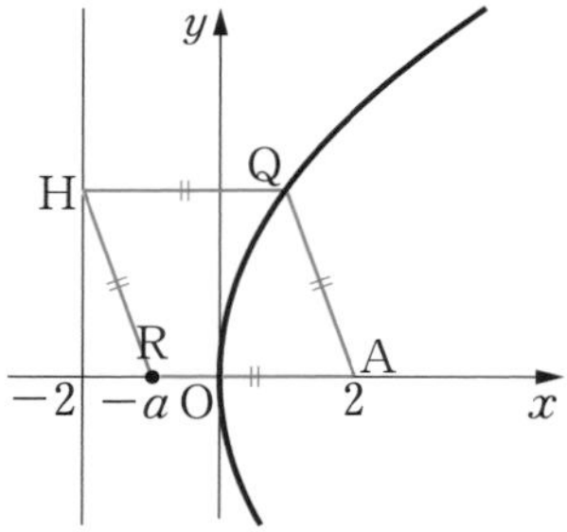


条件から，AQ＝AR

また，**放物線の定義**から，AQ＝QH

よって，辺ARと辺QHは平行かつ長さも等しいから，この四角形は平行四辺形であることがわかり，AQとRHも平行で長さが等しくなるんだ。

このことから，すべての辺の長さが等しくなるから，

この四角形は必ず**ひし形**になるんだね！　ただし，Qは放物線上の$y>0$のどこにあってもいいから，必ずしもAQと$x$軸が垂直とは限らない。だから，正方形とは限らないんだ。

答え カ：②

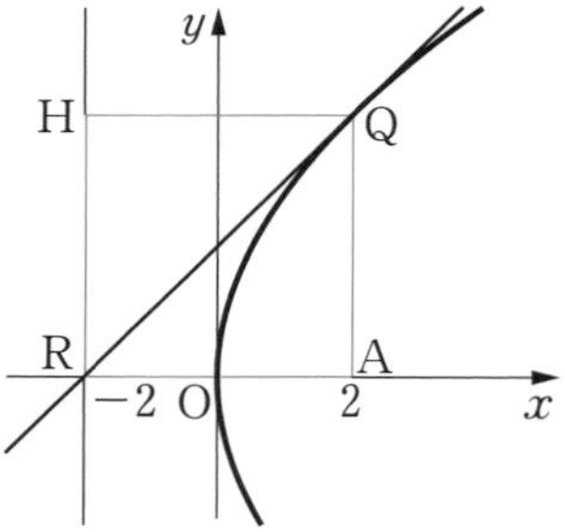


さらに，$a=2$のとき，AQは$x$軸と垂直だから，図のように四角形は**正方形**になることがわかるね。

このとき，Qは(1)のBと一致し，直線$l$の傾きが1だから，$l$は正方形の対角線QRと重なる。$l$によって分かれた2つの図形のうち，Aを含む方の図形は，**AQ＝AR＝4の直角二等辺三角形**になるんだね！

したがって，この面積は，

$$\frac{1}{2}\times 4^2=8$$

答え キ：8

放物線については数学Ⅰでも扱っているけど，
図形的な性質もしっかり確認しておこう！

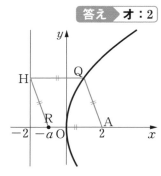

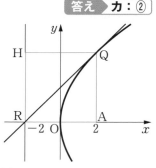

## 2 楕円の定義と接線の方程式

### 対策問題にチャレンジ

座標平面上に，中心がA(3, 0)，半径が2の円$C$と，中心がB(−3, 0)，半径が10の円$D$がある。円$E$は円$C$に外接し，円$D$に内接するように動く。円$E$の中心をPとして，点Pの軌跡を求めよう。

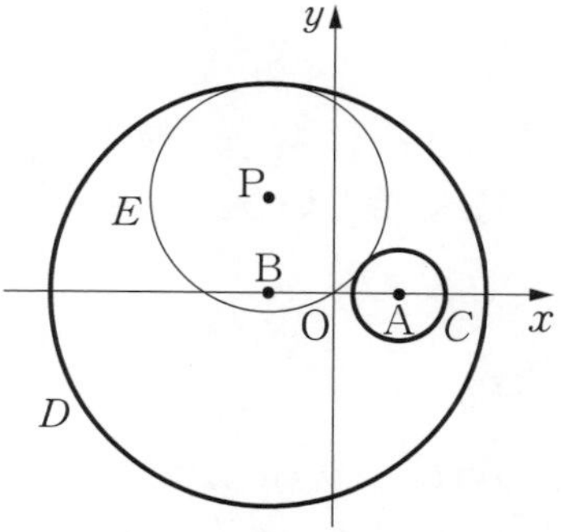


円$E$の半径を$r$とすると，AP=[ア]，BP=[イ]である。したがって，AP+BP=[ウ]となるから，点Pの軌跡は楕円となり，2つの焦点の座標は([エ], 0)，([オカ], 0)である。また，この楕円の方程式は，

$$\frac{x^2}{\boxed{キク}}+\frac{y^2}{\boxed{ケコ}}=1$$

である。

さらに，この楕円上にある点Sは$x$座標が−3，$y$座標が正の点である。点Sにおけるこの楕円の接線の方程式は，

$$y=\frac{\boxed{サ}}{\boxed{シ}}x+\boxed{ス}$$

である。

[ア]，[イ]，[ウ]の解答群（同じものを繰り返し選んでもよい。）

| | | | | | | | | | |
|---|---|---|---|---|---|---|---|---|---|
| ⓪ | 2 | ① | 3 | ② | 6 | ③ | 10 | ④ | 12 |
| ⑤ | $r$ | ⑥ | $2+r$ | ⑦ | $\|2-r\|$ | ⑧ | $10+r$ | ⑨ | $10-r$ |

（オリジナル）

楕円の基本事項を確認して，問題を解いていこう！

**楕円**

平面上に異なる2定点F，F′があるとき，

**PF＋PF′＝一定**

を満たす点Pの軌跡を**楕円**といい，この定点F，F′を**焦点**という。

$a+b$ が一定

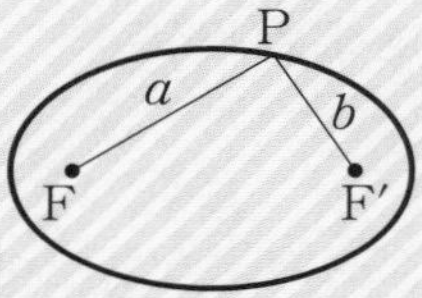


**楕円の接線の方程式**

楕円 $\dfrac{x^2}{a^2}+\dfrac{y^2}{b^2}=1$ 上の点 $(x_0,\ y_0)$ において，

$$\boldsymbol{\frac{x_0x}{a^2}+\frac{y_0y}{b^2}=1}$$

図のように円$C$と円$E$が接する点をQとすると，

$$\mathrm{AP}=\mathrm{AQ}+\mathrm{QP}=2+r$$

答え **ア：⑥**

また，円$D$と円$E$が接する点をRとすると，

$$\mathrm{BP}=\mathrm{BR}-\mathrm{PR}=10-r$$

答え **イ：⑨**

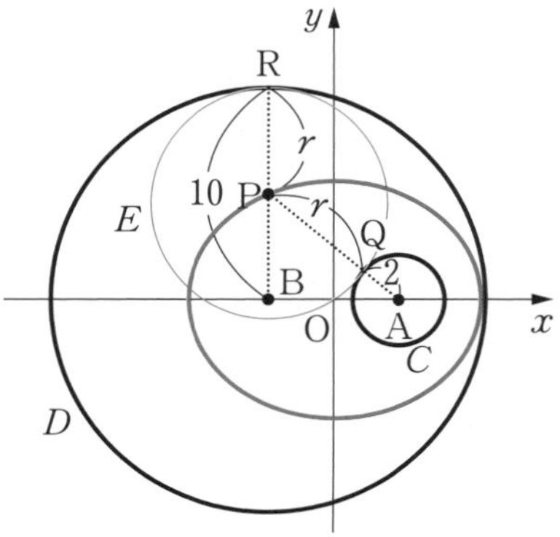


このことから，

$$\mathrm{AP}+\mathrm{BP}=(2+r)+(10-r)=12$$

答え **ウ：④**

つまり，点Pは，**2つの定点A，Bからの距離の和が一定になっているから，楕円を描く**ことがわかるんだね。
2つの定点A，Bはもちろん焦点で，その座標は，(3，0)，(−3，0)

**答え** **エ：3，オカ：−3**

このことから，点Pの軌跡は**楕円** $\frac{x^2}{a^2}+\frac{y^2}{b^2}=1$ **($a>b>0$)，焦点($\pm c$，0) ($c>0$)** とおけて，
A，Bからの距離の和は長辺の長さだから，$2a=12$
焦点は(±3，0)だから，$c=3$
また，焦点の座標は$(\pm\sqrt{a^2-b^2}$，0)と表せるから，$c^2=a^2-b^2$
よって，$a^2=6^2=36$，$b^2=6^2-3^2=27$
だから，この楕円の方程式は次のようになるよ！

$$\frac{x^2}{36}+\frac{y^2}{27}=1 \quad \cdots\cdots①$$

**答え** **キク：36，ケコ：27**

次に，点Sの座標を求めよう。
①に$x=-3$を代入すると，

$$\frac{(-3)^2}{36}+\frac{y^2}{27}=1$$

整理すると，$y^2=\frac{81}{4}=\left(\frac{9}{2}\right)^2$

となるね。点Sの$y$座標は正だから，$\mathrm{S}\left(-3,\ \frac{9}{2}\right)$だ。

したがって，求める接線の方程式は，

$$\frac{-3x}{36}+\frac{\frac{9}{2}y}{27}=1$$

整理すると，$-\frac{x}{12}+\frac{y}{6}=1$

よって，$y=\frac{1}{2}x+6$となるね！

**答え** **サ/シ：$\frac{1}{2}$，ス：6**

## 3 双曲線の定義と接線の方程式

### 対策問題にチャレンジ

座標平面上に，中心がA(5, 0)，半径が1の円$C$と，中心がB(−5, 0)，半径が7の円$D$がある。円$E$は$C$，$D$に外接するように動く。円$E$の中心をPとして，点Pの軌跡を求めよう。

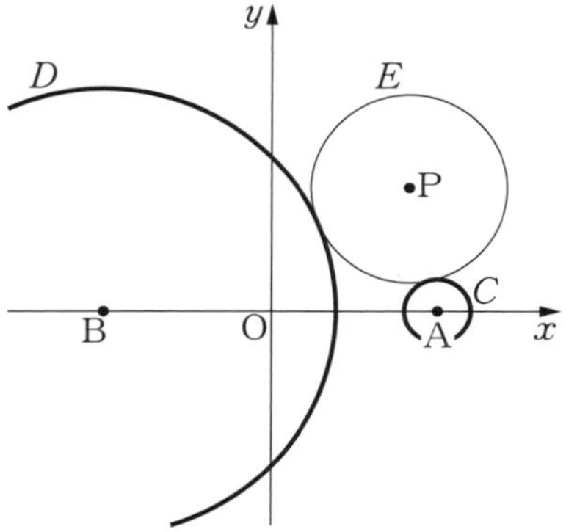


円$E$の半径を$r$とすると，AP=$\boxed{\text{ア}}$，BP=$\boxed{\text{イ}}$となる。したがって，BP−AP=$\boxed{\text{ウ}}$となるから，点Pの軌跡は双曲線の一部となり，2つの焦点の座標は($\boxed{\text{エ}}$, 0)，($\boxed{\text{オカ}}$, 0)である。また，この双曲線の方程式は，

$$\frac{x^2}{\boxed{\text{キ}}}-\frac{y^2}{\boxed{\text{クケ}}}=1\ \ (x>0)$$

であり，2つの漸近線の方程式は，$y=\dfrac{\boxed{\text{コ}}}{\boxed{\text{サ}}}x$，$y=-\dfrac{\boxed{\text{コ}}}{\boxed{\text{サ}}}x$

である。

さらに，点Pの軌跡上にある点Sは$y$座標が$\dfrac{16}{3}$で$x$が正の点である。点Sにおけるこの双曲線の接線の方程式は，

$$y=\frac{\boxed{\text{シ}}}{\boxed{\text{ス}}}x-\boxed{\text{セ}}$$

である。

ア, イ, ウ の解答群（同じものを繰り返し選んでもよい。）

| | | | | |
|---|---|---|---|---|
| ⓪ 1 | ① 5 | ② 6 | ③ 7 | ④ 8 |
| ⑤ $r$ | ⑥ $1+r$ | ⑦ $r-1$ | ⑧ $7+r$ | ⑨ $\lvert 7-r\rvert$ |

（オリジナル）

双曲線の基本事項を確認して，問題を解いていこう！

**双曲線**

平面上に異なる2定点F，F′があるとき，

$$|\mathrm{PF}-\mathrm{PF'}|=\text{一定}$$

を満たす点Pの軌跡を**双曲線**という。

また，2定点F，F′を**焦点**という。

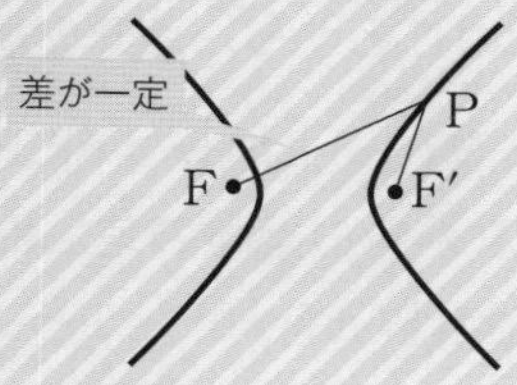


**双曲線の接線の方程式**

双曲線$\dfrac{x^2}{a^2}-\dfrac{y^2}{b^2}=1$上の点$(x_0,\ y_0)$において，

$$\boldsymbol{\frac{x_0x}{a^2}-\frac{y_0y}{b^2}=1}$$

図のように円$C$と円$E$が接する点をQとすると，

$$\mathrm{AP}=\mathrm{AQ}+\mathrm{QP}=1+r$$

答え ア：⑥

また，円$D$と円$E$が接する点をRとすると，

$$\mathrm{BP}=\mathrm{BR}+\mathrm{RP}=7+r$$

答え イ：⑧

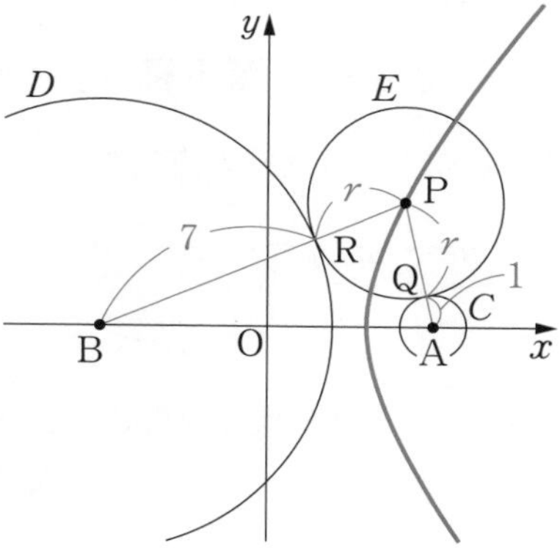

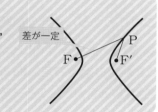

このことから，

$$\mathrm{BP}-\mathrm{AP}=(7+r)-(1+r)=6$$

答え ウ：②

つまり，点Pは，**2つの定点A，Bからの距離の差が一定になっているから，双曲線の一部を描く**ことがわかるんだね。「一部」となっているのは，点Pは$x<0$の領域を通らないからだよ。
一般の定義では「差」だから，AP＞BPの場合も含まれるんだ。
2つの定点A，Bはもちろん焦点だ！
焦点の座標は，(5，0)，(−5，0)だね！

答え エ：5，オカ：−5

このことから，点Pの軌跡が**双曲線**$\dfrac{x^2}{a^2}-\dfrac{y^2}{b^2}=1\ (a>0,\ b>0)$，
**焦点**$(\pm c,\ 0)\ (c>0)$ とおけて，
ABからの距離の差は$2a$だから，$2a=6$
焦点は$(\pm5,\ 0)$だから，$c=5$
また，焦点の座標は$(\pm\sqrt{a^2-b^2},\ 0)$と表せるから，$c^2=a^2-b^2$
よって，$a^2=3^2=9$，$b^2=5^2-3^2=16$
したがって，この双曲線の方程式は，$\dfrac{x^2}{9}-\dfrac{y^2}{16}=1$　……①

答え キ：9，クケ：16

ちなみに，BP−AP＝6，AP−BP＝−6のどちらからも，
$\dfrac{x^2}{9}-\dfrac{y^2}{16}=1$が導かれるんだ。

また，双曲線の**漸近線**は$\boldsymbol{y=\pm\dfrac{b}{a}x}$**で与えられる**から，$a=3$，
$b=4$より，漸近線の方程式は，

$$y=\frac{4}{3}x,\quad y=-\frac{4}{3}x$$

答え $\dfrac{\text{コ}}{\text{サ}}$：$\dfrac{4}{3}$

次に，点Sの座標を求めよう。①に$y=\dfrac{16}{3}$を代入すると，

$$\frac{x^2}{9}-\frac{\left(\frac{16}{3}\right)^2}{16}=1 \quad すなわち，\frac{x^2}{9}-\frac{16}{9}=1$$

この式から，$x^2=25$ が得られ，$x>0$ だから点Sの座標は $\left(5,\ \frac{16}{3}\right)$ とわかるんだね。したがって，求める接線の方程式は，

$$\frac{5x}{9}-\frac{\frac{16}{3}y}{16}=1$$

$$\frac{5x}{9}-\frac{y}{3}=1$$

よって，$y=\frac{5}{3}x-3$ となるね！

答え $\frac{シ}{ス}$：$\frac{5}{3}$，セ：3

**POINT**

- **放物線**
  平面上で**定点FとFを通らない定直線 $l$ までの距離が等しい**点Pの軌跡を**放物線**といい，定点Fを**焦点**，定直線 $l$ を**準線**という。
- **楕円**
  平面上に異なる2定点F，F′があるとき，
  **PF＋PF′＝一定**
  を満たす点Pの軌跡を**楕円**，この定点F，F′を**焦点**という。
- **双曲線**
  平面上に異なる2定点F，F′があるとき，
  **|PF−PF′|＝一定**
  を満たす点Pの軌跡を**双曲線**，2定点F，F′を**焦点**という。
- 接線の方程式や双曲線の漸近線の式などは，時間内に解くためには暗記が必要だよ。別冊も要チェックだ！

THEME

# 2 媒介変数と極座標

ここできめる!

- 媒介変数を用いて２次曲線を表せるようになろう。
- 極座標や極方程式の問題に慣れよう。

## 1 曲線の媒介変数表示

### 対策問題にチャレンジ

様々な曲線を，変数$\theta$を用いて$(x,\ y)=(f(\theta),\ g(\theta))$の形で表すことを，曲線の媒介変数表示といい，$\theta$を媒介変数という。以下，$0\leqq\theta\leqq 2\pi$とする。花子さんと太郎さんは，曲線の媒介変数表示について次のように話し合っている。

花子「$(x,\ y)=(2\cos\theta,\ 2\sin\theta)$と表された曲線はどのような形になるのかな。」

太郎「$\sin^2\theta+\cos^2\theta=1$が成り立つから，この曲線は半径が［ア］の円になるね。」

花子「他にも媒介変数表示された曲線を考えてみよう。」

太郎「$(x,\ y)=(3\cos\theta,\ 2\sin\theta)$はどうかな。」

花子「これも，$\sin^2\theta+\cos^2\theta=1$を利用すると，長軸の長さが［イ］，短軸の長さが［ウ］の楕円になるね。」

太郎「ほんとだ。今度は，双曲線を媒介変数表示したらどうなるか考えてみようよ。

双曲線　$\dfrac{x^2}{9}-\dfrac{y^2}{4}=-1$　……①

を媒介変数$\theta$を用いて媒介変数表示したらどうなるかな。」

花子「$\tan^2\theta+1=\dfrac{1}{\cos^2\theta}$を利用してみよう。」

①を媒介変数表示すると，

$(x,\ y)=($ **エ** $,$ **オ** $)$

である。

**エ** の解答群

| | | | | | | | |
|---|---|---|---|---|---|---|---|
| ⓪ | $3\cos\theta$ | ① | $\dfrac{\cos\theta}{3}$ | ② | $\dfrac{3}{\cos\theta}$ | ③ | $\dfrac{1}{3\cos\theta}$ |
| ④ | $3\tan\theta$ | ⑤ | $\dfrac{\tan\theta}{3}$ | ⑥ | $\dfrac{3}{\tan\theta}$ | ⑦ | $\dfrac{1}{3\tan\theta}$ |

**オ** の解答群

| | | | | | | | |
|---|---|---|---|---|---|---|---|
| ⓪ | $2\cos\theta$ | ① | $\dfrac{\cos\theta}{2}$ | ② | $\dfrac{2}{\cos\theta}$ | ③ | $\dfrac{1}{2\cos\theta}$ |
| ④ | $2\tan\theta$ | ⑤ | $\dfrac{\tan\theta}{2}$ | ⑥ | $\dfrac{2}{\tan\theta}$ | ⑦ | $\dfrac{1}{2\tan\theta}$ |

（オリジナル）

さまざまな2次曲線を**媒介変数**を用いて表しているわけだね。
まず，円からだ！

$\cos\theta=\dfrac{x}{2}$，$\sin\theta=\dfrac{y}{2}$ より，

$$\frac{x^2}{4}+\frac{y^2}{4}=1$$ ◀ $\sin^2\theta+\cos^2\theta=1$

$$x^2+y^2=4$$

したがって，この曲線は半径2の円になるよ！

**答え** ア：2

次に楕円を見ていくよ。

$\cos\theta=\dfrac{x}{3}$，$\sin\theta=\dfrac{y}{2}$ より，

$$\frac{x^2}{9}+\frac{y^2}{4}=1$$ ◀ $\sin^2\theta+\cos^2\theta=1$

という楕円の方程式になるね！
この楕円の長軸の長さは6，短軸の長さは4だ。

**答え** イ：6，ウ：4

最後に，双曲線$\dfrac{x^2}{9}-\dfrac{y^2}{4}=-1$を媒介変数で表してみよう。

①式を変形すると，$\dfrac{x^2}{9}+1=\dfrac{y^2}{4}$

という式になるね。これをさらに，

$$\left(\frac{x}{3}\right)^2+1=\left(\frac{y}{2}\right)^2$$

と見て，これと似た三角関数の関係式を思い出すんだ！

$\tan^2\theta+1=\dfrac{1}{\cos^2\theta}$
が見えたかな？

$$\frac{x}{3}=\tan\theta,\ \ \frac{y}{2}=\frac{1}{\cos\theta}$$

と，媒介変数で表すことができるね！

したがって，$x=3\tan\theta$，$y=\dfrac{2}{\cos\theta}$

**答え　エ：④，オ：②**

## 2　極座標と極方程式

### 対策問題にチャレンジ

右図のように，平面上に点Oと半直線OXを定めると，この平面上の任意の点Pの位置は，OPの長さ$r$と，OXから半直線OPへ測った角$\theta$で決定される。

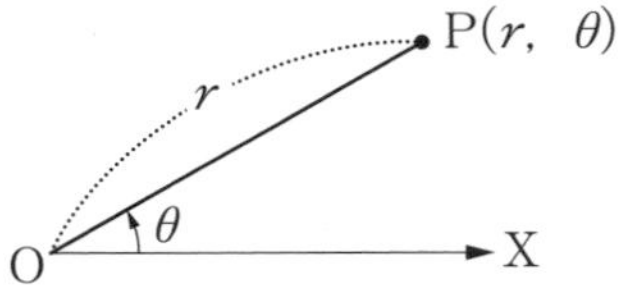


このとき，2つの数の組$(r,\ \theta)$を点Pの極座標といい，定点Oを極，半直線OXを始線，角$\theta$を偏角という。平面上に極座標で表された3つの点A$\left(2\sqrt{3},\ \dfrac{\pi}{12}\right)$，B$\left(4,\ \dfrac{\pi}{4}\right)$，C$\left(2,\ \dfrac{3}{4}\pi\right)$があるとき，次の問いに答えよ。

(1)　△ABCの面積$S$を求めよう。

$$\angle \mathrm{AOB}=\frac{\boxed{\text{ア}}}{\boxed{\text{イ}}}\pi,\quad \angle \mathrm{BOC}=\frac{\boxed{\text{ウ}}}{\boxed{\text{エ}}}\pi,$$

$$\angle \mathrm{AOC}=\frac{\boxed{\text{オ}}}{\boxed{\text{カ}}}\pi$$

だから，△AOB，△BOC，△AOCの面積をそれぞれ$S_1$，$S_2$，$S_3$とおくと，

$$S_1=\boxed{\text{キ}}\sqrt{\boxed{\text{ク}}},\quad S_2=\boxed{\text{ケ}},\quad S_3=\boxed{\text{コ}}$$

である。$S=\boxed{\text{サ}}$が成り立つから，

$$S=\boxed{\text{シ}}\sqrt{\boxed{\text{ス}}}+\boxed{\text{セ}}$$

$\boxed{\text{サ}}$の解答群

| | |
|---|---|
| ⓪ $S_1+S_2+S_3$ | ① $S_1+S_2-S_3$ |
| ② $S_1+S_3-S_2$ | ③ $S_2+S_3-S_1$ |

(2)　ある曲線や直線などの図形が極座標$(r,\ \theta)$に関する方程式で表されるとき，この方程式を極方程式という。直線AB上の点Pの極座標を$(r,\ \theta)$とすると，

$\angle \mathrm{OAB}=\dfrac{\boxed{\text{ソ}}}{\boxed{\text{タ}}}\pi$だから，$\mathrm{OP}\cos\boxed{\text{チ}}=\mathrm{OA}$が成り立つ。

$\mathrm{OP}=r$，$\mathrm{OA}=2\sqrt{3}$だから，直線ABの極方程式は，

$$r\boxed{\text{ツ}}=2\sqrt{3}$$

である。

$\boxed{\text{チ}}$の解答群

| | | |
|---|---|---|
| ⓪ ∠AOB | ① ∠OAB | ② ∠OBA |
| ③ ∠AOP | ④ ∠BOP | |

$\boxed{\text{ツ}}$の解答群

| | | |
|---|---|---|
| ⓪ $\sin\left(\theta+\dfrac{\pi}{12}\right)$ | ① $\cos\left(\theta+\dfrac{\pi}{12}\right)$ | ② $\tan\left(\theta+\dfrac{\pi}{12}\right)$ |
| ③ $\sin\left(\theta-\dfrac{\pi}{12}\right)$ | ④ $\cos\left(\theta-\dfrac{\pi}{12}\right)$ | ⑤ $\tan\left(\theta-\dfrac{\pi}{12}\right)$ |

また，直線ABと始線との交点をDとすると，
$OD=6\sqrt{2}-2\sqrt{6}$ と求められる。

$\angle OAB=\dfrac{\boxed{\text{ソ}}}{\boxed{\text{タ}}}\pi$ であることに注意すると，3点O，A，D を通る円の極方程式は，

$r=\boxed{\text{テ}}\cos\theta$

$\boxed{\text{テ}}$ の解答群

| | | | |
|---|---|---|---|
| ⓪ $6\sqrt{2}$ | ① $2\sqrt{6}$ | ② $2\sqrt{3}$ | ③ $(3\sqrt{2}-\sqrt{6})$ |
| ④ $(3-\sqrt{3})$ | ⑤ $(6\sqrt{2}-2\sqrt{6})$ | ⑥ $(12\sqrt{2}-4\sqrt{6})$ | |

（オリジナル）

(1) まずは**極座標**で表された点を $(x,\ y)$ 座標平面上に図示してみよう！ 図から，

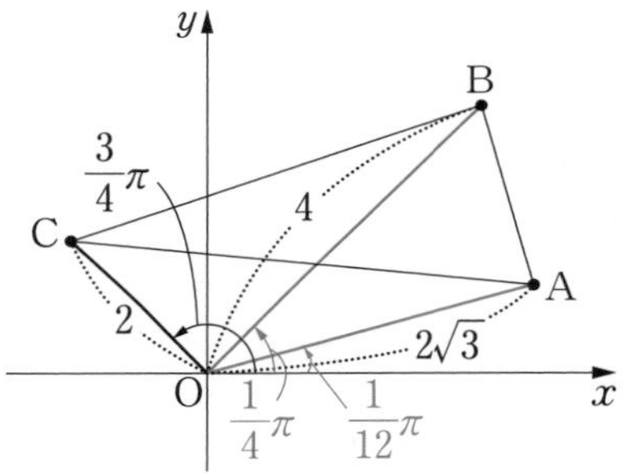


$$\angle AOB=\frac{1}{4}\pi-\frac{1}{12}\pi=\frac{1}{6}\pi,$$

$$\angle BOC=\frac{3}{4}\pi-\frac{1}{4}\pi=\frac{1}{2}\pi$$

$$\angle AOC=\frac{3}{4}\pi-\frac{1}{12}\pi=\frac{2}{3}\pi$$

**答え** $\dfrac{\text{ア}}{\text{イ}}:\dfrac{1}{6}$，$\dfrac{\text{ウ}}{\text{エ}}:\dfrac{1}{2}$，$\dfrac{\text{オ}}{\text{カ}}:\dfrac{2}{3}$

したがって，

$$S_1=\frac{1}{2}\cdot2\sqrt{3}\cdot4\cdot\sin\frac{1}{6}\pi=2\sqrt{3}$$

$$S_2=\frac{1}{2}\cdot4\cdot2=4$$

$$S_3=\frac{1}{2}\cdot2\sqrt{3}\cdot2\cdot\sin\frac{2}{3}\pi=3$$

と求められるね。

**答え** キ$\sqrt{\text{ク}}$：$2\sqrt{3}$，ケ：4，コ：3

△ABCの面積は，△AOBと△BOCをあわせた，四角形OABCの面積から，△AOCの面積を引けば求められるから，

$$S=S_1+S_2-S_3$$

よって，$S=2\sqrt{3}+4-3=2\sqrt{3}+1$

**答え** サ：①，シ$\sqrt{\text{ス}}$：$2\sqrt{3}$，セ：1

(2)　△AOBは，$\angle\text{AOB}=\dfrac{1}{6}\pi$であり，

$$\text{OA}:\text{OB}=\sqrt{3}:2$$

が成り立っているから，$\angle\text{OAB}=\dfrac{1}{2}\pi$とわかるね。

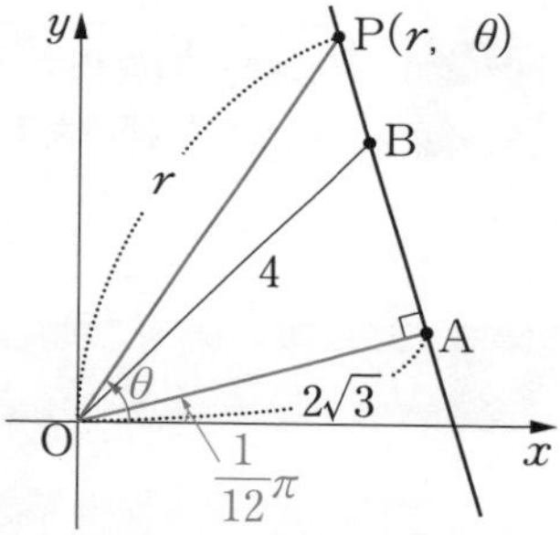


**答え** $\dfrac{\text{ソ}}{\text{タ}}$：$\dfrac{1}{2}$

$\cos$ [チ] $=\dfrac{\text{OA}}{\text{OP}}$となることから，OPを斜辺，OAを底辺とする直角三角形として，△POAを考えれば，$\text{OP}\cos\angle\text{AOP}=\text{OA}$となることも難しくないよね。

$\angle\text{AOP}=\theta-\dfrac{1}{12}\pi$，$\text{OP}=r$，$\text{OA}=2\sqrt{3}$だから，直線ABの**極方程式**は，

$$r\cos\left(\theta-\frac{\pi}{12}\right)=2\sqrt{3}$$

**答え** チ：③，ツ：④

いよいよ最後だ！　$\angle\text{OAB}=\dfrac{\pi}{2}$だから，△OADは$\angle\text{OAD}=\dfrac{\pi}{2}$の直角三角形になっているんだ！

つまり，3点O，A，Dを通る円は，ODを直径にもつような円だったんだね。

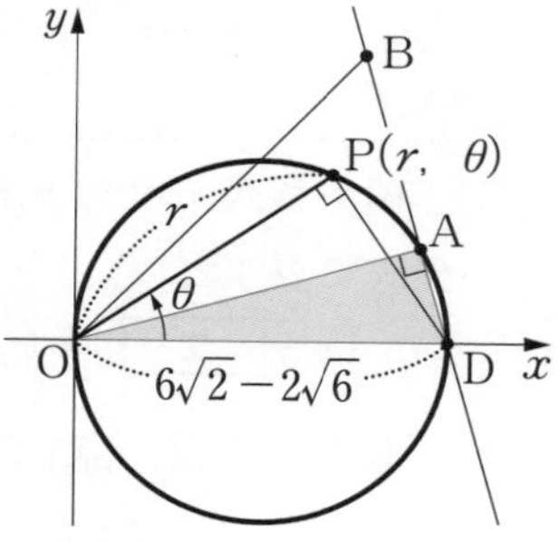


この円周上の点P(r，θ)は，△ODPに着目すると，

$$\mathrm{OD}\cos\theta = r$$

が成り立っているね。したがって，求める円の極方程式は，

$$r = (6\sqrt{2} - 2\sqrt{6})\cos\theta$$

になるんだ！

**答え テ：⑤**

直線と円を極方程式で表す問題は定番なので，
しっかり押さえておこう！



## 3 極座標と直交座標

### 対策問題にチャレンジ

極座標で表された点を，$x$座標と$y$座標の組$(x,\ y)$を用いた直交座標で考えてみる。直交座標の原点と$x$軸を，極座標の極と始線にそれぞれ重ねる。極座標の点$(r,\ \theta)$が直交座標の$\mathrm{P}(x,\ y)$に対応するとき，

$$x = \boxed{\text{ア}},\quad y = \boxed{\text{イ}},\quad x^2 + y^2 = \boxed{\text{ウ}}$$

が成り立つ。

$\boxed{\text{ア}}$，$\boxed{\text{イ}}$，$\boxed{\text{ウ}}$ の解答群（同じものを繰り返し選んでもよい。）

| | | | | |
|---|---|---|---|---|
| ⓪ $r$ | ① $r^2$ | ② $r\sin\theta$ | ③ $r\cos\theta$ | ④ $r\tan\theta$ |

(1) 極方程式$r = 2(\cos\theta + \sqrt{3}\sin\theta)$ ……① を直交座標の方程式で表すと，

$$(x - \boxed{\text{エ}})^2 + (y - \sqrt{\boxed{\text{オ}}})^2 = \boxed{\text{カ}}$$

となる。また，点$\mathrm{P}(r,\ \theta)$が①を満たし，$\dfrac{\pi}{3} \leqq \theta \leqq \dfrac{\pi}{2}$の範囲で動くとき，Pの軌跡の長さは

$\dfrac{\boxed{キ}}{\boxed{ク}}\pi$である。

(2)　直交座標において，曲線

$x^2+y^2-2y=0$

を極方程式で表すと，

$r=\boxed{ケ}$　……②

であり，点Q$(r,\ \theta)$が②を満たし，$\dfrac{\pi}{4}\leqq\theta\leqq\dfrac{7}{12}\pi$の範囲で動くとき，Qの軌跡の長さは$\dfrac{\boxed{コ}}{\boxed{サ}}\pi$である。

$\boxed{ケ}$の解答群

| | | | |
|---|---|---|---|
| ⓪　$\cos\theta$ | ①　$2\cos\theta$ | ②　$\sin\theta$ | ③　$2\sin\theta$ |
| ④　$\cos\theta+\sin\theta$ | | ⑤　$2(\cos\theta+\sin\theta)$ | |
| ⑥　$\cos\theta-\sin\theta$ | | ⑦　$2(\cos\theta-\sin\theta)$ | |

（オリジナル）

### ◆極座標と直交座標の関係

極座標を，これまで用いてきた直交座標で表してみよう！　直交座標の原点と$x$軸を，極座標の極と始線にそれぞれ重ねると，図のような関係がわかるね。

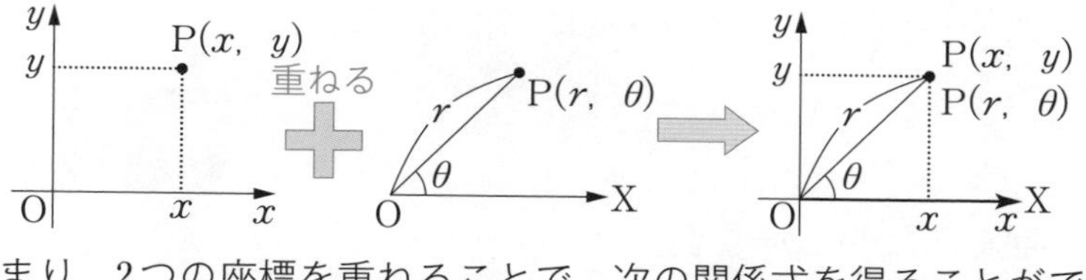


つまり，2つの座標を重ねることで，次の関係式を得ることができるんだ！

$x=r\cos\theta,\ \ y=r\sin\theta,$

$x^2+y^2=r^2$　……＊

**答え**　**ア：③，イ：②，ウ：①**

(1)　さて，極方程式 $r=2(\cos\theta+\sqrt{3}\sin\theta)$　……①
を直交座標の方程式で表してみよう。
①の両辺に $r$ を掛けると，$r^2=2r\cos\theta+2\sqrt{3}r\sin\theta$
となるから，＊の関係式を用いて，$x^2+y^2=2x+2\sqrt{3}y$
となるね。これを整理すると，

$$x^2-2x+y^2-2\sqrt{3}y=0$$
$$(x-1)^2-1+(y-\sqrt{3})^2-(\sqrt{3})^2=0$$
$$(x-1)^2+(y-\sqrt{3})^2=4$$

**答え**　エ：1，$\sqrt{オ}$：$\sqrt{3}$，カ：4

よって，$r=2(\cos\theta+\sqrt{3}\sin\theta)$ が表す曲線は中心 $(1, \sqrt{3})$，半径2の円ということだ。

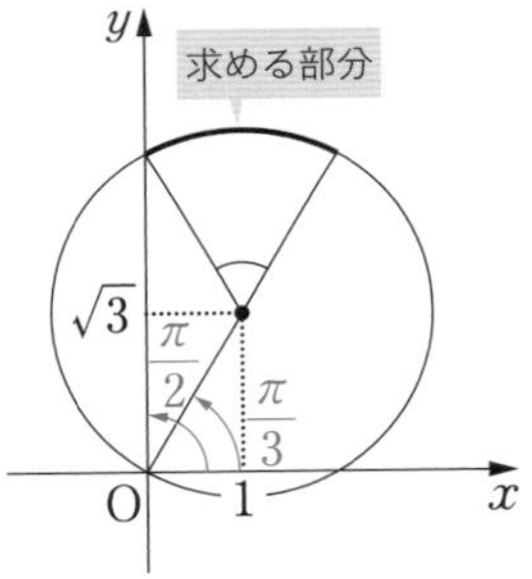


次に，$\frac{\pi}{3}\leqq\theta\leqq\frac{\pi}{2}$ の範囲を考えよう！
求めるのは図の太線部の長さだ。これは円の一部だから，おうぎ形の弧の部分だね。
おうぎ形の中心角は円周角の定理より，

$$2\left(\frac{\pi}{2}-\frac{\pi}{3}\right)=\frac{\pi}{3}$$

よって，求める長さは，

$$2\cdot\frac{\pi}{3}=\frac{2}{3}\pi$$

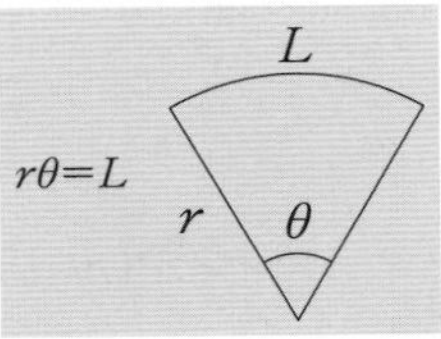


**答え**　$\frac{キ}{ク}$：$\frac{2}{3}$

(2)　曲線 $x^2+y^2-2y=0$ は，

$$x^2+(y-1)^2=1$$

と変形できるので，中心 $(0,\ 1)$，半径1の円とわかるね！
したがって，

$$2\cos\left(\frac{\pi}{2}-\theta\right)=r$$

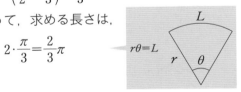

が成り立つから，$x=r\cos\theta$，
$y=r\sin\theta$を代入して，

$$r^2\cos^2\theta+r^2\sin^2\theta-2r\sin\theta=0$$

$$r^2-2r\sin\theta=0$$ ◀ $\sin^2\theta+\cos^2\theta=1$

$$r=2\sin\theta$$

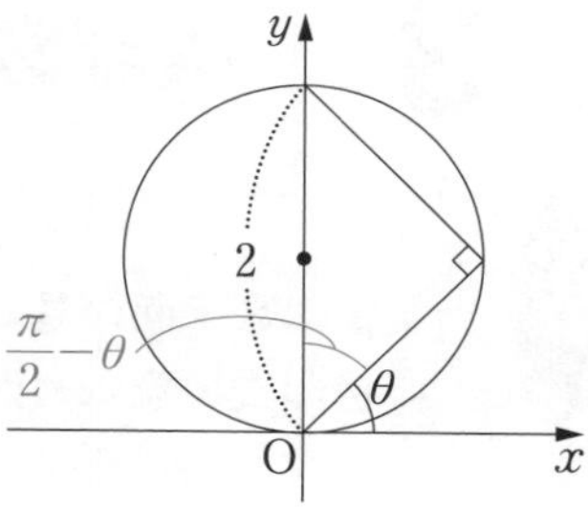


**答え** **ケ：③**

また，$\dfrac{\pi}{4}\leqq\theta\leqq\dfrac{7}{12}\pi$の範囲で点Qが動いた軌跡は，図の太線部分だよ。
おうぎ形の中心角は円周角の定理より，

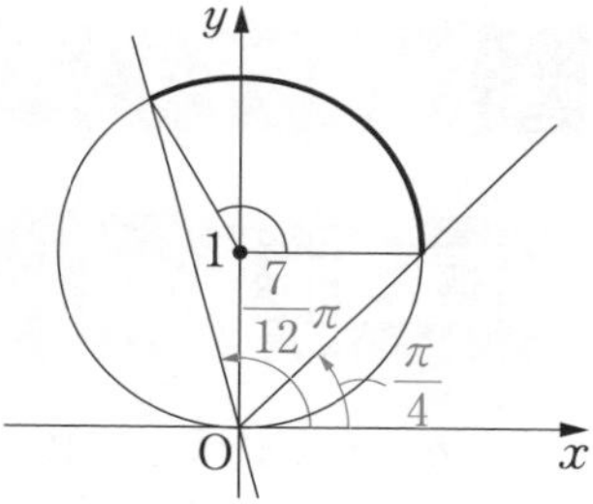


$$2\left(\frac{7}{12}\pi-\frac{\pi}{4}\right)=\frac{2\pi}{3}$$

よって，求める長さは，

$$1\cdot\frac{2}{3}\pi=\frac{2}{3}\pi$$

だね！

**答え** **$\dfrac{コ}{サ}$：$\dfrac{2}{3}$**

**POINT**

- $\theta$を用いる媒介変数表示では，三角関数の関係式を使えないか考える。
- **極座標と直交座標の関係**

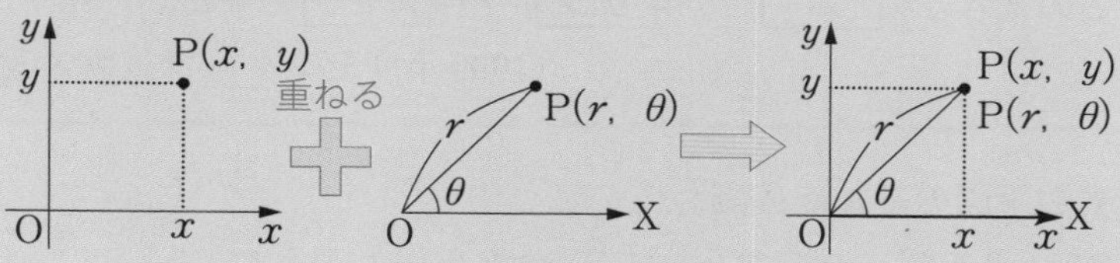

THEME

# 3 複素数平面

ここで きめる!

- 複素数平面の基本的な性質を理解しよう。
- 極形式の意味と活用のしかたをに身につけよう。

## 1 複素数平面

**過去問にチャレンジ**

$a$, $b$, $c$はすべて実数とする。方程式$x^3+ax^2+bx+c=0$ ……①が$x=2$を解にもつとする。このとき

$c=-$［ア］$a-$［イ］$b-$［ウ］

であり

$x^3+ax^2+bx+c$

$=(x-2)\{x^2+(a+$［エ］$)x+$［オ］$a+b+$［カ］$\}$

となる。

①の解を2, $\alpha$, $\beta$とし，複素数平面において3点2, $\alpha$, $\beta$が正方形の異なる三つの頂点になっているとする。さらに，この正方形の一辺の長さが$5\sqrt{2}$で，$\alpha$, $\beta$の実部が負であるならば，$\alpha$, $\beta$は［キク］$\pm$［ケ］$i$である。

このとき$a=$［コ］, $b=$［サシ］, $c=$［スセソ］となる。

（1999年度センター本試験・改）

複素数平面の基本を確認していこう！

①は$x=2$を解にもつから，①に$x=2$を代入すると，

$8+4a+2b+c=0$

よって，$c=-4a-2b-8$ ……②

**答え** ア：4, イ：2, ウ：8

①に②を代入すると，

$$x^3+ax^2+bx+c=x^3+ax^2+bx-4a-2b-8$$

となるね。$x=2$を解にもつから，この式は$(x-2)$を因数にもつので，$x^3+ax^2+bx-4a-2b-8$を$x-2$で割った商を考え，

$$\begin{aligned}x^3+ax^2+bx+c&=x^3+ax^2+bx-4a-2b-8\\&=(x-2)\{x^2+(a+2)x+2a+b+4\}\end{aligned}$$

**答え　エ：2，オ：2，カ：4**

①の解である2，$\alpha$，$\beta$を複素数平面に表した状態を考えていくよ。ここで，$\alpha$，$\beta$がどのような複素数かを考えてみよう。これらは，

$$x^2+(a+2)x+2a+b+4=0 \quad \cdots\cdots ③$$

の解になっているわけだね。したがって，**$\alpha$，$\beta$は共役な複素数になるから，複素数平面上に$\alpha$，$\beta$を表すと実軸に対して対称になっている**んだ！

とりあえず，$\alpha$の虚部を正，$\beta$の虚部を負としておくね。

ここで3点をA($\alpha$)，B($\beta$)，C(2)とすると，これらが**正方形の異なる3つの頂点になっている**，**正方形の一辺の長さが$5\sqrt{2}$**，**$\alpha$，$\beta$の実部が負**という条件を満たすためには，3つの点は右図のような位置関係のはずだね。

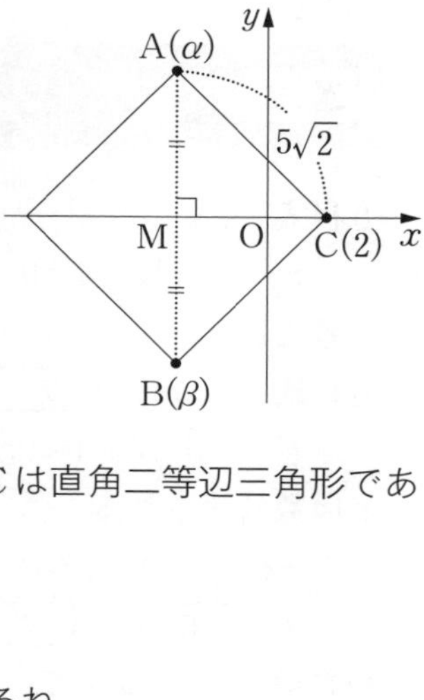


線分ABと実軸との交点をMとすると，点Mを表す複素数が$\alpha$，$\beta$の実数部分でAMが$\alpha$の虚数部分になるね。△AMCは直角二等辺三角形であり，AM：AC$=1:\sqrt{2}$だから，

$$\mathrm{AM}=\mathrm{CM}=5\sqrt{2}\times\frac{1}{\sqrt{2}}=5$$

よって，$\alpha=-3+5i$，$\beta=-3-5i$とわかるね。

**答え　キク：−3，ケ：5**

また，$\alpha$，$\beta$は2次方程式③の解だから，解と係数の関係を用いて，

$$\begin{cases}\alpha+\beta=-(a+2)\\ \alpha\beta=2a+b+4\end{cases}$$

が成り立つね。

$$\alpha+\beta=(-3+5i)+(-3-5i)=-6,$$
$$\alpha\beta=(-3+5i)(-3-5i)=(-3)^2+5^2=34$$

だから，$\begin{cases} a+2=6 \\ 2a+b+4=34 \end{cases}$ が成り立つんだ。

この連立方程式を解くと，

$a=4$，$b=22$ が得られ，②から $c=-68$ が求められるね！

**答え　コ：4，サシ：22，スセソ：−68**

共役な複素数は，実軸に関して対称となることをしっかり覚えておこう！

## 2　極形式とド・モアブルの定理

### 過去問にチャレンジ

方程式

$$x^3-x^2+2x+4=0 \quad \cdots\cdots ①$$

を考える。

方程式①は $x=-\boxed{\text{ア}}$ を実数解にもち，

$$x^3-x^2+2x+4=(x+\boxed{\text{ア}})(x^2-\boxed{\text{イ}}\,x+\boxed{\text{ウ}})$$

と因数分解される。

①の $-\boxed{\text{ア}}$ 以外の解で，虚部が正のものを $\alpha$ とすると，

$$\alpha=\boxed{\text{エ}}+\sqrt{\boxed{\text{オ}}}\,i \text{ となる。}$$

複素数平面において，原点をOとし，$k\alpha$，$-\boxed{\text{ア}}$ を表す点をそれぞれA，Bとする。ただし，$k$ は正の実数である。

三角形OABが二等辺三角形となるのは $k=\dfrac{\boxed{\text{カ}}}{\boxed{\text{キ}}}$ のときである。このとき，$k\alpha+1$ を極形式で表すと

$$k\alpha+1=\sqrt{\boxed{\text{ク}}}\left(\cos\frac{\pi}{6}+i\sin\frac{\pi}{6}\right)$$

であり

$$(k\alpha+1)^6=\boxed{\text{ケコサ}}$$

である。

(2000年度センター本試験・改)

まず，$P(x)=x^3-x^2+2x+4$ とおくと，

$$P(-1)=(-1)^3-(-1)^2+2\cdot(-1)+4=0$$

が成り立つから，①は $x=-1$ を解にもつことがわかるね！

**答え ア：1**

そして，因数定理より $P(x)$ は $(x+1)$ を因数にもつから，

$$x^3-x^2+2x+4=(x+1)(x^2-2x+4)$$

と因数分解できる。

**答え イ：2，ウ：4**

①の $-1$ 以外の解は，2次方程式

$$x^2-2x+4=0 \quad \cdots\cdots ②$$

の解だということがわかるね！

方程式②を解くと，$x=1\pm\sqrt{3}i$

となるから，$\alpha$ は虚部が正の方なので，

$$\alpha=1+\sqrt{3}i$$

**答え エ：1，$\sqrt{\text{オ}}$：$\sqrt{3}$**

A$(k\alpha)$，B$(-1)$ とするとき，

$$\mathrm{OA}=|k\alpha|=k|\alpha|=k\sqrt{1^2+(\sqrt{3})^2}=2k$$

$$\mathrm{OB}=1$$

が成り立っているね。

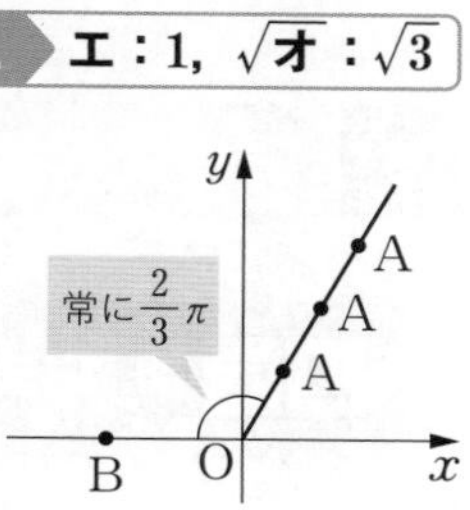


ここで，$k\alpha$ を**極形式**に直してみると，

$$k\alpha=k\cdot2\left(\frac{1}{2}+\frac{\sqrt{3}}{2}i\right)=2k\left(\cos\frac{\pi}{3}+i\sin\frac{\pi}{3}\right)$$

$r(\cos\theta+i\sin\theta)$

となるから，∠AOB は $k$ の値に関わらず常に $\frac{2}{3}\pi$ であることがわ

かるね。ABは最大辺となるから，OA＝AB，OB＝ABとなることはない。したがって，三角形OABが二等辺三角形となるのは，OA＝OBのときだから，$k=\dfrac{1}{2}$となるね！

答え　カキ：$\dfrac{1}{2}$

このとき，

$$k\alpha+1=\frac{1}{2}(1+\sqrt{3i})+1=\frac{3+\sqrt{3}i}{2}$$

となるので，これを極形式で表してみよう。

$$\begin{aligned} k\alpha+1&=\frac{3+\sqrt{3}i}{2}\\ &=\sqrt{3}\left(\frac{\sqrt{3}}{2}+\frac{1}{2}i\right)\\ &=\sqrt{3}\left(\cos\frac{\pi}{6}+i\sin\frac{\pi}{6}\right) \end{aligned}$$

分子を$\sqrt{3}$でくくり出せること
に気づけるかがポイントだよ

答え　$\sqrt{ク}$：$\sqrt{3}$

したがって，**ド・モアブルの定理**より，

$$\begin{aligned} (k\alpha+1)^6&=(\sqrt{3})^6\left\{\cos\left(6\times\frac{\pi}{6}\right)+i\sin\left(6\times\frac{\pi}{6}\right)\right\}\\ &=3^3(-1+0i)\\ &=-27 \end{aligned}$$

$\{r(\cos\theta+i\sin\theta)\}^n=r^n(\cos n\theta+i\sin n\theta)$

答え　ケコサ：$-27$

## 3　方程式と複素数平面

### 過去問にチャレンジ

複素数平面の象限とは，実軸を$x$軸，虚軸を$y$軸とした座標平面における象限のことをいう。

(1)　方程式$z^3=2+2i$　……①　を解こう。

複素数$2+2i$を極形式で表すと

$$2+2i=\boxed{\text{ア}}\sqrt{\boxed{\text{イ}}}\left(\cos\frac{\pi}{\boxed{\text{ウ}}}+i\sin\frac{\pi}{\boxed{\text{ウ}}}\right)$$

となる。ここで，$z=r(\cos\theta+i\sin\theta)$ とおき，①を満たす $r$，$\theta$（$r>0$，$0\leqq\theta<2\pi$）を求めよう。

$r^3=\boxed{\text{ア}}\sqrt{\boxed{\text{イ}}}$ より，$r=\sqrt{\boxed{\text{エ}}}$

また，$3\theta=\dfrac{\pi}{\boxed{\text{オ}}}+2n\pi$（$n=0$，1，2，3，…）と表すことができる。$0\leqq\theta<2\pi$ に注意すると，$\theta=\dfrac{\boxed{\text{カ}}}{\boxed{\text{キク}}}\pi$，$\dfrac{\boxed{\text{ケ}}}{\boxed{\text{コ}}}\pi$，

$\dfrac{17}{\boxed{\text{キク}}}\pi$　が得られる。

したがって，複素数平面上の第2象限にある①の解は

$-\boxed{\text{サ}}+i$ である。

(2)　次に方程式

$$z^6-4z^3+8=0 \quad \cdots\cdots②$$

の解について考えよう。

②は $(z^3-2)^2=-\boxed{\text{シ}}$，すなわち $z^3=2\pm\boxed{\text{ス}}\,i$ となるから，(1)と同様に考えると，第2象限にある②の解は(1)で求めた $-\boxed{\text{サ}}+i$ と $\dfrac{\boxed{\text{セ}}-\sqrt{\boxed{\text{ソ}}}}{\boxed{\text{タ}}}+\dfrac{\boxed{\text{チ}}+\sqrt{\boxed{\text{ツ}}}}{\boxed{\text{テ}}}i$ の2個であり，他の解は第1象限に1個，第3象限に $\boxed{\text{ト}}$ 個，第4象限に $\boxed{\text{ナ}}$ 個存在する。

（2001年度センター本試験・改）

方程式の解を複素数平面上に表す定番の問題だ！
面白い性質があるので，確認しておこうね。

(1)　$2+2i$ を極形式で表すと，

$$2+2i=2\sqrt{2}\left(\frac{1}{\sqrt{2}}+\frac{1}{\sqrt{2}}i\right)=2\sqrt{2}\left(\cos\frac{\pi}{4}+i\sin\frac{\pi}{4}\right) \quad \cdots\cdots③$$

**答え**　$\boxed{\text{ア}}\sqrt{\boxed{\text{イ}}}$：$2\sqrt{2}$，$\dfrac{\pi}{\boxed{\text{ウ}}}$：$\dfrac{\pi}{4}$

$z=r(\cos\theta+i\sin\theta)$とおくと，ド・モアブルの定理より，

$$z^3=r^3(\cos 3\theta+i\sin 3\theta)$$

$|z^3|=|2+2i|=2\sqrt{2}$であり，また，$|z^3|=r^3$だから，
$r^3=2\sqrt{2}$，$r>0$より，$r=\sqrt{2}$がわかるね。

答え $\sqrt{\text{エ}}$：$\sqrt{2}$

また，$\cos 3\theta+i\sin 3\theta=\cos\dfrac{\pi}{4}+i\sin\dfrac{\pi}{4}$

だから，$3\theta=\dfrac{\pi}{4}+2n\pi$

答え $\dfrac{\pi}{\text{オ}}$：$\dfrac{\pi}{4}$

つまり，$\theta=\dfrac{\pi}{12}+\dfrac{2n\pi}{3}$　……④

$0\leqq\theta<2\pi$だから，

$$0\leqq\frac{\pi}{12}+\frac{2n\pi}{3}<2\pi$$

$$-\frac{1}{8}\leqq n<\frac{69}{24}$$

よって④を満たす$n$は，

$$n=0,\ 1,\ 2$$

のときだけだね。このとき，$\theta$の値は順に，

$$\theta=\frac{1}{12}\pi,\ \frac{3}{4}\pi,\ \frac{17}{12}\pi$$

答え $\dfrac{\text{カ}}{\text{キク}}$：$\dfrac{1}{12}$，$\dfrac{\text{ケ}}{\text{コ}}$：$\dfrac{3}{4}$

これらの$\theta$に対応する①の解を順に$\alpha$，$\beta$，$\gamma$として，複素数平面上に図示すると，右図のようになるね。

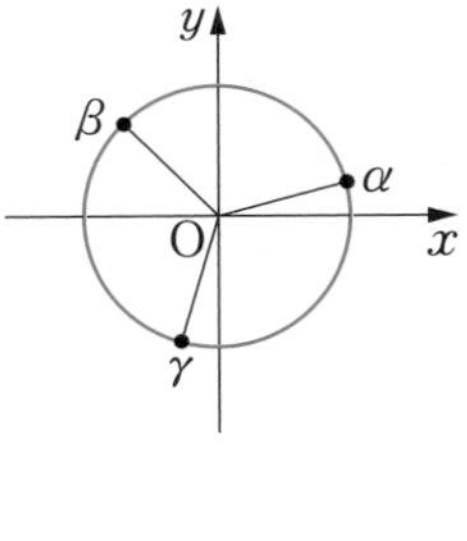


半径が$\sqrt{2}$の円周上に等間隔で並んでいることがわかるよ。それもそのはずで，④の式を見ると，$\theta$は$\dfrac{\pi}{12}$を基準にして，$\dfrac{2}{3}\pi$ずつ増えていくわけだ。つまり，点$\alpha$をとれば，

**・$\beta$は，$\alpha$を原点の回りに$\dfrac{2}{3}\pi$回転した点**

**・$\gamma$は，$\beta$を原点の回りに$\dfrac{2}{3}\pi$回転した点**

になっているはずだよね。このように，方程式①の解を複素数平面上に表すと，半径が$\sqrt{2}$の円周上に等間隔に並んでいることが確認できるんだ。

したがって，複素数平面上の第2象限にある①の解は$\beta$すなわち，

$$\beta=\sqrt{2}\left(\cos\frac{3}{4}\pi+i\sin\frac{3}{4}\pi\right)=-1+i$$

答え サ：1

(2)　②は$z^3$をひとつの文字として見ると，

$$\begin{aligned}z^6-4z^3+8&=(z^3)^2-4z^3+8\\&=(z^3-2)^2-4+8\\&=(z^3-2)^2+4\end{aligned}$$

と変形できるね。つまり，

$$z^6-4z^3+8=0$$
$$(z^3-2)^2+4=0$$
$$(z^3-2)^2=-4$$

答え シ：4

このことから，$z^3-2=\pm\sqrt{-4}=\pm 2i$

よって，$z^3=2\pm 2i$

答え ス：2

$z^3=2+2i$のときは，(1)で考えたので，他の解は方程式

$$z^3=2-2i \quad \cdots\cdots ⑤$$

から得られるね。右辺を極形式で表すと，

$$z^3=2\sqrt{2}\left(\cos\frac{7}{4}\pi+i\sin\frac{7}{4}\pi\right)$$

ここで，(1)と同様に，$z=r(\cos\theta+i\sin\theta)$ $(r>0,\ 0\leqq\theta<2\pi)$ とすると，$z^3=r^3(\cos 3\theta+i\sin 3\theta)$だから，

$r^3=2\sqrt{2}$　となり，$r=\sqrt{2}$

また，$3\theta=\dfrac{7}{4}\pi+2n\pi$（$n=0$，1，2，3，…）より，

$$\theta=\frac{7}{12}\pi+\frac{2n\pi}{3}\quad\cdots\cdots⑥$$

$0\leqq\theta<2\pi$ だから，⑥を満たす $n$ は，

$$n=0,\ 1,\ 2$$

のときだけだ。このとき，$\theta$ の値は順に，

$$\theta=\frac{7}{12}\pi,\ \frac{5}{4}\pi,\ \frac{23}{12}\pi$$

となるね。これらの $\theta$ に対応する②の解を，複素数平面上に図示してみよう。

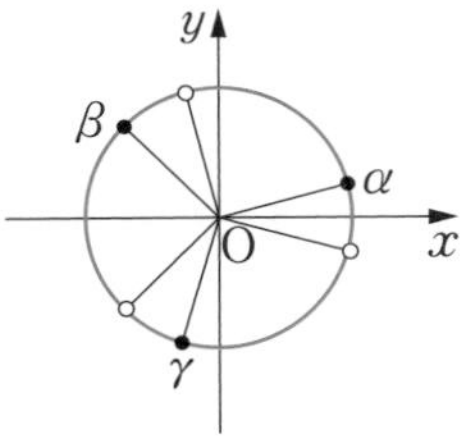


●が①の解で，○が⑤の解だよ。

さて，第2象限にある⑤の解なんだけど，これは，

$$\sqrt{2}\left(\cos\frac{7}{12}\pi+i\sin\frac{7}{12}\pi\right)$$

となり，この値を求めるのは少し大変だね。だけどこの点は，図を見ると**$\boldsymbol{\beta}$ を原点のまわりに $\boldsymbol{-\dfrac{\pi}{6}}$ 回転した点**になっていることに気づけたかな？　そこに気づけば，

$$\beta\left\{\cos\left(-\frac{\pi}{6}\right)+i\sin\left(-\frac{\pi}{6}\right)\right\}=(-1+i)\left(\frac{\sqrt{3}}{2}-\frac{1}{2}i\right)$$

$$=-\frac{\sqrt{3}}{2}+\frac{1}{2}i+\frac{\sqrt{3}}{2}i-\frac{1}{2}i^2$$

$$=\frac{1-\sqrt{3}}{2}+\frac{1+\sqrt{3}}{2}i$$

$-\dfrac{\pi}{6}$ の回転を表す式

として求めることができるよ！

**答え**　**セ**：1，$\sqrt{\text{ソ}}$：$\sqrt{3}$，**タ**：2
**チ**：1，$\sqrt{\text{ツ}}$：$\sqrt{3}$，**テ**：2

もし気づかなくても，加法定理を使って，

$$\sqrt{2}\left(\cos\frac{7}{12}\pi+i\sin\frac{7}{12}\pi\right)$$

$$=\sqrt{2}\left\{\cos\left(\frac{\pi}{3}+\frac{\pi}{4}\right)+i\sin\left(\frac{\pi}{3}+\frac{\pi}{4}\right)\right\}$$

$$=\sqrt{2}\left\{\frac{1}{2}\cdot\frac{\sqrt{2}}{2}-\frac{\sqrt{3}}{2}\cdot\frac{\sqrt{2}}{2}+\left(\frac{\sqrt{3}}{2}\cdot\frac{\sqrt{2}}{2}+\frac{1}{2}\cdot\frac{\sqrt{2}}{2}\right)i\right\}$$

$$=\sqrt{2}\left\{\frac{\sqrt{2}-\sqrt{6}}{4}+\left(\frac{\sqrt{6}+\sqrt{2}}{4}\right)i\right\}$$

$$=\frac{1-\sqrt{3}}{2}+\frac{1+\sqrt{3}}{2}i$$

と求めることもできるね。ちょっと大変だけど，これくらいは計算力でクリアしたいところだね！

最後に前ページの図を見れば，すべての解がどこにあるかがわかるね。第1象限に1個，第2象限に2個あることは確認済みだ。第3象限に2個，第4象限に1個の解が存在するね。

**答え** ト：2，ナ：1

方程式の解を複素数平面に表す考え方は，とても定番の問題なんだ。

**POINT**

- 共役な複素数どうしは実軸対称となる。
- ド・モアブルの定理

$\{r(\cos\theta+i\sin\theta)\}^n=r^n(\cos n\theta+i\sin n\theta)$

THEME

# 4 複素数と図形

ここで 差がつく

ここで 勘きめる!

- 複素数の回転移動ができるようになろう。
- 複素数で表された図形に慣れよう。

## 1 複素数平面上の点の位置関係

### 対策問題にチャレンジ

複素数平面上に異なる3点A($\alpha$)，B($\beta$)，C($\gamma$)がある。

$z=\dfrac{\gamma-\alpha}{\beta-\alpha}$ とするとき，$z$について事実(i)，(ii)が成り立つ。

事実(i)
A，B，Cが同一直線上にあるための必要十分条件は［ア］。

事実(ii)
$\angle \mathrm{BAC}=\dfrac{\pi}{2}$ であるための必要十分条件は［イ］。

［ア］，［イ］の解答群（同じものを繰り返し選んでもよい。）

⓪ $z$が実数である
① $z$が有理数である
② $z$が無理数である
③ $z$が純虚数ではない虚数である
④ $z$が純虚数である

花子さんと太郎さんは，事実(i)，(ii)について話している。

花子「A，B，Cが同一直線上にならぶとき，実数$k$を用い

て $\gamma-\alpha=k(\beta-\alpha)$ と表せるね。」

太郎「たしかに，これによって事実(i)が成り立つことが確認できるね。事実(ii)はどうかな。」

花子「原点まわりの回転について考えてみようよ。Aが原点Oに重なるように3点A，B，Cを平行移動してみよう。」

太郎「A，B，Cを平行移動した点をA′，B′，C′とすると，A′(0)，B′( ウ )，C′( エ )となるね。」

ウ ， エ の解答群（同じものを繰り返し選んでもよい。）

| | | |
|---|---|---|
| ⓪ $\alpha-\beta$ | ① $\beta-\alpha$ | ② $\beta-\gamma$ |
| ③ $\gamma-\beta$ | ④ $\alpha-\gamma$ | ⑤ $\gamma-\alpha$ |

花子「$\angle BAC=\dfrac{\pi}{2}$ かつ AB：AC＝1：$l$ のとき，

エ ＝ ウ $\cdot l\{\cos($ オ $)+i\sin($ オ $)\}$ が成り立つことから，事実(ii)も確認できたね。」

オ の解答群

| | | | |
|---|---|---|---|
| ⓪ $0$ | ① $\dfrac{\pi}{2}$ | ② $-\dfrac{\pi}{2}$ | ③ $\pm\dfrac{\pi}{2}$ |
| ④ $\pi$ | ⑤ $-\pi$ | ⑥ $\pm\pi$ | |

A，B，Cとは異なる点D($\delta$)を考える。

(1) 四角形ABCDが平行四辺形となるための必要十分条件は カ ， キ である。

カ ， キ の解答群（同じものを繰り返し選んでもよい。）

⓪ $|\beta-\alpha|=|\gamma-\delta|$

① $\beta-\alpha=\gamma-\delta$

② $\arg\dfrac{\delta-\alpha}{\beta-\alpha}=\arg\dfrac{\delta-\gamma}{\beta-\gamma}$

SECTION

8

平面上の曲線と複素数平面

③ $\dfrac{\alpha+\gamma}{2}=\dfrac{\beta+\delta}{2}$

④ $\dfrac{\gamma-\delta}{\beta-\alpha}$が実数

(2) 直線ACと直線BDが直交するときの条件を考えよう。

点DをBの回りに$\dfrac{\pi}{2}$回転した点をP($w$)とするとき，

$$w-\beta=(\delta-\beta)\left(\cos\frac{\pi}{2}+i\sin\frac{\pi}{2}\right)$$
$$=i(\delta-\beta)$$

が成り立つ。直線ACと直線BDが直交するとき直線ACと直線BPが平行になるから，実数$k$を用いて，

$$\gamma-\alpha=k(w-\beta)$$

と表せる。したがって，

$\dfrac{\gamma-\alpha}{\delta-\beta}$が［ ク ］であるとき，直線ACと直線BDが直交する。

［ ク ］の解答群

⓪ 実数　① 有理数　② 無理数
③ 純虚数ではない虚数　④ 純虚数

(オリジナル)

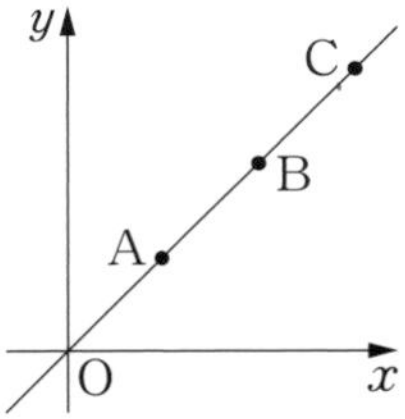


複素数平面上における，点の位置関係についての知識を確認しておこう！
具体的な異なる3点A，B，Cを取って考えてみるよ。$\alpha=1+i$，$\beta=2+2i$，$\gamma=3+3i$とすると，図のように3点が同一直線上に並ぶね。
このとき，実数$k$を用いて，次式が成り立つことが確認できるかな？

$$\boldsymbol{\gamma-\alpha=k(\beta-\alpha)}$$

実際に計算してみると，

$$\gamma-\alpha=(3+3i)-(1+i)=2+2i$$
$$\beta-\alpha=(2+2i)-(1+i)=1+i$$

つまり，$2+2i=2(1+i)$

よって，$\gamma-\alpha=2(\beta-\alpha)$ が成り立つね。

この両辺を $\beta-\alpha$ で割ると，$\dfrac{\gamma-\alpha}{\beta-\alpha}=2$

このように，**3点 $A(\alpha)$，$B(\beta)$，$C(\gamma)$ が同一直線上にあるときは，$\dfrac{\gamma-\alpha}{\beta-\alpha}$ が実数になる**といえるんだ。

答え　ア：⓪

$\angle BAC=\dfrac{\pi}{2}$ となる条件についても考えてみるよ。複素数平面上の点 $\beta$ を点 $\alpha$ のまわりに $\theta$ だけ回転し，

AB：AC＝1：$l$ とする点を $C(\gamma)$ としておこう。

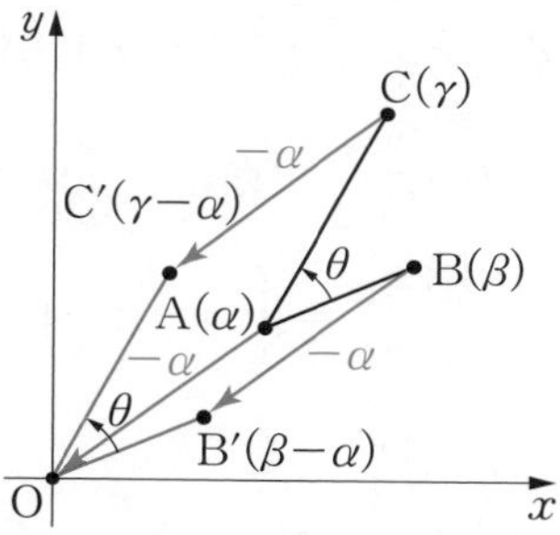

$l$ はただの実数で，そんなに重要な値じゃないからさらっと読み流してね。

こうしたとき，$\gamma$ についての関係式を考えてみよう。

$A(\alpha)$，$B(\beta)$，$C(\gamma)$ とし，この3点を点Aが原点Oに重なるように3つまとめて平行移動してみるよ。図のように，B，Cが平行移動した点をB′，C′とすると，それぞれの点を表す複素数は $\beta-\alpha$，$\gamma-\alpha$ となるね。

答え　ウ：①，エ：⑤

C′は，B′を原点まわりに $\theta$ 回転移動し，原点を基準に $l$ 倍したものだから，

$$\gamma-\alpha=(\beta-\alpha)\cdot l(\cos\theta+i\sin\theta)$$

これより，$\boldsymbol{\dfrac{\gamma-\alpha}{\beta-\alpha}=l(\cos\theta+i\sin\theta)}$ ……①

という式が成り立つんだね。このように分数の形で表しておくと非常に便利なんだ。たとえば，$\dfrac{AC}{AB}$ は $\dfrac{l}{1}=l$ となるけど，これも

$\left|\dfrac{\gamma-\alpha}{\beta-\alpha}\right|=|l(\cos\theta+i\sin\theta)|=l$　として，$\dfrac{\gamma-\alpha}{\beta-\alpha}$を考えることでわかるね。また，$\arg\dfrac{\gamma-\alpha}{\beta-\alpha}=\theta$なわけだから，$\dfrac{\gamma-\alpha}{\beta-\alpha}$について考えることで，∠BACを調べることもできるんだ。

**原点に移動して回転させる**だけだから，式は複雑そうに見えるけど，実はあまり難しくないよ！

この考え方をもとに$\angle\mathrm{BAC}=\dfrac{\pi}{2}$となるときを考えよう！　このとき，

①の$\theta$は$\dfrac{\pi}{2}$または$-\dfrac{\pi}{2}$だから，

$$\frac{\gamma-\alpha}{\beta-\alpha}=l\left\{\cos\left(\pm\frac{\pi}{2}\right)+i\sin\left(\pm\frac{\pi}{2}\right)\right\}=l(0\pm i)=\pm li$$

答え　オ：③

つまり，$\angle\mathrm{BAC}=\dfrac{\pi}{2}$のとき，$\dfrac{\gamma-\alpha}{\beta-\alpha}$は純虚数になるということがいえるんだね！

答え　イ：④

この性質は非常に重要なので，
絶対に覚えておこう！

(1)　次に，4つ目の点D($\delta$)を追加して考えてみよう。

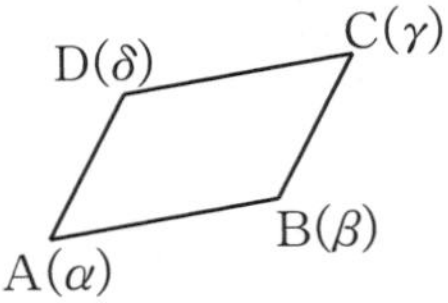


● ⓪　$|\beta-\alpha|=|\gamma-\delta|$

$|\beta-\alpha|$は線分ABの長さ，$|\gamma-\delta|$は線分DCの長さをそれぞれ表しているね。AB＝DCだけだと，平行四辺形とはいえないので，これは不適だ。

● ①　$\beta-\alpha=\gamma-\delta$

この式が成り立つとき，

　　AB∥DC かつ AB＝DC

がいえるね。向かい合う1組の対辺が平行かつ長さが等しいとき，この四角形は平行四辺形だから，これは正しいね。

● ②　$\arg\dfrac{\delta-\alpha}{\beta-\alpha}=\arg\dfrac{\delta-\gamma}{\beta-\gamma}$

$$\arg\frac{\delta-\alpha}{\beta-\alpha}=\angle\mathrm{BAD},\ \arg\frac{\delta-\gamma}{\beta-\gamma}=\angle\mathrm{BCD}$$

だから，∠BAD＝∠BCDが成り立っているね。向かい合う1組の角が等しいだけでは平行四辺形とはいえないから，不適だね。

● ③　$\dfrac{\alpha+\gamma}{2}=\dfrac{\beta+\delta}{2}$

$\dfrac{\alpha+\gamma}{2}$はACの中点，$\dfrac{\beta+\delta}{2}$はBDの中点を表していて，これらが一致しているわけだね。

つまり，四角形ABCDにおいて，対角線が互いの中点で交わっているから，これは平行四辺形となるね。正しいよ！

● ④　$\dfrac{\gamma-\delta}{\beta-\alpha}$が実数というのがどういう状態かを考えてみよう。

実数$m$を用いて，$\dfrac{\gamma-\delta}{\beta-\alpha}=m$とすると，

$$\gamma-\delta=m(\beta-\alpha)$$

よって，ABを$m$倍したものがDCであり，ABとDCが平行となるから，右図のようなイメージだね。

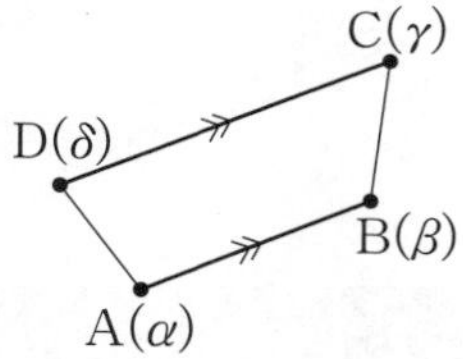


このときは，四角形ABCDが台形にはなるけど，必ず平行四辺形になるとはいえないから，不適だよ。

**答え　カ：①，キ：③**

(2)　直線ACと直線BDが直交するときの条件を考えよう。

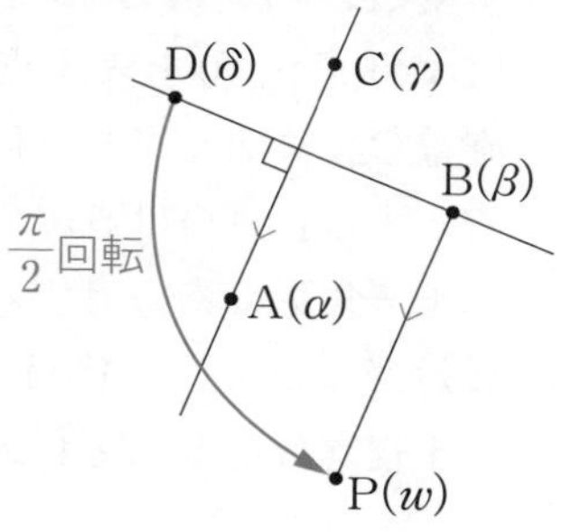


点DをBの回りに$\dfrac{\pi}{2}$回転した点をP$(w)$とするとき，

$$w-\beta=(\delta-\beta)\left(\cos\frac{\pi}{2}+i\sin\frac{\pi}{2}\right)$$
$$=i(\delta-\beta)$$

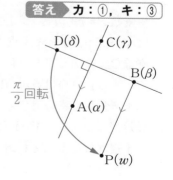

が成り立つね。直線ACと直線BDが直交するとき直線ACと直線BPが平行になるから，実数$k$を用いて次のように表せる。

$$\gamma-\alpha=k(w-\beta)=k\cdot i(\delta-\beta)$$

$\dfrac{\gamma-\alpha}{\delta-\beta}=ki$が成り立つから，$\dfrac{\gamma-\alpha}{\delta-\beta}$は純虚数になるんだね。

**答え** **ク：④**

これは，$-\dfrac{\pi}{2}$回転させたときも同じように考えるんだ。

まとめると，次のような関係が成り立つよ。

- **AB∥CD** $\iff$ $\dfrac{\gamma-\delta}{\beta-\alpha}$**が実数**
- **AC⊥BD** $\iff$ $\dfrac{\gamma-\alpha}{\delta-\beta}$**が純虚数**

平行なら実数！
垂直なら純虚数ですね！

## 2 複素数平面上の動点と軌跡

### 過去問にチャレンジ

複素数$z=x+yi$は$y>0$を満たすとする。複素数平面上で$z$を表す点をP，0を表す点をO，1を表す点をAとする。点Bは直線OAに関してPと同じ側にあり，△OABは正三角形であるとする。点Qは直線OPに関してAと反対側にあり，△OPQは正三角形であるとする。また，点Rは直線APに関してOと反対側にあり，△PARは正三角形であるとする。点Q，Rが表す複素数をそれぞれ$z_1$，$z_2$とする。

(1)　点Bが表す複素数$\beta$は$\beta=\dfrac{\boxed{\text{ア}}+\sqrt{\boxed{\text{イ}}}\,i}{\boxed{\text{ウ}}}$である。点Qは，PをOのまわりに$\dfrac{\boxed{\text{エ}}}{\boxed{\text{オ}}}\pi$だけ回転した点であるから$z_1=\boxed{\text{カ}}$である。

$\boxed{\text{カ}}$の解答群

| | | |
|---|---|---|
| ⓪　$\beta z$ | ①　$\dfrac{z}{\beta}$ | ②　$-\beta z$ |
| ③　$-\dfrac{z}{\beta}$ | ④　$z+\beta$ | ⑤　$z+\dfrac{1}{\beta}$ |

点Rは，AをPのまわりに$\dfrac{\boxed{\text{エ}}}{\boxed{\text{オ}}}\pi$だけ回転した点であるから，$z_2=\boxed{\text{キ}}$である。

$\boxed{\text{キ}}$の解答群

| | | |
|---|---|---|
| ⓪　$z+\beta(1-z)$ | ①　$\beta(1-z)$ | ②　$1+\beta(1-z)$ |
| ③　$z+\dfrac{1-z}{\beta}$ | ④　$\dfrac{1-z}{\beta}$ | ⑤　$1+\dfrac{1-z}{\beta}$ |

したがって，$w=\dfrac{z_1-\beta}{z_2-\beta}$とおくと

$w=\dfrac{\boxed{\text{クケ}}+\sqrt{\boxed{\text{コ}}}\,i}{\boxed{\text{サ}}}\cdot\dfrac{z-1}{z}$である。

(2)　BQとBRが垂直に交わるのは$w$が純虚数のときであり，このとき，点Pはつねに$\dfrac{\boxed{\text{シ}}-\sqrt{\boxed{\text{ス}}}\,i}{\boxed{\text{セ}}}$を表す点を中心とする半径$\boxed{\text{ソ}}$の円周上にある。

（2006年度センター本試験・改）

まずは図をかき出そう！

点P$(x+yi)$で，$y>0$とあるから虚部が正であることに注意だよ。

(1) △OABが正三角形だから，点Bは，点Aを原点Oのまわりに$\frac{\pi}{3}$だけ回転した点だね！　つまり，

$$\beta=1\cdot\left(\cos\frac{\pi}{3}+i\sin\frac{\pi}{3}\right)=\frac{1+\sqrt{3}i}{2}$$

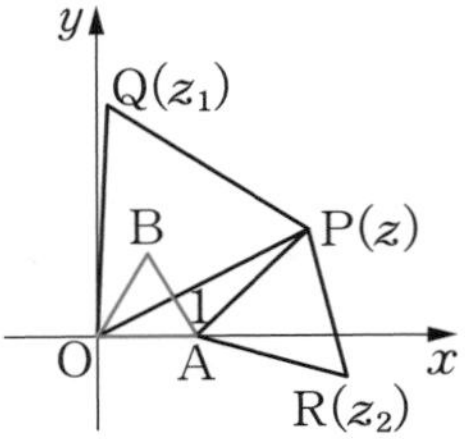


**答え　ア：1，$\sqrt{\text{イ}}$：$\sqrt{3}$，ウ：2**

つまり，複素数$\beta$自体が「原点のまわりに$\frac{1}{3}\pi$回転」を表しているイメージだね。

同じように，点Qは点Pを原点Oのまわりに$\frac{\pi}{3}$だけ回転した点だから，

$$z_1=\left(\cos\frac{\pi}{3}+i\sin\frac{\pi}{3}\right)z=\beta z$$

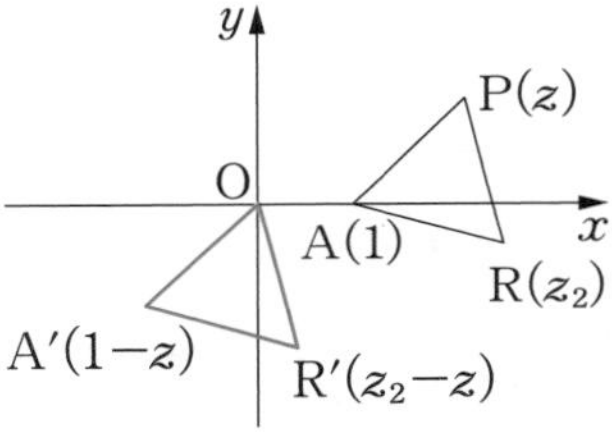


**答え　$\frac{\text{エ}}{\text{オ}}$：$\frac{1}{3}$，カ：⓪**

点RはAをPのまわりに$\frac{\pi}{3}$だけ回転した点だけど，原点Oのまわりに回転しているわけじゃないことに注意しよう！　点Pが回転の中心になるのだから，点Pが原点Oに重なるように，△PARを平行移動してみよう。点A，Rを平行移動した点をそれぞれA′，R′とすると，これらの点を表す複素数は，それぞれ，$1-z$，$z_2-z$となるね。

点R′は点A′を原点Oのまわりに$\frac{\pi}{3}$回転した点になるから，

$$z_2-z=(1-z)\left(\cos\frac{\pi}{3}+i\sin\frac{\pi}{3}\right)$$
$$=\beta(1-z)$$

$\beta=\cos\frac{\pi}{3}+i\sin\frac{\pi}{3}$

となるんだ。左辺の$-z$を移項して，

$$z_2=z+\beta(1-z)$$

**答え　キ：⓪**

したがって，$w=\dfrac{z_1-\beta}{z_2-\beta}$ とおくと，$z_1=\beta z$，$z_2=z+\beta(1-z)$ から，

$$w=\frac{\beta z-\beta}{z+\beta(1-z)-\beta}$$

$$=\frac{\beta}{1-\beta}\cdot\frac{z-1}{z}\quad\cdots\cdots①$$

となるんだ。ここで，

$$1-\beta=1-\frac{1+\sqrt{3}i}{2}=\frac{1-\sqrt{3}i}{2}$$

よって，$\dfrac{\beta}{1-\beta}=\dfrac{1+\sqrt{3}i}{1-\sqrt{3}i}=\dfrac{(1+\sqrt{3}i)^2}{(1-\sqrt{3}i)(1+\sqrt{3}i)}=\dfrac{-1+\sqrt{3}i}{2}$

以上より，$w=\dfrac{-1+\sqrt{3}i}{2}\cdot\dfrac{z-1}{z}$

**答え　クケ：$-1$，$\sqrt{\text{コ}}$：$\sqrt{3}$，サ：2**

**【別解】**

次のように考えることもできるよ。

$$\beta=\cos\frac{\pi}{3}+i\sin\frac{\pi}{3}$$

$$1-\beta=\frac{1-\sqrt{3}i}{2}=\cos\left(-\frac{\pi}{3}\right)+i\sin\left(-\frac{\pi}{3}\right)$$

だから，$\dfrac{\beta}{1-\beta}=\beta\div(1-\beta)$

$$=\left(\cos\frac{\pi}{3}+i\sin\frac{\pi}{3}\right)\div\left\{\cos\left(-\frac{\pi}{3}\right)+i\sin\left(-\frac{\pi}{3}\right)\right\}$$

$$=\cos\left\{\frac{\pi}{3}-\left(-\frac{\pi}{3}\right)\right\}+i\sin\left\{\frac{\pi}{3}-\left(-\frac{\pi}{3}\right)\right\}$$

$$=\cos\frac{2}{3}\pi+i\sin\frac{2}{3}\pi=\frac{-1+\sqrt{3}i}{2}$$

(2)　$z=x+yi$ だから，

$$\frac{z-1}{z}=\frac{x-1+yi}{x+yi}=\frac{(x-1+yi)(x-yi)}{(x+yi)(x-yi)}=\frac{x^2-x+y^2+yi}{x^2+y^2}$$

よって，$w=\dfrac{-1+\sqrt{3}i}{2}\cdot\dfrac{x^2-x+y^2+yi}{x^2+y^2}$

となるから，$w$ の実部は，$\dfrac{-x^2+x-y^2-\sqrt{3}y}{2(x^2+y^2)}$

となるね。BQとBRが垂直に交わるのは$w$が純虚数のときで，
このとき$w$の実部は0になるから，

$$-x^2+x-y^2-\sqrt{3}y=0$$

が成り立つね。これを変形しよう。

$$x^2-x+y^2+\sqrt{3}y=0$$

$$\left(x-\frac{1}{2}\right)^2-\frac{1}{4}+\left(y+\frac{\sqrt{3}}{2}\right)^2-\frac{3}{4}=0$$

> $xy$平面で中心$\left(\frac{1}{2},\ \frac{\sqrt{3}}{2}\right)$，半径1の円

$$\left(x-\frac{1}{2}\right)^2+\left(y+\frac{\sqrt{3}}{2}\right)^2=1$$

となるね。つまり，点Pは$\frac{1-\sqrt{3}i}{2}$を中心とする半径1の円周上にあることがわかるね！

**答え** シ：1，$\sqrt{\text{ス}}$：$\sqrt{3}$，セ：2，ソ：1



## 3 方程式の表す図形

**対策問題にチャレンジ**

複素数$z$，$w$が次の関係式を満たす。

$$w=\frac{z-1}{z-i}\quad \cdots\cdots①$$

(1) 複素数平面上で，点$w$が原点を中心とする半径1の円を描くとき，点$z$の軌跡は，［ア］である。

［ア］の解答群

|  |
|---|
| ⓪ 点1，$i$を通る直線 |
| ① 点1，$i$を結んだ線分の垂直二等分線 |
| ② 点1，$i$を直径とする円 |
| ③ 点1を中心とし，点$i$を通る円 |
| ④ 点$i$を中心とし，点1を通る円 |

(2) 複素数平面上の点$z$が原点を中心とする半径$\sqrt{2}$の円周上を動くとき，点$w$の描く図形を$C$とする。$C$がどのような図形になるのか求めよう。

①を変形すると，

$$z=\frac{iw-\boxed{\text{イ}}}{w-\boxed{\text{ウ}}}\quad (w \neq \boxed{\text{ウ}})$$

となる。$z$は，$|z|=\sqrt{2}$を満たすので，

$$|iw-\boxed{\text{イ}}|=\sqrt{2}\,|w-\boxed{\text{ウ}}|\quad \cdots\cdots ②$$

が成り立つ。②より，

$$w\overline{w}-(\boxed{\text{エ}})w-(\boxed{\text{オ}})\overline{w}+\boxed{\text{カ}}=0$$

となり，さらにこれを変形し，

$$|w-(\boxed{\text{キ}})|^2=\boxed{\text{ク}}$$

となる。したがって，点$w$の描く図形は，点$\boxed{\text{キ}}$を中心とし，半径$\boxed{\text{ケ}}$の円である。

$\boxed{\text{エ}}$，$\boxed{\text{オ}}$，$\boxed{\text{キ}}$の解答群（同じものを繰り返し選んでもよい。）

| | | |
|---|---|---|
| ⓪ $1+i$ | ① $1-i$ | ② $2+i$ |
| ③ $2-i$ | ④ $1+2i$ | ⑤ $1-2i$ |

(3) $C$を，原点を中心に$\frac{\pi}{6}$だけ回転して得られる図形は，

中心が $\dfrac{\boxed{\text{コ}}\sqrt{\boxed{\text{サ}}}-1}{\boxed{\text{シ}}}+\dfrac{\boxed{\text{ス}}+\sqrt{\boxed{\text{セ}}}}{\boxed{\text{シ}}}i$，半径が

$\boxed{\text{ケ}}$の円である。

（2017年度静岡大学・改）

複素数と軌跡の問題をチェックしておこう！

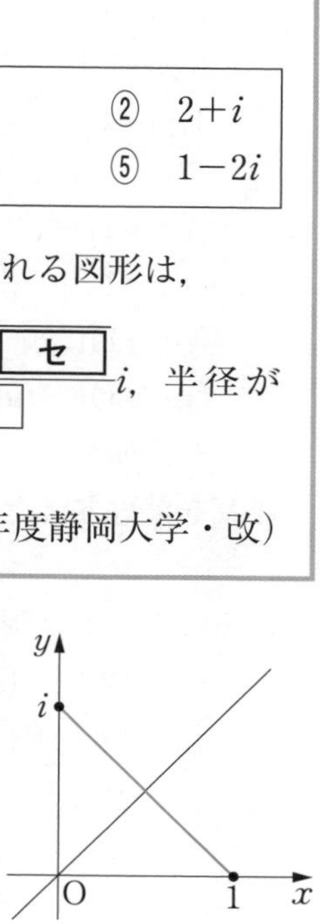


(1) $|w|=1$を満たすから，①より，

$$\left|\frac{z-1}{z-i}\right|=1$$

$$\frac{|z-1|}{|z-i|}=1$$

よって，$|z-1|=|z-i|$

つまり，点$z$は2点1，$i$からの距離が常に等しい点の集合だから，

点1，$i$を結んだ線分の垂直二等分線を描くね！

**答え　ア：①**

垂直二等分線を表す式は非常によく出てくるので，この式が出てきたらすぐに軌跡が思い浮かぶようにしておこう！



(2)　$C$がどのような図形になるのか求めよう。

①式を変形すると，$(z-i)w=z-1$

$$(w-1)z=iw-1$$

$w \neq 1$のとき，$z=\dfrac{iw-1}{w-1}$

**答え　イ：1，ウ：1**

点$z$は，方程式$|z|=\sqrt{2}$を満たすから，

$$\left|\frac{iw-1}{w-1}\right|=\sqrt{2}$$

$$\frac{|iw-1|}{|w-1|}=\sqrt{2}$$

$$|iw-1|=\sqrt{2}\,|w-1|$$

両辺を2乗したよ

$$|iw-1|^2=(\sqrt{2})^2|w-1|^2$$

$$(iw-1)(\overline{iw-1})=2(w-1)(\overline{w-1})$$

$|z|^2=z\overline{z}$

$$(iw-1)(-i\overline{w}-1)=2(w-1)(\overline{w}-1)$$

$$-i^2w\overline{w}-iw+i\overline{w}+1=2(w\overline{w}-w-\overline{w}+1)$$

これを整理すると，$w\overline{w}-(2-i)w-(2+i)\overline{w}+1=0$

**答え　エ：③，オ：②，カ：1**

さらにこれを変形すると，

$$\{w-(2+i)\}\{\overline{w}-(2-i)\}-(2+i)(2-i)+1=0$$

$$\{w-(2+i)\}\{\overline{w-(2+i)}\}=4$$

$$|w-(2+i)|^2=4$$

**答え　キ：②，ク：4**

よって，$|w-(2+i)|=2$

したがって，点 $w$ の描く図形は点 $2+i$ を中心とした半径 2 の円だ！

**答え** **ケ**：2

(3) 円 $C$ の中心を，原点を中心に $\dfrac{\pi}{6}$ だけ回転すると，

$$\begin{aligned}(2+i)\left(\cos\frac{\pi}{6}+i\sin\frac{\pi}{6}\right)&=(2+i)\left(\frac{\sqrt{3}}{2}+\frac{1}{2}i\right)\\&=\frac{2\sqrt{3}}{2}+\frac{2}{2}i+\frac{\sqrt{3}}{2}i+\frac{1}{2}i^2\\&=\frac{2\sqrt{3}-1}{2}+\frac{2+\sqrt{3}}{2}i\end{aligned}$$

となり，これが中心となるね！

もちろん，回転移動してるだけだから，半径は 2 のままだよ。

**答え** **コ$\sqrt{\text{サ}}$**：$2\sqrt{3}$，**シ**：2，**ス**：2，**$\sqrt{\text{セ}}$**：$\sqrt{3}$

**POINT**

- 原点以外の点を中心に回転する問題は，**回転の中心を原点にするように平行移動**して考える！
- $\mathrm{AB}/\!/\mathrm{CD} \iff \dfrac{\gamma-\delta}{\beta-\alpha}$ **が実数**
- $\mathrm{AC}\perp\mathrm{BC} \iff \dfrac{\gamma-\alpha}{\delta-\beta}$ **が純虚数**
- $\mathrm{A}(\alpha)$，$\mathrm{B}(\beta)$ を複素数平面上の異なる 2 点とする。
  - ・$|z-\alpha|=|z-\beta|$ を満たす点 $\mathrm{P}(z)$ の軌跡は，**線分 AP の垂直二等分線**
  - ・$|z-\alpha|=r\ (r>0)$ を満たす点 $\mathrm{P}(z)$ の軌跡は，**中心 A，半径 $r$ の円**

THEME 5

# 総合問題

ここできめる!

- 複素数平面の総合的な問題が解けるようになろう。
- 平面上の曲線と複素数平面の複合問題を解こう。

## 1 複素数と偏角

### 過去問にチャレンジ

この問題では，複素数の偏角はすべて $0°$ 以上 $360°$ 未満とする。
$\alpha=2\sqrt{2}(1+i)$ とし，等式 $|z-\alpha|=2$ を満たす複素数 $z$ を考える。

(1) $z$ の中で絶対値が最大となるものは
$\boxed{\text{ア}}\sqrt{\boxed{\text{イ}}}(\boxed{\text{ウ}}+i)$ である。

(2) $z$ の中で偏角が最大となるものを $\beta$ とおくと，$\dfrac{\beta}{\alpha}$ の絶対値は $\dfrac{\sqrt{\boxed{\text{エ}}}}{\boxed{\text{オ}}}$ で，偏角は $\boxed{\text{カキ}}°$ である。

また

$$\beta=\frac{\boxed{\text{ク}}\sqrt{\boxed{\text{ケ}}}-\sqrt{\boxed{\text{コ}}}}{\boxed{\text{サ}}}+\frac{\boxed{\text{シ}}\sqrt{\boxed{\text{ス}}}+\sqrt{\boxed{\text{セ}}}}{\boxed{\text{ソ}}}i$$

である。

さらに，$\beta$ の偏角は $\boxed{\text{タチ}}°$ である。

$1\leqq n\leqq 100$ の範囲で，$\beta^n$ が実数になる整数 $n$ は $\boxed{\text{ツ}}$ 個ある。

(1998年度センター本試験)

0°，360°…。
度数法ですか？

共通テストでは度数法で出題される可能性もあるよ。ここで慣れてしまおう！

**等式 $|z-\alpha|=2$ は，点 $\alpha$ を中心とし，半径 $2$ の円を表す**ね！

(1)　円周上の点 $z$ の中で絶対値が最大のものを求めていくよ。
絶対値は $0$ からの距離だったから，図から点 $0$ と点 $\alpha$ を結ぶ直線と円 $|z-\alpha|=2$ との交点のうち，原点から遠い方の点 $z$ で絶対値は最大になるね！

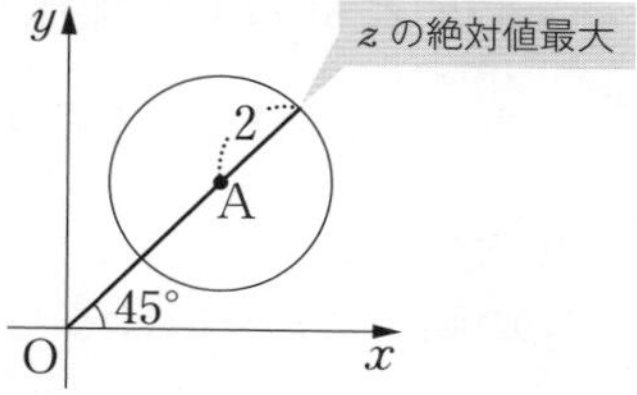


ここで，$1+i=\sqrt{2}(\cos 45°+i\sin 45°)$ であり，

$$\alpha=2\sqrt{2}(1+i)$$
$$=4(\cos 45°+i\sin 45°)$$

だから，$z$ は $\alpha$ を原点を中心に $\dfrac{4+2}{4}$ 倍すればいいね！

つまり，$z=\dfrac{6}{4}\alpha=3\sqrt{2}(1+i)$

**答え**　**ア$\sqrt{\text{イ}}$：$3\sqrt{2}$，ウ：$1$**

(2)　円周上の点 $z$ の偏角が最大となるのは，右図のように，$z$ が原点から引いた円の接線との接点となるときだね。
$\mathrm{A}(\alpha)$，$\mathrm{B}(\beta)$ として△OAB に着目すると，

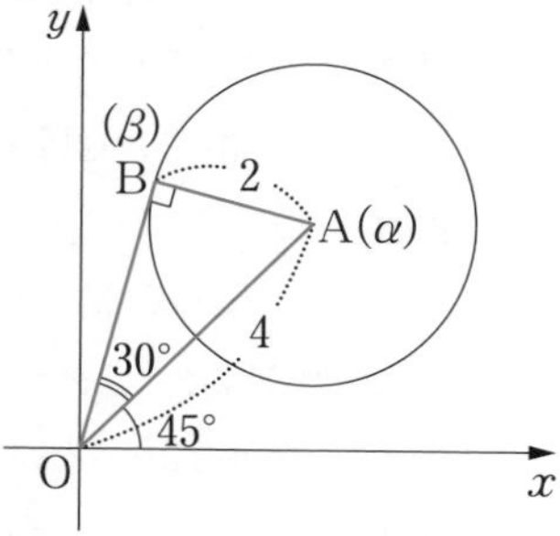


$$\mathrm{OA}=|\alpha|=4,$$
$$\mathrm{AB}=(\text{円の半径})=2,$$
$$\angle \mathrm{ABO}=90°$$

だから，△OAB は $\mathrm{AB}:\mathrm{OA}:\mathrm{OB}=1:2:\sqrt{3}$ の有名な三角形だね！

この図から，$\beta$ は O を中心に $\alpha$ を $\dfrac{\sqrt{3}}{2}$ 倍して $30°$ 回転させたものだから，

$$\frac{\beta}{\alpha}=\frac{\sqrt{3}}{2}(\cos 30°+i\sin 30°)$$

ゆえに, $\left|\dfrac{\beta}{\alpha}\right|=\dfrac{\sqrt{3}}{2}$, 偏角は$30°$

**答え** $\dfrac{\sqrt{\text{エ}}}{\text{オ}}$ : $\dfrac{\sqrt{3}}{2}$, **カキ** : 30

次は$\beta$の値だ。

$\cos 75°$と$\sin 75°$を加法定理によって求めることで$\beta$の値を求めてもいいけど, ここでは, $\dfrac{\beta}{\alpha}=\dfrac{\sqrt{3}}{2}(\cos 30°+i\sin 30°)$ ……①を利用しよう！

①の両辺に$\alpha$を掛けると,

$$\beta=\frac{\sqrt{3}}{2}(\cos 30°+i\sin 30°)\times\alpha$$
$$=\frac{\sqrt{3}}{2}\left(\frac{\sqrt{3}}{2}+\frac{i}{2}\right)\times 2\sqrt{2}(1+i)=\frac{\sqrt{3}}{4}\cdot 2\sqrt{2}(\sqrt{3}+i)(1+i)$$
$$=\frac{3\sqrt{2}-\sqrt{6}}{2}+\frac{3\sqrt{2}+\sqrt{6}}{2}i$$

**答え** **ク**$\sqrt{\text{ケ}}$ : $3\sqrt{2}$, $\sqrt{\text{コ}}$ : $\sqrt{6}$, **サ** : 2,
**シ**$\sqrt{\text{ス}}$ : $3\sqrt{2}$, $\sqrt{\text{セ}}$ : $\sqrt{6}$, **ソ** : 2

$\beta$の偏角は$75°$だね！

**答え** **タチ** : 75

$\beta^n$はド・モアブルの定理より,

$$\beta^n=(2\sqrt{3})^n(\cos(75°\times n)+i\sin(75°\times n))$$

と表せるね！

$\beta^n$が実数となるのは, 偏角は$180°\times k$（$k$は整数）のときだから,

$$75n=180k$$

つまり, $5n=12k$（$k$は整数）を満たす整数$n$（$1\leqq n\leqq 100$）の個数を求めればいいんだね！

$5n=12k$で, 5と12は1以外に共通な約数をもたないので, $n$が12の倍数になればいいね！

$1\leqq n\leqq 100$で12の倍数は

$$12\times 1,\ 12\times 2,\ \cdots,\ 12\times 8$$

の8個になるね！

**答え** **ツ** : 8

## 2 複素数と図形

### 対策問題にチャレンジ

$\alpha$を複素数とする。以下の問いに答えよ。

(1) $z$の2次方程式

$$z^2-\alpha z+2i=0 \quad \cdots①$$

が実数解をもつように$\alpha$が動くとき,

$$\beta=\alpha(1+i)$$

で定まる複素数$\beta$が複素数平面上に描く図形を求めたい。

①の実数解を$\gamma$として$\gamma\neq0$であることに注意して$\alpha$について解くと,

$\alpha=$ [ア] $+$ [イ] $i$

したがって,

$\beta=\alpha(1+i)$

$=$ [ウ] $+($ [エ] $)i$

ここで$\beta=x+yi$ （$x$と$y$は実数） とおくと,

$\begin{cases} x= \text{[ウ]} & \cdots\cdots② \\ y= \text{[エ]} & \cdots\cdots③ \end{cases}$

次に, $\gamma$が実数のときの$x$と$y$の範囲を求めよう。

②を変形して$\gamma$の2次方程式としてみて, $\gamma$が実数であるから判別式を考えると, $x$の範囲は [オ]

③についても同様にすると, $y$の範囲は [カ]

②, ③式の和と差を考えることで

$\gamma=$ [キ], $\dfrac{1}{\gamma}=$ [ク]

$\gamma\cdot\dfrac{1}{\gamma}=1$より, $x^2-y^2=$ [ケコ]

よって, $\beta$が描く複素数平面上の図形は [サ] のようになる。

**ア** ～ **エ** の解答群（同じものを繰り返し選んでもよい。）

⓪ $2$　① $\gamma$　② $\dfrac{1}{\gamma}$　③ $2\gamma$　④ $\dfrac{2}{\gamma}$

⑤ $\gamma+\dfrac{2}{\gamma}$　⑥ $2\gamma+\dfrac{1}{\gamma}$　⑦ $\gamma-\dfrac{2}{\gamma}$　⑧ $2\gamma-\dfrac{1}{\gamma}$

**オ** の解答群

⓪ すべての実数　① $0\leqq x$

② $-2\sqrt{2}\leqq x\leqq 2\sqrt{2}$　③ $x\leqq -2\sqrt{2}$ または $2\sqrt{2}\leqq x$

**カ** の解答群

⓪ すべての実数　① $0\leqq y$

② $-2\sqrt{2}\leqq y\leqq 2\sqrt{2}$　③ $y\leqq -2\sqrt{2}$ または $2\sqrt{2}\leqq y$

**キ** , **ク** の解答群

⓪ $\dfrac{x+y}{2}$　① $\dfrac{x+y}{4}$　② $\dfrac{x-y}{2}$　③ $\dfrac{x-y}{4}$

④ $-\dfrac{x+y}{2}$　⑤ $-\dfrac{x+y}{4}$　⑥ $-\dfrac{x-y}{2}$　⑦ $-\dfrac{x-y}{4}$

**サ** の解答群

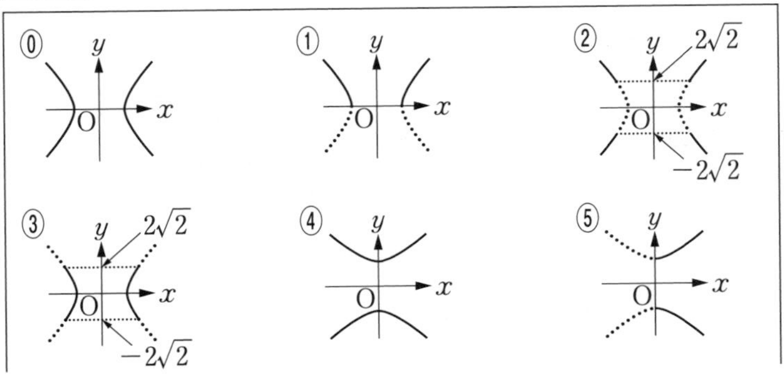

⑥ 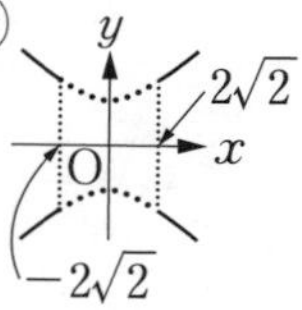


⑦ 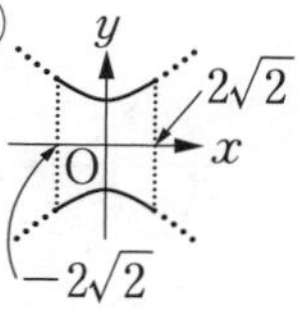


(2)　次に$z$の2次方程式

$$z^2-(\alpha-2i)z+3=0 \quad \cdots ④$$

が絶対値が1の解を持つように$\alpha$が動くとき，

複素数平面上の$\alpha$の描く図形を求めよう。

$z \fallingdotseq 0$だから，④を$\alpha$について解くと

$$\alpha=z+\frac{\boxed{\text{シ}}}{z}+\boxed{\text{ス}}\,i$$

絶対値が1より$z=\cos\theta+i\sin\theta$とおくと，

$$\alpha=\boxed{\text{セ}}\cos\theta+i(\boxed{\text{ソタ}}\sin\theta+\boxed{\text{チ}})$$

ここで，$\alpha=x+yi$とおくと，

$$\begin{cases} x=\boxed{\text{セ}}\cos\theta \\ y=\boxed{\text{ソタ}}\sin\theta+\boxed{\text{チ}} \end{cases} \quad \cdots\cdots ⑤$$

となる。⑤を変形して，$\cos^2\theta+\sin^2\theta=1$を利用すると，

$$\frac{x^2}{\boxed{\text{ツテ}}}+\frac{(y-\boxed{\text{ト}})^2}{\boxed{\text{ナ}}}=1$$

したがって，$\alpha$が描く図形は$\boxed{\text{ニ}}$である。

$\boxed{\text{ニ}}$の解答群

⓪ 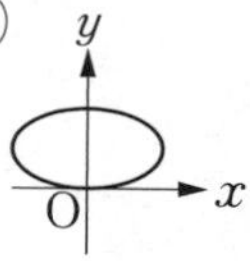


① 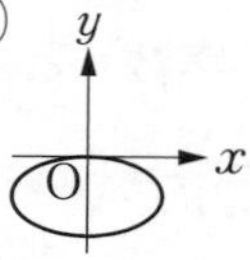


② 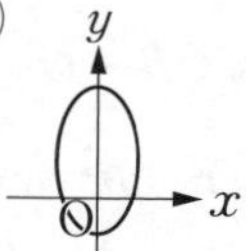


③ 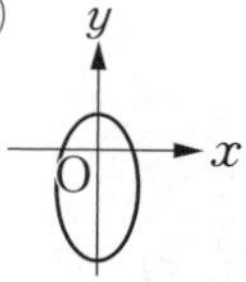


④ 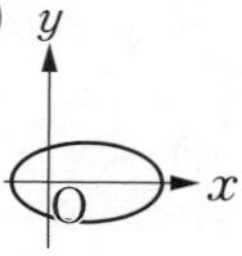


⑤ 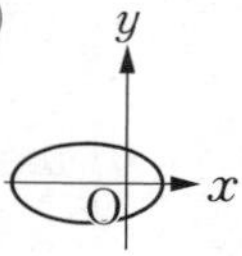

⑥
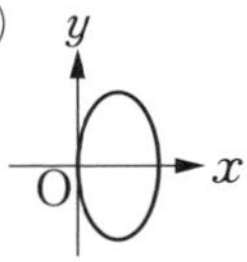


⑦
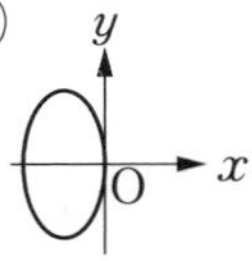


（オリジナル）



複素数平面と媒介変数・2次曲線の融合問題だね！

(1)　$z$の2次方程式$z^2-\alpha z+2i=0$　……①　の実数解を$\gamma$とすると，

①に$z=\gamma$を代入できるから，

$$\gamma^2-\alpha\gamma+2i=0$$

$$\alpha\gamma=\gamma^2+2i$$ ◀ $\alpha$について解いたよ

$\gamma\neq 0$より，$\alpha=\gamma+\dfrac{2}{\gamma}i$

$\gamma^2-\alpha\gamma+2i=0$の左辺に$\gamma=0$を代入すると$2i\neq 0$だから$\gamma=0$は解ではないね。

**答え** **ア：①，イ：④**

したがって，$\beta=\alpha(1+i)$

$$=\left(\gamma+\frac{2}{\gamma}i\right)(1+i)$$

$$=\gamma-\frac{2}{\gamma}+\left(\gamma+\frac{2}{\gamma}\right)i$$

ここで$\beta=x+yi$（$x$と$y$は実数）とおくと，

$$x+yi=\gamma-\frac{2}{\gamma}+\left(\gamma+\frac{2}{\gamma}\right)i$$

だから，$\begin{cases} x=\gamma-\dfrac{2}{\gamma} & \cdots\cdots② \\ y=\gamma+\dfrac{2}{\gamma} & \cdots\cdots③ \end{cases}$

**答え** **ウ：⑦，エ：⑤**

このとき，$x$，$y$は媒介変数$\gamma$を用いて表される実数と考えるこ

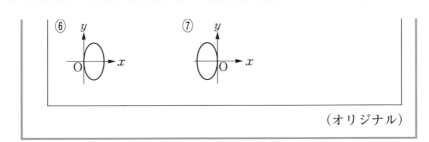

とができるね。

**媒介変数の問題では，範囲が大事になってくる**よ！

②の両辺に$\gamma$を掛けると，

$$\gamma^2-x\gamma-2=0$$

$\gamma$は実数だから判別式を$D$とすると，$D\geqq 0$だね！

$D=x^2+8$だから，常に$D\geqq 0$となるよ。

よって，$x$はすべての実数をとるんだ。

答え **オ：⓪**

③の両辺にも$\gamma$を掛けると，

$$\gamma^2-y\gamma+2=0$$

判別式を$D'$とすると$D'=y^2-8$で$\gamma$は実数で$D\geqq 0$だから，

$$y^2-8\geqq 0$$

$y\leqq -2\sqrt{2}$または$2\sqrt{2}\leqq y$

答え **カ：③**

②＋③より，

$$x+y=2\gamma$$

$$\gamma=\frac{x+y}{2} \quad \cdots\cdots\text{(a)}$$

答え **キ：⓪**

③－②より，

$$-x+y=\frac{4}{\gamma}$$

$$\frac{1}{\gamma}=-\frac{x-y}{4} \quad \cdots\cdots\text{(b)}$$

答え **ク：⑦**

(a)，(b)を$\gamma\cdot\dfrac{1}{\gamma}=1$に代入すると，

$$\frac{x+y}{2}\cdot\left(-\frac{x-y}{4}\right)=1$$

$$x^2-y^2=-8 \quad \cdots\cdots\text{(c)}$$

答え **ケコ：－8**

(c)の，両辺8で割ると $\dfrac{x^2}{8}-\dfrac{y^2}{8}=-1$ だから

双曲線だね！

$y\leqq-2\sqrt{2}$，$2\sqrt{2}\leqq y$ の範囲で双曲線全体を描けばいいから，$\beta$ が描く複素数平面上の図形は右図のようになるね。

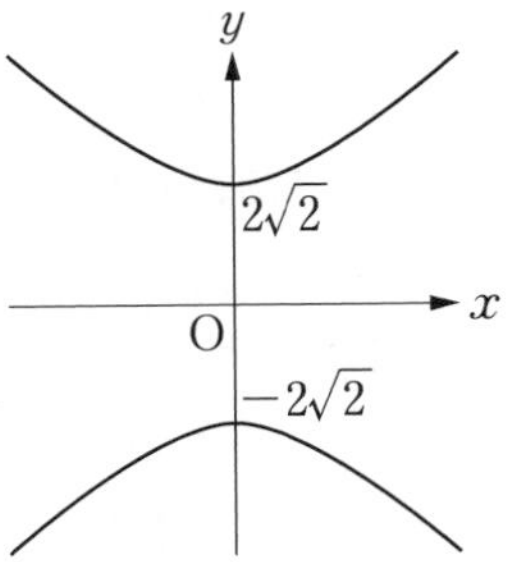


**答え サ：④**



(2)　次に $z$ の2次方程式

$$z^2-(\alpha-2i)z+3=0 \quad \cdots④$$

を $\alpha$ について解くと，$(\alpha-2i)z=z^2+3$

$z\neq0$ だから

$$\alpha-2i=z+\frac{3}{z}$$

$$\alpha=z+\frac{3}{z}+2i$$

**答え シ：3，ス：2**

$z$ の絶対値が1ということから，$z$ を極形式で表すと

$z=\cos\theta+i\sin\theta$ とおけるね！

これを $\alpha=z+\dfrac{3}{z}+2i$ に代入すると，

$$\begin{aligned}\alpha&=\cos\theta+i\sin\theta+\frac{3}{\cos\theta+i\sin\theta}+2i\\&=\cos\theta+i\sin\theta+3(\cos(-\theta)+i\sin(-\theta))+2i\\&=\cos\theta+i\sin\theta+3\cos\theta-3i\sin\theta+2i\\&=4\cos\theta+i(-2\sin\theta+2)\end{aligned}$$

**答え セ：4，ソタ：−2，チ：2**

$\alpha=x+yi$ とおくと，

$$x+yi=4\cos\theta+i(-2\sin\theta+2)$$

$$\begin{cases}x=4\cos\theta\\y=-2\sin\theta+2\end{cases}$$

それぞれの式を，$\cos\theta$ と $\sin\theta$ について解くと，

$$\begin{cases} \cos\theta = \dfrac{x}{4} \\ \sin\theta = -\dfrac{y-2}{2} \end{cases}$$

これを，$\cos^2\theta + \sin^2\theta = 1$ に代入をすると，

$$\left(\frac{x}{4}\right)^2 + \left(-\frac{y-2}{2}\right)^2 = 1$$

$$\frac{x^2}{16} + \frac{(y-2)^2}{4} = 1$$

**答え** ツテ：16，ト：2，ナ：4

これは，楕円 $\dfrac{x^2}{16} + \dfrac{y^2}{4} = 1$ を $y$ 軸方向に2だけ平行移動した図形だよ。

したがって，$\alpha$ が描く図形は右図のような楕円になるね！

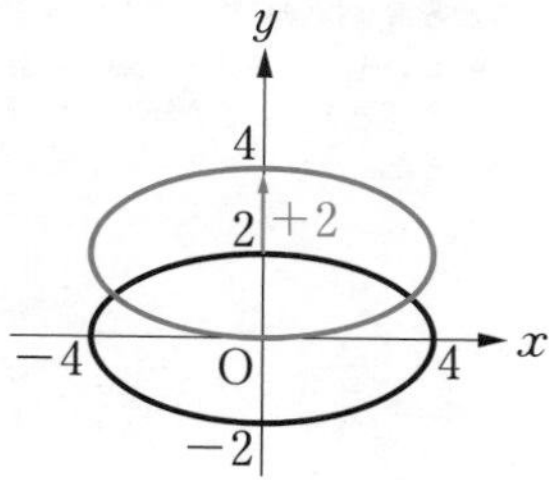


**答え** ニ：⓪

## 迫田 昂輝　Sakoda Koki

河合塾・スタディサプリ講師，教員研修-先生が星-代表。早稲田大学理工学部数理科学科（現基幹理工学部数学科）卒業。「数学が苦手な生徒に，まず数学を好きにさせる」「子どもたちの真なる当事者意識に火をつける」をモットーに，これまで多くの受験生を指導。学習塾では講師の授業研修を担当。また教員向けのセミナー，講演登壇多数。全国の中学・高校教員の指導相談や授業技術の相談に乗りながら，自身も子ども達にとって最高の授業を追究するべく研鑽する毎日。受験生とともに共通テストを受験しており，どこよりも早くわかりやすい「解説授業」のLIVE配信が大好評。自身のYouTubeチャンネル「数学・英語のトリセツ！」は登録者数20万人以上，合計再生回数5500万回以上。

## 田井 智暁　Tai Tomoaki

京都大学大学院人間・環境学研究科卒業。若くして集団，個別，オンライン指導と豊富な指導経験を持ち，専門的な学術知識をもとに噛み砕いた丁寧な解説と明るいキャラクターが魅力。解答に至るまでのプロセスや生徒の直感を大事にした「できる」を意識した数学指導によって，数々の生徒を難関大合格に導いてきた。



**きめる！共通テスト　数学Ⅱ・B・C　改訂版**

著　　者　迫田昂輝，田井智暁
カバーデザイン　野条友史（buku）
カバーイラスト　Hi there（vision track）
本文デザイン　宮嶋章文
本文イラスト　ハザマチヒロ
編集協力　株式会社 ダブルウィング，
神崎宏則，立石英夫，林千珠子
データ制作　株式会社 四国写研
印刷所　株式会社 リーブルテック

M2

Gakken

きめる! KIMERU SERIES

［別冊］

数学 II・B・C 改訂版

Mathematics II・B・C

直前まで役立つ!

# 完全対策BOOK

この別冊は取り外せます。矢印の方向にゆっくり引っぱってください。

きめる! KIMERU SERIES

## もくじ

# 知っておきたい共通テストの形式

※新教育課程履修者の場合

## 試験概要

数学Ⅱ，数学B，数学Cは大問7つで構成されています。（試作問題）
第1問～第3問が必答問題であり，第4問～第7問のうち3つを選択することになります。

**第1～3問**…**数学Ⅱの単元から出題（必答）**

**第4問以降**…**数学B「数列」「確率分布と統計的な推測」，**
**数学C「ベクトル」「平面上の曲線と複素数平面」**
**の4題から3つの単元（大問）を選択**

## 配点

数学Ⅱ，数学B，数学Cで**100点満点**。
試作問題では以下の配点でした。

第1問　　：**15点**
第2問　　：**15点**
第3問　　：**22点**
第4～7問：**16点**

要check!　試作問題から変更となる可能性もある！

## 試験時間

**70分**

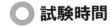

### 対策のPOINT 各単元の基礎を正しく理解しよう

定義や公式は意味と役割を人に説明できるまでになろう。

### 対策のPOINT 時間制限なしで過去問を解いて実力を診断

7割得点できない人は，数学の基礎力に難アリ！

### 対策のPOINT 「数学力」とは計算力・構想力・表現力のこと

「正しい数学力」を磨くために
①面倒な計算もサボらずに行い，計算力を磨く
②定義や公式の理解を完璧にして，構想力を磨く
③問題文の解き方に対応できるように，表現力を磨く
を意識しよう！

### 対策のPOINT 点数アップには問題文の行間を意識する

文章問題は，解法の流れの大枠をつかむ感覚を磨く！
過去問の演習を通して身につけていこう。

対策の POINT

## 「きれいにかく」を意識して10点アップ！

得点力アップのために
①計算式はきちんと書き出す（記述をきちんと書く）
②図は何個でも必要なだけかく（図をきれいにかく）
③不要な情報は読み飛ばす（情報を取捨選択する）
のクセをつけよう！

対策の POINT

## 直前対策で5点アップ！

テスト本番で慌てず効率よく得点するために
①賢い時間配分⇒大問それぞれに使う時間を決めておく
②ミスの最小化⇒消しゴムは使わない
プラスα　戦略的な得点法⇒解けない問題は塗り逃げして進む

## SECTION 1 で学ぶこと

### 三角関数

すべての単元に共通することだけど，まずは**用語の定義をきちんと押さえること**。定義を直接問う問題が度々出題されており，「サイン・コサイン・タンジェントとは何か」は，正確に人に説明できるように。弧度法の定義を選択肢から選ぶ問題も過去には出題されている。とにかく公式がたくさんある上，加法定理と合成，方程式と不等式，グラフ問題とやることが多く，決して簡単ではない。だからこそ，基礎を確実にしたうえで，頑張ってほしい。

## SECTION 2 で学ぶこと

### 指数関数・対数関数

この単元は，高速で駆け抜けてほしい。基本的には「解けて当たり前」のところなので，**確実に得点源にしたい**。そのうえで，なるべく時間を稼ぎ，他の問題の時間配分に余裕をもたせたい。最初はとても簡単な計算から始まる問題もあるので，テキパキ処理をする。あとはグラフをキレイにかけるように！

## SECTION 3 で学ぶこと

### 図形と方程式

この単元の問題が単独で出題されることは，ぶっちゃけると，少ない。ただし，「三角関数」を使う問題や，「微分法・積分法」との融合問題として出てくることはある。基本的な問題はキッチリ解けるようにしておこう。他の単元に比べて，覚えた公式（方程式）に値を代入して計算するパターンがよく見られるので，それらが頭に入っていないと厳しい。確実に頭に入れておこう。

## SECTION 4 で学ぶこと

### 微分法・積分法

微分法・積分法は，**毎年必ず大問が出題される超重要単元**。20点以上と，配点がもっとも大きな必答問題になる可能性が高いため，確実に得点できる力をつけたい。とはいえ，簡単な単元ではない。レベルアップのとっかかりとして重要なのは，苦手意識は脇に置いて，言葉の定義をきちんと押さえること。そのうえで，3次関数のグラフの特徴を把握し，図形の見方に慣れていこう。

## SECTION 5 で学ぶこと

### 数列

「数列」は，**他の単元と絡んだ問題の出ない独立した単元。**数学Ⅱ・B・Cに超苦手意識があって，「とにかく点数を上げたい」という場合，ここから潰していく考え方もアリ。勉強した分が点数に繋がりやすく，努力の効果を実感しやすいので，コスパが高い単元なのだ。問題のバリエーションも多くないので，ぜひ得意単元にしてしまおう。

## SECTION 6 で学ぶこと

### 確率分布と統計的な推測

この単元の特徴は……とにかく問題文が長い。日常の場面から問題に繋げていく展開もあり，数学Ⅰ・A「データの分析」のようなわずらわしさ（と言ってしまおう！）があるかもしれない。ただ，**前半の問題は点数が比較的とりやすい**という特徴もある。公式を押さえたらあとはミスに気をつけて，ぱっぱと解き進めよう。節約した時間を使って，後半の問題をしっかり解くようにしたい。

## SECTION 7 で学ぶこと

### ベクトル

「ベクトル」は，式の形が独特なことに加え，平面図形・立体・座標と出題パターンが多彩に見えるせいで，苦手に感じている人も多い。だが，その大半は誤解だ。なかでも，「基本」に高いハードルを感じている人は，その思い込みのせいで，よくあるパターンの問題が解けず，使うべき公式が使えないといった負けパターンにハマってしまっている。**基本的な問題をひととおり完璧に解けるように**しておけば，きっちり得点が読める単元にすることは十分可能だ。

## SECTION 8 で学ぶこと

### 平面上の曲線と複素数平面

かつては「複素平面」という単元として出題されていた分野であり，出そうな問題傾向の予想はできるけれど，「2次曲線の問題とどんな配分になるのか？」「それぞれの難易度は？」などが現段階では読み切れない。ただ，理系志望の人は，どのみち必要な分野なので，理系としての対策をしていれば，おそらく大丈夫。逆に，**文系志望はこの単元は選択しないほうが無難**。

きめる!

KIMERU SERIES

## 読むだけで点数アップ！

# 数学Ⅱ・B・C要点公式集

きめる! KIMERU SERIES

# SECTION 0 いろいろな式

いろいろな式の単元は，共通テストの問題として単独のものはとても少ないんだけど，さまざまな単元の基礎となる部分なので，ここでまとめておくね！

## パスカルの三角形

$(a+b)^n$ を展開したときの各項の係数を右の図のように三角形状に書き出していったものを**パスカルの三角形**という。

| | | | | | | | | | | | |
|---|---|---|---|---|---|---|---|---|---|---|---|
| $(a+b)^1$ | | | | | 1 | | 1 | | | | |
| $(a+b)^2$ | | | | 1 | | 2 | | 1 | | | |
| $(a+b)^3$ | | | 1 | | 3 | | 3 | | 1 | | |
| $(a+b)^4$ | | 1 | | 4 | | 6 | | 4 | | 1 | |
| $(a+b)^5$ | 1 | | 5 | | 10 | | 10 | | 5 | | 1 |

各段の両端は1で，その他はすぐ左上と右上の数の和になっているね。

例　$(a+b)^2=a^2+2ab+b^2$　係数は左から順に1，2，1

$(a+b)^3=a^3+3a^2b+3ab^2+b^3$　係数は左から順に1，3，3，1

## 二項定理

$$(a+b)^n={}_n\mathrm{C}_0a^nb^0+{}_n\mathrm{C}_1a^{n-1}b^1+{}_n\mathrm{C}_2a^{n-2}b^2+\cdots\cdots$$
$$\cdots+{}_n\mathrm{C}_ka^{n-k}b^k+\cdots\cdots+{}_n\mathrm{C}_{n-1}a^1b^{n-1}+{}_n\mathrm{C}_na^0b^n$$

例　$(a+b)^5$ の展開における $a^3b^2$ の係数

$(a+b)^n$ の展開がどのようになるか考えてみよう。たとえば，$(a+b)^5$ を展開したときの，$a^3b^2$ の係数を調べてみよう。まず，$(a+b)^5$ は次のようになるね。

①　②　③　④　⑤

$$(a+b)^5=(\underline{a}+b)(a+\underline{b})(\underline{a}+b)(a+\underline{b})(\underline{a}+b)$$

$(a+b)^5$ の展開式の各項は①から⑤の（　）にある文字（$a$ と $b$）を，それぞれ1個ずつ選んで掛け合わせて作られる。

・$a^5$　：すべて $a$ を選んで掛け合わせて作られる項

・$a^3b^2$：$a$ を3個，$b$ を2個選んで掛け合わせて作られる項

ここで，$a^3b^2$ の係数とは，「$a^3b^2$ という項は何個できるのか」ということだから，5つの（　）から「$a$ を3個，$b$ を2個選ぶ方法は何通りあるか」を考えればいいよ。つまり，「**5つの（　）のうち，どの（　）から $b$ を選ぶのか**」を考えればよいので，${}_5\mathrm{C}_2=10$（通り）の選び方ができる。

したがって，$a^3b^2$ の係数は10。このように，**どの（　）から，いくつの $b$（ま**

**たは$a$）を選ぶのか**を考えることで，展開した各項の係数がわかるよ。
二項定理は，非常に重要な定理ではあるけど，丸暗記をするのは避けた方がいいよ。二項定理の仕組みをしっかりと理解し，いつでも導出できるようにしておくことが大切なんだ！
数学Bの「数列」の単元を学ぶと，二項定理を次のように表すこともできるよ。

$$(a+b)^n=\sum_{k=0}^{n}{}_n\mathrm{C}_k a^{n-k}b^k$$

## 多項定理

$(a+b+c)^n$を展開したときの各項の次数は$n$になるから，展開したときの各項は，$a^pb^qc^r$（$p+q+r=n$）となる。
よって，$a^pb^qc^r$の係数は，$n$個の（　）から，$a$を$p$個，$b$を$q$個，$c$を$r$個選んだときの総数になる。

$$\boldsymbol{(a^pb^qc^r\text{の係数})={}_n\mathrm{C}_p\cdot{}_{n-p}\mathrm{C}_q}$$

これは，$a$を$p$個，$b$を$q$個，$c$を$r$個一列に並べたときの並べ方の総数と同じだから，

$$\boldsymbol{a^pb^qc^r\text{の係数}=\frac{n!}{p!q!r!}}$$

---

例　$(2a+b-c)^6$の展開式における，$a^2bc^3$の係数を求めよ。
〔解答〕
$a^2bc^3$の項は，6個の（　）から$2a$をとる2個の（　）の選び方が${}_6\mathrm{C}_2$通り，残りの4個の（　）から$b$をとる1個の（　）の選び方が${}_4\mathrm{C}_1$通りだから，

$${}_6\mathrm{C}_2\times{}_4\mathrm{C}_1\times(2a)^2\times b^1\times(-c)^3=-240a^2bc^3$$

よって，係数は$-240$

$$\frac{6!}{2!1!3!}\times(2a)^2\times b\times(-c)^3=-240a^2bc^3$$

としてもいいよ！

## 相加平均・相乗平均

2つの実数$a$，$b$について，$\dfrac{a+b}{2}$を$a$と$b$の**相加平均**，$a>0$，$b>0$のとき$\sqrt{ab}$を$a$と$b$の**相乗平均**というよ。

$a>0$，$b>0$のとき，

$\boldsymbol{\dfrac{a+b}{2} \geqq \sqrt{ab}}$　（等号は，$a=b$のとき成り立つ。）

## 複素数

$x^2=-1$を満たす$x$を記号$i$で表すことにし，この$i$を**虚数単位**と呼ぶ。この$i$と，実数$a$，$b$を用いて，$a+bi$の形で表された数を**複素数**というんだ。複素数$a+bi$の$a$を**実部**，$b$を**虚部**という。

$b=0$のとき，$a+bi=a$となり，$a$は実数だから，$b=0$のとき$a+bi$は実数となる。

$b \neq 0$のとき，$a+bi$には必ず虚数単位の$i$がつき，$a+bi$を**虚数**という。$a=0$，$b \neq 0$のとき，$a+bi=bi$となり，この複素数を**純虚数**という。

図にまとめると以下のようになるね。複素数は数を全部網羅しているんだ。

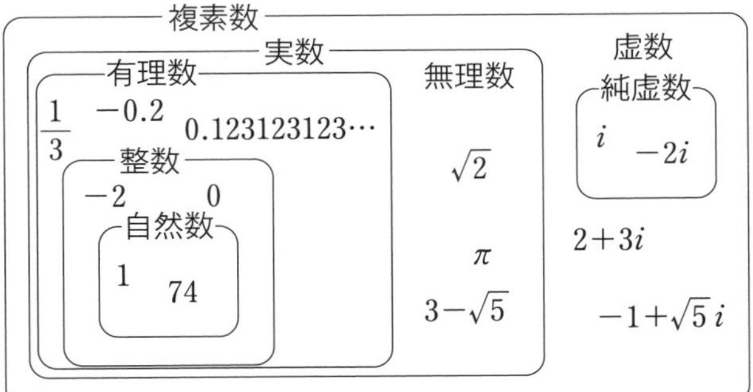


## 解と係数の関係

2次方程式$ax^2+bx+c=0$の2解を$x=\alpha$，$\beta$とすると，

$$\boldsymbol{\alpha+\beta=-\frac{b}{a},\ \ \alpha\beta=\frac{c}{a}}$$

3次方程式$ax^3+bx^2+cx+d=0$の3解を$x=\alpha,\ \beta,\ \gamma$とすると，

$$\boldsymbol{\alpha+\beta+\gamma=-\frac{b}{a},\ \ \alpha\beta+\beta\gamma+\gamma\alpha=\frac{c}{a},\ \ \alpha\beta\gamma=-\frac{d}{a}}$$

## 解の差の公式

2次方程式$ax^2+bx+c=0$……①において，2解を$x=\alpha,\ \beta$（$\alpha<\beta$）とすると，

$$\boldsymbol{\beta-\alpha=\frac{\sqrt{D}}{|a|}}$$ （$D$は①の判別式）

※　2次方程式が$ax^2+2bx+c=0$の場合，$\boldsymbol{\beta-\alpha=\frac{2\sqrt{\frac{D}{4}}}{|a|}}$

解と係数の関係により，2次方程式の「解の和」と「解の積」はすぐに求めることができるんだけど，さらに「解の差」についても考えてみよう！
2次方程式$ax^2+bx+c=0$（$a>0$）において，2解を$x=\alpha,\ \beta$（$\alpha<\beta$），判別式を$D$とすると，

$$\alpha=\frac{-b-\sqrt{D}}{2a},\ \ \beta=\frac{-b+\sqrt{D}}{2a}$$

よって，$\beta-\alpha=\frac{(-b+\sqrt{D})-(-b-\sqrt{D})}{2a}=\frac{2\sqrt{D}}{2a}=\frac{\sqrt{D}}{a}$

## 剰余定理

多項式$P(x)$を1次式$x-\alpha$で割ると，

$$P(x)=(x-\alpha)Q(x)+(\text{余り})$$ （商を$Q(x)$とおいた）

両辺に$x=\alpha$を代入すれば，

$$P(\alpha)=0+(\text{余り})$$

このことから，次のことが導ける。

・多項式$P(x)$を1次式$x-\alpha$で割った余りは，$\boldsymbol{P(\alpha)}$

・多項式$P(x)$を1次式$ax+b$で割った余りは，$\boldsymbol{P\left(-\frac{b}{a}\right)}$

## 因数定理

**1次式$x-\alpha$が多項式$P(x)$の因数である　$\Longleftrightarrow$　$P(\alpha)=0$**

剰余定理から，

「多項式$P(x)$が$x-\alpha$で割り切れる」 $\Longleftrightarrow$ 「$P(x)$を$x-\alpha$で割った余りが0」

$\Longleftrightarrow$ $P(\alpha)=0$

逆に，$P(\alpha)=0$となるとき，$P(x)$は$x-\alpha$で割り切れるから，$P(x)$は$x-\alpha$を因数にもつことがわかるね。

## 因数の見つけ方

因数定理を用いて多項式$P(x)$を因数分解するとき，$P(\alpha)=0$となる$\alpha$が簡単に見つからないときは次のように見つけることができる。$n$次の多項式$P(x)$の係数を降べきの順に$a_0$，$a_1$，$a_2$，……，$a_{n-1}$，$a_n$とする。すなわち，$P(x)=a_0x^n+a_1x^{n-1}+a_2x^{n-2}+\cdots\cdots+a_{n-1}x+a_n$とするとき，$P(\alpha)=0$となる$\alpha$は，

$$\alpha=\pm\frac{(a_n\text{の約数})}{(a_0\text{の約数})}=\pm\frac{(\text{定数項の約数})}{(\text{最高次の文字の係数の約数})}$$

例　$2x^3+x^2+5x-3$を因数分解せよ。

〔解答〕

$P(x)=2x^3+x^2+5x-3$とする。

- $x^3$の係数2の約数……$\pm1$，$\pm2$
- 定数項$-3$の約数……$\pm1$，$\pm3$

より，$P(\alpha)=0$となる$\alpha$の候補は，$\alpha=\pm1$，$\pm3$，$\pm\frac{1}{2}$，$\pm\frac{3}{2}$となる。

$P\left(\frac{1}{2}\right)=2\left(\frac{1}{2}\right)^3+\left(\frac{1}{2}\right)^2+5\cdot\frac{1}{2}-3=0$より，$P(x)$は$2x-1$を因数にもつ。

よって，$P(x)=(2x-1)(x^2+x+3)$

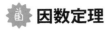

# SECTION 1 三角関数

## 弧度法

右図のように半径1の円（単位円）の弧$\overset{\frown}{\mathrm{AP}}$の長さが$\theta$のとき，中心角$\angle\mathrm{AOP}$は$\theta$[rad]。
とくに，単位円の1周の長さは$2\pi$だから，

$$\mathbf{360^\circ = 2\pi}$$

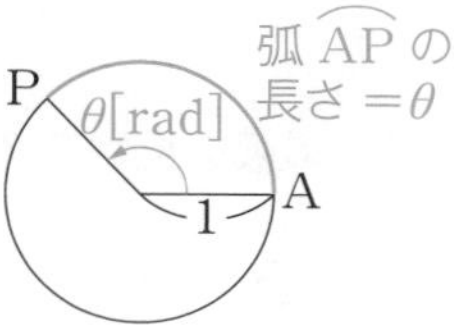


## 弧度法と度数法の変換

・度数法→弧度法

$$x^\circ = \frac{x}{180}\pi$$

・弧度法→度数法

$\pi = 180^\circ$を代入

$$1^\circ = \frac{\pi}{180}$$
$$180^\circ = \pi$$

公式の考え方は，$180^\circ = \pi$ ……☆を基準に考えよう！

度数法→弧度法については☆の両辺を180で割ると，$1^\circ = \dfrac{\pi}{180}$だから，

$x$倍すると，$x^\circ = \dfrac{x}{180}\pi$

度数法→弧度法は☆をそのまま利用するよ！

## 扇形の弧の長さと面積

半径$r$，中心角$\theta$（ラジアン）の扇形について，

弧の長さ：$\boldsymbol{l = r\theta}$

面積：$\boldsymbol{S = \dfrac{1}{2}r^2\theta}$

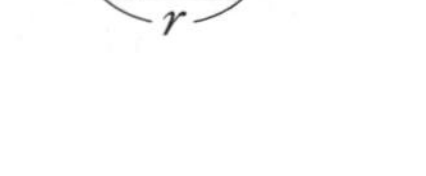

半径1，中心角$\theta$（ラジアン）の扇形と半径$r$，中心角$\theta$（ラジアン）の扇形を考えると，これらは，相似比1：$r$の相似の関係だね。

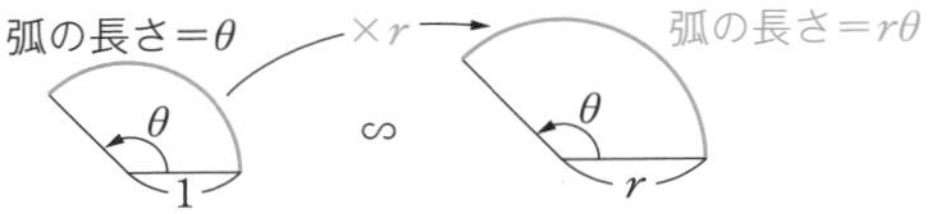


**半径1の弧の長さを$\theta$と定義**したから，**$r$倍をすれば半径$r$の弧の長さが出る**んだ。
また，扇形は1周$2\pi$（円全体）のうちの中心角$\theta$の部分だね。

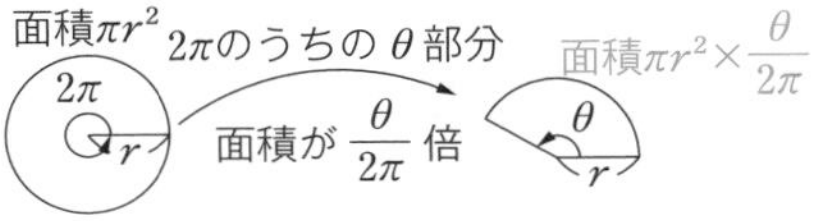


つまり，円の面積$\pi r^2$の$\frac{\theta}{2\pi}$倍になるから，$S=\pi r^2\times\frac{\theta}{2\pi}=\frac{1}{2}r^2\theta$

## 三角関数の定義

右の図のように$\theta$の動径と単位円の交点をPとするとき，
点Pの**$x$座標を$\cos\theta$**，
点Pの**$y$座標を$\sin\theta$**，
直線OPの**傾きを$\tan\theta$**
と定義する。

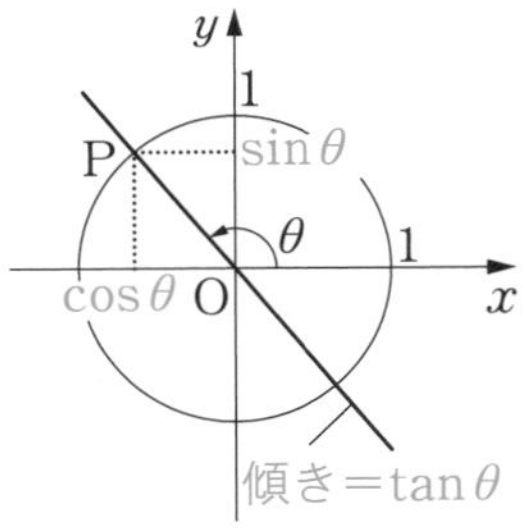


## 三角関数の相互関係

① $\boldsymbol{\cos^2\theta+\sin^2\theta=1}$

② $\boldsymbol{\tan\theta=\frac{\sin\theta}{\cos\theta}}$　　③ $\boldsymbol{1+\tan^2\theta=\frac{1}{\cos^2\theta}}$

## 加法定理

$\sin(\alpha+\beta)=\sin\alpha\cos\beta+\cos\alpha\sin\beta$

$\sin(\alpha-\beta)=\sin\alpha\cos\beta-\cos\alpha\sin\beta$

$\cos(\alpha+\beta)=\cos\alpha\cos\beta-\sin\alpha\sin\beta$

$\cos(\alpha-\beta)=\cos\alpha\cos\beta+\sin\alpha\sin\beta$

$\tan(\alpha+\beta)=\dfrac{\tan\alpha+\tan\beta}{1-\tan\alpha\tan\beta}$

$\tan(\alpha-\beta)=\dfrac{\tan\alpha-\tan\beta}{1+\tan\alpha\tan\beta}$

## 2倍角の公式

- $\cos 2\theta=\cos^2\theta-\sin^2\theta$
  $=2\cos^2\theta-1$ ← cosのみの形
  $=1-2\sin^2\theta$ ← sinのみの形
- $\sin 2\theta=2\sin\theta\cos\theta$

## 3倍角の公式

・$\cos 3\theta=4\cos^3\theta-3\cos\theta$

・$\sin 3\theta=3\sin\theta-4\sin^3\theta$

## 半角の公式

$\sin\theta\cos\theta=\dfrac{1}{2}\sin 2\theta$ ← $\sin 2\theta=2\sin\theta\cos\theta$ を $\sin\theta\cos\theta$ について解いた

$\cos^2\theta=\dfrac{1+\cos 2\theta}{2}$ ← $\cos 2\theta=2\cos^2\theta-1$ を $\cos^2\theta$ について解いた

$\sin^2\theta=\dfrac{1-\cos 2\theta}{2}$ ← $\cos 2\theta=1-2\sin^2\theta$ を $\sin^2\theta$ について解いた

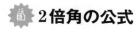

半角の公式は「**角度を2倍にして次数を下げる**」イメージが重要だよ！

角度2倍

$$\cos^2\theta=\frac{1+\cos 2\theta}{2}$$

2次　　1次

## 三角関数の合成

$$\boldsymbol{a\sin\theta+b\cos\theta}$$
$$\boldsymbol{=\sqrt{a^2+b^2}\sin(\theta+\alpha)}$$

ただし，$\cos\alpha=\dfrac{a}{\sqrt{a^2+b^2}}$，

$\sin\alpha=\dfrac{b}{\sqrt{a^2+b^2}}$

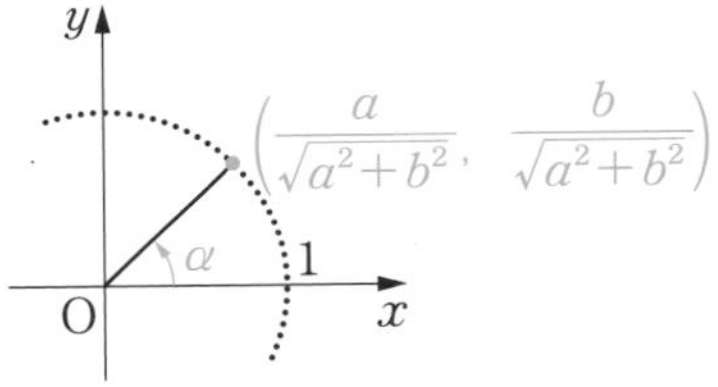


## 三角関数のグラフ

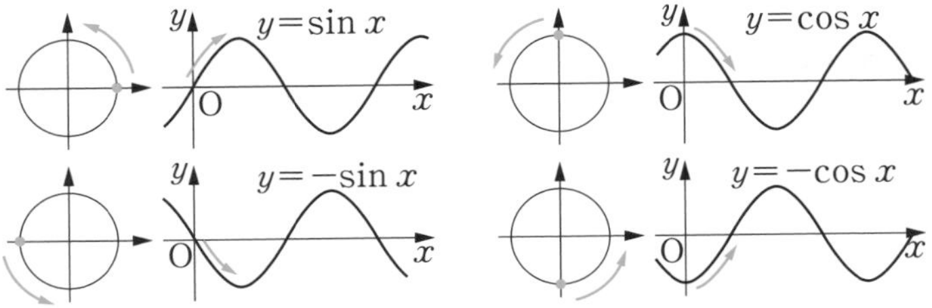


sinとcosのグラフは**単位円の左から光を当てて，右にあるスクリーンにうつる影の動き**をイメージするといいよ！

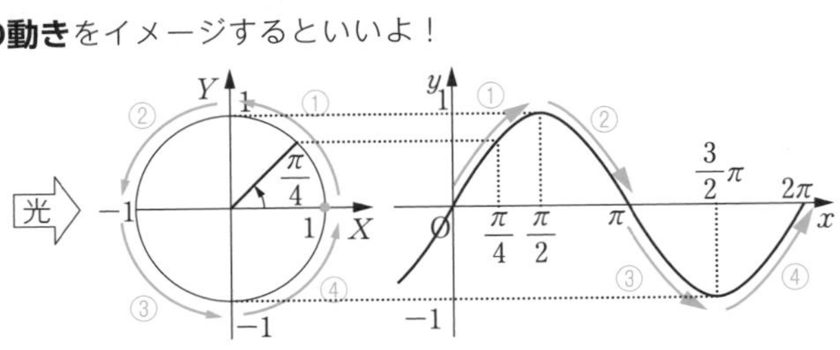


$y=a\sin x$（$a>0$）のグラフは半径$a$の円を考える。

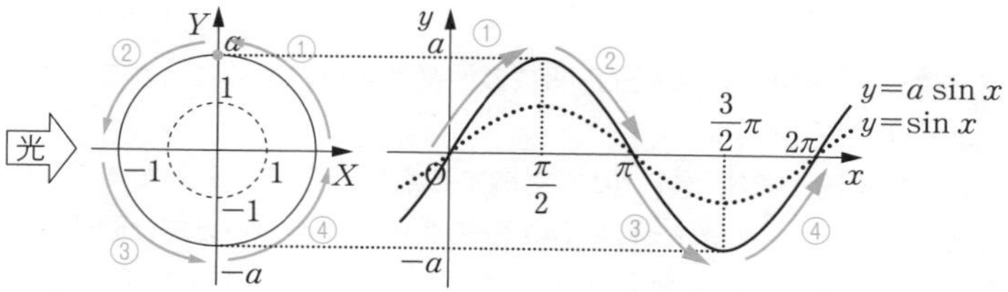


$y=\sin kx$（$k>0$）のグラフはグルグル回転する速さが$k$倍であることを表してるから，$2\pi$までの間に1波が$k$個入る$\left(つまり，周期\frac{2\pi}{k}\right)$

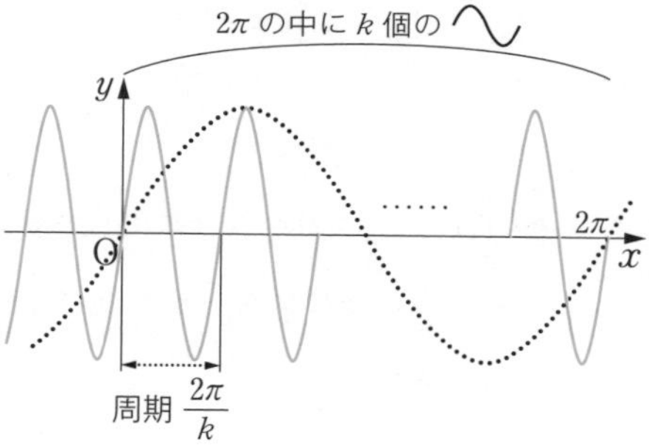


## 余角・補角の公式

・$\sin(-\theta)=-\sin\theta$　・$\cos(-\theta)=\cos\theta$

・$\tan(-\theta)=-\tan\theta$

・$\sin\left(\theta+\frac{\pi}{2}\right)=\cos\theta$　・$\cos\left(\theta+\frac{\pi}{2}\right)=-\sin\theta$

・$\tan\left(\theta+\frac{\pi}{2}\right)=-\frac{1}{\tan\theta}$

・$\sin\left(\frac{\pi}{2}-\theta\right)=\cos\theta$　・$\cos\left(\frac{\pi}{2}-\theta\right)=\sin\theta$

・$\tan\left(\frac{\pi}{2}-\theta\right)=\frac{1}{\tan\theta}$

・$\sin(\theta+\pi)=-\sin\theta$　・$\cos(\theta+\pi)=-\cos\theta$

・$\tan(\theta+\pi)=\tan\theta$

・$\sin(\pi-\theta)=\sin\theta$　・$\cos(\pi-\theta)=-\cos\theta$

・$\tan(\pi-\theta)=-\tan\theta$

グラフを使うと，sinとcosの三角関数の性質は簡単に導くことができるんだ。

例 $\sin(x+\pi)$

$y=\sin x$ は単位円上の右（(1，0)に対応する点）からスタートするグルグル回る点を考えたから，$\sin(x+\pi)$ は $\sin x$ のスタート地点から $\pi$ だけ回転させたところからグルグル回る点を考える！

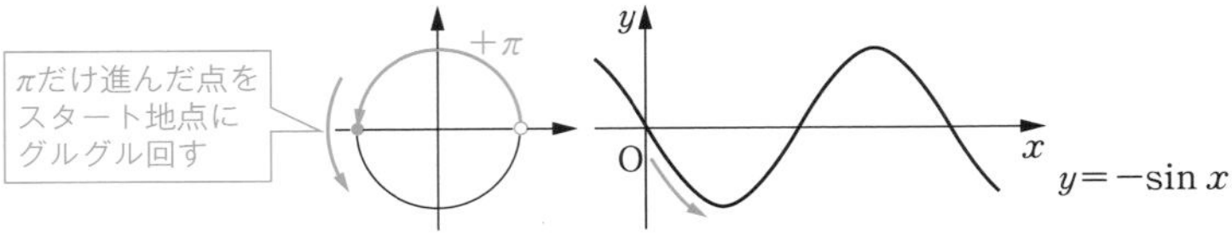


このグラフの形は $y=-\sin x$ だから，$\sin(x+\pi)=-\sin x$ が成り立つんだ！

例 $y=\cos\left(x-\dfrac{\pi}{2}\right)$

$y=\cos x$ は単位円の上(0，1)の点をスタート地点にしてグルグル回る点の動きを考えたから，$\cos\left(x-\dfrac{\pi}{2}\right)$ は $\cos x$ のスタート地点から $-\dfrac{\pi}{2}$ だけ回転させたところからグルグル回る点を考える

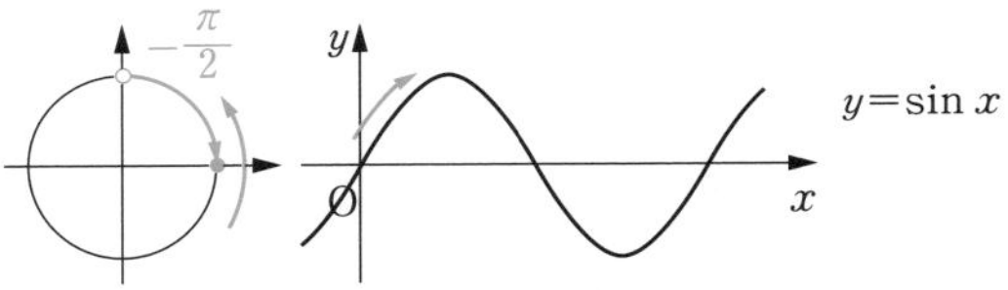


このグラフは $y=\sin x$ だから，$\cos\left(x-\dfrac{\pi}{2}\right)=\sin x$ が成り立つんだ。

例 $\sin(-x)$，$\cos(-x)$

また $\sin(-x)$ や $\cos(-x)$ など角 $x$ の前の負の記号は逆回転を表すよ！

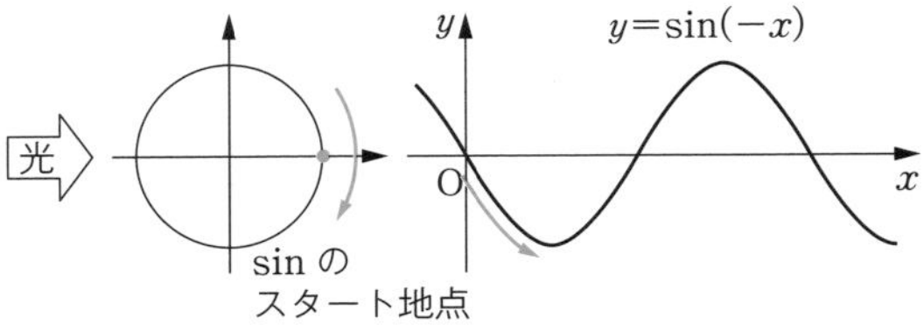


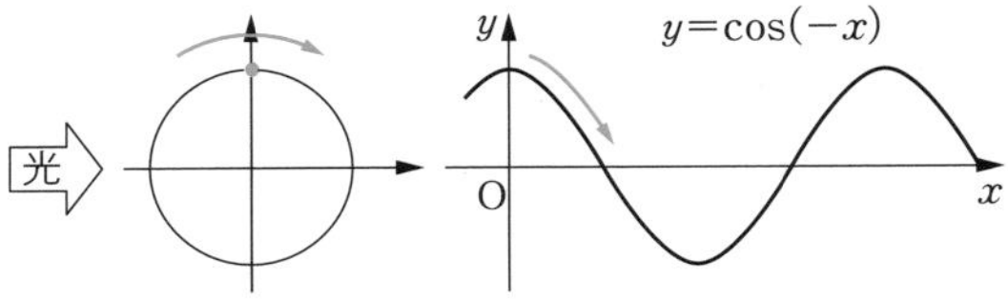


グラフの形から，$\sin(-x)=-\sin x$，$\cos(-x)=\cos x$ が成り立つね。

## 積和の公式

・$\sin\alpha\cos\beta=\frac{1}{2}\{\sin(\alpha+\beta)+\sin(\alpha-\beta)\}$

・$\cos\alpha\sin\beta=\frac{1}{2}\{\sin(\alpha+\beta)-\sin(\alpha-\beta)\}$

・$\cos\alpha\cos\beta=\frac{1}{2}\{\cos(\alpha+\beta)+\cos(\alpha-\beta)\}$

・$\sin\alpha\sin\beta=-\frac{1}{2}\{\cos(\alpha+\beta)-\cos(\alpha-\beta)\}$

## 和積の公式

・$\sin A+\sin B=2\sin\frac{A+B}{2}\cos\frac{A-B}{2}$

・$\sin A-\sin B=2\cos\frac{A+B}{2}\sin\frac{A-B}{2}$

・$\cos A+\cos B=2\cos\frac{A+B}{2}\cos\frac{A-B}{2}$

・$\cos A-\cos B=-2\sin\frac{A+B}{2}\sin\frac{A-B}{2}$

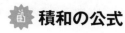

KIMERU SERIES

# SECTION 2 指数対数

## 指数法則

$$\boldsymbol{a^m \times a^n = a^{m+n}} \qquad \boldsymbol{a^m \div a^n = a^{m-n}} \qquad \boldsymbol{(a^m)^n = a^{mn} = (a^n)^m}$$

忘れたら，具体的な数を考えてみよう！

例

$a^3 \times a^2 = (a \times a \times a) \times (a \times a) = a^5 = a^{3+2}$

$a^5 \div a^2 = \dfrac{a \times a \times a \times a \times a}{a \times a} = a^3 = a^{5-2}$

$(a^2)^3 = (a \times a)^3 = (a \times a) \times (a \times a) \times (a \times a) = a^6 = a^{2\times 3}$

## 指数関数のグラフ

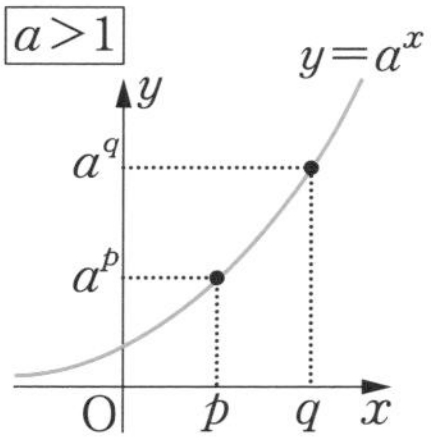


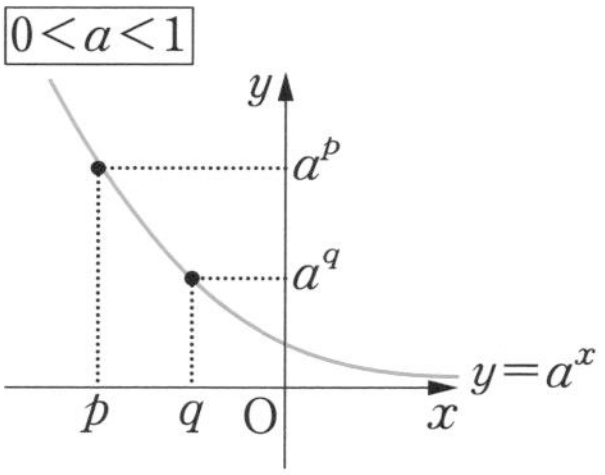


## 対数の定義

$a>0$，$a \neq 1$ のとき，$\boldsymbol{a^p = M}$ **ならば** $\boldsymbol{\log_a M = p}$

## 対数の演算

$a>0$，$a \neq 1$，$M>0$，$N>0$ で，$k$ を実数とするとき，

$$\boldsymbol{\log_a a = 1,} \qquad \boldsymbol{\log_a 1 = 0,} \qquad \boldsymbol{\log_a \frac{1}{a} = -1}$$

$$\boldsymbol{\log_a MN = \log_a M + \log_a N}$$

$$\boldsymbol{\log_a \frac{M}{N} = \log_a M - \log_a N} \qquad \boldsymbol{\log_a M^k = k\log_a M}$$

## 底の変換公式

$a$，$b$，$c$は1ではない正の数とするとき，以下の公式が成り立つ。

$$\log_a b = \frac{\log_c b}{\log_c a},\qquad \log_a b = \frac{1}{\log_b a}$$

## 対数関数のグラフ

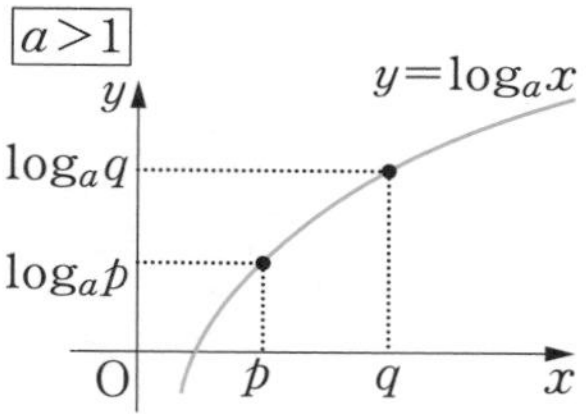


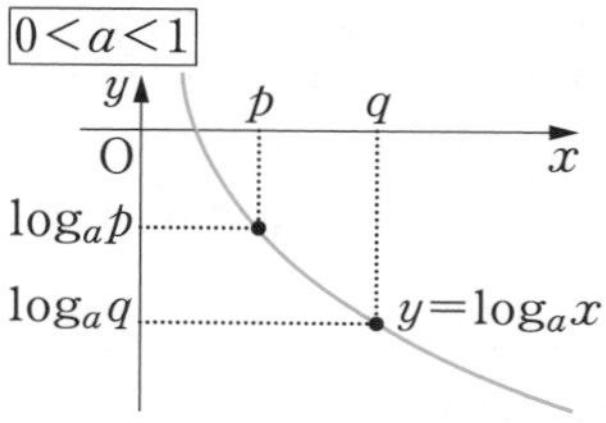


## 不等式

$y=a^x$について，

$a>1$のとき，$x$の値が増加すると，$y$の値も増加する。

$$p<q \iff a^p<a^q$$

$0<a<1$のとき，$x$の値が増加すると，$y$の値は減少する。

$$p<q \iff a^p>a^q$$

$y=\log_a x$について，

$a>1$のとき，$x$の値が増加すると，$y$の値も増加する。

$$p<q \iff \log_a p<\log_a q$$

$0<a<1$のとき，$x$の値が増加すると，$y$の値は減少する。

$$p<q \iff \log_a p>\log_a q$$

グラフを考えると，上の関係が成り立つことは簡単に確認できるね！

## 桁数を求める

【Step.1】　$\log_{10} N$の値を求める

【Step.2】　$n-1 \leqq \log_{10} N < n$を満たす$n$が求める桁数

このStepを忘れたら，具体的な数を考えて思い出そう。

6074という数字は4桁の数で，1000以上10000未満の数だから，

$1000 \leqq 6074 < 10000$

$1000 = 10^3$，$10000 = 10^4$ だから，$10^3 \leqq (4桁の数) < 10^4$

例　$6^{25}$ の桁数を求めよ。ただし，$\log_{10} 2 = 0.3010$，$\log_{10} 3 = 0.4771$ とする。

〔解答〕

$\log_{10} 6^{25} = 25(\log_{10} 2 + \log_{10} 3) = 25(0.3010 + 0.4771) = 19.4525$

ゆえに，$19 < \log_{10} 6^{25} < 20$

すなわち，$\log_{10} 10^{19} < \log_{10} 6^{25} < \log_{10} 10^{20}$

よって，$10^{19} < 6^{25} < 10^{20}$

したがって，$6^{25}$ は20桁の数である。

## 小数首位

【Step.1】　$\log_{10} N$ の値を求める

【Step.2】　$-n \leqq \log_{10} N < -n+1$ を満たす $n$ が求める小数首位

このStepを忘れたら，具体的な数を考えて思い出そう。

$N = 0.00074\cdots$ のように，小数第4位で初めて0以外の数字が現れる数を考えてみよう。このような数を「第4位の数」と便宜的に表すと，

$0.0001 \leqq 0.00074\cdots < 0.001$ より，$\left(\frac{1}{10}\right)^4 \leqq (第4位の数) < \left(\frac{1}{10}\right)^3$

例　$\left(\frac{1}{3}\right)^{100}$ は小数第何位に初めて0でない数字が現れるか。ただし，$\log_{10} 3 = 0.4771$ とする。

〔解答〕

$\log_{10}\left(\frac{1}{3}\right)^{100} = -100\log_{10} 3 = -100 \times 0.4771 = -47.71$

ゆえに，$-48 < \log_{10}\left(\frac{1}{3}\right)^{100} < -47$

すなわち，$\log_{10} 10^{-48} < \log_{10}\left(\frac{1}{3}\right)^{100} < \log_{10} 10^{-47}$

よって，$10^{-48} < \left(\frac{1}{3}\right)^{100} < 10^{-47}$

したがって，小数第48位に初めて0でない数字が現れる。

## 点に関する公式

### ・2点間の距離

2点A$(x_1,\ y_1)$，B$(x_2,\ y_2)$間の距離は，

$$\mathbf{AB}=\sqrt{(x_2-x_1)^2+(y_2-y_1)^2}$$

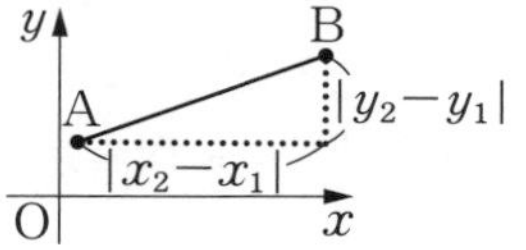


### ・内分点の公式

2点A$(x_1,\ y_1)$，B$(x_2,\ y_2)$を$m:n$に内分する点Pの座標は，

$$\mathbf{P}\left(\frac{nx_1+mx_2}{m+n},\ \frac{ny_1+my_2}{m+n}\right)$$

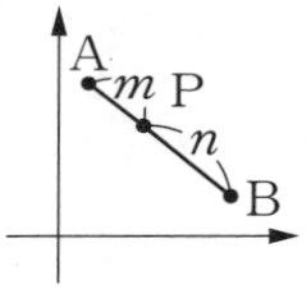


特に，ABの中点Mの座標は，

$$\mathbf{M}\left(\frac{x_1+x_2}{2},\ \frac{y_1+y_2}{2}\right)$$

### ・外分点の公式

2点A$(x_1,\ y_1)$，B$(x_2,\ y_2)$を$m:n$に外分する点Qの座標は，

$$\mathbf{Q}\left(\frac{-nx_1+mx_2}{m-n},\ \frac{-ny_1+my_2}{m-n}\right)$$

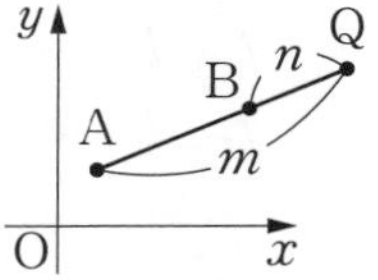


### ・重心の公式

3点A$(x_1,\ y_1)$，B$(x_2,\ y_2)$，C$(x_3,\ y_3)$が三角形をなすとき，
△ABCの重心Gの座標は，

$$\mathbf{G}\left(\frac{x_1+x_2+x_3}{3},\ \frac{y_1+y_2+y_3}{3}\right)$$

まず，2点間の距離の公式はただの三平方の定理だよ！
内分点の公式は必ず覚えて，「$m:n$に外分⟶$m:-n$に内分」と言い換えて，
内分点の公式の$n\to-n$にすることで外分点の公式ができるよ！

## 直線の方程式

・点$(p,\ q)$を通り，傾き$m$の直線を表す方程式は，

$$\boldsymbol{y-q=m(x-p)} \qquad (y=m(x-p)+q)$$

・2点$(x_1,\ y_1)$，$(x_2,\ y_2)$ $(x_1 \neq x_2)$ を通る直線の傾きは，

$\dfrac{y_2-y_1}{x_2-x_1}$だから直線の方程式は，

$$\boldsymbol{y-y_1=\frac{y_2-y_1}{x_2-x_1}(x-x_1)} \qquad \left(y-y_2=\frac{y_2-y_1}{x_2-x_1}(x-x_2)\right)$$

2点を通る直線の公式は，

$$(\text{傾き})=\frac{y\text{の変化量}}{x\text{の変化量}}=\frac{y_2-y_1}{x_2-x_1}$$

であることさえおさえておけばわざわざ丸暗記すべき公式ではないよ！

## 2直線の平行・垂直

2直線$l_1 : y=m_1x+n_1$，$l_2 : y=m_2x+n_2$について，

$$\boldsymbol{l_1 /\!/ l_2 \iff m_1=m_2} \quad (n_1 \neq n_2)$$

$$\boldsymbol{l_1 \perp l_2 \iff m_1 \cdot m_2=-1}$$

特に垂直条件はよくでるから，必ず覚えておこう！

## 点と直線の距離

点$(x_0,\ y_0)$と直線$ax+by+c=0$の距離$d$は，

$$\boldsymbol{d=\frac{|ax_0+by_0+c|}{\sqrt{a^2+b^2}}}$$

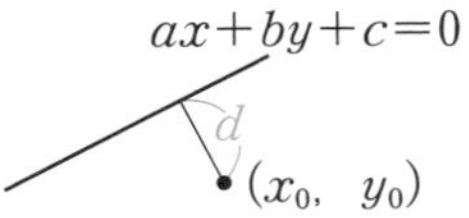


点と直線の距離は丸暗記必須だ！

## 円の方程式

中心$(a,\ b)$，半径$r$の円の方程式は，

$$(\boldsymbol{x}-\boldsymbol{a})^2+(\boldsymbol{y}-\boldsymbol{b})^2=\boldsymbol{r}^2$$

展開をして整理すると，

$$\boldsymbol{x}^2+\boldsymbol{y}^2+\boldsymbol{mx}+\boldsymbol{ny}+\boldsymbol{l}=0 \text{（一般形）}$$

## 円と直線の関係

① 円と直線の方程式を連立して得られる，$x$（または$y$）の2次方程式の判別式$D$の符号を調べる。

② 円の中心と直線の距離$d$と円の半径$r$の大小関係を調べる。

| ① | $D>0$ | $D=0$ | $D<0$ |
|---|---|---|---|
| ② | $d<r$ | $d=r$ | $d>r$ |
| 位置関係 | 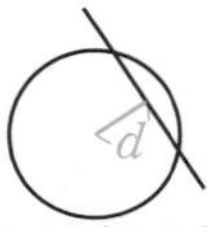 異なる2点で交わる | 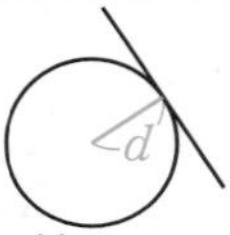 接する | 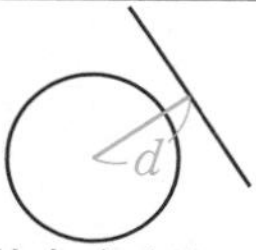 共有点なし |

数Ⅱの問題では，②を利用することが多いよ！

## 円の接線の方程式

円$(x-a)^2+(y-b)^2=r^2$上の点$(x_0,\ y_0)$における接線の方程式は，

$$(\boldsymbol{x}_0-\boldsymbol{a})(\boldsymbol{x}-\boldsymbol{a})+(\boldsymbol{y}_0-\boldsymbol{b})(\boldsymbol{y}-\boldsymbol{b})=\boldsymbol{r}^2$$

円の中心が原点$(0,\ 0)$のとき，接線の方程式は，

$$\boldsymbol{x}_0\boldsymbol{x}+\boldsymbol{y}_0\boldsymbol{y}=\boldsymbol{r}^2$$

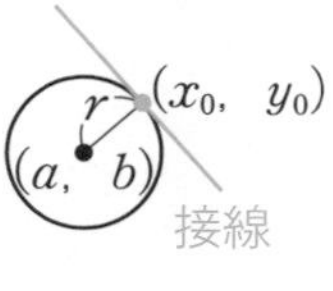


円の接線の方程式の覚え方は，円の方程式の$(x-a)^2$を$(x-a)(x-a)$として手前の$x$に接点の$x_0$を代入して，$y$についても同じく，$(y-b)^2$を$(y-b)(y-b)$として手前の$y$に接点の$y_0$を代入するよ。

原点が中心のタイプの$x_0x+y_0y=r^2$は$(x_0-a)(x-a)+(y_0-b)(y-b)=r^2$に$a=b=0$を代入したものだ！

## 領域

$y>f(x)$ が表す領域：**$y=f(x)$ のグラフの上側**

$y<f(x)$ が表す領域：**$y=f(x)$ のグラフの下側**

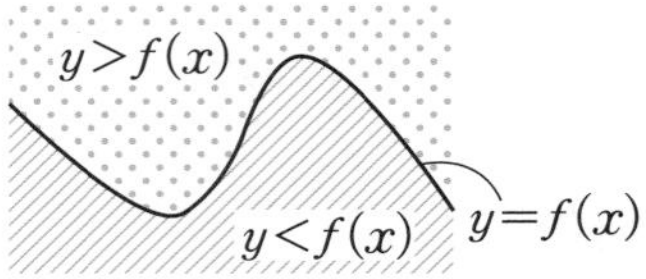


$(x-a)^2+(y-b)^2>r^2$ が表す領域：**円 $(x-a)^2+(y-b)^2=r^2$ の外部**

$(x-a)^2+(y-b)^2<r^2$ が表す領域：**円 $(x-a)^2+(y-b)^2=r^2$ の内部**

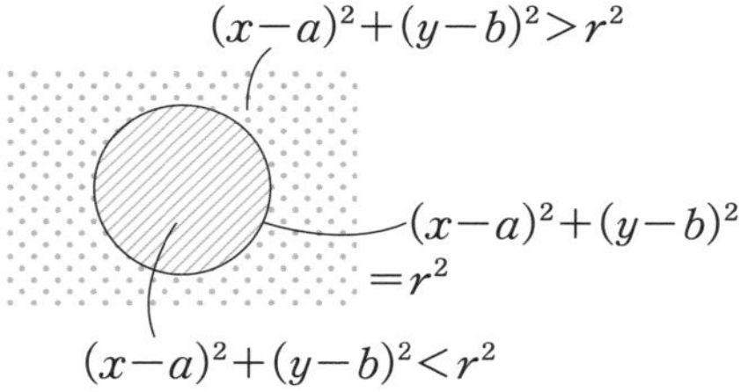

# SECTION 4 微分法・積分法

## 微分係数

$x=a$ の近くで，$f(x)$ が定義され，

$\lim_{h\to 0}\frac{f(a+h)-f(a)}{h}$ が存在するとき，

これを関数 $f(x)$ の $x=a$ における**微分係数**といい，$f'(a)$ で表す。

$$f'(a)=\lim_{h\to 0}\frac{f(a+h)-f(a)}{h}$$

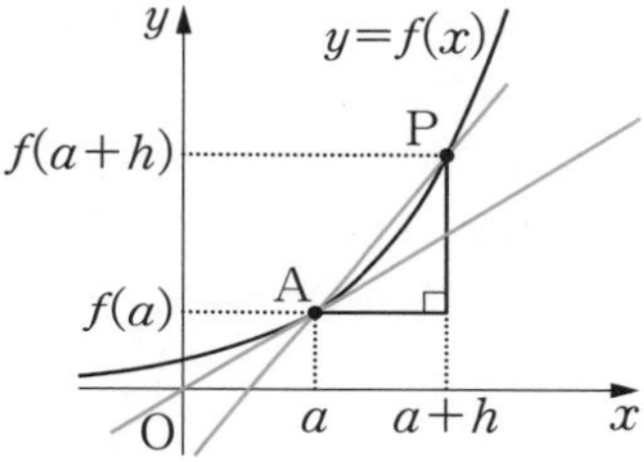


図のように，直線APの傾きが $\frac{f(a+h)-f(a)}{h}$ であり，点Pが点Aに近づくとき，すなわち $h\to 0$ とするとき，直線APは点Aにおける $y=f(x)$ のグラフの接線に近づいていく。すなわち，

$\lim_{h\to 0}\frac{f(a+h)-f(a)}{h}$ は，点Aにおける接線の傾きを表す。

微分係数の定義はしっかり押さえておこう。
グラフのイメージを覚えておけば，丸暗記しなくても大丈夫だよ！

## 導関数

$f'(a)$ は，$y=f(x)$ のグラフの $x=a$ における接線の傾きを表しているが，$f'(a)$ は，$a$ が様々な値を取ると1つの関数となる。ここで，$a$ を $x$ で書き換えると，

$$f'(x)=\lim_{h\to 0}\frac{f(x+h)-f(x)}{h}$$

この $f'(x)$ を，$f(x)$ の**導関数**と呼び，導関数を求めることを**微分する**という。

導関数は，簡単に言えば「接線の傾きを表す関数」なんだね。

## 微分法の公式

$$(x^n)'=nx^{n-1}$$

数学Ⅱで扱う微分法は，基本的にはこの公式を頭に入れておくと大丈夫だ！
また，本来は数学Ⅲで学習するんだけど，$a\neq0$ のとき，$(ax+b)^n$ のような，
(1次式)$^n$ の微分法の次のような求め方は知っておいて損はないよ！

$$\{(ax+b)^n\}'=an(ax+b)^{n-1}$$

例　$(2x+1)^3=2\cdot3(2x+1)^2=6(2x+1)^2$

## 接線と法線

関数 $f(x)$ の微分係数 $f'(a)$ は，曲線 $y=f(x)$ 上の点 $(a,\ f(a))$ における接線の傾きを表していた。よって，曲線 $y=f(x)$ 上の点 $(a,\ f(a))$ における接線の方程式は次のようになる。

$$y=f'(a)(x-a)+f(a)$$

また，点 $(a,\ f(a))$ において，接線と垂直に交わる直線を**法線**という。法線の傾きは，接線の傾き（$f'(0)\neq0$ のとき）から $-\dfrac{1}{f'(a)}$ となるので，法線の方程式は，

$$y=-\frac{1}{f'(a)}(x-a)+f(a)$$

## 3次関数のグラフの特徴

3次関数 $y=ax^3+bx^2+cx+d$ における **$x^3$ の係数の符号**によって，そのグラフは**右上がりか右下がりが決まる**。
図のように，$a>0$ だと右上がりに，$a<0$ だと右下がりになる。

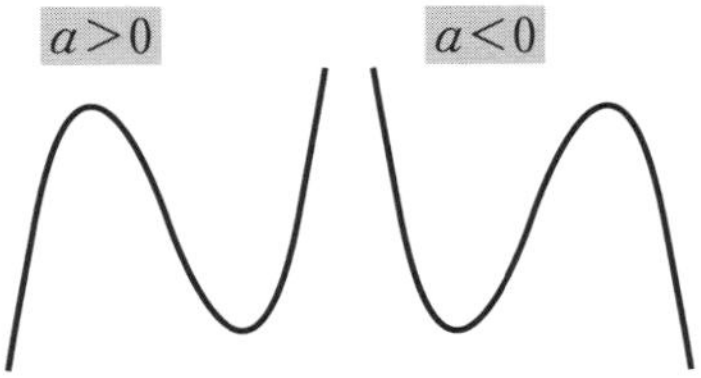


3次関数は出題される割合がとても多いよ！

## 3次関数を箱に入れる

3次関数は，図のように上に凸と下に凸が入れ替わる点（図の●）があり，この点を**変曲点**という。3次関数のグラフは変曲点に対して点対称になっていて，さらに，図のように等間隔に区切った長方形や平行四辺形の中にすっぽり収めることができる。

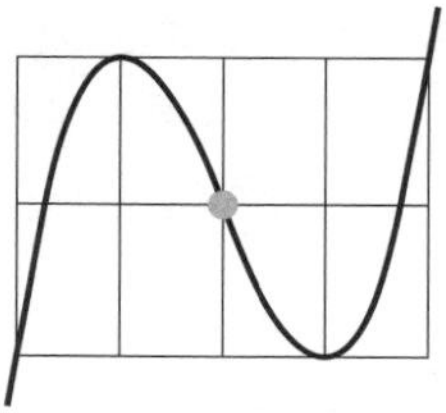

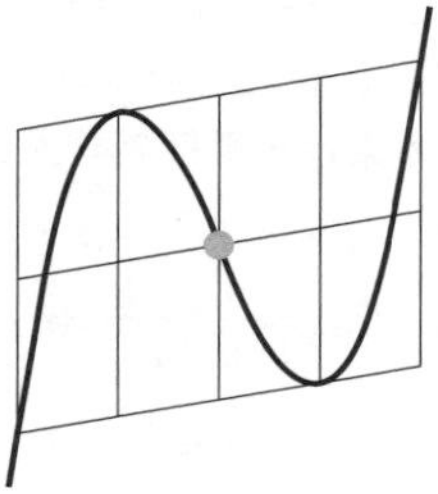

## 3次関数と $x$ 軸の交点

$f(x)=ax^3+bx^2+cx+d$ $(a\neq 0)$ とし，

$$ax^3+bx^2+cx+d=a(x-\alpha)(x-\beta)(x-\gamma)\quad (\alpha,\ \beta,\ \gamma \text{は実数})$$

と因数分解できるとき，3次関数 $y=f(x)$ のグラフは，**$x$ 軸と $x=\alpha$，$\beta$，$\gamma$ で交わる**。

また，$ax^3+bx^2+cx+d=a(x-\alpha)^2(x-\beta)$ と因数分解できるとき，3次関数 $y=f(x)$ のグラフは，**$x$ 軸と $x=\alpha$，$\beta$ で共有点をもち，$x=\alpha$ で $x$ 軸と接する**。

例　$y=x(x+1)(x-1)$

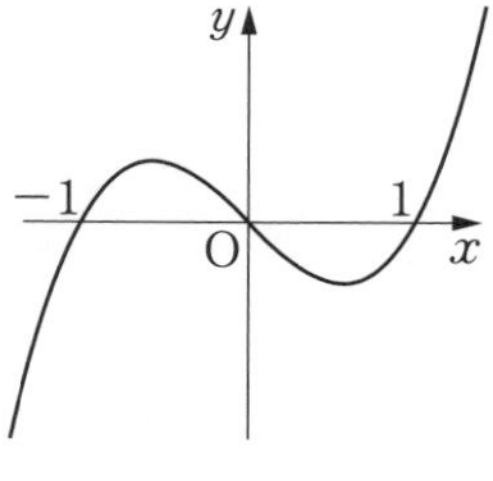


$y=(x+3)^2(x-2)$

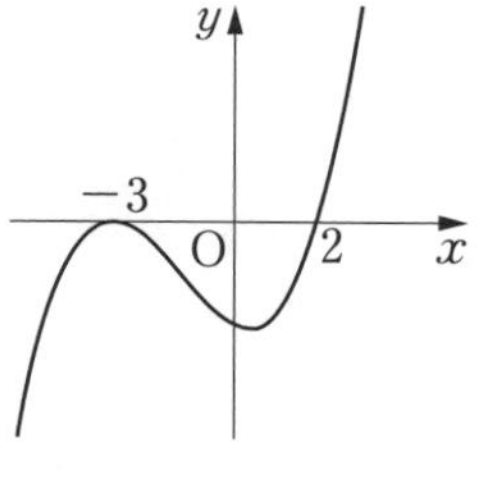

## 不定積分

$$\int x^n dx = \frac{1}{n+1}x^{n+1} + C$$

（$C$ は積分定数，$n$ は0または正の整数）

積分は，「微分の逆計算」のイメージだ！
$a \neq 0$ のとき，$(ax+b)^n$ のような $(1\text{次式})^n$ の積分法は，次のように求めることもできる。本来は数学Ⅲで学習するんだけど，微分法のときとセットで覚えておきたいね！

$$\int (ax+b)^n dx = \frac{1}{a} \cdot \frac{1}{n+1}(ax+b)^{n+1} + C$$

例　$\int (7x+5)^3 dx = \frac{1}{7} \cdot \frac{1}{4}(7x+5)^4 + C = \frac{1}{28}(7x+5)^4 + C$

## 定積分の性質

$$\int_a^a f(x)dx = 0$$

$$\int_a^b f(x)dx = -\int_b^a f(x)dx$$

$$\int_a^c f(x)dx + \int_c^b f(x)dx = \int_a^b f(x)dx$$

この性質は計算がかなり省けるから，絶対に覚えておこう！

## 積分方程式

定積分を含む方程式を，**積分方程式**といい，主に2つのタイプに分類できる。

**【定数型】** 積分区間が定数の積分方程式

**【変数型】** 積分区間に変数を含んでいる積分方程式

どちらの方程式も定積分を含んでいるけど，それぞれ解き方が異なるんだ。

## 定数型の積分方程式

$\int_{\text{定数}}^{\text{定数}} f(t)dt$ は定数だから，**定積分を文字で置く**。

（例） $f(x)=x^2+\int_0^2 f(t)dt$ となる関数 $f(x)$ を求めよ。

〔解答〕

$a=\int_0^2 f(t)dt$ とすると，$f(x)=x^2+a$

よって，$\int_0^2 f(t)dt=\int_0^2 (t^2+a)dt=\left[\frac{t^3}{3}+at\right]_0^2=\frac{8}{3}+2a$

ゆえに，$a=\frac{8}{3}+2a$ から，$a=-\frac{8}{3}$　　したがって，$f(x)=x^2-\frac{8}{3}$

## 変数型の積分方程式

①**微分積分学の基本定理**を用いる。

$$\frac{d}{dx}\int_a^x f(t)dt=f(x) \quad (a\text{は定数})$$

② $\int_a^a f(t)dt=0$ を用いる

例　$a$を定数とする。関数$f(x)$が$\int_a^x f(t)dt=3x^2+x+a-1$を満たすとき，$f(x)$と$a$の値を求めよ。

〔解答〕

$$\int_a^x f(t)dt=3x^2+x+a-1 \quad \cdots\cdots①$$

①の両辺を$x$で微分すると，$f(x)=6x+1$

また，①に$x=a$を代入すると，

$$\int_a^a f(t)dt=3a^2+a+a-1 \iff 0=3a^2+2a-1$$

よって，$(a+1)(3a-1)=0$より，$a=-1,\ \dfrac{1}{3}$

## 有名な定積分の公式

ある特定の形をしているとき，瞬時に計算ができる定積分がいくつかあり，それらを順番に紹介する。特に，定積分で面積を求めるときに役に立つ。

- $\dfrac{1}{6}$公式

$$\boldsymbol{\int_\alpha^\beta (x-\alpha)(x-\beta)dx=-\frac{1}{6}(\beta-\alpha)^3}$$

〔証明〕

$$\begin{aligned}\int_\alpha^\beta (x-\alpha)(x-\beta)dx&=\int_\alpha^\beta (x-\alpha)\{(x-\alpha)-(\beta-\alpha)\}dx\\&=\int_\alpha^\beta \{(x-\alpha)^2-(\beta-\alpha)(x-\alpha)\}dx\\&=\left[\frac{(x-\alpha)^3}{3}-\frac{\beta-\alpha}{2}(x-\alpha)^2\right]_\alpha^\beta\\&=\frac{(\beta-\alpha)^3}{3}-\frac{(\beta-\alpha)^3}{2}=\frac{-(\beta-\alpha)^3}{6}\end{aligned}$$ ■

## ● $\frac{\square}{6}$公式

以下のように**2次関数のグラフと直線，放物線と放物線で囲まれた図形の面積**は，一瞬で求めることができる。

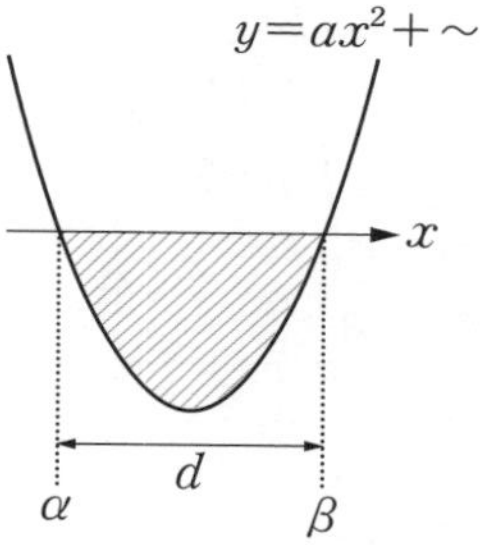


$\frac{|a|}{6}(\beta-\alpha)^3=\frac{|a|}{6}d^3$

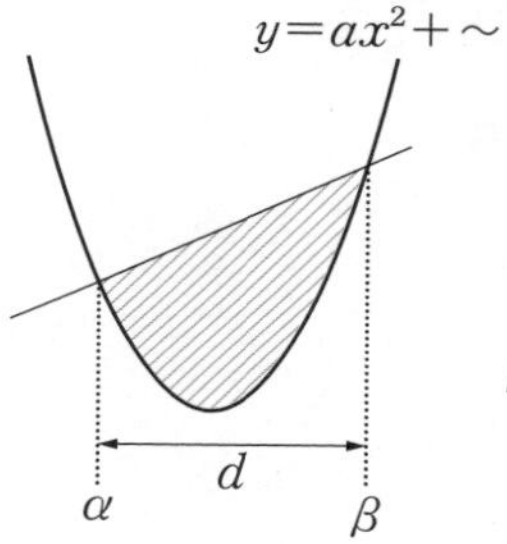


$\frac{|a|}{6}(\beta-\alpha)^3=\frac{|a|}{6}d^3$

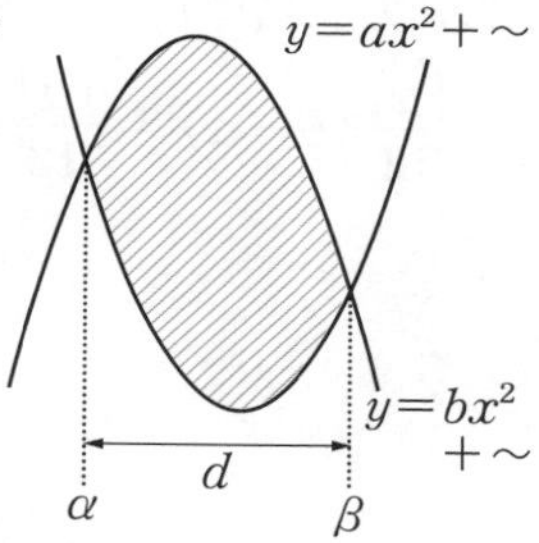


$\frac{|a-b|}{6}(\beta-\alpha)^3=\frac{|a-b|}{6}d^3$

## ● $\frac{\square}{3}$公式

$\frac{\square}{6}$公式と同様に，一瞬で面積が出せるのが以下の3タイプ。

接していることがポイント。

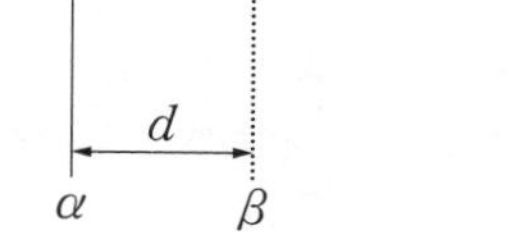


$\frac{|a|}{3}(\beta-\alpha)^3=\frac{|a|}{3}d^3$

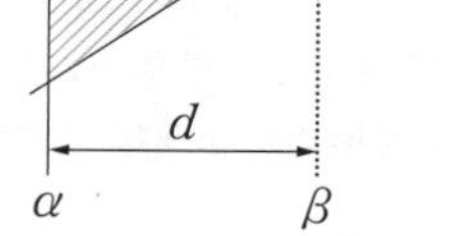


$\frac{|a|}{3}(\beta-\alpha)^3=\frac{|a|}{3}d^3$

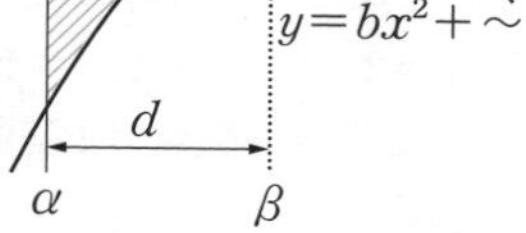


$\frac{|a-b|}{3}(\beta-\alpha)^3=\frac{|a-b|}{3}d^3$

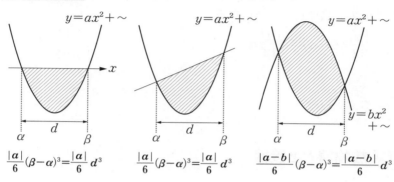

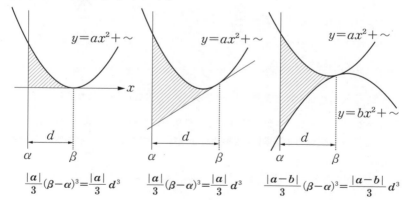

● $\dfrac{\square}{12}$公式

右の図のように，3次関数と直線が$x=\beta$で接しているとき，3次関数のグラフと接線で囲まれた部分の面積は次のようになる。

$$\frac{|\boldsymbol{a}|}{\mathbf{12}}(\boldsymbol{\beta}-\boldsymbol{\alpha})^4=\frac{|\boldsymbol{a}|}{\mathbf{12}}\boldsymbol{d}^4$$

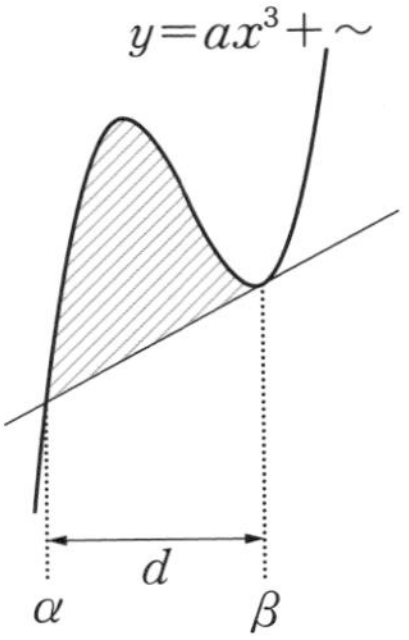


## 放物線と2接線

右の図のように，放物線に2本の接線を引き，接点を結んだ直線と放物線とで囲まれた部分の面積を$S$，2つの接線と放物線で囲まれた部分の面積を$T$とすると，

**$S$：$T$＝2：1**

$S=\dfrac{|a|}{6}(\beta-\alpha)^3$より，$T=\dfrac{|a|}{12}(\beta-\alpha)^3$

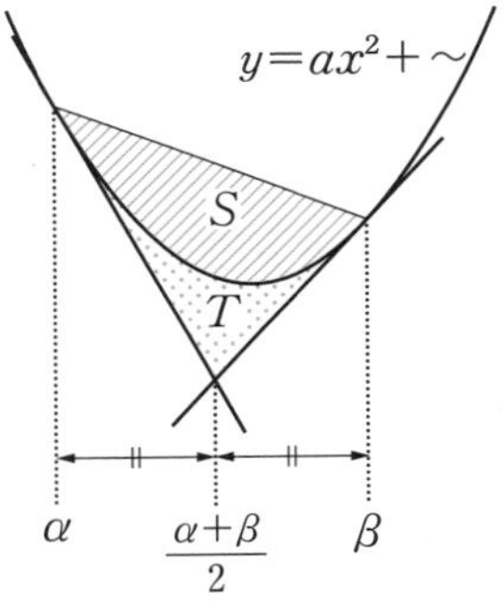


これを$\dfrac{\square}{12}$公式として覚えてもいいんだけど，$\dfrac{\square}{12}$公式はいくつかあるので，
$S$：$T$＝2：1（下は上の半分）を覚えておいた方が応用がきくよ！
また，2接線の交点の$x$座標は，2接点の$x$座標の中間になることも覚えておくと良いよ！

## 共通接線

右図のような2つの放物線と共通接線がある場合の斜線部分の図形の面積について，$x^2$の係数が等しければ，

**「放物線の交点の$x$座標」**
**＝「接点の$x$座標の平均」**

これによって，面積を求めたい図形は，直線$x=\dfrac{\alpha+\beta}{2}$で分けることができる。

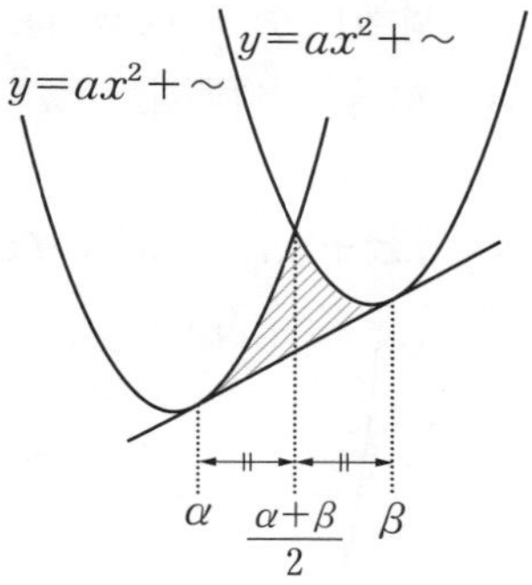


それぞれの面積は，$\dfrac{\square}{3}$公式で求めることができるから，

$\beta-\alpha=d$とすると，

$$\frac{|a|}{3}\left(\frac{d}{2}\right)^3\times 2=\frac{|a|}{12}d^3=\frac{|a|}{12}(\beta-\alpha)^3$$

---

これも$\dfrac{\square}{12}$公式として覚えてもいいんだけど，まずは性質を覚えよう！

## 4次関数のグラフ

4次関数のグラフの形は，3次関数のグラフと同じように，$x^4$の係数の符号で「両端が上がる」か「両端が下がる」に分けることができる。

**$y=ax^4+bx^3+cx^2+dx+e$のグラフ**

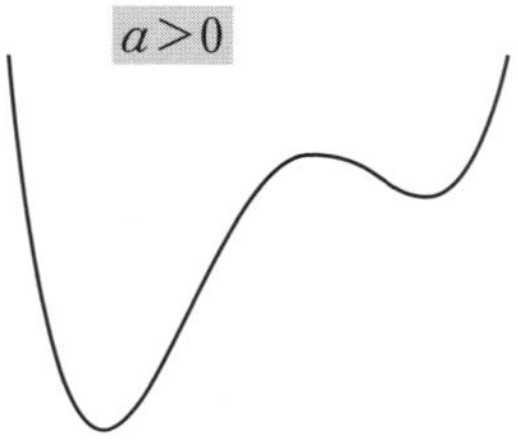


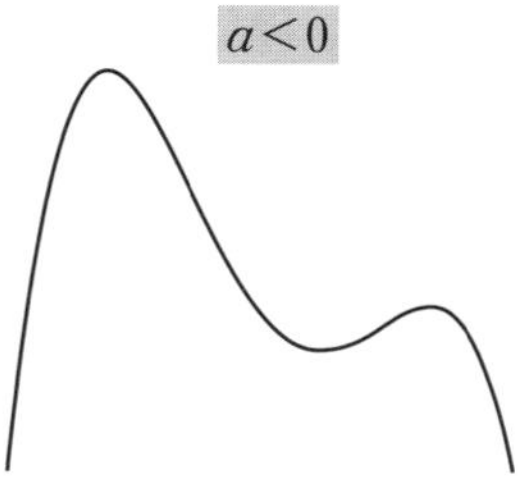


## $\frac{\square}{30}$公式

図のように，4次関数のグラフは，2点で接する接線が存在するときがある。この曲線と接線で囲まれた部分の面積は，下記の公式で求められる。

$$\frac{|a|}{30}(\beta-\alpha)^5=\frac{|a|}{30}d^5$$

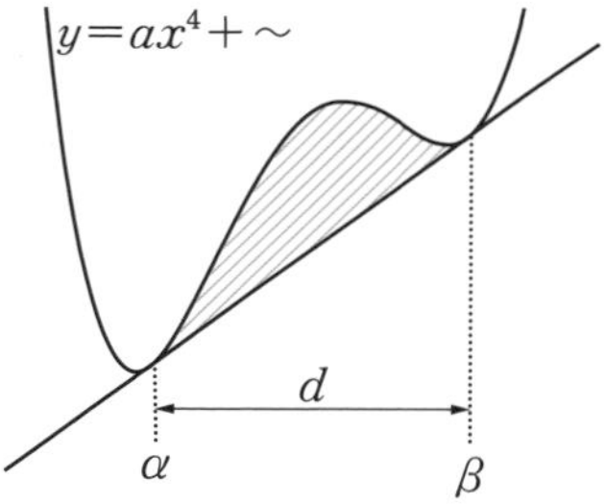

# SECTION 5 数列

## 等差数列

一般に，数列 $a_1$，$a_2$，$a_3$，……，$a_n$，……において，各項に定数 $d$ を加えて次の項が得られる**等差数列**は，次の関係式が成り立つ。

$$\boldsymbol{a_{n+1}=a_n+d}$$

初項 $a$，公差 $d$ の等差数列の一般項は，

$$\boldsymbol{a_n=a+d(n-1)}$$

初項が $a$，公差が $d$ である等差数列 $\{a_n\}$ の一般項 $a_n$ は，右の図の通り，初項 $a_1=a$ に，公差 $d$ を $(n-1)$ 回足したものであることがわかるね。よって，等差数列の一般項は上のようになるよ。丸暗記するのではなく，仕組みを頭にいれておこうね！

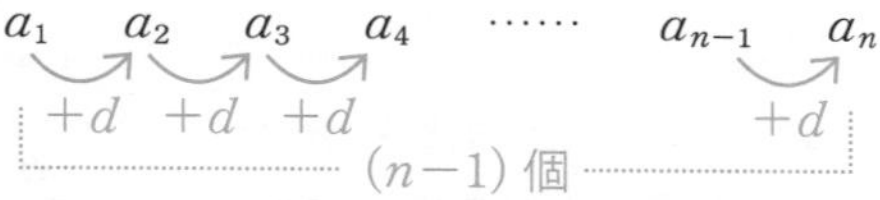


## 等差数列の和

初項が $a$ で公差が $d$，末項が $l$ の等差数列の初項から第 $n$ 項までの和を $S_n$ とすると，

$$\boldsymbol{S_n=\frac{n(a+l)}{2}=\frac{n\{2a+d(n-1)\}}{2}}$$

一般に，初項が $a$ で公差が $d$，項数が $n$，末項が $l$ の等差数列の和 $S_n$ は，図のように，初項から順に並べた式と，末項から順に並べた式の和を考えるよ。

$$\begin{array}{rcccccccccc} & S_n= & a & +(a+d) & +(a+2d) & + & \cdots\cdots & +(l-d) & + & l \\ + & S_n= & l & +(l-d) & +(l-2d) & + & \cdots\cdots & +(a+d) & + & a \\ \hline & 2S_n= & (a+l) & +(a+l) & +(a+l) & + & \cdots\cdots & +(a+l) & + & (a+l) \end{array}$$

$\underbrace{\qquad\qquad\qquad\qquad\qquad}_{n\text{ 個}}$

$2S_n$ は $(a+l)$ を $n$ 個加えた式になるので，

$$2S_n=(a+l)\times n$$

$$S_n=\frac{n(a+l)}{2}$$

また，$l=a+d(n-1)$ より，$S_n=\dfrac{n\{a+(a+d(n-1))\}}{2}=\dfrac{n\{2a+d(n-1)\}}{2}$

これも公式を丸暗記せずに仕組みを覚えておこうね！

## 等比数列

一般に，直前の項に常に一定の数 $r$ を掛けて得られる**等比数列**は，次の関係式が成り立つ。

$$\boldsymbol{a_{n+1}=ra_n}$$

初項 $a$，公比 $r$（$r\neq1$）の等比数列の一般項は，

$$\boldsymbol{a_n=r^{n-1}a}$$

初項 $a_1=a$，公比 $r$ の等比数列の $n$ 番目の項は，右のように，初項に公比 $r$ を $(n-1)$ 回掛けたものになるから，等比数列の一般項は，上のようになるんだ。もちろん，これも仕組みを覚えようね！

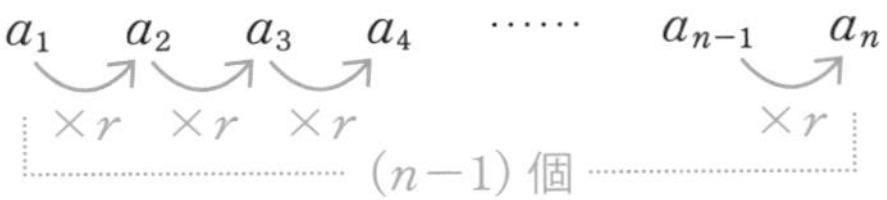


## 等比数列の和

初項が $a$，公比が $r$（$r\neq1$）の等比数列の，初項から第 $n$ 項までの和を $S_n$ とすると，

$$\boldsymbol{S_n=\frac{a(1-r^n)}{1-r}=\frac{a(r^n-1)}{r-1}}$$

一般に，初項が $a$，公比が $r$（$r\neq1$）の等比数列において，初項から $n$ 番目までの数列の和を $S_n$ とすると，次のように，$S_n$ を $r$ 倍した $rS_n$ との差をとることで，等比数列の和を求めることができるんだ。

$$\begin{array}{rrl} & S_n= & a+ar+ar^2+\cdots\cdots+ar^{n-1} \\ - & rS_n= & \phantom{a+}ar+ar^2+\cdots\cdots+ar^{n-1}+ar^n \\ \hline & (1-r)S_n= & a-ar^n \end{array}$$

$$S_n=\frac{a(1-r^n)}{1-r}$$

毎回導くとちょっと面倒だから，しっかり公式自体を覚えておきたいね！

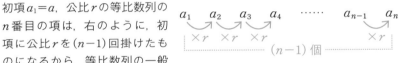

## Σ（シグマ）

数列$\{a_k\}$の$a_1$から順に$a_n$までの項の和を，次のように表す。

$$\sum_{k=1}^{n} a_k = a_1 + a_2 + a_3 + \cdots\cdots + a_n$$

例　$\displaystyle\sum_{k=1}^{5}(3k-2)=1+4+7+10+13=35$

## Σの性質

$$\sum_{k=1}^{n}(a_k+b_k)=\sum_{k=1}^{n}a_k+\sum_{k=1}^{n}b_k$$

$$\sum_{k=1}^{n}ca_k=c\sum_{k=1}^{n}a_k$$

## Σの公式

$$1+2+3+\cdots\cdots+n=\sum_{k=1}^{n}k=\frac{1}{2}n(n+1)$$

$$1^2+2^2+3^2+\cdots\cdots+n^2=\sum_{k=1}^{n}k^2=\frac{1}{6}n(n+1)(2n+1)$$

$$1^3+2^3+3^3+\cdots\cdots+n^3=\sum_{k=1}^{n}k^3=\left\{\frac{1}{2}n(n+1)\right\}^2$$

$$\underbrace{c+c+c+\cdots\cdots+c}_{n\text{個}}=\sum_{k=1}^{n}c=cn$$

例　たとえば，$\displaystyle\sum_{k=1}^{n}(3k-2)$という値を求めるとき，

$$\sum_{k=1}^{n}(3k-2)=3\sum_{k=1}^{n}k-\sum_{k=1}^{n}2=3\cdot\frac{1}{2}n(n+1)-2n=\frac{3}{2}n^2-\frac{1}{2}n$$

このように，Σについて有名な公式を覚えておくと，計算がとても楽になるよ。

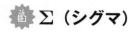

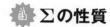

$\sum_{k=1}^{n} r^k$（$r \neq 1$）のように，指数に$k$が入った場合は注意しよう。これは，Σの式を＋で繋いだ形に書いてみれば，

$$\sum_{k=1}^{n} r^k = r + r^2 + r^3 + \cdots\cdots + r^n$$

初項$r$，公比$r$の等比数列の和になっているね。ということは，

$$\sum_{k=1}^{n} r^k = r + r^2 + r^3 + \cdots\cdots + r^n = \frac{r(1-r^n)}{1-r}$$

公式として覚える必要はなくて，「ただの等比数列の和だ」と理解しよう！

## 階差数列

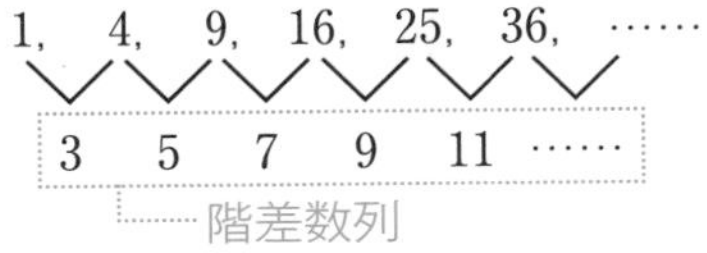


数列$\{a_n\}$の隣り合う2項の差

$b_n = a_{n+1} - a_n$　（$n = 1, 2, 3, \cdots$）

を一般項とする数列$\{b_n\}$を，数列$\{a_n\}$の**階差数列**という。

数列$\{a_n\}$の階差数列を$\{b_n\}$とすると，$n \geqq 2$のとき，

$$\boldsymbol{a_n = a_1 + \sum_{k=1}^{n-1} b_k}$$

$\{a_n\}$の一般項$a_n$は，右図のように，初項$a_1$に対して，$b_1$，$b_2$，$b_3$，……，$b_{n-1}$を加えて得ることができるね。

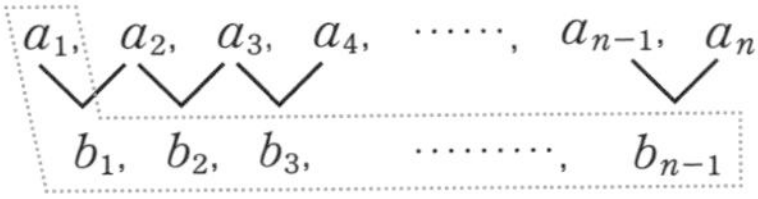


（例）　数列　1，4，9，16，25，36，……の一般項$a_n$

$n \geqq 2$のとき，$a_n = 1 + \sum_{k=1}^{n-1}(2k+1) = 1 + 2 \cdot \frac{1}{2}(n-1)n + (n-1) = n^2$

$n = 1$のとき，$1^2 = 1$となるので，すべての自然数$n$について$a_n = n^2$となるんだ。

## 数列の和と一般項

$$\boldsymbol{S_1 = a_1}$$
$$\boldsymbol{S_n - S_{n-1} = a_n \ (n \geqq 2)}$$

$$\begin{array}{rl} & S_n = a_1 + a_2 + a_3 + \cdots\cdots + a_{n-1} + a_n \\ - & S_{n-1} = a_1 + a_2 + a_3 + \cdots\cdots + a_{n-1} \\ \hline & S_n - S_{n-1} = \qquad\qquad\qquad\qquad a_n \end{array}$$

# 部分分数分解

**ステップ 1** 分子に **（分母の大きい因数）−（分母の小さい因数）** を作る。

**ステップ 2** **STEP1の分子の逆数をかけて**つじつまを合わせる。

**ステップ 3** **分母の分配をして約分**をする。

例 $\dfrac{1}{(n+1)(n+3)}$

大　　小

**ステップ 1** $\dfrac{(n+3)-(n+1)}{(n+1)(n+3)}$

**ステップ 2** $\dfrac{1}{(n+1)(n+3)}=\dfrac{(n+3)-(n+1)}{(n+1)(n+3)}\times\dfrac{1}{2}$

分子を計算すると2だから消すように$\dfrac{1}{2}$をかける

**ステップ 3** $\dfrac{1}{(n+1)(n+3)}=\dfrac{(n+3)-(n+1)}{(n+1)(n+3)}\times\dfrac{1}{2}$

$$=\frac{1}{2}\left\{\frac{\cancel{n+3}}{(n+1)\cancel{(n+3)}}-\frac{\cancel{n+1}}{\cancel{(n+1)}(n+3)}\right\}$$

$$=\frac{1}{2}\left(\frac{1}{n+1}-\frac{1}{n+3}\right)$$

$\dfrac{b-c}{a}=\dfrac{b}{a}-\dfrac{c}{a}$

# 公式の使えない差の形の和

**書き出して消していく**。

例 $\displaystyle\sum_{k=1}^{n}\frac{2}{3}\left(\frac{1}{k}-\frac{1}{k+1}\right)=\frac{2}{3}\left\{\left(\frac{1}{1}-\cancel{\frac{1}{2}}\right)+\left(\cancel{\frac{1}{2}}-\cancel{\frac{1}{3}}\right)+\cdots\cdots+\left(\cancel{\frac{1}{n}}-\frac{1}{n+1}\right)\right\}$

$$=\frac{2}{3}\left(1-\frac{1}{n+1}\right)=\frac{2}{3}\cdot\frac{n}{n+1}=\frac{2n}{3n+3}$$

Σを分けてから書き出すという方法も紹介しておくよ！

$$\sum_{k=1}^{n}\frac{2}{3}\left(\frac{1}{k}-\frac{1}{k+1}\right)=\frac{2}{3}\left\{\sum_{k=1}^{n}\frac{1}{k}-\sum_{k=1}^{n}\frac{1}{k+1}\right\}$$

同じ部分が消える！

$$=\frac{2}{3}\left\{\left(\frac{1}{1}+\frac{1}{2}+\cdots+\frac{1}{n}\right)-\left(\frac{1}{2}+\cdots+\frac{1}{n}+\frac{1}{n+1}\right)\right\}$$

$$=\frac{2}{3}\left(1-\frac{1}{n+1}\right)$$ （以下同じ）

この方法は消える部分がわかりやすいからオススメなんだ！

ここから，漸化式の代表的なパターンを紹介しておくよ！

## $a_{n+1}=a_n+d$　[等差数列型]

$a_n$ ， $a_{n+1}$
$+d$

**等差数列の公式を使う。**

(例)　$a_{n+1}=a_n+5$，$a_1=2$ の一般項 $a_n$ を求めよ。

〔解答〕

$$a_n=2+5(n-1)=5n-3$$

## $a_{n+1}=ra_n$　[等比数列型]

$a_n$ ， $a_{n+1}$
$\times r$

**等比数列の公式を使う。**

(例)　$a_{n+1}=4a_n$，$a_1=2$ の一般項 $a_n$ を求めよ。

〔解答〕

初項が2，公比が4の等比数列より，$a_n=2\cdot 4^{n-1}=2^{2n-1}$

## $a_{n+1}=a_n+f(n)$　[階差数列型]

$a_n$ ， $a_{n+1}$
$+f(n)$　($n$ の式)

**階差数列の関係式　$a_n=a_1+\sum_{k=1}^{n-1}f(k)$ を使う。**

(例)　$a_{n+1}=a_n+2n+3$，$a_1=5$ の一般項 $a_n$ を求めよ。

〔解答〕

$n\geqq 2$ において，$a_n=5+\sum_{k=1}^{n-1}(2k+3)$

$$=5+2\cdot\frac{1}{2}(n-1)n+3(n-1)$$

$$=n^2+2n+2$$

また，$1^2+2\cdot 1+2=5$ より，$n=1$ についても成り立つ。

## $a_{n+1}=pa_n+q$　[1次関数型]

**$a_n$，$a_{n+1}$を$\alpha$とおいた方程式を考える。**

例　$a_{n+1}=2a_n+3$，$a_1=5$の一般項$a_n$を求めよ。

〔解答〕

$$\begin{aligned} &a_{n+1}=2a_n+3 \\ -)\ &\alpha=2\alpha+3 \xrightarrow{\text{解く}} \alpha=-3 \\ \hline &a_{n+1}-\alpha=2(a_n-\alpha) \leftarrow \text{代入} \\ &a_{n+1}+3=2(a_n+3) \end{aligned}$$

ここで，$a_n+3=b_n$とすると，$b_{n+1}=2b_n$，$b_1=a_1+3=8$

$b_n$は等比数列なので，$b_n=8\cdot 2^{n-1}=2^{n+2}$

よって，$a_n+3=2^{n+2}$　すなわち，$a_n=2^{n+2}-3$

## $a_{n+1}=pa_n+an+b$　[多項式型]

**$a_{n+1}-g(n+1)=p(a_n-g(n))$の形を作る。**

$$a_{n+1}-g(n+1)=p(a_n-g(n))$$

$$\iff \quad a_{n+1}=pa_n+\underbrace{\{-pg(n)+g(n+1)\}}_{an+b}$$

$g(n)$は$n$の1次式なので，$g(n)=\alpha n+\beta$，
$g(n+1)=\alpha(n+1)+\beta$とおく。

例　$a_{n+1}=3a_n-4n+6$，$a_1=2$の一般項$a_n$を求めよ。

〔解答〕

$a_{n+1}=3a_n-4n+6$を$a_{n+1}-\{\alpha(n+1)+\beta\}=3\{a_n-(\alpha n+\beta)\}$……①と変形するとき，①は$a_{n+1}=3a_n-2\alpha n+\alpha-2\beta$と変形できる。

よって，$\begin{cases} -2\alpha=-4 \\ \alpha-2\beta=6 \end{cases}$より，$\begin{cases} \alpha=2 \\ \beta=-2 \end{cases}$……②

②を①に代入すると，$a_{n+1}-\{2(n+1)-2\}=3\{a_n-(2n-2)\}$

また，$a_1-(2\cdot 1-2)=2$

ゆえに，$a_n-(2n-2)=2\cdot 3^{n-1}$　すなわち，$a_n=2\cdot 3^{n-1}+2n-2$

## $a_{n+1}=pa_n+qr^n$　【$n$乗型】

**両辺を$r^{n+1}$で割る。**

例　$a_{n+1}=3a_n-4^n$，$a_1=-1$の一般項$a_n$を求めよ。

両辺を$4^{n+1}$で割ると，$\dfrac{a_{n+1}}{4^{n+1}}=\dfrac{3}{4}\cdot\dfrac{a_n}{4^n}-\dfrac{1}{4}$

$b_n=\dfrac{a_n}{4^n}$とおくと，$b_{n+1}=\dfrac{3}{4}b_n-\dfrac{1}{4}$となり，$b_n=\left(\dfrac{3}{4}\right)^n-1$（1次関数型）

よって，$a_n=3^n-4^n$

両辺を$3^{n+1}$で割って，階差数列を作ることもできるけど，計算がやや大変だよ。

## $a_{n+2}+pa_{n+1}+qa_n=0$　［隣接3項間型］

**$a_{n+2}=t^2$，$a_{n+1}=t$，$a_n=1$とおいた方程式を考える。**

ステップ❶ もとの漸化式において，$a_{n+2}=t^2$，$a_{n+1}=t$，$a_n=1$とおきかえて特性方程式をつくり，それを解いて$\alpha$，$\beta$とおく。

ステップ❷ 上で求めた$\alpha$，$\beta$を用いて，

$$a_{n+2}-\beta a_{n+1}=\alpha(a_{n+1}-\beta a_n)\quad\cdots(\text{i})$$

$$a_{n+2}-\alpha a_{n+1}=\beta(a_{n+1}-\alpha a_n)\quad\cdots(\text{ii})$$

とする。重解の場合は1つだけ考える。

ステップ❸ (i)(ii)から得られる

$$a_{n+1}-\beta a_n=(a_2-\beta a_1)\cdot\alpha^{n-1},$$

$$a_{n+1}-\alpha a_n=(a_2-\alpha a_1)\cdot\beta^{n-1}$$

の式から$a_{n+1}$を消去し，$a_n$を得る。

$\alpha=\beta$（重解）のときは［$n$乗型］に帰着できる。

例　次の式で表された数列$\{a_n\}$の一般項$a_n$を求めよ。

(1)　$a_{n+2}-5a_{n+1}+6a_n=0$，$a_1=1$，$a_2=5$

(2)　$a_{n+2}=4a_{n+1}-4a_n$，$a_1=1$，$a_2=3$

〔解答〕

(1)　$a_{n+2}=t^2$，$a_{n+1}=t$，$a_n=1$とおきかえた方程式$t^2-5t+6=0$を解くと，
$t=2$，3であるから，与えられた漸化式は次の(i)(ii)となる。

$$a_{n+2}-3a_{n+1}=2(a_{n+1}-3a_n) \quad \cdots\cdots(\text{i})$$

$$a_{n+2}-2a_{n+1}=3(a_{n+1}-2a_n) \quad \cdots\cdots(\text{ii})$$

$b_n=a_{n+1}-3a_n$，$c_n=a_{n+1}-2a_n$ とすると，(i)(ii)はそれぞれ，

$b_{n+1}=2b_n$，$c_{n+1}=3c_n$

$b_1=a_2-3a_1=2$，$c_1=a_2-2a_1=3$ より，$b_n=2^n$，$c_n=3^n$

よって，$a_{n+1}-3a_n=2^n$，$a_{n+1}-2a_n=3^n$

$a_{n+1}$ を消去して，$a_n=3^n-2^n$

(2)　$a_{n+2}=t^2$，$a_{n+1}=t$，$a_n=1$ とおきかえた方程式 $t^2-4t+4=0$ を解くと，

$t=2$（重解）となる。よって，もとの漸化式は，

$$a_{n+2}-2a_{n+1}=2(a_{n+1}-2a_n) \quad \cdots\cdots①$$

$a_{n+1}-2a_n=b_n$ とすると，$b_1=a_2-2a_1=1$

よって，①は $b_{n+1}=2b_n$ となるから，$b_n=2^{n-1}$

これより，$a_{n+1}-2a_n=2^{n-1}$

これは $n$ 乗型の漸化式になるので，両辺を $2^{n+1}$ で割り，

$$\frac{a_{n+1}}{2^{n+1}}=\frac{a_n}{2^n}+\frac{1}{4}$$

ゆえに，$\dfrac{a_n}{2^n}=\dfrac{a_1}{2^1}+\dfrac{1}{4}(n-1)$ より，$a_n=2^{n-2}(n+1)$

## $a_{n+1}=\dfrac{ra_n}{pa_n+q}$　【分数型】

**両辺の逆数をとる。**

例　$a_{n+1}=\dfrac{a_n}{2a_n+3}$，$a_1=5$ の一般項を求めよ。

〔解答〕

$a_1>0$ だから，$a_n>0$

両辺の逆数をとると，$\dfrac{1}{a_{n+1}}=\dfrac{2a_n+3}{a_n}=3\cdot\dfrac{1}{a_n}+2$

$b_n=\dfrac{1}{a_n}$ とすれば，1次関数型に帰着でき，$a_n=\dfrac{5}{2\cdot3^n-5}$

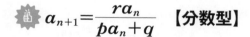

# SECTION 6 確率統計

## 確率変数

| $X$ | $x_1$ | $x_2$ | $\cdots$ | $x_n$ | 合計 |
|---|---|---|---|---|---|
| $P$ | $p_1$ | $p_2$ | $\cdots$ | $p_n$ | 1 |

確率変数$X$が右の確率分布に従う，
つまり$P(X=x_k)=p_k$（$k=1,\ 2,\ \cdots,\ n$）とする。

・**期待値（平均）**：$E(X)$

$$E(X)=\boldsymbol{x_1p_1+x_2p_2+\cdots+x_np_n}$$

・**分散**：$V(X)$

$E(X)=m$とおくと，

$$\begin{aligned}V(X)&=(x_1-m)^2p_1+(x_2-m)^2p_2+\cdots+(x_n-m)^2p_n\\&=\boldsymbol{E(X^2)-\{E(X)\}^2}\end{aligned}$$

・**標準偏差**：$\sigma(X)$

$$\sigma(X)=\sqrt{\boldsymbol{V(X)}}$$

これらの公式は必ず覚えておこう。

## 確率変数の変換

$X$が確率変数，$a$，$b$が定数のとき，$\boldsymbol{Y=aX+b}$も確率変数になる。
このとき，

$$\boldsymbol{E(Y)=aE(X)+b}$$
$$\boldsymbol{V(Y)=a^2V(X)}$$
$$\boldsymbol{\sigma(Y)=|a|\sigma(X)}$$

（例）　確率変数$X$に対して$E(X)=m$，$\sigma(X)=\sigma$としたとき，$Y=\dfrac{X-m}{\sigma}$によって定まる確率変数$Y$の期待値（平均）と標準偏差を求めよ。

〔解答〕

$Y=\dfrac{1}{\sigma}X-\dfrac{m}{\sigma}$だから，　$E(Y)=\dfrac{1}{\sigma}E(X)-\dfrac{m}{\sigma}=0$　◁ $E(X)=m$

$a=\dfrac{1}{\sigma}$，$b=-\dfrac{m}{\sigma}$を代入　$\sigma(Y)=\left|\dfrac{1}{\sigma}\right|\sigma(X)=1$

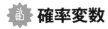

## 2つの確率変数

・**確率変数の和の期待値**

2つの確率変数$X$，$Y$について，

$$E(aX+bY)=aE(X)+bE(Y)$$

・**確率変数の独立**

2つの確率変数$X$，$Y$について，それぞれがとりうるすべての値$x_i$，$y_j$について，$P(X=x_i,\ Y=y_j)=P(X=x_i)P(Y=y_j)$が成り立つとき，**$X$と$Y$は独立である**という。

確率変数$X$，$Y$が独立のとき，

$$E(XY)=E(X)E(Y)$$

$$V(aX+bY)=a^2V(X)+b^2V(Y)$$

## 二項分布

確率変数$X$（$X=0$，1，2，…，$n$）に対して$P(X=k)$が

$$P(X=k)={}_n\mathrm{C}_kp^k(1-p)^{n-k}\quad (k=0,\ 1,\ 2,\ \cdots,\ n)$$

によって与えられる確率分布のとき，この分布を**二項分布**といい$B(n,\ p)$で表す。

$B(n,\ p)$
試行回数（$n$）　1回あたりの確率（$p$）

確率変数$X$が$B(n,\ p)$に従うとき，

$$E(X)=np,\quad V(X)=np(1-p),\quad \sigma(X)=\sqrt{np(1-p)}$$

事象$A$が起こる確率が$p$である試行を$n$回したときに事象$A$が$k$回起こる確率は，

${}_n\mathrm{C}_kp^k(1-p)^{n-k}$

つまり，二項分布は確率が反復試行の確率になっているときの確率分布だよ！

（例）　サイコロを10回投げるとき，1が出る回数を$X$とすると

1が10回中$k$回出る確率$P(X=k)$は，

$$P(X=k)={}_{10}\mathrm{C}_k\left(\frac{1}{6}\right)^k\left(\frac{5}{6}\right)^{10-k}\quad (k=0,\ 1,\ 2,\ \cdots,\ 10)$$

よって，確率変数$X$は二項分布$B\left(10,\ \frac{1}{6}\right)$に従うから，

$$E(X)=10\cdot\frac{1}{6}=\frac{5}{3}\qquad V(X)=10\cdot\frac{1}{6}\cdot\left(1-\frac{1}{6}\right)=\frac{25}{18}\qquad \sigma(X)=\sqrt{\frac{25}{18}}=\frac{5}{3\sqrt{2}}$$

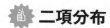

## 確率密度関数

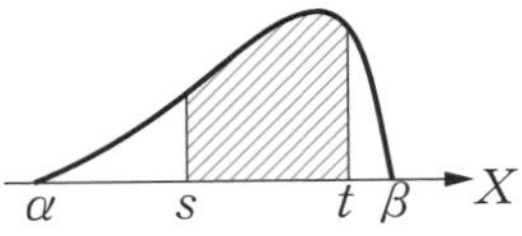


連続型確率変数$X$に対して，$P(s \leqq X \leqq t)$が$y=f(x)$，$x$軸，$x=s$，$x=t$で囲まれた面積で表されるとき，$f(x)$を$X$の**確率密度関数**，$y=f(x)$を**分布曲線**という。

つまり，

$$\boldsymbol{P(s \leqq X \leqq t)=\int_s^t f(x)dx}$$

特に，$X$のとりうる値の範囲が$\alpha \leqq X \leqq \beta$のとき，$P(\alpha \leqq X \leqq \beta)$は1だから，

$$\boldsymbol{\int_\alpha^\beta f(x)dx=1}$$

「確率は面積だ」ということだよ！

## 連続型確率変数の期待値・分散

連続型確率変数$X$のとりうる値の範囲が$\alpha \leqq X \leqq \beta$のとき，
$X$の期待値$E(X)(=m)$と分散$V(X)$は，

$$\boldsymbol{E(X)=\int_\alpha^\beta xf(x)dx}$$

$$\boldsymbol{V(X)=\int_\alpha^\beta (x-m)^2 f(x)dx}$$

$f(x)$と$x$軸で囲まれた面積が確率だから，$f(x)$自体が確率ではないけれど期待値と分散はそれぞれ$E(X)=\sum_{k=1}^{n} x_k p_k$と$V(X)=\sum_{k=1}^{n}(x_k-m)^2 p_k$に対応させて$\sum_{k=1}^{n} \to \int_\alpha^\beta$，$x_k \to x$，$p_k \to f(x)dx$として，$E(X)=\int_\alpha^\beta xf(x)dx$，$V(X)=\int_\alpha^\beta (x-m)^2 f(x)dx$を覚えよう！

## 正規分布

連続型確率変数 $X$ の確率密度関数が

$$f(x)=\frac{1}{\sqrt{2\pi}\,\sigma}e^{-\frac{(x-m)^2}{2\sigma^2}}$$

$N(m,\ \sigma^2)$
平均　分散

で表されるとき，$X$ の確率分布は平均 $m$，標準偏差 $\sigma$ の**正規分布**であるといい $N(m,\ \sigma^2)$ で表す。このとき，$X$ は正規分布 $N(m,\ \sigma^2)$ に従うという。

（$e$ は自然対数（2.7182818...），$\pi$ は円周率（3.1415926...）である。）

**性質①**：正規分布曲線 $y=f(x)$ は $x=m$ で対称な山形で，$x$ 軸に漸近する形

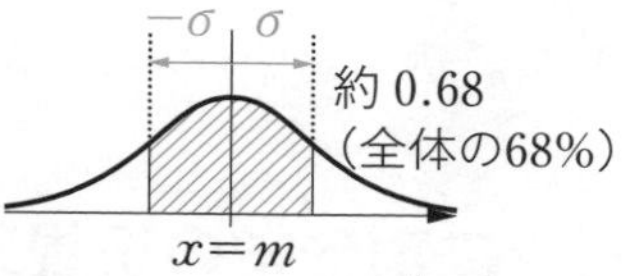


**性質②**：平均 $m$ の $\pm\sigma$ の面積が約0.68（全体の68%）で，$\sigma$ が大きいほど横に広がったなだらかな形になる。

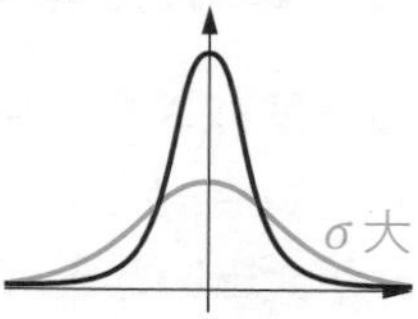


---

$f(x)=\frac{1}{\sqrt{2\pi}\,\sigma}e^{-\frac{(x-m)^2}{2\sigma^2}}$ の式はまったく覚える必要がないよ。

正規分布曲線は確率密度関数だから，どんな正規分布曲線も **$x$ 軸と囲まれる面積全体の値は1** だよ。

性質②に関しては，標準偏差 $\sigma$ は散らばりを表す値だったから **$\sigma$ が小さいほど平均 $m$ に集中して**，**$\sigma$ が大きいほど山がひろがってる**イメージだよ！

## 標準正規分布と標準化

確率変数 $X$ が $N(m,\ \sigma^2)$ に従うとき，

$$Z=\frac{X-m}{\sigma}$$

とおくと，$Z$ は**正規分布 $N(0,\ 1)$ に従う**。

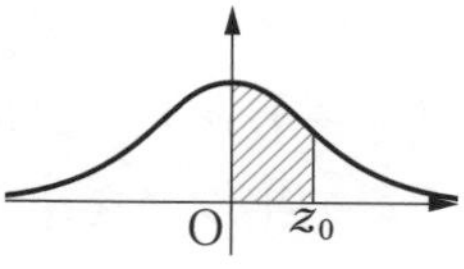

**正規分布** $N(0,\ 1)$ を特に**標準正規分布**といい，$X$ を $Z=\dfrac{X-m}{\sigma}$ によって $Z$ に変換することを**標準化**という。
標準正規分布 $N(0,\ 1)$ に従う $Z$ に対して，$P(0 \leqq Z \leqq z_0)$ の値が一覧になってる表を**正規分布表**といい，これを利用して確率を計算することができる。

標準化の式の分子は $X$ から $m$ を引くことで $X=m$ のとき $Z=0$（$E(Z)=0$）となり，$\sigma$ で割ることで $\sigma(Z)=\dfrac{\sigma(X)}{\sigma}=1$ となるんだ。標準化の式 $Z=\dfrac{X-m}{\sigma}$ は必ず覚えておこう！（覚えるまで繰り返し問題を解こう！）

## 二項分布の正規分布による近似

確率変数 $X$ が二項分布 $B(n,\ p)$ に従うとする。
$(E(X)=np,\ \ V(X)=np(1-p))$
**$n$ が大きいとき，$X$ は近似的に正規分布 $N(np,\ np(1-p))$ に従う**。

$n$ が大きいときは具体的に確率を計算するのが大変だから，まずは，正規分布 $N(np,\ np(1-p))$ に近似をして，そのあと $Z=\dfrac{X-np}{\sqrt{np(1-p)}}$（標準化）で標準正規分布 $N(0,\ 1)$ に従う $Z$ に変換してから正規分布表を利用して確率を求めることが多いよ！

## 母集団と標本

調査の対象全体を**母集団**といい，調査のために母集団から抜き出された要素の集合を**標本**という。また，母集団から標本を抜き出すことを，標本の**抽出**という。さらに，母集団，標本の要素の個数をそれぞれ，母集団の大きさ，**標本の大きさ**という。母集団の要素の平均値を**母平均**，分散を**母分散**，標準偏差を**母標準偏差**という。

## 標本の抽出

母集団から複数の標本を抽出することを考える。

**復元抽出**……抽出した要素を毎回もとに戻して最初と同じ母集団から要素を抽出する方法

**非復元抽出**……抽出した要素をもとに戻さず続けて抽出する方法

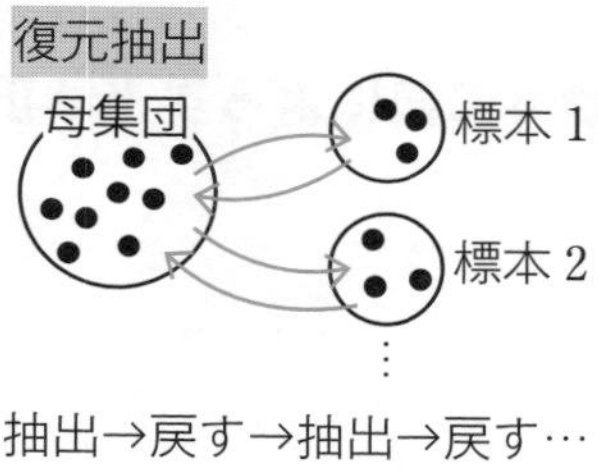


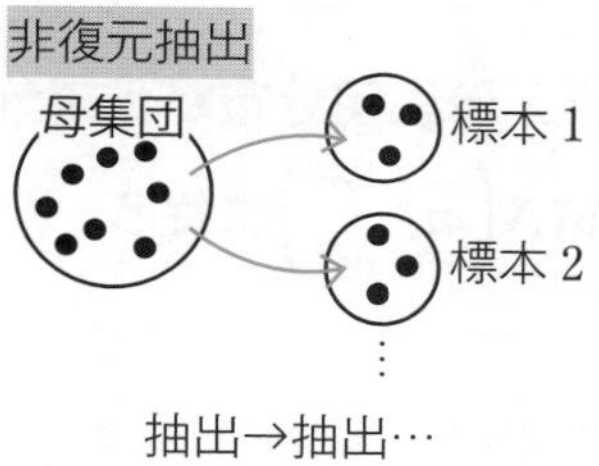


## 標本平均の期待値・標準偏差

母平均$m$，母標準偏差$\sigma$の母集団から大きさ$n$の標本（$X_1$，$X_2$，…，$X_n$）を抽出するとき，

$$\overline{X}=\frac{X_1+X_2+\cdots+X_n}{n}$$

を**標本平均**といい

$$S=\sqrt{\frac{1}{n}\{(X_1-\overline{X})^2+(X_2-\overline{X})^2+\cdots+(X_n-\overline{X})^2\}}$$

を**標本標準偏差**という。

また，標本平均$\overline{X}$は確率変数$X_1$，$X_2$，…，$X_n$によって定まるから$\overline{X}$も確率変数であり，標本$X_1$，$X_2$，…，$X_n$が復元抽出により得られたとするとき，$\overline{X}$の期待値$E(\overline{X})$と標準偏差$\sigma(\overline{X})$は

$$E(\overline{X})=m,\quad \sigma(\overline{X})=\frac{\sigma}{\sqrt{n}}$$

$S$は標本の標準偏差，$\sigma(\overline{X})$は標本平均の標準偏差だよ。違いをきちんとおさえておこう。

また，$E(\overline{X})=m$，$\sigma(\overline{X})=\frac{\sigma}{\sqrt{n}}$は必ず覚えよう！

## 標本平均の分布

母平均$m$，母標準偏差$\sigma$の母集団から大きさ$n$の無作為標本を抽出し，その標本平均を$\overline{X}$とする。

**$n$が大きいとき，確率変数$\overline{X}$は近似的に正規分布$N\left(m,\ \dfrac{\sigma^2}{n}\right)$に従う**。

また，**母集団分布が正規分布のときは$n$の値によらず$\overline{X}$は正規分布$N\left(m,\ \dfrac{\sigma^2}{n}\right)$に従う**。

$\overline{X}$を$N\left(m,\ \dfrac{\sigma^2}{n}\right)$に従うとしたあとに，

$$Z=\frac{\overline{X}-m}{\frac{\sigma}{\sqrt{n}}}\quad（標準化）$$

で標準正規分布$N(0,\ 1)$に従う$Z$を用いて，正規分布表で確率を求めることがよくあるよ！

## 大数の法則

母平均$m$の母集団から，大きさ$n$の無作為標本を抽出するとき，
**$n$を大きくすると標本平均$\overline{X}$は母平均$m$に近づく**。

標本平均$\overline{X}$の標準偏差は$\dfrac{\sigma}{\sqrt{n}}$だ。$n$を大きくすると，散らばりを表す標準偏差$\dfrac{\sigma}{\sqrt{n}}$は0に近づき，$\overline{X}$は母平均$m$の近くに限りなく集中した分布になるね！

# 母平均の推定（95%）

母平均$m$に対する信頼度95%の信頼区間は，標本の大きさ$n$が大きいとき，母標準偏差$\sigma$，標本平均$\overline{X}$を用いて

$$\left[\overline{X}-1.96\times\frac{\sigma}{\sqrt{n}},\ \overline{X}+1.96\times\frac{\sigma}{\sqrt{n}}\right]$$

また，$\sigma$は標本標準偏差$S$で置き換えてもよい。

信頼区間の式は必ず覚えておこう！（教科書などを見ながら導出もしておくと忘れにくいよ！）

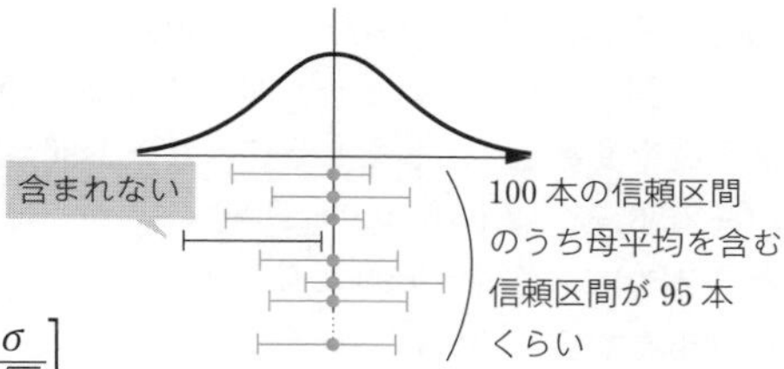
含まれない
100本の信頼区間のうち母平均を含む信頼区間が95本くらい

母平均$m$に対する信頼度95%の信頼区間というのは，

$$\left[\overline{X}-1.96\times\frac{\sigma}{\sqrt{n}},\ \overline{X}+1.96\times\frac{\sigma}{\sqrt{n}}\right]$$

によって，信頼区間を作ることを100回行ったら95回ほどは信頼区間に母平均が含まれるという意味だよ。

（例）　ある工場で生産したドーナツから100個を無作為に抽出して重さを量ったところ平均値が119 g，標準偏差が2.0 gであった。
ドーナツ1個の重さの平均値を信頼度95%で推定せよ。

〔解答〕

$\overline{X}=119$ g，$n=100$，$\sigma=2.0$ gとして，$\left[\overline{X}-1.96\times\frac{\sigma}{\sqrt{n}},\ \overline{X}+1.96\times\frac{\sigma}{\sqrt{n}}\right]$に代入すると，

$$\left[119-1.96\times\frac{2}{\sqrt{100}},\ 119+1.96\times\frac{2}{\sqrt{100}}\right]$$

よって，$[118.6,\ 119.4]$

注意　母平均はそもそも確率で変化するものではないから，**ドーナツの母平均$m$が95%の確率で$[118.6,\ 119.4]$に含まれるという意味ではないよ！**
信頼区間を作るという操作を100回行ったら95回（全体の95%）が母平均を含むという意味で，上の例ではそのうちの1回をただ行っただけなんだ！

## 母平均の推定（99%）

母平均$m$に対する信頼度99%の信頼区間は，標本の大きさ$n$が大きいとき，母標準偏差$\sigma$，標本平均$\overline{X}$を用いて，

$$\left[\overline{X}-2.58\times\frac{\sigma}{\sqrt{n}},\ \overline{X}+2.58\times\frac{\sigma}{\sqrt{n}}\right]$$

また，$\sigma$は標本標準偏差$S$で置き換えてもよい。

95%の信頼区間を求めさせる問題が多いけど，99%の信頼区間の問題が出ないとは言い切れないよ！　1.96や2.58という数字は，標準正規分布$N(0,\ 1)$に従う確率変数を$Z$としたときに，$P(-1.96\leqq Z\leqq 1.96)=0.95$，$P(-2.58\leqq Z\leqq 2.58)=0.99$ということからきていたね。2.58という数字を忘れたら$2P(0\leqq Z\leqq a)=0.99$となる$a$，つまり，$P(0\leqq Z\leqq a)=0.495$となる$a$を正規分布表から求めればいいんだ！

## 母比率と標本比率

**母比率**……母集団の中である性質$A$をもつ要素の割合
**標本比率**……標本の中である性質$A$をもつ要素の割合
母比率を$p$，大きさ$n$の標本に対し標本比率を$R$としたとき，$R$の期待値（平均）$E(R)$と標準偏差$\sigma(R)$は

$$E(R)=p,\ \sigma(R)=\sqrt{\frac{p(1-p)}{n}}$$

また，**$n$が大きいとき$R$は正規分布$N\left(p,\ \frac{p(1-p)}{n}\right)$に従う**。

母比率や標本比率は，人間生活の中では政党の支持率やテレビの視聴率などが例であげられるよ。
期待値（平均）や標準偏差はしっかり覚えておこう！　導出もしておくと忘れにくいよ！

## 母比率の推定（95%）

母比率 $p$ に対する信頼度95%の信頼区間は，標本の大きさ $n$ が大きいとき，標本比率 $R$ を用いて

$$\left[R-1.96\sqrt{\frac{R(1-R)}{n}},\ R+1.96\sqrt{\frac{R(1-R)}{n}}\right]$$

これも，母平均の推定と同様に1.96を2.58に置きかえれば99%の母比率の推定になるよ。

## 仮説検定

**ステップ❶ 帰無仮説 $H_0$ と対立仮説 $H_1$ を立てる**

**ステップ❷ 有意水準 $\alpha$ に対し棄却域を求める**

棄却するかどうかの基準になる数字を**有意水準**という。

棄却域を求めるときは，標準化をして正規分布表を利用する。

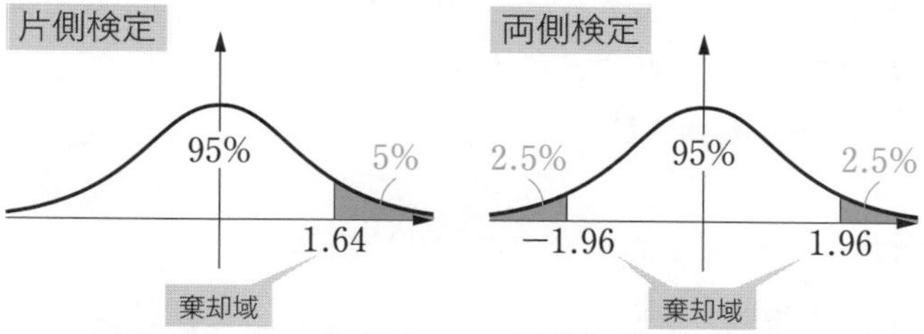


**ステップ❸ 与えられた確率変数の値が棄却域に入るか調べる**

棄却域に入った場合，帰無仮説 $H_0$ を棄却して，

棄却域に入らなかった場合，帰無仮説 $H_0$ を棄却しない。

（棄却域に入らなかった場合，対立仮説 $H_1$ を棄却するわけではない）

STEP1について，仮説を立てるときは，帰無仮説は「否定したい仮説」，対立仮説は「主張したい仮説」という気持ち（イメージ）で考えると立てやすいよ

STEP2について，両側検定のときの $P(-1.96 \leqq Z < 1.96) = 0.95$，片側検定のときの $P(Z \leqq 1.64) = 0.95$ は覚えておこう！

きめる! KIMERU SERIES

# SECTION 7 ベクトル

## ベクトル

**単位ベクトル**……大きさ1のベクトル。
**零ベクトル**……大きさ0のベクトル。
**逆ベクトル**……大きさが等しく向きが反対のベクトル。
$\vec{a}$の逆ベクトルを$-\vec{a}$で表す。

特に，単位ベクトルは定義を忘れていると問題がまったく解けないことがあるよ。必ず覚えよう！

（例）$\vec{a}$と同じ向きの単位ベクトルは$\dfrac{1}{|\vec{a}|}\vec{a}$ 大きさで割ると単位ベクトルになる

## ベクトルの計算

・ベクトルの和

① 道順を考えて，始点と終点を結んだものが和。

$$\overrightarrow{\mathbf{AB}}+\overrightarrow{\mathbf{BC}}=\overrightarrow{\mathbf{AC}}$$

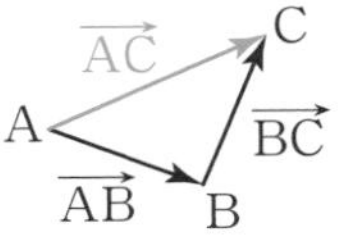


② 2本のベクトルによってできる平行四辺形の対角線が和。

平行四辺形ABCDにおいて，

$$\overrightarrow{\mathbf{AB}}+\overrightarrow{\mathbf{AD}}=\overrightarrow{\mathbf{AC}}$$

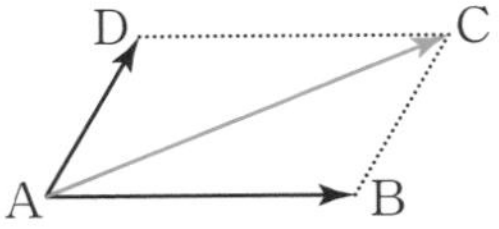


・ベクトルの差（始点の変更）

$\overrightarrow{AO}+\overrightarrow{OB}=\overrightarrow{AB}$，$\overrightarrow{AO}=-\overrightarrow{OA}$より，

$$\overrightarrow{\mathbf{AB}}=\overrightarrow{\mathbf{OB}}-\overrightarrow{\mathbf{OA}}$$

Oはどんな点でもいいから$\overrightarrow{AB}=\overrightarrow{■B}-\overrightarrow{■A}$として，■に適切な点を入れよう！

（例）$\overrightarrow{AB}$の始点をDにしたかったら，

$\overrightarrow{AB}=\overrightarrow{DB}-\overrightarrow{DA}$

## ベクトルの平行・同一直線条件

$\vec{a}\neq\vec{0}$，$\vec{b}\neq\vec{0}$ のとき，

$$\vec{a} \mathbin{/\mkern-4mu/} \vec{b} \iff \vec{a}=k\vec{b}\ \textbf{となる実数}\,k\,\textbf{が存在する}$$

3点A，B，Cについて，

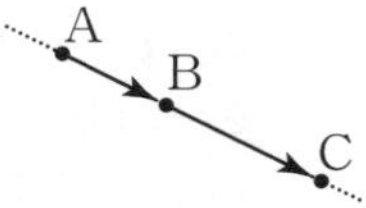


**3点A，B，Cが同一直線上にある**

$$\iff \overrightarrow{\mathrm{AB}}=k\overrightarrow{\mathrm{AC}}\ \textbf{となる実数}\,k\,\textbf{が存在する}$$

「$\vec{a} \mathbin{/\mkern-4mu/} \vec{b}$ のとき $\vec{a}=k\vec{b}$（$k$ は実数）と表せる」や
「$\vec{a}=$■$\vec{b}$ となるから，$\vec{a}$ と $\vec{b}$ は平行である」のような使い方をして，
共通テストの問題を解くのにとても重要な性質だよ！

## ベクトルと成分

$\vec{p}=(x_1,\ y_1)$，$\vec{q}=(x_2,\ y_2)$ のとき，

$$k\vec{p}=(kx_1,\ ky_1)\ (k\text{は実数})$$

$$|\vec{p}|=\sqrt{x_1{}^2+y_1{}^2}$$

$$\vec{p}=\vec{q} \iff x_1=x_2\ \textbf{かつ}\ y_1=y_2$$

$$\vec{p}+\vec{q}=(x_1+x_2,\ y_1+y_2)$$

$$\vec{p}-\vec{q}=(x_1-x_2,\ y_1-y_2)$$

$|\vec{p}|=\sqrt{x_1{}^2+y_1{}^2}$ はただの三平方の定理だよ！

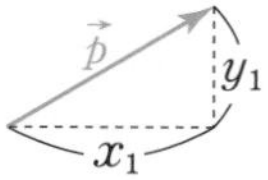


## 空間座標

空間では互いに垂直な3つの直線である座標軸（$x$軸，$y$軸，$z$軸）として点を座標で表すことができる。

A$(x_1,\ y_1,\ z_1)$，B$(x_2,\ y_2,\ z_2)$について，

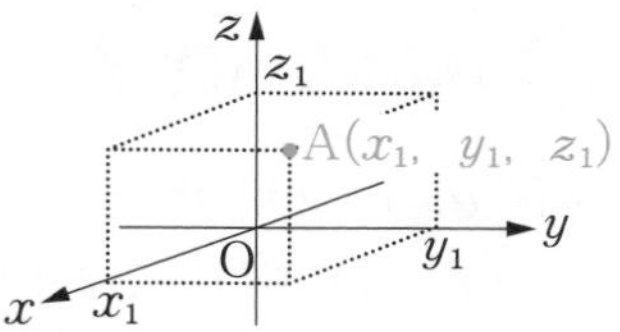


$$\mathrm{AB}=\sqrt{(x_2-x_1)^2+(y_2-y_1)^2+(z_2-z_1)^2}$$

決める! KIMERU SERIES

読むだけで点数アップ！ 数学Ⅱ・B・C要点公式集

特に，原点O(0，0，0)とAの距離は，

$$\overrightarrow{\mathbf{OA}}=\sqrt{\boldsymbol{x_1}^2+\boldsymbol{x_2}^2+\boldsymbol{x_3}^2}$$

## 空間ベクトル

$\vec{p}=(x_1,\ y_1,\ z_1)$，$\vec{q}=(x_2,\ y_2,\ z_2)$のとき，

$$\boldsymbol{k\vec{p}=(kx_1,\ ky_1,\ kz_1)}$$ （$k$は実数）

$$\boldsymbol{|\vec{p}|=\sqrt{x_1^2+y_1^2+z_1^2}}$$

$\boldsymbol{\vec{p}=\vec{q}} \iff \boldsymbol{x_1=x_2}$ **かつ** $\boldsymbol{y_1=y_2}$ **かつ** $\boldsymbol{z_1=z_2}$

$$\boldsymbol{\vec{p}+\vec{q}=(x_1+x_2,\ y_1+y_2,\ z_1+z_2)}$$

$$\boldsymbol{\vec{p}-\vec{q}=(x_1-x_2,\ y_1-y_2,\ z_1-z_2)}$$

平面ベクトルのときと同じ性質だよ！

## 同一平面条件

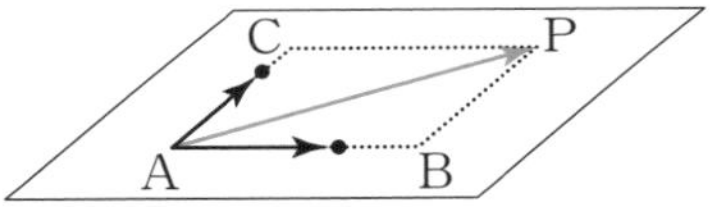


**4点A，B，C，Pが同一平面上にある**

$\iff$ $\boldsymbol{\overrightarrow{\mathrm{AP}}=s\overrightarrow{\mathrm{AB}}+t\overrightarrow{\mathrm{AC}}}$ **となる実数** $\boldsymbol{s}$，$\boldsymbol{t}$ **が存在する**

始点をOとして式を立てるときは，

$$\begin{aligned}\overrightarrow{\mathrm{OP}}&=\overrightarrow{\mathrm{OA}}+\overrightarrow{\mathrm{AP}}\\&=\overrightarrow{\mathrm{OA}}+s\overrightarrow{\mathrm{AB}}+t\overrightarrow{\mathrm{AC}}\\&=\overrightarrow{\mathrm{OA}}+s(\overrightarrow{\mathrm{OB}}-\overrightarrow{\mathrm{OA}})+t(\overrightarrow{\mathrm{OC}}-\overrightarrow{\mathrm{OA}})\\&=(1-s-t)\overrightarrow{\mathrm{OA}}+s\overrightarrow{\mathrm{OB}}+t\overrightarrow{\mathrm{OC}}\end{aligned}$$

となるよ！（この最後の式は覚えなくてもいいよ！）

## 球面の方程式

中心$(a,\ b,\ c)$，半径$r$の球面を表す方程式は，

$$\boldsymbol{(x-a)^2+(y-b)^2+(z-c)^2=r^2}$$

これは円の方程式$(x-a)^2+(y-b)^2=r^2$を3次元にしたものだよ！

## 内分・外分・重心公式

線分ABを$m:n$に内分する点がPのとき，

$$\overrightarrow{\mathrm{OP}}=\frac{n\overrightarrow{\mathrm{OA}}+m\overrightarrow{\mathrm{OB}}}{m+n}$$

線分ABを$m:n$に外分する点がQのとき，

$$\overrightarrow{\mathrm{OQ}}=\frac{-n\overrightarrow{\mathrm{OA}}+m\overrightarrow{\mathrm{OB}}}{m-n}$$

三角形ABCの重心がGのとき，

$$\overrightarrow{\mathrm{OG}}=\frac{\overrightarrow{\mathrm{OA}}+\overrightarrow{\mathrm{OB}}+\overrightarrow{\mathrm{OC}}}{3}$$

外分の公式は「$m:n$に外分」を「$m:-n$に内分」と考えるといいよ！
公式では始点をOにしてるけど，始点はどの点でも成り立つよ。
特に，始点がAのときの重心公式は，

$$\overrightarrow{\mathrm{AG}}=\frac{\overrightarrow{\mathrm{AA}}+\overrightarrow{\mathrm{AB}}+\overrightarrow{\mathrm{AC}}}{3}=\frac{\overrightarrow{\mathrm{AB}}+\overrightarrow{\mathrm{AC}}}{3}$$

## 内積

$\vec{a}$と$\vec{b}$のなす角が$\theta$のとき内積$\vec{a}\cdot\vec{b}$は，

$$\vec{a}\cdot\vec{b}=|\vec{a}||\vec{b}|\cos\theta$$

特に，$\vec{a}\perp\vec{b}$のとき$\theta=90^\circ$より$\cos 90^\circ=0$だから，

$$\vec{a}\cdot\vec{b}=0$$

$\vec{a}$と$\vec{a}$の内積は$\theta=0^\circ$より$\cos 0^\circ=1$だから，

$$\vec{a}\cdot\vec{a}=|\vec{a}|^2$$

$\vec{a}\cdot\vec{b}=|\vec{a}||\vec{b}|\cos\theta$を$\cos\theta$について解いた，$\cos\theta=\dfrac{\vec{a}\cdot\vec{b}}{|\vec{a}||\vec{b}|}$もよく使うよ！
$\vec{a}\perp\vec{b}$のとき$\vec{a}\cdot\vec{b}=0$も$\vec{a}\cdot\vec{a}=|a|^2$もそれぞれ$\theta=90^\circ$，$\theta=0^\circ$の特殊な場合だということをしっかり押さえておこう！

## 内積の計算

・$\vec{a}\cdot\vec{b}=\vec{b}\cdot\vec{a}$（交換法則）
・$\vec{a}\cdot(\vec{b}+\vec{c})=\vec{a}\cdot\vec{b}+\vec{a}\cdot\vec{c}$（分配法則）
・$(k\vec{a})\cdot\vec{b}=\vec{a}\cdot(k\vec{b})=k(\vec{a}\cdot\vec{b})$（$k$は実数）

内積の計算法則から,

$$\begin{aligned}|\vec{a}+\vec{b}|^2&=(\vec{a}+\vec{b})\cdot(\vec{a}+\vec{b})\\&=\vec{a}\cdot\vec{a}+\vec{a}\cdot\vec{b}+\vec{b}\cdot\vec{a}+\vec{b}\cdot\vec{b}\\&=|\vec{a}|^2+2\vec{a}\cdot\vec{b}+|\vec{b}|^2\end{aligned}$$

よって，$|\vec{a}+\vec{b}|^2=|\vec{a}|^2+2\vec{a}\cdot\vec{b}+|\vec{b}|^2$が成り立つよ。
展開公式のような形だね！

## 内積の成分計算

$\vec{a}=(x_1,\ y_1)$，$\vec{b}=(x_2,\ y_2)$のとき,

$$\vec{a}\cdot\vec{b}=x_1x_2+y_1y_2$$

$\vec{a}=(x_1,\ y_1,\ z_1)$，$\vec{b}=(x_2,\ y_2,\ z_2)$のとき,

$$\vec{a}\cdot\vec{b}=x_1x_2+y_1y_2+z_1z_2$$

成分が与えられてるときの内積計算は必ず覚えよう！

## 三角形の面積

三角形OABの面積を$S$とすると,

$$S=\frac{1}{2}\sqrt{|\overrightarrow{\mathrm{OA}}|^2|\overrightarrow{\mathrm{OB}}|^2-(\overrightarrow{\mathrm{OA}}\cdot\overrightarrow{\mathrm{OB}})^2}$$

また，$\overrightarrow{\mathrm{OA}}=(x_1,\ y_1)$，$\overrightarrow{\mathrm{OB}}=(x_2,\ y_2)$のとき,

$$S=\frac{1}{2}|x_1y_2-x_2y_1|$$

$S=\dfrac{1}{2}|x_1y_2-x_2y_1|$ は平面上の3点の座標がわかってるときにその三角形の面積を求めるのに使うことができるよ！

（例） A(3, −1), B(1, 2), C(5, 3)のとき△ABCの面積$S$を求めよ。

〔解答〕

$\overrightarrow{AB}=(1-3,\ 2-(-1))=(-2,\ 3)$

$\overrightarrow{AC}=(5-3,\ 3-(-1))=(2,\ 4)$

始点をAにした

$S=\dfrac{1}{2}|(-2)\cdot4-3\cdot2|=\dfrac{1}{2}|-14|=7$

## ベクトル方程式

・**直線のベクトル方程式**

定点Aを通り$\vec{d}$に平行な直線を表すベクトルは,

$\overrightarrow{\mathbf{OP}}=\overrightarrow{\mathbf{OA}}+t\vec{d}$ （$t$は実数）

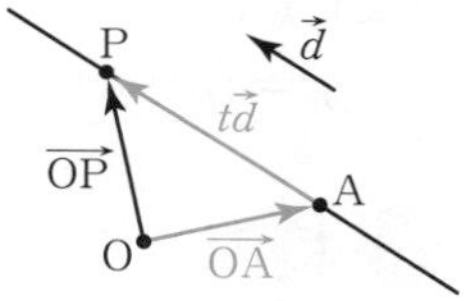


このとき，$\vec{d}$を**方向ベクトル**という。

特に直線ABを表すベクトル方程式は方向ベクトルが$\overrightarrow{AB}$だから,

$\overrightarrow{\mathbf{OP}}=\overrightarrow{\mathbf{OA}}+t\overrightarrow{\mathbf{AB}}$

・**円のベクトル方程式**

中心が点C，半径$r$の円周上の点Pについて，CPの長さは$r$より,

$|\overrightarrow{\mathbf{CP}}|=r$

つまり,

$|\overrightarrow{\mathbf{OP}}-\overrightarrow{\mathbf{OC}}|=r$

これらの式は決して丸暗記する式ではなく，**ベクトルの和は道順を表す**ことを考えれば作れる式なんだ！

OからPまで行くのに，Aを経由することを考えれば,

$\overrightarrow{OP}=\overrightarrow{OA}+\overrightarrow{AP}$

$\overrightarrow{AP}$と方向ベクトル$\vec{d}$は平行だから,

$\overrightarrow{AP}=t\vec{d}$ （$t$は実数）

と書けるから，$\overrightarrow{OP}=\overrightarrow{OA}+t\vec{d}$だね！

きめる! KIMERU SERIES

# SECTION 8 平面上の曲線と複素数平面

## 放物線

平面上に「定点F」と「Fを通らない直線$l$」があるとき,

**(点Pと点Fの距離)**
**=(点Pと直線$l$の距離)**

を満たす点Pの軌跡を**放物線**という。

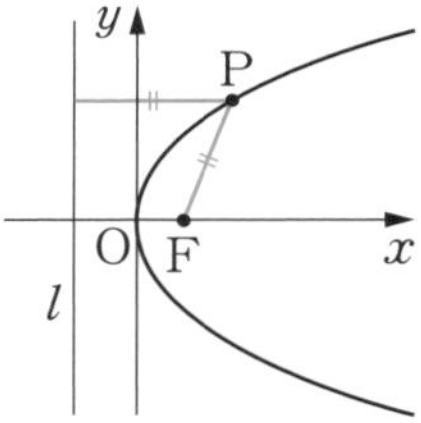


また,点Fを**焦点**,直線$l$を**準線**といい,

$p \neq 0$,点F$(p,\ 0)$を焦点とし,直線$x=-p$を準線とする放物線の方程式は,

$$\boldsymbol{y^2=4px}$$

## 楕円

平面上に異なる2定点F,F′があるとき,

**PF+PF′=一定**

を満たす点Pの軌跡を**楕円**といい,この定点F,F′を焦点という。

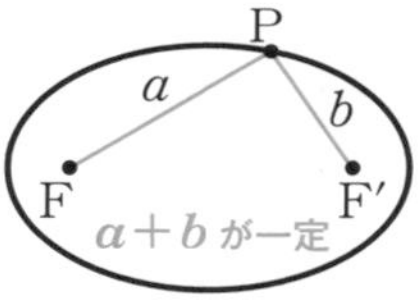


### $\dfrac{x^2}{a^2}+\dfrac{y^2}{b^2}=1$ $(a>b>0)$ の性質

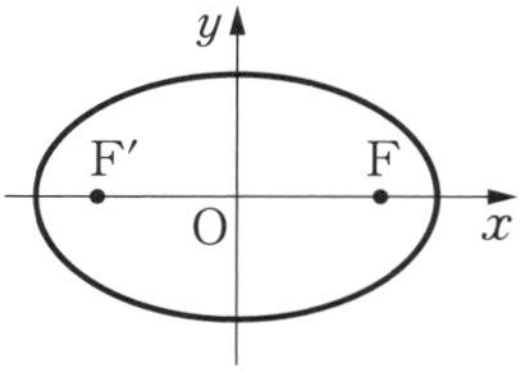


- 2焦点からの距離の和が$2a$
- 長径$2a$,短径$2b$
- 焦点は$(c,\ 0)$,$(-c,\ 0)$
  ただし,$c^2=a^2-b^2$

※$b>a>0$のときは,$a$と$b$が入れ替わり,焦点が$y$軸方向に並ぶ。

$c^2=a^2-b^2$(縦長の楕円の場合は,$c^2=b^2-a^2$)という関係式を忘れてしまう人が多いんだけど,図のように三平方の定理を頭にいれておくと忘れにくいよ!

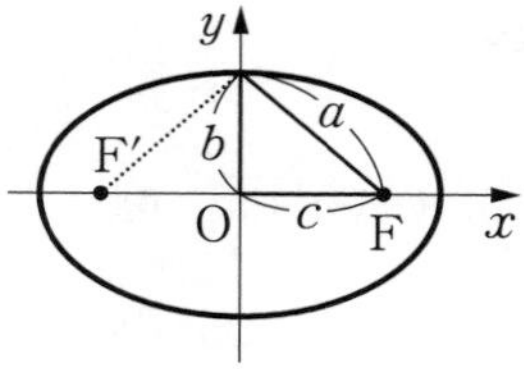


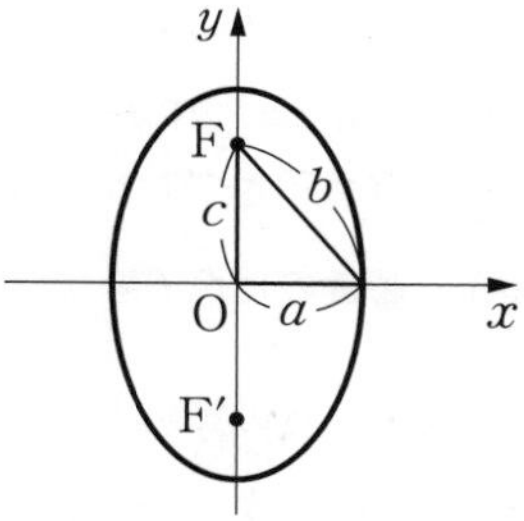


## 双曲線

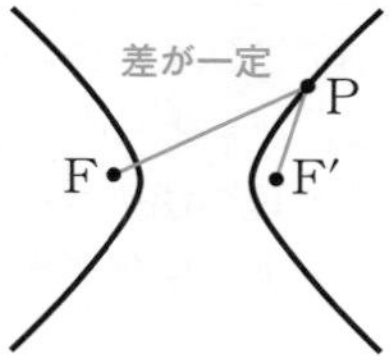


平面上に異なる2定点F，F′があり，このとき，

$$|\mathrm{PF}-\mathrm{PF'}|=\text{一定}$$

を満たす点Pの軌跡を**双曲線**といい，
この2定点F，F′を**焦点**という。

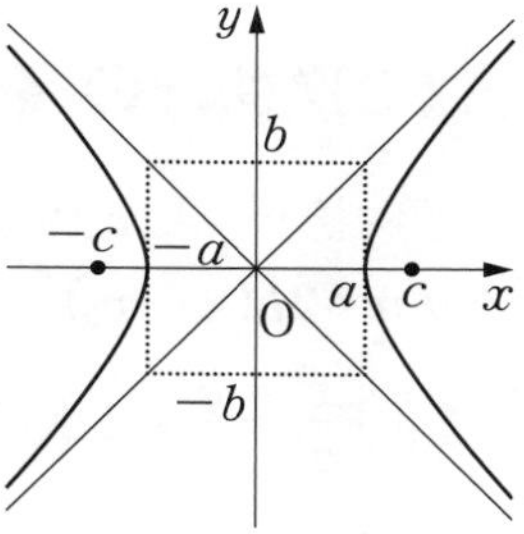


### $\dfrac{x^2}{a^2}-\dfrac{y^2}{b^2}=1$の性質

- 2つの焦点からの距離の差が$2a$
- 頂点は$(a,\ 0)$，$(-a,\ 0)$　中心（頂点と頂点の中点）は原点
- 焦点は$(c,\ 0)$，$(-c,\ 0)$
  ただし，$c=\sqrt{a^2+b^2}$
- $x$軸，$y$軸に関して対称
- $y=\pm\dfrac{b}{a}x$を漸近線にもつ

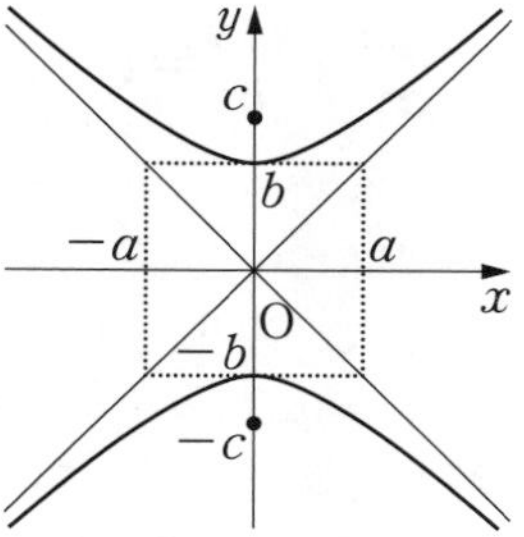


### $\dfrac{x^2}{a^2}-\dfrac{y^2}{b^2}=-1$の性質

- 2つの焦点からの距離の差が$2b$
- 頂点は$(0,\ b)$，$(0,\ -b)$　中心（頂点と頂点の中点）は原点
- 焦点は$(0,\ c)$，$(0,\ -c)$
  ただし，$c=\sqrt{a^2+b^2}$
- $x$軸，$y$軸に関して対称
- $y=\pm\dfrac{b}{a}x$を漸近線にもつ

ここで，正の数$a$，$b$，$c$の関係についても確認しておこう！　$b^2=c^2-a^2$から$c=\sqrt{a^2+b^2}$となることがわかるね。これより，

$\dfrac{x^2}{a^2}-\dfrac{y^2}{b^2}=1$のときの焦点の座標は$(\sqrt{a^2+b^2},\ 0)$，$(-\sqrt{a^2+b^2},\ 0)$

$\dfrac{x^2}{a^2}-\dfrac{y^2}{b^2}=-1$のときの焦点の座標は$(0,\ \sqrt{a^2+b^2})$，$(0,\ -\sqrt{a^2+b^2})$

と表すことができるね。この$a$，$b$，$c$の関係については記憶しておいてほしいんだけど，楕円のとき（$b^2=a^2-c^2$）と混同してしまう人も多いので，右図のような関係を覚えておくといいよ。$b^2=c^2-a^2$から，$a^2+b^2=c^2$という三平方の定理の関係が得られるので，図の6点が同一円周上に存在することがわかるね。

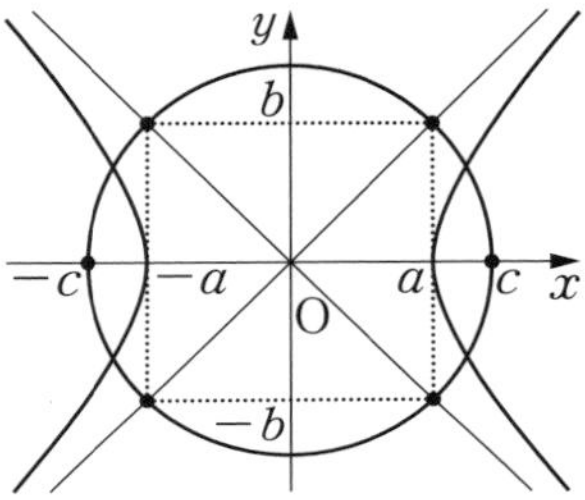


## 2次曲線の接線

・放物線$y^2=4px$上の点$(x_0,\ y_0)$における接線の方程式は，

$\boldsymbol{y_0y=2p(x+x_0)}$

・楕円$\dfrac{x^2}{a^2}+\dfrac{y^2}{b^2}=1$上の点$(x_0,\ y_0)$における接線の方程式は，

$$\boldsymbol{\frac{x_0x}{a^2}+\frac{y_0y}{b^2}=1}$$

・双曲線$\dfrac{x^2}{a^2}-\dfrac{y^2}{b^2}=1$上の点$(x_0,\ y_0)$における接線の方程式は，

$$\boldsymbol{\frac{x_0x}{a^2}-\frac{y_0y}{b^2}=1}$$

放物線については，$2x$を$x+x$と考えて，片方の$x$に$x_0$を代入し，$y^2$を$y\times y$と考えて，片方の$y$に$y_0$を代入しているイメージで覚えておくといいよ。

$$y^2=4px \quad \rightarrow \quad y\times y=2p\times(x+x) \quad \rightarrow \quad y_0y=2p(x+x_0)$$

楕円，双曲線については，$x^2$を$x\times x$と考えて，片方の$x$に$x_0$を代入し，$y^2$を$y\times y$と考えて，片方の$y$に$y_0$を代入しているイメージで覚えておくといいよ。

## 複素数平面

複素数$a+bi$（$a$, $b$は実数）と座標平面上の点$(a,\ b)$に対応させた平面を**複素数平面**という。このとき，$x$軸を**実軸**，$y$軸を**虚軸**という。

## 共役複素数

複素数$z=a+bi$に対し，$\overline{z}=a-bi$を$z$の**共役複素数**という。$z$と$\overline{z}$は実軸に対して対称になっている。またこれより，$z$が実数や純虚数となるとき，以下の条件が成り立つ。

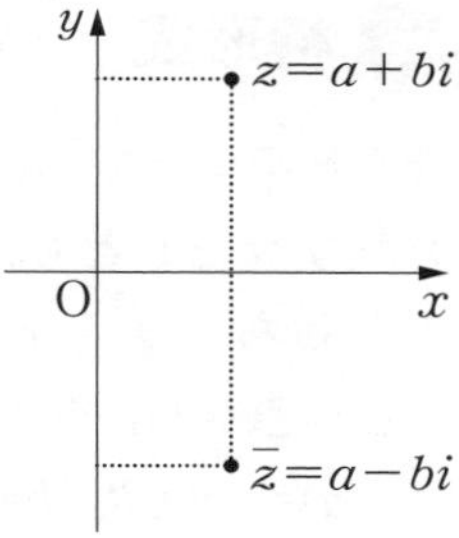


**$z$が実数　$\Longleftrightarrow$　$\overline{z}=z$**

**$z$が純虚数　$\Longleftrightarrow$　$\overline{z}=-z$かつ$z\neq 0$**

また，共役複素数には以下の性質がある。

- **$z+\overline{z}=$（実数）**
- **$\overline{\alpha+\beta}=\overline{\alpha}+\overline{\beta}$，$\overline{\alpha-\beta}=\overline{\alpha}-\overline{\beta}$**
- **$\overline{\alpha\beta}=\overline{\alpha}\,\overline{\beta}$，$\overline{\left(\dfrac{\alpha}{\beta}\right)}=\dfrac{\overline{\alpha}}{\overline{\beta}}$**
- **$\overline{(\overline{z})}=z$**

## 絶対値

$z=a+bi$に対し，$z$の**絶対値$|z|$**は，原点から点$(a,\ b)$までの距離を表す。

したがって，**$|z|=\sqrt{a^2+b^2}$**

また，$z\overline{z}=(a+bi)(a-bi)=a^2+b^2$より，

**$|z|^2=z\overline{z}$**

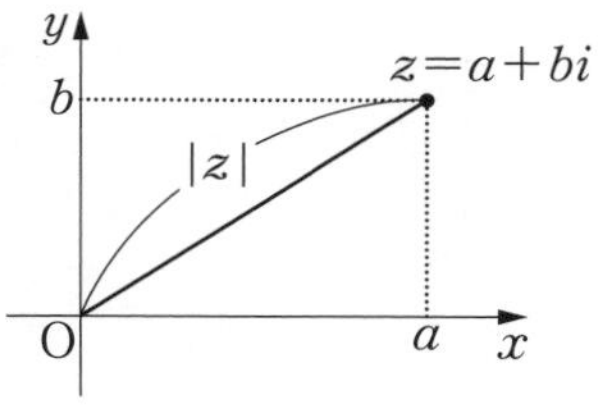


$|z|^2=z\cdot\overline{z}$は超重要・頻出公式だよ！

## 複素数と絶対値のまとめ

- $|z|=0 \iff z=0$
- $\mathrm{A}(\alpha)$，$\mathrm{B}(\beta)$ **とするとき，** $\mathrm{AB}=|\beta-\alpha|$
- $|\alpha\beta|=|\alpha||\beta|$，$\left|\dfrac{\alpha}{\beta}\right|=\dfrac{|\alpha|}{|\beta|}$
- $|z^n|=|z|^n$　（$n$は整数）

## 極形式

複素数平面上で，0でない複素数$z=a+bi$を表す点をPとし，線分OPの長さを$r$，すなわち，$|z|=r$とし，実軸の正の部分から半直線OPまでの回転角を$\theta$とすると，

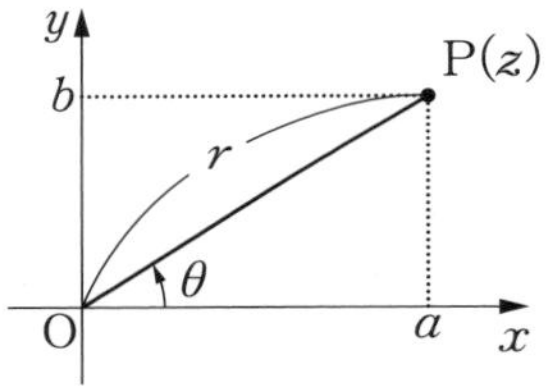


$$a=r\cos\theta,\quad b=r\sin\theta$$

よって，複素数$z$は，

$$\boldsymbol{z=r(\cos\theta+i\sin\theta)}\quad (r>0)$$

と表すことができる。この$\theta$のことを，複素数$z$の**偏角**といい，このように，複素数$z$を絶対値$r$と偏角$\theta$を用いて表した形を**極形式**という。複素数$z$の偏角$\theta$は$\arg z$と表す。

偏角は一般的に$0°\leqq\theta<360°$の範囲で表すけど，$-180°\leqq\theta\leqq180°$で表すこともあるよ。

## 複素数の乗法・除法

$z_1=r_1(\cos\theta_1+i\sin\theta_1)$，$z_2=r_2(\cos\theta_2+i\sin\theta_2)$とするとき，

・$\boldsymbol{z_1z_2=r_1r_2\{\cos(\theta_1+\theta_2)+i\sin(\theta_1+\theta_2)\}}$

・$\boldsymbol{\dfrac{z_1}{z_2}=\dfrac{r_1}{r_2}\{\cos(\theta_1-\theta_2)+i\sin(\theta_1-\theta_2)\}}$

・$\boldsymbol{|z_1z_2|=r_1r_2}$，$\boldsymbol{\left|\dfrac{z_1}{z_2}\right|=\dfrac{r_1}{r_2}}$

・$\boldsymbol{\arg z_1z_2=\theta_1+\theta_2}$，$\boldsymbol{\arg\dfrac{z_1}{z_2}=\theta_1-\theta_2}$

## 回転と定数倍

$z_1=r_1(\cos\theta_1+i\sin\theta_1)$，$z_2=r_2(\cos\theta_2+i\sin\theta_2)$とし，$z_3=z_1z_2$とすると，

$$\boldsymbol{|z_3|=r_1r_2,\quad \arg z_3=\theta_1+\theta_2}$$

このとき$z_3$は「原点を中心として，点$z_1$の絶対値$r_1$を$r_2$倍し，$\theta_2$だけ回転した点」を表しているね。つまり，複素数同士の掛け算や割り算は「回転＋拡大」をするイメージなんだ！　また，$\alpha=\cos\theta+i\sin\theta$とすると，$|\alpha|=1$だから，点$\alpha z$は「点$z$を原点を中心として$\theta$だけ回転した点」を表すよ。

## ド・モアブルの定理

$$\boldsymbol{(\cos\theta+i\sin\theta)^n=\cos n\theta+i\sin n\theta}\quad（ただし，n\text{は整数}）$$

## 内分点・外分点・重心

複素数$\alpha$，$\beta$が表す点をそれぞれA，Bとする。

・線分ABを$m$：$n$に内分する点を表す複素数は，$\boldsymbol{\dfrac{n\alpha+m\beta}{m+n}}$

・線分ABを$m$：$n$に外分する点を表す複素数は，$\boldsymbol{\dfrac{-n\alpha+m\beta}{m+(-n)}}$

・線分ABの中点を表す複素数は，$\boldsymbol{\dfrac{\alpha+\beta}{2}}$

・3点$\alpha$，$\beta$，$\gamma$を頂点とする三角形の重心を表す複素数は，

$\boldsymbol{\dfrac{\alpha+\beta+\gamma}{3}}$

複素数$\alpha=a+bi$，$\beta=c+di$が表す点をそれぞれA，Bとすると，実平面上では点A，Bはそれぞれ$(a,\ b)$，$(c,\ d)$と表すことができ，線分ABを$m$：$n$に内分する点は，実平面上では，

$$\left(\frac{na+mc}{m+n},\ \frac{nb+md}{m+n}\right)$$

と表すことができるよ。したがって，複素数平面上で，点$\gamma$が線分ABを$m$：$n$に内分するとき，次のようになるんだ。

$$\gamma=\frac{na+mc}{m+n}+\left(\frac{nb+md}{m+n}\right)i=\frac{n(a+bi)+m(c+di)}{m+n}=\frac{n\alpha+m\beta}{m+n}$$

## 複素数と円

中心が点$\alpha$，半径が$r$の円の方程式は，

$$|z-\alpha|=r$$

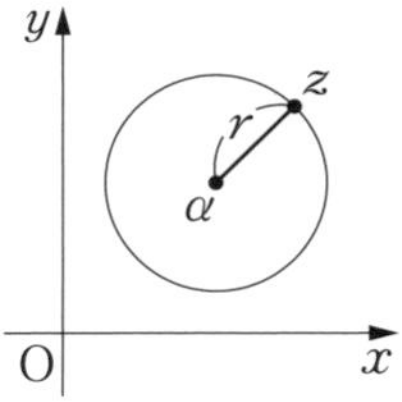


$\alpha$との距離が$r$（一定）の点$z$の集まりが円ということだよ。

## 垂直二等分線

右図のように，2点$\alpha$，$\beta$を端点とする線分の垂直二等分線$l$の方程式は，

$$|z-\alpha|=|z-\beta|$$

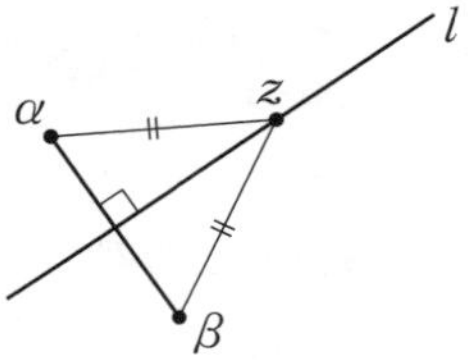


## 2直線のなす角

複素数平面で，同一直線上にない3点A($\alpha$)，B($\beta$)，C($\gamma$)について，$\angle$BAC$=\theta$，AB：AC$=1:k$とすると，ABを$\theta$だけ回転して$k$倍したものがACだから，

$$\gamma-\alpha=k(\cos\theta+i\sin\theta)(\beta-\alpha)$$

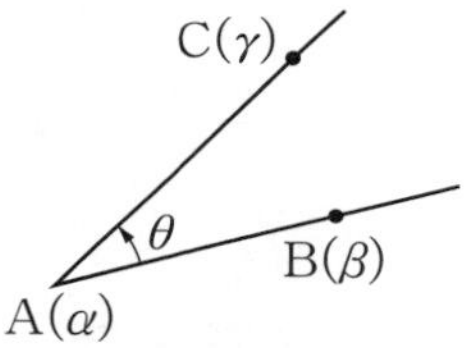


よって，$\dfrac{\gamma-\alpha}{\beta-\alpha}=k(\cos\theta+i\sin\theta)$となるから，

$$\theta=\arg\frac{\gamma-\alpha}{\beta-\alpha}$$

## 共線条件

$\dfrac{\gamma-\alpha}{\beta-\alpha}$**が実数**

$\Longleftrightarrow$　**3点A($\alpha$)，B($\beta$)，C($\gamma$)が同一直線上にある**

複素数平面上の異なる3点A($\alpha$)，B($\beta$)，C($\gamma$)が同一直線上にある条件を考えてみると，$\arg\dfrac{\gamma-\alpha}{\beta-\alpha}=0^\circ$または$180^\circ$となるから，

$$\frac{\gamma-\alpha}{\beta-\alpha}=k(\cos 0^\circ+i\sin 0^\circ)$$

または，$\dfrac{\gamma-\alpha}{\beta-\alpha}=k(\cos 180^\circ+i\sin 180^\circ)$

よって，$\dfrac{\gamma-\alpha}{\beta-\alpha}=\pm k$

## 直交条件

$$\frac{\gamma-\alpha}{\beta-\alpha}\text{が純虚数} \iff \text{直線AB，ACが垂直に交わる}$$

複素数平面上の異なる3点A$(\alpha)$，B$(\beta)$，C$(\gamma)$があるとき，$\overrightarrow{\mathrm{AB}}\perp\overrightarrow{\mathrm{AC}}$となる条件は，$\arg\dfrac{\gamma-\alpha}{\beta-\alpha}=\pm 90^\circ$が成り立つことなので，

$$\frac{\gamma-\alpha}{\beta-\alpha}=k\{\cos(\pm 90^\circ)+i\sin(\pm 90^\circ)\}$$

よって，$\dfrac{\gamma-\alpha}{\beta-\alpha}=\pm ki$

## 平行条件

$$\frac{\delta-\gamma}{\beta-\alpha}\text{が実数} \iff \text{直線ABと直線CDは平行となる}$$

複素数平面上の異なる4点をA$(\alpha)$，B$(\beta)$，C$(\gamma)$，D$(\delta)$とするとき，$\overrightarrow{\mathrm{AB}}/\!/\overrightarrow{\mathrm{CD}}$となる条件は，実数$t$を用いて，

$$\overrightarrow{\mathrm{CD}}=t\overrightarrow{\mathrm{AB}}$$

これを複素数で表すと，$\delta-\gamma=t(\beta-\alpha)$より，

$$\frac{\delta-\gamma}{\beta-\alpha}=t$$

②